Die Kreisleiter der NSDAP
im Gau Weser-Ems

von

Michael Rademacher

Tectum Verlag
Marburg 2005

Die vorliegende Arbeit wurde dem Fachbereich Kultur- und Geowissenschaften der Universität Osnabrück als Dissertation eingereicht. Der Originaltitel lautet: Die Kreisleiter der NSDAP im Gau Weser-Ems. Rekrutierung und Funktion der Kreisleiter der NSDAP als ideologischer Erziehungselite des Dritten Reiches am Beispiel des Gaues Weser-Ems 1932-1945.

Rademacher, Michael:
Die Kreisleiter der NSDAP im Gau Weser-Ems
/ von Michael Rademacher
- Marburg : Tectum Verlag, 2005
Zugl.: Osnabrück, Univ. Diss. 2005
ISBN 978-3-8288-8848-7

© Tectum Verlag

Tectum Verlag
Marburg 2005

Inhaltsverzeichnis

1 **Einleitung** 7
   1.1 Ausgangslage und Problemstellung 7
   1.2 Quellen und Literatur 19
      1.2.1 Die Kreisleiter der NSDAP in der wissenschaftlichen
           Literatur 19
      1.2.2 Zur Theorie von Eliten und Herrschaft 21
      1.2.3 Quellen 23
      1.2.4 Literatur zur Geschichte des Gaues Weser-Ems 24

2 **Grundlagen der soziologischen und politologischen Elitentheorie** 27
   2.1 Grundsätzliches 27
   2.2 Entstehung des Begriffs 27
   2.3 Die Klassiker der Elitentheorie: Mosca, Pareto, Michels 31
   2.4 Moderne Elitekonzeptionen 33
      2.4.1 Die Leistungselite 33
      2.4.2 Die Funktionselite 34
   2.5 Elite und Herrschaft 35
      2.5.1 Grundsätzliche Überlegungen zu Macht und Herrschaft 35
      2.5.2 Das Dritte Reich in der politologischen und soziologischen
           Elitetheorie 39
      2.5.3 "Leadership" und Akzeptanz von Herrschaft 41
      2.5.4 Der Begriff der "Menschenführung" 48
      2.5.5 Überlegungen zu einer regionalen Elite 53

3 **Die NSDAP im Gau Weser-Ems bis 1932** 55
   3.1 Die ländlich-konservativen Kreise: Nordoldenburg und
      Ostfriesland 71
   3.2 Die ländlich-katholischen Kreise: Südoldenburg-Emsland 95
   3.3 Der konfessionell gemischte Süden 111
   3.4 Die Stadtkreise 124

4 **Die Gauleiter Röver und Wegener** 147

5 **Die Kreisleiter der NSDAP** 169
   5.1 Rekrutierungskriterien für das Kreisleiteramt 169
      5.1.1 Politische Sozialisation 171
      5.1.2 Früher Parteieintritt 178
      5.1.3 Praktische Erfahrungen als Volksvertreter und in der
           Parteiarbeit 180
      5.1.4 Politische Schulungen 183
      5.1.5 Konfession 183
      5.1.6 Rhetorische Fähigkeiten 185
      5.1.7 Diplomatische Fähigkeiten 185
      5.1.8 Altersstruktur 187

5.1.9 Sozialstruktur 189
5.1.10 Bildungsgrad 190
5.1.11 Regionale Herkunft 191
5.1.12 Resümee 194
5.2 Abgabe des Kreisleiteramtes 196
    5.2.1 Auflösung des Parteikreises 197
    5.2.2 Aufstieg innerhalb der Partei 197
    5.2.3 Berufliche Veränderung 197
    5.2.4 Unfähigkeit 199
        5.2.4.1 Emil Hartung 200
        5.2.4.2 Arthur Drees 205
        5.2.4.3 Bernhard Blanke 208
    5.2.5 Kriminalität 214
        5.2.5.1 Bruno Brasch 214
        5.2.5.2 Emil Pape 221
    5.2.6 Politische Unzuverlässigkeit 228
    5.2.7 Jüdische Herkunft 232
    5.2.8 Konflikte mit der Gauleitung 234

6 Die Kreisleiter im politischen System des Dritten Reiches 241
6.1 Allgemein 241
6.2 Das Verhältnis Kreisleiter-Landrat 245
6.3 Die Kreisleiter und die kommunale Personalpolitik 259
6.4 Die Stimmungsberichte der Kreisleiter 266
6.5 Praktische Ausgestaltung der "Menschenführung" 273
    6.5.1 Die "Kreisleiterpersönlichkeit" 273
    6.5.2 Der "Sozialismus der Tat" 282
    6.5.3 Die Kreisleiter und die Kirchen 285
    6.5.4 Die Kreisleiter und die Juden 292
    6.5.5 Die Kreisparteitage der NSDAP 300
    6.5.6 Ergebnisse der "Menschenführung" 303

7 Die Entnazifizierung der Kreisleiter 321
7.1 Oldenburg 321
7.2 Bremen 326
7.3 Regierungsbezirk Aurich 327
7.4 Regierungsbezirk Osnabrück 329
7.5 Resümee 334

8 Zusammenfassung 337

9 Tabellenteil 365
9.1 Tabelle 1: Wahlen im Land Oldenburg ohne Lübeck und Birkenfeld 365
9.2 Tabelle 2: Wahlen und Abstimmungen 1933 - 1938 im Gau Weser-Ems 367
9.3 Tabelle 3: Die Reichstagswahl vom März 1933 und "weltanschauliche Schwierigkeit" Anfang 1941 368

9.4　Tabelle 4: Die Einkommensentwicklung im Gau
　　 Weser-Ems 369
9.5　Tabelle 5: Entwicklung der Konfessionsstruktur im Gau
　　 Weser-Ems 1933-1939 nach Konfessionen 370
9.6　Tabelle 6: Entwicklung der Konfessionsstruktur im Gau
　　 Weser-Ems 1933 - 1939 nach Regionen 371
9.7　Tabelle 7: NSDAP-Wähler und "Gottgläubige" 372

10　Quellenteil 373

10.1 Die Uniform des Kreisleiters der NSDAP einschließlich
　　 Abzeichen und Schußwaffe 373
10.2 Anordnung über die Verwaltungsführung in den
　　 Landkreisen vom 28. 12. 1939 374

11　Quellen- und Literaturverzeichnis 375

11.1 Gespräche mit Zeitzeugen 375
11.2 Ungedruckte Quellen 375
　　 11.2.1 Staatsarchiv Aurich (StAA) 375
　　 11.2.2 Staatsarchiv Bremen (StAB) 375
　　 11.2.3 Staatsarchiv Oldenburg (StAO) 375
　　 11.2.4 Staatsarchiv Osnabrück (StAOs) 376
　　 11.2.5 Staatsarchiv Detmold (StAD) 377
　　 11.2.6 Bundesarchiv Berlin-Lichterfelde 377
　　 11.2.7 Bundesarchiv Koblenz 379
　　 11.2.8 Archiv des Oberkirchenrates der Evangelisch-
　　　　　 Lutherischen Kirche in Oldenburg 379
　　 11.2.9 Offizialatsarchiv Vechta 379
11.3 Quelleneditionen und andere gedruckte Quellen
　　 einschließlich Literatur vor 1945 379
11.4 Zeitungen 384
11.5 Darstellungen 386

12　Abkürzungsverzeichnis...397

**13　Anhang 1: Gliederungen und angeschlossene Verbände der
　　 NSDAP..399**

13.1 SA 399
13.2 SS 401
13.3 HJ 401
13.4 NSKK 402
13.5 NSFK 402
13.6 NS-Frauenschaft 403
13.7 DAF 403
13.8 NSV 404

**14　Anhang 2: Kurzbiographien der Kreisleiter im Gau
　　 Weser-Ems 405**

15　Anhang 3: Kreise und Kreisleiter 1932 - 1945 417

1 Einleitung

1.1 Ausgangslage und Problemstellung

Bis zum Beginn der siebziger Jahre herrschte nicht nur in der öffentlichen Meinung, sondern auch in der Geschichtswissenschaft weitgehend das Bild vom Dritten Reich als einem monolithischen, zentral vom "Führer und Reichskanzler" Adolf Hitler gelenkten Staatswesen vor. Dieses von der NS-Propaganda gezeichnete Bild wurde lange Zeit nicht wissenschaftlich-kritisch hinterfragt. Die frühe NS-Forschung beschäftigte sich denn auch eher allgemein mit der Frage nach der Ursache der "deutschen Katastrophe", ohne sich näher mit der Frage nach der inneren Struktur des NS-Regimes zu beschäftigen[1]. Der österreichische Publizist W. Petwaidic, der bereits 1946 die These von der "autoritären Anarchie"[2] des Dritten Reiches vertrat, bildete hier eine Ausnahmeerscheinung.

Anfang der fünfziger Jahre standen mit den Akten der Nürnberger Kriegsverbrecherprozesse erstmals umfangreiche archivalische Quellen der empirischen Forschung zur Verfügung. Diese Quellenbasis wuchs bis in die sechziger Jahre durch die Rückgabe beschlagnahmter NS-Akten rasch an und ermöglichte eine Fülle von Detailstudien zu einzelnen Aspekten, Personen und Gruppen innerhalb des NS-Regimes. G. Schulz verwendete erstmals 1960 den Begriff von der nationalsozialistischen "Polykratie".[3]

Die Polykratiediskussion konzentriert sich auf die Frage nach der Rolle Hitlers im NS-Regime. Die Geschichte des Dritten Reiches läßt sich jedoch nicht auf die Person Adolf Hitlers reduzieren. Andere Studien beschränken sich auf die obersten Führungsebenen in Partei und Staat. So untersucht Dietrich Rebentisch in "Führerstaat und Verwaltung im Zweiten Weltkrieg"[4] die Strukturen und Machtzentren in der obersten Reichsverwaltung. Ruth Bettina Birn untersucht die Rolle der Höheren SS- und Polizeiführer[5]. Hehl stellt in seinem Überblick über die Geschichte der NS-Forschung fest:

---

[1] Dies und das folgende nach Ulrich von Hehl: Nationalsozialistische Herrschaft (Enzyklopädie Deutscher Geschichte, Band 39). München, 1996.
[2] W. Petwaidic: Die autoritäre Anarchie. Hamburg, 1946.
[3] Vgl. K. D. Bracher/W. Sauer/G. Schulz (Hrsg.): Die nationalsozialistische Machtergreifung. Studien zur Errichtung des totalitären Herrschaftssystems in Deutschland 1933/34. Düsseldorf, 1960. S. 600. S. a. Peter Hüttenberger: Nationalsozialistische Polykratie. In: Geschichte und Gesellschaft (1976). S. 417-442.
[4] Rebentisch, Dieter: Führerstaat und Verwaltung im Zweiten Weltkrieg. Verfassungsentwicklung und Verwaltungspolitik 1939 - 1945. Stuttgart, 1989.
[5] Birn, Ruth-Bettina: Die Höheren SS- und Polizeiführer. Himmlers Vertreter im Reich und den besetzten Gebieten. Düsseldorf, 1986.

Den hier aufgeworfenen Fragen auf mittlerer "Führungs"-bzw. Verwaltungsebene weiter nachzugehen, ist ein Desiderat der Forschung. Gerade die Rolle der Gauleiter im Herrschaftsalltag und namentlich während des Krieges ist trotz Hüttenbergers Pionierstudie[6] erst unzureichend erhellt. (...) Dass Untersuchungen mit regionaler Tiefenschärfe hier neue Erkenntnisse versprechen, ist im übrigen auch der Studie von G. Kratzsch[7] über den Gauwirtschaftsapparat der NSDAP im Gau Westfalen-Süd zu entnehmen.[8]

Es stellt sich auch die grundsätzliche Frage, ob die durch die bisherigen Studien nachgewiesene Polykratie auf der oberen Ebene der Reichsministerien und den obersten Führungsebenen der NS-Organisationen sich überhaupt auch auf der mittleren Führungs- bzw. Verwaltungsebene widergespiegelt haben.

Eine Stufe unter den Gauen waren die Kreise der NSDAP angesiedelt, wobei die Kreisleiter eher im Bewußtsein der Bevölkerung präsent waren als die Gauleiter. Die Kreisleitungen waren eine relativ späte Einrichtung innerhalb der NSDAP. Erst im Juli 1932 wurden sie auf Anweisung der Reichsleitung der NSDAP[9] im ganzen Deutschen Reich eingerichtet. Ein NSDAP-Kreis umfaßte einen preußischen Landkreis, ein oldenburgisches Amt, ein bayerisches Bezirksamt oder eine Stadt mit über 50.000 Einwohnern, d. h. in der Praxis einem Stadtkreis oder einer kreisfreien Stadt, auch wenn hier weniger als 50.000 Einwohner vorhanden waren. Die Vorläufer der Kreisleitungen waren die sogenannten "Bezirksleitungen". Zur Einrichtung der Bezirksleitungen waren die Gauleiter jedoch nicht verpflichtet, sondern setzten nur dort Bezirksleiter ein, wo sie einen dementsprechenden Bedarf sahen. Im Gegensatz zu den NSDAP-Kreisen orientierten sich die Bezirke nicht notwendigerweise an den staatlichen Landkreisen[10].

Die Kreisleiter standen in der Hierarchie der NSDAP zwischen den Ortsgruppenleitern und den Gauleitern und stellten somit gewissermaßen das "mittlere Management" der NSDAP dar. Während die Kreisleiter vor der Machtergreifung lediglich administrative Aufgaben innerhalb der NSDAP wahrnahmen - als wichtigster Punkt ist hier die Organisation des Wahlkampfes auf Kreisebene zu nennen -,

---

[6] Hüttenberger, Peter: Die Gauleiter. Studie zum Wandel des Machtgefüges in der NSDAP (Schriftenreihe der Vierteljahreshefte für Zeitgeschichte; 19). Stuttgart, 1969.
Kurzbiographien zu den Gauleitern findet man bei Karl Höffkes: Hitlers politische Generale. Die Gauleiter des Dritten Reiches. Ein biographisches Nachschlagewerk. Tübingen, 1986.

[7] Kratzsch, Gerhard: Der Gauwirtschaftsapparat der NSDAP. Menschenführung - "Arisierung" - Wehrwirtschaft im Gau Westfalen-Süd. Eine Studie zur Herrschaftspraxis im totalitären Staat (Veröffentlichungen des Provinzialinstituts für Westfälische Landes- und Volksforschung des Landschaftsverbandes Westfalen-Lippe; Bd. 27). Münster, 1989.

[8] Ulrich von Hehl: Nationalsozialistische Herrschaft, S. 64.

[9] Bekanntgabe 9/32 der Reichsleitung der NSDAP. Vgl. Roth, S. 23.

[10] Der Begriff "Landkreis" wird erst seit dem 1. 1. 1939 reichseinheitlich verwendet. Bis dahin gab es in den deutschen Ländern verschiedene Bezeichnungen für diese Verwaltungseinheit. Für die Einrichtung der Kreisleitungen spielte es jedoch keine Rolle, ob ein Landkreis wie in Preußen als Landkreis bezeichnet wurde oder wie in Oldenburg als ein "Amt".

beeinflussten sie nach der Machtergreifung maßgeblich die staatliche Verwaltung und wurden vom Rang her einem preußischen Landrat (bzw. in Oldenburg einem Amtshauptmann) oder einem Oberbürgermeister gleichgestellt, mit dem sie eng zusammenarbeiteten. Hier muss auch auf das "Gesetz zur Sicherung der Einheit von Partei und Staat" vom 1. 12. 1933 hingewiesen werden, durch das die NSDAP zur Staatspartei wurde und die Kreisleiter auch staatsrechtlich eine gleichwertige Position mit den Landräten und Oberbürgermeistern zugewiesen bekamen. In Verbindung mit Hitlers Ausspruch auf dem Reichsparteitag in Nürnberg von 1933, die NSDAP habe dem Staat zu "befehlen"[11], ergab dies eine starke Stellung der Kreisleiter gegenüber den Landräten und Oberbürgermeistern.

Die NSDAP empfand sich als Elite der deutschen Bevölkerung. Sie sollte nach eigenem Selbstverständnis, wie es das Oberste Parteigericht der NSDAP 1936 formulierte, "nur die Besten des Volkes"[12] umfassen. Die Führungsschicht innerhalb der NSDAP waren die sogenannten "politischen Leiter", also diejenigen, die innerhalb der NSDAP ein Amt ausübten. Eine besondere Gruppe innerhalb der politischen Leiter waren die Kreisleiter, denen auch seitens NSDAP ein besonderes Prestige zugesprochen wurde. Anläßlich der Tagung sämtlicher Kreisleiter des Deutschen Reiches auf der Ordensburg Crössinsee schrieb 1936 Helmut Sündermann, der Stellvertreter des Reichspressechefs Otto Dietrich, in seinem in die Presse des ganzen Deutschen Reiches lancierten Artikel "Die Kreisleiter":

Wenn die Arbeit auf den nationalsozialistischen Ordensburgen mit einer großen Tagung sämtlicher Kreisleiter der Partei auf Burg Crössinsee eingeleitet worden ist, so weist allein schon die Tatsache auf die Bedeutung hin, die die Partei dieser Gruppe nationalsozialistischer Führerschaft beimißt. (. . .)

Es ist eine stolze Aufgabe, der sie dienen, und jeder, der selbst einmal diesen Wirkungskreis kennen lernen durfte, weiß es: es ist eine der schwersten, aber deshalb auch der schönsten, die die Partei an ihre Führerschaft vergibt.[13]

Der Hauptamtsleiter Friedrichs im Stab des Stellvertreters des Führers bezeichnete die Kreisleiter gar als "die entscheidenden Schlüsselstellen der Partei."[14]

---

[11] Zit. nach Karl Dietrich Erdmann: Deutschland unter der Herrschaft des Nationalsozialismus 1933-1939 (Gebhardt Handbuch der deutschen Geschichte; Bd. 20. München, [9]1993. S. 100.
[12] Urteil des Obersten Parteigerichts der NSDAP vom 19. 6. 1936 gegen den ehemaligen Kreisleiter Emil Hartung. BA Berlin-Lichterfelde, BDC OPG Hartung, Emil.
[13] Butjadinger Zeitung, 23. 4. 1936.
[14] Niederschrift des Hauptamtsleiters Friedrichs im Stab des Stellvertreters des Führers zur Frage der Personalunion von Kreisleiter und Landrat, [Anfang] 1940. Zit. nach Hans Mommsen: Beamtentum im Dritten Reich. Mit ausgewählten Quellen zur nationalsozialistischen Beamtenpolitik (Schriftenreihe der Vierteljahreshefte für Zeitgeschichte; 13). Stuttgart, 1966. S. 230

Es handelte sich bei den Kreisleitern also nach zeitgenössischem Verständnis um eine ganz besondere Gruppe innerhalb der politischen Leiter der NSDAP. Die herausgehobene Bedeutung, die die NSDAP dieser Gruppe beimaß, macht diese für die Forschung besonders interessant. Es stellen sich nun grundsätzlich zwei Fragen, nämlich welche Rolle sie im System des Dritten Reiches gespielt haben und zweitens, ob sie diese Rolle erfolgreich gespielt haben. Beide Fragen lassen sich letztlich nicht voneinander trennen, denn Erfolg heißt immer erfolgreiche Bewältigung einer ganz spezifischen Aufgabe: niemand käme auf den Gedanken, die Tüchtigkeit eines Geistlichen am Stand seines Bankkontos oder umgekehrt den Erfolg eines Industriemanagers an seinem Abschneiden bei einem Bibelquiz festzumachen. So muß auch bei Kreisleitern zunächst festgestellt werden, welche Aufgabe ihnen im Rahmen des Herrschaftssystems des Dritten Reiches eigentlich zugedacht war.

Bei der Untersuchung einer politischen Funktionselite muß zunächst der Begriff der "Elite" als solcher geklärt werden. Eine geschichtswissenschaftliche Untersuchung, die den elitentheoretischen Ansatz der politischen Soziologie auf die Kreisleiter oder eine andere führende Gruppe der NSDAP anwendet, um so neue Erkenntnisse über die Geschichte des Dritten Reiches zu gewinnen, gibt es bisher erstaunlicherweise nicht, obwohl allgemein kein Mangel an Literatur zu einzelnen führenden Figuren des Dritten Reiches bis hinab zur Ebene der Gauleiter herrscht. Theoretische Überlegungen zum Begriff der Elite im Dritten Reich finden sich jedoch nicht. Auch Christine Arbogast stellt in ihrer Arbeit "Herrschaftsinstanzen der württembergischen NSDAP. Funktion, Sozialprofil und Lebenswege einer regionalen NS-Elite 1920-1960" (München, 1998) keinerlei theoretische Überlegungen zum Begriff der politischen Elite an. Das umfangreiche Lexikon "Geschichtliche Grundbegriffe. Historisches Lexikon zur politisch-sozialen Sprache in Deutschland" erfaßt nicht einmal den Begriff "Elite". In dem hier enthaltenen Artikel über den Begriff "Herrschaft" wird das Dritte Reich lediglich gestreift; der Artikel klärt hier nur die sprachliche Herkunft der Begriffe "Führung" und "Gefolgschaft".[15]

Die Geschichtswissenschaft beschäftigte sich also bisher mit den Eliten des Dritten Reiches, und versuchte, neue Erkenntnisse über sie zu gewinnen, ohne daß überhaupt begriffliche Klarheit bestand. Für die vorliegende Arbeit bedeutet dies die schwierige, zugleich aber auch reizvolle und vermutlich auch lohnenswerte Aufgabe, die soziologische und die politologische Elitentheorie als Hilfsinstrumente für die geschichtswissenschaftliche Erforschung des Dritten Reiches zu erschließen. Dies bezieht sich nicht nur auf NS-typische Begriffe wie "Führung", sondern auch auf gängige Begriffe wie "Macht", "Herrschaft", "Einfluß" im Kontext des Dritten Reiches. Erst nach dieser begrifflichen Klärung kann sinnvollerweise untersucht werden, welche Rolle die Kreisleiter bei der Herrschaftsausübung auf Kreisebene insgesamt gespielt haben.

Gegenstand dieser Untersuchung sind die Kreisleiter im Gau Weser-Ems. Die Untersuchungsgruppe umfasst nicht nur die hauptamtlichen Kreisleiter, sondern

---

[15] Hilger, Dietrich: Herrschaft. In: Geschichtliche Grundbegriffe. Historisches Lexikon zur politisch-sozialen Sprache in Deutschland. Herausgegeben von Otto Brunner, Werner Conze und Reinhart Koselleck. Band 3 H-Me. Stuttgart, 1982.

auch die lediglich kommissarisch eingesetzten Kreisleiter einschließlich der Kriegskreisleiter. Eine Unterscheidung zwischen diesen beiden Gruppe erscheint grundsätzlich auch wenig sinnvoll, da sich beide Gruppen hinsichtlich der Kompetenzen als Kreisleiter nicht voneinander unterschieden.

Der Gau Weser-Ems umfasste die Regierungsbezirke Aurich und Osnabrück sowie das Land Oldenburg (ohne die Landesteile Birkenfeld und Lübeck) und das Land Bremen (ohne Bremerhaven). Das Untersuchungsgebiet, das auf den ersten Blick mit Ausnahme der Großstadt Bremen homogen erscheinen mag, weist bei näherem Hinsehen regional starke Differenzen auf hinsichtlich seiner konfessionellen Gliederung, Wirtschaftsstruktur sowie hinsichtlich der Erfolge, die die NSDAP hier bei Wahlen zwischen 1925 und 1932 erringen konnte. Während im ostfriesischen Landkreis Wittmund die "Deutsch-Völkische Freiheitspartei" als Auffangbecken für die verbotene NSDAP schon bei den Reichstagswahlen vom 4. 5. 1924 46,6 % der Stimmen auf sich vereinen konnte, mußte die NSDAP noch im März 1933 im katholischen Südoldenburg die schlechtesten Wahlergebnisse im ganzen Deutschen Reich hinnehmen. Zum anderen war Oldenburg das erste Land des Deutschen Reiches, das schon 1932 eine ausschließlich von Nationalsozialisten geführte Regierung aufwies. Da sich die vorliegende Arbeit nicht mit Landesgeschichte beschäftigt, ist die Heterogenität des Untersuchungsgebietes ein Vorteil, denn auf diese Weise kann durch den Vergleich einzelner Gebiete innerhalb des Gaues Weser-Ems sichergestellt werden, dass nicht beispielsweise Phänomene, die auf regionale politische Traditionen zurückzuführen sind, in unzulässiger Weise als typisch für das gesamte Dritte Reich gedeutet werden.

Das Gebiet des ehemaligen Gaues Weser-Ems ist für eine Untersuchung nicht nur wegen der genannten regionalen Unterschiede interessant, sondern es bietet dem Historiker auch hinsichtlich der Quellenlage zwei entscheidende Vorteile gegenüber anderen NSDAP-Gauen. Dies ist zum einen die große Dichte an überlieferten Regional- und Lokalzeitungen, zum anderen die Zugehörigkeit - mit Ausnahme Bremens - zur britischen Besatzungszone. Der Forschung stehen hier somit nicht nur Entnazifizierungsakten zur Verfügung, die in den jeweils zuständigen Staatsarchiven überliefert sind, sondern auch die gesonderten Spruchgerichtsakten der englischen Zone im Bundesarchiv Koblenz. Dies ist ein großer Vorteil gegenüber anderen, beispielsweise den bayerischen Gauen, da in Bayern ausschließlich Spruchgerichtsakten existieren, die nach wie vor in den Archiven der seinerzeit zuständigen Amtsgerichte liegen. Eine Zentralkartei existiert ebenfalls nicht, so daß ohne Kenntnis des damaligen Wohnortes einer gesuchten Person es fast unmöglich ist, eine entsprechende Spruchgerichtsakte zu ermitteln. Schlecht ist lediglich die Überlieferung von Akten der NSDAP-Kreisleitungen. Dies ist allerdings in ganz Deutschland der Fall. Eine Ausnahme bildet ledig das Staatsarchiv Detmold, wo der Aktenbestand der NSDAP-Kreisleitung für das Land Lippe fast vollständig erhalten ist und sich somit zum Vergleich anbietet.

Es soll hier nun zunächst untersucht werden, welchen sozialen Schichten die Kreisleiter angehörten. Die hier vertretene These lautet, daß die Kreisleiter überwiegend dem unteren Mittelstand entstammten und, da das Amt eines Kreisleiters auch in hohem Grade administrative und wirtschaftliche Fähigkeiten erforderte, vorwiegend aus Berufen kamen, in denen solche Fähigkeiten erforderlich waren, d. h. Kaufleuten, Beamten und leitenden Angestellten. Die These geht also dahin, daß die von Falter vertretene Theorie von der "Radikalisierung des Mittelstandes"[16], die insoweit zutrifft, als daß der Mittelstand bei den Mitgliedern der NSDAP überproportional vertreten war, für die Kreisleiter in einem noch viel stärkeren Maße gilt als bei den NSDAP-Mitgliedern im allgemeinen.

Bei einer politischen Elite - hier wertneutral im politikwissenschaftlichen Sinne einer Führungsgruppe - wie den Kreisleitern ist auch zu untersuchen, welche Bildung und geistigen Fähigkeiten sie für ihr Amt mitbrachten. Zu prüfen ist, ob sie - wie man es erwarten könnte - die Fähigkeit zu eigenem politischen Denken hatten. Dies muß anhand ihrer eventuellen Veröffentlichungen, sei es in Buchform, Zeitungsartikeln oder überlieferten Reden untersucht werden. Für ein konfessionell heterogenes Gebiet wie den Gau Weser-Ems ist auch die Konfession der Kreisleiter interessant, da diese zwischen Kreisleiter und betreuter Bevölkerung einerseits eine Brücke, andererseits aber auch eine zusätzliche Schwierigkeit bedeuten konnte, wenn z. B. ein aus einem rein evangelisch-bürgerlichen Milieu[17] stammender Kreisleiter auf eine ländlich-katholische Bevölkerung traf.

Ferner wird untersucht werden, welche politischen Lebensläufe (z. B. deutschnational, völkisch-antisemitisch) sie aufweisen. Hier muß zunächst geprüft werden, wie die Kreisleiter überhaupt ihren Weg zur NSDAP fanden, d. h. welche Motive für ihren Eintritt in die Partei ausschlaggebend waren. In Frage kommen natürlich zunächst die ideologischen Gründe bei denjenigen, die vor ihrem Eintritt in die NSDAP Mitglieder der völkischen Bewegung waren, z. B. im 'Deutsch-Völkischen Schutz- und Trutzbund', dem "Völkisch-Sozialen Block" oder der völkischen Jugendbewegung. Im Zuge der zunehmenden Radikalisierung mit Ausbruch der Weltwirtschaftskrise 1929 ist hier neben Angehörigen der völkisch-antisemitischen Bewegung auch an Deutschnationale (DNVP und Stahlhelm) zu denken. Eine weitere große Gruppe, die für die Rekrutierung als Mitglieder - und spätere Kreisleiter

---

[16] Vgl. Falter, Jürgen W.: Radikalisierung des Mittelstandes oder Mobilisierung der Unpolitischen? Die Theorien von Seymour Martin Lipset und Reinhard Bendix über die Wählerschaft der NSDAP im Lichte neuerer Forschungsergebnisse. In: Peter Steinbach (Hrsg.): Probleme politischer Partizipation im Modernisierungsprozeß. Stuttgart, 1982. S. 438 - 469. S. a. Falter, Jürgen W./Kater, Michael H.: Wähler und Mitglieder der NSDAP. Neue Forschungsergebnisse zur Soziographie des Nationalsozialismus 1925 bis 1933. In: Geschichte und Gesellschaft 1993, S. 155 - 177.

[17] Wenn im Verlaufe dieser Arbeit der Milieubegriff verwendet wird, so ist dieser im Sinne der Milieutheorie von M. Rainer Lepsius zu verstehen, der Milieus größeren weltanschaulichen Richtungen zuordnet (konservativ, protestantisch, sozialistisch, katholisch, Dissidenten). Speziell für das katholische Milieu hat der Arbeitskreis für kirchliche Zeitgeschichte in Münster ein differenziertes Modell entwickelt. Hier wird "das katholische Milieu als ein Werte- und Normensystem verstanden, dem ein Netzwerk von Suborganisationen zugeordnet ist und das sich durch eine Ritualisierung des Alltagslebens ausdrückt." (Tischner, Wolfgang: Katholische Kirche in der SBZ/DDR 1945-1951. Die Formierung einer Subgesellschaft im entstehenden sozialistischen Staat (Veröffentlichungen der Kommission für Zeitgeschichte; Reihe B: Forschungen; Bd. 90). Paderborn, 2001. S. 34).

- in Frage kommt, ist die Gruppe der eigentlich unpolitischen, die erst durch die Not der Weltwirtschaftskrise dazu gebracht wurden, sich für Politik überhaupt zu interessieren. Dazu zählen die typischen Verlierer der Wirtschaftskrise, also in erster Linie Arbeitslose, aber auch Angehörige des Mittelstandes, die sich durch die Wirtschaftskrise in ihrer Existenz bedroht sahen und den Parteien der Weimarer Republik nicht zutrauten, eine Lösung zu finden - mit anderen Worten die heute so genannten "Protestwähler". Eine letzte Gruppe sind die Opportunisten, die nur deshalb in die NSDAP eintraten, weil sie sich davon persönliche Vorteile versprachen.

Weiterhin ist anhand der biographischen Quellen zu untersuchen, nach welchen tatsächlichen Kriterien die Kandidaten für das Kreisleiteramt ausgewählt wurden bzw. ob es überhaupt - wie die NS-Propaganda suggeriert - einen Kriterienkatalog gab, dem die Kandidaten durchgängig genügen mussten Bei einer von der NS-Propaganda derart herausgehobenen Gruppe kommt hier zunächst der frühe Parteieintritt als Kriterium in Frage. Bei einer politischen Führungsgruppe wie den Kreisleitern, nach den Gauleitern die wichtigsten Parteifunktionäre, erscheint es jedoch kaum adäquat, daß allein der frühe Parteieintritt für eine Ernennung zum Kreisleiter ausschlaggebend gewesen sein soll. Vielmehr kommen daneben frühere Parteiämter, z. B. als Ortsgruppenleiter oder Leiter eines Kreisamtes, aber auch Führungspositionen bei der SA und anderen Gliederungen und angeschlossenen Verbände der NSDAP (DAF, NSV u. a.) in Frage. Andere mögliche Kriterien sind Tätigkeiten als Abgeordneter im Reichstag, dem oldenburgischen oder preußischen Landtag, der bremischen Bürgerschaft, aber auch die Mitgliedschaft in Kreistagen oder Stadt- und Gemeinderäten. Auch diese Mandate können als eine Qualifikationsmöglichkeit für eine politische Führungsposition als Kreisleiter angesehen werden, da sie zwangsläufig eine intensive Beschäftigung mit politischen Fragen mit sich brachten. Eine solche Beschäftigung mit politischen Fragen fand auch in von der NSDAP organisierten Schulungskursen statt. Hier ist zu prüfen, ob die Teilnahme an solchen Schulungskursen eine zwingende Voraussetzung war. Persönliche Kompetenz bei für einen bestimmten Kreis typischen Problemlagen - seien sie konfessioneller oder wirtschaftlicher Art - könnte ebenfalls als Qualifikationskriterium eine Rolle gespielt haben. Nicht zuletzt sind es auch persönliche Eigenschaften wie rhetorische Begabung und fachlich-administrative Kompetenz, die bei einer Ernennung zum Kreisleiter ausschlaggebend gewesen sein könnten. Zu vermuten ist, daß bei der Rekrutierung dieser politischen Führungsgruppe das Kriterium der fachlich-administrativen Kompetenz eine größere Rolle gespielt hat als das Kriterium des - möglichst frühen - Parteieintritts. Es müßte demnach Fälle gegeben haben, in denen bei der Besetzung von Kreisleiterposten Opportunisten, d. h. denen, die nach dem "Erdrutschsieg" der NSDAP bei der Reichstagswahl von 1930 - oder gar erst nach dem 30. 1. 1933 - in die Partei eingetreten waren, der Vorzug vor "Alten Kämpfern" gegeben wurde.

Auch die Frage, welche Gründe für einen Kreisleiterwechsel, d. h. für die Abgabe des Kreisleiteramtes ausschlaggebend waren, muss geklärt werden. Zu klären ist die Frage, ob das Kreisleiteramt eine Stufe auf der Leiter der Parteikarriere war oder nur eine Episode im Leben von einfachen Mitgliedern der NSDAP, die davor und danach keine Parteiämter innehatten. Denkbar ist, daß in vielen Fällen das Kreisleiteramt nur gewissermaßen ein "Sprungbrett" für die eigene persönliche Karriere war, eine vorübergehende Tätigkeit, mit der man sich eine lukrativere Stelle in der staatlichen Verwaltung "verdiente" oder aber die Grundlage für eine weitere Parteikarriere schuf. Denn gerade in der Zeit nach der Machtübernahme 1933 war das Kreisleiteramt - da entweder rein ehrenamtlich oder nur sehr schlecht bezahlt - im Grunde genommen wenig attraktiv. Andererseits bot sich nun für verdiente "Alte Kämpfer" eine Fülle von Aufstiegsmöglichkeiten, die gerade im öffentlichen Dienst für ihren Einsatz bei der NSDAP mit beschleunigter Beförderung belohnt wurden, die oftmals einen Wechsel des Wohnorts mit sich brachte und die Aufgabe des Kreisleiterpostens nach sich zog. Durch die vielfach erfolgte Absetzung von hauptamtlichen Bürgermeistern, die ihre Ernennung ihrer Mitgliedschaft bei SPD oder Zentrum verdankten, bot sich für viele Kreisleiter die Übernahme eines solchen - im Gegensatz zum 1933 in der Regel nicht bezahlten Kreisleiteramtes - bezahlten Postens geradezu an. Die Kehrseite der veränderten Situation nach der Machtergreifung ist die Frage, wie mit sogenannten 'Landsknechtsnaturen' umgegangen wurde. Besagte "Landsknechtsnaturen", oftmals mit einem Hang zum Alkohol und zur Gewalttätigkeit, waren in der "Kampfzeit", d. h. in Saal- und Straßenschlachten, durchaus zu gebrauchen. Nach der Übernahme der Regierung waren solche Charaktere jedoch eine überflüssige Belastung für das Ansehen der NSDAP. Es ist daher zu untersuchen, ob die Regierungsübernahme - die in Oldenburg ja schon 1932 stattgefunden hatte - und die anschließende Konsolidierungsphase des Regimes bis 1934/35 auch einen gewissen "Reinigungsprozeß" mit sich brachte. Hierbei ist auch die Frage zu stellen, wie mit abgesetzten Kreisleitern verfahren wurde.

Die Forschung hat die Rolle der Kreisleiter bisher in zweierlei Hinsicht betrachtet. Dies sind zum einen die rechtlichen Rahmenbedingungen, in denen der Kreisleiter agierte, wobei das rechtliche Verhältnis zwischen Landrat bzw. Oberbürgermeister einerseits und dem Kreisleiter andererseits von zentralem Interesse war. Wegweisend war hier die Untersuchung von Diehl-Thiele[18]. Eine Fülle von Material, insbesondere Anweisungen der NSDAP für die Kreisleiter hinsichtlich ihrer Zusammenarbeit mit dem Landrat, bietet auch Claudia Roth in ihrer Arbeit über die bayerischen Kreisleiter[19]. Dabei betrachtet sie sowohl die Position und Aufgabenstellung des Kreisleiters[20] als auch das Verhältnis zwischen Kreisleitung und Landkreisbehörden, wobei sie dies nicht auf die Person des Landrats beschränkt, sondern sich auch mit den verschiedenen Eingriffsrechten des Kreisleiters in einzelnen Behörden beschäftigt[21]. Gewissermaßen von der anderen Seite geht Wolfgang Stelbrink das Problem in seiner Arbeit über den preußischen Landrat im National-

---

[18] Diehl-Thiele, Peter: Partei und Staat im Dritten Reich. Untersuchungen zum Verhältnis von NSDAP und allgemeiner innerer Staatsverwaltung 1933-1945. München, ²1971.
[19] Roth, Claudia: Parteikreis und Kreisleiter der NSDAP unter besonderer Berücksichtigung Bayerns (Schriftenreihe zur bayerischen Landesgeschichte; Bd. 107). München, 1997.
[20] S. ebda., S. 110 - 147.
[21] S. ebda., S. 244 - 268.

sozialismus[22] an. Dabei liegt sein Hauptaugenmerk auf der Person des Reichsinnenministers Frick, der eine Verwaltung im Sinne eines nationalsozialistischen Normenstaates anstrebte, d. h. er arbeitete auf eine starke Position des Landrats im Sinne des "Führerprinzips" hin, was einen weitgehenden Ausschluß der NSDAP aus der Verwaltungsarbeit mit sich brachte und daher bei der Partei auf Widerstand stieß. Stelbrink klärt in seiner Arbeit die Entstehung der rechtlichen Rahmenbedingungen, läßt die Frage der praktischen Umsetzung aber außer Acht.

Die Zusammenarbeit von Kreisleiter und Landrat in der Praxis ist der zweite bisher in der Forschung gesetzte Schwerpunkt. In bisherigen Untersuchungen ging die Praxis dahin, speziell diejenigen Aktenbestände heranzuziehen, die schon im Findbuch ersichtlich machen, daß sie Material zu den Kreisleitern enthalten. Dies ist jedoch der falsche Weg, denn solche Bestände dokumentieren in der Regel sehr spezielle, einzelne Ereignisse, bei denen es zu Unstimmigkeiten oder gar Machtkämpfen zwischen Kreisleiter und Landrat kam. Daraus muß man den – nicht notwendiger Weise richtigen - Eindruck gewinnen, es habe permanente Konflikte zwischen Landrat bzw. Oberbürgermeister einerseits und Kreisleiter andererseits gegeben, weil sich letzterer in wirklich alles einmischte. Will man die normale, alltägliche Zusammenarbeit zwischen Kreisleiter und Landrat klären, so muß man Bestände heranziehen, die die alltägliche Gestaltung der Kreispolitik dokumentieren. Dies ist besonders im Rahmen der Polykratiediskussion interessant, denn permanente Machtkämpfe zwischen Staat und Partei auf höchster Ebene müssen nicht zwangsläufig bedeuten, dass ähnliche Machtkämpfe und eine vergleichbare Form von Polykratie auch den Alltag der Zusammenarbeit zwischen Kreisleiter und Landrat prägten.

Das Dritte Reich stützte sich auf die beiden Säulen Partei und Staat, die dem Gesetz nach zwar eine Einheit bildeten, beide aber unterschiedliche Aufgaben wahrnehmen sollten. Die Aufgabe des Staates war die Verwaltung, während die Partei für die "Menschenführung" zuständig sein sollte. Hier beginnen für den Historiker die Probleme, denn bisher ist es nicht gelungen, für den Begriff "Menschenführung" eine überzeugende Definition zu finden. Claudia Roth versteht darunter einen "unklar gefassten Kontrollauftrag"[23] und eine "Überwachungsfunktion"[24]. Christine Arbogast und Bettina Gall sprechen im Anschluss an Diehl-Thiele[25], von einer "Nebenregierung der Partei"[26]. Da die Kreisleiter in allen Bereichen der Kreispolitik mitmischen konnten und sich häufig nicht auf eine bloße Kontrolle der Landräte

---

[22] Stelbrink, Wolfgang: Der preußische Landrat im Nationalsozialismus. Studien zur nationalsozialistischen Personal- und Verwaltungspolitik auf Landkreisebene. Münster, 1998.
[23] Ebda., S. 133.
[24] Ebda.
[25] Vgl. Diehl-Thiele, Peter: Partei und Staat im Dritten Reich. Untersuchungen zum Verhältnis von NSDAP und allgemeiner innerer Staatsverwaltung 1933-1945. München, ²1971. S. 181.
[26] Arbogast, Christine/Gall, Bettina: Aufgaben und Funktionen des Gauinspekteurs, der Kreisleitung und der Kreisgerichtsbarkeit der NSDAP in Württemberg. In: Rauh-Kühne, Cornelia/Ruck, Michael (Hrsg.): Regionale Eliten zwischen Diktatur und Demokratie. Baden und Württemberg 1930 - 1952. München, 1993. S. 151-169, hier S. 156.

und der Oberbürgermeister beschränkten, erscheint es wenig sinnvoll, ihre Amtsausübung, d. h. die "Menschenführung", von vornherein lediglich als eine Kontrollfunktion zu definieren. Es muß aber geprüft werden, ob man tatsächlich von einer "Nebenregierung" sprechen kann. Gänzlich abwegig erscheint es, wenn z. B. Claudia Roth lediglich von "diffuse(n) Aufgaben der Menschenführung"[27] spricht und auf H. Mommsen verweist. Dieser bezeichnet "den Terminus "Menschenführung" als "Tarnvokabel", die die Bedeutungslosigkeit der NSDAP kaschieren sollte"[28]. Da die Kreisleiter auf Kreisebene eine bedeutende Rolle gespielt haben, erscheint Mommsens Definition lediglich als ein Ausweichen vor einer begrifflichen Schwierigkeit, das so nicht hinzunehmen ist. In der vorliegenden Arbeit soll daher in diesem Punkt Abhilfe geschaffen werden.

Unabhängig von der Frage nach der eigentlichen Aufgabe der Kreisleiter, und wie erfolgreich sie diese bewältigt haben, ist auf jeden Fall zu untersuchen, inwieweit die Kreisleiter die Durchsetzung des Nationalsozialismus gefördert haben. Wenn Mommsen und Roth von der "Bedeutungslosigkeit der NSDAP"[29] sprechen, so erweckt dies den Eindruck, die NSDAP im allgemeinen und die Kreisleiter im besonderen seien für die Stabilisierung des NS-Regimes überflüssig gewesen und hätten auf die Bevölkerung keinerlei meßbaren Einfluß ausgeübt. Problematisch ist hier der Nachweis mit aussagekräftigen Quellen. Am besten geeignet wären hier entsprechende parteiinterne Äußerungen.

Hinsichtlich der Wirtschaftsstruktur und der wirtschaftlichen Entwicklung in der Zeit des Dritten Reiches weist der Gau Weser-Ems gravierende regionale Unterschiede auf. Diese lassen sich aus der Statistik des Deutschen Reichs sehr leicht ermitteln. Da die Zustimmung der Bevölkerung in Deutschland zum NS-Regime stark an die wirtschaftliche Entwicklung geknüpft war, liegt es nahe zu untersuchen, ob sich eine regional unterschiedliche wirtschaftliche Entwicklung auch in regional unterschiedlicher Zustimmung zum Regime manifestiert hat.

Die Ergebnisse der Reichstagswahlen von 1938 bilden in dieser Hinsicht eine eingeschränkt brauchbare Quelle, da auch eine Fälschung zumindest eine gewisse Glaubwürdigkeit aufweisen muß. Landkreise mit dem Nationalsozialismus gegenüber aufgeschlossener Bevölkerung dürften also tendenziell einen höheren Anteil an Ja-Stimmen aufweisen. In Verbindung mit der wirtschaftlichen Entwicklung, die sich durch die Statistik des Deutschen Reichs ermitteln läßt, kann so festgestellt werden, ob der regional unterschiedliche wirtschaftliche Aufschwung auch eine entsprechende tatsächliche oder zumindest von den Wahlfälschern angenommene unterschiedliche Zustimmung zum NS-Regime nach sich zog.

Die Politik des NS-Regimes bekannte sich zwar zum "positiven Christentum", zielte aber letzten Endes auf die Beseitigung der Kirchen als gesellschaftlich relevante Faktoren, also auf eine Entkirchlichung der Bevölkerung, ab. Gewünscht von

---

[27] Roth, S. 238.
[28] Ebda. Roth bezieht sich auf Hans Mommsen: Die innere Struktur des nationalsozialistischen Herrschaftssystems (Politische Bildung 5) 1972, S. 49.
[29] Roth, S. 238.

der Partei war ein Christentum, das sich nicht auf eine bestimmte Konfession bezog. Die Gruppe dieser Christen wurde im Dritten Reich als "Gottgläubige" bezeichnet. Der Anteil der "Gottgläubigen" könnte somit ein wichtiger Indikator für den Grad der ideologischen Durchdringung eines Landkreises sein, zumal die "Gottgläubigen" bei der Volkszählung von 1939 gesondert gezählt und somit wie eine "dritte Konfession" in der Statistik des Deutschen Reichs erfasst wurden.

Es erscheint jedoch zweifelhaft, ob die Anzahl der Gottgläubigen allein ein hinreichendes Kriterium darstellen kann. Es muß vielmehr geprüft werden, ob diese "Gottgläubigkeit" auch tatsächlich auf die NS-Propaganda zurückgeführt werden kann, oder ob nicht vielmehr dies darauf zurückzuführen ist, daß diejenigen, die ohnehin schon der Kirche fern standen, unter den Bedingungen des NS-Regimes eher zu einem Kirchenaustritt bereit waren. Für bestimmte Berufsgruppen, beispielsweise Bauunternehmer, konnte die Frage, ob in den auftraggebenden Behörden kirchentreue oder nationalsozialistisch gesinnte Beamte saßen, durchaus entscheidend für die berufliche Existenz sein. Lag der Bauunternehmer mit seinen Auftraggebern aus der öffentlichen Verwaltung auf einer Linie, so mußte er zwar nach wie vor mit sozialer Ächtung seitens der kirchentreuen Kreise rechnen, diese war für ihn jedoch nicht mehr existenzbedrohend.

Als brauchbares, weiteres Kriterium für eine erfolgreiche Entkirchlichungspolitik bieten sich die Zahlen der Abendmahlsgäste an, da diese sowohl von der katholischen als auch von den evangelischen Kirchen statistisch erfasst wurden. Selbst wenn man bedenkt, daß das Abendmahl in den evangelischen Kirchen eine geringere Rolle spielt als in der katholischen Kirche, in der es zudem die sogenannte "Osterpflicht" gibt, so ist doch die tendenzielle Entwicklung aussagekräftig. Zudem kann hier geprüft werden, ob es einen Zusammenhang gibt zwischen Kreisen, in denen es eine niedrige Kirchlichkeit gibt und solchen, die 1939 eine hohe Quote Gottgläubiger aufweisen. Letztere sind für diese Untersuchung besonders interessant, da man ja zunächst geneigt wäre, hier eine besondere Aufgeschlossenheit gegenüber dem Nationalsozialismus zu erblicken und dem Kreisleiter eine besonders erfolgreiche Propagandatätigkeit zuzuschreiben. Auf diese Weise lässt sich klären, ob es während der Zeit des Dritten Reiches tatsächlich eine Entfremdung von den Kirchen gab, die nicht mit ohnehin vorhandenen Tendenzen der Säkularisierung und der allgemeinen Entkirchlichung erklärt werden kann.

Eine weitere interessante Frage ist die der Behandlung der Kreisleiter nach Kriegsende im Rahmen der Entnazifizierung, denn hier liegt ja gewissermaßen schon eine erste, abschließende Bewertung der Tätigkeit der Kreisleiter vor. Diese stützte sich nicht allein auf die Aussagen der Betroffenen und auf die typischen "Persilscheine", sondern auch auf Stellungnahmen aus der Bevölkerung, die von der Polizei im Auftrag der Staatsanwaltschaften angestellt wurden. Die Entnazifizierungs- und Spruchgerichtsakten können also wesentlich zur Aufhellung der Tätigkeit der Kreisleiter und ihres Ansehens bei der Bevölkerung beitragen. Eine Beschäftigung mit der Entnazifizierungsproblematik als solcher soll hierbei jedoch nicht im Mittelpunkt stehen.

Da die Kreisleiter direkt den Gauleitern unterstellt waren, können diese bei der Untersuchung nicht ausgeklammert werden, zumal die Kreisleiter zwar de jure von Hitler persönlich in ihr Amt eingesetzt wurden, de facto es aber der Gauleiter war, der die Auswahl der Kreisleiter traf. Für den Handlungsspielraum der Kreisleiter war es von entscheidender Wichtigkeit, inwieweit der Gauleiter ihnen in ihrem Kreis freie Hand ließ. Dies empfiehlt sich gerade im Falle des Gaues Weser-Ems, denn hier erfolgte 1942 ein Wechsel von dem in der Literatur als bäuerlich-rüpelhaft beschriebenen Gauleiter Carl Röver zu dem über 19 Jahre jüngeren, als intelligent und ehrgeizig beschriebenen Paul Wegener. Hier ist zu untersuchen, ob es im Zusammmenhang mit dem Gauleiterwechsel auch ein umfassendes Revirement innerhalb der Kreisleitungen gab. Auch im Hinblick auf die allgemeine Rekrutierung der Kreisleiter stellt sich die Frage, ob hier signifikante Unterschiede hinsichtlich der für die Kreisleiter erforderlichen Qualitäten zwischen diesen in ihrer Persönlichkeit so verschiedenen Gauleiter gibt.

Da die Kreisleiter in gewissem Sinne auch Vertreter ihrer Region waren, ist es durchaus denkbar, daß regionale Interessen zu Konflikten zwischen Kreisleitern und Gauleiter führten. Dies ist gerade für den Gau Weser-Ems wahrscheinlich, da er trotz nationalsozialistischer Gleichschaltung ein sehr heterogenes Gebiet darstellte, welches sich aus dem Land Oldenburg (Landesteil Oldenburg), der Stadt Bremen, Ostfriesland (Regierungsbezirk Aurich) und dem Regierungsbezirk Osnabrück zusammensetzte, wobei wiederum innerhalb des Landes Oldenburg und des Regierungsbezirkes Osnabrück regionale Unterschiede bestehen. Ein einheitliches, über den Raum Weser-Ems definiertes Regionalbewußtsein gab es hier nicht.

Vor diesem Hintergrund stellt sich natürlich die Frage, ob die Sozialgruppe der Kreisleiter mit dem von ihnen betreuten Kreisen korrelierte, beispielsweise also ob der Kreisleiter der in seinem Kreis zahlenmäßig überwiegenden Konfession angehörte. Die Kreisleiter waren zugleich die höchsten Funktionäre der NSDAP, die im täglichen Leben der Bevölkerung präsent waren, während die Gau- und Reichsleiter sich höchstens zu besonderen Anlässen zeigten. Sie spielten daher auf regionaler Ebene für die Akzeptanz der NSDAP bei der Bevölkerung eine zentrale Rolle. Eine 'Unverträglichkeit qua Person' zwischen den Kreisleitern und den von ihnen betreuten Kreisen könnte somit eine Erklärung dafür liefern, daß die NSDAP an der zeitweiligen Beliebtheit Hitlers bei der Bevölkerung nicht Teil hatte und weitgehend als Fremdkörper in der deutschen Bevölkerung angesehen wurde[30].

---

[30] Vgl. Kershaw, Ian: Der Hitler-Mythos. Volksmeinung und Propaganda im Dritten Reich (Schriftenreihe der Vierteljahreshefte für Zeitgeschichte; 41). Stuttgart, 1980. S. 88.

1.2 Quellen und Literatur

1.2.1 Die Kreisleiter der NSDAP in der wissenschaftlichen Literatur

Obwohl den Kreisleitern, wie oben dargestellt, im NS-Regime ein sehr hoher Stellenwert beigemessen wurde, hat sich die historische Forschung erst in letzter Zeit mit ihnen beschäftigt. Während zu den obersten Schichten der NS-Führung einschließlich der Gauleiter bereits umfangreiche Literatur existiert, sind die Kreisleiter der NSDAP erst in jüngster Zeit Gegenstand einzelner Untersuchungen gewesen[31]. Weder Peter Mansteins[32] noch Detlev Mühlbergers[33] Arbeit zu den Mitgliedern und Wählern der NSDAP gehen auf die Kreisleiter oder sonstige Amtsträger der NSDAP als Gruppe ein. John Connelly benutzt in "The Uses of Volksgemeinschaft"[34] die Rolle der Kreisleitung nur als Aufhänger zur Darstellung der Denunziationspraktiken im Dritten Reich. Auch Kurt Düwell[35] betrachtet lediglich auf wenigen Seiten die Rolle der Kreisleiter im Herrschaftssystem des Dritten Reiches. Eine gründliche Untersuchung findet nicht statt. Eine Untersuchung zur Sozialstruktur fehlt völlig. Barbara Fait[36] konzentriert sich in ihrer Arbeit auf den Prozeß der Entnazifizierung der Kreisleiter in den späten vierziger und Anfang der fünfziger Jahre.

Das einzige umfangreichere Werk über die Kreisleiter als Gruppe stammt von Claudia Roth[37]. Ihre Arbeit liefert vor allem zu Fragen der Parteifinanzierung reichhaltiges Material. Auch die rechtlichen Rahmenbedingungen sowie die parteiinter-

---

[31] Zuletzt erschienen ist Stelbrink, Wolfgang: Die Kreisleiter der NSDAP in Westfalen und Lippe. Versuch einer Kollektivbiographie mit biographischem Anhang. Münster, 2003. Eine Kurzfassung erschien unter dem Titel: Die Kreisleiter der NSDAP in den beiden westfälischen Parteigauen. In: Ruck, Michael/Pohl, Karl Heinrich (Hrsg.): Regionen im Nationalsozialismus. Bielefeld, 2003. S. 157/187. Im gleichen Band erschienen ist auch der auf einem Dissertationsvorhaben basierende Aufsatz von Sebastian Lehmann: Kreisleiter der NSDAP in Schleswig-Holstein. Möglichkeiten eines Sammelbiographischen Ansatzes. In ebda., S. 147-156.

[32] Manstein, Peter: Die Mitglieder und Wähler der NSDAP 1919-1933. Untersuchungen zu ihrer schichtmäßigen Zusammensetzung. Frankfurt a.M., 3. ergänzte Aufl. 1990.

[33] Mühlberger, Detlev: Hitler's Followers. Studies in the sociology of the Nazi movement. London, 1991.

[34] Connelly, John: The Uses of Volksgemeinschaft: Letters to the NSDAP Kreisleitung Eisenach, 1939-1940. In: The Journal of Modern History 68 (December 1996), S. 899-930.

[35] Düwell, Kurt: Gauleiter und Kreisleiter als regionale Gewalten des NS-Staates. In: Nationalsozialismus in der Region. Hg. von Horst Möller, Andreas Wirsching und Walter Ziegler (Sondernummer der Vierteljahreshefte für Zeitgeschichte). München, 1996. S. 161 - 174.

[36] Barbara Fait: Die Kreisleiter der NSDAP - nach 1945. In: Von Stalingrad zur Währungsreform. Zur Sozialgeschichte des Umbruchs in Deutschland. Hg. von Martin Broszat, Klaus-Dietmar Henke und Hans Woller (Quellen und Darstellungen zur Zeitgeschichte; Bd. 26). München, 1988. S. 213 - 299.

[37] Claudia Roth: Parteikreis und Kreisleiter der NSDAP unter besonderer Berücksichtigung Bayerns (München, 1997).

nen Richtlinien werden ausführlich dargestellt. Roth bearbeitet in ihrer Untersuchung gleich fünf der sechs zu Bayern gehörenden NSDAP-Gaue. Der Schwachpunkt von Roths Arbeit liegt darin, daß fast keine personenbezogenen Akten herangezogen werden. Dies dürfte zum einen auf das sehr große Untersuchungsgebiet zurückzuführen sein. Zum anderen ist, wie bereits erwähnt, die Beschaffung personenbezogener Unterlagen gerade für Bayern sehr schwierig, da die Entnazifizierungs- bzw. Spruchgerichtsakten hier nicht wie in anderen Bundesländern zentral in den zuständigen Staatsarchiven gelagert sind, sondern sich noch immer in den Archiven der Amtsgerichte befinden, die seinerzeit mit der Durchführung des Spruchgerichtsverfahrens beauftragt waren. Daher ist Roths Materialbasis nicht vollständig, erfaßt also nicht alle bayerischen Kreisleiter, sondern beschränkt sich auf die Personen, die in Kreisleiterlisten und in den Ausgaben des "Adressenwerk der Dienststellen der NSDAP"[38] verzeichnet sind.

Bei der Frage, wie die Kreisleiter rekrutiert wurden, zieht Roth als Kriterien lediglich den frühen Parteieintritt sowie die Mitgliedschaft bei SA und SS in Betracht. Politische Tätigkeiten werden völlig außer Acht gelassen, obwohl sich eine Tätigkeit der Kreisleiter zumindest für das Jahr 1933 relativ leicht aus dem "Adreßbuch der nationalsozialistischen Volksvertreter"[39] ermitteln läßt. Die Frage, aus welchen Motiven die Kreisleiter überhaupt in die NSDAP eingetreten sind, wird bei ihr gar nicht gestellt. Vielmehr konzentriert sie sich auf die von Partei-Kanzlei und Reichsleitung der NSDAP herausgegebenen Anweisungen und Richtlinien, ohne die Frage zu klären, ob diese von den einzelnen Gau- und Kreisleitern auch tatsächlich umgesetzt wurden. Einer Klärung des Begriffes "Menschenführung" geht sie völlig aus dem Weg. Auch das Verhältnis Kreisleiter - Gauleiter wird bei ihr überhaupt nicht problematisiert. Letzteres ist jedoch kein Mangel, der ausschließlich Roth vorgehalten werden muss. So bezeichnet Peter Klefisch die Kreisleiter in seinem biographischen Nachschlagewerk zu den Kreisleitern der NSDAP in den Gauen Köln-Aachen, Düsseldorf und Essen als verlängerten Arm der Gauleiter[40], ohne dies jedoch im Einzelnen näher auszuführen.

---

[38] Adressenwerk der Dienstellen der NSDAP mit den angeschlossenen Verbänden, des Staates, der Reichsregierung und Behörden, u. der Organisationen: Kultur / Reichsnährstand / Gewerbliche Wirtschaft. Hrsg. ... mit Lexikon-Wegweiser von A-Z. Berlin: „Die deutsche Tat", 1937.
Adressenwerk der Dienststellen der NSDAP mit den Angeschlossenen Verbänden, des Staates, der Reichsregierung - Behörden und der Berufsorganisationen in Kultur - Reichsnährstand - Gewerbliche Wirtschaft. Herausgegeben unter Aufsicht der Reichsleitung der NSDAP - Hauptorganisationsamt, München - unter Mitarbeit der Gauorganisationsämter mit Lexikon=Wegweiser von A-Z. Berlin: „Die deutsche Tat", 1939.
Adressenwerk der Dienststellen der NSDAP. 3. Ausgabe 1941/42. Berlin, 1943.
[39] Görlitzer, Artur (Hrsg.): Adreßbuch der nationalsozialistischen Volksvertreter. Berlin, 1933.
[40] Peter Klefisch (Bearb.): Die Kreisleiter der NSDAP in den Gauen Köln-Aachen, Düsseldorf und Essen (Veröffentlichungen der staatlichen Archive des Landes Nordrhein-Westfalen, Reihe C: Quellen und Forschungen; Bd. 45). Düsseldorf, 2000.

Eine weitere, für die vorliegende Untersuchung relevante Arbeit stammt von und Hansjörg Riechert und Andreas Ruppert[41], die den Nationalsozialismus während der Kriegsjahre in Lippe untersucht haben, wobei der dortige Kreisleiter Adolf Wedderwille eine zentrale Rolle spielte. Die Besonderheit dieser Arbeit besteht in der außerordentlich guten Quellenbasis, die den Autoren für die Untersuchung der Rolle Wedderwilles zur Verfügung stand, da die Unterlagen der Detmolder Kreisleitung als einzige in ganz Deutschland fast vollständig überliefert sind. Zuletzt erschienen ist die Arbeit von Wolfgang Stelbrink über die Kreisleiter in den Gauen Westfalen-Nord und Westfalen-Süd[42]. Die Arbeit hat bezüglich der herangezogenen Quellen und ihrer Auswertung vieles mit der vorliegenden Arbeit gemein, so daß sie sich für einen Vergleich zwischen den Gauen Weser-Ems, Westfalen-Nord und Westfalen-Süd anbietet.

1.2.2 Zur Theorie von Eliten und Herrschaft

"Eliten" und "Herrschaft" sind gerade bei der Betrachtung der Geschichte des Dritten Reiches zentrale Begriffe, die von Historikern zwar häufig gebraucht, aber selten genauer reflektiert oder hinterfragt werden. Will der Historiker sich die politik- und sozialwissenschaftlichen Erkenntnisse der modernen Elitenforschung im Sinne einer hilfswissenschaftlichen Rezeption nutzbar machen, so stellt er fest, daß sich sowohl Politologen als auch Soziologen primär mit gegenwärtigen Verhältnissen befassen. Dabei schauen beide zwar gerne über den geographischen Tellerrand - hier stehen gegenwärtig die neuen Eliten in Osteuropa nach dem Zusammenbruch des Ostblocks und der Auflösung der Sowjetunion im Mittelpunkt des Interesses -, vernachlässigen jedoch die historische Perspektive, obwohl in der politischen und gesellschaftlichen Diskussion 'Erfahrungen aus der Geschichte' - und mit Vorliebe Erfahrungen aus der Geschichte des Dritten Reiches - permanent zur Diskussion aktueller Fragen und Probleme herangezogen werden. Dementsprechend spielt auch das nationalsozialistische Deutschland nur eine untergeordnete Rolle in der Elitenforschung. Dies verschärft sich mit zunehmender zeitlicher Distanz zum Dritten Reich.

Das einzige umfangreiche Projekt, das je zur Erforschung politischer Eliten aufgelegt wurde und hierbei auch das Dritte Reich als Untersuchungsgegenstand einschloss, war ein Projekt des "Massachusetts Institute of Technology" (M.I.T.) an der Universität Boston, dessen Ergebnisse 1965 unter dem Titel "World Revolutionary Elites. Studies in Coercive Ideological Movements" (Cambridge, Massachusetts, 1965) veröffentlicht wurden.[43] Hier wird die Elite des Dritten Reiches mit den Eliten anderer "revolutionärer" Eliten verglichen.

---

[41] Ruppert, Andreas/Riechert, Hansjörg: Der Nationalsozialismus in Lippe während der Kriegsjahre. Analyse und Dokumentation (Veröffentlichungen der Staatlichen Archive des Landes Nordrhein-Westfalen, Reihe C: Quellen und Forschungen; Band 41). Opladen, 1998.
[42] Stelbrink, Wolfgang: Die Kreisleiter der NSDAP in Westfalen und Lippe. Versuch einer Kollektivbiographie mit biographischem Anhang. Münster, 2003.
[43] Lasswell, Harold D./Lerner, Daniel: World Revolutionary Elites. Studies in Coercive Ideological Movements. Cambridge, Massachusetts, 1965.

Insgesamt kann man feststellen, daß ein Großteil der soziologischen und politologischen Literatur keine brauchbaren, direkt auf das Dritte Reich zugeschnittenen Ansätze für die Erforschung einer Elite wie den Kreisleitern bietet. Es muß daher in dieser Arbeit versucht werden, anhand der abstrakten soziologischen und politologischen Elitetheorien einen Ansatz zu entwickeln, der geeignet ist, die politischen und sozialen Phänomene des Dritten Reiches im allgemeinen und der Kreisleiter als einer politischen Elite im besonderen adäquat begrifflich zu fassen und zu beschreiben.

Zwei Bände der Reihe "Erträge der Forschung" bieten hier eine erste Orientierungshilfe über die zu behandelnden Grundprobleme. Dietrich Herzog befasst sich in "Politische Führungsgruppen. Probleme und Ergebnisse der modernen Elitenforschung" (Darmstadt, 1982) mit den zentralen Fragen gerade der deutschen Elitenforschung. Nach einer kurzen Einführung in die Klassiker und einem Überblick über die Eliten im historischen Wandel folgt eine Beschreibung der Grundprobleme der Elitenrekrutierung und der Rolle der Eliten in Machtstrukturen und Steuerungsfunktionen. Einen anderen Ansatz verfolgen Manfred Hennen und Wolfgang-Ulrich Prigge in "Autorität und Herrschaft" (Darmstadt, 1977). Sie befassen sich hier mit der Systematik der Begriffe zur Analyse von Über- und Unterordnung in sozialen Systemen, geben einen historischen Überblick über die wichtigsten Herrschafts- und Gesellschaftstheorien von Thomas Hobbes bis Max Weber und beschreiben strukturspezifische Herrschaftseinheiten und Autoritätsformen. Dabei unterscheiden sie zwischen fünf Herrschaftseinheiten: "Führung", "Autoritarismus", "Kompetenz", "informaler Einfluß" und "Manipulation und Macht". Gerade die Differenzierung einzelner Herrschaftstypen und Autoritätsformen erscheint für die vorliegende Arbeit als vielversprechend, da zunächst einmal geklärt werden muß, welche Art von Herrschaft mit dem sehr allgemeinen Begriff "Menschenführung", eigentlich gemeint war und in welcher Form sie von den Kreisleitern ausgeübt wurde, d. h. welche Funktionen sie im einzelnen erfüllten. Wenig hilfreich ist hier auch die Arbeit von Angelika Schade[44], die im Wesentlichen nur ältere Forschungsergebnisse von Martin Broszat[45] wiedergibt und zu den Kreisleitern speziell nichts aussagt.

"Leadership" von James MacGregor Burns[46] ist die einzige umfangreiche Arbeit, die sich primär mit grundsätzlichen Fragen des Problemfeldes "Führung" und "Autorität" beschäftigt. Burns gelingt es, obwohl sich sein Werk in erster Linie an den amerikanischen Leser richtet, das genannte Problemfeld auf einem derart hohen Abstraktionsniveau darzustellen, daß seine Überlegungen auch für die vorliegende Arbeit herangezogen werden können.

---

[44] Schade, Angelika: Vorstudien für eine neue Soziologie der Masse. Massenhandeln und Interdependenzen zwischen Eliten und Massen (Europäische Hochschulschriften, Reihe XXII Soziologie; Bd. 245). Frankfurt am Main, 1993.
[45] Broszat, Martin: Zur Struktur der NS-Massenbewegung. In: Vierteljahreshefte für Zeitgeschichte 1 (1938), S. 52-76.
[46] Burns, James MacGregor: Leadership. New York, 1979.

1.2.3 Quellen

Die größte Schwierigkeit, die sich dem Historiker bei der Erforschung der Geschichte der NSDAP stellt, ist die weitgehende Vernichtung der Parteiakten bei Kriegsende. Dies mag ein Grund dafür sein, warum sich die Forschung den Kreisleitern nur zögerlich zugewandt hat. Für die vorliegende Untersuchung erforderte der Wegfall dieser Quellen zwar einen erhöhten Rechercheaufwand, erwies sich jedoch nicht als unüberwindliches Hindernis. So konnten in den Staatsarchiven Aurich, Bremen, Oldenburg und Osnabrück zu insgesamt 37 von 70 Kreisleitern Entnazifizierungsakten ausgewertet werden. Wenn auch zu Fragen wie der Bereicherung an jüdischem Eigentum oder der Denunzierung politisch Andersdenkender keine ehrlichen Aussagen der ehemaligen Kreisleiter zu erwarten sind, so sind die gemachten Angaben zu den Punkten, die im Rahmen dieser Untersuchung von grundlegender Bedeutung sind, d. h. Alter, Schulbildung, Beruf und Parteieintritt, ggfs. politische Betätigung vor dem Eintritt in die NSDAP doch zuverlässig und bieten somit eine sichere Arbeitsgrundlage für diese Untersuchung.

Eine ergänzende Quelle waren die Spruchgerichtsakten, die für die britische Zone zentral im Bundesarchiv Koblenz überliefert sind. Hier konnten zu 29 Personen Spruchgerichtsakten ausgewertet werden, darunter 12 von Personen, für die keine Entnazifizierungsakten vorlagen.

Über die Mitglieder des Oldenburgischen Landtages, zu denen auch sechs NSDAP-Kreisleiter der Untersuchungsgruppe gehörten, gibt es eine vom Staatsarchiv Oldenburg zur Vorbereitung eines biographischen Handbuches über die Mitglieder des Oldenburger Landtages zusammengestellte Materialsammlung, die auch für diese Arbeit von Nutzen war. Weitere Unterlagen befinden sich im Bundesarchiv Berlin, das die Akten des ehemaligen "Berlin Document Center" (Personalakten der NSDAP) übernommen hat.

Ein einmaliger Glücksfall ist die "Gestapo-Kartei" im Staatsarchiv Osnabrück. Hierbei handelt es sich um die Kartei der Politischen Polizei Osnabrück, die 1933 von der Gestapo übernommen und weitergeführt wurde. So lassen sich leicht Informationen über die Frühzeit der NSDAP und der frühen Aktivitäten der Kreisleiter im damaligen Regierungsbezirk Osnabrück ermitteln.

Insgesamt kann damit die Quellenlage als gut bezeichnet werden. Bei einer Gesamtgruppe von 70 Kreisleitern konnte nur zu einem einzigen keine personenbezogene Akte ermittelt werden. Zu diesem Kreisleiter, der ohnehin nur ein Jahr im Amt war, findet sich in der Literatur und in publizierten Quellen aber aussagekräftiges Material, so daß auch dieser von der Betrachtung der Gesamtgruppe nicht gänzlich unberücksichtigt bleiben muß. Zu der Mehrzahl der Personen finden sich hingegen mehrere Quellen unterschiedlicher Provenienz, so daß man von einer sehr sicheren Quellenbasis für diese Untersuchung sprechen kann.

Hilfreich bei der Ermittlung aller in den Jahren 1932 - 1945 amtierenden Kreisleiter waren die vielen überlieferten Regionalzeitungen. Eine solche Recherche war notwendig, da in den Akten der Gauleitung Weser-Ems, die sich im Staatsarchiv in Oldenburg befinden, nur wenige Kreisleiterlisten vorhanden sind, in denen zum

Teil sogar die Namen falsch geschrieben sind[47]. Die wichtigste Regionalzeitung für das Land Oldenburg war der "Freiheitskämpfer" (ab 1. 4. 1933 "Oldenburgische Staatszeitung"), die erste "gauamtliche" Tageszeitung der Gauleitung Weser-Ems, die in der Oldenburgischen Landesbibliothek für den Zeitraum August 1932 bis Mai 1945 vorhanden ist. Für die NSDAP-Kreise Bremen und Bremen-Lesum ist die in der Staats- und Universitätsbibliothek Bremen vorhandene "Bremer Nationalsozialistische Zeitung" (ab 1. 11. 1933 "Bremer Zeitung") zu nennen. Für Ostfriesland ist dies die "Ostfriesische Tageszeitung", die in der Bibliothek der Ostfriesischen Landschaft in Aurich (Ausgabe Leer) und im Stadtarchiv Emden (Ausgabe Emden) vorhanden ist. Handelte es sich bei den vorgenannten Zeitungen um schon in der "Kampfzeit" entstandene parteiamtliche Zeitungen, so ist für den Regierungsbezirk Osnabrück als wichtigste herangezogene Zeitung das im Staatsarchiv Osnabrück vorhandene "Osnabrücker Tageblatt" zu nennen.

1.2.4 Literatur zur Geschichte des Gaues Weser-Ems

Ergänzend zu den archivalischen Quellen kann die regionalgeschichtliche Literatur hinzugezogen werden. Biographische Skizzen zu einzelnen Kreisleitern im Gau Weser-Ems sind jedoch leider selten. Drei sehr kurze biographische Skizzen zu den Kreisleitern Ferdinand Esser (Osnabrück-Land), Willy Münzer (Osnabrück-Stadt) und Dr. Josef Ständer (Bentheim) finden sich im "Biographischen Handbuch zur Geschichte der Region Osnabrück"[48]. Einen kurzen Aufsatz zum langjährigen Kreisleiter des Kreises Aschendorf-Hümmling liefert Hans-Joachim Albers[49]. Die "Bremische Biographie 1912 - 1962"[50] enthält nur über den Kreisleiter Otto Bernhard einen biographischen Artikel. Der zweite Band des "Biographischen Lexikons für Ostfriesland"[51] enthält zwei kurze Aufsätze zu den Kreisleitern Erich Drescher (Leer) und Johann Menso Folkerts (Emden). Das "Wilhelmshavener Heimatlexikon"[52] enthält zwei sehr kurze Einträge zu Georg Seiffe und Paul Wegener. Keiner von beiden wird in seiner Eigenschaft als Kreisleiter erwähnt.

Zur Geschichte des Gaues Weser-Ems gibt es zwar noch keine Gesamtdarstellung. Es liegt jedoch zu den einzelnen Teilen des Gaues jeweils eine Fülle von Einzeluntersuchungen vor. Am wichtigsten ist hier für Bremen die vierbändige Geschichte der Stadt Bremen von Herbert Schwarzwälder. Der dritte Band "Bremen in

---

[47]So wird z. B. in einer Aufstellung über die Telefonanschlüsse und Postanschriften der Kreisleitungen und Kreisleiter ein Lingener Kreisleiter Plex genannt, der tatsächlich Plesse hieß. StAO Best. 320-1 Nr. 2.

[48]Biographisches Handbuch zur Geschichte der Region Osnabrück. Bearbeitet von Rainer Hehemann. Herausgegeben vom Landschaftsverband Osnabrück e. V. Bramsche, 1990.

[49] Albers, Hans-Joachim: Gerhard Buscher. In: Emsländische Geschichte 6. Herausgegeben von der Studiengesellschaft für Emsländische Regionalgeschichte. Dohren, 1997. S. 182-189.

[50]Bremische Biographie 1912 - 1962. Herausgegeben von der Historischen Gesellschaft zu Bremen und dem Staatsarchiv Bremen. In Verbindung mit Fritz Peters und Karl H. Schwebel bearbeitet von Wilhelm Lührs. Bremen, 1969.

[51]Biographisches Lexikon für Ostfriesland. Zweiter Band. Herausgegeben im Auftrag der Ostfriesischen Landschaft von Martin Tielke. Aurich, 1997.

[52]Wilhelmshavener Heimatlexikon. Dritter Band S - Z. Herausgegeben von Werner Brune. Wilhelmshaven, 1987.

der Weimarer Republik"[53] beschäftigt sich mit dem schwierigen Aufstieg der NSDAP in der Stadt Bremen. Der vierte Band "Bremen in der NS-Zeit"[54] befaßt sich ausschließlich mit der Zeit von der "Machtergreifung" bis zur Kapitulation 1945. Eine weitere Monographie, die sich ausschließlich mit der Geschichte Bremens befaßt, ist das 1986 erschienene Werk von Inge Marßolek und René Ott[55]: "Bremen im Dritten Reich. Anpassung - Widerstand - Verfolgung". Beide Untersuchungen gehen auch auf die Rolle der Kreisleiter ein.

Während sich diese Untersuchung im Falle Bremens somit auf zwei umfangreiche Monographien zur Geschichte des Dritten Reiches stützen kann, liegen für die anderen Teile des Gaues Weser-Ems, d. h. für das Land Oldenburg ohne Birkenfeld und Lübeck-Eutin sowie die Regierungsbezirke Osnabrück und Aurich (Region Ostfriesland) zahlreiche Untersuchungen zu einzelnen Orten, Aspekten, Zeitabschnitten oder Personen vor.[56] Bei letzteren ist hier als neueste Arbeit die von Klemens-August Recker über die Rolle Bischof Bernings von Osnabrück in der Zeit des Dritten Reiches[57] zu nennen. Insgesamt liegt somit eine Fülle von Literatur vor, auf die die vorliegende Arbeit aufbauen kann.

---

[53] Schwarzwälder, Herbert: Bremen in der Weimarer Republik (1918-1933). Geschichte der Freien Hansestadt Bremen; Bd. 3. Hamburg, 1983.
[54] Schwarzwälder, Herbert: Bremen in der NS-Zeit: (1933-1945). Geschichte der Freien Hansestadt Bremen; Bd. 4. Hamburg, 1985.
[55] Marßolek, Inge/Ott, René: Bremen im Dritten Reich. Anpassung - Widerstand - Verfolgung. Unter Mitarbeit von Peter Brandt, Hartmut Müller, Hans-Josef Steinberg. Bremen, 1986.
[56] Einen Überblick über die Geschichte des Landes Oldenburg während der Weimarer Republik und des Dritten Reiches bietet Wolfgang Günther: Freistaat und Land Oldenburg (1918 - 1946). In: Geschichte des Landes Oldenburg. Ein Handbuch. Im Auftrag der Oldenburgischen Landschaft herausgegeben von Albrecht Eckhardt in Zusammenarbeit mit Heinrich Schmidt. Oldenburg, 1987. S. 403-490.
[57] Recker, Klemens-August: "Wem wollt ihr glauben?" Bischof Berning im Dritten Reich. Paderborn, 1998.

2 Grundlagen der soziologischen und politologischen Elitentheorie

Obwohl sich Historiker gerade in jüngster Zeit verstärkt des Elitebegriffes bedienen, so ist doch festzustellen, daß die politologischen und soziologischen Grundlage der Elitentheorie bisher nicht rezipiert worden sind. Es erscheint für diese Arbeit daher sinnvoll, der eigentlichen Untersuchung eine Darstellung dieser Grundlagen, insoweit sie für die Erforschung der Geschichte des Dritten Reiches fruchtbar gemacht werden können, voranzustellen.

2.1 Grundsätzliches

Der Begriff der Elite findet sowohl in der öffentlichen als auch in der wissenschaftlichen Diskussion breite Verwendung[58]. Hat auch das "Elitäre" oft den Beigeschmack des Dünkelhaft-Eingebildeten, so kommt man doch um die Verwendung des Begriffes nicht herum, denn in keiner Gesellschaftsform haben alle Personen und Gruppen gleichermaßen gesellschaftlichen Einfluß bzw. politische Macht. Selbst in den kommunistischen Regimen sowohl sowjetrussischer als auch chinesischer Prägung, die in besonderem Maße die gesellschaftliche Gleichheit aller Menschen propagieren, war und ist es doch de facto so, daß eine genau definierte Gruppe, d. h. die jeweilige kommunistische Partei gesamtgesellschaftlich den Ton angibt. Das Problem ist also nicht ob es Eliten gibt, sondern an welchen Kriterien man den Begriff der Elite festmacht. Der Elitebegriff als solcher unterlag und unterliegt dabei gewissen Wandlungen, da er keineswegs eine Erfindung des 20. Jahrhunderts ist, sondern auf eine längere Geschichte zurückblickt.

2.2 Entstehung des Begriffs

Der Begriff "Elite" als solcher ist nicht klar definiert. In Nachschlagewerken, Fremdwörterbüchern und Lexika

> reicht der Bogen von Auslese, Auserlesene, das Auserlesenste über die Besten, die Vornehmsten, die Auslese der Besten und der Kern bis hin zur Führungsgruppe, der machtausübenden Minderheit und Minderheit höchsten Werts und höchster Leistung.[59]

---

[58] Der OPAC der Deutschen Bibliothek, der die deutschsprachige Buchproduktion von 1945 bis 2004 umfasst, liefert für das Titelstichwort "Elite" 299 Titel allein von Monographien. OPAC-Recherche vom 30. 9. 2004.

[59] Freund, Michael: Elite - Auswahl der Besten? Vorstellungen und Wirklichkeit (Schriftenreihe der Akademie Sankelmark, Neue Folge; Heft 35). O. O., 1977. S. 10.

Hans Dreitzel weist darauf hin, daß der Elitebegriff dabei nicht unbedingt an die Machtträger gebunden ist:

> Geht man der ursprünglichen Wortbedeutung von "Elite" nach, so sieht man sehr bald, daß im vorwissenschaftlichen Sprachgebrauch mit diesem Ausdruck die "Besten" und Qualifiziertesten hinsichtlich eines je bestimmten Auslesemerkmals gemeint sind. Der Elitebegriff hat offenbar immer eine Beziehung zu bestimmten gesellschaftlichen Normen: die ausschließliche Bindung des Begriffs an die Machtträger der Gesellschaft wurde erst von den "machiavellistischen" Elitetheorien von Mosca, Michels und Pareto vollzogen.[60]

Das Wort "Elite" leitet sich vom französischen Verb für auswählen, elire, ab. Im 17. Jahrhundert bezeichnete man mit dem Begriff "élite" Waren von besonders hoher Qualität. Später wurde er auch für besonders qualifizierte militärische Abteilungen und für Adlige gebraucht. Ende des 18. Jahrhunderts wird "élite" als Lehnwort ins Deutsche übernommen. Seither verbindet sich mit diesem Begriff "zweifellos die Vorstellung der Auslese stets das Vorhandensein bestimmter Wert- und Ordnungsvorstellungen voraussetzt."[61]

Dreitzel unterscheidet zwischen drei Gruppen von Elitebegriffen. Zunächst ist hier das utopische Element zu nennen, d. h. das Ideal, das nur die objektiv Besten die Geschicke einer Gesellschaft leiten sollten. Hier stellt sich natürlich die Frage nach den Kriterien, nach denen festgestellt werden soll, wer zur Gruppe der "objektiv Besten" gehört, worunter hier zu verstehen ist, daß mit den "objektiv Besten" diejenigen gemeint sein sollen, die zur Lenkung eines Staates am besten geeignet sind.

Richtet man den Blick auf einzelne konkrete Eigenschaften, so bezieht sich der Elitebegriff hingegen auf eine tatsächlich vorhandene und objektiv bestimmbare Qualität, wobei hier zunächst einmal jede Art der Qualifizierung in Frage kommt. Somit bekommt der Begriff der Elite sowohl den Aspekt der Auslese als auch den der Erlesenheit, denn die als notwendig betrachtete Eigenschaft muß ja nicht nur einfach vorhanden sein, sondern muß bei der Elite in weit höherem Maße als bei anderen Menschen gegeben sein.

Eine dritte besondere Form des Elitebegriffs liegt vor, wenn Elite anhand eines ideologischen Lehrsatzes definiert wird, wenn also von vornherein festgelegt wird, wer zur Elite gehören kann, d. h. wenn "unter dem Aspekt irgendeiner politisch doktrinären oder biologisch verabsolutierten Betrachtungsweise die Besten, Tüchtigsten und Geeignetsten 'ausgewählt' oder richtiger: benannt werden."[62] Das be-

---

[60] Dreitzel, Hans P.: Elitebegriff und Sozialstruktur. Eine soziologische Begriffsanalyse. Stuttgart, 1962. S. 3.
[61] Freund, S. 10.
[62] Freund, S. 11.

kannteste Beispiel ist hier sicherlich die Rassenideologie des Dritten Reiches, nach denen "rassisch Minderwertige" von der Elite grundsätzlich ausgeschlossen waren.

Freund merkt zu Dreitzel an, daß die "aufgezeigten Anwendungsformen als Elemente des Elitebegriffs auch miteinander verknüpft werden" und somit "ohne Einschränkung von einem nuancenreichenBegriff von schillernder Unbestimmtheit"[63] gesprochen werden kann. Insgesamt bleibt somit festzuhalten, "daß Elite als Auswahl und Auslese derjenigen, die sich tatsächlich qualifiziert haben, die ursprünglichste Bedeutung des Wortes darstellt."[64] Hinsichtlich der überlieferten Elitevorstellungen stellt Freund fest:

> Die Zerlegung des Elitebegriffs in seine utopische, ideologische und qualitative Komponente zeigt über seine gebräuchlichen Anwendungsformen hinaus auch, welche Ausprägung und welch 'mannigfache Deutungen' dieses Wort in der Geschichte erfahren hat. Das könnte mit einer chronologischen Darstellung aller Elitevorstellungen aus den bekannten Staats- und Gesellschaftstheorien - verbunden mit der Aufzählung tatsächlicher Eliteträger - nachgewiesen werden. Hierbei könnte nicht nur gezeigt werden, was in den verschiedenen Epochen als Elite bezeichnet wurde, sondern auch, inwieweit die vorhandenen Eliten diesen Vorstellungen tatsächlich entsprachen.[65]

Daß sich die NSDAP als eine Elite des Deutschen Volkes fühlte, ist eingangs gesagt worden. Dass die Kreisleiter allein durch ihre Stellung eine gewisse Eliteposition in der deutschen Gesellschaft zwischen 1933 und 1945 einnahmen, ist unstreitig. Daraus folgt jedoch nicht zwingendermaßen, daß die Kreisleiter der NSDAP auch die moralischen und andere persönliche Qualitäten hatten, die das Volk insgesamt bei einem Mitglied der Elite für selbstverständlich ansah. Dreitzel stellt für Eliten grundsätzlich fest, daß sie ein Produkt ihrer Gesellschaft sind, "wie umgekehrt die Gesellschaft ein Ausdruck ihrer Eliten ist."[66]

Dreitzel geht dabei davon aus, daß sich Eliten allmählich ausbilden. Dies war bei den Kreisleitern der NSDAP aber nicht der Fall, denn sie waren eben kein Produkt der Gesellschaft und haben sich auch nicht im eigentlichen Sinne langsam gebildet, sondern wurden von den Gauleitern eingesetzt, die letztlich nur über Adolf Hitler in gewisser Weise indirekt vom Volk legitimiert waren. Die mehrheitliche Entscheidung der Deutschen am 5. 3. 1933 für NSDAP und DNVP war eine Zustimmung, die sehr stark an die Person Adolf Hitlers gebunden war. Es hat von 1933 bis 1945 einen gewissen "Führer-Kult"[67] gegeben. Einen ähnlichen Kult um die NSDAP gab

---
[63] Freund, S. 11.
[64] Freund, S. 10-11.
[65] Freund, S. 12.
[66] Dreitzel, S. 155.
[67] Siehe dazu ausführlich Ian Kershaw: Der Hitler-Mythos. Volksmeinung und Propaganda im Dritten Reich (Schriftenreihe der Vierteljahreshefte für Zeitgeschichte; 41). Stuttgart, 1980.

es hingegen nie. Ein ähnliches Verhältnis zwischen örtlichem NSDAP-Führer als Elite und der ihm unterstellten Bevölkerung müßte daher im Einzelfalle nachgewiesen werden.

Bei allen überlieferten Elitetheorien steht zunächst der Gegensatz Masse-Elite im Mittelpunkt der Überlegungen. Dies beginnt schon im alten Griechenland bei Hippodamus, der eine Einteilung der Bürger in "Starke", "Arbeitsame" und "Elitemenschen"[68] vorgenommen hatte, wobei letztere die Staatslenker waren. Auch Platon teilte das Volk in Elite und Masse ein. Zur staatslenkenden Elite konnte nur gehören, wer eine Reihe von Prüfungen erfolgreich ablegte. Gustave LeBon (1841-1931) geht in seinem 1895 erstmals veröffentlichten Buch "Psychologie der Massen" noch weiter und versteht Masse nun generell als quantitativen und Elite als qualitativen Begriff. In allen Epochen, so wird argumentiert, hat eine dumpfe Masse einer regierenden Minderheit gegenübergestanden, die aufgrund angeborener oder erworbener Fähigkeiten der Masse wertmäßig überlegen ist.

Die Elite soll sich also gegenüber der Masse durch bestimmte Eigenschaften auszeichnen, die sie von der Masse unterscheiden, woraus der Begriff der "Wertelite" resultiert. Ein anderer Begriff für dieses "generell wertvoller sein" oder "zu den Besten des Volkes gehören" ist der des aristokratischen Charakters, der mit der Formel "noblesse oblige" Teil des allgemeinen Sprachgebrauchs ist. Vom Adel, der in früheren Zeiten die Schlüsselpositionen des politischen Lebens - hier ist auch an die Besetzung hoher kirchlicher Ämter durch Adelige zu denken - innehatte, wurde erwartet, daß er diese Führungsstellung durch eine in jeder Hinsicht beispielhafte Lebensführung rechtfertigte. Dieser der vorindustriellen, feudalistisch strukturierten Gesellschaft entsprechende Elitebegriff findet auch viel später noch Verwendung. So heißt es im 1961 erschienen "Handwörterbuch der Sozialwissenschaften": "Die Elite dagegen formt die gesamte Gesellschaft allein durch ihre Existenz und ihr Vorbild, nie durch äußere Machtmittel"[69]. Helmuth Rössler behauptet: "Die Elite repräsentiert das Ideal für den Lebenskreis, dessen Führung sie beansprucht."[70] Ob dieser von Rössler behauptete Soll-Zustand mit der Lebenswirklichkeit des Dritten Reiches in Einklang stand, wird im Verlauf dieser Arbeit zu klären sein.

Im Zuge der Aufklärung und der französischen Revolution verlor der Adel zunehmend an Bedeutung und an politischem und gesellschaftlichem Einfluß. Nun war es nicht mehr die politische, sondern die geistige Elite, die allgemein als beispielhaft galt. Als Beispiel kann Goethe genannt werden, der einmal gesagt hat: "Ich finde immer mehr, daß man es mit der Minorität, die stets die gescheitere ist, halten muß." Eine gedanklich entsprechende Aussage enthält auch Schillers 'Demetrius'-Fragment, heißt es doch: "Was ist die Mehrheit? Mehrheit ist der Unsinn, Verstand ist stets bei wen'gen nur gewesen." Die Zugehörigkeit zur Elite wurde fortan vor allem an geistigen Qualitäten festgemacht. Nach Freunds Meinung er-

---

[68] Dies und das folgende nach Freund, S. 11 ff.
[69] Baudin, Louis: Elite. In: Handwörterbuch der Sozialwissenschaften. Herausgegeben von E. von Beckerath u. a. Tübingen, 1961. Bd. III. Zitiert nach Freund, S. 11.
[70] Rössler, Helmuth: Elite. In: Führungsschicht und Eliteproblem. Konferenz der Ranke-Gesellschaft. Jahrbuch III. Frankfurt a. Main, 1957. .Zitiert nach Freund, S. 11.

folgte deshalb "die Auseinandersetzung mit der Elite lange Zeit nur 'in Form geistreicher Essayistik', wobei idealistische, romantische und verschwommene Vorstellungen auf den Begriff einwirkten und ihn in dieser Weise prägten".[71] Die wissenschaftliche Auseinandersetzung mit gesellschaftlichen Eliten begann erst im 20. Jahrhundert. Hier waren es vor allem Gaetano Mosca und Vilfredo Pareto, daneben auch Michels, die den Grundstein zur modernen politologischen und soziologischen Elitetheorie legten.

2.3 Die Klassiker der Elitentheorie: Mosca, Pareto, Michels

Für die Klassiker der Elitentheorie Gaetano Mosca (1858-1941), Vilfredo Pareto (1848 - 1923) und Robert Michels (1876 - 1936) war das Konzept der Elite untrennbar mit der Ausübung von Macht verbunden. Ihre Elitetheorien sind Machttheorien, die auf der Annahme beruhen, daß es immer Herrschende und Beherrschte gibt, wobei die Herrschenden "aus einer Elite von Machtmenschen, die mit rücksichtsloser Erfolgstüchtigkeit an die Spitze drängen"[72], bestehen.

Gaetano Mosca geht davon aus, das die Herrschaft einer Minderheit, von Mosca als "herrschende Klasse" bezeichnet, ein unabänderliches Gesetz ist, das für jede denkbare Staatsform gilt. Auch in einer Demokratie herrscht eine Minderheit der Vertreter über die Masse der Vertretenen. Den wahren Unterschied zwischen verschiedenen Staatsformen sieht Mosca daher in der Frage, wie "diese Minderheiten zur Macht kommen"[73]. Mosca unterscheidet hier grundsätzlich zwischen der "Wahl", die er als "liberales Ausleseprinzip" bezeichnet, und der "Ernennung", die er das autokratische Ausleseprinzip nennt. Ferner unterscheidet er ein "demokratisches Ausleseprinzip", bei dem das ganze Volk als Nachwuchsreservoir zur Verfügung steht, und ein "aristokratisches Ausleseprinzip", bei dem sich die Herrschenden nur aus bestimmten Gruppen rekrutieren.

Autokratische Systeme sind nach Moscas Meinung stabiler, da hier die herrschende Klasse sich gezielt selbst ergänzen kann. Um in einem liberalen System durch demokratische Wahlen zur Macht zu kommen braucht man hingegen auch die Unterstützung der breiten Massen, die man durch eine glaubwürdige Ideologie und geschickte Propaganda gewinnt. Die Ideologie dient zur Rechtfertigung der Machtverhältnisse und der Stellung der Regierenden. Ideologien sind dabei nicht lediglich

---

[71] Freund, S. 12-13.
[72] Dreitzel, S. 113.
[73] Dreitzel, S. 115.

Zwecklügen, die die tatsächlichen Machtverhältnisse verhüllen sollen, sondern sie befriedigen ein elementares Bedürfnis des Menschen. Sie geben ihm die Sicherheit des Gefühls, auf Grund eines moralischen Prinzips beherrscht zu werden, und erfüllen damit nicht nur für die Herrschenden, sondern auch für die Beherrschten eine Funktion, die man heute amoralisch als "Entlastung" (. . . .) bezeichnen würde.[74]

Die herrschende Klasse unterteilt Mosca wiederum in die oberste Führung und in den weiteren Kreis der Ausführenden, die die Beschlüsse der Regierung umsetzen. Moscas Modell wurde ausschließlich für den Bereich der Politik entwickelt, für eine Übertragung des Modells auf andere Bereiche des sozialen Lebens war sie nicht vorgesehen.

Vilfredo Pareto dehnt den Begriff der Elite auf das gesamte gesellschaftliche Leben aus[75]. Eliten gibt es in jedem Lebensbereich und in jeder gesellschaftlichen Gruppe. Kriterium für die Zugehörigkeit zu einer Elite ist dabei ausschließlich der Erfolg ungeachtet der Mittel, mit denen er erreicht wurde. Wie Mosca geht auch Pareto grundsätzlich von der Herrschaft einer Minderheit aus, sieht hier aber eine permanente Eliten-Zirkulation als gegeben an. Neben der jeweils herrschenden Elite entwickelt sich eine zweite, die ebenfalls gewillt und fähig ist, die herrschende Elite zu ersetzen. Um dies zu erreichen, benötigt sie die Unterstützung der Massen, die sie mit Versprechungen auf ihre Seite bringt und die Herrschaft der alten Elite beendet. Dies muss nicht notwendigerweise mit Gewalt geschehen, auch wird die alte Elite nicht notwendigerweise vollständig durch die neue Elite ersetzt. In jedem Fall wird die neue Elite das Schicksal der alten Elite früher oder später teilen und wiederum ersetzt werden, woraus sich eine ewige Zirkulation der Eliten ergibt. Insgesamt ist Paretos Zirkulationstheorie "ein leidenschaftlicher Protest gegen den Historismus und seinen Glauben an die Einmaligkeit und Individualität jeder Gesellschaft und jeder Epoche."[76]

Genau wie Mosca und Pareto sieht auch Robert Michels die Herrschaft einer Minderheit als unabänderliches Gesetz an und spricht vom "ehernen Gesetz der Oligarchie". Michels konzentrierte sich bei seinen Forschungen auf die Rolle der politischen Parteien für die Führungsrekrutierung. In seinem bekanntesten, erstmals 1911 erschienenen Werk "Zur Soziologie des Parteiwesens in der modernen Demokratie"[77] weist er nach, daß die Mitarbeit in der Partei wichtiger für den Aufstieg in

---

[74] Dreitzel, S. 115.
[75] Dies und das folgende nach Dreitzel, S. 115.
[76] Dreitzel, S. 122.
[77] Michels, Robert: Zur Soziologie des Parteiwesens in der modernen Demokratie. Untersuchungen über die oligarchischen Tendenzen des Gruppenlebens. Neudruck der zweiten Auflage. Herausgegeben und mit einem Nachwort versehen von Werner Conze. Stuttgart, 1970.

eine Führungsposition ist, als ihr Beruf, ihre soziale Herkunft oder persönliche Eigenschaften. Englische Soziologen kamen für das Parteiensystem Großbritanniens in den sechziger Jahren zu ähnlichen Ergebnissen.[78]

2.4 Moderne Elitekonzeptionen

2.4.1 Die Leistungselite

Ein zentraler Begriff der modernen Industriegesellschaft ist die "Leistungselite". Die moderne Leistungs- und Industriegesellschaft hat auch einen bestimmten Einfluß auf die Art und Weise der Machtausübung, die nicht auf den ersten Blick ersichtlich ist. Scheuch unterscheidet zwei Ausdrucksformen der Macht, nämlich die "Einflußnahme auf die Lebensbedingungen von Gruppen" und "unmittelbarer Einfluß auf das Schicksal einzelner Personen oder Gruppen". Die letztere wird in der Soziologie und Politologie wenig beachtet, weil sie keine gesamtgesellschaftliche relevanten Strukturveränderungen hervorruft. Für den einzelnen Menschen ist sie jedoch in der Regel die einzige tatsächliche, persönlich erfahrene Ausdrucksform der Macht. Freund verweist hier auf den häufigen Fall, daß hochgestellte Persönlichkeiten mit staatslenkender Funktion oft daran scheitern, daß "sie sich bei ihrer alltäglichen Arbeit gegenüber den Inhabern untergeordneter Funktionen nicht durchzusetzen vermögen"[79].

Ursache hierfür ist in erster Linie die ständig fortschreitenden Arbeitsteilung,

die auf die vorhandene Machtstruktur und persönliche Einflußnahme einwirkt. Denn je komplizierter die Gesellschaft wird, desto mehr Informationen strömen auf denjenigen ein, der verschiedene Sachbereiche bearbeitet, beeinflusst und kontrolliert. Er wird mit Informationen völlig überlastet und muß Teile oder ganze Bereiche seiner Einflußsphäre zur Bearbeitung an andere delegieren, seine Entscheidung also 'arbeitsteilig organisieren'. Damit verbleibt ihm nur noch eine begrenzte Zahl persönlicher Entscheidungsmöglichkeiten, alles andere wird von mittleren Gruppen, die nicht nur von der Basis, sondern auch von der Spitze der Machtpyramide gleich weit entfernt sind, vorentschieden oder entscheidungsreif gemacht.[80]

Man kann in der modernen Leistungsgesellschaft also im Grunde genommen nicht klar trennen zwischen denen, die Macht haben, und denen, die keine Macht haben. Realistischer ist es also, wenn man vielmehr von einer ungleichen Verteilung der Macht spricht. Dabei muß auch berücksichtigt werden, "daß viele unter den Belastungen komplizierter Lebensvorgänge dazu neigen, sich vorbehaltlos von Füh-

---

[78] Vgl. Herzog, S. 88.
[79] Freund, S. 11.
[80] Ebda.

rungskräften lenken und leiten zu lassen, um der eigenen verantwortungsvollen Freiheit auszuweichen."[81]

Durch diese Entwicklung verliert die eigentliche Machtkomponente gegenüber dem Leistungsprinzip bei der Erfassung konkreter Eliten an Gewicht. Nach Dreitzel bilden die Elite "diejenigen Inhaber der Spitzenposition einer Gruppe, Organisation oder Institution, die auf Grund einer sich wesentlich an dem (persönlichen) Leistungswissen orientierenden Auslese in diese Positionen gelangt sind, und die kraft ihrer Positionsrolle die Macht oder den Einfluß haben, über ihre Gruppenbelange hinaus zur Erhaltung oder Veränderung der Sozialstruktur und der sie tragenden Normen unmittelbar beizutragen"[82]. Das Element des normativen Bestimmens spielt hier mit hinein, da es Personen gibt, die zwar keine Macht im eigentlichen Sinne haben, durch ihr Ansehen in der Gesellschaft auf das Verhalten anderer normativ einwirken, wie z. B. Geistliche.

Man muß jedoch einwenden, daß man nicht bei jeder Führungskraft zwingend davon ausgehen kann, daß sie ihre Spitzenposition durch persönliche Leistung erhalten hat, bzw. daß sie nach Übernahme der Position permanent weiterhin eine adäquate Leistung erbringt. Persönliche Beziehungen oder gar intrigantes Verhalten gegen Mitbewerber spielen häufig eine größere Rolle als Leistung. Auch seitens derjenigen, die die neuen Bewerber auswählen, kann es vorkommen, daß nicht der qualifizierteste Bewerber den Posten bekommt, sondern der ausgesprochenste "Ja-Sager", von dem am wenigsten anzunehmen ist, daß er gegen seinen neuen Vorgesetzten opponiert oder ihn bei seinem weiteren Aufstieg aus dem Weg räumt.

Bei Soziologen ist der Begriff der Leistungselite umstritten, weil er auf Industriegesellschaften beschränkt bleibt. Für die vorliegende Untersuchung, die sich ja mit einer Industriegesellschaft befasst, ist dies kein Manko. Ungeeignet erscheint der Begriff aus zwei anderen Gründen. Zum einen muß eine Spitzenposition nicht unbedingt auf Leistung schließen lassen. Zum anderen erscheint der Begriff im Rahmen dieser Untersuchung ungeeignet, da zunächst einmal geklärt werden muß, woraus die von den Kreisleitern erwartete "Leistung" denn eigentlich bestand.

2.4.2 Die Funktionselite

Da eine Spitzenposition immer mit einer bestimmten Funktion, aber nicht unbedingt auch mit einer Leistung zusammenhängt, setzt sich in der modernen Politologie und Soziologie zunehmend der Begriff der Funktionselite durch. Die Zugehörigkeit zu einer Funktionselite wird hier einfach an einer hohen gesellschaftlichen Stellung festgemacht, die es erlaubt, "wirksam Einfluß auf Entscheidungen von gesamtgesellschaftlicher Tragweite"[83] zu nehmen.

Die Möglichkeit zu dieser Art von Einflußnahme war bei den Kreisleitern der NSDAP zweifellos gegeben, so daß man von ihnen als einer "Funktionselite" sprechen kann. Von welcher Art diese Einflußnahme in Theorie und Praxis war, wird

---

[81] Freund, S. 17.
[82] Freund, S. 17.
[83] Freund, S. 17.

im Laufe der Untersuchung geklärt werden müssen. Hier stellt sich zunächst einmal die Frage, wie denn Begriffe wie "Einfluß" und verwandte Begriffe wie "Macht", "Herrschaft" definiert werden.

2.5 Elite und Herrschaft

2.5.1 Grundsätzliche Überlegungen zu Macht und Herrschaft

Aus politikwissenschaftlicher Sicht ist die Verfassungswirklichkeit des Dritten Reiches "gekennzeichnet durch das Nebeneinander der Mechanismen eines 'Normenstaates' ('normative state') und eines 'Maßnahmenstaates' ('prerogative state') nach der Begriffsbildung Ernst Fraenkels."[84] Begründet wird diese Unterscheidung mit dem Nebeneinander des normenstaatlichen Prinzips einerseits und dem je nach augenblicklichem Bedarf erwirkten "Führerbefehl", der ebenfalls rechtssetzend wirken konnte.

Dies ist für die Machtausübung auf Reichsebene unstreitig, da bei Fragen von nationaler Bedeutung jederzeit grundsätzlich die Möglichkeit bestand, einen "Führerbefehl" zu erwirken. In der vorliegenden Arbeit ist jedoch die Herrschaftsausübung auf regionaler Ebene zu untersuchen. Hier, im Verhältnis zwischen Kreisleiter und Landrat, spielte die Erwirkung von "Führerbefehlen" bei Meinungsverschiedenheiten keine Rolle. Es bleibt daher zu klären, ob die Dualität Normenstaat - Maßnahmestaat sich auf regionale Verhältnisse, d. h. auf das Verhältnis Landrat bzw. Oberbürgermeister einerseits und dem Kreisleiter der NSDAP andererseits übertragen läßt, bzw. ob dieses Denkmodell das NS-Herrschaftssystem wirklich auch auf regionaler Ebene zutreffend beschreibt.

Ein weiteres Problem bei der Rezeption politikwissenschaftlicher Elitetheorien für die Erforschung des Dritten Reiches ist, daß es Poiltikwissenschaftlern in der Regel darum geht, gesamtgesellschaftliche Eliten zu identifizieren und zu definieren. So kritisiert Semmler bei allen gängigen Elitetheorien:

> Ihre Behauptung, sie untersuchten Eliten, stützt sich auf wieter nichts als bestenfalls den Glauben, dies zu tun; was wirklich untersucht wird, sind sicherlich sektorale Spitzenpositionen - jedoch sagt dies noch nichts über gesamtgesellschaftliche Macht aus, die sich doch nur ausmachen läßt (vielleicht) in Analysen des Miteinander, Gegeneinander, Übereinander, Untereinander eben dieser Spitzenpositionen.[85]

Diese Kritik ist für die vorliegende Untersuchung nicht unbedingt relevant, da hier ja gerade eine "sektorale Spitzenposition" untersucht werden soll. Gravierender ist der Mangel eines festen Kriteriums dafür, welche Gruppe überhaupt Elitecharakter

---

[84] Abendroth, Wolfgang/Lenk, Kurt (Hrsg.): Einführung in die politische Wissenschaft. München, [5]1979, S. 129.
[85] Semmler, S. 215.

beanspruchen kann. Ein mögliches Kriterium ist die Mitwirkung bei wichtigen Entscheidungen ("key decisions"):

> Während Zapf seinen Führungspositionen direkt Elitecharakter zuschreibt, gewinnen sie diese Qualität bei v. Beyme indirekt; die Elitemerkmale - spezielle Form der Kohäsion und Mitwirkung bei key-decisions neben hohem Status - werden aber nicht empirisch ermittelt, sondern unterstellt. Zudem wird der decision-making Ansatz zum banalen Zirkel, wenn er Entscheidungen deshalb zu key-decisions erklärt, weil ausgewählte Positionsinhaber sie treffen, umgekehrt dann diese Positionsinhaber zur Elite rechnet, weil sie key-decisions treffen.[86]

Einen anderen Ansatz verfolgt Lipset, der sich mit den inneren Strukturen der internationalen Druckergewerkschaft ITU untersucht. Semmler kritisiert:

> Die Elitepositionen sind ja innerhalb einer gegebenen Organisation wie der ITU aus der Satzung ablesbar, so daß sich eine Elitestudie zu recht auf die Besetzungsmuster dieser Positionen, auf die Relation Elite - Nicht-Elite, auf die Kontrolle der Elite konzentrieren kann, ohne zunächst die Elitepositionen umständlich als solche begründen zu müssen."[87]

Interessant sind hier weniger die eigentlichen Ergebnisse Lipsets, als vielmehr Semmlers Kritik, Elitepositionen seien gewissermaßen "aus der Satzung ablesbar". Bei den Kreisleitern der NSDAP existieren eine Reihe von staatlichen und parteiinternen Verordnungen, die jedoch allein noch keine eindeutige Klärung der tatsächlichen Rolle der Kreisleiter im Herrschaftssystem des Dritten Reiches erlauben. Dies lag allerdings auch an der Aufgabenstellung des Kreisleiters. Da der Begriff der "Menschenführung" nicht exakt definiert war und somit auch kein festes 'Befugnisprofil' des Kreisleiters vorliegen konnte, war diese mangelnde Klärung gewissermaßen durch das NS-Herrschaftssystem selbst bedingt.

Die Frage nach der tatsächlichen Beteiligung einer politischen Elite wie der Kreisleiter am Herrschaftssystem führt zu einem grundlegenden Problem der Politikwissenschaft. Semmler stellt dazu fest:

> Klärung der Machtrelation setzt Klarheit und Einigkeit darüber voraus, was denn "Macht" ist, wie sie sich äußert, da andernfalls jede beliebige Machtdefinition zugelassen, somit erneut der Forscherwillkür Tür und Tor geöffnet wäre, was - wie gezeigt - die heutige Praxis der Elitenforschung weitgehend prägt.

---

[86] Semmler, S. 228.
[87] Semmler, S. 266.

Von solcher Einigkeit der Definition des Machtbegriffs kann heute noch keine Rede sein; zudem fehlt zum Teil die notwendige Klarheit und Eindeutigkeit der Abgrenzung gegen verwandte Begriffe.[88]

Neben dem Begriff "Macht" sind es die Begriffe "Einfluß", "Herrschaft" und "Autorität", die hier gegeneinander abgegrenzt werden müssen. Nach Bierstedt ist es der Faktor des Zwanges, der die Begriffe "Macht" und "Einfluß" voneinander abgrenzt: "Wir unterwerfen uns freiwillig dem Einfluß, während Macht Unterwürfigkeit fordert.", d. h. "daß Einfluß in den Bereich des Überredens, Überzeugens fällt, während der Macht Zwangscharakter zukommt."[89] Der Ansatz nach Bierstedt scheint geeignet, das Verhältnis zwischen staatlicher Verwaltung und NSDAP auf lokaler Ebene zu charakterisieren: während die Macht formal allein beim Landrat verblieb, so besaß der Kreisleiter durch seine Stellung als oberste Amtsträger der NSDAP auf Kreisebene eine Einflußmöglichkeit auf die Gestaltung der Kreispolitik. So besaß formal allein der Landrat die Polizeigewalt innerhalb eines Kreises. Wollte der Kreisleiter gegen mißliebige Personen polizeilich vorgehen, so war er zunächst einmal auf die Zustimmung des Landrats angewiesen: er konnte aus eigener Machtvollkommenheit keine Festnahme anordnen, denn die Polizeigewalt lag auf Kreisebene allein beim Landrat. Andererseits wog eine Anzeige des Kreisleiters bei der Gestapo aber natürlich schwerer als beispielsweise die einer Ehefrau gegen ihren Ehemann, die immer persönliche Motive nahelegte.

Verwandte Begriffe sind "Autorität" und "Gewalt". René König definiert Autorität "als rechtmäßig anerkannten Einfluß einer sozialen Instanz, in der Regel: einer Person oder Gruppe".[90] Diese Definition scheint für die vorliegende Arbeit gut geeignet, da neben Staat und Partei noch die Kirchen verblieben, die als Autoritäten für das gesamte Volk in Frage kamen. Den grundsätzlichen Unterschied zwischen Macht, Einfluß und Autorität einerseits und der blanken Gewalt andererseits stellt Karl Deutsch klar: "Gewalt ist ein verwandtes, aber doch davon verschiedenes Zahlungsmittel, nur in beschränktem Umfang brauchbar zur Schadensbegrenzung".[91] Blanke Gewalt allein kann kein komplexes gesellschaftliches System aufrechterhalten: "Soziale Systeme, die mit Macht und Gewalt auszukommen suchen, sind immer labil und gefährdet."[92]

Die Frage nach der Stellung der NSDAP-Kreisleiter im Herrschaftssystem ist logischerweise zunächst die Frage, welchen Anteil sie an der Herrschaftsausübung auf Kreisebene hatten. Die Richtung der Politikwissenschaft, die sich in den letzten Jahrzehnten mit Herrschaft auf kommunaler Ebene befasst, lehnt sich an die aus den USA stammende "community-power"-Forschung an. Bei der Frage, welche lokalen Gruppen und Personen welchen Anteil an der Herrschaft haben, macht Robert Dahl den Vorschlag,

---

[88] Semmler, S. 267.
[89] Zitiert nach Semmler, S. 278.
[90] Semmler, S. 280.
[91] Semmler, S. 338.
[92] Hennen/Prigge: Autorität und Herrschaft, S. 30.

die Beteiligung bei Entscheidungen zu studieren. Welche Handelnden nehmen tatsächlich öfter an Beschlußfassungen innerhalb dieses oder jenes Tätigkeitsbereichs teil? Welche Handelnden nehmen an mehreren oder vielen verschiedenen Tätigkeiten teil, und welche haben sich hochgradig spezialisiert? Diese Methode konzentriert sich auf das, was die Leute tun (oder wenigstens darauf, was sie oder andere berichten, was sie tun), nicht auf ein formelles Amt oder Reputation."[93]

Dabei sieht Dahl vor dem US-amerikanischen Hintergrund einer komplexen und freien Gesellschaft folgendes Problem:

> Ein Nachteil der Methode ist die Zeit, die benötigt wird, um Entscheidungen in genügenden Einzelheiten zu rekonstruieren; ein weiterer Nachteil ist, daß die operationalen Definitionen manchmal zu grob sind und damit ernste Kritik auf sich ziehen, z. B. welcher Mann ist in einem vorgegebenen Problembereich mächtiger: Ein Mann, der zwei Vorschläge unterbreitet, die hintereinander ohne Einwand angenommen werden, ein zweiter Mann, der einen Vorschlag gegen sehr starke anfängliche Einwände durchbringt, oder ein Dritter, der 20 Vorschläge zur Politik einbringt, dem es aber nur gelingt, die Annahme eines Drittels davon zu sichern?[94]

Dieses Problem stellt sich aber nur, wenn man zunächst einmal all die verschiedenen Personen und Gruppen ermitteln muss, die politische Entscheidungen auf kommunaler Ebene beeinflussen oder dies zumindest versuchen. In der vorliegenden Arbeit soll jedoch nur die Gruppe der Kreisleiter und ihre Beteiligung an der Herrschaft untersucht werden. Das von Dahl vorgeschlagene Kriterium, Herrschaftsbeteiligung - Dahl spricht hier allerdings von "Macht" - an der Zahl der politischen Entscheidungen zu messen, die die betreffende Person oder Gruppe herbeigeführt hat, scheint also für die vorliegende Untersuchung brauchbar.

Bei der Vielzahl der verschiedenen Definitionen sollen nun für die vorliegende Arbeit die folgenden gelten:
Macht bedeutet hier die formale, sich auf gesetzliche Bestimmungen und Verordnungen stützende Entscheidungsbefugnis. Eine solche Machtposition hatte auf kommunaler Ebene der Landrat inne.
Gewalt bedeutet die Durchsetzung von Entscheidung gegen den Willen der Betroffenen, wobei hier primär an den Einsatz der Polizei zu denken ist. Dies wäre im Falle des Landrats legitime Gewalt. Ferner fallen hierunter aber auch eigenmächtige, nicht durch Gesetze oder Verordnungen gedeckte Handlungen der Kreisleiter, durch die dauerhafte vollendete Tatsachen geschaffen wurden. Von praktischer Be-

---
[93] Semmler, S. 356.
[94] Zitiert nach Semmler, S. 357.

deutung ist dies einerseits für einen Fall aus dem Jahr 1933, als Kreisleiter Egert in Meppen mit Unterstützung der SA ihm missliebige Personen aus dem Rathaus vertrieb.

Einfluß bedeutet jede Möglichkeit, politische Entscheidungen herbeizuführen oder zu verhindern.

Herrschaft wird hier definiert als die Gesamtzahl politischer Entscheidungen. Beteiligung an der Herrschaft mißt sich somit an der Zahl der politischen Entscheidungen, die eine Person - hier natürlich in erster Linie der Kreisleiter - oder eine Gruppe herbeigeführt, beeinflußt oder verhindert hat. Da den Kreisleitern durch ihre Stellung Einfluß ohnehin zugesprochen werden muß, muß der Ansatz der vorliegenden Arbeit der sein, anhand der auf Kreisebene gefällten Entscheidungen zu ermitteln, inwieweit sie faktisch an der ausgeübten Herrschaft beteiligt waren.

2.5.2 Das Dritte Reich in der politologischen und soziologischen Elitetheorie

Das einzige umfangreiche Projekt, das je zur Erforschung politischer Eliten aufgelegt wurde und hierbei auch das Dritte Reich als Untersuchungsgegenstand einschloss, war ein Projekt des M.I.T. der Universität Boston, dessen Ergebnisse 1965 unter dem Titel "World Revolutionary Elites. Studies in Coercive Ideological Movements" veröffentlicht wurden.[95] Ziel des Projekts war es, den mit einer Revolution verbundenen Elitenwechsel anhand verschiedener totalitärer Staaten zu untersuchen und zu vergleichen. Untersuchungsgegenstand waren die Mitglieder des sowjetischen Politbüros, die italienischen Faschisten, die NS-Elite sowie die chinesischen politischen Eliten der Kuomintang und der chinesischen kommunistischen Partei.

Die darin enthaltene Arbeit von Daniel Lerner, "The Nazi Elite"[96] ist lediglich eine leicht überarbeitete Fassung seines erstmals 1951 erschienenen gleichnamigen Werkes.[97] Der Beitrag, war zu diesem Zeitpunkt somit schon nicht mehr auf dem neuesten Stand der Forschung. Lerner ging 1965 noch immer davon aus, daß "the Nazis developed a tiny 'lunatic fringe' into a monolithic party claiming - and receiving - a monopoly of state power."[98] Das Bild von der NSDAP als einer monolithischen Staatspartei, das bis in die fünfziger Jahre Bestand gehabt hatte, fing jedoch schon Anfang der sechziger Jahre an zu bröckeln. Peter Hüttenberger popularisierte dafür in seinem gleichnamigen Aufsatz den Begriff der "nationalsozialistischen Polykratie"[99] Ein weiterer massiver Kritikpunkt an der Arbeit von Lerner ist der, daß sie sich ausschließlich auf das 1934 erschienene, von der NSDAP herausgege-

---

[95] Lasswell, Harold D./Lerner, Daniel: World Revolutionary Elites. Studies in Coercive Ideological Movements. Cambridge, Massachusetts, 1965.
[96] Lerner, Daniel: The Nazi Elite. In: Lasswell, Harold D./Lerner, Daniel: World Revolutionary Elites. Studies in Coercive Ideological Movements. Cambridge, Massachusetts, 1965. S. 194 - 318.
[97] Lerner, Daniel: The Nazi Elite. Stanford, 1951.
[98] Lerner 1965, S. 194.
[99] Hüttenberger, Peter: Nationalsozialistische Polykratie. In: Geschichte und Gesellschaft (1976), S. 417 - 442.

bene "Führer-Lexikon" stützt. Zu kritisieren ist hier zweierlei. Erstens muß bezweifelt werden, daß tatsächlich die deutsche Elite des Dritten Reiches vorgestellt wird. Da beispielsweise eine so wichtige Gruppe wie die Regierungspräsidenten vollständig fehlt, kann man davon ausgehen, daß nicht nach objektiven Kriterien die für den nationalsozialistischen Staat wichtigsten Persönlichkeiten vorgestellt werden, sondern daß die Auswahl eher willkürlich ist. Daraus folgt der zweite Kritikpunkt, daß nämlich das "Führer-Lexikon" höchstens zur Untersuchung der Selbstdarstellung der NSDAP als Elite taugt, keinesfalls aber für eine wissenschaftlich objektive Untersuchung der tatsächlichen Zusammensetzung der Elite des Dritten Reiches.

Ein weiterer Kritikpunkt ist die methodische Auswertung der Untersuchungsgruppe, die in drei Untergruppen unterteilt wird, und zwar in die "propagandists", die "administrators" und die "coercers", wobei die letzteren Wehrmacht und Polizei umfassen. Verglichen werden die "propagandists" mit den "administrators", währen bei den "coercers" Wehrmachtsangehörige und Polizisten gegenübergestellt werden. Zweifelhaft und im Verlauf der Untersuchung ist hier zu klären, ob sich ein Amt wie z. B. das eines Kreisleiters - Gauleiter werden von Lerner klar zu den "administrators" gerechnet - überhaupt sinnvollerweise ausschließlich der einen oder anderen Kategorie zurechnen lässt. Der Vergleich zwischen Wehrmacht und Polizei auf der Grundlage einer nicht repräsentativen Untersuchungsgruppe von 1934 kann von vornherein keinen wesentlich neuen Erkenntniswert haben, da jedem Historiker klar ist, daß sich das Offizierskorps von 1934 nicht wesentlich von dem des 100.000-Mann-Heeres als Überbleibsel des kaiserlichen Heeres unterschieden haben kann, da die Wehrpflicht erst 1935 wieder eingeführt wurde und der Ausbau der Wehrmacht und des Offizierskorps unter nationalsozialistischer Herrschaft somit erst zu diesem Zeitpunkt beginnen konnte. Hingegen bestand im Bereich der Polizei für die NS-Regierung schon vor Herausgabe des "Führerlexikons" die Möglichkeit zu umfassenden personellen Umbesetzungen.

Ein weiteres Manko der Untersuchung besteht in der Auswahl und Definition der untersuchten sozialen Gruppen. So kommt der "Arbeiter" als Gruppe überhaupt nicht vor, obwohl bei der Selbstdarstellung der NSDAP als "Arbeiterpartei" die Untersuchung gerade dieser Berufsgruppe am naheliegendsten gewesen wäre. Auch krankt die Untersuchung daran, daß der amerikanische Autor das Sozialprestige einzelner Berufsgruppen in Deutschland nicht korrekt einschätzt. So unterstellt er, daß "it was silly to be a farmer" und daß "artisans in the Nazi epoch rank quite low in the social scale"[100]. Andererseits verfällt er dem im angloamerikanischen Raum weit verbreiteten Irrtum, daß ein "von" als Namenszusatz immer ein Indikator für adelige Abstammung ist. Zwar ist das "von" im deutschen Sprachraum wesentlich häufiger ein Adelsindikator als das vergleichbare "van" im Niederländischen, es ist als Indikator für Sozialstatus jedoch keineswegs "fairly reliable" und - ohne Zusatz eines konkreten Adelstitels - schon gar kein "indicator of top status"[101].

---

[100] Lerner 1965, S. 214.
[101] Lerner 1965, S. 266.

Lerner kommt zu dem Schluß, daß "the ravages of war and inflation provided an uncongenital climate for bringing untutored peoples under the demanding discipline of democratic procedure"[102]. Betreffend der sozialen Zusammensetzung der NS-Elite wird festgestellt, sie sei im ganzen nicht "composed of sturdy German peasants"[103]. Beides kann zwar insgesamt nicht bestritten werden, war aber schon vor der Untersuchung bei Historikern die herrschende Meinung. Die Arbeit von Lerner bietet damit insgesamt für Historiker keine neuen Erkenntnisse.

Die Arbeit von Wolfgang Zapf, "Wandlungen der deutschen Elite" ist der bisher einzige Versuch, "die Entwicklung verschiedener funktionaler Eliten der Weimarer Republik, des Dritten Reichs und der Bundesrepublik Deutschland im Zeitablauf darzustellen, sowohl in ihren internen Veränderungen als auch in der Relation zueinander"[104]. Semmlers Kritik an Zapf beginnt bereits mit der Auswahl seiner Eliten: Zapf gelingt es nicht, überzeugend darzulegen, warum die von ihm ausgewählten Gruppen Eliten sind.[105] Außerdem unterläßt es Zapf, klar zwischen Macht und Einfluß zu unterscheiden.[106] Er behauptet, Machteliten zu untersuchen, nimmt aber in seine Untersuchung auch Spitzenpositionen aus den Bereichen Kultur und Kommunikation auf, ohne ihnen Machtelitestatus zuzusprechen. Die Arbeit von Zapf ist somit insgesamt für die vorliegende Untersuchung wertlos. Abgesehen davon, daß die Kreisleiter als Elite nicht vorkommen, finden sich hier weder in typologischer noch methodischer Hinsicht für die vorliegende Untersuchung brauchbare Ansätze.

2.5.3 *"Leadership" und Akzeptanz von Herrschaft*

Auf die Tatsache, daß soziale Systeme, die sich nur auf Gewalt und Zwang stützen, instabil sind, ist bereits verwiesen worden. Jedes stabile Herrschaftssystem braucht somit ein Mindestmaß an Akzeptanz, das daraus resultiert, daß die Herrschenden die Erwartungen der Beherrschten erfüllen. Burns spricht hier von den "hierarchies of need and value"[107] "Need" bedeutet hier, das die Herrschenden "the greatest good for the greatest number"[108] sicherstellen, während "value" für einen "focus on general ethical standards"[109] steht. Akzeptanz einer Regierung kann somit entweder daraus resultieren, daß diese die Versorgung der Bevölkerung in materiell-wirtschaftlicher Hinsicht sicherstellen, oder aber daraus, daß die Regierung ein Programm verfolgt, das die Regierten für moralisch richtig halten. Entsprechendes gilt für die Wahlentscheidung: der Wähler wählt eine Partei entweder, weil er sich

---

[102] Lerner in dem abschließenden Kapitel "The coercive ideologists in perspective". In: Lasswell/Lerner, S. 458.
[103] Ebda., S. 463.
[104] Semmler, S. 133.
[105] Vgl. Semmler, S. 136 f.
[106] Vgl. Semmler, S. 152.
[107] Burns, S. 72 f.
[108] S. 73.
[109] Burns, S. 73.

von ihr ein für ihn positives Programm in materieller Hinsicht verspricht, oder aber weil diese Partei die von ihm akzeptierten politischen und moralischen Grundwerte vertritt.

Die meisten Modelle zu Herrschaft und Führung zeichnen sich durch ihre 'Herrscherzentriertheit' aus. Nicht nur Mosca und Pareto sondern auch Demokratiekritiker wie Schumpeter sehen die Beherrschten als eine - wie Semmel es ausdrückt - "Le Bon'sche" Masse an. Semmel zitiert in seiner Arbeit über die Theorien der Machteliten diesbezüglich den Sozialpsychologen Hofstätter:

> Nahezu alles, was Le Bon und seine Nachbeter der 'Masse' nachgesagt haben, läßt sich im Polaritätsprofil des Wortes finden; verglichen mit 'Persönlichkeit' ist sie verschwommen, passiv, egoistisch, zerfahren und laut. Die hauptsächlichen Affinitäten liegen bei 'Wut', 'Triebhaftigkeit', 'Zorn' und 'Zerstörung'. Dieser Umstand bestätigt freilich Le Bon nicht; er legt vielmehr die Vermutung nahe, daß es sich bei seiner 'Psychologie der Massen' bloß um die Auslegung eines in der Umgangssprache bereits enthaltenen Klischees handeln könnte. Bezüglich mancher Darstellungen des 'Wesens' der Geschlechter regt sich ein ähnlicher Verdacht. die sogenannte 'verstehende' Psychologie scheint mir nicht selten dazu zu neigen, sprachgemäße Vorurteile zu tradieren.[110]

Gerade Schumpeter argumentiert weitgehend mit der Irrationalität der 'Masse', die überhaupt nicht in der Lage sei, politisch richtige Entscheidungen zu treffen. Irrationalität bedeutet nach Schumpeter

> die Unfähigkeit, auf Grund eines gegebenen Wunsches rational zu handeln. Sie bezieht sich nicht auf die Vernünftigkeit des Wunsches selber nach der Ansicht des Beobachters. Das ist wichtig zu beachten: denn Ökonomen, die das Ausmaß der Irrationalität des Konsumenten würdigen, übertreiben dies manchmal, weil sie die beiden Dinge verwechseln. So mag der Putz eines Fabrikmädchens einem Professor als Zeichen eines irrationalen Verhaltens erscheinen, für das es keine andere Erklärung als die Künste der Reklame gibt. In Wirklichkeit ist er vielleicht das höchste Ziel ihrer Wünsche. In diesem Fall können ihre Ausgaben dafür von idealer Rationalität im obigen Sinne sein.[111]

Schumpeter übersieht hier die Möglichkeit, daß das Fabrikmädchen eventuell Geld in sein Äußeres investiert, um damit z. B. einen sozial höher gestellten und besser verdienenden potentiellen Heiratskandidaten auf sich aufmerksam zu machen oder

---

[110] Zitiert nach Semmler, S. 72.
[111] Zitiert nach Semmler, S. 73.

diesem besser zu gefallen. In diesem Fall wäre die Geldausgabe nicht im Entferntesten mehr irrational.

Auf die Spätphase der Weimarer Republik übertragen, hieße die Grundannahme der Irrationalität der Massen, daß diese allein wegen geschickter Wahlpropaganda der NSDAP zu ihnen übergelaufen wäre. Dagegen spricht die Tatsache, daß die NSDAP seit 1925 Propaganda betrieb, und dies im Gegensatz zu anderen, besonders den bürgerlichen Parteien, nicht nur unmittelbar vor den Wahlen, sondern permanent. Trotzdem stellten sich die großen Wahlerfolge erst nach Beginn der Weltwirtschaftskrise, mit der Reichstagswahl vom 14. November 1930 ein. Selbst wenn man zugibt, daß die NSDAP sich die Krise zunutze gemacht hat, so ist damit doch immer noch nicht die Frage beantwortet, warum es ausgerechnet der NSDAP in so einzigartiger Weise gelang, aus der Krise politisches Kapital zu schlagen.

Hinsichtlich des pluralistischen Demokratieverständnisses der Wiemarer Republik muß hier darauf hingewiesen werden, daß das Bild vom "Pakete schnüren" eine relativ neue Entwicklung ist. Noch nach dem Zweiten Weltkrieg definierte Joseph Schumpeter die Demokratie als "that institutional arrangement for arriving at political decisions in which individuals acquire the power to decide by means of a competitive struggle for the people's vote." [112] Erst in den sechziger Jahren verschob sich der Akzent von einer konfrontativen zu einer kooperativen Entscheidungsfindung. Ernst Fraenkel sah es 1969 als "das vielleicht schicksalsschwerste politische Strukturproblem unserer Periode" an, "den Tendenzen zur Errichtung eines totalen Staates ausreichend wirksamen Widerstand entgegenzusetzen."[113] Eine pluralistische Demokratie, die dies leisten kann, ist aber

> nur lebensfähig, wenn über ihrem in den Partikulargruppen in Erscheinung tretenden pluralistischen Charakter nicht übersehen wird, daß sie eine Organisation des Gesamtvolkes, d. h. aber eine Demokratie darstellt. Die Gretchenfrage einer jeden pluralistischen Demokratie lautet, wie trotz der Anerkennung von kollektiv geltend zu machenden Partikularinteressen ein Gemeinwille gebildet und das Gemeinwohl gefördert werden kann. Das kennzeichnende Merkmal einer pluralistisch organisierten Demokratie ist darin zu erblicken, daß sie das bonum commune durch den Ausgleich der Gruppeninteressen im Rahmen des Staates unter Beachtung der Minimalerfordernisse einer allgemeingültigen Wertordnung zu erreichen bestrebt ist.[114]

---

[112] Joseph A. Schumpeter: Capitalism, Socialism and Democracy. London ³1950. S. 269.
[113] So Fraenkel in seinem Aufsatz "Strukturanalyse der modernen Demokratie". Zitiert nach Winfried Steffani: Pluralismustheorien. In: Wolfgang Mickel (Hrsg.): Handlexikon zur Politikwissenschaft (Schriftenreihe der Bundeszentrale für politische Bildung; Bd. 237). Bonn, 1986. S. 344 - 349, hier S. 348.
[114] Ebda.

In der Weimarer Republik lag der Akzent jedoch noch auf einem 'Auskämpfen' statt auf einem Ausgleich der Interessen. Mangelnde Kompromißfähigkeit ließ in diesem Jahr die große Koalition auseinanderbrechen. Im März 1930 stürzte die Regierung Müller über die in der Rückschau eher triviale Frage der Beiträge zur Arbeitslosenversicherung. Wie fatal die mangelnde Kenntnis der Ereignisgeschichte sein kann zeigt sich, wenn Lerner in seiner Arbeit schreibt: "The politics of parliament went down, in a decade of crisis, under the aggressive politics of the street."[115] Lerner verwechselt hier Ursache und Wirkung. Mit dem Sturz der Regierung Müller hatte die Weimarer Republik keine verfassungsmäßige, d. h. auf einer parlamentarischen Mehrheit beruhende Regierung mehr. Angesichts der Wirtschaftskrise hatte sich das parlamentarische System der Bevölkerung als kompromiß- und damit handlungsunfähig erwiesen. Dies erst gab der NSDAP die Möglichkeit, die demokratischen Parlamente als "Quasselbuden" abzuqualifizieren und im November desselben Jahres ihren ersten großen Wahlsieg zu erringen, der die NSDAP erst zu einer entscheidenden politischen Kraft auf Reichsebene machte.

Wenn man jetzt den Punkt der "Irrationalität" der Massen wieder aufgreift, so kann man sagen, daß die Entscheidung der Wähler für die NSDAP angesichts der historischen Konsequenzen eindeutig falsch war. Versetzt man sich jedoch in den damaligen Wähler der Jahre 1930 bis 1933, so muß man konstatieren, daß die Wahlentscheidung für die NSDAP angesichts der damaligen politischen Lage und der möglichen politischen Alternativen, wie sie sich dem damaligen Wähler darstellten, durchaus begründet war. Die Wahlentscheidung für die NSDAP sollte sich zwar als verhängnisvoll erweisen, irrational war sie aber keineswegs, denn gegen den Parteienhader, der eine Mehrheitsbildung unmöglich machte, erschien die von dem "starken Mann" Adolf Hitler propagierte Volksgemeinschaftsideologie als durchaus reizvoller "Dritter Weg" zwischen dem in der Krise steckenden Kapitalismus einerseits und dem Sowjetkommunismus andererseits, der sich vor dem Hintergrund der Hungerkatastrophe in der Ukraine bei der Mehrheit der deutschen Wähler gründlich diskreditiert hatte.

Die Grundlagen für die Akzeptanz von Herrschaft in der deutschen Geschichte des 20. Jahrhunderts lassen sich in ein übersichtliches Schaubild bringen.

Allgemein (MacGregor Burns)	Monarchie	Parlamentarische Demokratie	Drittes Reich
focus on "general ethical standards"	Gottesgnadentum (Christentum)	Menschenrechte (Aufklärung)	Völkisches Denken "Ich bin nichts, mein Volk ist alles." (Nationaldarwinismus)
"the greatest good for the greatest number"	"homo homini lupus" (Schutz des Einzelnen)	Auskämpfen der Einzelinteressen (Weimarer Republik) Ausgleich der Einzelinteressen, d. h. "Pakete schnüren" (Bundesrepublik)	Führerprinzip: Ablehnung der "Quasselbuden", "der starke Mann"

---

[115] Lerner, S. 195.

Beim Nationalsozialismus werden die "values" über die "needs" definiert: "Gut ist, was dem Volke nützt". Für diese Ideologie erscheint der Begriff "Nationaldarwinismus" passend. Der Begriff "Nationaldarwinismus" geht zurück auf den englischen Philosophen und Soziologen Herbert Spencer[116], der als erster den von ihm - nicht, wie häufig fälschlicherweise angenommen wird, von Charles Darwin - 1864 geprägten Begriff des "survival of the fittest" auch auf Menschenrassen, Gesellschaften und Nationen übertrug. Der Begriff "Nationaldarwinismus" konnte sich gegenüber dem Oberbegriff Sozialdarwinismus nie richtig durchsetzen und findet sich in keinem politikwissenschaftlichen Lexikon. Für die wissenschaftliche Beschreibung des Nationalsozialismus als politisches Phänomen erscheint er jedoch wesentlich besser geeignet als der prinzipiell ebenso gut passende Begriff Sozialdarwinismus. Dieser wird im heutigen allgemeinen Sprachgebrauch ausschließlich auf die Rechtfertigung der "Ellenbogengesellschaft" verwandt, wäre also in diesem Kontext mißverständlich.

Spencer gilt auch als Gründer der "organismic school of social theorists", da er 1860 in einem Artikel in der "Westminster Review" die Theorie vom "social organism" aufstellte. Danach gibt es zwischen dem menschlichen Körper und der menschlichen Gesellschaft nicht nur gewisse Gemeinsamkeiten, sondern die Gesellschaft bzw. die Nationen sind Organismen, die denselben evolutionären Gesetzen unterliegen wie das einzelne Individuum. Spencer unterscheidet sich damit grundsätzlich nicht nur von Darwin, sondern auch von allen anderen Soziologen, die man unter dem Begriff "Nationaldarwinisten" zusammenfaßt, da sie gewisse Analogien zwischen dem menschlichen Körper und der menschlichen Gesellschaft zwar sahen, es jedoch grundsätzlich ablehnten, die Gesetze der Evolution ohne Berücksichtigung moralischer Grundsätze auf die Gesellschaft zu übertragen. Die von Spencer 1864 aufgestellte These vom "survival of the fittest" sollte für die menschliche Gesellschaft keine Gültigkeit haben.

Die Idee des "social organism" wurde auch von deutschen Soziologen übernommen, unter anderem von Albert Schäffle, obwohl dieser abstritt, ein Schüler von Spencer zu sein[117]. Schäffle verwendet für den Begriff des "social organism" den Ausdruck "Volkskörper", der im Dritten Reich besonders von den Ärzten bereitwillig aufgenommen wurde. Nationen entwickelten sich nach Spencer wie Menschen und standen ebenso im Überlebenskampf. Der Krieg förderte die Entwicklung der Menschheit insgesamt, denn er hatte laut Spencer den "effect of continually extirpating races which, for some reason or other, were least fitted to cope with the conditions of existence they were subject to"[118].

Für Spencer war die Evolution ein Vorgang, der mit der Entstehung des perfekten Menschen in einer perfekten Gesellschaft seine Vollendung finden sollte. Er postulierte bei den Gesellschaften einen evolutionären Entwicklungsprozess von "militanten" zu "industriellen" Nationen, wobei auch "industrielle" Nationen ihre

---

[116] Die folgende zusammenfassende Darstellung stützt sich auf die Arbeit von David Wiltshire: The Social and Political Thought of Herbert Spencer. Oxford, 1978.
[117] Vgl. Schäffle, Albert: Abriß der Soziologie. Tübingen, 1906. S. 3.
[118] Zit. nach Wiltshire, S. 200.

Wehrhaftigkeit behalten müssen, um nicht für unterentwickelte Völker zur lohnenden leichten Beute zu werden. Erst wenn alle unterentwickelten Nationen ausgelöscht oder ebenfalls eine "industrielle" Entwicklungsstufe erreicht haben, wird Krieg obsolet.

Die Erreichung dieses utopischen Zustandes wurde nach Spencer dadurch behindert, daß man durch karitative Maßnahmen den "survival of the unfittest" förderte. Spencer unterschied daher grundsätzlich bei den Bedürftigen zwischen den "worthy" und den "unworthy" und dementsprechend zwischen "family ethics" und "State ethics". Während die "family ethics" auf reiner Großzügigkeit basieren, müssen sich die "State ethics" an der Gerechtigkeit orientieren. Die "family ethics" stehen dabei weniger der Evolution im Wege, da hier Hilfeleistung mit Ansehen der Person erfolgt und so tendentiell eher den "unfortunate worthy" als den "innately unworthy" zugute kommt. Ohne Ansehen der Person gewährte staatliche Armenhilfe zählte Spencer hingegen zu den "Sins of Legislators", denn "it tends to fill the world with those to whom life will bring most pain, and tends to keep out of it those to whom life will bring most pleasure. It inflicts positive misery, and prevents positive happiness."[119] Diese von Herbert Spencer erstmals 1851 getroffene Unterscheidung zwischen den "worthy" und den "unworthy" findet sich auch in der Sozialpolitik der NSDAP. Während von Geburt an Behinderte von Leistungen der NSV ausgeschlossen waren, gab es mit der NSKOV für die Kriegsinvaliden sogar eine eigene Parteiorganisation, die sich ihrer annahm.

Obwohl Spencer sich als Pazifist und Liberaler verstand, stellte er für die Entwicklung von Staatswesen doch fest, daß im Konkurrenzkampf zwischen Nationen sich die starken, militanten Nationen gegen die schwachen durchsetzen. "Stark" sind die Nationen, in denen sich die Individuen in einem Höchstmaß den Anforderungen des Staates unterordnen. In der Evolution der Nationen spielt auch der "Great Man" als Katalysator eine Rolle - Männer wie Napoleon sind Werkzeuge der Evolution. Hitlers oft bekundete Vorstellung, er sei von der Vorsehung auserwählt, eine historische Mission zu erfüllen, verträgt sich sowohl mit dieser englischen Vorstellung des "Great Man" und der lange Zeit als gültig angesehenen "Great Man theory of history", als auch mit der wagnerianischen Vorstellung des "Heilsbringers".

Wagner bildet auch den Hintergrund für das einzige Element der NS-Ideologie, das sich nicht auf einen Spencerschen Nationaldarwinismus zurückführen läßt: der blutsmystische Antisemitismus[120]. Spencer war kein Antisemit und lediglich in dem Sinne Rassist, daß er glaubte, zivilisatorische und biologische Entwicklung eines

---

[119] Spencer, Herbert: The Sins of Legislators. In: Spencer, Herbert: The works of Herbert Spencer. Volume XI: Social statics, abridged and revised; together with the man versus the state. Reprint of the edition 1892. Osnabrück, 1966. S. 328 - 368, hier S. 358.

[120] Schon 1912 schrieb er unter eine Zeichnung, die den jungen Siegfried darstellte: "Wagners Stück zeigte mir erstmals, was Blutmythos ist." S. 53. Hitler, Adolf: Hitler. Sämtliche Aufzeichnungen 1905 - 1924. Herausgegeben von Eberhard Jäckel zusammen mit Axel Kuhn (Quellen und Darstellungen zur Zeitgeschichte; 21). Stuttgart, 1980. Zum Verhältnis Wagner-Hitler s. ausführlich Joachim Köhler: Wagners Hitler. Der Prophet und sein Vollstrecker. München, 1997.

Volkes gingen Hand in Hand. Hitlers Unterscheidung zwischen kulturschaffenden und kulturtragenden Völkern einerseits und den grundsätzlich zerstörerisch agierenden Juden traf er nicht. Minderwertige Völker gab es für ihn nur in dem Sinne, daß diese zwar rückständig waren, aber grundsätzlich die Möglichkeit hatten, sich weiterzuentwickeln. Dies war die Wurzel für eine 'rassistisch begründete Entwicklungshilfe', die Benjamin Kidd[121] (1858-1916) in Anlehnung an Spencer ausdrücklich forderte und die dann von Rudyard Kipling in den Begriff des "white man's burden" gefasst wurde und als moralische Rechtfertigung für die britische Kolonialpolitik diente. Sozial- und Nationaldarwinismus gingen auch in England oftmals Hand in Hand mit Rassismus und Herrenmenschenideologie, man sprach von "englischer Rasse" oder gar von einem rassisch begründeten englischen Führungsanspruch innerhalb der dem Rest der Menschheit gegenüber überlegenen "teutonischen" Völker.[122] "Rassenhygiene" war kein deutsches oder englisches Ideal, sondern war eine in vielen Ländern als wissenschaftlich anerkannte Forderung.[123]

Man kann den Nationalsozialismus somit im Ganzen als Nationaldarwinismus nach Herbert Spencer klassifizieren. Dieser offensichtliche Zusammenhang wurde in der geschichtswissenschaftlichen Forschung bisher völlig übersehen: in der zweibändigen NS-Bibliographie von Ruck sucht man den Namen Herbert Spencer vergeblich[124]. Auch in der Soziologie wird eine Betrachtung des Werkes von Herbert Spencer als Quelle für den Nationalsozialismus vermieden. Bestenfalls wird ein vager ideengeschichtlicher Zusammenhang zwischen Spencer und Hitler hergestellt. So schreibt Wiltshire, Spencers Werk habe in Deutschland "contributed to a climate of political thinking favourable to Nazism".[125] Dabei erscheint eine direkte Rezeption Spencers durch Hitler durchaus denkbar, da Spencer um die Jahrhundertwende in der soziologischen Diskussion eine bedeutende Rolle spielte und sein Werk auch in deutscher Sprache vorlag. In den zwanziger Jahren dienten Auszüge aus seinen Werken gar als Lektüre für den Englischunterricht[126]. Es ist somit mehr als unwahrscheinlich, daß Hitler das Werk Spencers nicht zumindest in Auszügen oder mittelbar durch Zeitungsberichte, Broschüren o. ä. zur Kenntnis genommen hat.

---

[121] Zu Benjamin Kidd siehe ausführlich Crook, D. P.: Benjamin Kidd. Portrait of a Social Darwinist. Cambridge, 1984.
[122] Vgl. Koch, Hannsjoachim W.: Der Sozialdarwinismus. Seine Genese und sein Einfluß auf das imperialistische Denken. München, 1973.
[123] S. dazu ausführlich Stefan Kühl: Die Internationale der Rassisten. Aufstieg und Niedergang der internationalen Bewegung für Eugenik und Rassenhygiene im 20. Jahrhundert. Frankfurt/Main, 1997.
[124] Aucht nicht bei Manuel Sarkisyanz: Adolf Hitlers englische Vorbilder: Vom britischen zum ostmärkisch-bajuwarischen Herrenmenschentum. Ketsch am Rhein, 1997. Sarkisyanz reiht Spencer zwar durchaus korrekt in die Ahnengalerie der „englischen Vorbilder" ein, stellt aber keinen systematischen Vergleich zwischen Spencer'scher Evolutionslehre und NS-Ideologie an.
[125] Wiltshire, S. 255.
[126] Das Gesamtverzeichnis des deutschsprachigen Schrifttums (GV) 1911 - 1965, Band 124 (München, 1980) verzeichnet fünf Lesehefte mit Texten von Herbert Spencer für den Englischunterricht. Vgl. ebda., S. 123.

Der heute fast vergessene Spencer erscheint somit als ideologische Quelle für den Nationalsozialismus wesentlich naheliegender als Oswald Spengler, dessen bis heute unvergessenes Werk "Der Untergang des Abendlandes" erst Ende 1922 vollständig vorlag, Hitlers Weltbild also höchstens beeinflußt, aber nicht begründet haben kann. Dieser Frage kann jedoch natürlich in einer Arbeit über die Kreisleiter der NSDAP im Gau Weser-Ems nicht erschöpfend nachgegangen werden. In jedem Falle kann festgehalten werden, daß die Ursprünge der nationalsozialistischen Ideologie nicht oder nur zu einem geringen Teil in irgendwelchen sektiererischen Geheimbünden liegen. Vielmehr ist der Nationalsozialismus die radikale Umsetzung eines nationaldarwinistischen Denkens, das um 1900 nicht nur in Deutschland sehr weit verbreitet war.

2.5.4 Der Begriff der "Menschenführung"

Das Dritte Reich war geprägt von einer Dualität von Staat und Partei. Das "Gesetz zur Sicherung der Einheit von Partei und Staat" vom 1. 12. 1933 bedeutete eben nicht, obwohl der Name des Gesetzes dies nahelegt, eine organisatorische Verschmelzung des staatlichen Verwaltungsapparates mit Organisationen der NSDAP, sondern war lediglich "dem Staate unlöslich verbunden"[127], was eine enge Zusammenarbeit von Staat und NSDAP bedeutete, im Gesetz jedoch nicht im einzelnen weiter definiert wurde. Die NSDAP bildete nunmehr mit dem Status einer Körperschaft des öffentlichen Rechts zusammen mit dem staatlichen Verwaltungsapparat den Herrschaftsapparat der nationalsozialistischen Regierung. Die Organisationen der NSDAP sollten den Staat weder auf kurze noch auf lange Sicht ersetzen, sondern vielmehr ergänzen:

> Die Verschiedenartigkeit der Aufgaben liegt darin, daß **die Partei führt**, das heißt, sie gewinnt, sie überzeugt, sie erzieht, sie schafft eine freiwillige Gefolgschaft und sorgt für entsprechende seelische Betreuung: der Staat aber verwaltet innerhalb der von der Partei erteilten Richtlinien, das heißt er verordnet, erläßt, fordert und hat durch Ein-

---

[127] § 1 Abs. 1 des "Gesetzes zur Sicherung der Einheit von Partei und Staat". Zit. nach Ursachen und Folgen. Vom deutschen Zusammenbruch 1918 und 1945 bis zur staatlichen Neuordnung Deutschlands in der Gegenwart. Eine Urkunden- und Dokumentensammlung zur Zeitgeschichte. Band 9: Die Zertrümmerung des Parteienstaates und die Grundlegung der Diktatur. Berlin. 1964. S. 237.

[128] Leider besteht bei Erziehungswissenschaftlern die Tendenz, „Erziehung" so zu definieren, dass diese mit dem Dritten Reich nichts zu tun hat. Dies geht so weit, dass abgestritten wird, dass im Dritten Reich überhaupt Erziehung im „eigentlichen" Sinne stattgefunden hat. Dies ist höchst bedauerlich, denn obwohl die Erziehungswissenschaften den Begriff des „Erziehungsstaates" kennen, wird dieser Ansatz nicht für die wissenschaftliche Erforschung der Geschichte des Dritten Reiches fruchtbar gemacht. Vielmehr wird auch hier mit „passend gemachten" Definitionen festgestellt, dass „Erziehung" und „Drittes Reich" quasi zwei miteinander unvereinbare Begriffe sind. So zuletzt Harald Scholtz: „Das nationalsozialistische Reich – kein Erziehungsstaat". In: Erziehungsstaaten. Historischvergleichende Analysen ihrer Denktraditionen und nationaler Gestalten. Herausgegeben von Dietrich Benner, Jürgen Schriewer und Heinz-Elmar Tenorth. S. 131-144.

schaltung der Exekutivgewalt jederzeit die Möglichkeit, die Erfüllung seiner Forderungen und Gesetze sicherzustellen.

Es ist die Umformung einer politischen Willensbildung, z. B. vom Liberalismus zum Nationalsozialismus, niemals durch Gesetze und Erlasse zu erreichen. Hier muß durch Erziehung[128] und Ueberzeugung der Wille des Menschen zu einer freiwilligen Gefolgschaft geformt werden, wie überhaupt eine dauerhafte Gemeinschaftsbildung nur auf Freiwilligkeit aufgebaut sein kann.[129]

Auf diese 'Arbeitsteilung' wurde seitens der NSDAP größten Wert gelegt. Selbst lediglich mißverständliche Formulierungen in der Presse, "die den Eindruck erwekken, als wäre dem Staatsbeamten eine Menschenführungsaufgabe zugesprochen worden"[130], wurden scharf gerügt. In der "Reichspressekonferenz" vom 11. Mai wurde die deutsche Presse angewiesen, "bei der Berichterstattung über solche grundsätzlichen Fragen genauestens auf die klare Aufgabentrennung zu achten, die der Führer festgelegt hat und die dem Staat die sachliche Verwaltung, der Partei ausschliesslich die Menschenführung zuspricht."[131] Die Verschiedenheit der Staat und NSDAP zugesprochenen Aufgaben passt genau auf die von James MacGregor Burns getroffene grundsätzliche Unterscheidung zwischen zwei Arten der Führung: der "transactional leadership", die auf das äußere Handeln gerichtet ist, und die "transforming leadership", die auf eine Beeinflussung der inneren Einstellung, besonders der politischen Wertvorstellungen abzielt.

Dreitzel sieht in den Eliten grundsätzlich die Vorbildrolle. Damit verbunden ist eine Vermittlerrolle zwischen den Herrschenden und den Beherrschten. In der modernen Leistungsgesellschaft sieht er die Vorbildrolle der Eliten bedroht:

Daß ein Verlust an Vorbildhaftigkeit der Elitenrolle und damit ein Schwinden des normativen Bewußtseins im Bereich der Macht und der Politik zu einem strukturellen Problem der industriellen Gesellschaft geworden ist, scheint deutlich: die Frage, ob es im Rahmen dieser Gesellschaft möglich ist, Institutionen zu schaffen oder zu bewahren, die die vermittelnde Rolle der 'Öffentlichen Meinung' übernehmen, muß unbeantwortet bleiben.[132]

---

[129] "Kreisleiter und staatliche Verwaltung". In: Bremer Zeitung, 2. 4. 1944.
[130] Hinweis der Reichspressestelle der NSDAP Nr. 57/39 vom 11. Mai 1939. Zit. nach NS-Presseanweisungen der Vorkriegszeit. Band 7, Teil II: Quellentexte Mai bis August. München, 2001.
[131] Ebda.
[132] Dreitzel, S. 151.

Dreitzel schreibt damit den Eliten die Rolle zu, die Burns die der "opinion leadership" nennt. Genau diese Vermittlerrolle sollten auch die Kreisleiter in besonderer Weise spielen. Die Schaffung des Korps der "politischen Leiter" ist damit der Versuch, künstlich eine spezielle Elite zu erschaffen, die speziell für die "opinion leadership" zuständig sein sollte, bzw., mit Dreitzels Begriffen, die vermittelnde Rolle zwischen den Herrschenden und den Beherrschten spielen sollte. Die Frage, wie Menschen politische Überzeugungen übernehmen und entwickeln, ist für Soziologen und Politologen die Frage nach der "politischen Sozialisation"[133]. Man könnte also, um mit den Begriffen der modernen Politk- und Sozialwissenschaften zu sprechen, die NSDAP als Instrument zur politischen Sozialisation im Sinne des NS-Regimes bezeichnen.

Nach dem Selbstverständnis der NSDAP bestand ihre Mitgliedschaft aus den besten des Volkes und war der Masse des Volkes überlegen. Wenn die Anerkennung der Überlegenheit einer Person

> sich nicht allein in Achtung und Respekt erschöpft, sondern zum Impuls des eigenen Handelns und Verhaltens wird, ist die Überlegenheit der Person vorbildhaft, spielt diese Person - bewußt oder unbewußt - eine Vorbildrolle, durch welche sie normierend auf das Verhalten anderer einwirkt. Diese Vorbildrolle ist nicht identisch mit der Führerrolle, hängt aber aufs engste mit ihr zusammen. Max Scheler hat diesen Unterschied deutlich zu machen gesucht durch den Hinweis auf den idealen Charakter des Vorbildes im Unterschied zum realen des Führers: Führer fordern Handeln, Leisten, Verhalten. Das Vorbild fordert ein Sein, eine Gestalt der Seele." Der Führer kann auch Vorbild sein, braucht es aber nicht. Das Führer-Gefolgschafts-Verhältnis ist eine gegenseitige Beziehung, die Vorbildrolle beruht auf einseitiger Wahl, Hinnahme, Nachfolge.[134]

Hier spiegelt sich die im "Gesetz zur Sicherung der Einheit von Partei und Staat" festgeschriebene Dualität von staatlicher Verwaltung und Partei genau wieder. Die Tatsache, daß in der soziologischen Terminologie der Begriff "Führung" dem Bereich der 'transactional leadership' zugeordnet wird, während "Menschenführung" in der NS-Terminologie dem Bereich des Erzieherischen, also der "transforming leadership", zugeordnet wird, ist für den Historiker nicht weiter problematisch.

Hinsichtlich der angestellten Überlegungen zum Thema "Akzeptanz von Herrschaft" ist die Dualität zwischen staatlicher Verwaltung und NSDAP eigentlich recht plausibel: sorgt der Staat für die "needs", z. B. durch staatliche Großprojekte und daraus resultierenden Abbau der Arbeitslosigkeit, so sorgt die NSDAP, also auf regionaler Ebene in erster Linie der Kreisleiter, für die Übernahme der "values".

---

[133] Zu Grundfragen der politischen Sozialisation siehe Peter Pawelka: Politische Sozialisation (Systematische Politikwissenschaft; 4). Wiesbaden, 1977.
[134] Dreitzel, S. 145 f.

Ein Regime, dessen Herrschaft sowohl im Wirtschaftlichen als auch im Moralischen vom Volk akzeptiert wird, sitzt logischerweise fester im Sattel als eines, dessen Politik moralisch abgelehnt wird.

Hier zeigt sich aber auch die eigentliche Crux der "Menschenführung". Kann man im Bereich der "transactional leadership" zumindest auf kurze Sicht durch Gewalt oder ihre Androhung ein gewünschtes Verhalten seitens der Beherrschten erzielen, so fällt dieses Mittel im Bereich der "transforming leadership" von vornherein fort: kann mit der Androhung von "Schutzhaft" ohne weiteres das Zeigen des Hitlergrußes erreicht werden, so wird jedoch die Übernahme der damit verbundenen Weltanschauung durch den solcherart Gezwungenen eher unwahrscheinlicher, wenn nicht gar gänzlich ausgeschlossen. Auf diese Weise erzeugt man nicht Akzeptanz, sondern bestenfalls eine widerwillige, auf das absolut Notwendige reduzierte Kollaboration, besonders wenn die solcherart Bedrohten ohnehin schon Gegner des Nationalsozialismus waren. Ein solches, rein äußerlich konformes Verhalten kann man mit dem Begriff "Resistenz" beschreiben, wie er in der letzten Zeit Einzug in die Geschichtswissenschaft gehalten hat.

Wenn "Menschenführung" also bedeutet, daß die Kreisleiter durch ihre praktische Arbeit der Bevölkerung den Nationalsozialismus als Ideologie näherbringen sollten, so muß man sich fragen, ob dies überhaupt grundsätzlich erfolgversprechend war. Die theoretischen Überlegungen von Burns lassen dies eher zweifelhaft erscheinen. Burns weist darauf hin, daß "some recent evidence suggests that the more obvious and formal and external the efforts at teaching values, without effectively reaching internalization, the more meager the results."[135] Ähnlich wie Dreitzel sieht auch Burns die Existenz von Personen oder Gruppen, die das Verhalten anderer normativ beeinflussen. Burns spricht von "value setters": "Value setters are established throughout society and are all the more influential because they are implicit, taken for granted, and thus not overtly concerned with reforming their fellow human beings."[136]

Die offensichtliche Lösung für das Problem, daß die Einstellung erwachsener Menschen nicht durch Propaganda so ohne weiteres zu ändern ist, besteht darin, einen Schwerpunkt der Erziehungsarbeit sowohl im herkömmlichen als auch im politischen Sinne auf die Erziehung in der Schule zu verlegen. Gauleiter Röver schrieb in seiner Denkschrift:

> Die Erziehung in der Schule ist die intensivste Einflußnahme auf die Menschen, die es überhaupt gibt. In der Schule wird der Grundstock für die Lebensauffassung des jungen Menschen gelegt, der meistens entscheidend für die Entwicklung seines ganzen Lebens ist.[137]

---

[135] Burns, S. 76.
[136] Burns, S. 76.
[137] Rademacher, Michael (Hrsg.): Carl Röver. Der Bericht des Reichsstatthalters von Oldenburg und Bremen und Gauleiter des Gaues Weser-Ems über die Lage der NSDAP. Eine Denkschrift aus dem Jahr 1942. Vechta, 2000.Röver [im folgenden kurz Rademacher (Hrsg.): Röver], S. 101.

Es muß bezweifelt werden, daß der Einfluß der schulischen Erziehung wirklich größer ist als andere Einflüsse, z. B. dem der Eltern. Burns bemerkt dazu:

> Soviet principles of pedagogy leave no doubt that education is an instrument of the state, and textbooks, songbooks, and technical manuals follow the prescribed line, but Soviet students, one study showed, become politically apathetic 'from sheer overwhelming boredom aroused by the dogmatism and repetitiveness of all political communication sponsored by the regime, whether in the classroom, the Komsomol, or the mass media.' Indoctrination is not uniformly irresistible."[138]

Ergänzend zur Schule versuchte auch die HJ, die Kinder und Jugendlichen zum Nationalsozialismus zu erziehen. Dabei blieb sie einer Vielzahl ihrer Mitglieder durch attraktive Freizeitangebote, wie z. B. Motorsport, Segelfliegen und Wanderfahrten bis ins hohe Alter in angenehmer Erinnerung, eine dauerhafte Beeinflußung zum Nationalsozialismus als Ideologie war damit jedoch nicht garantiert. Wenn also auch die Schule keine sichere Möglichkeit ist, Menschen zu beeinflussen, so muß man sich zunächst einmal grundsätzlich die Frage stellen, wie sich Menschen ihre Meinung bilden. Dies geschieht in zwei Schritten, wie Burns feststellt: "Analysts have found a "two-step flow" in communication from the highly visible formal leaders, such as presidents and prime ministers, and from the influential media, to the local opinion leaders, and from the latter to the ultimate recipients of ideas and information."[139]

Die "local opinion leaders" scheinen also der Schlüssel zu sein zu der Art von Erziehung, wie sie die NSDAP ausüben sollte. Die "opinion leaders" sind nicht "persons who control the formal media of communication"[140]. "Opinion leadership" ist

> leadership at its simplest: it is casually exercised, sometimes unwitting and unbeknown, within the smallest grouping of friends, family members, and neighbors. It is not leadership on the high level of a Churchill, nor of a local politico, nor even of a local social elite. It is quite the opposite extreme: it is the almost invisible, certainly inconspicuous, form of leadership at the person-to-person level of ordinary, intimate, informal, everyday contact..."[141]

---

[138] Burns, S. 86.
[139] Burns, S. 264. Den Einfluß der lokalen Honoratioren auf den Aufstieg der örtlichen NSDAP betonte schon, ohne allerdings den Begriff "opinion leaders" zu verwenden, Rudolf Heberle, Landbevölkerung und Nationalsozialismus. Stuttgart, 1963.
[140] Burns, S. 262.
[141] Burns, S. 262 f.

Der "opinion leader" darf also auf keinen Fall ein völlig Fremder sein. Sollte nun ein Kreisleiter diese Funktion erfüllen, so mußte er Teil der regionalen Elite sein, oder zumindest die Voraussetzungen mitbringen, von der Bevölkerung als Mitglied der regionalen Elite akzeptiert zu werden. Ein neuer Geistlicher beispielsweise wurde von der katholischen Bevölkerung sicherlich automatisch in dieser Hinsicht akzeptiert, denn hier war die katholische Konfession auch zu ortsfremden Geistlichen das verbindende Element. Ein auswärtiger Kreisleiter konnte diese Art der Akzeptanz zunächst einmal nur von überzeugten Nationalsozialisten erwarten. Es ist für die vorliegende Untersuchung also von großer Bedeutung festzustellen, inwieweit die Kreisleiter tatsächlich akzeptierte regionale Elite werden konnten. Hier muss zunächst einmal der Begriff der regionalen Elite geklärt werden.

2.5.5 Überlegungen zu einer regionalen Elite

Soziologen und Politologen haben sich bisher mit dem Begriff der "regionalen Elite" nur am Rande auseinandergesetzt, eine eigene Arbeit über diesen Begriff fehlt. Daher muß hier versucht werden, vor dem Hintergrund des Gaues Weser-Ems brauchbare Kriterien zu entwickeln. Bei der Frage, ob die Kreisleiter eine regionale Elite waren oder durch ihre Tätigkeit eine regionale Elite wurden, die von der Bevölkerung auch als solche akzeptiert wurde, muß natürlich zunächst die regionale Herkunft der Kreisleiter geklärt werden.

Claudia Roth setzt bei der Frage der Herkunft den Geburtsort, d. h. stammt der Kreisleiter gebürtig aus dem von ihm geleiteten Gau oder Kreis, als einziges Kriterium[142]. Dies erscheint jedoch bei weitem zu eng gegriffen. Der Kreis ist zwar eine administrative Einheit, definiert aber nicht notwendigerweise eine Region. Viele Regionen defininieren sich eher über ihre Konfession als über ihre politische Territorialgeschichte, wie z. B. im Fall des katholischen Südoldenburgs gegenüber dem evangelischen Nordoldenburg. Eine besonders für katholische Kreise interessante Frage ist auch die nach der Konfession der Kreisleiter. Es liegt auf der Hand, daß ein evangelischer Kreisleiter in einem streng katholisch geprägten Kreis, dem er vielleicht selber gar nicht entstammte, Mühe damit haben mußte, von der Bevölkerung als 'einer von ihnen' akzeptiert zu werden[143]. Er blieb zwangsläufig in der Gesellschaft ein von außen eingedrungener Fremdkörper, der mit den Einheimischen niemals in einer Art und Weise "auf du und du" verkehren konnte, wie es für eine erfolgreiche "opinion leadership" erforderlich gewesen wäre. Die Frage ist jedoch, ob die NSDAP darauf überhaupt Rücksicht nahm, d. h. ob sich die NSDAP überhaupt bemühte, für katholische Kreise auch nach Möglichkeit katholische Kreisleiter zu finden oder ob die Konfession der Kreisleiter bei ihrer Rekrutierung überhaupt eine Rolle spielte.

Eine eigene Region innerhalb des Gaues Weser-Ems bildet der Regierungsbezirk Aurich, den man weitgehend mit der Region Ostfriesland gleichsetzen kann. Ein Wittmunder Kreisleiter z. B., der in den Kreis Aurich versetzt wurde, war dort ge-

---

[142] Vgl. Roth, S. 192.
[143] Einen Fall, bei dem ein katholischer Kreisleiter einen mehrheitlich evangelischen Kreis betreute, hat es im Gau Weser-Ems nicht gegeben.

wiß kein "Landfremder". Weiterhin muß die Verbindung des Kreisleiters mit seinem Kreis nicht unbedingt auf Geburt zurückgehen. Eine Vertrautheit mit einem Kreis kann auch daraus resultieren, daß der Kreisleiter dort schon früher einmal ansässig oder beruflich tätig war. Es wird jedoch zu prüfen sein, ob die regionale Herkunft bei der Rekrutierung der Kreisleiter überhaupt eine Rolle spielte.

3 Die NSDAP im Gau Weser-Ems bis 1932

Obwohl der Kreis als Organisationsebene der NSDAP schon im ersten Band von "Mein Kampf" erwähnt wird[144], wurden erst im Juli 1932 im ganzen Deutschen Reich flächendeckend Kreisleitungen eingerichtet. Die Kreisleiter waren im Gegensatz zu ihren Vorgängern, den Bezirksleitern, die direkten Vorgesetzten der Ortsgruppenleiter und Stützpunktleiter. Auch mußten jetzt im ganzen Deutschen Reich Kreisleitungen in allen Landkreisen (bzw. Ämtern) und allen Städten mit mehr als 50000 Einwohnern eingerichtet werden, während es 1928 den Gauen noch freigestellt war, ob sie in ihren Kreisen eine dem späteren Kreisleiter vergleichbare Mittelinstanz, die in der Regel den Titel "Bezirksleiter" führte, einrichteten. Dies geschah im Gau Weser-Ems ab 1928 je nach Bedarf (so z. B. im Ammerland 1930). Die Kreisleitungen können somit für die Betrachtung der Ausgangsposition zunächst ausgeklammert werden.

Die Anfänge der NSDAP im Gau Weser-Ems liegen im Dunkeln, die Quellen sind oft widersprüchlich. So erschien im August 1933 ohne konkreten Anlass in mehreren Zeitungen[145] ein Artikel über einen gewissen Arthur Punke aus Friesoythe, der im November 1921 zusammen mit Heinz Spangemacher, Bruno Diekkelmann und elf anderen die erste Ortsgruppe Oldenburg der NSDAP gegründet haben soll. Angeblich erfolgte die Gründung "in einem Stübchen des jetzigen Hauses Wittekind in Oldenburg"[146]. Eine andere Version über die Gründung der ersten NSDAP-Ortsgruppe in der Stadt Oldenburg findet sich in dem Artikel "Unser Glaube hat Berge versetzt" in der "Oldenburgischen Staatszeitung" vom 13. 6. 1938. Hier wird eine Rede des stellvertretenden Gauleiters in Spohle anläßlich der Zehnjahresfeier der Ortsgruppen Moorriem, Spohle u. a. wiedergegeben:

> Der Gauleiterstellvertreter erinnerte dann an die Gründung der Ortsgruppe Oldenburg im Jahre 1923, wo sich die ersten Kämpfer im Waldschlößchen am Eversten Holz zusammenfanden. Die Führung der Ortsgruppe übernahm damals unser Gauleiter.

Laut Schaap ging die 1921 gegründete Ortsgruppe "offensichtlich 'mangels Masse'"[147] ein. Laut Polizeibericht vom 12. April 1923[148] stellt sich die Gründungsgeschichte der Ortsgruppe der NSDAP anders dar:

---

[144] Vgl. Hitler: Mein Kampf, S. 378.
[145] S. u. a. OV, 31. 8. 1933.
[146] OV, 31. 8. 1933.
[147] Schaap: Oldenburgs Weg, S. 60.
[148] Zitiert nach Schaap: Oldenburgs Weg, S. 61 (hier als Faksimile reproduziert).

Seit kurzer Zeit besteht hier eine Ortsgruppe der "Nationalsozialistischen deutschen Arbeiterpartei", der, soweit festgestellt werden konnte, z. Zt. Etwa 50 Mitglieder angehören. Führer sind der Student Heinz Krampe, wohnhaft Osternburg, Bremerstraße 28, und der Kaufmann Karl Freidank, wohnhaft Osternburg, Schützenhofstrasse 1 a. Die hiesige Ortsgruppe steht mit der Zentrale in München in Verbindung. Zusammenkünfte der Mitglieder finden im Restaurant von Hegeler in der Donnerschweerstrasse statt. Nach aussen hin ist die hiesige Ortsgruppe noch nicht hervorgetreten. Die Ortsgruppe soll, wie in Erfahrung gebracht wurde, beabsichtigen, durch Sport und Geländespiele ihre Mitglieder militärisch vorzubilden. Aus den Aufnahme-Statuten ist zu ersehen, dass nur Personen "arischer Abstammung" Mitglieder der "Nationalsozialistischen deutschen Arbeiterpartei" werden können.

In der "Bujadinger Zeitung" vom 27. 2. 1934 findet sich ein Artikel über "Die Hitlerfahne von 1923", in dem von der Gründung einer Ortsgruppe im Jahr 1923 in Burhave berichtet wird. Hier wird die Hakenkreuzfahne, die die Inschrift "Butjadingen 1923" trägt, als "die erste oldenburgische Ortsgruppenfahne" bezeichnet.

Ein weiterer Anwärter auf die erste Ortsgruppe der NSDAP im Weser-Ems-Gebiet ist die Ortsgruppe Norden in Ostfriesland. Unter großer Aufmachung auf der ersten Seite erschien am 20. 9. 1943 in der "Oldenburgischen Staatszeitung" ein Artikel über die Ortsgruppe Norden, die am 19. 9. 1943 ihr zwanzigjähriges Bestehen feierte. In der Überschrift des Artikels wird die Ortsgruppe Norden als "die älteste Ortsgruppe Norddeutschlands" bezeichnet.

Schwarzwälder zufolge wurde dagegen bereits 1922 eine Ortsgruppe der NSDAP in Bremen gegründet, jedoch noch vor dem "Hitler-Putsch" vom November 1923 wieder verboten. In dem Artikel "Der 9. November 1923 in Bremen" in der "Bremer Zeitung" vom 9. 11. 1934 wird hingegen behauptet, daß das Verbot der NSDAP in Bremen erst nach dem Hitler-Putsch und dem Verbot der NSDAP in Bayern erfolgte. Die Bremer Aktivisten der NSDAP sammelten sich danach im Dezember 1923 im sogenannten Ludendorff-Korps, der späteren "Reichskriegsflagge". Der Artikel in der "Bremer Zeitung" heroisiert weiter den Einsatz der Bremer "Alten Kämpfer", deren Tatkraft es zu verdanken sei, daß noch vor der Aufhebung des reichsweiten NSDAP-Verbots wieder eine Ortsgruppe in Bremen gegründet werden konnte:

> Einige besonders Tatkräftige ließen nicht nach, für die Aufhebung des Verbots der NSDAP in Bremen zu kämpfen, und ihr Kampf war auch vom Erfolg gekrönt, gelang es ihnen doch, das Verbot bereits am 29. April 1924 aufzuheben. Der Senat liberalistisch-marxistischer Gesinnung mußte sich dem Wollen der Nationalsozialisten beugen. Bald darauf gingen die

alten Getreuen Hitlers an die Neugründung, und sie wurde am 5. Mai 1924 im Restaurant "Hohenzollern" vollzogen. Als SA fungierte damals weiter die Reichskriegsflagge. Als im Januar 1925 die Partei im Reich wieder erlaubt wurde, stand bereits in Bremen seit dreiviertel Jahren eine feste und unerschütterliche Gefolgschaft von rund 150 Mann.

Schwarzwälder berichtet zwar von der Aufhebung des NSDAP-Verbots in Bremen, aber nichts über die angebliche Neugründung der Bremer NSDAP-Ortsgruppe. Belegt ist aus dem Nachlaß Kurt Thiele, daß es im Juni 1926 in Bremen eine NSDAP-Ortsgruppe gab.[149]

Insgesamt waren die organisatorischen Anfänge der NSDAP im Gebiet des späteren Gaues Weser-Ems somit eher bescheiden; von einem frühen Fuß fassen der NSDAP kann nicht die Rede sein. Ortsgruppengründungen blieben die lokale Ausnahme, wobei sogar größere Städte wie Osnabrück - hier war der spätere Kreisleiter Dr. Fritz Hofmann bereits 1923 der NSDAP beigetreten - und Emden vor 1925 über keine Ortsgruppe verfügten.

Auch in den Jahren nach der Wiederzulassung der NSDAP von 1925 bis 1928 bildete das Weser-Ems-Gebiet noch keinen eigenständigen Gau, sondern gehörte zunächst zum Gau Niedersachsen. Nach der Neugründung der NSDAP und der Konsolidierung der Weimarer Republik ging der Aufstieg der NSDAP im Weser-Ems-Gebiet zunächst nur schleppend voran. Erste Ortsgruppengründungen erfolgten 1925 in Oldenburg und Osnabrück, 1926 in Delmenhorst und Ahlen, sowie 1927 in Neuenburg.

Am 21. 6. 1927 wurden die Parteibezirke Oldenburg und Ostfriesland unter der Führung von Carl Röver vereinigt. Das Weser-Ems-Gebiet war zu diesem Zeitpunkt Teil des Gaues Hannover-Nord-Bremen. Die Gründung des Gaues Weser-Ems erfolgte am 1. 10. 1928 im Rahmen der allgemeinen Angleichung der NSDAP-Gaue an die Reichstags-Wahlbezirke. Der Wahlbezirk Weser-Ems umfasste das Land Oldenburg (ohne Birkenfeld und Lübeck-Eutin), das Land Bremen (ohne Bremerhaven), sowie die zur preußischen Provinz Hannover gehörenden Regierungsbezirke Aurich und Osnabrück. Gauleiter wurde Carl Röver, stellvertretender Gauleiter Heinz Spangemacher.

Mit dem Jahr 1928 beschleunigte sich die Ausbreitung der NSDAP im Weser-Ems-Gebiet. Jetzt gelang es sogar im katholischen Südoldenburg, eine Ortsgruppe zu gründen. Es handelte sich dabei um die am 12. 2. 1928 gegründete Ortsgruppe Molbergen im Amt Cloppenburg. Der erste Ortsgruppenleiter, der Landwirt Josef

---

[149]Rademacher, Michael (Hrsg.): Kurt Thiele. Aufzeichnungen und Erinnerungen des "Gauleiters Seefahrt" über die Frühzeit der NSDAP in Bremen. Ein Quellenband zur Geschichte der NSDAP in Bremen und Bremerhaven. Eingeleitet, bearbeit und ergänzt von Michael Rademacher. Vechta, 2000. [im folgenden kurz Rademacher (Hrsg.): Thiele], S. 26.

Klinker, wurde zugleich "Bezirksleiter der NSDAP für das gesamte Südoldenburg"[150]. Besonders schwer hatte es die NSDAP im Landkreis Vechta. Hier konnte erst am 28. 3. 1931 eine Ortsgruppe der NSDAP gegründet werden.

Eng verbunden mit dem Aufstieg der NSDAP war die Landvolkbewegung. Sie entsprang der schlechten Situation der Landwirtschaft nach dem 1. Weltkrieg[151], die sich 1928 zu einer Agrarkrise auswuchs. Die landwirtschaftlichen Betriebe hatten unter den Schwierigkeiten des 1. Weltkrieges besonders zu leiden gehabt und waren durch die Blockadestrategie der Alliierten im Ersten Weltkrieg in ihrer Substanz angegriffen worden. Die nachfolgende Zeit der Weimarer Republik brachte für die Landwirte kaum die Möglichkeit einer Gesundung mit sich, da sie unter den Bedingungen der liberalen Markwirtschaft nun häufig mit billigeren Produkten aus dem Ausland konkurrieren mußten. Andererseits jedoch profitierte die Landwirtschaft auch durch die rapide Geldentwertung, konnten nun doch langfristige Schulden, auch solche die noch aus der Zeit vor dem 1. Weltkrieg stammten, zu einem geringen Teil ihres ursprünglichen Wertes getilgt werden.

Die NSDAP versuchte von Anfang an, von der Agrarkrise zu profitieren. Dabei stand ihr jedoch zunächst ihr eigenes Programm im Weg, denn Punkt 17 ihres Parteiprogramms forderte ein Gesetz zur untentgeltlichen Enteignung von Boden für gemeinnützige Zwecke:

> Hierauf nahmen der Landbund und die Landvolkpartei bei ihren Auseinandersetzungen mit der NSDAP Bezug und warnten die bäuerlichen Wähler, auf die das Wort Enteignung erfahrungsgemäß eine abschreckende Wirkung hatte, vor dieser Partei. Carl Röver sah sich deshalb ebenso wie Adolf Hitler kurz zuvor [d. h. vor der Reichstagswahl von 1928, M.R.] genötigt, ein öffentliches Bekenntnis zum Privateigentum abzulegen.[152]

Im Laufe der Agrarkrise gelang es der NSDAP in Ostfriesland und in einigen nordoldenburgischen Ämtern, die bäuerlichen Protestwähler auf ihre Seite zu ziehen, was in Südoldenburg und in den emsländischen Landkreisen erst nach Abflauen der Landvolkbewegung in beschränktem Umfang gelang. Mit den Stimmen des bäuerlichen Protests erreichte die NSDAP einen ihrer größten Wahlerfolge vor der Machtergreifung: bei der oldenburgischen Landtagswahl von 1932 errang die NSDAP zwar nicht die absolute Mehrheit der Stimmen, jedoch die absolute Mehrheit der Sitze im oldenburgischen Landtag. Oldenburg war damit das erste Land des Deutschen Reiches, in dem schon 1932 eine nationalsozialistische Alleinregierung an die Macht kam.

---

[150] Friesoyther Tageblatt, 12. 2. 1937.
[151] Dies und das Folgende nach Schaap, Klaus: Die Endphase der Weimarer Republik im Freistaat Oldenburg 1928 - 1933 (Beiträge zur Geschichte des Parlamentarismus und der politischen Parteien; Bd. 61). Düsseldorf, 1978. S. 30 f.
[152] Schaap, Endphase, S. 47

Das Land Oldenburg zeichnete sich durch eine konfessionelle Zweiteilung aus: war der Norden fast ausschließlich evangelisch, so war das südoldenburgische "Oldenburger Münsterland", d. h. die Ämter Vechta, Cloppenburg und Friesoythe, fast ausschließlich katholisch. Dementsprechend unterschiedlich verlief der Aufstieg der NSDAP. Hatte sie im Süden bis 1933 gegen das Zentrum[153] einen schweren Stand und erhielt Wahlergebnisse, die weit hinter dem Reichsdurchschnitt zurückblieben[154], so konnte sie im Norden schnell außergewöhnlich hohe Wahlergebnisse erzielen. Dieser Unterschied ist ausschließlich auf die Konfession zurückzuführen und nicht auf Unterschiede in der Beschäftigungs- oder Einkommensstruktur, die sich innerhalb Oldenburgs wenig unterschied. So waren im Kreis Ammerland im Jahr 1933 72,2 % in der Land- und Forstwirtschaft tätig gewesen, im Kreis Vechta 72,0 %. Auch im Hinblick auf die Einkommensentwicklung hatten beide Kreise in vergleichbarer Weise unter der Agrarkrise gelitten. Das durchschnittliche einkommensteuerpflichtige Jahreseinkommen lag 1929 im Kreis Ammerland um 35,9 % unter dem Reichsdurchschnitt, im Kreis Vechta um 30,7 %. In den Jahren 1929 waren die oldenburgischen Stadtkreise naturgemäß weniger von der Agrarkrise betroffen, so daß hier bei der Reichstagswahl von 1928 sich die SPD in allen Stadtkreisen als stärkste Partei behaupten konnte. Auch das Einkommen lag in den Stadtkreisen Delmenhorst und Oldenburg deutlich über dem Reichsdurchschnitt. Anders sah es in Rüstringen aus, da hier die Arbeiter der Wilhelmshavener Marinewerft wohnten, die unter den Bestimmungen des Versailler Vertrages zu leiden hatte.

Im Regierungsbezirk Aurich konnte die NSDAP schon früh an Boden gewinnen, wobei sich hier von Kreis zu Kreis allerdings große Unterschiede zeigen. Ein Hauptgrund ist die in der Weimarer Republik durchgängig schlechte wirtschaftliche Entwicklung. Der Regierungsbezirk Aurich profitierte in den Jahren 1924 bis 1928 nicht im gleichen Maße von der wirtschaftlichen Erholung wie der Rest des Deutschen Reiches[155]. Noch bei Einbruch der Weltwirtschaftskrise im Jahr 1929 lag das durchschnittliche Jahreseinkommen der Einkommensteuerpflichtigen mit 3261,93 RM weit unter dem Reichsdurchschnitt von 4546 RM. Hinzu kam die Landwirtschaftskrise seit 1928, die im agrarisch geprägten Ostfriesland die Lage zusätzlich verschärfte: 1933 [156] waren 55,8 % der nicht arbeitslosen Erwerbspersonen in der Land- und Forstwirtschaft beschäftigt, 17,1 % in Industrie und Handwerk, 17,4 % in Handel und Verkehr, während der Bereich der öffentlichen Dienste und der privaten Dienstleistungen 5,7 % beschäftigte. Weitere 3,9 % waren im Bereich der häuslichen Dienste beschäftigt. Im Juni 1933 waren 11,4 % aller Erwerbspersonen

---

[153] Das Beispiel des Landes Baden, in dem die Katholiken in der Mehrheit waren, zeigt, dass hohe katholische Bevölkerungsanteile nicht unbedingt mit hohen Wahlergnissen für das Zentrum einerseits und schlechten Wahlergebnissen für die NSDAP korrelieren. Im Land Baden lag das Wahlergebnis für die NSDAP trotz katholischer Bevölkerungsmehrheit über dem Reichsdurchschnitt.

[154] Zu den Reichstagswahlen in Südoldenburg siehe ausführlich Kuropka, Joachim: Die Reichstagswahlen im Oldenburger Münsterland 1918-1933. In: Jahrbuch für das Oldenburger Münsterland 1979. S. 52-71.

[155] Vgl. Poetzsch, S. 137.

[156] Angaben nach Statistik des Deutschen Reiches, Bd. 559, Heft 14: Provinz Hannover. Band, S. 48 f.

erwerbslos. Zum Zeitpunkt der Volkszählung vom 17. 5. 1939[157] hatte sich die Erwerbsstruktur in Ostfriesland deutlich verändert: der Anteil der Land- und Forstwirtschaft war auf 33,0 % gesunken, während Industrie und Handwerk auf 27,3 % angestiegen waren. Einen leichten Zuwachs verzeichnete auch der Bereich Handel und Verkehr, der auf 18,2 % anstieg. Besonders stark war der Anstieg im Bereich des öffentlichen Dienstes und der privaten Dienstleistungen (einschl. häusliche Dienste), der von 1933 insgesamt 9,6 % auf 21,5 % im Jahr 1939 anstieg. Der Strukturwandel von einer Agrargesellschaft zu einer Dienstleistungsgesellschaft hatte hier einen besonders starken Schub bekommen.

Neben der Agrarkrise gab es in Ostfriesland und in Nordoldenburg noch zwei weitere Faktoren, die einen schnellen Aufstieg der NSDAP begünstigte. Dies ist zunächst das Fehlen des "Zentrumsturmes", der daraus resultiert, daß Ostfriesland ein praktisch rein evangelisches Gebiet war: nennenswerte katholische Bevölkerungsanteile gab es nur im Südkreis Leer. Auch eine starke SPD fehlte völlig. Selbst im Stadtkreis Emden erhielt die SPD bei der Reichstagswahl vom 20. 5. 1928 nur 26 % der Stimmen. Bei der Reichstagswahl vom 5. 3. 1933 lag die SPD mit 20,2 % der Stimmen nur knapp vor der KPD mit 18,5 %.

In Ostfriesland dominierten darüber hinaus seit 1866 die liberalen Parteien, die sich nicht nur auf die Oberschicht und den Mittelstand, sondern auch "durch bewußte politische Agitation in den ärmeren ostfriesischen Moorkolonien auf die unteren Schichten stützen konnte(n)."[158] Diese politische Tradition zeigte sich auch noch bei der Wahl zur verfassunggebenden Landesversammlung in Preußen am 26. 1. 1919. In Ostfriesland erhielt die DDP 34,9 % der Stimmen, im preußischen Landesdurchschnitt hingegen nur 16,2 %. Im Landkreis Aurich erhielt sie sogar 41,5 % der Stimmen.[159] In den Jahren bis 1933 machte die DDP eine vergleichbare Abwärtsentwicklung durch wie im Rest des Deutschen Reiches. Die liberale Tradition begünstigte somit den Aufstieg des Nationalsozialismus, da wie im Rest des Deutschen Reiches die Wähler der DDP zur NSDAP abwanderten.

Eine weitere Besonderheit Ostfrieslands und Nordoldenburgs war, daß es hier der Landvolkbewegung nicht gelang, Fuß zu fassen. Der bäuerliche Protest kam 1928, anders als im benachbarten Regierungsbezirk Osnabrück, bei der Reichstagswahl unmittelbar der NSDAP zugute. Ähnlich wie in Oldenburg kam es jedoch auch in Ostfriesland erst 1928 zu einer nennenswerten Zahl an Ortsgruppengründungen. Trotz der überdurchschnittlich guten Wahlergebnisse für die NSDAP hatte die NSDAP bisher nicht im gleichen Maße Mitglieder gewinnen und eine Parteiorganisation aufbauen können. Die Gründung der Ortsgruppe Norden im Jahr 1923 war für Ostfriesland eine eher untypische Ausnahme. Im Regierungsbezirk Aurich richtete sich die Einrichtung der Parteikreise nach den preußischen Landkreisen. Hierbei ist zu berücksichtigen, daß es 1932 eine Verwaltungsreform in Preußen gegeben hatte. Ähnlich wie in Oldenburg wurden auch hier im Falle Em-

---

[157] Ergebnisse der Volks-, Berufs- und landwirtschaftlichen Betriebszählung 1939 in den Gemeinden (Statistik des Deutschen Reichs, Band 559,8). Berlin, 1943. S. 6.
[158] Poetzsch, S. 127.
[159] Zahlenangaben nach Poetzsch, S. 128.

den die Angleichung von Parteikreisen an die staatlichen Kreise nicht sofort vollzogen. So bestand der Parteikreis Emden-Land noch bis zum September 1933 fort.

Ebenso wie das benachbarte Ostfriesland war auch der Regierungsbezirk Osnabrück 1933[160] noch überwiegend von der Land- und Forstwirtschaft geprägt. Hier waren 53,5 % der arbeitenden Bevölkerung beschäftigt. Industrie und Handwerk beschäftigten weitere 25,3 %, Handel und Verkehr 12,8 %. Der Bereich des öffentlichen Dienstes und der privaten Dienstleistungen machte 5,5 %, der Bereich der häuslichen Dienste weitere 3,0 % aus. Bis 1939[161] sank der Anteil der Land- und Forstwirtschaft auf 33,9 %, Industrie und Handwerk stieg auf 32,8 %. In Handel und Verkehr waren 1939 14,3 % beschäftigt, während der Bereich des öffentlichen Dienstes und der privaten Dienstleistungen einschließlich der häuslichen Dienste auf 19,0 % anstieg.

Im Gegensatz zu Ostfriesland war der Regierungsbezirk Osnabrück konfessionell gemischt. Insgesamt waren 1933 43,6 % der Bevölkerung evangelisch, 55,7 % katholisch. Nur 0,2 % der Bevölkerung waren jüdischen Glaubens, 0,5 % waren konfessionslos. Die Zeit von 1933 bis 1939 änderte daran wenig: sowohl auf evangelischer als auch auf katholischer Seite steht einem leichten Rückgang in Prozentzahlen ein leichter Anstieg in absoluten Zahlen gegenüber. Die Entkonfessionalisierung blieb im Regierungsbezirk Osnabrück weit hinter dem Reichsdurchschnitt zurück: bezeichneten sich 1939 3,5 % der Bevölkerung als "gottgläubig", so waren es hier nur 1,9 %.

Zwei Faktoren machten es der NSDAP zunächst schwer, im Regierungsbezirk Osnabrück Fuß zu fassen. Im fast rein katholischen Emsland war die absolute Mehrheit des Zentrums für die NSDAP unangreifbar. Daran änderte auch die vorübergehende Krise des Zentrums im Jahr 1924, die sich besonders im Emsland auswirkte, nichts. Der Erfolg der "Christlichsozialen Volksgemeinschaft", die sich in erster Linie auf die katholischen Heuerleute stützte, die sich im Vergleich zu den Bauern im Zentrum nicht ausreichend vertreten fühlten, war nur von kurzer Dauer[162]. Noch bei der Märzwahl 1933 blieben die Stimmenanteile in den Kreisen Aschendorf-Hümmling, Lingen und Meppen weit hinter dem Reichsdurchschnitt zurück. Zum Zweiten gelang es der NSDAP auch in den evangelischen Gebieten nicht, den bäuerlichen Protest schon 1928 in Stimmen für sich umzumünzen. Am extremsten zeigte sich dies im Kreis Grafschaft Bentheim. Hier wählten bei der Reichstagswahl vom 28. Mai 1928 29,7 % die "Christlich-Nationale Bauern- und Landvolkpartei". Auch nach Abflauen der Landvolkbewegung wechselten die Grafschafter Bauern nicht zur NSDAP, sondern zum evangelischen "Christlich-Sozialen Volksdienst". Dieser bekam bei der Reichstagswahl am 14. September 1930 im Kreis Grafschaft Bentheim 24,2 % der Stimmen. So gelang es der NSDAP nach ih-

---
[160] Angaben nach Statistik des Deutschen Reiches, Bd. 559, Heft 14: Provinz Hannover. Band, S. 48 f.
[161] Ergebnisse der Volks-, Berufs- und landwirtschaftlichen Betriebszählung 1939 in den Gemeinden (Statistik des Deutschen Reichs, Band 559,8). Berlin, 1943. S. 6.
[162] Vgl. die Ergebnisse der Reichstagswahlen im Wahlbezirk Weser-Ems: 4. 5. 1924 18190 Stimmen erhalten, 7. 12. 1924 5245 Stimmen. OV, 10. 12. 1924.

rer Neugründung im Februar 1925 zunächst nur in der Stadt Osnabrück eine Ortsgruppe zu gründen.

Betrachtet man die Ausgangsbedingungen für den Aufstieg der NSDAP im Gebiet des späteren Gaues Weser-Ems, so kristallisieren sich vier Gruppen von Kreisen klar heraus. In den ländlich-evangelischen Landkreisen Ostfrieslands und Nordoldenburgs gelang es der NSDAP teilweise schon bei der Reichstagswahl von 1928, stärkste Partei zu werden. In den ländlich-katholischen Kreisen Südoldenburgs und des Emslands kam der bäuerliche Protest der "Christlich-nationalen Bauern- und Landvolkpartei" zu Gute, während die NSDAP noch bei der Reichstagswahl vom 5. 3. 1933 in ihrem Wahlergebnis deutlich unter dem Reichsdurchschnitt lag. In allen Stadtkreisen des Gaues Weser-Ems war 1928 die SPD stärkste Partei. Ein uneinheitliches Bild liefert der Regierungsbezirk Osnabrück, der sich durche eine extreme konfessionelle Gemengelage auszeichnet.

Tabelle 1: Konfessionsstruktur Gau Weser-Ems 1933

Land Oldenburg 1933[163]

	Wohnbevölkerung	Ev.	Kath.	Andere Christen	Juden	Konfessionslos
Ammerland	44753	98,4 % (44039)	1,1 % (503)	0,0 % (0)	0,1 % (54)	0,4 % (157)
Cloppenburg	61958	10,5 % (6486)	89,3 % (55353)	0,0 % (0)	0,1 % (45)	0,1 % (74)
Delmenhorst	31284	75,8 % (23705)	18,8 % (5886)	0,0 % (0)	0,5 % (150)	4,9 % (1542)
Friesland	54942	96,8 % (53183)	1,8 % (1013)	0,0 % (0)	0,3 % (145)	1,1 % (601)
Oldenburg-Land	41805	94,5 % (39511)	4,8 % (2011)	0,0 % (0)	0,1 % (29)	0,6 % (254)
Oldenburg-Stadt	66951	89,6 % (59986)	7,9 % (5261)	0,0 % (3)	0,4 % (279)	2,1 % (1422)
Vechta	49427	6,0 % (2947)	93,9 % (46395)	0,0 % (0)	0,0 % (20)	0,1 % (65)
Wesermarsch	67421	96,3 % (64893)	2,0 % (1381)	0,0 % (3)	0,1 % (37)	1,6 % (1107)
Wilhelmshaven[164]	76578	85,4 % (65401)	7,5 % (5722)	0,0 % (8)	0,2 % (191)	6,9 % (5256)

Regierungsbezirk Aurich 1933[165]

Aurich	51413	98,1 % (50422)	0,8 % (395)	0,0 % (7)	0,8 % (430)	0,3 % (159)
Emden	34111	89,7 % (30602)	5,7 % (1924)	0,0 % (2)	1,7 % (581)	2,9 % (1002)
Leer	96618	93,1 % (89994)	5,8 % (5598)	0,0 % (1)	0,5 % (480)	0,6 % (545)
Norden	59873	97,4 % (58303)	1,5 % (868)	0,0 % (1)	0,5 % (316)	0,6 % (385)
Wittmund	41398	99,0 % (40988)	0,5 % (200)	0,0 % (1)	0,3 % (132)	0,2 % (77)

---

[163] Angaben nach der Volkszählung vom 16. Juni 1933. Statistik des Deutschen Reichs, Bd. 451, Heft 3, S. 65.
[164] Summe aus den Angaben nach der Volkszählung vom 16. Juni 1933 für Rüstringen (Statistik des Deutschen Reichs, Bd. 451, Heft 3, S. 65) und Wilhelmshaven (Statistik des Deutschen Reichs, Bd. 451, Heft 3, S. 52).
[165] Angaben nach der Volkszählung vom 16. Juni 1933. Statistik des Deutschen Reichs, Bd. 451, Heft 3, S. 52.

Regierungsbezirk Osnabrück 1933[166]

	Wohnbevölkerung	Ev.	Kath.	Andere Christen	Juden	Konfessionslos
Aschendorf-Hümmling	47961	4,9 % (2373)	94,5 % (45302)	0,0 % (0)	0,5 % (252)	0,1 % (34)
Bentheim	60978	76,5 % (46647)	22,7 % (13861)	0,0 % (5)	0,3 % (156)	0,5 % (309)
Bersenbrück	56173	51,2 % (28746)	48,2 % (27084)	0,0 % (5)	0,2 % (125)	0,4 % (213)
Lingen	45131	5429 (12,0 %)	39503 (87,5 %)	0,0 % (0)	0,2 % (74)	0,3 % (125)
Melle	26864	68,6 % (18419)	31,2 % (8376)	0,0 % (8)	0,1 % (18)	0,1 % (43)
Meppen	40872	1367 (3,3 %)	39345 (96,3 %)	0,0 % (7)	0,3 % (120)	0,1 % (33)
Osnabrück-Land	75656	38,4 % (29059)	61,4 % (46480)	0,0 % (4)	0,0 % (3)	0,2 % (110)
Osnabrück-Stadt	94277	60,4 % (56919)	37,6 % (35438)	0,0 % (20)	0,4 % (403)	1,6 % (1497)
Wittlage	18970	76,1 % (14442)	23,6 % (4474)	0,0 % (2)	0,1 % (20)	0,2 % (32)

Land Bremen insgesamt (ohne Bremerhaven)[167]

	345779	85,4 % (295193)	6,3 % (21948)	0,0 % (44)	0,4 % (1351)	7,9 % (27243)

---

[166] Angaben nach der Volkszählung vom 16. Juni 1933. Statistik des Deutschen Reichs, Bd. 451, Heft 3, S. 51.
[167] Angaben nach der Volkszählung vom 16. Juni 1933. Statistik des Deutschen Reichs, Bd. 451, Heft 3, S. 65.

Tabelle 2: Konfessionsstruktur Gau Weser-Ems 1939
(in Klammern die Steigerung der Wohnbevölkerung in % gegenüber 1933)

Land Oldenburg 1939[168]

	Wohnbevölkerung	Ev.	Kath.	Andere Christen	Glaubensjuden[169]	Gottgläubige	Konfessionslos
Ammerland	47805	91,6 %	2,8 %	0,1 %	0,0 %	5,1 %	0,2 %
	(+ 6,8 %)	(43772)	(1353)	(30)	(13)	(2449)	(105)
Cloppenburg	66753	12,8 %	86,6 %	0,0 %	0,0 %	0,5 %	0,0 %
	(+ 7,7 %)	(8579)	(57784)	(26)	(18)	(308)	(105)
Delmenhorst	35822	74,0 %	18,5 %	0,7 %	0,1 %	4,0 %	2,6 %
	(+ 14,5 %)	(26520)	(6610)	(238)	(37)	(1433)	(911)
Friesland	59380	90,8 %	3,4 %	0,5 %	0,1 %	4,3 %	0,7 %
	(+ 8,1 %)	(53938)	(2012)	(269)	(53)	(2570)	(382)
Oldenburg-Land	44821	89,1 %	7,3 %	0,4 %	0,0 %	2,4 %	0,5 %
	(+ 7,2 %)	(39937)	(3290)	(162)	(14)	(1072)	(205)
Oldenburg-Stadt	74141	83,7 %	9,2 %	0,3 %	0,1 %	5,4 %	1,0 %
	(+ 10,7 %)	(62087)	(6842)	(241)	(97)	(3990)	(722)
Wilhelmshaven	103842	76,5 %	12,1 %	1,0 %	0,1 %	7,4 %	2,6 %
	(+ 35,6 %)	(79395)	(12618)	(1059)	(75)	(7660)	(2740)
Vechta	51912	7,4 %	0,0 %	92,0 %	0,0 %	0,4 %	0,1 %
	(+ 5,0 %)	(3854)	(3)	(47760)	(16)	(217)	(47)
Wesermarsch	71440	89,5 %	4,1 %	0,3 %	0,0 %	4,8 %	0,8 %
	(+ 6,0 %)	(63947)	(2962)	(218)	(7)	(3420)	(597)

Regierungsbezirk Aurich 1939[170]

	Wohnbevölkerung	Ev.	Kath.	Andere Christen	Glaubensjuden	Gottgläubige	Konfessionslos
Aurich	53312	97,2 %	1,0 %	0,3 %	0,4 %	1,0 %	0,1 %
	(+ 3,7 %)	(50822)	(537)	(175)	(189)	(528)	(49)
Emden	34746	88,9 %	5,6 %	0,1 %	0,9 %	3,1 %	1,5 %
	(+ 1,9 %)	(30877)	(1936)	(41)	(299)	(1081)	(512)
Leer	99258	92,4 %	6,1 %	0,1 %	0,2 %	1,0 %	0,1 %
	(+ 2,7 %)	(91700)	(6047)	(124)	(247)	(988)	(88)
Norden	62226	96,0 %	1,9 %	0,4 %	0,2 %	1,1 %	0,2 %
	(+ 3,9 %)	(59734)	(1173)	(230)	(124)	(663)	(161)
Wittmund	42756	97,0 %	1,0 %	0,4 %	0,1 %	1,3 %	0,1 %
	(+ 3,3 %)	(41476)	(415)	(152)	(49)	(530)	(51)

---

[168] Angaben nach der Volkszählung vom 17. Mai 1939. Statistik des Deutschen Reichs, Bd. 552, Heft 3, S. 47.
[169] Statistik des Deutschen Reichs. Band 552: Volks-, Berufs- und Betriebszählung vom 17. Mai 1939. Heft 4: Die Juden und jüdischen Mischlinge im Deutschen Reich. Berlin, 1944. S. 29 f. (Regierungsbezirke Osnabrück und Aurich) und 47 (Länder Oldenburg und Bremen).
[170] Angaben nach der Volkszählung vom 17. Mai 1939. Statistik des Deutschen Reichs, Bd. 552, Heft 3, S. 30.

Regierungsbezirk Osnabrück 1939[171]

	Wohnbe-völkerung	Ev.	Kath.	Andere Christen	Glaubens-juden[172]	Gott-gläubige	Kon-fessionslos
Aschendorf-Hümmling	61719 (+ 28,7 %)	12,9 % (7939)	82,7 % (51049)	0,0 % (13)	0,3 % (208)	1,6 % (1006)	2,4 % (1477)
Bentheim	66072 (+ 8,4 %)	73,3 % (48437)	23,9 % (15776)	0,6 % (419)	0,1 % (58)	1,9 % (1234)	0,2 % (137)
Bersenbrück	57165 (+ 1,8 %)	50,3 % (28729)	48,5 % (27736)	0,0 % (13)	0,1 % (43)	0,9 % (513)	0,2 % (97)
Lingen	47118 (+ 4,4 %)	5728 (12,2 %)	40903 (86,8 %)	0,0 % (7)	0,1 % (32)	0,9 % (420)	0,0 % (22)
Melle	27256 (+ 1,5 %)	66,2 % (18039)	32,3 % (8807)	0,0 % (12)	0,0 % (9)	1,3 % (350)	0,1 % (24)
Meppen	46864 (+14,7 %)	2834 (6,0 %)	43353 (92,5 %)	0,0 % (14)	0,1 % (65)	1,1 % (504)	0,2 % (91)
Osnabrück-Land	82632 (+ 9,2 %)	37,0 % (30564)	62,0 % (51210)	0,1 % (61)	0,1 % (122)	0,8 % (697)	0,1 % (61)
Osnabrück-Stadt	97918 (+ 3,9 %)	56,3 % (55099)	37,7 % (36943)	0,4 % (424)	0,0 % (1)	4,7 % (4606)	0,6 % (573)
Wittlage	18683 (- 1,5 %)	74,3 % (13874)	24,1 % (4502)	0,0 % (9)	0,0 % (6)	1,9 % (234)	0,1 % (14)

Land Bremen insgesamt (ohne Bremerhaven) [173]

	Wohnbe-völkerung	Ev.	Kath.	Andere Christen	Glaubens-juden	Gott-gläubige	Kon-fessionslos
	445067 (+ 28,7 %)	83,5 % (373821)	9,5 % (40596)	0,4 % (1638)	0,1 % (635)	3,9 % (17353)	2,2 % (9427)

---

[171] Angaben nach der Volkszählung vom 17. Mai 1939. Statistik des Deutschen Reichs, Bd. 552, Heft 3, S. 29.

[172] Statistik des Deutschen Reichs. Band 552: Volks-, Berufs- und Betriebszählung vom 17. Mai 1939. Heft 4: Die Juden und jüdischen Mischlinge im Deutschen Reich. Berlin, 1944. S. 29 f. (Regierungsbezirke Osnabrück und Aurich) und 47 (Länder Oldenburg und Bremen).

[173] Angaben nach der Volkszählung vom 17. Mai 1939. Statistik des Deutschen Reichs, Bd. 552, Heft 3, S. 47.

Tabelle 3: Entwicklung der Beschäftigungsstruktur im Gau Weser-Ems

L = Land- und Forstwirtschaft
I = Industrie und Handwerk
H = Handel und Verkehr
D = Öffentlicher Dienst und private Dienstleistungen

Entwicklung der Beschäftigungsstruktur im Deutschen Reich

	L	I	H	D
1939	27,3	41,5	17,2	14,0
1933[174]	29,2	40,4	18,4	12,3
1925[175]	30,5	42,1	16,2	11,2

Österreich[176]

	L	I	H	D
1934	31,9	33,3	12,1	22,7

Land Oldenburg (ohne Birkenfeld und Lübeck-Eutin)

	L	L	I	I	H	H	D	D
	1933	1939	1933	1939	1933	1939	1933	1939
Ammerland	72,2	49,0	15,1	23,4	8,0	10,5	4,6	15,1
Cloppenburg	75,7	59,1	12,2	19,9	7,4	9,9	4,7	11,1
Delmenhorst	10,1	4,3	55,7	55,4	21,5	15,1	12,6	25,2
Friesland	49,9	25,1	21,8	25,1	15,6	12,4	12,6	37,4
Oldenburg-Land	71,7	48,4	14,8	26,6	8,5	11,3	4,8	13,7
Oldenburg-Stadt	12,4	4,4	26,8	24,4	35,1	30,6	25,7	40,6
Vechta	72,0	54,3	13,4	20,4	7,6	9,7	6,9	15,6
Wesermarsch	56,2	30,2	18,8	35,7	17,2	16,5	7,7	17,6
Rüstringen	2,3		23,8		21,4		52,5	
Wilhelmshaven	0,5	0,7	12,2	15,2	18,8	11,4	68,5	72,7

Bremen (ohne Bremerhaven)

	L	L	I	I	H	H	D	D
	1933	1939	1933	1939	1933	1939	1933	1939
Stadtkreis Bremen	1,8	1,5	31,0	43,8	45,2	29,7	22,1	25
Vegesack	2,4		38,6		36,9		22,1	
Landkreis Bremen[177]	34,8	12,5	30,6	47,9	21,9	20,0	12,7	19,6

---

[174] Angaben für 1925 und 1933 nach: Statistik des Deutschen Reichs, Band 456. Volks-, Berufs- und Betriebszählung vom 16. Juni 1933. Berufszählung. Die berufliche und soziale Gliederung des Deutschen Reichs. Heft 2: Die Erwerbstätigkeit der Reichsbevölkerung. Berlin, 1936. S. 7.
[175] Angaben für 1939 nach: Statistik des Deutschen Reichs, Band 556. Volks-, Berufs- und Betriebszählung vom 17. Mai 1939. Die Berufstätigkeit der Bevölkerung des Deutschen Reichs. Heft 1: Die Reichsbevölkerung nach Haupt- und Nebenberuf. Berlin 1943. S. 2.
[176] Angaben nach dem "Volks-Brockhaus", Leipzig, 1934. S. 499.
[177] 1939 einschl. Vegesack.

Regierungsbezirk Aurich (Wilhelmshaven s. Oldenburg)

	L 1933	L 1939	I 1933	I 1939	H 1933	H 1939	D 1933	D 1939
Aurich	68,6	43,2	13,2	26,7	11,4	12,0	6,8	18,1
Emden	10,2	5,0	23,1	28,1	45,1	40,2	21,7	26,7
Leer	56,6	34,3	18,1	27,5	16,9	17,5	8,3	20,7
Norden	49,3	28,0	19,6	30,3	18,8	17,5	12,3	24,2
Wittmund	71,6	47,9	13,4	22,6	8,7	9,6	6,3	19,9

Regierungsbezirk Osnabrück

	L 1933	L 1939	I 1933	I 1939	H 1933	H 1939	D 1933	D 1939
Aschendorf-Hümmling	71,2	44,1	14,5	20,5	8,4	8,8	6,0	26,6
Grafschaft Bentheim	50,5	34,8	34,4	42,8	8,1	9,0	7,0	13,4
Bersenbrück	71,7	54,2	15,6	21,8	7,6	9,8	5,1	14,2
Lingen	66,3	47,2	13,7	16,6	12,1	19,3	7,9	16,9
Melle	63,6	43,8	24,5	34,8	7,2	8,4	4,7	13,0
Meppen	67,9	47,0	16,4	24,9	9,1	12,1	6,6	16,0
Osnabrück-Land	48,8	26,8	35,0	48,2	9,6	10,7	6,6	14,3
Osnabrück-Stadt	2,9	1,5	40,6	40,2	34,9	28,2	21,5	30,1
Wittlage	73,6	56,6	14,6	22,0	7,6	10,2	4,2	11,2

Tabelle 4: Einkommensentwicklung im Gau Weser-Ems im Vergleich zum Reichsdurchschnitt

Kreis	Jahreseinkommen 1929		Jahreseinkommen 1937		Jahreseinkommen 1938	
Ammerland	2913,48	- 35,9 %	4189,25	- 26,7 %	4749,34	- 25,1 %
Aschendorf-Hümmling	A: 2981,11 H: 2010,54	- 34,4 % - 55,8 %	3522,27	- 38,4 %	4113,85	- 35,2 %
Aurich	3021,45	- 33,5 %	3881,91	- 32,1 %	4123,01	- 35,0 %
Bentheim	3460,76	- 23,9 %	6410,68	+ 12,1 %	8576,43	+ 35,1 %
Bersenbrück	2790,01	- 38,6 %	3640,79	- 36,3 %	4493,53	- 29,2 %
Bremen ohne Br'hvn	7722,53	+ 69,9 %	8296,96	+ 45,1 %	8846,28	+ 39,4 %
Cloppenburg	C: 2806,30[178] F: 2393,38	- 38,3 % - 47,4 %	3819,62	- 33,2 %	4429,02	- 30,2 %
Stadt Delmenhorst	5102,88	+ 12,2 %	5010,23	- 12,4 %	5691,94	- 10,3 %
Stadt Emden	4407,43	- 3,0 %	6908,40	+ 20,9 %	7711,52	+ 21,5 %
Friesland	J: 3184,96[179] V: 3116,58	- 29,9 % - 31,4 %	3831,64	- 33,0 %	4280,62	- 32,6 %
Leer	L[180]: 3226,00 W: 3194,90	- 29,0 % - 29,7 %	4016,86	- 29,7 %	4533,44	- 28,6 %
Lingen	2637,32	- 42,0 %	3554,05	- 37,8 %	4031,72	- 36,5 %
Melle	2868,89	- 36,9 %	3692,14	- 35,4 %	4326,04	- 31,8 %
Meppen	3052,12	- 32,9 %	4606,94	- 19,4 %	5205,45	- 18,0 %
Norden	3583,14	- 21,2 %	4287,46	- 25,0 %	4297,48	- 32,3 %
Oldenburg-Land	O[181]: 2409,15 W: 3094,56	- 47,0 % - 31,9 %	3212,90	- 43,8 %	3494,98	- 44,9 %
Oldenburg-Stadt	5102,88	+ 12,2 %	5476,22	- 4,2 %	6024,59	- 5,1 %
Osnabrück-Land	O[182]: 2858,10 I: 3814,75	- 37,1 % - 16,1 %	5209,66	- 8,9 %	5598,49	- 11,8 %
Osnabrück-Stadt	5385,17	+ 14,7 %	6358,66	+ 11,2 %	6928,26	+ 9,2 %
Vechta	3151,42	- 30,7 %	3768,36	- 34,1 %	4002,22	- 36,9 %
Wesermarsch	Br:[183] 3421,13 Bu: 3458,62 E: 2853,69	- 27,7 % - 23,9 % - 37,2 %	3772,32	- 34,0 %	4349,60	- 31,5 %
Wilhelmshaven	R[184]: 3194,75 W: 5006,13	- 29,7 % + 10,1 %	5540,09	- 3,1 %	6730,79	+ 6,1 %
Wittlage	2623,40	- 42,3 %	3924,70	- 31,3 %	4398,33	- 30,7 %
Wittmund	2641,23	- 41,9 %	3644,75	- 36,2 %	3929,45	- 38,1 %
Reichsdurchschnitt (nur "Altreich")	**4546,00**		**5716,50**		**6346,47**	

---

[178] C: altes Amt Cloppenburg, F: altes Amt Friesoythe.
[179] J: altes Amt Jeverland, V: altes Amt Varel.
[180] L: Altkreis Leer, W: Altkreis Weener
[181] O: altes Amt Oldenburg, W: altes Amt Wildeshausen.
[182] O: alter Landkreis Osnabrück, I: Altkreis Iburg
[183] Br: altes Amt Brake, Bu: altes Amt Butjadingen, E: altes Amt Elsfleth
[184] R: Rüstringen, W: Wilhelmshaven.

Tabelle 5: Die Reichstagswahl von 1928: stärkste Parteien in den einzelnen Kreisen

1. Oldenburg

Westerstede (Amt)	NSDAP (29,5 %)	DDP (13,7 %)
Delmenhorst (Stadt)	SPD (50,4 %)	Wirtschaftspartei (10,3 %)
Delmenhorst (Amt)	SPD (40,7 %)	DVP (20,7 %)
Jever (Stadt)	SPD (26,0 %)	DDP (18,0 %)
Jever (Amt)	SPD (29,2 %)	DNVP (16,4 %)
Varel (Stadt)	SPD (30,9 %)	Wirtschaftspartei(12,4 %)
Varel (Amt)	NSDAP (27,1 %)	SPD (23,2 %)
Oldenburg (Stadt)	SPD (25,2 %)	DDP (18,4 %)
Oldenburg (Amt)	NSDAP (27,0 %)	SPD (17,4 %)
Wildeshausen (Amt)	DNVP (23,9 %)	NSDAP (20,4 %)
Brake (Amt)	SPD (38,4 %)	DDP (18,7 %)
Butjadingen (Amt)	SPD (44,7 %)	NSDAP (19,1 %)
Elsfleth (Amt)	SPD (24,6 %)	NSDAP (22,6 %)
Wilhelmshaven (Stadt)[185]	SPD (33,0 %)	DVP (18,5 %)
Rüstringen (Stadt)	SPD (58,9 %)	DVP (7,7 %)
Cloppenburg (Amt)	Zentrum (65,2 %)	Landvolk (21,9 %)
Friesoythe (Amt)	Zentrum (57,9 %)	Landvolk (17,6 %)
Vechta (Amt)	Zentrum (77,1 %)	Landvolk (9,1 %)

2. Regierungsbezirk Aurich

Aurich (Landkreis)	DNVP (26,5 %)	SPD (19,4 %)
Emden (Stadtkreis)	SPD (26,0 %)	KPD (18,5 %)
Emden (Landkreis)	SPD (41,0 %)	DNVP (17,8 %)
Leer (Landkreis)	SPD (29,3 %)	DNVP (14,5 %)
Weener (Landkreis)	SPD (35,6 %)	DNVP (27,8 %)
Norden (Landkreis)	SPD (30,1 %)	DNVP (20,2 %)
Wittmund (Landkreis)	NSDAP (37,4 %)	SPD (10,8 %)

3. Regierungsbezirk Osnabrück

Aschendorf (Landkreis)	Zentrum (68,8 %)	Landvolk (14,1 %)
Hümmling (Landkreis)	Zentrum (69,5 %)	Landvolk (24,3 %)
Lingen (Landkreis)	Zentrum (60,2 %)	Landvolk (16,0 %)
Meppen (Landkreis)	Zentrum (56,8 %)	Landvolk (26,6 %)
Bentheim (Landkreis)	Landvolk (29,7 %)	SPD (18,8 %)
Bersenbrück (Landkreis)	Zentrum (36,3 %)	SPD (20,7 %)
Melle (Landkreis)	Zentrum (26,2 %)	SPD (25,8 %)
Wittlage (Landkreis)	Zentrum (23,0 %)	Landvolk (22,9 %)
Osnabrück (Landkreis)	Zentrum (41,4 %)	SPD (28,8 %)
Iburg (Landkreis)	Zentrum (44,6 %)	SPD (21,2 %)
Osnabrück (Stadtkreis)	SPD (33,3 %)	Zentrum (21,6 %)

4. Land Bremen

Bremen (ohne Bremerhaven)	SPD (42,3 %)	DDP (19,1 %)

---

[185] Bis 31. 3. 1937 Teil des preußischen Regierungsbezirks Aurich.

3.1 Die ländlich-konservativen Kreise: Nordoldenburg und Ostfriesland

Der Regierungsbezirk Aurich und Nordoldenburg, die in etwa der alten Kulturlandschaft Ostfriesland entsprechen, waren Gebiete mit fast rein protestantischer Bevölkerung, wobei im Kreis Norden und den angrenzenden Gebieten neben Lutheranern auch ein bedeutender Anteil Reformierter vertreten war.[186] Beide Gebiete zeichnen sich durch das Fehlen des "Zentrumsturms" aus, so daß von der arbeitenden Bevölkerung einschließlich der Landarbeiter die SPD gewählt wurde, neben der sich besonders im Regierungsbezirk Aurich die DNVP als zweitstärkste Partei behaupten konnte.[187]

Im Freistaat Oldenburg erhielt zunächst jedes Amt einen eigenen Kreisleiter. Es war somit die geforderte Übereinstimmung der Grenzen von staatlichen Kreisen und Parteikreisen erreicht. Dies änderte sich jedoch wieder durch die oldenburgische Verwaltungsreform vom Mai 1933. Die bisherigen Ämter Jever und Varel wurden zum Amt Friesland zusammengelegt, das Amt Westerstede und ein Teil des Amtes Oldenburg bildeten nun das Amt Ammerland. Das alte Amt Cloppenburg und das alte Amt Friesoythe bildeten das neue Amt Cloppenburg. Das Amt Wildeshausen wurde mit Teilen der Ämter Oldenburg und Delmenhorst zum neuen Amt Oldenburg zusammengelegt.

Besonders kompliziert verhielt es sich im neuen Amt Wesermarsch. Dieser bestand aus den alten Ämtern Butjadingen, Brake und Elsfleth sowie aus einigen Gemeinden des alten Amtes Delmenhorst. Da mit Ausnahme des Amtes Wildeshausen alle NSDAP-Kreise fortbestanden, standen im Kreis Wesermarsch nun einem Amtshauptmann bzw. Landrat drei Kreisleiter der NSDAP gegenüber. Obwohl ein Parteikreis einem Landkreis entsprechen sollte[188], wurde dies von Gauleiter Röver mißachtet: erst im März 1935 entsprach der Parteikreis Wesermarsch dem oldenburgischen Amt Wesermarsch.

Im Ammerland, d. h. bis zur Gemeindereform vom Mai 1933 das Amt Westerstede, erreichte die NSDAP schon 1928 Stimmenergebnisse, die weit über dem Reichsdurchschnitt lagen. So erhielt sie bei der Landtagswahl vom 20. 5. 1928 bereits 17,2 % der Stimmen. Bei der am gleichen Tag stattfindenden Reichstagswahl erreichte sie sogar 29,5 % der Stimmen. Die Stimmen stammten vom "Landesblock" aus DVP und DNVP. Während der "Landesblock" bei der oldenburgischen Landtagswahl 42,0 % der Stimmen erhielt, erhielten DVP und DNVP als Einzelkandidaten bei der Reichstagswahl zusammen nur 25 % der Stimmen. Mit Ausnahme von SPD und KPD profitierten davon alle Parteien, am stärksten jedoch die NSDAP. Hier zeigt sich deutlich, wie die NSDAP als Protestpartei gerade im agra-

---

[186] Bei den Volkszählungen wurden beide Konfessionen pauschal als "evangelisch" gezählt, so dass hier leider keine genaue Zahl genannt werden kann.
[187] Vgl. Tabelle am Ende des Kapitels.
[188] Bekanntgabe 9/32 der Reichsleitung der NSDAP vom 17. 6. 1932. Vgl. Roth, S. 23.

risch geprägten Amt Westerstede von der Agrarkrise profitierte, obwohl sie organisatorisch im Ammerland noch gar nicht vertreten war - die erste Ortsgruppe der NSDAP im Amt Westerstede wurde erst am 1. 10. 1928 in Edewecht gegründet[189].

In den folgenden Jahren gelang es der NSDAP, an diesen ersten großen Erfolg anzuknüpfen, weitere Ortsgruppen wurden gegründet: am 1. 3. 1929 in Loy, im April 1929 in Aschhauserfeld und am 6. 5. 1929 in Elmendorf. Parallel zu der Gründung von Ortsgruppen konnte die NSDAP auch bei den Wahlen weiter an Boden gewinnen. Bei der oldenburgischen Landtagswahl vom 29. 5. 1932 erreichte sie mit 81,6 % der Stimmen ihr mit Abstand bestes Ergebnis. Die bürgerlichen "Oldenburger Nachrichten für Stadt und Land" kommentierten dies mit deutlichem Wohlwollen in ihrem Artikel "Das Ammerland, die Hochburg der NSDAP" vom 1. 6. 1932: "Man kann wohl mit Recht behaupten, daß das Ammerland mit das nationalste Fleckchen Erde ist, welches wir in Deutschland haben." Die Ernüchterung nach der Machtübernahme der NSDAP in Oldenburg, die ihre vollmundigen Wahlversprechen in keinster Weise erfüllen konnten, sollte aber schon bald durchschlagen. Selbst bei der Reichstagswahl vom März 1933 erreichte die NSDAP "nur" noch 74,1 %.

Im Amt Westerstede wurden schon 1930 die Ortsgruppen zu einem "Bezirk" zusammengeschlossen, so daß der Kreis Ammerland schon im Oktober 1933 sein fünfjähriges Bestehen feiern konnte.[190] Bezirksleiter bzw. später Kreisleiter wurde Johann Roggemann, 1932 bis 1933 Mitglied des oldenburgischen Landtages. 1934 wurde Roggemann von seinem Kreisleiter-Adjutanten Johann Schneider abgelöst, der bis 1945 Kreisleiter blieb. Roggemann bekam 1934 den Posten als Bürgermeister von Bad Zwischenahn, wurde seines Amtes aber 1937 - vermutlich aufgrund von Alkoholproblemen[191] - wieder enthoben.

Innerhalb der NSDAP führte Kreisleiter Schneider ein strafferes Regiment ein. Der neue Kreisorganisationsleiter Emil Behrens erklärte auf der Kreistagung des Kreises Ammerland am 10. 6. 1934, daß "künftig allmonatlich ein Dienstappell für sämtliche Ortsgruppen-Amtswalter in Uniform durchgeführt wird; das bezieht sich auch auf die Amtswalter in den Gliederungen der Partei. Gleichzeitig sind in jeder Ortsgruppe Ausbilder für die militärische und politische Schulung der Amtswalter einzusetzen. Die Ausbilder sind dem Pg. Heintzen, Westerstede, zu melden."[192] Kreisleiter Schneider erklärte, daß künftig alle Veranstaltungen der Kreisleitung zu melden seien. Und: "In jeder Ortsgruppe ist ein stellvertretender Ortsgruppenleiter im Alter von 25 bis 30 Jahren einzusetzen." Während Schneider so auf dem reinen Parteisektor eine beachtliche Dynamik entfaltete, so zeigte er doch andererseits kaum Neigung, sich an der Gestaltung der Kreispolitik zu beteiligen. Obwohl er ab

---

[189] Zu den Gründungsterminen der NSDAP-Ortsgruppen, soweit sie noch zu ermitteln waren s. Rademacher, Wer war wer im Gau Weser-Ems, S. 26-33. Die Ortsgruppe Wiefelstede, die bereits am 10. 3. 1928 gegründet worden war, gehörte bis zur Gemeindereform 1933 zum Amt Oldenburg (NSDAP-Kreis Oldenburg-Land).
[190] Oldenburgische Staatszeitung, 30. 10. 1935 („5 Jahre Kreis Ammerland")
[191] Roggemann, Johann. StAOl, MdL-Kartei.
[192] Der Ammerländer, 11. 6. 1934.

1935 zu allen "Bürgermeisterversammlungen", d. h. den zwei bis drei mal im Monat stattfindenden Treffen des Landrats mit den Bürgermeistern, eingeladen wurde, kam er häufig nicht und trat kaum mit eigenen Initiativen hervor.[193] Dagegen blieb sein Engagement innerhalb der NSDAP ungebremst. Schneider war bei der Besoldungsfestsetzung Anfang 1941 der einzige Kreisleiter, der von Gauleiter Röver für seine außergewöhnliche Aktivität gelobt wurde: "Kreisleiter Schneider ist sehr aktiv, er hält wöchentlich in allen Gemeinden seines Kreises öffentliche Sprechstunden ab."[194]

Die Ausgangsbasis für die NSDAP war in den vier Teilen des späteren NSDAP-Kreises Friesland sehr unterschiedlich. Überall läßt sich jedoch im Vergleich zum Rest des Landes Oldenburg ein wesentlich höheres völkisches Wählerpotential feststellen. So erhielt die "Deutsch-Völkische Freiheitspartei" bei der Reichstagswahl vom 4. 5. 1924 in der Stadt Jever 19,8 % der Stimmen, im Amt Jever 22,8 %, in der Stadt Varel 6,7 % und im Amt Varel 10,6 %. Trotz des völkischen Potentials kann die erste Ortsgruppengründung erst für das Jahr 1927 in Neuenburg nachgewiesen werden.[195] Der Aufstieg der NSDAP wurde durch das Fehlen eines starken Zentrums und einer starken SPD begünstigt. Die Reichstagswahl vom 5. 3. 1933 brachte der NSDAP überdurchschnittliche Ergebnisse: 51 % in der Stadt Jever, 62,9 % im Amt Jever, in der Stadt Varel 48,3 %, im Amt Varel sogar 71,3 %.

Kreisleiter für das Amt Jeverland, umfassend das oldenburgische Amt Jeverland ohne Rüstersiel, Aldenburg und Sande, wurde Studienrat Karl Gottschalck, der 1932 auch erfolglos für den Oldenburgischen Landtag kandidierte. Gottschalck wurde 1934 Oberstudiendirektor am Gymnasium Vechta, der Kreis Jeverland wurde mit dem Kreis Varel zum Kreis Friesland zusammengelegt, der somit dem neuen Amt Friesland entsprach.

Hans Flügel, Inhaber eines Kolonialwarengeschäftes in Varel und bis 1930 aktives Mitglied der DNVP, übernahm 1932 die Leitung des Kreises Varel, umfassend die Stadt- und Landgemeinde Varel und die Gemeinde Friesische Wehde, der 1934 mit dem Kreis Jeverland zum neuen Partei-Kreis Friesland zusammengelegt wurde. Flügel blieb bis 1945 Kreisleiter von Friesland.

Der Kaufmann Jens Müller (Inhaber einer Zigarrenfabrik), zugleich Gauwalter der NS-Hago und Mitglied im Stadtrat von Oldenburg, war schon vor der Einrichtung der Kreisleitungen Bezirksleiter für das Amt Oldenburg gewesen. 1932 übernahm er die Leitung der Kreise Oldenburg-Stadt und Oldenburg-Amt. Kreisleiter für das Amt Wildeshausen war der Landwirt Hinrich Abel, 1931 bis 1933 Mitglied des Oldenburgischen Landtages, seit 1932 Bürgervorsteher von Dötlingen und bis 1939 Hauptabteilungsleiter beim Reichsnährstand (Landesbauernschaft Oldenburg-Bremen). Nach der oldenburgischen Verwaltungsreform vom Mai 1933 wurden die Kreise Wildeshausen und Oldenburg-Amt zum Kreis Oldenburg-Land zusammen-

---

[193] Siehe dazu ausführlich das Kapitel "Das Verhältnis Kreisleiter-Landrat".
[194] Antrag Rövers auf Besoldungsfestsetzung für Kreisleiter Schneider, 23. 4. 1941. BA Berlin-Lichterfelde, BDC PK Schneider, Johann.
[195] Vgl. Rademacher: Wer war wer im Gau Weser-Ems, S. 89.

gelegt, der dem neuen Amt Oldenburg entsprach. Neuer Kreisleiter wurde der Schriftleiter der "Oldenburgischen Staatszeitung", Wilhelm Assling, der den Posten bis zum Frühjahr 1935 innehatte, als der Kreis Oldenburg-Land dem Kreis Delmenhorst angeschlossen wurde.

Der Kreis Wesermarsch bestand zunächst aus den Ämtern Butjadingen, Brake und Elsfleth, die erst im Mai 1933 zum neuen Kreis Wesermarsch zusammengelegt wurden. Der Kreis war zu 96,3 % evangelisch, 56,3 % der Bevölkerung waren in der Landwirtschaft beschäftigt. Das Zentrum fiel somit als Konkurrenzpartei aus, während die Agrarkrise der NSDAP die Möglichkeit gab, die bäuerliche Bevölkerung als Wähler und Mitglieder zu gewinnen. Dementsprechend fanden in der Wesermarsch die ersten Ortsgruppengründungen auch nicht in den Amtshauptstädten Nordenham, Brake und Elsfleth statt, sondern in den ländlichen Gemeinden der Ämter, so am 11. 6. 1928 in Moorriem und am 6. 8. 1928 in Schweiburg[196]. Hingegen wurde in Nordenham erst 1930 ein NSDAP-Stützpunkt eingerichtet, der ab dem 17. 10. 1930 als Ortsgruppe zeichnete. In Brake, hier erreichte die SPD noch am 5. März 1933 41,9 % der Stimmen, gelang erst im Januar 1931 die Gründung einer SPD-Ortsgruppe. In Elsfleth war es vor allem der spätere Kreisleiter Ernst Ibbeken, der sich für die Ausbreitung der NSDAP einsetzte. Nach dem Erdrutschsieg der NSDAP bei den Reichstagswahlen vom 14. September 1930 konnte am 21. 11. 1930 auch in Elsfleth eine Ortsgruppe gegründet werden. Die "Oldenburgische Staatszeitung" feierte in einem Artikel vom 22. 8. 1935 mit dem Titel "Die Ortsgruppe Elsfleth" Ibbekens Einsatz für die NSDAP. 1928 und 1929 seien hier mehrere Versuche gescheitert, von Moorriem aus in Elsfleth eine Ortsgruppe der NSDAP zu gründen, und "trotz aller Mühen war hier nicht Fuß zu fassen, bis Pg. Ibbeken aus eigener Initiative heraus dann im Herbst 1930 den Entschluß faßte, doch den Versuch zu machen, hier eine Ortsgruppe ins Leben zu rufen...":

> Pg. Ernst Ibbeken wurde Ortsgruppenleiter, nein nicht allein nur Ortsgruppenleiter, Propaganda-Kasse-Schriftführung-Organisation, alles lag in seiner Hand. Nun galt es für ihn, mit seinen wenigen Parteigenossen den Sturm auf die Hochburg der Demokratie Elsfleth aufzunehmen, es galt, für die Wahlen zu arbeiten, Flugblätter zu verteilen, Versammlungen abzuhalten. Unheimliche Mengen von Drucksachen kamen an, das Haus des Ortsgruppenleiters wurde der Standort der Ortsgruppe. Nachts zogen die Klebekolonnen los von hier, hier wurden die Nazis beherbergt und bewirtet von der nimmer müden, treuen Mitkämpferin, der Frau unseres Ortsgruppenleiters.

Ein Blick auf die Wahlergebnisse von 1930 und 1933 zeigt, daß es hier in erster Linie um Heldenverehrung eines "alten Kämpfers" geht. Tatsächlich war Elsfleth 1930 keineswegs eine "Hochburg der Demokratie". Schon bei der Reichstagswahl

---

[196] Für dies und das folgende vgl. Rademacher: Wer war wer im Gau Weser-Ems, S. 145-152.

vom September 1930 blieb die NSDAP mit 26,0 % kaum hinter der SPD mit 28,8 % zurück. Im März 1933 lag die SPD hier mit 20,9 % zwar noch über dem Reichsdurchschnitt, konnte sich aber bei weitem nicht so gut halten wie in der Stadt Brake.

Dem Landkreis Wesermarsch, der durch die Gemeindereform von 1933 entstand, entsprach erst 1935 ein NSDAP-Partei-Kreis. 1932 wurde zunächst in jedem oldenburgischen Amt ein eigener NSDAP-Kreis eingerichtet. Im Partei-Kreis Butjadingen, der die Gemeinden Nordenham, Abbehausen und Burhave - hier hatte es 1923 bereits einen NSDAP-Stützpunkt gegeben - umfasste, wurde der Buchdrucker Arthur Drees Kreisleiter. Im Partei-Kreis Brake, umfassend die Gemeinden Jade, Brake, Ovelgönne, Rodenkirchen und Dedesdorf, übernahm Hermann Brunken, Ratsherr und stellvertretender Bürgermeister der Stadt Brake, die Geschäfte des Kreisleiters. Kreisleiter des Kreis Elsfleth, umfassend die Gemeinden Elsfleth, Stedingen und Moorriem, wurde der Kaufmann und Ortsgruppengründer Ernst Ibbeken, der 1933 auch Bürgermeister von Elsfleth wurde.

Am 10. 3. 1934 wurden in einem ersten Schritt die Partei-Kreise Elsfleth und Brake zum Kreis Wesermarsch zusammengeschlossen, während der Kreis Butjadingen vorerst noch selbständig blieb. Kreisleiter des neuen Kreises Wesermarsch wurde der Braker Bürgermeister Karl Reich, der von 1931 bis 1933 auch Mitglied des Oldenburgischen Landtages gewesen war. Am 10. 3. 1935 wurde der Kreis Butjadingen dem Kreis Wesermarsch angeschlossen. Kreisleiter des neuen Partei-Kreises Wesermarsch, der nun gebietlich dem staatlichen Kreis entsprach, wurde Arthur Drees, der schon seit 1932 den Kreis Butjadingen geleitet hatte. Drees behielt dieses Amt trotz offensichtlicher Unfähigkeit[197] bis 1942. Vom 1. 6. 1942 bis zum 30. 9. 1943 wurde der Kreisleiterposten kommissarisch von dem Bankkaufmann Georg Meier übernommen. Meier war von März 1934 bis Okt. 1935 Kreisgeschäftsführer der NSDAP in Emden, vom Okt. 1935 bis August 1939 Kreisgeschäftsführer und Kreisorganisationsleiter der NSDAP in Emden gewesen und hatte vom 11. 3. 1941 bis zum 31. 5. 1942 kommissarisch den Kreisleiterposten in Emden übernommen. Meier war also für den Kreisleiterposten der Wesermarsch gut qualifiziert und sollte ihn nach Kriegsende hauptamtlich übernehmen. Da Meier jedoch wieder in den Kriegseinsatz ging, übernahm ab Oktober 1943 der Kreisbauernführer Fritz Lünschen das Amt des Kreisleiters kommissarisch.

Das durchschnittliche Jahreseinkommen der Einkommensteuerpflichtigen lag 1929 in allen ehemaligen Ämtern, die 1933 zum Kreis Wesermarsch zusammengelegt wurden, weit unter dem Reichsdurchschnitt: im alten Amt Brake mit 3421,13 RM[198] 27,7 % unter dem Reichsdurchschnitt, im alten Amt Butjadingen mit 3458,62 RM[199] um 23,9 %, und im alten Amt Elsfleth mit 2853,69 RM[200] sogar um

---

[197] Siehe dazu ausführlich Kapitel 5.2.4.2.
[198] Vgl. Einkommen- und Körperschaftssteuerveranlagung für 1929 (Statistik des Deutschen Reichs, Band 430. Berlin, 1933. S. 83.
[199] Vgl. Einkommen- und Körperschaftssteuerveranlagung für 1929 (Statistik des Deutschen Reichs, Band 430. Berlin, 1933. S. 83.

37, 2 unter dem Reichsdurchschnitt. Nach der Weltwirtschaftskrise glich sich das durchschnittliche Jahreseinkommen der Einkommensteuerpflichtigen dem Reichsdurchschnitt etwas an: lag es 1937 mit 3772,32 RM[201] noch 34,0 % unter dem Reichsdurchschnitt, so verringerte sich der Abstand 1938 und lag mit 4349,60 RM[202] noch 31,5 % unter dem Reichsdurchschnitt. Allerdings stieg der Zahl derjenigen Einkommensempfänger, die die steuerliche Bemessungsgrenze erreichten, von 1937 auf 1938 nur um 4,48 %, während der Anstieg im "Altreich" ohne Österreich bei durchschnittlich 7,96 % lag.

Im Kreis Aurich begann der Aufstieg der NSDAP mit der Agrarkrise, wenn es ihr hier auch nicht gelang, stärkste oder zumindest zweitstärkste Partei zu werden. Bei der Reichstagswahl vom 20. 5. 1928 konnte die NSDAP 13,3 % der Stimmen für sich gewinnen, während das Landvolk mit 0,8 % keine Rolle spielte. Nach diesem ersten großen Wahlerfolg wurde am 16. 10. 1928 in Aurich die erste NSDAP-Ortsgruppe im Kreis Aurich gegründet.[203] Bis zur Reichstagswahl vom 5. 3. 1933 konnte die NSDAP ihre Stellung im Kreis Aurich weiter ausbauen und 67,8 % der Stimmen auf sich vereinigen. Die liberale DDP, die bei der Wahl zur verfassunggebenden Landesversammlung in Preußen am 26. 1. 1919 41,5 % der Stimmen erzielt hatte, erhielt bei der Reichstagswahl vom 5. 3. 1933 nur noch 0,6 % der Stimmen.[204] Ungewöhnlich stark war hier vorübergehend die "Deutsch-Hannoversche Partei" (DHP), die bei der Reichstagswahl vom 6. 6. 1920 15,0 % der Stimmen erhielt. Die DHP konnte diesen Wahlerfolg jedoch nicht wiederholen, sondern verlor bei den folgenden Reichstagswahlen stark an Stimmen. Bei der Reichstagswahl vom 6. 11. 1932 erhielt sie nur 4 Stimmen (0,0 %) und trat im darauffolgenden Jahr nicht mehr zur Reichstagswahl an.

Erster Kreisleiter des Kreises Aurich wurde 1932 der Postbeamte Meinert Janssen, der den Posten bis zum Mai 1934 behielt, als er wegen einer Beförderung den Kreis verlassen mußte. Von Mai bis November 1934 wurde der Kreis kurzzeitig von dem bisher in Osnabrück tätigen Hans Gronewald geleitet. Im November 1934 ging die Leitung dann an Heinrich Bohnens über, der bisher Kreisleiter des Kreises Wittmund gewesen war und nun nach Aurich wechselte, um hier auch die Leitung der Handwerkskammer zu übernehmen. Bohnens blieb bis 1945 Kreisleiter.

---

[200] Vgl. Einkommen- und Körperschaftssteuerveranlagung für 1929 (Statistik des Deutschen Reichs, Band 430. Berlin, 1933. S. 83.
[201] Vgl. Einkommen- und Körperschaftssteuerveranlagung für 1937 und 1938 (Statistik des Deutschen Reichs, Band 580). Berlin, 1941. S. 90.
[202] Vgl. Einkommen- und Körperschaftssteuerveranlagung für 1937 und 1938 (Statistik des Deutschen Reichs, Band 580). Berlin, 1941. S. 91.
[203] Vgl. Rademacher: Wer war wer im Gau Weser-Ems, S. 41. Zur Geschichte der Stadt Aurich im Dritten Reich s. den Band Aurich im Nationalsozialismus. Im Auftrage der Stadt Aurich herausgegeben von Herbert Reyer. Aurich, 1989.
[204] Weniger extrem verlief der Aufstieg der NSDAP in der Stadt Aurich. Hier erhielt die NSDAP am 5. 3. 1933 "nur" 46,3 % der Stimmen, während die DNVP mit 23,7 % zweitstärkste Partei wurde. Angaben nach Reeken: Ostfriesland zwischen Weimar und Bonn, S. 316.

Noch später als im Kreis Aurich gelang der Aufbau einer Parteistruktur der NSDAP im Kreis Leer[205]. Wann die erste NSDAP-Ortsgruppe in Leer gegründet wurde, ist unklar. Erich Drescher behauptete 1933 in seinem Lebenslauf, er sei am 1. 10. 1930 in die Ortsgruppe Weener der NSDAP eingetreten, "weil damals in Leer keine Ortsgruppe bestand."[206] Robra bestätigt dies: "Am 1. Oktober 1930 wurde Drescher von der Ortsgruppe Weener der NSDAP als Mitglied aufgenommen. In Leer bestand noch keine Ortsgruppe; sie wurde von Drescher und anderen begründet. Schon im Dezember 1930 wurde Drescher Bezirksleiter für mehrere Ortsgruppen im nördlichen Teil des alten Kreises Leer; im Juli 1932 ist er Kreisleiter."[207] Aus der Verfügung Carl Dincklages über die Zusammenlegung der NSDAP-Bezirke Oldenburg und Ostfriesland vom 21. 6. 1927 geht hervor, daß zu diesem Zeitpunkt bereits eine - wenn auch kurzlebige - Ortsgruppe der NSDAP in Leer bestand. Besagte Verfügung sollte auch ihr zugehen.[208]

Der Zollkommissar Erich Drescher behielt den Kreisleiterposten bis 1933 und wurde noch im gleichen Jahr Bürgermeister der Stadt Leer. Bis zum Juli 1934 leitete der gelernte Kaufmann Heinrich Walkenhorst den Kreis Leer. Walkenhorst wurde dann von Gauleiter Röver nach Oldenburg geholt, wo er den Posten des Gauorganisationsleiters übernahm, d. h. de facto bis zu Rövers Tod im Jahr 1942 dessen Privatsekretär war. Von Juli 1934 bis zum 30. 4. 1935 stand dann Hans Gronewald an der Spitze des NSDAP-Kreises Leer. Gronewald wurde zum 1. 5. 1935 als Landrat in den Kreis Aschendorf-Hümmling versetzt. Bis 1941 übernahm dann der Wilhelmshavener Max Schümann, der gebürtig aus Kiel stammte, den Kreis Leer. Schümann leistete ab 1941 Kriegsdienst, so daß Erich Drescher wieder die Leitung des Kreises übernahm. Schümann kehrte 1943 von der Front zurück, wurde aber von Gauleiter Wegener als Kreisleiter nach Bremen versetzt, so daß Drescher bis 1945 Kreisleiter blieb.

Der Kreis Norden war in wirtschaftlicher Hinsicht neben dem Kreis Wittmund das Schlußlicht des Gaues Weser-Ems. Das durchschnittliche Einkommen der Einkommensteuerpflichtigen lag 1929 mit 3583,14 RM[209] um 21,2 % unter dem Reichsdurchschnitt. Dies änderte sich während des Dritten Reiches weiter zum schlechteren: lag es 1937 mit 4287,46 RM[210] schon 25,0 % unter dem Reichsdurch-

---

[205] Zu den Anfängen der NSDAP im Kreis Leer s. ausführlich Annelene Akkermann: Aufstieg und Machtergreifung der Nationalsozialisten im Rheiderland 1929-1936. In: Reyer, Herbert (Hrsg.): Ostfriesland zwischen Republik und Diktatur (Abhandlungen und Vorträge zur Geschichte Ostfrieslands; Bd. 76). Aurich, 1998. S. 239-298.
[206] Lebenslauf Erich Drescher, Leer, 19. 7. 1933. Personalakte Erich Drescher, StAA, Rep. 16/1.
[207] Günther Robra: Erich Emil August Drescher. In: Biographisches Lexikon für Ostfriesland. Zweiter Band. Herausgegeben im Auftrag der Ostfriesischen Landschaft von Martin Tielke. Aurich, 1997. S. 80-82, hier S. 80.
[208] Vgl. Schaap: Oldenburgs Weg ins 'Dritte Reich', S. 65.
[209] Vgl. Einkommen- und Körperschaftssteuerveranlagung für 1929 (Statistik des Deutschen Reichs, Band 430. Berlin, 1933. S. 67.
[210] Vgl. Einkommen- und Körperschaftssteuerveranlagung für 1937 und 1938 (Statistik des Deutschen Reichs, Band 580). Berlin, 1941. S. 74.

schnitt, so waren es 1938 mit 4297,48 RM[211] gar 32,3 % unter Reichsdurchschnitt. Besonders elend war, sowohl vor als auch nach der Machtübername durch die NSDAP, die Situation der Landarbeiter. Die Bauern des Kreises Norden profitierten zwar von den neuen bauernfreundlichen Rahmenbedingungen des Dritten Reiches, setzten die für die Landarbeiter vorgesehenen sozialen Verbesserungen aber nicht in die Tat um[212].

Die Stadt Norden nahm für sich in Anspruch, die älteste NSDAP-Ortsgruppe Norddeutschlands zu sein. Hier war schon im April 1923 eine Ortsgruppe der NSDAP gegründet worden. Nach der Neugründung der NSDAP im Februar 1925 dauerte es jedoch bis Herbst 1926, bis sich die Norder NSDAP-Ortsgruppe neu gegründete. [213] Die NSDAP und andere völkische Parteien konnten im Kreis Norden schon früh weit überdurchschnittliche Wahlerfolge (17,1 % bei der Reichstagswahl vom 4. 5. 1924) verbuchen, wenn diese auch nicht so extrem hoch ausfielen wie in Wittmund (46,6 % bei der Reichstagswahl vom 4. 5. 1924). Wie im Rest Ostfrieslands gelang es der Landvolkbewegung auch im Kreis Norden nicht, sich den bäuerlichen Protest zunutze zu machen: bei der Reichstagswahl vom 20. 5. 1928 bekam die Landvolkbewegung ganze 1,0 % der Stimmen.

Erster Kreisleiter des Kreises Norden war bis 1935 der Emder Ortsgruppengründer Johann Menso Folkerts. Folkerts leitete bis September 1933 den Kreis Emden-Land, der bisher weiterbestanden hatte, obwohl der preußische Landkreis Emden schon 1932 im Zuge der Gemeindereform aufgelöst worden war. Mit Ausnahme von Wolthusen, das zum neuen Stadtkreis Emden geschlagen wurde, wurde der Landkreis Emden zum größten Teil dem Kreis Norden eingegliedert. Menso Folkerts leitete dann vom Sept. 1933 bis 1935 die Kreise Emden und Norden in Personalunion. Seit dem 12. 1. 1935 stand dann der Woltzetener Kaufmann Lenhard Everwien an der Spitze des Kreises, der 1943 bis 1945 auch den Kreis Emden vertretungsweise wieder leitete.

Der Kreis Wittmund blieb trotz eines merklichen Strukturwandels - gemessen am durchschnittlichen Jahreseinkommen der Einkommensteuerpflichtigen - das Schlußlicht im Gau Weser-Ems. 1929 lag dieses mit 2641,23 RM[214] um 41,9 % unter dem Reichsdurchschnitt. Eine grundlegende Änderung trat hier auch während des Dritten Reiches nicht ein: lag es 1937 mit 3644,75 RM[215] um 36,2 % unter dem Reichsdurchschnitt, so vergrößerte sich dieser Abstand im Jahr 1938: das Durch-

---

[211] Vgl. Einkommen- und Körperschaftssteuerveranlagung für 1937 und 1938 (Statistik des Deutschen Reichs, Band 580). Berlin, 1941. S. 75.
[212] Vgl. Deutschland-Berichte der Sopade, Zweiter Jahrgang 1935, S.479-482.
[213] Vgl. Forster, Hans jun./Schwickert, Günther: Norden - Eine Kreisstadt unterm Hakenkreuz. Norden ²1988. S. 46 ff.
[214] Vgl. Einkommen- und Körperschaftssteuerveranlagung für 1929 (Statistik des Deutschen Reichs, Band 430). Berlin, 1933. S. 67.
[215] Vgl. Einkommen- und Körperschaftssteuerveranlagung für 1937 und 1938 (Statistik des Deutschen Reichs, Band 580). Berlin, 1941. S. 74.

schnittseinkommen stieg auf 3929,45 RM[216]. Der Abstand zum Reichsdurchschnitt vergrößerte sich somit auf 38,1 %.

Der Kreis Wittmund fällt durch ein ungewöhnlich starkes völkisch-nationales Wählerpotential auf. Bei der Reichstagswahl vom 4. 5. 1924 bekam die "Deutsch-Völkische Freiheitsbewegung" 46,6 % der Stimmen, ohne daß dies auf Kosten der DNVP ging, die ebenfalls 14,1 % bekam. Dieses Potential läßt sich zum einen mit der republikfeindlich-völkischen Personalpolitik des Wittmunder Landrats, andererseits mit der extrem republikfeindlichen Haltung des "Anzeigers für Harlingerland" erklären, der nicht nur die meistgelesene Tageszeitung im Kreis Wittmund war, sondern auch die einzige lokale Tageszeitung überhaupt. Der Landkreis Wittmund ist somit ein Musterbeispiel für die von Richard Hamilton vertretene "Meinungsklima-Hypothese", wonach ein rechtes, republikfeindliches Presseklima Wahlerfolge der NSDAP wesentlich begünstigt hat[217], wenngleich Falter feststellt, daß im Ganzen der "Einfluß des Presseklimas weniger hoch ist, als Hamilton vorauszusetzen scheint."[218] Hinzu kam noch, daß es im Kreis Wittmund keine prominenten örtlichen "opinion leaders" gab, die als Gegengewicht hätten fungieren können: "Daß sich angesehene Personen des öffentlichen Lebens, wie z. B. Bürgermeister Dr. Anklam in Aurich, gegen die NSDAP zur Wehr setzten, kam im Landkreis Wittmund nicht vor."[219]

Trotz der frühen Wahlerfolge für die NSDAP kam es im Kreis Wittmund erst 1928 zur Gründung einer NSDAP-Ortsgruppe. Vor der Einrichtung der Kreisleitungen bestanden im Kreis Wittmund zwei NSDAP-Bezirksleitungen. Der südliche Teil des Kreises stand unter der Leitung des Friedeburger Schuhmachermeisters und Ortsgruppenleiters Heinrich Bohnens, während der nördliche Teil vom Wittmunder Ortsgruppenleiter Willy Schulemann geleitet wurde. Schulemann fungierte 1932 bis 1933 auch als erster Kreisleiter von Wittmund. Von 1933 bis 1934 übernahm Heinrich Bohnens dieses Amt, bis er als Kreisleiter nach Aurich ging. Von 1934 bis 1945 fungierte dann der ebenfalls in Friedeburg ansässige Kaufmann Diedrich Oltmanns als Kreisleiter.

---

[216] Vgl. Einkommen- und Körperschaftssteuerveranlagung für 1937 und 1938 (Statistik des Deutschen Reichs, Band 580). Berlin, 1941. S. 75.
[217] S. Hamilton, Richard F.: Hitler's Electoral Support: Recent Findings and Theoretical Implications. In: Canadian Journal of Sociology 11, 1986, S. 1 - 34.
[218] Falter, Jürgen W.: Hitlers Wähler. München, 1991. S. 339.
[219] Inge Müller-Lüpke: Der Landkreis Wittmund zwischen Monarchie und Diktatur. In: Ostfriesland zwischen Republik und Diktatur. Hrsg. Von Herbert Reyer (Abhandlungen und Vorträge zur Geschichte Ostfrieslands; 76). Aurich, 1998. S. 33.

Wahlen Amt Westerstede

	SPD	KPD	USPD	Z	DDP	DVP	DNVP	NSDAP	Sonstige
19. 1. 19 (DNV)	25,9 % (2858)	---	0,4 % (39)	2,1 % (234)	63,1 % (6971)	0,7 % (940)	0,0 % (5)	---	---
23. 2. 19 (KLT)	23,8 % (2146)	---	---	0,6 % (51)	64,8 % (5846)	10,8 % (977)	0,0 % (1)	---	---
6. 6. 20 (RT)	13,8 % (1273)	1,5 % (134)	7,0 % (647)	0,5 % (45)	30,4 % (2804)	44,5 % (4100)	2,2 % (204)	---	0,1 % (4)
10. 6. 23 (LT)	12,7 % (1030)	6,1 % (491)	0,0 % (2)	0,5 % (40)	31,7 % (2570)	44,0 % (3563)	5,0 % (410)	---	---
4. 5. 24 (RT)	9,5 % (771)	5,8 % (470)	0,1 % (12)	0,7 % (60)	22,8 % (1854)	24,2 % (1964)	25,3 % (2057)	9,7 %[220] (792)	1,6 % (134)
7. 12. 24 (RT)	14,5 % (1362)	2,5 % (234)	---	0,9 % (84)	20,3 % (1902)	24,9 % (2331)	28,7 % (2690)	7,4 %[221] (691)	0,8 % (71)

	SPD	KPD	LV[222]	Z	DDP	DVP	DNVP	NSDAP	WP[223]	Sonstige
24. 5. 25 (LT)	10,1 % (680)	2,0 % (135)	---	0,8 % (51)	23,5 % (1576)	57,6 %[224] (3873)	---	5,9 %[225] (399)	---	0,1 %[226] (10)
20. 5. 28 (LT)	12,4 % (1058)	2,1 % (182)	3,5 % (296)	0,7 % (59)	12,9 % (1099)	42,0 %[227] (3573)	---	17,2 % (1462)	3,3 % (276)	5,9 %[228] (503)
20. 5. 28 (RT)	12,0 % (1038)	1,9 % (163)	4,1 % (350)	0,8 % (66)	13,7 % (1182)	11,3 % (972)	11,6 % (997)	29,5 % (2542)	3,1 % (266)	12,2 % (1049)
14. 9. 30 (RT)	9,7 % (1147)	2,7 % (319)	3,0 % (353)	0,7 % (77)	6,8 % (802)	5,1 % (607)	4,9 % (581)	58,8 % (6964)	2,5 % (297)	5,9 %[229] (696)
17. 5. 31 (LT)	6,9 % (831)	4,6 % (547)	0,2 % (23)	0,5 % (57)	4,2 % (501)	1,9 % (225)	4,7 % (569)	74,1 % (8880)	0,8 % (94)	2,1 %[230] (253)
29. 5. 32 (LT)	5,6 % (772)	3,0 % (407)	0,2 % (23)	0,4 % (58)	2,5 % (351)	0,6 % (83)	5,6 % (770)	81,6 % (11260)	---	0,5 % (70)
31. 7. 32 (RT)	6,8 % (1034)	3,4 % (511)	0,1 % (17)	0,5 % (78)	2,0 % (306)	0,5 % (78)	7,6 % (1152)	78,1 % (11878)	0,1 % (9)	1,0 % (146)
6. 11. 32 (RT)	7,8 % (1170)	4,6 % (682)	0,1 % (20)	0,5 % (78)	1,9 % (290)	1,5 % (226)	11,8 % (1761)	70,1 % (10471)	0,0 % (4)	1,7 % (250)
5. 3. 33 (RT)	6,2 % (1008)	3,3 % (541)	---	0,5 % (73)	1,0 % (154)	0,6 % (99)	13,6 % (2204)	74,1 % (12000)	---	0,7 %[231] (116)

---

[220] Deutsch-Völkische Freiheitspartei.
[221] NS-Freiheitsbewegung
[222] Christlich-Nationale Bauern- und Landvolkpartei.
[223] Reichspartei des Deutschen Mittelstandes (Wirtschaftspartei).
[224] Stimmen für den „Landesblock" aus DVP und DNVP.
[225] Deutsch-völkische Freiheitsbewegung.
[226] Stimmen für den „Sozialistischen Bund Deutschlands" (Ledebour).
[227] Stimmen für den „Landesblock" aus DVP und DNVP.
[228] 0,1 % Unpolitische Partei Reents, 5, 5 % Landvolk- und Mittelstandsliste (Völkisch-nationaler Block), 0,3 % Christlich-soziale Reichspartei.
[229] Davon 303 Stimmen (2,6 %)für die Deutsch-Hannoversche Partei, 263 Stimmen (2,2 %)für den Christlich-Sozialen Volksdienst.
[230] Stimmen den Christlich-Sozialen Volksdienst.
[231] Davon 109 Stimmen (0,7 %) für den Christlich-Sozialen Volksdienst, 5 Stimmen für die Deutsche Bauernpartei, 2 Stimmen für die Deutsch-Hannoversche Partei.

Wahlergebnisse Stadt Jever[232]

	SPD	KPD	USPD	Z	DDP	DVP	DNVP	NSDAP	Sonstige
19. 1. 19 (DNV)[233]	23,5 % (762)	---	7,9 % (255)	2,3 % (75)	44,7 % (1450)	21,7 % (703)	---	---	0,0 % (1)
6. 6. 20 (RT)	12,3 % (313)	2,8 % (71)	9,0 % (228)	1,8 % (46)	29,5 % (751)	34,9 % (887)	9,7 % (247)	---	0,0 % (1)
10. 6. 23 (LT)	16,9 % (352)	7,4 % ()	---	1,9 % (41)	29,4 % (611)	23,2 % (482)	21,2 % (441)	---	---
4. 5. 24 (RT)	12,8 % (297)	4,3 % (101)	0,0 % (1)	1,9 % (45)	16,9 % (394)	11,0 % (257)	31,6 % (735)	19,8 %[234] (462)	1,6 % (37)
7. 12. 24 (RT)	16,0 % (416)	2,8 % (72)	---	1,9 % (50)	18,5 % (481)	14,5 % (377)	30,1 % (784)	15,1 %[235] (394)	1,2 % (32)

	SPD	KPD	LV[236]	Z	DDP	DVP	DNVP	NSDAP	WP[237]	Sonstige
24. 5. 25 (LT)	14,5 % (255)	1,2 % (22)	---	1,8 % (32)	20,9 % (369)	47,4 %[238] (835)	---	13,9 %[239] (245)	---	0,3 %[240] (5)
20. 5. 28 (LT)	26,1 % (591)	1,9 % (42)	5,3 % (119)	1,6 % (37)	21,0 % (476)	18,0 %[241] (409)	---	8,8 % (199)	10,5 % (238)	6,8 [242] (155)
20. 5. 28 (RT)	26,0 % (621)	1,5 % (36)	1,2 % (28)	1,8 % (42)	18,0 % (429)	10,6 % (253)	14,0 % (334)	9,8 % (234)	8,8 % (210)	8,3 % (197)
14. 9. 30 (RT)	24,9 % (772)	1,5 % (47)	0,6 % (19)	1,4 % (42)	9,6 % (298)	4,4 % (137)	12,0 % (372)	38,5 % (1194)	2,6 % (81)	4,5 % (140)
17. 5. 31 (LT)	24,3 % (703)	2,7 % (77)	0,2 % (6)	1,6 % (45)	9,7 % (281)	4,3 % (124)	6,1 % (177)	50,2 % (1452)	0,7 % (21)	0,3 %[243] (8)
29. 5. 32 (LT)	23,8 % (690)	1,3 % (37)	0,2 % (5)	1,6 % (47)	5,8 % (169)	1,1 % (31)	8,4 % (243)	57,2 % (1653)	---	0,6 %[244] (17)
31. 7. 32 (RT)	26,8 % (925)	1,6 % (54)	0,1 % (3)	1,8 % (62)	4,8 % (164)	0,8 % (26)	10,6 % (367)	53,0 % (1826)	0,1 % (4)	0,5 % (17)
6. 11. 32 (RT)	27,9 % (908)	2,1 % (68)	0,2 % (5)	1,7 % (56)	3,2 % (104)	4,3 % (141)	13,8 % (449)	45,8 % (1488)	0,1 % (4)	0,8 % (27)
5. 3. 33 (RT)	22,3 % (819)	1,8 % (67)	---	1,3 % (49)	3,1 % (112)	2,4 % (89)	17,7 % (650)	51,0 % (1873)	---	0,3 % (12)

---

[232] Wahlergebnisse vom 23. 2. 1919 nicht ermittelt, da „Jeversches Wochenblatt" nur lückenhaft überliefert.
[233] Wahlergebnisse nach „Jeversches Wochenblatt", 21. 1. 1919.
[234] Deutsch-Völkische Freiheitspartei
[235] NS-Freiheitsbewegung
[236] Christlich-Nationale Bauern- und Landvolkpartei
[237] Reichspartei des Deutschen Mittelstandes (Wirtschaftspartei)
[238] Stimmen für den „Landesblock" aus DVP und DNVP.
[239] Deutsch-völkische Freiheitsbewegung.
[240] Stimmen für den „Sozialistischen Bund Deutschlands" (Ledebour).
[241] Stimmen für den „Landesblock" aus DVP und DNVP.
[242] 4,1 %Landvolk- und Mittelstandsliste (Völkisch-Nationaler Block), 0,9 % Christlich-soziale Reichspartei, 1,8 % Unpolitische Partei Reents.
[243] Stimmen für den Christlich-Sozialen Volksdienst.
[244] Stimmen für die Sozialistische Arbeiterpartei.

Wahlergebnisse Amt Jever

	SPD	KPD	USPD	Z	DDP	DVP	DNVP	NSDAP	Sonstige
19. 1. 19 (DNV)[245]	37,2 % (3824)	---	10,6 % (1087)	0,4 % (44)	28,3 % (2906)	23,1 % (2369)	0,1 % (14)	---	0,2 % (24)
23. 2. 19 (KLT)[246]	40,1 % (2932)	---	---	0,4 % (30)	37,9 % (2775)	19,6 % (1437)	2,0 % (145)	---	---
6. 6. 20 (RT)	24,3 % (1971)	2,7 % (218)	12,9 % (1043)	0,8 % (65)	17,2 % (1389)	33,1 % (2681)	9,0 % (726)	---	0,0 % (2)
10. 6. 23 (LT)	23,3 % (1847)	7,0 % (551)	0,0 % (1)	0,3 % (27)	27,5 % (2176)	18,9 % (1503)	23,0 % (1821)	---	---
4. 5. 24 (RT)	18,5 % (1446)	6,0 % (470)	0,3 % (23)	0,8 % (65)	11,8 % (918)	7,4 % (579)	30,6 % (2383)	22,8 %[247] (1776)	1,8 % (137)
7. 12. 24 (RT)	21,3 % (1794)	3,9 % (328)	---	0,9 % (75)	14,5 % (1224)	10,2 % (861)	30,4 % (2561)	17,6 %[248] (1484)	1,2 % (97)

	SPD	KPD	LV[249]	Z	DDP	DVP	DNVP	NSDAP	WP[250]	Sonstige
24. 5. 25 (LT)	17,8 % (1029)	1,5 % (89)	---	0,7 % (39)	19,4 % (1119)	46,1 %[251] (2661)	---	14,1 %[252] (812)	---	0,4 %[253] (21)
20. 5. 28 (LT)	29,9 % (2200)	2,8 % (206)	11,0 % (811)	0,7 % (51)	11,2 % (822)	19,2 %[254] (1416)	---	8,1 % (598)	5,8 % (430)	11,3 %[255] (832)
20. 5. 28 (RT)	29,2 % (2188)	1,9 % (146)	4,9 % (364)	1,1 % (81)	9,9 % (739)	6,2 % (464)	16,4 % (1226)	11,2 % (840)	5,9 % (439)	13,4 % (1007)
14. 9. 30 (RT)	22,8 % (2208)	3,6 % (351)	0,6 % (56)	1,0 % (100)	4,6 % (444)	2,8 % (275)	12,9 % (1252)	46,8 % (4542)	1,9 % (182)	3,0 % (295)
17. 5. 31 (LT)	23,6% (2041)	5,5 % (478)	0,2 % (16)	0,5 % (44)	3,1% (272)	1,2 % (103)	7,7 % (665)	56,9 % (4927)	1,1 % (91)	0,3 %[256] (28)
29. 5. 32 (LT)	19,0 % (1898)	5,1 % (510)	0,1 % (12)	0,5 % (46)	2,0 % (201)	0,6 % (62)	6,1 % (611)	64,9 % (6477)	---	0,6 %[257] (59)
31. 7. 32 (RT)	18,4 % (2427)	4,8 % (636)	0,1 % (10)	2,2 % (297)	1,9 % (250)	1,2 % (154)	10,7 % (1410)	60,0 % (7932)	0,2 % (20)	0,6 % (78)
6. 11. 32 (RT)	23,3 % (2487)	7,6 % (812)	0,1 % (9)	0,6 % (63)	1,3 % (140)	1,7 % (186)	10,0 % (1070)	54,2 % (5773)	0,1 % (7)	1,0 % (105)
5. 3. 33 (RT)	18,2 % (2181)	5,3 % (630)	---	0,4 % (51)	1,1 % (130)	0,8 % (94)	11,1 % (1327)	62,9 % (7515)	---	0,2 % (27)

---

[245] Wahlergebnisse nach „Jeversches Wochenblatt", 21. 1. 1919.
[246] Wahlergebnisse für Stadt und Amt Jever nach „Nachrichten für Stadt und Land" (Oldenburg) vom 24. 2. 1919, betreffende Ausgabe „Jeversches Wochenblatt" nicht überliefert.
[247] Deutsch-Völkische Freiheitspartei
[248] NS-Freiheitsbewegung
[249] Christlich-Nationale Bauern- und Landvolkpartei
[250] Reichspartei des Deutschen Mittelstandes (Wirtschaftspartei)
[251] Stimmen für den „Landesblock" aus DVP und DNVP.
[252] Deutsch-völkische Freiheitsbewegung.
[253] Stimmen für den „Sozialistischen Bund Deutschlands" (Ledebour).
[254] Stimmen für den „Landesblock" aus DVP und DNVP.
[255] 8,2 % Landvolk- und Mittelstandsliste (Völkisch-Nationaler Block), 0,8 % Christlich-soziale Reichspartei, 2,3 % Unpolitische Partei Reents.
[256] Stimmen für den „Christlich-Sozialen Volksdienst".
[257] Stimmen für die „Sozialistische Arbeiterpartei".

Wahlergebnisse Stadt Varel[258]

	SPD	KPD	USPD	Z	DDP	DVP	DNVP	NSDAP	Sonstige
6. 6. 20 (RT)	16,8 % (618)	1,0 % (37)	24,4 % (897)	4,2 % (155)	21,8 % (800)	26,6 % (977)	5,2 % (192)	---	---
10. 6. 23 (LT)	25,8 % (847)	8,1 % (267)	2,5 % (84)	4,4 % (133)	19,0 % (625)	31,1 % (1023)	9,1 % (300)	---	---
4. 5. 24 (RT)	21,6 % (798)	8,3 % (305)	0,7 % (26)	5,1 % (187)	12,2 % (450)	19,1 % (704)	20,1 % (743)	6,7 %[259] (246)	6,4 % (236)
7. 12. 24 (RT)	25,7 % (1022)	6,7 % (265)	---	5,1 % (201)	12,8 % (508)	20,3 % (806)	23,8 % (945)	2,9 %[260] (117)	2,8 % (111)

	SPD	KPD	LV[261]	Z	DDP	DVP	DNVP	NSDAP	WP[262]	Sonstige
24. 5. 25 (LT)	24,1 % (559)	4,8 % (111)	---	6,1 % (142)	15,1 % (350)	47,4 %[263] (1102)	---	2,2 %[264] (50)	---	0,3 %[265] (7)
20. 5. 28 (LT)	31,0 % (1170)	9,0 % (339)	1,3 % (48)	4,6 % (175)	13,9 % (523)	13,4 %[266] (507)	---	8,7 % (327)	14,5 % (547)	3,6 %[267] (132)
20. 5. 28 (RT)	30,9 % (1167)	8,3 % (313)	0,6 % (24)	4,7 % (178)	12,2 % (462)	10,2 % (384)	7,2 % (270)	10,0 % (379)	12,4 % (467)	3,4 % (129)
14. 9. 30 (RT)	23,4 % (1040)	8,0 % (357)	0,2 % (10)	3,9 % (174)	7,5 % (333)	5,7 % (252)	4,6 % (204)	39,4 % (1753)	3,0 % (135)	4,2 % (187)
17. 5. 31 (LT)	21,9 % (936)	8,5 % (361)	0,1 % (4)	4,2 % (179)	5,1 % (219)	4,2 % (180)	3,2 % (138)	47,0 % (2006)	3,1 % (131)	2,7 %[268] (114)
29. 5. 32 (LT)	24,4 % (1022)	2,2 % (92)	0,0 % (1)	4,5 % (190)	3,9 % (162)	1,1 % (47)	4,9 % (206)	58,7 % (2457)	---	0,3 %[269] (12)
31. 7. 32 (RT)	23,0 % (1109)	6,5 % (314)	0,0 % (1)	3,9 % (188)	3,3 % (157)	1,0 % (46)	6,4 % (307)	54,4 % (2623)	0,3 % (13)	1,3 % (61)
6. 11. 32 (RT)	24,4 % (1167)	8,4 % (399)	0,0 % (1)	3,9 % (186)	2,2 % (107)	2,3 % (110)	12,8 % (612)	43,5 % (2080)	0,5 % (25)	1,9 % (91)
5. 3. 33 (RT)	22,0 % (1113)	7,5 % (380)	---	3,7 % (189)	2,2 % (113)	1,7 % (88)	13,1 % (663)	48,3 % (2443)	---	1,3 % (65)

---

[258] Die Ergebnisse der Wahl zur Deutschen Nationalversammlung konnten für die Stadt Varel nicht ermittelt. Gesamtergebnis für Stadt und Amt Varel s. Amt Varel.
[259] Deutsch-Völkische Freiheitspartei.
[260] NS-Freiheitsbewegung
[261] Christlich-Nationale Bauern- und Landvolkpartei
[262] Reichspartei des Deutschen Mittelstandes (Wirtschaftspartei)
[263] Stimmen für den „Landesblock" aus DVP und DNVP.
[264] Deutsch-völkische Freiheitsbewegung.
[265] Stimmen für den „Sozialistischen Bund Deutschlands" (Ledebour).
[266] Stimmen für den „Landesblock" aus DVP und DNVP.
[267] %Landvolk- und Mittelstandsliste (Völkisch-Nationaler Block), % Christlich-soziale Reichspartei, % Unpolitische Partei Reents.
[268] Stimmen für den „Christlich-Sozialen Volksdienst".
[269] Stimmen für die „Sozialistische Arbeiterpartei".

Wahlergebnisse Amt Varel

	SPD	KPD	USPD	Z	DDP	DVP	DNVP	NSDAP	Sonstige
19. 1. 19 (DNV)[270]	47,1 % (6629)[271]	---	---	1,6 % (225)	49,4 % (6956)	1,8 % (258)	0,1 % (8)	---	---
23. 2. 19 (KLT)[272]	34,5 % (4010)	---	---	1,5 % (180)	57,1 % (6643)	6,7 % (783)	0,1 % (15)	---	---
6. 6. 20 (RT)	19,2 % (1544)	0,5 % (37)	17,7 % (1419)	0,1 % (15)	36,0 % (2897)	24,0 % (1928)	2,5 % (200)	---	---
10. 6. 23 (LT)	23,4 % (1800)	2,3 % (178)	0,1 % (8)	0,1 % (10)	42,3 % (3251)	29,5 % (2247)	2,3 % (183)	---	---
4. 5. 24 (RT)	20,2 % (1430)	3,2 % (229)	0,4 % (26)	0,3 % (22)	32,0 % (2270)	15,3 % (1082)	16,1 % (1148)	10,6 %[273] (753)	1,8 % (128)
7. 12. 24 (RT)	22,4 % (1816)	2,5 % (199)	---	0,3 % (27)	34,2 % (2763)	14,3 % (1158)	19,9 % (1608)	5,3 %[274] (430)	1,1 % (89)

	SPD	KPD	LV[275]	Z	DDP	DVP	DNVP	NSDAP	WP[276]	Sonstige
24. 5. 25 (LT)	17,4 % (927)	1,0 % (54)	---	0,3 % (16)	38,4 % (2049)	38,1 %[277] (2034)	---	4,3 %[278] (229)	---	0,5 %[279] (25)
20. 5. 28 (LT)	23,6 % (1671)	2,6 % (186)	9,1 % (643)	0,3 % (18)	23,0 % (1632)	11,2[280]% (790)	---	21,6 % (1529)	5,4 % (384)	3,2 %[281] (226)
20. 5. 28 (RT)	23,3 % (1653)	2,2 % (153)	4,9 % (345)	0,4 % (28)	20,0 % (1413)	5,9 % (421)	7,0 % (497)	27,1 % (1920)	5,4 % (382)	3,8 % (270)
14. 9. 30 (RT)	19,6 % (2014)	2,4 % (242)	2,8 % (291)	0,2 % (19)	6,9 % (711)	2,8 % (284)	4,8 % (491)	55,3 % (5702)	2,5 % (254)	2,8 % (288)
17. 5. 31 (LT)	16,4 % (1567)	3,8 % (366)	0,5 % (52)	0,3 % (25)	5,6 % (532)	1,5 % (143)	4,8 % (454)	64,9 % (6189)	1,7 % (161)	0,6 % (54)
29. 5. 32 (LT)	13,9 % (1609)	2,6 % (303)	0,1 % (14)	0,2 % (22)	2,6 % (299)	0,4 % (47)	3,8 % (439)	76,0 % (8794)	---	0,4 %[282] (46)
31. 7. 32 (RT)	16,6 % (2075)	2,9 % (360)	0,0 % (1)	0,3 % (43)	2,0 % (253)	0,4 % (53)	4,8 % (593)	72,2 % (9017)	0,2 % (20)	0,5 % (68)
6. 11. 32 (RT)	18,2 % (2271)	3,5 % (437)	0,0 % (4)	0,3 % (34)	1,6 % (196)	1,1 % (131)	7,7 % (961)	66,8 % (8325)	0,1 % (13)	0,7 % (82)
5. 3. 33 (RT)	15,4 % (2086)	2,5 % (336)	---	0,1 % (20)	1,2 % (164)	0,6 % (87)	8,5 % (1149)	71,3 % (9665)	---	0,4 % (50)

---

[270] Wahlergebnisse für Amt und Stadt Varel laut „Nachrichten für Stadt und Land" vom 24. 2. 1919.
[271] Stimmen für Amt und Stadt Varel für MSPD und USPD.
[272] Wahlergebnisse laut „Nachrichten für Stadt und Land" vom 24. 2. 1919.
[273] Deutsch-Völkische Freiheitspartei
[274] NS-Freiheitsbewegung
[275] Christlich-Nationale Bauern- und Landvolkpartei
[276] Reichspartei des Deutschen Mittelstandes (Wirtschaftspartei)
[277] Stimmen für den „Landesblock" aus DVP und DNVP.
[278] Deutsch-völkische Freiheitsbewegung.
[279] Stimmen für den „Sozialistischen Bund Deutschlands" (Ledebour).
[280] Stimmen für den „Landesblock" aus DVP und DNVP.
[281] 2,4 %Landvolk- und Mittelstandsliste (Völkisch-Nationaler Block), 0,5 % Christlich-soziale Reichspartei, 0,3 % Unpolitische Partei Reents.
[282] Stimmen für den „Christlich-Sozialen Volksdienst".

Wahlen Oldenburg-Amt

	SPD	KPD	USPD	Z	DDP	DVP	DNVP	NSDAP	Sonstig.
19. 1. 19 (DNV)[283]	46,9 % (10456)	---	---	2,6 % (582)	35,7 % (7950)	14,7 % (3268)	0,1 % (15)	---	---
23. 2. 19 (KLT)[284]	43,9 % (7319)[285]	---	---	2,7 % (448)	34,3 % (5717)	19,0 % (3168)	0,1 % (23)	---	---
6. 6. 20 (RT)	29,5 % (5489)	1,7 % (315)	11,9 % (2204)	2,2 % (416)	15,6 % (2906)	38,1 % (7087)	0,9 % (159)	---	0,1 % (16)
10. 6. 23 (LT)	18 % (2342)	9,4 % (1221)	0,8 % (105)	1,2 % (159)	18,9 % (2469)	49,0 % (6396)	2,7 % (352)	---	---
4. 5. 24 (RT)	14,4 % (1731)	8,0 % (967)	0,3 % (42)	1,8 % (214)	15,2 % (1827)	24,0 % (2889)	24,2 % (2915)	9,7 %[286] (1164)	2,5 % (302)
7. 12. 24 (RT)	15,0 % (1666)	2,7 % (304)	---	1,5 % (166)	15,9 % (1757)	28,8 % (3191)	29,2 % (3235)	5,8 %[287] (638)	1,1 % (122)

	SPD	KPD	LV[288]	Z	DDP	DVP	DNVP	NSDAP	WP[289]	Sonstige
24. 5. 25 (LT)	11,7 % (987)	1,9 % (159)	---	1,1 % (91)	16,8 % (1418)	63,4 %[290] (5350)	---	4,8 %[291] (404)	---	0,3 %[292] (28)
20. 5. 28 (LT)	17,8 % (2002)	3,4 % (383)	13,2 % (1483)	1,2 % (141)	11,7 % (1313)	21,1 %[293]% (2376)	---	23,4 % (2637)	3,0 % (339)	5,2 %[294]% (587)
20. 5. 28 (RT)	17,4 % (1967)	3,2 % (363)	10,3 % (1163)	1,3 % (149)	11,6 % (1315)	11,1 % (1262)	8,2 % (926)	27,0 % (3062)	3,2 % (361)	6,7 % (758)
14. 9. 30 (RT)	13,3 % (1976)	4,4 % (650)	6,6 % (972)	0,8 % (120)	5,9 % (876)	4,7 % (695)	5,3 % (781)	53,2 % (7890)	2,4 % (358)	3,5 % (512)
17. 5. 31 (LT)	12,1 % (1684)	7,4 % (1034)	0,9 % (123)	0,9 % (129)	5,1 % (714)	2,0 % (282)	11,9 % (1661)	57,3 % (7996)	1,4 % (199)	1,0 %[295] (138)
29. 5. 32 (LT)	9,4 % (1403)	4,8 % (709)	0,1 % (19)	0,9 % (136)	3,2 % (474)	0,7 % (101)	9,0 % (1343)	71,3 % (10627)	---	0,7 %[296] (103)
31. 7. 32 (RT)	11,8 % (1989)	5,2 % (869)	0,1 % (11)	1,1 % (183)	2,7 % (447)	0,6 % (97)	7,3 % (1230)	70,5 % (11883)	0,2 % (30)	0,7 % (116)
6. 11. 32 (RT)	13,4 % (2184)	6,8 % (1098)	0,1 % (21)	1,1 % (175)	2,7 % (437)	1,7 % (270)	12,8 % (2084)	60,0 % (9757)	0,2 % (31)	1,2 % (194)
5. 3. 33 (RT)	11,3 % (2082)	5,5 % (1006)	---	1,0 % (180)	1,7 % (321)	1,0 % (177)	13,6 % (2504)	65,6 % (12100)	---	0,4 % (66)

---

[283] Wahlergebnisse laut „Nachrichten für Stadt und Land" vom 24. 2. 1919.
[284] Wahlergebnisse laut „Nachrichten für Stadt und Land" vom 24. 2. 1919.
[285] Wahlergebnisse für MSPD und USPD zusammengefasst.
[286] Deutsch-Völkische Freiheitspartei
[287] NS-Freiheitsbewegung
[288] Christlich-Nationale Bauern- und Landvolkpartei
[289] Reichspartei des Deutschen Mittelstandes (Wirtschaftspartei)
[290] Stimmen für den „Landesblock" aus DVP und DNVP.
[291] Deutsch-völkische Freiheitsbewegung.
[292] Stimmen für den „Sozialistischen Bund Deutschlands" (Ledebour).
[293] Stimmen für den „Landesblock" aus DVP und DNVP.
[294] 4,7 %Landvolk- und Mittelstandsliste (Völkisch-Nationaler Block), 0,3 % Christlich-soziale Reichspartei, 0,2 % Unpolitische Partei Reents.
[295] Stimmen für den „Christlich-Sozialen Volksdienst".
[296] Stimmen für die „Sozialistische Arbeiterpartei".

Wahlergebnisse Amt Wildeshausen

	SPD	KPD	USPD	Z	DDP	DVP	DNVP	NSDAP	Sonstige
19. 1. 19 (DNV)[297]	11,3 % (665)	---	4,0 % (234)	13,9 % (821)	39,6 % (2335)	31,2 % (1838)	---	---	---
23. 2. 19 (KLT)[298]	9,9 % (450)	---	---	11,2 % (510)	32,0 % (1453)	46,7 % (2121)	0,1 % (5)	---	---
6. 6. 20 (RT)	6,8 % (344)	1,2 % (96)	3,3 % (161)	10,8 % (541)	20,9 % (1050)	53,9 % (2689)	3,1 % (150)	---	---
10. 6. 23 (LT)	7,8 % (367)	1,2 % (58)	0,0 % (1)	11,3 % (528)	20,6 % (965)	51,3 % (2407)	7,8 % (365)	---	---
4. 5. 24 (RT)	6,1 % (285)	2,2 % (101)	0,3 % (13)	14,3 % (670)	12,9 % (604)	23,4 % (1097)	33,5 % (1572)	5,9 %[299] (276)	1,5 % (71)
7. 12. 24 (RT)	6,2 % (311)	1,7 % (83)	---	13,4 % (668)	13,8 % (689)	25,3 % (1262)	34,3 % (1714)	4,7 %[300] (237)	0,7 % (34)

	SPD	KPD	LV[301]	Z	DDP	DVP	DNVP	NSDAP	WP[302]	Sonstige
24. 5. 25 (LT)	4,0 % (169)	0,7 % (32)	---	12,8 % (546)	13,3 % (567)	66,9 %[303] (2856)	---	2,2 %[304] (95)	---	0,1 %[305] (4)
20. 5. 28 (LT)	5,9 % (286)	1,4 % (65)	7,2 % (347)	11,6 % (560)	8,0 % (385)	44,2 %[306] (2125)	---	12,6 % (606)	5,5 % (263)	3,6 % (170)
20. 5. 28 (RT)	6,4 % (313)	1,3 % (63)	4,9 % (240)	12,0 % (589)	8,0 % (391)	13,2 % (646)	23,9 % (1170)	20,4 % (1002)	4,7 % (231)	5,3 % (258)
14. 9. 30 (RT)	5,4 % (348)	2,3 % (146)	4,1 % (265)	10,1 % (651)	4,1 % (266)	3,9 % (255)	17,1 % (1102)	46,0 % (2970)	3,3 % (211)	3,7 % (242)
17. 5. 31 (LT)	3,0 % (192)	2,2% (139)	0,5 % (29)	10,5 % (669)	2,1 % (131)	1,1% (70)	13,4 % (850)	65,6 % (4167)	0,6 % (39)	1,0% (66)
29. 5. 32 (LT)	2,1 % (138)	1,6 % (105)	0,3 % (18)	9,7 % (641)	1,5 % (97)	0,4 % (25)	14,8 % (975)	69,5 % (4581)	---	0,2 %[307] (16)
31. 7. 32 (RT)	4,5 % (336)	1,8 % (133)	0,1 % (5)	10,1 % (748)	1,4 % (107)	0,6 % (46)	16,4 % (1219)	64,5 % (4778)	0,1 % (9)	0,4 % (31)
6. 11. 32 (RT)	5,0 % (351)	2,5 % (176)	0,2 % (17)	10,2 % (719)	1,2 % (83)	1,0 % (73)	26,0 % (1835)	52,9 % (3726)	0,0 % (2)	1,0 % (68)
5. 3. 33 (RT)	3,5 % (267)	1,8 % (141)	---	9,2 % (715)	0,9 % (70)	0,7 % (51)	24,2 % (1875)	59,5 % (4605)	---	0,1 % (11)

---

[297] Wahlergebnisse nach „Wildeshauser Zeitung", 21. 1. 1919.
[298] Wahlergebnisse nach „Wildeshauser Zeitung", 25. 2. 1919.
[299] Deutsch-Völkische Freiheitspartei
[300] NS-Freiheitsbewegung
[301] Christlich-Nationale Bauern- und Landvolkpartei
[302] Reichspartei des Deutschen Mittelstandes (Wirtschaftspartei)
[303] Stimmen für den „Landesblock" aus DVP und DNVP.
[304] Deutsch-völkische Freiheitsbewegung.
[305] Stimmen für den „Sozialistischen Bund Deutschlands" (Ledebour).
[306] Stimmen für den „Landesblock" aus DVP und DNVP.
[307] Stimmen für die „Sozialistische Arbeiterpartei".

Amt Brake

	SPD	KPD	USPD	Z	DDP	DVP	DNVP	NSDAP	Sonstige
19. 1. 19 (DNV)[308]	43,2 % (4113)[309]	---	---	1,1 % (107)	45,3 % (4307)	10,3 % (977)	0,1 % (12)	---	---
23. 2. 19 (KLT)[310]	38,3 % (3014)	---	---	1,0 % (82)	45,3 % (3562)	15,3 % (1203)	0,0 % (2)	---	---
6. 6. 20 (RT)	27,5 % (2256)	0,1 % (6)	11,8 % (962)	1,0 % (83)	30,0 % (2465)	26,8 % (2215)	2,7 % (216)	---	0,1 % (3)
10. 6. 23 (LT)	30,7 % (2669)	0,7 % (67)	1,2 % (106)	0,7 % (61)	39,4 % (3432)	24,5 % (2130)	2,8 % (243)	---	---
4. 5. 24 (RT)	24,0 % (1939)	6,6 % (536)	0,3 % (27)	1,3 % (102)	22,4 % (1804)	13,3 % (1077)	27,0 % (2176)	3,2 %[311] (258)	1,8 % (149)
7. 12. 24 (RT)	25,7 % (2268)	2,4 % (216)	---	1,3 % (118)	27,0 % (2380)	15,6 % (1378)	25,0 % (2210)	1,8 %[312] (155)	1,2 % (102)

	SPD	KPD	LV[313]	Z	DDP	DVP	DNVP	NSDAP	WP[314]	Sonstige
24. 5. 25 (LT)	24,5 % (1591)	1,8 % (116)	---	1,4 % (89)	31,1 % (2025)	39,1 %[315] (2543)	---	1,6 %[316] (102)	---	0,5 %[317] (33)
20. 5. 28 (LT)	39,2 % (3131)	2,0 % (161)	4,6 % (365)	1,3 % (103)	20,5 % (1638)	17,5 %[318] (1398)	---	8,0 % (639)	4,4 % (353)	2,5 %[319] (206)
20. 5. 28 (RT)	38,4 % (3125)	1,8 % (147)	2,5 % (203)	1,6 % (128)	18,7 % (1524)	10,8 % (878)	10,6 % (863)	10,0 % (811)	2,7 % (218)	2,9 % (233)
14. 9. 30 (RT)	34,6 % (3347)	2,4 % (233)	1,0 % (101)	1,2 % (112)	8,1 % (786)	4,7 % (459)	12,0 % (1157)	31,2 % (3017)	2,7 % (259)	2,2 % (210)
17. 5. 31 (LT)	31,4 % (2758)	6,3 % (554)	0,3 % (24)	1,2 % (103)	5,4 % (470)	0,4 % (38)	10,3 % (900)	42,3 % (3712)	1,7 % (151)	0,8 %[320] (70)
29. 5. 32 (LT)	29,0 % (2957)	4,0 % (412)	0,1 % (13)	1,0 % (100)	3,8 % (383)	0,5 % (53)	7,0 % (715)	54,1 % (5528)	---	0,5 %[321] (50)
31. 7. 32 (RT)	29,7 % (3301)	4,0 % (444)	0,0 % (2)	1,1 % (123)	2,5 % (277)	0,8 % (86)	8,4 % (935)	53,1 % (5902)	0,1 % (12)	0,3 % (38)
6. 11. 32 (RT)	30,6 % (3212)	6,4 % (670)	0,1 % (7)	1,0 % (106)	2,5 % (262)	1,7 % (175)	14,1 % (1478)	42,9 % (4493)	0,1 % (10)	0,7 % (69)
5. 3. 33 (RT)	26,3 % (2982)	4,2 % (473)	---	1,0 % (115)	1,7 % (196)	1,1 % (125)	14,7 % (1664)	50,7 % (5738)	---	0,3 % (29)

---

[308] Wahlergebnisse laut „Nachrichten für Stadt und Land" vom 24. 2. 1919.
[309] Wahlergebnisse für MSPD und USPD zusammengefasst.
[310] Wahlergebnisse laut „Nachrichten für Stadt und Land" vom 24. 2. 1919.
[311] Deutsch-Völkische Freiheitspartei
[312] NS-Freiheitsbewegung
[313] Christlich-Nationale Bauern- und Landvolkpartei
[314] Reichspartei des Deutschen Mittelstandes (Wirtschaftspartei)
[315] Stimmen für den „Landesblock" aus DVP und DNVP.
[316] Deutsch-völkische Freiheitsbewegung.
[317] Stimmen für den „Sozialistischen Bund Deutschlands" (Ledebour).
[318] Stimmen für den „Landesblock" aus DVP und DNVP.
[319] 1,9 %Landvolk- und Mittelstandsliste (Völkisch-Nationaler Block), 0,2 % Christlich-soziale Reichspartei, 0,4 % Unpolitische Partei Reents.
[320] Stimmen für den „Christlich-Sozialen Volksdienst".
[321] Stimmen für die „Sozialistische Arbeiterpartei".

Amt Butjadingen

	SPD	KPD	USPD	Z	DDP	DVP	DNVP	NSDAP	Sonstige
19. 1. 19 (DNV)[322]	46,6 % (5105)	---	---	1,8 % (193)	40,0 % (4381)	11,5 % (1264)	0,0 % (1)	---	---
23. 2. 19 (KLT)[323]	45,9 % (4488)[324]	---	---	1,5 % (146)	38,3 % (3751)	14,2 % (1392)	0,1 % (9)	---	---
6. 6. 20 (RT)	24,8 % (2685)	---	22,4 % (2432)	1,2 % (132)	26,2 % (2863)	24,6 % (2665)	0,7 % (72)	---	0,1 % (6)
10. 6. 23 (LT)	35,3 % (4108)	2,0 % (238)	1,6 % (189)	1,2 % (136)	39,0 % (4542)	19,0 % (2215)	1,9 % (216)	---	---
4. 5. 24 (RT)	33,1 % (3580)	7,1 % (770)	0,2 % (25)	1,5 % (157)	19,7 % (2133)	10,3 % (1112)	20,0 % (2156)	6,6 %[325] (708)	1,5 % (163)
7. 12. 24 (RT)	32,1 % (3694)	4,4 % (502)	---	1,4 % (159)	22,1 % (2538)	15,5 % (1783)	19,6 % (2254)	4,0 %[326] (461)	0,9 % (107)

	SPD	KPD	LV[327]	Z	DDP	DVP	DNVP	NSDAP	WP[328]	Sonstige
24. 5. 25 (LT)	29,0 % (2386)	4,2 % (342)	---	1,3 % (104)	29,5 % (2428)	32,3 %[329] (2654)	---	3,4 %[330] (280)	---	0,3 %[331] (21)
20. 5. 28 (LT)	44,6 % (4784)	2,8 % (302)	5,3 % (567)	1,1 % (115)	19,5 % (2095)	10,2 %[332] (1095)	---	7,5 % (808)	5,2 % (562)	3,8 %[333] (396)
20. 5. 28 (RT)	43,7 % (4749)	2,9 % (320)	2,8 % (300)	1,3 % (136)	17,1 % (1862)	7,5 % (813)	7,4 % (810)	8,9 % (971)	4,6 % (501)	3,8 % (413)
14. 9. 30 (RT)	44,7 % (5720)	4,3 % (555)	2,9 % (371)	1,1 % (135)	7,0 % (890)	5,4 % (694)	5,8 % (745)	19,1 % (2448)	5,4 % (697)	4,3 % (549)
17. 5. 31 (LT)	34,2 % (4095)	12,2 % (1462)	0,4 % (44)	1,0 % (118)	4,6 % (550)	2,5 % (294)	5,4 % (651)	37,4 % (4480)	1,8 % (218)	0,5 %[334] (62)
29. 5. 32 (LT)	35,5 % (4927)	7,6 % (1055)	0,0 % (6)	0,8 % (111)	1,8 % (255)	0,3 % (48)	4,1 % (579)	49,4 % (6892)	---	0,7 %[335] (91)
31. 7. 32 (RT)	34,6 % (5186)	8,0 % (1191)	0,0 % (2)	1,0 % (150)	1,4 % (208)	0,4 % (61)	4,9 % (733)	49,1 % (7344)	0,2 % (24)	0,5 % (69)
6. 11. 32 (RT)	35,9 % (5082)	10,9 % (1542)	0,1 % (12)	1,0 % (146)	1,0 % (143)	1,2 % (174)	8,8 % (1243)	40,2 % (5695)	0,1 % (9)	0,8 % (116)
5. 3. 33 (RT)	31,2 % (4705)	9,1 % (1375)	---	0,8 % (122)	0,9 % (130)	0,7 % (111)	9,8 % (1485)	47,3 % (7144)	---	0,2 % (32)

---

[322] Wahlergebnisse laut „Nachrichten für Stadt und Land" vom 24. 2. 1919.
[323] Wahlergebnisse laut „Nachrichten für Stadt und Land" vom 24. 2. 1919.
[324] Wahlergebnisse für MSPD und USPD zusammengefasst.
[325] Deutsch-Völkische Freiheitspartei
[326] NS-Freiheitsbewegung
[327] Christlich-Nationale Bauern- und Landvolkpartei
[328] Reichspartei des Deutschen Mittelstandes (Wirtschaftspartei)
[329] Stimmen für den „Landesblock" aus DVP und DNVP.
[330] Deutsch-völkische Freiheitsbewegung.
[331] Stimmen für den „Sozialistischen Bund Deutschlands" (Ledebour).
[332] Stimmen für den „Landesblock" aus DVP und DNVP.
[333] 2,6 % Landvolk- und Mittelstandsliste (Völkisch-Nationaler Block), 0,6 % Christlich-soziale Reichspartei, 0,6 % Unpolitische Partei Reents.
[334] Stimmen für den „Christlich-Sozialen Volksdienst".
[335] Stimmen für die „Sozialistische Arbeiterpartei".

Amt Elsfleth

	SPD	KPD	USPD	Z	DDP	DVP	DNVP	NSDAP	Sonstige
19. 1. 19 (DNV)[336]	29,7 % (1945)	---	---	0,1 % (4)	46,8 % (3065)	23,4 % (1533)	0,0 % (2)	---	---
23. 2. 19 (KLT)[337]	27,2 % (1573)[338]	---	---	0,1 % (3)	42,8 % (2480)	29,9 % (1728)	0,1 % (4)	---	---
6. 6. 20 (RT)	17,5 % (1067)	3,4 % (204)	7,6 % (462)	---	27,4 % (1662)	43,3 % (2629)	0,7 % (45)	---	0,1 % (3)
10. 6. 23 (LT)	16,5 % (1060)	1,9 % (119)	---	---	41,0 % (2624)	36,1 % (2313)	4,5 % (290)	---	---
4. 5. 24 (RT)	17,2 % (959)	3,6 % (200)	0,7 % (41)	0,1 % (6)	23,6 % (1319)	16,8 % (939)	32,0 % (1789)	4,0 %[339] (221)	2,1 % (117)
7. 12. 24 (RT)	17,9 % (1127)	1,2 % (73)	---	0,3 % (20)	24,7 % (1558)	18,8 % (1187)	32,1 % (2027)	3,6 %[340] (229)	1,4 % (91)

	SPD	KPD	LV[341]	Z	DDP	DVP	DNVP	NSDAP	WP[342]	Sonstige
24. 5. 25 (LT)	14,0 % (742)	1,1 % (60)	---	0,2 % (8)	29,7 % (1577)	52,0 %[343] (2759)	---	2,9 %[344] (153)	---	0,1 %[345] (5)
20. 5. 28 (LT)	24,8 % (1431)	1,2 % (71)	13,2 % (761)	0,1 % (8)	15,8 % (916)	23,9 %[346] (1383)	---	15,6 % (903)	2,6 % (152)	2,8 %[347] (160)
20. 5. 28 (RT)	24,6 % (1443)	1,2 % (70)	6,4 % (377)	0,3 % (19)	14,3 % (837)	11,5 % (672)	13,1 % (767)	22,6 % (1328)	2,1 % (122)	4,0 % (233)
14. 9. 30 (RT)	21,5 % (1495)	2,3 % (158)	8,9 % (621)	0,4 % (25)	5,9 % (414)	6,0 % (416)	7,6 % (532)	38,2 % (2665)	4,7 % (330)	4,5 % (313)
17. 5. 31 (LT)	17,7 % (1075)	5,1 % (308)	0,8 % (49)	0,1 % (8)	4,3 % (264)	3,0 % (179)	12,3 % (748)	54,3 % (3290)	1,5 % (92)	0,8 %[348] (51)
29. 5. 32 (LT)	16,9 % (1132)	3,5 % (231)	0,1 % (10)	0,2 % (15)	3,0 % (202)	0,7 % (46)	11,1 % (739)	63,9 % (4271)	---	0,5 %[349] (33)
31. 7. 32 (RT)	18,4 % (1346)	3,4 % (250)	0,0 % (1)	0,3 % (21)	2,1 % (153)	0,8 % (61)	9,7 % (710)	64,6 % (4737)	0,1 % (6)	0,6 % (45)
6. 11. 32 (RT)	19,7 % (1379)	5,4 % (377)	0,1 % (8)	0,4 % (31)	2,2 % (153)	2,6 % (182)	14,6 % (1026)	53,9 % (3777)	0,0 % (3)	1,0 % (70)
5. 3. 33 (RT)	17,2 % (1346)	2,9 % (229)	---	0,2 % (16)	1,4 % (107)	1,6 % (127)	15,5 % (1216)	60,7 % (4752)	---	0,5 % (38)

---

[336] Wahlergebnisse laut „Nachrichten für Stadt und Land" vom 24. 2. 1919.
[337] Wahlergebnisse laut „Nachrichten für Stadt und Land" vom 24. 2. 1919.
[338] Wahlergebnisse für MSPD und USPD zusammengefasst.
[339] Deutsch-Völkische Freiheitspartei
[340] NS-Freiheitsbewegung
[341] Christlich-Nationale Bauern- und Landvolkpartei
[342] Reichspartei des Deutschen Mittelstandes (Wirtschaftspartei)
[343] Stimmen für den „Landesblock" aus DVP und DNVP.
[344] Deutsch-völkische Freiheitsbewegung.
[345] Stimmen für den „Sozialistischen Bund Deutschlands" (Ledebour).
[346] Stimmen für den „Landesblock" aus DVP und DNVP.
[347] 2,1 %Landvolk- und Mittelstandsliste (Völkisch-Nationaler Block), 0,5 % Christlich-soziale Reichspartei, 0,2 % Unpolitische Partei Reents.
[348] Stimmen für den „Christlich-Sozialen Volksdienst".
[349] Stimmen für die „Sozialistische Arbeiterpartei".

Wahlen Kreis Aurich

	SPD	KPD	USPD	Z	DDP	DVP	DNVP	NSDAP	DHP[350]	Sonstige
19. 1. 19 (RT)	29,4 % (4188)	---	1,9 % (272)	1,0 % (140)	38,5 % (5476)	23,1 % (3288)	5,7 % (815)	---	---	0,4 % (50)
6. 6. 20 (RT)	16,2 % (2330)	4,3 % (618)	6,0 % (857)	0,8 % (122)	12,2 % (1751)	38,8 % (5568)	6,7 % (961)	---	15,0 % (2155)	0,0 % (1)
4. 5. 24 (RT)	7,9 % (1080)	8,3 % (1138)	0,5 % (68)	0,8 % (105)	5,8 % (794)	23,4 % (3200)	30,1 % (4106)	8,4 %[351] (1150)	8,6 % (1171)	6,2 % (843)
7. 12. 24 (RT)	14,3 % (2208)	4,1 % (632)	---	0,9 % (140)	10,8 % (1665)	31,4 % (4844)	29,7 % (4583)	6,3 %[352] (966)	1,6 % (243)	0,9 % (146)

	SPD	KPD	LV[353]	Z	DDP	DVP	DNVP	NSDAP	WP[354]	Sonstige
20. 5. 28 (RT)	19,4 % (3139)	5,4 % (869)	0,8 % (130)	0,7 % (107)	6,8 % (1102)	14,8 % (2401)	26,5 % (4288)	13,3 % (2149)	1,3 % (213)	11,0 % (1778)
14. 9. 30 (RT)	17,3 % (3098)	7,5 % (1336)	0,2 % (39)	0,6 % (107)	3,7 % (655)	7,8 % (1399)	23,8 % (4264)	30,6 % (5480)	0,8 % (136)	7,6 %[355] (1367)
31. 7. 32 (RT)	15,1 % (3692)	9,8 % (2395)	0,0 % (10)	0,6 % (145)	0,7 % (181)	1,4 % (337)	6,3 % (1529)	64,9 % (15828)	0,1 % (26)	1,0 % (250)
6. 11. 32 (RT)	13,2 % (3077)	11,0 % (2567)	0,0 % (6)	0,5 % (125)	0,4 % (94)	3,2 % (751)	8,0 % (1858)	62,2 % (14504)	0,0 % (4)	1,4 % (319)
5. 3. 33 (RT)	11,1 % (2849)	8,7 % (2236)	---	0,5 % (135)	0,6 % (154)	1,5 % (393)	9,2 % (2348)	67,8 % (17349)	---	0,5 % (129)

---

[350] Deutsch-Hannoversche Partei
[351] Deutsch-Völkische Freiheitspartei
[352] NS-Freiheitsbewegung
[353] Christlich-Nationale Bauern- und Landvolkpartei
[354] Reichspartei des Deutschen Mittelstandes (Wirtschaftspartei)
[355] Davon 883 Stimmen (4,9 %) für den Christlich-Sozialen Volksdienst, 243 Stimmen (1,4 %) für die Deutsch-Hannoversche Partei.

Wahlen Kreis Leer

	SPD	KPD	USPD	Z	DDP	DVP	DNVP	NSDAP	DHP	Sonstige
19. 1. 19 (RT)[356]	32,2 % (8550)	---	1,0 % (279)	5,3 % (1414)	30,7 % (8233)	18,9 % (5073)	11,8 % (3181)	---	0,1 % (16)	---
6. 6. 20 (RT)	16,2 % (3124)	1,2 % (234)	13,1 % (2516)	5,8 % (1127)	10,1 % (1937)	31,3 % (6034)	13,5 % (2603)	---	8,8 % (1692)	---
4. 5. 24 (RT)	16,1 % (3381)	5,1 % (1073)	0,6 % (131)	6,4 % (1344)	6,1 % (1277)	15,3 % (3222)	35,3 % (7430)	7,2 %[357] (1513)	5,4 % (1141)	2,6 % (552)
7. 12. 24 (RT)	22,7 % (4981)	2,8 % (617)	---	5,9 % (1291)	5,2 % (1132)	21,0 % (4599)	34,7 % (7633)	5,7 %[358] (1250)	1,4 % (310)	0,7 % (153)

	SPD	KPD	LV[359]	Z	DDP	DVP	DNVP	NSDAP	WP[360]	Sonstige
20. 5. 28 (RT)	29,3 % (6738)	2,6 % (597)	1,8 % (413)	4,5 % (1025)	5,4 % (1236)	12,9 % (2976)	14,5 % (3339)	3,8 % (872)	6,5 % (1497)	18,7 % (4294)
14. 9. 30 (RT)	25,1 % (6721)	3,3 % (887)	0,3 % (88)	5,0 % (1336)	3,5 % (949)	8,3 % (2220)	12,3 % (3296)	21,7 % (5822)	3,0 % (813)	17,4 %[361] (4649)
31. 7. 32 (RT)	19,1 % (6373)	8,2 % (2735)	0,1 % (18)	4,4 % (1475)	0,5 % (171)	1,1 % (356)	5,3 % (1767)	57,9 % (19291)	0,1 % (40)	3,3 % (1108)
6. 11. 32 (RT)	21,9 % (10137)	8,8 % (4057)	0,0 % (17)	3,3 % (1534)	0,5 % (246)	2,6 % (1181)	7,4 % (3409)	50,5 % (23345)	0,0 % (23)	4,9 %[362] (2260)
5. 3. 33 (RT)	19,4 % (9721)	6,9 % (3457)	---	3,3 % (1643)	0,6 % (295)	1,4 % (718)	8,1 % (4090)	56,6 % (28431)	---	2,5 %[363] (1247)

---

[356] Wahlergebnisse nach „Artländer Anzeiger", 22. 1. 1919.
[357] Deutsch-Völkische Freiheitspartei
[358] NS-Freiheitsbewegung
[359] Christlich-Nationale Bauern- und Landvolkpartei
[360] Reichspartei des Deutschen Mittelstandes (Wirtschaftspartei)
[361] Davon 3542 (13,2 %) Stimmen für den Christlich-Sozialen Volksdienst, 628 Stimmen (2,3 %) für die Deutsch-Hannoversche Partei.
[362] Davon 1950 (4,2 %) Stimmen für den Christlich-Sozialen Volksdienst.
[363] Davon 1770 Stimmen (3,5 %) für den Christlich-Sozialen Volksdienst.

Wahlen Kreis Weener

	SPD	KPD	USPD	Zentrum	DDP	DVP	DNVP	NSDAP	DHP	Sonstige
19. 1. 19 (RT)	38,5 % (703)	---	1,9 % (35)	3,6 % (66)	23,9 % (436)	21,6 % (394)	10,0 % (183)	---	---	0,4 % (7)
6. 6. 20 (RT)	16,3 % (1252)	6,3 % (486)	15,4 % (1186)	1,4 % (111)	7,0 % (543)	17,0 % (1306)	29,6 % (2277)	---	7,0% (539)	0,0 % (1)
4. 5. 24 (RT)	17,8 % (1309)	11,1 % (820)	0,6 % (46)	1,6 % (121)	6,3 % (462)	8,7 % (639)	36,8 % (2708)	5,1 %[364] (373)	4,0 % (295)	7,9 % (582)
7. 12. 24 (RT)	20,7 % (1567)	11,4 % (860)	---	1,7 % (128)	9,7 % (736)	9,4 % (713)	37,7 % (2847)	7,3 %[365] (551)	1,0 % (76)	1,0 % (78)

	SPD	KPD	LV[366]	Zentrum	DDP	DVP	DNVP	NSDAP	WP[367]	Sonstige
20. 5. 28 (RT)	35,6 % (3130)	7,1 % (625)	1,3 % (116)	1,1 % (93)	5,3 % (462)	6,3 % (552)	27,8 % (2444)	5,7 % (505)	2,5 % (221)	7,3 % (639)
14. 9. 30 (RT)	34,0 % (3300)	3,5 % (337)	2,9 % (284)	1,2 % (121)	4,1 % (394)	4,2 % (410)	8,5 % (825)	21,2 % (2054)	1,7 % (165)	18,7 %[368] (1810)
31. 7. 32 (RT)	29,1 % (3378)	9,2 % (1074)	0,1 % (11)	1,2 % (134)	0,7 % (85)	0,7 % (81)	4,3 % (505)	47,4 % (5500)	0,1 % (10)	7,2 % (833)

---

[364] Deutsch-Völkische Freiheitspartei
[365] NS-Freiheitsbewegung
[366] Christlich-Nationale Bauern- und Landvolkpartei
[367] Reichspartei des Deutschen Mittelstandes (Wirtschaftspartei)
[368] Davon 1550 Stimmen (16,0 %) für den Christlich-Sozialen Volksdienst, 139 Stimmen (1,4 %) für die Deutsch-Hannoversche Partei.

Wahlen Kreis Norden

	SPD	KPD	USPD	Zentrum	DDP	DVP	DNVP	NSDAP	DHP	Sonstige
19. 1. 19 (RT)[369]	39,1 % (4387)	---	3,8 % (431)	1,0 % (111)	27,4 % (3074)	9,6 % (1073)	18,6 % (2087)	---	0,6 % (48)	---
6. 6. 20 (RT)	15,0 % (2128)	0,9 % (126)	21,3 % (3028)	1,0 % (151)	14,9 % (2122)	24,0 % (3416)	16,6 % (2356)	---	6,3 % (894)	---
4. 5. 24 (RT)	15,1 % (2215)	6,6 % (959)	1,1 % (168)	1,4 % (210)	7,5 % (1104)	12,5 % (1835)	24,8 % (3636)	17,1 %[370] (2508)	2,2 % (323)	11.5 % (1679)
7. 12. 24 (RT)	23,2 % (3768)	3,7 % (593)	---	1,3 % (207)	7,8 % (1260)	15,6 % (2523)	27,1 % (4387)	16,2 %[371] (2634)	0,9 % (144)	4,3 % (694)

	SPD	KPD	LV[372]	Zentrum	DDP	DVP	DNVP	NSDAP	WP[373]	Sonstige
20. 5. 28 (RT)	30,1 % (4753)	4,4 % (694)	1,0 % (160)	1,7 % (261)	7,3 % (1150)	11,7 % (1857)	20,2 % (3187)	17,5 % (2771)	2,4 % (382)	3,8 % (600)
14. 9. 30 (RT)	28,4 % (5857)	6,7 % (1386)	0,3 % (69)	1,8 % (369)	4,8 % (983)	5,1 % (1061)	13,1 % (2700)	30,7 % (6339)	1,4 % (296)	7,7 %[374] (1583)
31. 7. 32 (RT)	24,4 % (6737)	7,4 % (2033)	0,0 % (8)	4,1 % (1120)	1,2 % (340)	1,8 % (499)	10,6 % (2924)	48,8 % (13481)	0,1 % (41)	1,7 % (463)
6. 11. 32 (RT)	28,5 % (8564)	11,5 % (3453)	0,0 % (4)	0,8 % (238)	0,9 % (256)	1,5 % (441)	8,3 % (2498)	46,2 % (13875)	0,0 % (8)	2,4 % (714)
5. 3. 33 (RT)	25,8 % (8148)	8,8 % (2796)	---	0,7 % (220)	1,0 % (307)	0,9 % (280)	8,6 % (2718)	53,1 % (16806)	---	2,7 % (846)

---

[369] Wahlergebnisse laut "Ems-Zeitung", 21. 1. 1919.
[370] Deutsch-Völkische Freiheitspartei
[371] NS-Freiheitsbewegung
[372] Christlich-Nationale Bauern- und Landvolkpartei
[373] Reichspartei des Deutschen Mittelstandes (Wirtschaftspartei)
[374] Davon 1027 Stimmen (5 %) für den Christlich-Sozialen Volksdienst, 336 Stimmen (1,6 %) für die Deutsch-Hannoversche Partei.

Wahlen Kreis Wittmund

	SPD	KPD	USPD	Z	DDP	DVP	DNVP	NSDAP	DHP	Sonstige
19. 1. 19 (DNV)[375]	26,7 % (3853)	---	4,5 % (652)	0,2 % (34)	50,2 % (7268)	16,3 % (2352)	1,7 % (250)	---	---	0,3 % (41)
6. 6. 20 (RT)	10,0 % (1167)	0,4 % (49)	10,0 % (1167)	0,2 % (24)	17,0 % (1987)	42,4 % (4948)	10,3 % (1208)	---	9,7 % (1137)	---
4. 5. 24 (RT)	7,4 % (915)	1,8 % (225)	0,3 % (39)	0,4 % (55)	8,2 % (1019)	9,3 % (1157)	14,1 % (1747)	46,6 %[376] (5776)	8,4 % (1041)	3,5 % (429)
7. 12. 24 (RT)	10,5 % (1292)	1,1 % (137)	---	0,5 % (60)	9,5 % (1172)	15,7 % (1938)	29,9 % (3688)	29,9 %[377] (3698)	2,3 % (283)	0,7 % (81)

	SPD	KPD	LV[378]	Z	DDP	DVP	DNVP	NSDAP	WP[379]	Sonstige
20. 5. 28 (RT)	10,8 % (1391)	1,2 % (159)	1,4 % (180)	0,3 % (39)	6,1 % (781)	7,9 % (1020)	14,6 % (1888)	37,4 % (4381)	2,3 % (291)	21,5 % (2773)
14. 9. 30 (RT)	13,8 % (2225)	1,7 % (275)	0,7 % (105)	0,4 % (60)	3,9 % (624)	4,4 % (714)	18,2 % (2920)	50,7 % (8143)	1,2 % (196)	5,0 %[380] (806)
31. 7. 32 (RT)	11,4 % (2537)	3,5 % (774)	0,0 % (8)	0,7 % (164)	0,9 % (195)	1,3 % (299)	12,4 % (2771)	68,9 % (15352)	0,1 % (33)	0,7 % (163)
6. 11. 32 (RT)	10,8 % (2187)	4,9 % (990)	0,0 % (3)	0,3 % (57)	0,5 % (107)	2,9 % (590)	12,1 % (2442)	67,6 % (13678)	0,0 % (8)	0,9 % (184)
5. 3. 33 (RT)	8,8 % (1938)	3,0 % (656)	---	0,2 % (52)	0,5 % (104)	1,0 % (225)	15,4 % (3406)	71,0 % (15708)	---	0,2 % (48)

---

[375] Wahlergebnisse laut "Jeversches Wochenblatt", 21. 1. 1919.
[376] Deutsch-Völkische Freiheitspartei
[377] NS-Freiheitsbewegung
[378] Christlich-Nationale Bauern- und Landvolkpartei
[379] Reichspartei des Deutschen Mittelstandes (Wirtschaftspartei)
[380] Davon 379 Stimmen (2,4 %) für den Christlich-Sozialen Volksdienst, 234 Stimmen (1,5 %) für die Deutsch-Hannoversche Partei.

3.2 Die ländlich-katholischen Kreise: Südoldenburg-Emsland

Die südoldenburgischen Landkreise Vechta und Cloppenburg sowie die zur preußischen Provinz Hannover gehörenden Landkreise Aschendorf-Hümmling, Lingen und Meppen waren fast rein katholische Gebiete. Den relativ geringsten Anteil an Katholiken an der Bevölkerung wies der Kreis Lingen mit 87,5 % auf, den höchsten der Kreis Meppen mit 96,3 %.[381] Die fast rein katholische Bevölkerung, die sowohl innerhalb des Landes Oldenburg als auch innerhalb der preußischen Provinz Hannover eine Minderheit bildeten, sorgte für einen festen "Zentrumsturm", der erst durch die Landvolkbewegung zeitweise bröckelte. Den relativ geringsten Anteil an der Gesamtbeschäftigung hatte die Landwirtschaft im Kreis Lingen mit 66,3 % (Reichsdurchschnitt 29,2 %), den höchsten im Kreis Cloppenburg mit 75,7 %. Das durchschnittliche Jahreseinkommen der Einkommensteuerpflichtigen lag in allen Kreisen deutlich unter dem Reichsdurchschnitt von 4560,00 Reichsmark, im Altkreis Hümmling mit 2010,54 sogar um 55,8 % darunter.

Die alten Ämter Cloppenburg und Friesoythe, die 1933 zum Amt Cloppenburg zusammengelegt wurden, waren eine Zentrumshochburg. Noch im bei der Reichstagswahl am 5. März 1933 erreichte das Zentrum im Amt Cloppenburg 61,2 % der Stimmen, im Amt Friesoythe immerhin noch 53,4 %. 1941 schrieb Gauleiter Röver in den Antrag auf Besoldungsfestsetzung für den Kreisleiter Willy Meyer-Wendeborn, Cloppenburg sei ein "ausgedehnter Landkreis mit weltanschaulich besonders schwieriger Bevölkerung"[382].

Ihren Aufstieg verdankt die NSDAP hier der Agrarkrise seit 1928. Auch wo es der NSDAP nicht sofort gelang, in die Krisensituation in Stimmen umzuwandeln, gelang es später gewissermaßen, das Zentrum zu 'beerben': Stammwähler des Zentrums, die unter dem Eindruck der Agrarkrise die "Christlich-nationale Landvolk- und Bauernpartei" gewählt hatten, kehrten nach dem Abflauen der Landvolkbewegung nicht zum Zentrum zurück, sondern wählten nun die NSDAP. Dies läßt sich besonders aus den Wahlergebnissen für das Amt Cloppenburg deutlich nachweisen.

Die erste Ortsgruppe der NSDAP im Kreis Cloppenburg und in ganz Südoldenburg wurde am 12. 2. 1928 in Molbergen gegründet. Hier traten Vertreter der NSDAP - unter ihnen der damalige Bezirksleiter des NSDAP-Bezirks Oldenburg-Ostfriesland, Carl Röver - "zum ersten Mal in Südoldenburg öffentlich auf"[383]. Von Molbergen aus begann für die NSDAP "die Eroberung des Münsterlandes."[384]

Kreisleiter für das Amt Friesoythe wurde der Bahnhofsvorsteher August Osterbuhr, zugleich Fraktionsführer der NSDAP im Gemeinderat von Dorf Barßel i. O. Osterbuhr gab sein Amt 1934 ab und wurde Ortsgruppen-Amtsleiter der NSV. Der

---

[381] Vgl. Tabelle am Ende des Kapitels.
[382] Antrag auf Besoldungsfestsetzung, 25. 4. 1941. BA Berlin-Lichterfelde, BDC PK Meyer-Wendeborn, Wilhelm.
[383] Oldenburgische Volkszeitung, 4. 2. 1938.
[384] Oldenburgische Volkszeitung, 4. 2. 1938.

Kreisleiter für das Amt Cloppenburg, Leonhard Niehaus, gab 1934 sein Amt ab und wurde Bürgermeister der Stadt Lohne. Kommissarischer Kreisleiter für das neue Amt Cloppenburg wurde der Regierungsrat Dr. Franz Böckmann. Dr. Böckmann war erst am 1. 8. 1932 in die NSDAP eingetreten, also nach dem Wahlsieg der Nationalsozialisten in Oldenburg, die somit erstmals ein Land allein regieren konnten. Auch der Entnazifizierungs-Hauptausschuß im Verwaltungsbezirk Oldenburg sah in der Ausübung des Kreisleiteramtes keinen Beweis für eine besonders fanatische Parteimitgliedschaft: "Es ist ihm zu glauben, daß er als junger Beamter hierbei dem behördlichen Druck nachgegeben hat. Jedenfalls hat er es schon bald verstanden, die ihm offenbar unangenehme Position wieder abzuwälzen."[385]

Auch der nächste Kreisleiter von Cloppenburg, Willi Meyer-Wendeborn, Inhaber der Arkenauschen Apfelweinkelterei in Brokstreek, war erst am 1. 8. 1932 in die NSDAP eingetreten. Meyer-Wendeborn hatte seit dem 19. 4. 1933 die Ortsgruppe der NSDAP in Essen i. O. geleitet. Im Oktober 1934 übernahm er den Kreisleiterposten in Cloppenburg. Bei dieser Gelegenheit wurden die Kreise Friesoythe und Cloppenburg zusammengelegt.

Der Kreis Vechta war der oldenburgische Landkreis mit dem höchsten Katholikenanteil. 93,9 % waren katholisch, 6,0 % evangelisch, 0,1 % konfessionslos.[386] Die Juden erreichten hier nicht einmal 0,1 % der Bevölkerung. Die Volkszählung von 1933 erfaßte im ganzen Landkreis lediglich 20 Personen jüdischen Glaubens. In konfessioneller Hinsicht brachte die Zeit von 1933 bis 1939 Verschiebungen hervor, die im Wesentlichen mit der Zuwanderung überwiegend evangelischer Einwohner zusammenhing. Die Gruppe der "Gottgläubigen" spielte mit 1939 0,4 % der Gesamtbevölkerung hier keine Rolle. Die konfessionelle Ausgangsbasis war somit für den Nationalsozialismus äußerst ungünstig, zumal die vom Zentrum zum Landvolk abgewanderten Wähler eher als im Nachbarkreis Cloppenburg bereit waren, zum Zentrum zurückzukehren. Die NSDAP konnte hier also von der durch die Landvolkbewegung bewirkte Loslösung vom Zentrum weit weniger profitieren als in Cloppenburg. Dies mag auch daran liegen, daß die Stadt Vechta Sitz des bischöflich-münsterschen Offizials für den Offizialatsbezirk Oldenburg war und somit auch im politischen Sinne im Kreis Vechta eine engere Verbindung zur katholischen Kirche bestand.

Anläßlich der 5-Jahresfeier der Gründung der Ortsgruppe Goldenstedt sagte Ortsgruppenleiter Windhorst, "im Jahre 1929 seien zum ersten Male von Wildeshausen her die braunen Kämpfer Adolf Hitlers in Goldenstedt erschienen, um die Bevölkerung über die Ziele Adolf Hitlers aufzuklären."[387] Jedoch gelang es zunächst nicht, genügend Mitglieder für eine Ortsgruppe zu gewinnen.

---

[385] Entnazifizierungs-Hauptausschuss im Verwaltungsbezirk Oldenburg. Entnazifizierungs-Entscheidung im schriftlichen Verfahren, 17. 8. 1949. StAO Best. 351, Karton Nr. 725, Ve 3758.
[386] Angaben nach der Volkszählung vom 16. Juni 1933. Statistik des Deutschen Reichs, Bd. 451, Heft 3, S. 65.
[387] OV, 6. 7. 1936.

Erst 1931 wurde in Vechta die erste Ortsgruppe der NSDAP gegründet. Der Widerstand, der hier den Wahlkämpfern der NSDAP entgegenschlug, war beträchtlich[388]. Die Oldenburger "Nachrichten für Stadt und Land", die zwar keine NS-Partei-Zeitung, der NSDAP aber wohl gesonnen waren, berichteten am 28. 3. 1931 unter der Schlagzeile "Häßliche Wahlmethoden" von den Schwierigkeiten, die dies im Vorfeld mit sich brachte:

Mit welcher Leidenschaftlichkeit und mit welchen Mitteln hier der Kampf geführt wird, ist daran zu sehen, daß nach der letzten Versammlung vor der Wohnung eines Vechtaer Bürger, der als Zentrumsgegner bekannt ist und der in der Hitlerversammlung das Wort ergriffen hatte, ein ausgestopfter uniformierter Hitlermann in Lebensgröße an einem Telegraphenpfahl aufgehängt worden war.

Über eine Versammlung der NSDAP in Schäfers Festsaal in Vechta berichteten die "Nachrichten für Stadt und Land" in derselben Nummer gesondert, die auf rege, wenn auch nicht ungeteilt positive Resonanz gestoßen sei:

Die Versammlung war etwa gleichmäßig zur Hälfte von Freunden und Gegnern der NSDAP besucht. Störungsversuche einiger Gegner blieben ohne Erfolg. Das Schlußwort der beiden Hauptredner stempelte die Versammlung, wie an dem immer wieder einsetzenden starken Beifall zu erkennen war, zu einem großen Erfolg.

Am 28. 3. 1931 wurde bei Gastwirt Melchers die Gründungsversammlung der Ortsgruppe Vechta der NSDAP angesetzt.[389] Die Versammlung wurde nicht öffentlich angekündigt, vermutlich aus Angst vor Gegenreaktionen. Statt dessen wurden mögliche Beitrittskandidaten einen Tag vorher per Mundpropaganda zu einer geschlossenen Versammlung eingeladen, die trotz der Umstände recht gut besucht war. Leiter der Versammlung war der Studienrat Dr. Anton Kohnen, vor dessen Wohnung Gegner der NSDAP die Strohpuppe in Parteiuniform aufgehängt hatten. Als Vertreter der Gauleitung erschien der Oldenburger Kaufmann und spätere Gaupropagandaleiter Ernst Schulze. Die Veranstaltung bestand aus einer mehrstündigen Aussprache, wobei sich Dr. Kohnen auf kulturpolitische Fragen konzentrierte. Hierbei dürfte die Frage nach der Vereinbarkeit von Katholizismus und Nationalso-

---

[388] Die Gegnerschaft erstreckte sich auch auf den Stahlhelm, einerseits wegen der dort vorhandenen völkisch-antikirchlichen Elemente, andererseits weil der "Jungstahlhelm" in Konkurrenz zu den konfessionellen Jugendverbänden trat. Diese Gegnerschaft trat deutlich 1924 beim Streit um ein Schlageter-Denkmal zu Tage. Siehe dazu Kuropka, Joachim: Schlageter und das Oldenburger Münsterland 1923/1933. Ein Markstein auf dem Weg zur "Revolution des Nihilismus". In: Jahrbuch für das Oldenburger Münsterland 1984. S. 85-99.
[389] Dies und das Folgende nach den Berichten der Oldenburger "Nachrichten für Stadt und Land" vom 1. 4. 1931 und der "Bremer Nationalsozialistischen Zeitung" vom 11. 4. 1931.

zialismus eine zentrale Rolle gespielt haben, denn die "Bremer Nationalsozialistische Zeitung" veröffentlichte am 11. 4. 1931 im Zusammenhang mit dem Bericht über die Ortsgruppengründung auch eine Reihe von "Leitsätzen für katholische Nationalsozialisten", nach denen diese Vereinbarkeit sehr wohl gegeben sein sollte. Die Versammlung erreichte im Wesentlichen ihren Zweck: 14 Teilnehmer erklärten ihren Beitritt zur NSDAP, einige der jüngeren auch ihren Beitritt zur SA. Ortsgruppenleiter wurde Dr. Kohnen, Stellvertreter wurde der Obersteuersekretär August Renken.

Die Ortsgruppengründung brachte die Entstehung eines eigenen NSDAP-Bezirks Vechta mit sich. Bezirksleiter wurde Studienrat Dr. Anton Kohnen. Die NSDAP hatte somit auch im Kreis Vechta Fuß gefaßt. Im Laufe des Jahres wurden in Fladderlohausen, Goldenstedt und Neuenkirchen weitere NSDAP-Ortsgruppen gegründet. Das Zentrum blieb jedoch die mit Abstand stärkste politische Kraft. Noch bei der Reichstagswahl vom 5. 3. 1933 erzielte das Zentrum 77,7 % der Stimmen, die NSDAP als zweitstärkste Partei nur 13,3 % und somit ihr schlechtestes Ergebnis auf Kreisebene im ganzen Deutschen Reich.

In Vechta gestaltete sich die Rekrutierung geeigneter Kandidaten für den Kreisleiterposten besonders schwierig. Studienrat Dr. Anton Kohnen war am 28. 3. 1931 einer der Mitbegründer der NSDAP-Ortsgruppe in Vechta. Mit Einrichtung der Kreisleitungen war er ab dem 26. 7. 1932 der erste Kreisleiter des Kreises Vechta. Kohnen, ein Karrierist reinsten Wassers, ergriff jedoch die erste Karrierechance, die sich ihm bot und verließ Vechta schon am 4. 1. 1933, um in Oldenburg die Leitung der polizeilichen Berufsschule zu übernehmen. Sein Nachfolger war zunächst der in Osnabrück ansässige Bruno Brasch, der bisher als Kreispropaganda- und Kreisorganisationsleiter fungiert hatte. Schon im Mai desselben Jahres verlor er seinen Posten wegen Unterschlagungen zuungunsten der NSDAP[390]. Sein Nachfolger war der Regierungsrat Dr. Walther Drückhammer, der erst am 1. 5. 1933 in die Partei eingetreten war. Dr. Drückhammer übernahm die Geschäfte der Kreisleitung äußerst widerwillig und erst, nachdem Ministerpräsident Joel ihm mit einem Disziplinarverfahren gedroht hatte. Die Ernennung Drückhammers zum Kreisleiter war notwendig, da "im Mai/Juni 1933 der damalige Kreisleiter von Vechta wegen Unterschlagung von Parteigeldern seines Postens enthoben wurde, [und] der als Nachfolger in Aussicht genommene Parteigenosse (P.G.) wegen betrügerischen Bankrotts noch eine längere Gefängnisstrafe zu verbüßen hatte."[391] Die Geschäfte des Kreisleiters habe er, so Dr. Drückhammer weiter, "dann geführt, ohne Rücksicht darauf zu nehmen, ob jemand alter Pg war oder nicht. Hierdurch habe ich mir den Zorn, ja den Haß fast aller alten Pgs zugezogen. Dies verstärkte sich zu direkten Angriffen, als ich mehrere alte Pgs wegen Strafdelikte [sic!] bei der Staatsanwaltschaft anzeigte und sie auch bestraft wurden."[392]

---

[390] S. dazu ausführlich Kapitel.5.7.5.1 (Bruno Brasch).
[391] Von Dr. Drückhammer verfaßte Anlage zum Military Government of Germany Fragebogen, 21. 7. 1946. StAO Best. 351, Fri 4137, Karton Nr. 939. Verantwortlich für die Unterschlagungen war Kreisleiter Bruno Brasch. Vgl. Kapitel 5.2.5.1.
[392] Ebda.

Ersatz für Dr. Drückhammer wurde erst 1935 gefunden. Am 1. 9. 1935 wurde der Bauernsohn Heinrich Voß aus Brettorf bei Dötlingen neuer Kreisleiter von Vechta. Voß war zugleich Mitglied im Gemeinderat von Dötlingen, wo der ehemalige Kreisleiter für das alte Amt Wildeshausen, Hinrich Abel, Bürgervorsteher und Ortsgruppenleiter war. Voß blieb bis 1943 Kreisleiter von Vechta. 1943 wurde Voß für ein halbes Jahr in den "Stab des Stellvertreters des Führers" in München berufen. Während dieser Zeit wurde er von dem Kreisleiter von Cloppenburg, Meyer-Wendeborn, vertreten. Danach wurde er zur Wehrmacht einberufen. Letzter Kreisleiter von Vechta wurde der, genau wie Dr. Drückhammer, erst am 1. 5. 1933 in die NSDAP eingetretene Mühlenbesitzer Josef Gausepohl aus Damme.

Aus einem Bericht des späteren Kreisleiters Josef Gausepohl erhellen die Hintergründe der Gründung der Ortsgruppe Damme im August 1932.

Als im April 1933 in Damme ein Rundschreiben, unterzeichnet von angesehenen Männern, wie Brennereibesitzer Enneking jr., Bauer Adelmeyer etc. herausgegeben wurde, mit der Aufforderung, der NSDAP beizutreten, da sonst infolge der politischen Umwälzung durch Minderheit die Bürger und Besitzer ins Hintertreffen geraten würden, wurde ich schon zur Aufnahme geneigter. Eine nochmalige persönliche Werbung des früheren Ortsgruppenleiters Jos. Honkomp, Damme, der mir noch einmal allerlei Nachteile der Nichtparteigenossen für die Zukunft vor Augen führte, hatte den Erfolg, dass ich am 29. April 1933 den Aufnahmeschein unterzeichnete und damit per 1. Mai 1933 Mitglied der NSDAP wurde.[393]

Hier herrschte bei den einheimischen Geschäftsleuten die Befürchtung, die sogenannten "nationalbolschewistischen" Nationalsozialisten könnten vor Ort an die Macht kommen, so daß man es vorzog, als nominelle NSDAP-Mitglieder und Funktionäre die eigene Stellung im Wesentlichen zu behalten. "Echte" Nationalsozialisten scheint es in Damme kaum gegeben zu haben. Wie groß der Mangel an potentiellen NSDAP-Funktionären dort gewesen sein muß erhellt schon aus der Tatsache, daß das "Maiglöckchen" Josef Gausepohl wenige Monate nach Parteieintritt als Ortsgruppenpropagandaleiter fungierte.[394]

Besonders Kreisleiter Voß versuchte immer wieder, den Katholiken die Vereinbarkeit von katholischem Glauben und Nationalsozialismus zu verdeutlichen und damit Vorbehalte abzubauen. So wandte er sich im Januar 1936 auf einer Tagung der politischen Leiter des Kreises Vechta gegen das Gerücht, "daß die katholische Religion in Gefahr sei".[395] Über eine weitere Rede auf einer NSDAP-Versammlung

---

[393] „Meine politische Tätigkeit", verfaßt von Josef Gausepohl für das Spruchgerichtsverfahren. Spruchgerichtsakte Josef Gausepohl, BA Koblenz Z 42 IV/1690. Bl. 6
[394] Gausepohl trat erstmals Anfang Oktober in dieser Funktion öffentlich auf. Vgl. die "Oldenburgische Volkszeitung" vom 9. 10. 1933.
[395] OV, 15. 1. 1936. Im Januar 1936 war der jesuitische Wanderprediger P. Kurt Dehne in Südoldenburg aktiv, der mit Predigten zu Themen wie "Das Christentum in Gefahr", die Aufmerksamkeit der Gestapo auf sich zog und später mit Redeverbot belegt wurde. Siehe

in Oythe berichtete die Oldenburgische Volkszeitung am 24. 1. 1936. Hier stellte Kreisleiter Voß die Frage, wo denn der der Nationalsozialismus die Religion in Gefahr gebracht habe, denn jeder könne doch zu seiner Kirche gehen und beten. Den wirtschaftlichen Aufschwung und den Abbau der Arbeitslosigkeit pries Voß als Beweis für die Gottgefälligkeit des Nationalsozialismus an: "Unser nationalsozialistisches Tun aber muß dem Herrgott wohl gefallen, da er es sicherlich segnet". Voß schloß seine Rede "mit einem Ausblick in eine glückliche Zukunft für alle, ganz besonders für die Bauern, denen es vergönnt sei in der herrlichen Werkstatt Gottes zu arbeiten, und die immer die enge Verbindung mit der Natur pflegen möchten".

Passend dazu wurde den Südoldenburger Katholiken das Negativbeispiel der Sowjetunion vorgeführt. Einen Tag später brachte die OV einen Artikel mit dem Titel: "Die Verfolgung des Christentums in Sowjetrußland". Seiner Argumentation, die Erfolge des Nationalsozialismus bewiesen auch seine Gottgefälligkeit, blieb Kreisleiter Voß treu. In seiner Rede bei der Versammlung der NSDAP-Ortsgruppe Dinklage vom 22. 6. 1936 berührte er "auch kurz das Thema Staat, Partei und Kirche und betonte, daß das Werk des Führers ein gottgewolltes sei; denn seine Arbeit sei reichlich gesegnet worden."[396]

Der "Kreuzkampf" vom November 1936 sollte jedoch dafür sorgen, daß solche Beteuerungen in der Folge auf taube Ohren stießen[397]. Aus Verärgerung über einen katholischen Geistlichen, der nicht zur staatlichen Schuleinweihungsfeier erschienen war und eine gesonderte, kirchliche Feier anberaumte, erließ der oldenburgische Minister der Kirchen und Schulen, Julius Pauly, am 4. November 1936 den sogenannten "Kreuzerlaß", nach dem aus allen katholischen Schulen die Kreuze und aus allen evangelischen Schulen die Lutherbilder zu entfernen waren. Der Sturm der Entrüstung, der daraufhin losbrach, veranlaßte Gauleiter Röver dazu, in einer Kundgebung in Cloppenburg am 25. 11. 1936 die Rücknahme des Erlasses zu verkünden, nachdem er nach einer für seine Verhältnisse ungewöhnlich kurzen Rede erfolglos versucht hatte, die Stimmung zu beruhigen - eine Aufgabe, an der vor ihm schon die Kreisleiter Meyer-Wendeborn und Voß gescheitert waren.

Durch die Bekämpfung der konfessionellen Schulen und die Einführung der "Deutschen Volksschule", besonders aber durch die gewaltsame Niederschlagung des Goldenstedter Schulstreiks vom Mai 1938[398], als sich Eltern beider Konfession

---

dazu Kuropka, Joachim: Wanderprediger und Gestapo. In: Jahrbuch für das Oldenburger Münsterland 1985. S. 111-118.
[396] OV, 24. 6. 1936.
[397] S. dazu ausführlich Kuropka, Joachim (Hrsg.): Zur Sache - Das Kreuz! Untersuchungen zur Geschichte des Konflikts um Kreuz und Lutherbild in den Schulen Oldenburgs. Zur Wirkungsgeschichte eines Massenprotests und zum Problem nationalsozialistischer Herrschaft in einer agrarisch-katholischen Region. Vechta ²1987.
[398] S. dazu ausführlich Willenborg, Rudolf: „Wir wollen Christen sein und keine Neuheiden. Die Entkonfessionalisierung der Schulen in Oldenburg, der Schulkampf in Goldenstedt, die Ausweisung des Offizials Vorwerk und der Versuch einer Zerschlagung der Kirchenleitung in Vechta. In: Christenkreuz oder Hakenkreuz. Zum Verhältnis von katholischer Kirche und Nationalsozialismus im Land Oldenburg. Herausgegeben von Willi Baumann und Michael Hirschfeld. Vechta, 1999. S. 34-70.

vor der Goldenstedter Schule versammelten, um gegen die Einführung der überkonfessionellen Gemeinschaftsschule zu protestieren, verlor der Nationalsozialismus als Ideologie weiter an Ansehen. 1941 notierte Gauleiter Röver, Vechta sei im ganzen Gau Weser-Ems "der schwierigste Kreis in weltanschaulicher Hinsicht"[399]. Kreisleiter Voß prognostizierte nach dem "Kreuzkampf" gar: "Es wird auf die Dauer gesehen hier wohl kaum ganz ohne KZ und einigen Verfügungstrupps gehen"[400].

Der Kreis Aschendorf-Hümmling gehörte mit zu den struktur- und einkommensschwächsten Kreisen des ganzen Gaues. Das durchschnittliche Jahreseinkommen der Einkommensteuerpflichtigen betrug 1929 im Altkreis Aschendorf 2981,11 RM[401] und lag damit 34,4 % unter dem Reichsdurchschnitt. Noch dramatischer sah es im Altkreis Hümmling aus. Hier lag das Durchschnittseinkommen 1929 mit 2010,54 RM[402] sogar um 55,8 % unter dem Reichsdurchschnitt. Die Zeit des Dritten Reiches brachte hier spürbare Verbesserungen, wenn der 1932 entstandene neue Gesamtkreis Aschendorf-Hümmling auch noch hinter dem Reichsdurchschnitt zurückblieb. Das durchschnittliche Jahreseinkommen der Einkommensteuerpflichtigen lag 1937 mit 3522,27 RM[403] um 38,4 % unter dem Reichsdurchschnitt, 1938 mit 4113,85 RM[404] nur noch um 35,2 % darunter.

Im Landkreis Aschendorf-Hümmling waren 1933[405] 71,2 % der arbeitenden Bevölkerung in der Land- und Forstwirtschaft beschäftigt. In Industrie und Handwerk waren 14,5 % tätig, in Handel und Verkehr 8,4 %. Der öffentliche Dienst und private Dienstleistungen beschäftigten 4,0 % der Bevölkerung. Weitere 2,0 % waren im Bereich der häuslichen Dienste tätig. Dabei hebt sich die Stadt Papenburg, hauptsächlich wegen der hier ansässigen Meyer-Werft, vom Rest des Kreises ab. Der Anteil von Industrie und Handwerk betrug hier 28,2 %, was sich auch bei der Erwerbslosenquote niederschlug. Waren im Kreis insgesamt 6,5 % der Bevölkerung erwerbslos, so waren es in der Stadtgemeinde Papenburg 21,7 %. Im Restbezirk Aschendorf-Hümmling betrug die Zahl der Erwerbslosen hingegen nur 3,1 %[406]. Die Zeit von 1933 bis 1939 brachte einen dramatischen Strukturwandel mit

---

[399] Besoldungsbogen Kreisleiter Heinrich Voß. BA Berlin-Lichterfelde, BDC Voß, Heinrich.
[400] Bericht zur weltanschaulichen Lage der NSDAP-Kreisleitung Vechta vom 4. 12. 1936. Zit. nach Kuropka, Joachim (Hrsg.): Für Wahrheit, Recht und Freiheit - gegen den Nationalsozialismus (Dokumente und Materialien zur Geschichte und Kultur des Oldenburger Münsterlandes; Bd. 1). Vechta, 1983. S. 100.
[401] Vgl. Einkommen- und Körperschaftssteuerveranlagung für 1929 (Statistik des Deutschen Reichs, Band 430. Berlin, 1933. S. 67.
[402] Vgl. Einkommen- und Körperschaftssteuerveranlagung für 1929 (Statistik des Deutschen Reichs, Band 430. Berlin, 1933. S. 67.
[403] Vgl. Einkommen- und Körperschaftssteuerveranlagung für 1937 und 1938 (Statistik des Deutschen Reichs, Band 580). Berlin, 1941. S. 72.
[404] Vgl. Einkommen- und Körperschaftssteuerveranlagung für 1937 und 1938 (Statistik des Deutschen Reichs, Band 580). Berlin, 1941. S. 73.
[405] Angaben nach Statistik des Deutschen Reiches, Bd. 559, Heft 14: Provinz Hannover. Band, S. 48 f.
[406] Davon profitierte jedoch nicht die NSDAP, die hier bei der Reichstagswahl vom 5. 3. 1933 sogar nur 14,0 % der Stimmen bekam, sondern die KPD, die sogar mehr Stimmen als die SPD bekam und insgesamt 10,7 % der Stimmen erhielt. Das Zentrum hatte auch in der

sich. Der Anteil der Land- und Forstwirtschaft sank bis 1939[407] auf 44,1 %, während der Anteil von Industrie und Handwerk auf 20,5 % stieg. Handel und Verkehr blieben mit 1939 8,8 % in etwa gleich. Öffentlicher Dienst und private Dienstleistungen einschließlich der häuslichen Dienste verzeichneten mit 1939 26,6 % den stärksten Anstieg.

In konfessioneller Hinsicht war der Kreis Aschendorf-Hümmling mit 94,5 % praktisch rein katholisch. Nur 4,9 % waren evangelisch, 0,5 % waren Juden, 0,1 % waren konfessionslos. [408] Durch den enormen Zuzug - die Wohnbevölkerung des Kreises stieg von 47961 Einwohnern im Jahr 1933 auf 61719 im Jahr 1939 - kam es zu einer deutlichen Verschiebung in der Konfessionsstruktur. Der prozentuale Anteil der Katholiken sank auf 82,7 %, der Anteil der evangelischen Bevölkerung stieg auf 12,9 %. Besonders ungewöhnlich stark fällt der Grad der Entkonfessionalisierung aus. Bezeichneten sich 1933 nur 0,1 % der Bevölkerung als konfessionslos, so waren es 1939 4,0 %. 1,6 % der Bevölkerung bezeichneten sich als "Gottgläubig", weitere 2,4 % als "Glaubenslos". In besonderer Weise dürften hier die in der Regel glaubenslosen Kommunisten in den Emslandlagern ins Gewicht fallen, die bei der Volkszählung 1939 als Einwohner des Kreises Aschendorf-Hümmling gezählt wurden.

Aufgrund des geschlossenen katholischen Milieus, das eine sichere Basis für den "Zentrumsturm" darstellte, gelang es der NSDAP im Kreis Aschendorf-Hümmling erst 1931, eine Ortsgruppe in Papenburg zu gründen. Erster Kreisleiter des Kreises Aschendorf-Hümmling wurde der bisherige Bezirksleiter Emil Hartung, der jedoch noch im gleichen Jahr von Gauleiter Carl Röver wieder abgesetzt und durch den Völlener Baumeister Gerhard Buscher ersetzt wurde. Hartung wurde wegen Betrügereien 1935 dann ganz aus der NSDAP ausgeschlossen, während Buscher bis 1945 Kreisleiter des Kreises Aschendorf-Hümmling blieb.

Erster Kreisleiter des Kreises Lingen war der gebürtig aus Essen a. d. Ruhr stammende Erich Plesse. Plesse, Medizinstudent in Rostock, trat am 1. 8. 1929 in die NSDAP ein. Nach Lingen kam er 1930 nach dem Wintersemester, "um hier zunächst nur meine Ferien zu verbringen"[409]. Er kehrte nach den Ferien jedoch nicht nach Rostock zurück, sondern blieb in Lingen und widmete sich hier dem Aufbau der NSDAP. Am 1. 6. 1931 wurde er Ortsgruppenleiter der Ortsgruppe Lingen, dann mit Einrichtung der Kreisleitungen am 1. 7. 1932 Kreisleiter des Kreises Lingen. Gegenüber den Katholiken verfolgte Plesse eine harte Linie, was sich besonders in der "Blockhütten-Affäre"[410] von 1935 zeigte, als er auf harte Verfolgung

---

Stadtgemeinde Papenburg festen Rückhalt und brachte es auf 62,8 % (Kreisdurchschnitt 69,2 %). Angaben nach Statistik des Deutschen Reichs, Bd. 434. Berlin, 1935. S. 190.

[407] Ergebnisse der Volks-, Berufs- und landwirtschaftlichen Betriebszählung 1939 in den Gemeinden (Statistik des Deutschen Reichs, Band 559,8). Berlin, 1943. S. 6.

[408] Angaben nach der Volkszählung vom 16. Juni 1933. Statistik des Deutschen Reichs, Bd. 451, Heft 3, S. 51.

[409] Kreisleiter Plesse in Lingen an den Gauschatzmeister, Hauptstelle Mitgliedschaftswesen, 7. 2. 1940. BA Berlin-Lichterfelde, BDC PK, Personalakte Erich Plesse.

[410] Vgl. Lensing, Helmut: Zum Konflikt zwischen Nationalsozialismus und Kirche im Emsland bis zur Lingener Blockhütten-Affäre 1935. In: Emsländische Geschichte 3. Herausgegeben

katholischer Jugendlicher durch Polizei und Justiz bestand, als diese ihr eigenes Jugendheim lieber abbrannten, als es in den Besitz der HJ zu überführen.

Plesse, der ab 1933 auch Bürgermeister der Stadt Lingen war, fungierte bis 1941 als Kreisleiter, worauf sich für ihn eine dreijährige Kriegsdienstzeit anschloss. Vertreten wurde er von 1941 bis 1943 durch den Kreisleiter des Kreises Meppen, Josef Egert, und von 1943 bis 1945 von seinem Kreisgeschäftsführer Walter Brummerloh. Plesse wurde 1944 aus der Wehrmacht entlassen. Obwohl er offiziell noch Kreisleiter des Kreises Lingen blieb, war er ab Oktober 1944 bei der Reichsleitung der NSDAP in München tätig.

In dem katholischen Kreis Meppen, in dem das Zentrum festen Rückhalt besaß und noch im März 1933 69,0 % der Stimmen bekam, die NSDAP hingegen nur 22,1 %, hatte die NSDAP von Anfang an einen schweren Stand.[411] Kreisleiter des Kreises Meppen war der rabiate Josef Egert, von Beruf Kaufmann. Nach der Machtübernahme der NSDAP im Deutschen Reich begann Egert sofort mit seiner eigenen Form der Personalpolitik. Regierungspräsident Eggert berichtete im April 1933 nach Berlin:

> Am 8. 4. 33 setzte Kreisleiter NSDAP Meppen, Egert mit örtlicher SA den Landrat, Bürgermeister und zwölf Beamte in unzulässiger Einzelaktion ab. Auf meinen Befehl arbeiten Abgesetzte weiter. Heute Besprechung mit mit Gauleiter Röver, der Aktion missbilligt aber Beamtenwechsel für nötig hält. Vorschlag der Gauinspektion NSDAP als Landrat Dr. Korte, Nordhorn, als Bürgermeister Meppen, Kreisleiter Egert, als Bürgermeister Nordhorn (jetzt Dr. Korte) Dr. jur. Dannenberg. Bitte Kommissar Gronewald zum Bericht zu empfangen. Regierung erbittet Anweisung.[412]

Besonders der von Egert ins Amt gebrachte Landrat Dr. Schubert verursachte durch seine Vorliebe zum Alkohol, wobei es oft zu peinlichen, öffentlichen Auftritten kam, einen schweren Imageverlust der neuen Machthaber im Kreis Meppen. Hinzu kamen Querelen zwischen Kreisleiter Egert und einigen NSDAP-Mitgliedern, die darin gipfelten, daß Egert einen Architektensohn nachts auf dem Landratsamt zusammenschlug und von seinem Amt als Kreisleiter entbunden wurde. Von September 1933 bis zum 27. Februar übernahm dann der Handlungsgehilfe Hubert Hoffschulte das Amt des Kreisleiters. Nachdem Schubert sich auf Druck des Regierungspräsidenten nach Berlin hatte versetzen lassen, setzte Gauleiter Röver Egert wieder als Kreisleiter ein, während Hoffschulte Ortsgruppenleiter wurde. Diese Entwicklung wurde beim Regierungspräsidium und auch bei der Gestapo nicht gern gesehen. Die Staatspolizeistelle Osnabrück berichtete nach der Wiedereinsetzung

---

von der Studiengesellschaft für Emsländische Regionalgeschichte. Bremen, 1993. S. 125-154.
[411] Zur Organisationsgeschichte der NSDAP im Kreis Meppen siehe ausführlich Löning, Meppen.
[412] Polizeifunkspruch des Regierungspräsidenten in Osnabrück an das Preussische Ministerium des Innern, 9. 4. 1933.StAOs Rep 430-101-7/43 Nr. 539.

Egerts nach Berlin, Egert sei "bei der durchweg katholischen Bevölkerung Meppens darum recht unbeliebt, weil angeblich unter seiner Führung seinerzeit das Denkmal des früheren Zentrumsführers Windthorst über Nacht fortgeschafft worden ist."[413] Der Landrat habe sich gegen eine Wiedereinsetzung Egerts gewandt und vorgeschlagen, Egert anderen Ortes als Kreisleiter zu verwenden, "da seine Wiedereinsetzung in Meppen eine Reihe von Leuten, die nicht zu den schlechtesten gehören und den ehrlichen Willen haben, sich nationalsozialistisches Gedankengut anzueignen, von der Annäherung an den heutigen Staat ablenken würde.[414]" Der neue Landrat plädierte aber auch dafür, Egert noch einmal eine Chance zu geben, "da Egert in der Zwischenzeit nach meiner Ansicht eine gewisse innere Umwandlung durchgemacht und es gelernt hat, sich Menschen und Dingen gegenüber besonnener und objektiver einzustellen."[415] Tatsächlich kam es in der Folgezeit nicht mehr zu ähnlich gravierenden Vorfällen und Egert blieb bis 1945 Kreisleiter des Kreises Meppen.

---

[413] Lagebericht der Staatspolizeistelle Osnabrück an das Geheime Staatspolizeiamt für den Monat Februar 1934 vom 1. März 1934. Steinwascher, S. 57.
[414] Lagebericht der Staatspolizeistelle Osnabrück an das Geheime Staatspolizeiamt für den Monat Februar 1934 vom 1. März 1934. Steinwascher, S. 57.
[415] Ebda.

Wahlen Amt Cloppenburg

	SPD	KPD	USPD	Z	DDP	DVP	DNVP	NSDAP	Sonstig.
19. 1. 19 (DNV)	3,8 % (545)	---	0,0 % (4)	93,3 % (13328)	2,0 % (290)	0,8 % (114)	---	---	---
23. 2. 19 (KLT)	4,5 % (642)	---	---	92,1 % (13017)	1,1 % (152)	2,3 % (320)	---	---	---
6. 6. 20 (RT)	2,1 % (327)	0,0 % (8)	1,1 % (172)	93,1 % (14438)	1,3 % (208)	1,8 % (273)	0,5 % (70)	---	0,1 % (8)
10. 6. 23 (LT)	1,6 % (253)	0,5 % (85)	---	87,2 % (13880)	3,4 % (532)	6,4 % (1019)	0,9 % (149)	---	---
4. 5. 24 (RT)	1,3 % (218)	0,7 % (126)	0,1 % (10)	88,5 % (15189)	2,7 % (461)	2,1 % (356)	2,2 % (375)	0,2 %[416] (36)	2,2 % (385)
7. 12. 24 (RT)	1,4 % (248)	0,8 % (135)	---	90,5 % (15936)	1,8 % (311)	1,9 % (338)	2,8 % (501)	0,1 %[417] (24)	0,7 % (122)

	SPD	KPD	LV[418]	Z	DDP	DVP	DNVP	NSDAP	WP[419]	Sonstig.
24. 5. 25 (LT)	1,2 % (192)	0,5 % (84)	---	89,3 % (14237)	3,1 % (491)	5,1 %[420] (822)	---	0,5 %[421] (78)	---	0,3 %[422] (42)
20. 5. 28 (LT)	1,8 % (309)	0,7 % (127)	24,9 % (4376)	63,9 % (11249)	1,3 % (239)	1,1 %[423] (203)	---	2,8 % (487)	1,7 % (302)	1,8 %[424] (314)
20. 5. 28 (RT)	1,7 % (292)	0,6 % (103)	21,9 % (3838)	65,2 % (11437)	1,2 % (219)	1,4 % (238)	1,3 % (230)	2,9 % (511)	0,5 % (95)	3,3 % (572)
14. 9. 30 (RT)	1,8 % (344)	0,8 % (146)	15,8 % (3057)	71,8 % (13849)	0,5 % (97)	0,9 % (169)	0,7 % (135)	5,5 % (1056)	0,6 % (120)	1,1 % (219)
17. 5. 31 (LT)	0,7 % (131)	1,3 % (244)	15,3 % (2885)	71,3 % (13463)	0,4 % (77)	0,3 % (57)	0,5 % (86)	9,3 % (1761)	0,5 % (101)	0,4 %[425] (67)
29. 5. 32 (LT)	0,5 % (96)	1,2 % (224)	16,1 % (2962)	62,0 % (11425)	0,4 % (72)	0,1 % (26)	0,7 % (128)	18,8 % (3474)	---	0,2 %[426] (30)
31. 7. 32 (RT)	1,2 % (226)	1,4 % (262)	6,0 % (1158)	73,4 % (14158)	0,2 % (47)	0,3 % (49)	1,5 % (282)	15,7 % (3026)	0,1 % (22)	0,4 % (69)
6. 11. 32 (RT)	1,3 % (250)	1,9 % (366)	7,0 % (1349)	72,1 % (13878)	0,3 % (60)	0,4 % (70)	2,8 % (531)	13,7 % (2647)	0,0 % (7)	0,5 % (93)
5. 3. 33 (RT)	1,2 % (251)	1,3 % (275)	---	61,2 % (12657)	0,1 % (23)	0,2 % (42)	7,6 % (1567)	28,2 % (5833)	---	0,3 % (65)

---

[416] Deutsch-Völkische Freiheitspartei
[417] NS-Freiheitsbewegung
[418] Christlich-Nationale Bauern- und Landvolkpartei
[419] Reichspartei des Deutschen Mittelstandes (Wirtschaftspartei)
[420] Stimmen für den „Landesblock" aus DVP und DNVP.
[421] Deutsch-völkische Freiheitsbewegung.
[422] Stimmen für den „Sozialistischen Bund Deutschlands" (Ledebour).
[423] Stimmen für den „Landesblock" aus DVP und DNVP.
[424] 1,0 % Landvolk- und Mittelstandsliste (Völkisch-Nationaler Block), 0, 7 % Christlich-soziale Reichspartei, 0,1 % Unpolitische Partei Reents.
[425] Stimmen für den Christlich-Sozialen Volksdienst
[426] Stimmen für die Sozialistische Arbeiterpartei

Wahlen Amt Friesoythe

	SPD	KPD	USPD	Z	DDP	DVP	DNVP	NSDAP	Sonstige
19. 1. 19 (DNV)	11,8 % (802)	---	0,5 % (33)	78,1 % (5302)	6,9 % (466)	2,5 % (172)	0,2 % (11)	---	---
23. 2. 19 (KLT)	7,1 % (407)	---	---	87,2 % (5014)	4,6 % (262)	1,1 % (64)	0,1 % (3)	---	----
6. 6. 20 (RT)	1,7 % (100)	0,3 % (18)	3,2 % (189)	87,0 % (5217)	0,8 % (59)	6,3 % (376)	0,7 % (43)	---	0,0 % (1)
10. 6. 23 (LT)	4,7 % (298)	0,6 % (40)	0,5 % (33)	83,6 % (5333)	1,7 % (111)	8,4 % (533)	0,5 % (33)	---	---
4. 5. 24 (RT)	2,3 % (150)	1,6 % (105)	0,1 % (9)	84,2 % (5606)	1,8 % (120)	4,4 % (295)	2,5 % (164)	1,8 %[427] (118)	1,3 % (89)
7. 12. 24 (RT)	4,3 % (308)	1,1 % (77)	---	82,6 % (5890)	1,8 % (128)	4,5 % (324)	3,7 % (264)	1,3 %[428] (94)	0,6 % (46)

	SPD	KPD	LV[429]	Z	DDP	DVP	DNVP	NSDAP	WP[430]	Sonstige
24. 5. 25 (LT)	2,1 % (125)	0,4 % (25)	---	89,0 % (5210)	2,3 % (134)	5,4 %[431] (317)	---	0,6 %[432] (34)	---	0,2 %[433] (13)
20. 5. 28 (LT)	7,3 % (503)	1,4 % (99)	18,7 % (1293)	59,8 % (4134)	2,7 % (190)	1,8 %[434] (124)		4,0 % (277)	1,3 % (89)	3,0 %[435] (208)
20. 5. 28 (RT)	7,2 % (496)	1,6 % (112)	17,6 % (1223)	57,9 % (4014)	2,9 % (202)	2,1 % (149)	2,1 % (148)	4,0 % (277)	0,7 % (46)	3,8 % (265)
14. 9. 30 (RT)	5,2 % (425)	3,8 % (310)	8,0 % (651)	67,7 % (5506)	1,0 % (83)	1,3 % (109)	0,9 % (71)	7,5 % (614)	0,5 % (38)	4,0 % (327)
17. 5. 31 (LT)	2,5 % (209)	7,3 % (601)	6,2 % (511)	65,3 % (5365)	0,7 % (58)	0,4 % (32)	0,5 % (41)	15,3% (1255)	0,4 % (30)	1,5 %[436] (121)
29. 5. 32 (LT)	2,2 % (190)	5,7 % (493)	7,0 % (608)	52,9 % (4579)	0,3 % (29)	0,2 % (13)	0,4 % (32)	31,0 % (2685)	---	0,3 %[437] (22)
31. 7. 32 (RT)	3,9 % (365)	7,2 % (664)	1,8 % (172)	58,6 % (5423)	0,3 % (25)	0,2 % (14)	0,6 % (54)	26,9 % (2495)	0,1 % (5)	0,4 % (41)
6. 11. 32 (RT)	4,8 % (439)	8,6 % (783)	2,4 % (215)	58,9 % (5351)	0,3 % (23)	0,3 % (30)	1,5 % (140)	22,0 % (2002)	0,1 % (6)	1,0 % (91)
5. 3. 33 (RT)	3,7 % (363)	7,0 % (692)	---	53,4 % (5304)	0,2 % (15)	0,2 % (18)	2,2 % (223)	32,9 % (3267)	---	0,4 % (42)

---

[427] Deutsch-Völkische Freiheitspartei
[428] NS-Freiheitsbewegung
[429] Christlich-Nationale Bauern- und Landvolkpartei
[430] Reichspartei des Deutschen Mittelstandes (Wirtschaftspartei)
[431] Stimmen für den „Landesblock" aus DVP und DNVP.
[432] Deutsch-völkische Freiheitsbewegung.
[433] Stimmen für den „Sozialistischen Bund Deutschlands" (Ledebour).
[434] Stimmen für den „Landesblock" aus DVP und DNVP.
[435] 1,6 Landvolk- und Mittelstandsliste (Völkisch-Nationaler Block), 1, 1 % Christlich-soziale Reichspartei, 0,3 % Unpolitische Partei Reents.
[436] Stimmen für den „Christlich-Sozialen Volksdienst"
[437] Stimmen für die „Sozialistische Arbeiterpartei"

Amt Vechta

	SPD	KPD	USPD	Z	DDP	DVP	DNVP	NSDAP	Sonstige
19. 1. 19 (DNV)[438]	2,3 % (389)	---	---	93,3 % (16059)	1,9 % (335)	2,1 % (360)	0,4 % (63)	---	---
23. 2. 19 (KLT)[439]	1,8 % (325)[440]	---	---	93,6 % (16837)	1,4 % (249)	3,2 % (582)	---	---	---
6. 6. 20 (RT)	3,1 % (622)	0,1 % (17)	0,8 % (158)	90,1 % (17848)	1,4 % (281)	4,3 % (823)	0,1 % (38)	---	0,1 % (19)
10. 6. 23 (LT)	1,7 % (340)	0,7 % (133)	0,7 % (142)	84,7 % (17034)	5,6 % (1132)	6,5 % (1303)	0,1 % (23)	---	---
4. 5. 24 (RT)	2,2 % (477)	0,7 % (157)	0,1 % (19)	87,5 % (18627)	2,0 % (418)	2,4 % (502)	2,3 % (484)	0,4 %[441] (76)	2,1 % (442)
7. 12. 24 (RT)	2,4 % (517)	0,4 % (91)	---	90,2 % (19610)	1,4 % (308)	2,4 % (513)	2,7 % (578)	0,1 %[442] (24)	0,5 % (107)

	SPD	KPD	LV[443]	Z	DDP	DVP	DNVP	NSDAP	WP[444]	Sonstige
24. 5. 25 (LT)	1,9 % (367)	0,5 % (95)	---	88,0 % (17143)	2,5 % (476)	6,8 %[445] (1330)	---	0,2 %[446] (41)	---	0,1 %[447] (23)
20. 5. 28 (LT)	2,6 % (556)	0,7 % (159)	10,8 % (2313)	76,4 % (16426)	1,4 % (313)	1,8 %[448] (385)	---	0,8 % (162)	3,1 % (668)	2,4 %[449] (523)
20. 5. 28 (RT)	2,5 % (546)	0,6 % (122)	9,1 % (1959)	77,1 % (16681)	1,4 % (313)	1,7 % (358)	1,4 % (310)	0,4 % (91)	1,4 % (306)	4,4 % (960)
14. 9. 30 (RT)	1,9 % (458)	1,1 % (269)	6,7 % (1586)	82,5 % (19579)	0,7 % (162)	0,9 % (202)	1,0 % (239)	2,3 % (549)	1,3 % (318)	1,5 % (356)
17. 5. 31 (LT)	1,0 % (237)	1,9 % (446)	6,3 % (1467)	82,2 % (19143)	0,4 % (93)	0,2 % (55)	0,6 % (136)	6,1 % (1421)	0,9 % (207)	0,3 %[450] (74)
29. 5. 32 (LT)	0,8 % (191)	1,5 % (360)	9,5 % (2231)	77,2 % (18115)	0,4 % (97)	0,2 % (37)	0,8 % (178)	9,4 % (2212)	---	0,2 %[451] (41)
31. 7. 32 (RT)	1,3 % (321)	2,3 % (580)	2,2 % (550)	83,3 % (20949)	0,2 % (54)	0,2 % (47)	1,4 % (357)	8,7 % (2177)	0,1 % (21)	0,3 % (86)
6. 11. 32 (RT)	2,3 % (570)	2,8 % (681)	1,8 % (436)	82,6 % (20253)	0,2 % (51)	0,3 % (66)	2,9 % (712)	6,8 % (1655)	0,1 % (20)	0,3 % (70)
5. 3. 33 (RT)	1,7 % (432)	1,7 % (444)	---	77,7 % (19948)	0,1 % (33)	0,1 % (32)	5,1 % (1311)	13,3 % (3411)	---	0,2 % (50)

---

[438] Wahlergebnisse laut „Nachrichten für Stadt und Land" vom 24. 2. 1919.
[439] Wahlergebnisse laut „Nachrichten für Stadt und Land" vom 24. 2. 1919.
[440] Wahlergebnisse für MSPD und USPD zusammengefasst.
[441] Deutsch-Völkische Freiheitspartei
[442] NS-Freiheitsbewegung
[443] Christlich-Nationale Bauern- und Landvolkpartei
[444] Reichspartei des Deutschen Mittelstandes (Wirtschaftspartei)
[445] Stimmen für den „Landesblock" aus DVP und DNVP.
[446] Deutsch-völkische Freiheitsbewegung.
[447] Stimmen für den „Sozialistischen Bund Deutschlands" (Ledebour).
[448] Stimmen für den „Landesblock" aus DVP und DNVP.
[449] 0,7 %Landvolk- und Mittelstandsliste (Völkisch-Nationaler Block), 1,6 % Christlich-soziale Reichspartei, 0,1 % Unpolitische Partei Reents.
[450] Stimmen für den „Christlich-Sozialen Volksdienst".
[451] Stimmen für die „Sozialistische Arbeiterpartei".

Wahlen Kreis Aschendorf

	SPD	KPD	USPD	Z	DDP	DVP	DNVP	NSDAP	DHP	Sonstige
19.1.19 (DNV)[452]	12,4 % (1535)	---	0,4 % (52)	81,2 % (10015)	2,5 % (303)	3,3 % (408)	0,1 % (13)	---	0,1 % (8)	---
6.6.20 (RT)	5,4 % (613)	0,2 % (21)	3,4 % (377)	82,9 % (9341)	3,1 % (351)	3,2 % (360)	0,7 % (77)	---	1,9 % (114)	0,1 % (11)
4.5.24 (RT)	2,3 % (267)	1,0 % (115)	0,2 % (22)	78,6 % (9241)	1,2 % (144)	2,1 % (242)	2,7 % (314)	0,4 %[453] (44)	1,1 % (125)	10,5 % (1236)
7.12.24 (RT)	3,7 % (427)	1,2 % (144)	---	82,1 % (9552)	1,6 % (181)	3,0 % (348)	3,3 % (379)	0,2 %[454] (25)	1,0 % (114)	4,0 % (461)

	SPD	KPD	LV[455]	Z	DDP	DVP	DNVP	NSDAP	WP[456]	Sonstig.
20.5.28 1(RT)	7,1 % (826)	0,9 % (100)	14,1 % (1637)	68,8 % (7996)	1,4 % (161)	3,0 % (345)	2,4 % (281)	0,2 % (28)	0,7 % (87)	1,3 % (154)
14.9.30 (RT)	6,5 % (886)	2,3 % (307)	0,5 % (62)	79,4 % (10819)	0,6 % (88)	1,3 % (179)	2,1 % (281)	2,8 % (380)	1,7 % (226)	3,0 % (403)
31.7.32 (RT)	3,4 % (483)	7,1 % (999)	0,1 % (20)	75,5 % (10671)	0,1 % (20)	0,3 % (37)	2,2 % (318)	10,5 % (1480)	0,2 % (35)	0,5 % (75)

Kreis Aschendorf-Hümmling

	SPD	KPD	LV	Z	DDP	DVP	DNVP	NSDAP	WP	Sonstig.
6.11.32 (RT)	2,9 % (635)	5,6 % (1228)	0,3 % (64)	77,9 % (17177)	0,1 % (26)	0,5 % (105)	4,1 % (896)	7,8 % (1725)	0,1 % (16)	0,9 % (190)
5.3.33 (RT)	2,2 % (537)	3,8 % (904)	---	69,2 % (16645)	0,1 % (36)	0,2 % (55)	3,9 % (949)	20,1 % (4838)	---	0,3 % (79)

Wahlen Kreis Hümmling

	SPD	KPD	USPD	Z	DDP	DVP	DNVP	NSDAP	DHP	Sonstige
19.1.19 (DNV)[457]	2,3 % (225)	---	0,0 % (4)	96,0 % (9304)	0,2 % (23)	0,4 % (36)	0,0 % (1)	---	1,1 % (104)	---
6.6.20 (RT)	1,0 % (98)	---	0,5 % (53)	95,1 % (9423)	0,7 % (71)	0,6 % (58)	0,2 % (17)	---	1,7 % (172)	0,2 % (20)
4.5.24 (RT)	0,1 % (11)	0,1 % (12)	0,0 % (5)	82,3 % (8702)	0,1 % (10)	0,6 % (63)	1,8 % (188)	0,2 %[458] (20)	1,1 % (113)	13,7 % (1444)
7.12.24 (RT)	0,7 % (73)	0,2 % (24)	---	92,2 % (9852)	0,4 % (43)	0,6 % (63)	2,3 % (243)	0,1 %[459] (7)	1,8 % (195)	1,8 % (189)

	SPD	KPD	LV[460]	Z	DDP	DVP	DNVP	NSDAP	WP[461]	Sonstige
20.5.28 (RT)	1,3 % (137)	0,6 % (67)	24,3 % (2651)	69,5 % (7583)	0,5 % (56)	0,6 % (67)	1,7 % (190)	0,2 % (22)	0,2 % (26)	1,0 % (107)
14.9.30 (RT)	1,2 % (145)	0,8 % (92)	1,1 % (131)	83,2 % (10036)	0,1 % (16)	0,4 % (45)	0,5 % (56)	1,0 % (122)	0,1 % (13)	11,7 %[462] (1406)
31.7.32 (RT)	0,9 % (112)	1,8 % (215)	0,2 % (26)	86,4 % (10322)	0,0 % (5)	0,2 % (18)	4,0 % (473)	5,9 % (701)	0,1 % (8)	0,6 % (72)

---

[452] Wahlergebnisse laut "Osnabrücker Tageblatt", 20.1.1919.
[453] Deutsch-Völkische Freiheitspartei
[454] NS-Freiheitsbewegung
[455] Christlich-Nationale Bauern- und Landvolkpartei
[456] Reichspartei des Deutschen Mittelstandes (Wirtschaftspartei)
[457] Wahlergebnisse laut "Osnabrücker Tageblatt", 20.1.1919.
[458] Deutsch-Völkische Freiheitspartei
[459] NS-Freiheitsbewegung
[460] Christlich-Nationale Bauern- und Landvolkpartei
[461] Reichspartei des Deutschen Mittelstandes (Wirtschaftspartei)
[462] Davon 1368 Stimmen (11,3 %) für die Deutsch-Hannoversche Partei.

Wahlen Kreis Lingen

	SPD	KPD	USPD	Z	DDP	DVP	DNVP	NSDAP	DHP	Sonstig.
19. 1. 19 (DNV)[463]	11,1 % (1899)	---	---	78,3 % (13415)	1,2 % (209)	6,2 % (1068)	0,2 % (36)	---	3,0 % (506)	---
6. 6. 20 (RT)	5,8 % (1140)	0,1 % (22)	4,5 % (890)	75,9 % (14863)	1,2 % (241)	4,9 % (963)	0,7 % (136)	---	2,1 % (404)	4,8 % (934)
4. 5. 24 (RT)	3,6 % (719)	4,2 % (841)	0,1 % (27)	58,2 % (11588)	1,3 % (261)	3,3 % (654)	4,2 % (845)	0,8 %[464] (155)	4,0 % (806)	20,1 % (4011)
7. 12. 24 (RT)	5,6 % (1129)	4,3 % (857)	---	70,6 % (14154)	1,4 % (275)	3,9 % (776)	5,5 % (1095)	0,3 %[465] (60)	2,9 % (587)	5,5 % (1109)

	SPD	KPD	LV[466]	Z	DDP	DVP	DNVP	NSDAP	WP[467]	Sonstig.
20. 5. 28 (RT)	7,0 % (1355)	3,1 % (601)	16,0 % (3080)	60,2 % (11568)	1,3 % (251)	4,0 % (772)	2,1 % (412)	0,8 % (152)	0,5 % (93)	4,9 % (944)
14. 9. 30 (RT)	6,9 % (1492)	3,1 % (674)	1,5 % (316)	74,3 % (16022)	0,7 % (143)	2,2 % (477)	1,2 % (261)	5,0 % (1072)	1,1 % (227)	4,1 % (885)
31. 7. 32 (RT)	5,2 % (1164)	4,9 % (1100)	0,2 % (48)	73,9 % (16496)	0,2 % (41)	0,3 % (74)	2,4 % (536)	11,8 % (2625)	0,1 % (14)	1,0 % (233)
6. 11. 32 (RT)	4,4 % (939)	6,4 % (1357)	0,2 % (42)	73,8 % (15706)	0,2 % (35)	0,8 % (174)	4,0 % (845)	9,0 % (1922)	0,0 % (10)	1,2 % (252)
5. 3. 33 (RT)	3,9 % (910)	4,1 % (936)	---	64,9 % (14985)	0,1 % (31)	0,4 % (84)	3,8 % (869)	22,3 % (5147)	---	0,6 % (143)

---

[463] Wahlergebnisse laut "Osnabrücker Tageblatt", 20. 1. 1919.
[464] Deutsch-Völkische Freiheitspartei
[465] NS-Freiheitsbewegung
[466] Christlich-Nationale Bauern- und Landvolkpartei
[467] Reichspartei des Deutschen Mittelstandes (Wirtschaftspartei)

Wahlen Kreis Meppen

	SPD	KPD	USPD	Zentrum	DDP	DVP	DNVP	NSDAP	DHP	Sonstig.
19. 1. 19 (DNV)[468]	6,4 % (874)	---	---	88,2 % (12017)	1,3 % (177)	2,7 % (370)	0,2 % (21)	---	1,2 % (163)	---
6. 6. 20 (RT)	5,4 % (725)	---	2,8 % (306)	85,3 % (11369)	0,5 % (63)	2,1 % (282)	1,1 % (141)	---	1,5 % (205)	1,8 % (232)
4. 5. 24 (RT)	1,1 % (146)	1,0 % (136)	0,1 % (14)	61,9 % (8471)	0,4 % (53)	1,7 % (233)	4,1 % (555)	0,6 %[469] (84)	3,4 % (469)	25,8 % (3528)
7. 12. 24 (RT)	2,8 % (372)	1,2 % (161)	---	65,8 % (8725)	0,8 % (112)	2,3 % (307)	3,9 % (515)	0,2 %[470] (31)	16,9 % (2235)	6,1 % (804)

	SPD	KPD	LV[471]	Zentrum	DDP	DVP	DNVP	NSDAP	WP[472]	Sonstig.
20. 5. 28 (RT)	6,6 % (906)	0,6 % (88)	26,6 % (3663)	56,8 % (7834)	1,2 % (161)	1,9 % (255)	2,2 % (308)	0,3 % (39)	0,7 % (90)	3,2 % (437)
14. 9. 30 (RT)	5,8 % (898)	0,8 % (129)	2,1 % (321)	79,5 % (12244)	0,4 % (56)	1,1 % (171)	1,5 % (233)	3,5 % (545)	1,3 % (193)	3,9 % (608)
31. 7. 32 (RT)	2,2 % (352)	3,1 % (501)	0,3 % (48)	78,8 % (12560)	0,1 % (21)	0,2 % (39)	3,0 % (480)	11,0 % (1758)	0,1 % (17)	1,0 % (158)
6. 11. 32 (RT)	1,9 % (349)	4,2 % (752)	0,4 % (65)	79,9 % (14449)	0,1 % (20)	0,3 % (57)	4,1 % (743)	8,1 % (1469)	0,1 % (14)	0,9 % (164)
5. 3. 33 (RT)	1,2 % (238)	2,2 % (427)	---	69,0 % (13598)	0,1 % (29)	0,2 % (42)	4,8 % (943)	22,1 % (4354)	---	0,4 % (81)

---

[468] Wahlergebnisse laut "Osnabrücker Tageblatt", 20. 1. 1919.
[469] Deutsch-Völkische Freiheitspartei
[470] NS-Freiheitsbewegung
[471] Christlich-Nationale Bauern- und Landvolkpartei
[472] Reichspartei des Deutschen Mittelstandes (Wirtschaftspartei)

3.3 Der konfessionell gemischte Süden

Der Süden des Gaues Weser-Ems, d. h. der Regierungsbezirk Osnabrück ohne die emsländischen Kreise Aschendorf-Hümmling, Lingen und Meppen, bietet weder in konfessioneller noch in wirtschaftlicher Hinsicht ein einheitliches Bild. Bis 1928 waren das Zentrum und die SPD hier die stärksten Parteien. Bei der Reichstagswahl von 1928 konnte das Landvolk im Kreis Bentheim 29,7 % der Stimmen auf sich vereinen und war somit die stärkste Partei im Kreis. Im Kreis Wittlage erhielt es 22,9 % der Stimmen und wurde zweitstärkste Partei. In den anderen Landkreisen spielte es hingegen keine Rolle.

Der Landkreis Grafschaft Bentheim war der Landkreis mit der ausgeprägtesten konfessionellen Gemengelage, wobei 1933 76,5 % einer evangelischen Konfession angehörten. Neben Lutheranern und Reformierten gab es im Kreis Grafschaft Bentheim auch eine starke altreformierte Minderheit, die ca. 5 % der Gesamtbevölkerung des Kreises ausmachte[473]. Katholisch waren 22,7 % der Bevölkerung, 0,5 % konfessionslos. Der Anteil der Juden an der Bevölkerung blieb mit 0,3 % weit unter dem Reichsdurchschnitt.

Erster Kreisleiter des Kreises wurde 1932 der gebürtig aus Thüringen stammende Dr. med. Josef Ständer, der bis 1945 Kreisleiter blieb und lediglich während seiner Kriegsdienstzeit von dem Gauamtsleiter des NSLB, Alfred Kemnitz aus Oldenburg, 1940 bis 1941 vertreten wurde. Dr. Ständer ließ sich 1921 in Ochtrup und Bentheim als Arzt nieder. 1927 verlegte er seine Praxis nach Gildehaus.

Der Kreis Grafschaft Bentheim war in wirtschaftlicher Hinsicht der am weitesten entwickelte Teil des Emslands. Laut Volkszählung vom 16. 6.1933[474] waren in der Land- und Forstwirtschaft des Kreises 50,5 % der Beschäftigten tätig, in Industrie und Handwerk: 34,4 %, in Handel und Verkehr: 8,1 %, im Bereich des öffentlichen Dienstes und der privaten Dienstleistungen 5,5 %. Der Bereich der häuslichen Dienste beschäftigte weitere 2,5 % der erwerbstätigen Bevölkerung. 1939[475] waren in der Land- und Forstwirtschaft nur noch 34,8 % der Bevölkerung tätig, in Industrie und Handwerk 42,8 % und in Handel und Verkehr 9 %. Der Bereich des öffentlichen Dienstes und der privaten Dienstleistungen war mit 13,4 % beteiligt.

Wesentlich dramatischer als die Veränderungen in der Beschäftigungsstruktur fiel der Anstieg des durchschnittlichen Jahreseinkommens der Einkommensteuerpflichtigen aus. Lag dies 1929 mit 3460,76 RM[476] noch um 23,9 %

---

[473] Auskunft von Pastor Dr. Beuker, Hoogstede (Archivar der Evangelisch-Altreformierten Kirche) vom 6. 9. 2000.
[474] Angaben nach Statistik des Deutschen Reiches, Bd. 559, Heft 14: Provinz Hannover. Band, S. 48 f.
[475] Ergebnisse der Volks-, Berufs- und landwirtschaftlichen Betriebszählung 1939 in den Gemeinden (Statistik des Deutschen Reichs, Band 559,8). Berlin, 1943. S. 6.
[476] Vgl. Einkommen- und Körperschaftssteuerveranlagung für 1929 (Statistik des Deutschen Reichs, Band 430. Berlin, 1933. S. 67.

unter dem Reichsdurchschnitt, so änderte sich die Lage in den dreißiger Jahren völlig. 1937 lag das Durchschnittseinkommen mit 6410,68 RM[477] um 12,1 % über dem Reichsdurchschnitt, 1938 mit 8576,43 RM[478] sogar um 35,1 % über dem Reichsdurchschnitt von 5716,50 RM. Diesen Anstieg beim Einkommen muß weniger dem Nationalsozialismus gutgeschrieben werden, als vielmehr den Lokalpolitikern aus der Zeit der Weimarer Republik und den Vertretern der staatlichen Verwaltung, die sich verstärkt um den Ausbau der Infrastruktur des Kreises Bentheim bemüht hatten. Eine besondere Rolle spielte dabei der Gildehauser Bürgermeister Buermeyer, der für die Fertigstellung der Reichsfernstraße 65 sorgte. War der Kreis Grafschaft Bentheim bisher ein abgelegenes Randgebiet, so wurde er jetzt zu einem Verkehrsknotenpunkt zwischen Deutschland und den Niederlanden, denn nun war "es möglich, den Besuchs- und vor allem Warenverkehr zwischen Deutschland und den Niederlanden ohne Umwege über Westfalen zu intensivieren."[479] Die Fertigstellung der Reichsfernstraße fand jedoch nicht ungeteilten Beifall. Gerade die Bauern hegten Befürchtungen, die neue Straßenverbindung in die Niederlande werde letztendlich einen vermehrten Import preisgünstigerer niederländischer Agrarprodukte, insbesondere Gemüse, bedeuten.[480]

Gerade letztere Befürchtung mag dazu beigetragen haben, daß die Grafschafter Bauern, die dem Nationalsozialismus eher abwartend gegenübergestanden hatten, nun doch noch den Weg zur NSDAP fanden. Bisher hatte - im Gegensatz zu Ostfriesland - die NSDAP den bäuerlichen Protest nicht für sich ausnutzen können. So wählten bei der Reichstagswahl von 1928 29,7 % der Grafschafter das Landvolk, während bei der Reichstagswahl von 1930 die NSDAP zwar mit 22,9 % besser abschnitt als im Deutschen Reich insgesamt, der eigentliche Wahlgewinner jedoch der "Christlich-Soziale Volksdienst" war, der mit 26,4 % vorübergehend die stärkste politische Kraft im Kreis wurde. Erst bei der Reichstagswahl im Juli 1932 konnte die NSDAP mit 48,8 % zur stärksten Kraft im Kreis avancieren. Auch organisatorisch konnte die NSDAP im Kreis Bentheim nur schwer Fuß fassen. Erst 1929 konnte in Nordhorn eine Ortsgruppe gegründet werden. In Nordhorn gab es für die NSDAP gleich mehrere Schwierigkeiten. Hier waren es nicht nur die dem Nationalsozialismus reserviert gegenüberstehenden Reformierten und unter diesen wiederum besonders die Altreformierten, sondern neben einem starken Zentrum auch eine starke KPD[481], die über das Jahr 1933 hinaus aktiv blieb[482].

---

[477] Vgl. Einkommen- und Körperschaftssteuerveranlagung für 1937 und 1938 (Statistik des Deutschen Reichs, Band 580). Berlin, 1941. S. 72.
[478] Vgl. Einkommen- und Körperschaftssteuerveranlagung für 1937 und 1938 (Statistik des Deutschen Reichs, Band 580). Berlin, 1941. S. 73.
[479] Wagner, Herbert: Der Rücktritt des Gildehauser Bürgermeisters Ernst Buermeyer. In: Bentheimer Jahrbuch 1998. S. 211 - 234, hier S. 216.
[480] Vgl. ebda.
[481] Bei der Reichstagswahl vom 5. 3. 1933 erhielt das Zentrum in Nordhorn 24,4 % der Stimmen, die KPD 13 %. Angaben nach Statistik des Deutschen Reichs Band 434. Berlin, 1935. S. 190.
[482] Siehe dazu ausführlich Steinwascher, Gerd: Mit der "Roten Fahne" in den Untergang. Der Widerstand der KPD gegen den Nationalsozialismus im Emsland nach der Machtergreifung. In: Jahrbuch des Emsländischen Heimatbundes 2001. S. 85-113.

Im Kreis Bersenbrück war das konfessionelle Verhältnis ausgeglichen. 1933 waren 51,2 % der Bevölkerung evangelisch, 48,2 % katholisch. Juden mit 0,2 % und Konfessionslose mit 0,4 % der Bevölkerung spielten kaum eine Rolle. Auch die Zeit von 1933 bis 1939 brachte kaum nennenswerte Veränderungen. Der Anteil der Evangelischen sank prozentual von 51,2 % auf 50,3 %, was in absoluten Zahlen einem Rückgang von 28746 auf 28729 entspricht. Der Anteil der Katholiken stieg von 48,2 % auf 48,5 %. Der Anteil der "Gottgläubigen" blieb 1939 mit 0,9 % sowohl hinter dem Gau- als auch dem Reichsdurchschnitt weit zurück.

Die Katholiken standen im Kreis Bersenbrück zwar nicht geschlossen, aber doch fest hinter dem Zentrum. Daran änderte auch die Landwirtschaftskrise von 1928 nichts. Die NSDAP konnte bei der Reichstagswahl vom 20. Mai 1928 lediglich 2,8 % der Stimmen für sich verbuchen. Profitieren konnten hingegen das Landvolk und die "Volksrechtpartei" mit jeweils 7,2 % der Stimmen. Hingegen hielten sich die Verluste des Zentrums in Grenzen: hatten im Dezember 1924 37,0 % das Zentrum gewählt, so waren es im Mai 1928 36,3 %. Das Zentrum und seine stabile Stammwählerschaft sind dafür verantwortlich, daß die Stimmergebnisse für die NSDAP noch bei der Reichstagswahl vom 5. März 1933 hinter dem Reichsdurchschnitt zurückblieben. Hier lag die NSDAP mit 36,8 % nur knapp vor dem Zentrum mit 34,9 %. Die SPD (16,4 %), KPD (3,6 %) und DNVP (5,4 %) spielten auch bei dieser Wahl keine herausragende Rolle.

Kreisleiter wurde 1932 der Landwirt Gustav Nietfeld-Beckmann. Nietfeld-Beckmann setzte sich besonders für die Belange der Landwirtschaft ein: ab Juni 1935 fungierte er im Reichsnährstand als Vorsitzender der Deutschen Kartoffelwirtschaft, Juni 1935 bis Mai 1937 auch als Vorsitzender der deutschen Milchwirtschaftlichen Vereinigung. In seinem eigenen Kreis Bersenbrück fungierte er als Kreisobmann der Kreisbauernschaft. Nietfeld-Beckmann behielt sein Amt als Kreisleiter bis 1945.

Die Kreise Melle und Wittlage, die 1935 zum NSDAP-Kreis Melle/Wittlage zusammengelegt wurden, weisen eine Reihe von Gemeinsamkeiten auf. Beide sind zunächst überwiegend landwirtschaftlich geprägt. Im Kreis Melle waren 1933[483] in der Land- und Forstwirtschaft 63,6 % der arbeitenden Bevölkerung beschäftigt, in Industrie und Handwerk 24,5 %, in Handel und Verkehr 7,2 %. Der Bereich des öffentlichen Dienstes und der privaten Dienstleistungen beschäftigte 3,0 %, der Bereich der häuslichen Dienste 1,7 %. Der Anteil der Land- und Forstwirtschaft sank bis 1939[484] auf 43,8 %, während der Anteil von Industrie und Handwerk auf 34,8 % stieg. Handel und Verkehr stieg auf 8,4 %, der Bereich des öffentlichen Dienstes und der privaten Dienstleistungen einschließlich der häuslichen Dienste konnte sich bis 1939 mehr als verdoppeln und beschäftigte nun 13 % der Bevölkerung.

---

[483] Angaben nach Statistik des Deutschen Reiches, Bd. 559, Heft 14: Provinz Hannover. Band, S. 48 f.
[484] Ergebnisse der Volks-, Berufs- und landwirtschaftlichen Betriebszählung 1939 in den Gemeinden (Statistik des Deutschen Reichs, Band 559,8). Berlin, 1943. S. 6.

Der Kreis Wittlage war noch stärker landwirtschaftlich geprägt als der Nachbarkreis Melle. Hier waren 1933[485] in der Land- und Forstwirtschaft 73,6 % der arbeitenden Bevölkerung tätig. Industrie und Handwerk beschäftigten 14,6 %, Handel und Verkehr 7,6 %. Außergewöhnlich schwach war der Bereich des öffentlichen Dienstes und der privaten Dienstleistungen mit 2,3 %. Der Bereich der häuslichen Dienste beschäftigte weitere 1,9 %. Bis 1939[486] sank der Anteil der Land- und Forstwirtschaft auf 56,6 %, während der Anteil von Industrie und Handwerk auf 22,0 % stieg. Stärker als im Kreis Melle stieg der Anteil von Handel und Verkehr: von 7,6 % im Jahr 1933 auf 10,2 % im Jahr 1939. Der Bereich des öffentlichen Dienstes und der privaten Dienstleistungen einschließlich der häuslichen Dienste stieg auf 11,2 %.

In konfessioneller Hinsicht waren beide Kreise überwiegend evangelisch geprägt. Im Kreis Melle waren 1933 68,6 % der Bevölkerung evangelisch, im Kreis Wittlage 76,1 %. Katholisch waren im Kreis Melle 31,2 %, im Kreis Wittlage 23,6 % der Bevölkerung. Juden spielten mit jeweils 0,1 % in beiden Kreisen keine Rolle, ebenso wie die Konfessionslosen mit 0,1 % im Kreis Melle und 0,2 % im Kreis Wittlage. Bis 1939 ging der Anteil der evangelischen Bevölkerung in beiden Kreisen sowohl prozentual als auch absolut zurück. Dies ist besonders im Kreis Wittlage auf Wanderungsbewegungen zurückzuführen - der Kreis Wittlage ist der einzige Kreis im Gau Weser-Ems, der in den Jahren von 1933 bis 1939 einen Rückgang der Wohnbevölkerung zu verzeichnen hatte. Der Anteil der Katholiken stieg in beiden Kreisen leicht an: im Kreis Melle bis 1939 auf 32,3 %, im Kreis Wittlage auf 24,1 %. Die "Gottgläubigen" blieben mit 1,3 % im Kreis Melle und 1,9 % im Kreis Wittlage sowohl unter dem Gau- als auch dem Reichsdurchschnitt.

Unterschiedlich vollzog sich der Aufstieg der NSDAP in beiden Kreisen. Gelang es ihr im Kreis Wittlage schon bei der Reichstagswahl vom 20. 5. 1928, den bäuerlichen Protest zumindest teilweise für sich zu instrumentalisieren und immerhin 8,9 % der Stimmen auf sich zu vereinigen, so scheiterte dies im Kreis Melle. Hier erhielt die NSDAP 1928 nur 0,9 % der Stimmen, während das Landvolk 16,9 % erhielt, die "Volksrechtpartei" immerhin noch 10,6 %. Bei der Reichstagswahl von 1930 wechselten viele Protestwähler zur "Deutsch-Hannoverschen Partei", die im Kreis Melle 12,2 % und im Kreis Wittlage16,2 % der Stimmen erhielt. Bei der Reichstagswahl vom 5. 3. 1933 erreichte die NSDAP im Kreis Melle nur 41,5 %, im Kreis Wittlage hingegen 56,9 % der Stimmen, da im Kreis Melle sowie die SPD als auch das Zentrum über eine größere Basis an Stammwählern verfügten.

Kreisleiter des Kreises Melle wurde der Gärtner Helmut Seidel, der seit 1930 auch die Ortsgruppe Melle geleitet hatte. "Wegbereiter" der NSDAP im Kreis Wittlage war der Dentist Franz Schmeer aus Bad Essen. Franz Schmeer, geboren am 21. 5. 1895 in Osnabrück, war 1914 bis 1918 Kriegsfreiwilliger und trat schon

---

[485] Angaben nach Statistik des Deutschen Reiches, Bd. 559, Heft 14: Provinz Hannover. Band, S. 48 f.
[486] Ergebnisse der Volks-, Berufs- und landwirtschaftlichen Betriebszählung 1939 in den Gemeinden (Statistik des Deutschen Reichs, Band 559,8). Berlin, 1943. S. 6.

am 15. 10. 1925 mit der Mitgliedsnummer 22098 in die NSDAP ein.[487] 1926 war er Gründer und erster Ortsgruppenleiter der NSDAP in Bad Essen. 1929 wurde er Berzirksleiter für den Kreis Wittlage. Im gleichen Jahr kandidierte er für die Kreistagswahl des Kreises Wittlage, wurde jedoch nicht gewählt.[488] 1930 war er zusätzlich zu seinem Amt als Ortsgruppenleiter in Bad Essen noch Ortsgruppenleiter der Ortsgruppe Rabber und Führer der Ortsgruppe der HJ in Bad Essen.[489] Dennoch wurde zunächst nicht Schmeer Kreisleiter, sondern der Postbeamte Friedrich Ebertfründ, der dieses Amt jedoch schon am 13. 6. 1933 wieder abgab. Kreisleiter wurde nun Franz Schmeer.

Am 8. März 1935 wurden die Parteikreise Melle und Wittlage zusammengelegt. Hauptamtlicher Kreisleiter wurde der Leiter des Kreises Melle, Helmut Seidel. Franz Schmeer muß über die Wahl Seidels - Seidel war nach ihm in die Partei eingetreten - so erbost gewesen sein, daß sein folgendes Verhalten gegenüber der NSDAP schließlich zu seinem Parteiausschluß führte. Das Kreisgericht der NSDAP des Kreises Melle-Wittlage stellte am 21. 10. 1943 fest: "Vom Zeitpunkt der Zusammenlegung der beiden Kreise Melle und Wittlage ab hat er irgendwelche Ämter in der Bewegung nicht mehr bekleidet. Er hat sich von diesem Tage von jeglicher Mitarbeit in der Bewegung ferngehalten. Keiner Gliederung der Partei gehört er mehr an. Von den angeschlossenen Verbänden besteht nur Mitgliedschaft bei der NSV."[490] 1938 verzeichnet die Gestapo-Kartei gleich zwei Anlässe, bei denen Schmeer unangenehm auffiel: "Beleidigung und üble Nachrede des R.D.F. Schäfers. Das Verfahren wurde eingestellt."[491] Außerdem übte Schmeer "Kritik an den Maßnahmen des Reg. Präsidenten von Osnabrück"[492], wofür er in Schutzhaft genommen wurde.

Der ehemalige Kreisleiter entwickelte sich im Kreis für die NSDAP zunehmend zu einem Ärgernis, so daß Gauleiter Carl Röver am 23. September 1938 ein Parteigerichtsverfahren gegen Schmeer beantragte, das sich bis 1941 hinzog. Die gegen Schmeer erhobenen Anschuldigungen fielen zum Teil unter Hitlers Amnestieerlaß vom April 1938. Durch das Kreisgericht Melle/Wittlage erhielt er am 5. 6. 1941 eine Verwarnung. Gleichzeitig wurde ihm auf drei Jahre die Fähigkeit zur Bekleidung eines Parteiamtes aberkannt. In einem weiteren Parteigerichtsverfahren wegen parteischädigenden Verhaltens wurde er vom Kreisgericht am 12. 7. 1941 freigesprochen, "da ihm ein parteischädigendes Verhalten nicht ausreichend nachgewiesen werden konnte"[493]. Da die Verurteilung im ersten Verfahren jedoch die Einzie-

---

[487] Dies und das folgende, soweit nicht anders angegeben, nach dem Beschluß des Kreisgerichts Melle-Wittlage der NSDAP. Melle, 21. 10. 1943. BA Berlin-Lichterfelde, BDC PK Schmeer, Franz.
[488] Eintrag in der Gestapo-Kartei vom 17. 11. 1929. StAOs Rep 439 Nr. 19 Schmeer, Franz.
[489] Eintrag in der Gestapo-Kartei vom 16. 9. 1930. StAOs Rep 439 Nr. 19 Schmeer, Franz.
[490] Beschluß des Kreisgerichts Melle-Wittlage der NSDAP. Melle, 21. 10. 1943. BA Berlin-Lichterfelde, BDC PK Schmeer, Franz.
[491] Eintrag in der Gestapo-Kartei vom 29. 7. 1938. StAOs Rep 439 Nr. 19 Schmeer, Franz.
[492] Eintrag in der Gestapo-Kartei vom 29. 7. 1938. StAOs Rep 439 Nr. 19 Schmeer, Franz.
[493] Beschluss des Kreisgerichts Melle/Wittlage der NSDAP. Melle, 21. 10. 1943. BA Berlin-Lichterfelde, BDC OPG, Schmeer, Franz.

hung des Goldenen Parteiabzeichens nebst Besitzurkunde nach sich zog, zogen sich die Querelen um den ehemaligen Kreisleiter Schmeer bis zum Januar 1945 hin, denn dieser weigerte sich hartnäckig, beides herauszugeben[494].

Der Landkreis Osnabrück war ein konfessionell gemischter, ländlich geprägter Landkreis mit einem Industrieschwerpunkt in Georgsmarienhütte. 1933[495] waren in der Land- und Forstwirtschaft 48,8 % der arbeitenden Bevölkerung des Kreises beschäftigt, weitere 35,0 % in Industrie und Handwerk. Der Anteil von Handel und Verkehr betrug 9,6 %, der Anteil von öffentlichem Dienst und privaten Dienstleistungen 3,5 %. Hinzu kamen 3,1 % im Bereich der häuslichen Dienste. Bis 1939[496] sank der Anteil von Land- und Forstwirtschaft auf 26,8 %, während der Anteil von Industrie und Handwerk auf 48,2 % stieg. Der Anteil von Handel und Verkehr stieg weiter auf 10,7 %, der Anteil von öffentlichem Dienst und privaten Dienstleistungen einschließlich der häuslichen Dienste auf 14,3 %.

In konfessioneller Hinsicht dominierten 1933 im Landkreis Osnabrück die Katholiken mit 61,4 %. Evangelisch waren 38,4 % der Bevölkerung. Juden, von denen insgesamt 1933 nur 3 im Landkreis Osnabrück wohnhaft waren, ebenso wie Konfessionslose mit nur 0,2 % der Bevölkerung, spielten keine Rolle. Die Konfessionsstruktur änderte sich bis 1939 kaum. Der Anteil der evangelischen Bevölkerung sank prozentual auf 37,0 %, während der Anteil der Katholiken auf 62,0 % anstieg. Als "gottgläubig" bekannten sich 1939 nur 0,8 % der Bevölkerung, als "glaubenslos" 0,1 %.

Erster Kreisleiter des Kreises Osnabrück-Land wurde 1932 der Bürovorsteher Leonhard Baumgartner, der vorher schon den Posten eines "Bezirksleiters" bekleidet hatte. Baumgartner hielt sich viel auf seine organisatorischen Fähigkeiten zugute[497], schaffte es jedoch nicht, die Vorherrschaft des Zentrums zu brechen[498]. Bei der Reichstagswahl vom März 1933 erhielt die NSDAP hier nur 29,8 % der Stimmen, während das Zentrum 42,8 % der Stimmen erhielt. Die SPD spielte im Landkreis Osnabrück lediglich an den Industriestandorten eine Rolle wie beispielsweise in Georgsmarienhütte, wo sie noch bei der Reichstagswahl vom 5. 3. 1933 33,9 % der Stimmen erhielt.

---

[494] Erst am 12. 1. 1945 konnte die Reichsleitung der NSDAP dem Gauschatzmeister Weser-Ems, Pfeffermann, die Einziehung von Ehrenzeichen und Besitzurkunde mitteilen. Schreiben des Oberbereichsleiters Schneider bei der Reichsleitung der NSDAP in München an Gauschatzmeister Weser-Ems, Hannes Pfeffermann, 12. 1. 1945. BA Berlin-Lichterfelde BDC OPG, Schmeer, Franz.

[495] Angaben nach Statistik des Deutschen Reiches, Bd. 559, Heft 14: Provinz Hannover. Band, S. 48 f.

[496] Ergebnisse der Volks-, Berufs- und landwirtschaftlichen Betriebszählung 1939 in den Gemeinden (Statistik des Deutschen Reichs, Band 559,8). Berlin, 1943. S. 6.

[497] Siehe dazu Kap. Qualifikation für das Kreisleiteramt.

[498] Dies wurde durch das antikirchliche Auftreten einiger NS-Redner, die sich in besonders aggressiver Weise gegen die katholische Kirche wandten, weiter verschärft. Vergleiche den Lagebericht der Staatspolizeistelle Osnabrück an das Geheime Staatspolizeiamt für den Monat September 1934 vom 4. Oktober 1934. Steinwascher: Gestapo Osnabrück meldet..., S. 98 ff.

Baumgartner verstarb Ende 1935 an einer Lungenentzündung. Das Amt, das zunächst vom Stellvertreter des Kreisleiters, Fritz Bodensiek, verwaltet wurde, wurde im März 1936 von Ferdinand Esser übernommen, der bis zu seinem Tod im Jahr 1943 auch das Amt eines Gaustabsamtsleiters bekleidete. Bis zum Kriegsende erhielt der Landkreis keinen neuen Kreisleiter, sondern wurde vom Kreisleiter des Kreises Melle/Wittlage mitbetreut.

Wahlen Kreis Bentheim

	SPD	KPD	USPD	Z	DDP	DVP	DNVP	NSDAP	DHP	Sonstige
19. 1. 19 (DNV)[499]	15,5 % (3012)	---	0,0 % (3)	15,8 % (3074)	45,0 % (8749)	21,7 % (4221)	0,9 % (169)	---	1,0 % (193)	---
6. 6. 20 (RT)	19,5 % (3612)	0,3 % (56)	1,7 % (309)	15,4 % (2852)	18,4 % (3410)	21,9 % (4062)	12,6 % (2334)	---	10,1 % (1869)	0,1 % (11)
4. 5. 24 (RT)	15,0 % (2850)	1,9 % (354)	0,1 % (21)	15,9 % (3009)	5,6 % (1067)	12,6 % (2393)	32,0 % (6074)	4,7 %[500] (888)	5,1 % (970)	7,0 % (1326)
7. 12. 24 (RT)	18,2 % (3431)	1,8 % (330)	---	17,5 % (3304)	7,3 % (1370)	17,8 % (3346)	29,1 % (5493)	4,0 %[501] (762)	3,1 % (586)	1,2 % (232)

	SPD	KPD	LV[502]	Z	DDP	DVP	DNVP	NSDAP	WP[503]	Sonstige
20. 5. 28 (RT)	18,8 % (3794)	2,5 % (505)	29,7 % (5979)	17,4 % (3505)	4,0 % (810)	11,8 % (2380)	7,4 % (1497)	2,2 % (445)	3,6 % (725)	2,5 % (505)
14. 9. 30 (RT)	13,1 % (3453)	4,4 % (1155)	3,3 % (870)	18,3 % (4840)	2,7 % (706)	3,2 % (856)	3,8 % (1008)	22,9 % (6060)	1,9 % (490)	26,4 %[504] (6977)
31. 7. 32 (RT)	11,2% (3249)	5,9 % (1703)	0,1 % (40)	17,6 % (5117)	0,4 % (112)	0,6 % (183)	6,5 % (1893)	48,8 % (14185)	0,1 % (28)	8,9 %[505] (2586)
6. 11. 32 (RT)	11,3 % (3174)	6,6 % (1867)	0,0 % (11)	17,7 % (4978)	0,3 % (86)	1,5 % (409)	8,6 % (2438)	44,2 % (12443)	0,0 % (11)	9,7 %[506] (2743)
5. 3. 33 (RT)	8,7 % (2730)	4,7 % (1490)	---	17,0 % (5359)	0,2 % (67)	0,7 % (223)	7,8 % (2442)	53,4 % (16820)	---	7,5 %[507] (2351)

---

[499] Wahlergebnisse laut "Osnabrücker Tageblatt", 20. 1. 1919.
[500] Deutsch-Völkische Freiheitspartei
[501] NS-Freiheitsbewegung
[502] Christlich-Nationale Bauern- und Landvolkpartei
[503] Reichspartei des Deutschen Mittelstandes (Wirtschaftspartei)
[504] Davon 6399 (24,2 %) für den Christlich-Sozialen Volksdienst, 392 Stimmen (1,5 %) für die Deutsch-Hannoversche Partei.
[505] Davon 2478 (8,5 %) für den Christlich-Sozialen Volksdienst.
[506] Davon 2438 Stimmen (8,7 %) für den Christlich-Sozialen Volksdienst.
[507] Davon 2292 Stimmen (7,3 %) für den Christlich-Sozialen Volksdienst.

Wahlen Kreis Bersenbrück

	SPD	KPD	USPD	Zentrum	DDP	DVP	DNVP	NSDAP	DHP	Sonstige
19. 1. 19 (DNV)[508]	29,3 % (5186)	---	0,1 % (15)	32,6 % (5773)	19,6 % (3481)	12,8 % (2267)	1,1 % (190)	---	4,6 % (816)	---
6. 6. 20 (RT)	20,7 % (5196)	0,0 % (1)	2,3 % (580)	39,7 % (9964)	16,3 % (4088)	11,6 % (2900)	5,6 % (1413)	---	3,8 % (951)	0,0 % (6)
4. 5. 24 (RT)	27,2 % (7195)	1,3 % (335)	0,2 % (50)	31,7 % (8384)	6,9 % (1820)	7,6 % (2012)	13,2 % (3503)	3,1 %[509] (820)	3,4 % (904)	5,5 % (1454)
7. 12. 24 (RT)	26,6 % (6997)	0,5 % (136)	---	37,0 % (9751)	6,3 % (1669)	10,2 % (2640)	12,9 % (3402)	1,5 %[510] (392)	4,2 % (1107)	0,9 % (225)

	SPD	KPD	LV[511]	Zentrum	DDP	DVP	DNVP	NSDAP	WP[512]	Sonstige
20. 5. 28 (RT)	20,7 % (5122)	0,6 % (139)	7,2 % (1793)	36,3 % (8991)	4,6 % (1149)	8,6 % (2130)	7,1 % (1748)	2,8 % (705)	3,1 % (776)	8,8 %[513] (2187)
14. 9. 30 (RT)	22,2 % (6095)	0,8 % (209)	1,2 % (325)	40,4 % (11071)	3,0 % (810)	3,8 % (1049)	5,0 % (1380)	14,5 % (3976)	2,2 % (600)	7,0 %[514] (1907)
31. 7. 32 (RT)	18,8 % (5463)	3,5 % (1024)	0,1 % (34)	39,1 % (11358)	1,1 % (331)	0,9 % (247)	4,4 % (1285)	30,2 % (8772)	0,2 % (49)	1,6 % (473)
6. 11. 32 (RT)	19,0 % (5382)	5,5 % (1551)	0,2 % (47)	38,5 % (10922)	0,8 % (216)	1,9 % (526)	6,2 % (1757)	25,8 % (7305)	0,1 % (28)	2,2 % (612)
5. 3. 33 (RT)	16,4 % (5065)	3,6 % (1121)	---	34,9 % (10805)	0,6 % (171)	1,3 % (397)	5,4 % (1660)	36,8 % (11405)	---	1,1 % (347)

---

[508] Wahlergebnisse laut "Osnabrücker Tageblatt", 20. 1. 1919.
[509] Deutsch-Völkische Freiheitspartei
[510] NS-Freiheitsbewegung
[511] Christlich-Nationale Bauern- und Landvolkpartei
[512] Reichspartei des Deutschen Mittelstandes (Wirtschaftspartei)
[513] Davon 1792 Stimmen (7,2 %) für die „Volksrechtpartei" (Reichspartei für Volksrecht u. Aufwertung).
[514] Davon 933 Stimmen (3,4 %) für die Deutsch-Hannoversche Partei, 383 Stimmen (1,4 %) für den Christlich-Sozialen Volksdienst.

Wahlen Kreis Osnabrück-Land

	SPD	KPD	USPD	Z	DDP	DVP	DNVP	NSDAP	DHP	Sonstige
19. 1. 19 (DNV)[515]	34,7 % (5280)	---	0,0 % (5)	36,7 % (5590)	9,5 % (1445)	9,3 % (1415)	0,7 % (103)	---	9,1 % (1384)	---
6. 6. 20 (RT)	24,0 % (3555)	---	7,3 % (1084)	40,9 % (6071)	6,1 % (903)	12,6 % (1865)	2,4 % (357)	---	6,7 % (996)	---
4. 5. 24 (RT)	22,1 % (3502)	6,3 % (1000)	0,4 % (69)	35,8 % (5664)	3,9 % (612)	8,6 % (1359)	8,6 % (1361)	1,7 %[516] (275)	5,4 % (855)	7,2 % (1141)
7. 12. 24 (RT)	27,4 % (4315)	1,5 % (229)	---	38,2 % (6010)	4,0 % (623)	12,9 % (2036)	7,6 % (1197)	0,5 %[517] (82)	3,5 % (550)	4,5 % (703)

	SPD	KPD	LV[518]	Z	DDP	DVP	DNVP	NSDAP	WP[519]	Sonstige
20. 5. 28 (RT)	28,8 % (4754)	1,5 % (248)	2,7 % (453)	41,4 % (6836)	3,1 % (513)	12,3 % (2033)	4,0 % (655)	0,7 % (112)	1,1 % (174)	4,5 %[520] (750)
14. 9. 30 (RT)	21,9 % (4112)	2,7 % (500)	1,0 % (178)	41,3 % (7736)	2,0 % (382)	5,3 % (985)	3,2 % (603)	17,3 % (3242)	1,0 % (196)	4,3 % (800)
31. 7. 32 (RT)	23,1 % (4789)	7,2 % (1494)	0,1 % (14)	41,4 % (8585)	0,3 % (72)	1,3 % (270)	2,8 % (597)	22,4 % (4647)	0,1 % (21)	1,1 % (225)
6. 11. 32 (RT)	16,9 % (6481)	9,8 % (3760)	0,1 % (32)	46,4 % (17798)	0,2 % (90)	1,7 % (652)	4,4 % (1673)	18,0 % (6924)	0,1 % (28)	2,4 % (923)
5. 3. 33 (RT)	15,0 % (6273)	5,6 % (2332)	---	42,8 % (17906)	0,1 % (59)	1,4 % (579)	4,2 % (1751)	29,8 % (12468)	---	1,1 % (458)

---

[515] Wahlergebnisse laut "Osnabrücker Tageblatt", 20. 1. 1919.
[516] Deutsch-Völkische Freiheitspartei
[517] NS-Freiheitsbewegung
[518] Christlich-Nationale Bauern- und Landvolkpartei
[519] Reichspartei des Deutschen Mittelstandes (Wirtschaftspartei)
[520] Davon 386 (2,3 %) Stimmen für die Volksrechtpartei

Wahlen Kreis Iburg (Oktober 1932 aufgelöst)

	SPD	KPD	USPD	Z	DDP	DVP	DNVP	NSDAP	DHP	Sonstige
19. 1. 19 (DNV)[521]	24,3 % (3818)	---	---	48,2 % (7542)	8,9 % (1399)	7,6 % (1191)	0,4 % (62)	---	10,5 % (1643	---
6. 6. 20 (RT)	16,2 % (2637)	---	4,4 % (719)	47,2 % (7695)	5,3 % (869)	10,1 % (1643)	1,8 % (292)	---	15,0 % (2455)	---
4. 5. 24 (RT)	16,0 % (2604)	3,6 % (590)	0,5 % (75)	43,9 % (7164)	2,2 % (356)	5,5 % (892)	4,6 % (747)	3,3 %[522] (543)	11,8 % (1923)	9,1 %[523] (1492)
7. 12. 24 (RT)	21,2 % (3362)	1,1 % (171)	---	48,4 % (7692)	2,8 % (443)	6,3 % (1007)	6,7 % (1056)	0,8 %[524] (120)	8,4 % (1331)	4,4 % (696)

	SPD	KPD	LV[525]	Zentrum	DDP	DVP	DNVP	NSDAP	WP[526]	Sonstige
20. 5. 28 (RT)	21,2 % (3514)	0,7 % (117)	8,7 % (1444)	44,6 % (7390)	2,4 % (402)	5,8 % (956)	3,6 % (595)	0,9 % (156)	2,3 % (381)	9,7 %[527] (1609)
14. 9. 30 (RT)	15,5 % (2886)	2,3 % (420)	0,4 % (72)	49,4 % (9193)	1,2 % (232)	3,4 % (634)	3,0 % (557)	16,6 % (3097)	1,7 % (316)	6,5 %[528] (1202)
31. 7. 32 (RT)	15,1 % (3007)	5,2 % (1035)	0,1 % (20)	51,3 % (10179)	0,3 % (65)	0,9 % (180)	5,0 % (995)	20,0 % (3961)	0,3 % (50)	1,8 % (361)

---

[521] Wahlergebnisse laut "Osnabrücker Tageblatt", 20. 1. 1919.
[522] Deutsch-Völkische Freiheitspartei
[523] Davon 212 Stimmen (1,3 %) für die Deutsche Soziale Partei.
[524] NS-Freiheitsbewegung.
[525] Christlich-Nationale Bauern- und Landvolkpartei.
[526] Reichspartei des Deutschen Mittelstandes (Wirtschaftspartei).
[527] Davon 1170 (7,1 %) Stimmen für die Volksrechtpartei.
[528] Davon 780 (4,2 %) Stimmen für die Deutsch-Hannoversche Partei.

Wahlen Kreis Melle

	SPD	KPD	USPD	Z	DDP	DVP	DNVP	NSDAP	DHP	Sonstige
19. 1. 19 (DNV)[529]	26,1 % (3700)	---	---	26,1 % (3700)	10,5 % (1496)	9,3 % (1316)	1,2 % (174)	---	26,8 % (3800)	---
6. 6. 20 (RT)	21,1 % (2735)	---	3,5 % (448)	27,2 % (3539)	8,0 % (1045)	10,6 % (1380)	4,0 % (519)	---	25,6 % (3329)	---
4. 5. 24 (RT)	27,0 % (3516)	2,9 % (376)	0,1 % (19)	26,1 % (3395)	3,3 % (433)	7,5 % (978)	8,3 % (1083)	2,5 %[530] (327)	19,9 % (2582)	2,3 % (294)
7. 12. 24 (RT)	26,7 % (3281)	1,1 % (134)	---	29,2 % (3591)	3,7 % (454)	9,8 % (1206)	10,7 % (1316)	1,1 %[531] (134)	16,9 % (2075)	0,8 % (100)

	SPD	KPD	LV[532]	Z	DDP	DVP	DNVP	NSDAP	WP[533]	Sonstige
20. 5. 28 (RT)	25,8 % (3179)	0,7 % (85)	16,9 % (2082)	26,2 % (3226)	1,6 % (195)	7,1 % (876)	5,3 % (657)	0,9 % (110)	3,5 % (426)	12,1 %[534] (1493)
14. 9. 30 (RT)	24,3 % (3300)	1,2 % (166)	0,5 % (66)	27,3 % (3701)	1,8 % (245)	5,2 % (709)	3,8 % (516)	18,4 % (2500)	1,7 % (228)	15,8 %[535] (2141)
31. 7. 32 (RT)	22,8 % (3361)	4,0 % (596)	0,1 % (10)	26,5 % (3907)	0,4 % (65)	1,1 % (168)	4,2 % (617)	33,2 % (4884)	0,1 % (19)	7,5 %[536] (1098)
6. 11. 32 (RT)	20,4 % (2946)	6,2 % (900)	0,0 % (3)	26,6 % (3838)	0,3 % (43)	2,4 % (345)	3,9 % (565)	28,4 % (4096)	0,0 % (7)	11,6 % (1679)
5. 3. 33 (RT)	17,1 % (2703)	3,7 % (578)	---	25,1 % (3974)	0,2 % (33)	1,5 % (233)	3,4 % (540)	41,5 % (6575)	---	7,5 %[537] (1190)

---

[529] Wahlergebnisse laut "Osnabrücker Tageblatt", 20. 1. 1919.
[530] Deutsch-Völkische Freiheitspartei
[531] NS-Freiheitsbewegung
[532] Christlich-Nationale Bauern- und Landvolkpartei
[533] Reichspartei des Deutschen Mittelstandes (Wirtschaftspartei)
[534] Davon 1309 Stimmen (10,6 %) für die Volksrechtpartei (Reichspartei für Volksrecht und Aufwertung).
[535] Davon 1651 Stimmen (12,2 %) für die Deutsch-Hannoversche Partei, 233 Stimmen (1,7 %) für den Christlich-Sozialen Volksdienst.
[536] Davon 176 Stimmen (1,2 %) für den Christlich-Sozialen Volksdienst.
[537] Davon 959 Stimmen (6,1 %) für die Deutsch-Hannoversche Partei, 223 Stimmen (1,4 %) für den Christlich-Sozialen Volksdienst, 8 (0,1 %)Stimmen für die Deutsche Bauernpartei.

Wahlen Kreis Wittlage

	SPD	KPD	USPD	Z	DDP	DVP	DNVP	NSDAP	DHP	Sonstige
19. 1. 19 (DNV)[538]	12,9 % (1256)	---	0,0 % (4)	17,7 % (1730)	22,3 % (2180)	17,3 % (1686)	1,3 % (127)	---	28,4 % (2775)	---
6. 6. 20 (RT)	16,6 % (1448)	0,0 % (1)	202 % (2,3)	20,7 % (1800)	9,9 % (862)	19,6 % (1710)	3,2 % (273)	---	27,7 % (2413)	0,0 % (1)
4. 5. 24 (RT)	20,0 % (1762)	3,0 % (263)	0,2 % (20)	19,5 % (1718)	2,5 % (218)	10,4 % (916)	9,7 % (857)	6,1 %[539] (540)	26,4 % (2331)	2,1 % (189)
7. 12. 24 (RT)	21,5 % (1764)	0,8 % (66)	---	22,0 % (1805)	3,7 % (307)	13,5 % (1106)	12,7 % (1040)	1,8 %[540] (149)	23,0 % (1886)	0,9 % (70)

	SPD	KPD	LV[541]	Z	DDP	DVP	DNVP	NSDAP	WP[542]	Sonstige
20. 5. 28 (RT)	13,2 % (978)	0,5 % (36)	22,9 % (1693)	23,0 % (1706)	2,3 % (171)	15,1 % (1118)	5,8 % (428)	8,9 % (657)	0,6 % (48)	7,9 % (585)
14. 9. 30 (RT)	13,9 % (1215)	0,6 % (51)	0,6 % (53)	22,3 % (1950)	1,7 % (152)	5,5 % (477)	4,9 % (428)	27,2 % (2375)	0,8 % (69)	22,6 %[543] (1973)
31. 7. 32 (RT)	11,1 % (1090)	2,6 % (257)	0,2 % (16)	21,2 % (2088)	0,7 % (64)	1,3 % (129)	6,5 % (636)	46,6 % (4582)	0,1 % (10)	9,8 %[544] (959)
6. 11. 32 (RT)	9,6 % (890)	4,2 % (388)	0,1 % (8)	20,9 % (1938)	0,3 % (26)	2,3 % (216)	6,0 % (554)	41,8 % (3876)	0,1 % (7)	14,8 % (1373)
5. 3. 33 (RT)	6,8 % (733)	1,9 % (206)	---	18,1 % (1954)	0,1 % (12)	1,1 % (119)	5,2 % (564)	56,9 % (6133)	---	9,9 %[545] (1065)

---

[538] Wahlergebnisse laut "Osnabrücker Tageblatt", 20. 1. 1919.
[539] Deutsch-Völkische Freiheitspartei
[540] NS-Freiheitsbewegung
[541] Christlich-Nationale Bauern- und Landvolkpartei
[542] Reichspartei des Deutschen Mittelstandes (Wirtschaftspartei)
[543] Davon 1419 (16,2 %) für die Deutsch-Hannoversche Partei, 457 Stimmen (5,2 %) für den Christlich-Sozialen Volksdienst.
[544] Davon 174 Stimmen (1,8 %) für den Christlich-Sozialen Volksdienst.
[545] Davon 806 Stimmen (7,5 %) für die Deutsch-Hannoversche Partei, 251 Stimmen (2,3 %) für den Christlich-Sozialen Volksdienst, 8 Stimmen (0,1 %) für die Deutsche Bauernpartei.

3.4 Die Stadtkreise

In den Stadtkreisen begann die Wirtschaftskrise für die Bevölkerung erst mit dem "Schwarzen Freitag", so daß die NSDAP hier vor 1930 keine nennenswerten Stimmengewinne erzielen konnte. In allen Stadtkreisen war bei der Reichstagswahl von 1928 die SPD die stärkste Partei. Die zweitstärkste stellten in Bremen und Oldenburg die DDP (18,4 % und 19,1 %), in Osnabrück das Zentrum (21,6 %), in Delmenhorst die "Wirtschaftspartei" (10,3 %) und in Emden die KPD (18,5 %). Die NSDAP konnte hier erst bei der Reichstagswahl vom 15. 9. 1930 erste Stimmengewinne erzielen.

In Osnabrück wurde schon am 8. 3. 1925 eine Ortsgruppe der NSDAP gegründet. Im Stadtkreis Osnabrück brachte es die NSDAP bei der Reichstagswahl vom 14. 9. 1930 auf 27,6 % der Stimmen. Dieser Vorsprung vor dem Reichsdurchschnitt konnte jedoch nicht aufrechterhalten werde. Bei der Reichstagswahl vom 3. 3. 1933 lag die NSDAP hier mit 41,7 % sogar unter dem Reichsdurchschnitt, so daß sie auch mit der DNVP zusammen, die 7,0 % der Stimmen erhielt, keine Mehrheit im Stadtkreis Osnabrück hatte. Dies lag zum einen an der festen Stammwählerschaft des Zentrums, das 1933 noch 19,6 % der Stimmen erhielt. Zum anderen blieb auch die SPD mit 21,5 % bis zum Ende der Weimarer Republik über dem Reichsdurchschnitt.

Im Gegensatz zum Landkreis Osnabrück, in dem die Katholiken in der Mehrheit waren, war die Bevölkerung der Stadt Osnabrück 1933 zu 60,4 % evangelisch, zu 37,6 % katholisch. Der Anteil der Juden betrug 0,4 %, der Anteil der Konfessionslosen 1,6 %. Bei einem Anstieg der Wohnbevölkerung um 3,9 % von 1933 bis 1939 ging der Anteil der evangelischen Beölkerung sowohl prozentual von 60,4 % auf 56,3 % als auch in absoluten Zahlen von 56919 auf 55099 zurück. Der Anteil der Katholiken stieg von 37,6 % auf 37,7 %. Der Anteil der Gottgläubigen fällt mit 4,7 % für einen Stadtkreis nicht außergewöhnlich hoch aus, wenn er auch über Gau- und Reichsdurchschnitt liegt.

Erster Kreisleiter des Stadtkreises Osnabrück wurde 1932 der Major a. D. Siegfried Wagner. Wagner verließ Osnabrück 1932 und wechselte zum 7. 7. 1933 nach Hannover und wurde dort Präsident der Landesversicherungsanstalt. Sein Nachfolger wurde der Zahnarzt Dr. Fritz Hofmann, der erstmals 1923 in die NSDAP eingetreten war. Hofmann mußte schon im folgenden Jahr das Amt wieder abgeben, da er mit Gauleiter Carl Röver hinsichtlich dessen Reichsgaupläne nicht übereinstimmte. Nach kurzer kommissarischer Leitung durch den Bremer Bernhard Blanke und den Gauinspekteur Fritz Wehmeyer übernahm am 20. 8. 1934 der Kaufmann Willy Münzer die hauptamtliche Leitung des Kreises. Münzer wurde im August 1940 Beauftragter für die Provinz Zeeland beim Reichskommissar für die besetzten niederländischen Gebiete. Bis zu seiner Rückkehr bei Kriegsende übernahm wiederum Gauinspekteur Wehmeyer die Leitung des Kreises.

Wie die ländlichen Kreise Ostfrieslands so war auch die Stadt Emden überwiegend evangelisch: 1933 waren 89,7 % der Bevölkerung evangelisch, 5,7 % waren katholisch. Mit 1,7 % Juden war der NSDAP-Kreis Emden der Kreis mit dem höchsten jüdischen Bevölkerungsanteil im Gau Weser-Ems.[546] Beide großen Konfessionen weisen bis 1939 einen leichten Rückgang in prozentualen, einen leichten Anstieg in absoluten Zahlen auf. Der Anteil der "Gottgläubigen" lag 1939 mit 3,1 % knapp über dem Gaudurchschnitt von 3,0 %, fällt aber angesichts der Tatsache, daß 1933 schon 2,9 % konfessionslos waren, eher schwach aus.

In der von den Arbeiterparteien SPD und KPD dominierten Hafenstadt Emden konnte die NSDAP - mit Ausnahme der Reichstagswahl von 1930 - keine Ergebnisse über Reichsdurchschnitt erzielen. Hier war es besonders die KPD, die mit 18,5 % noch bei der Reichstagswahl vom März 1933 starken Rückhalt bei ihrer Wählerschaft hatte. Die Ortsgruppe Emden wurde am 11. 8. 1928 von dem achtzehnjährigen Gymnasiasten Johann Menso Folkerts gegründet. Folkerts übernahm 1932 mit Einrichtung der Kreisleitungen sowohl die Leitung des Stadtkreises Emden als auch die Leitung des damals noch bestehenden Landkreises Emden. Die Leitung des Stadtkreises Emden lag von Januar bis September 1933 in den Händen von Jann de Boer, der wegen von ihm später nicht näher bezeichneten "Hetze" von seinem Amt zurücktrat. Am wahrscheinlichsten ist, daß er wegen seiner Vergangenheit als Freimaurer von den Emder Nationalsozialisten nicht als Führer akzeptiert wurde[547]. Folkerts übernahm wieder die Führung des Stadtkreises Emden, die er bis zum 31. 7. 1938 beibehielt. Zugleich war er 1932 bis 1935 Kreisleiter des Kreises Norden. Sein Nachfolger wurde 1938 Bernhard Horstmann, der bis 1943 offizieller Kreisleiter blieb. Vertreten wurde er während seiner Kriegsdienstzeiten von 1939 bis 1940 von Lenhard Everwien, Kreisleiter des Kreises Norden und vom 11. 3. 1941 bis zum 31. 5. 1942 von Georg Meier. 1943 wurde Horstmann Kreisleiter von Wilhelmshaven, während der Leiter des Nachbarkreises Norden die Leitung des Kreises Emden mit übernahm.

Die Ortsgruppe Oldenburg der NSDAP wurde nach Aufhebung des Parteiverbots am 6. 4. 1925 neu gegründet. Ähnlich wie im NSDAP-Kreis Friesland wurde der Aufstieg hier durch das Fehlen eines starken "Zentrumsturmes" einerseits und das Fehlen einer starken SPD-Wählerschaft andererseits begünstigt. Es gab in der Stadt Oldenburg jedoch kein vergleichbares völkisches Potential.

Dominierend waren 1925 sowohl in der Stadt als auch im Amt Oldenburg die DDP sowie der aus DVP und DNVP bestehende "Landesblock". Letzterer war der erste, der die Auswirkungen der Agrarkrise und den Umschwung in der Wählergunst zu spüren bekam. Hatte der "Landesblock" bei der Landtagswahl vom 24. 5. 1925 noch in der Stadt Oldenburg 50,3 % der Stimmen bekommen (Amt Oldenburg 63,4 %), so waren es bei der Landtagswahl vom 20. 5. 1928 in der Stadt Oldenburg nur noch 24,8 %, im Amt Oldenburg nur noch 21,1 %. Besonders im Amt Oldenburg konnte die NSDAP davon profitieren: obwohl das "Landvolk" 13,2 % der

---
[546] Angaben nach der Volkszählung vom 16. Juni 1933. Statistik des Deutschen Reichs, Bd. 451, Heft 3, S. 67.
[547] Siehe dazu ausführlich Kapitel 5.2.6.

Stimmen auf sich vereinigte, konnte die NSDAP sich von 4,8 % auf 23,4 % der Stimmen steigern. Ähnlich verlief die Entwicklung im 1933 aufgelösten Amt Wildeshausen. Hier spielte allerdings das Zentrum eine größere Rolle, das bei der Reichstagswahl vom 5. 3. 1933 9,2 % der Stimmen erzielte.

Ihre besten Wahlergebnisse erzielte die NSDAP bei der Landtagswahl vom 29. 5. 1932 (Stadt Oldenburg 46,4 %, Amt Oldenburg 71,3 %). Mit der Übernahme der ersten NSDAP-Alleinregierung in einem Land des Deutschen Reiches und mit den unerfüllten Wahlversprechen machte sich bei den Wählern eine starke Ernüchterung breit, die sich besonders in der Stadt Oldenburg als Sitz der Landesregierung bei der Reichstagswahl vom 6. 11. 1932 bemerkbar machte, denn den Beamten war versprochen worden, ihre Bezüge nicht zu kürzen. Hatten am 29. 5. 1932 noch 15019 Wähler der NSDAP ihre Stimme gegeben, so waren es am 6. 11. 1932 nur noch 9693: die NSDAP hatte somit innerhalb weniger Monate knapp jeden dritten Wähler verloren. Dieser Einbruch bei der Wählergunst war nicht in vollem Umfang rückgängig zu machen. Sowohl in der Stadt als auch im Amt Oldenburg blieben die Ergebnisse für die NSDAP hinter denen vom 29. 5. 1932 zurück.

Der Kaufmann Jens Müller, Inhaber einer Zigarrenfabrik, zugleich Gauwalter der NS-Hago und Mitglied im Stadtrat von Oldenburg, übernahm 1932 die Leitung der Kreise Oldenburg-Stadt und Oldenburg-Amt, die er jedoch schon im folgenden Jahr an den Reichsbahnsekretär Emil Pape abgab. Papes Stil der Amtsführung, geprägt von Alkohol und Gewalttätigkeit, war so katastrophal, daß er 1935 seines Amt als Kreisleiter enthoben wurde. Er verstarb am 17. 8. 1939 an einer Zucker- und Lungenkrankheit. Neuer Kreisleiter wurde der Volksschullehrer Wilhelm Engelbart, der den Kreisleiterpost bis 1945 behielt. Während seiner Dienstzeit bei der Wehrmacht vom 18. 8. 1939 bis zum 1. 11. 1940, wurde er als Kreisleiter zunächst von dem ehemaligen Kreisleiter Jens Müller, dann von seinem Kreisgeschäftsführer Hubertus Gerdes vertreten.

Der NSDAP-Kreis Wilhelmshaven bzw. Wilhelmshaven-Rüstringen bestand aus dem zu Preußen gehörenden Wilhelmshaven und dem bis 1937 zu Oldenburg gehörenden Rüstringen, sowie den Gemeinden Rüstersiel, Aldenburg und Sande.[548] In konfessioneller Hinsicht entsprach das Gebiet des NSDAP-Kreises Wilhelmshaven weitgehend dem angrenzenden Nordoldenburg. Die Bevölkerung der Stadt Rüstringen war zu 84,9 % evangelisch, zu 6,1 % katholisch, 0,2 % waren Juden. Auffällig hoch ist der Anteil der Konfessionslosen mit 8,8 %.[549] In Wilhelmshaven waren 86,2 % der Bevölkerung evangelisch, 9,9 % katholisch, 0,4 % Juden. Konfessionslos waren 3,5 %.

Das politische und wirtschaftliche Leben wurde im gesamten Parteikreis von der Wilhelmshavener Marinewerft bestimmt. Eine geringe Rolle spielte mit 2,3 % die Land- und Forstwirtschaft. In Industrie und Handwerk waren 23,8 % der Erwerbstätigen beschäftigt, in Handel und Verkehr 21,4 %. Öffentlicher Dienst und private

---

[548] Angaben nach Statistik des Deutschen Reiches, Band, S. 37.
[549] Angaben nach der Volkszählung vom 16. Juni 1933. Statistik des Deutschen Reichs, Bd. 451, Heft 3, S. 52.

Dienstleistungen einschließlich der häuslichen Dienste machten 52,5 % aus, wobei zu berücksichtigen ist, daß die Arbeiter der Marinewerft zum öffentlichen Dienst gezählt wurden. Land- und Forstwirtschaft: waren hier mit 0,5 % noch unbedeutender als in der Nachbarstadt Rüstringen. In Industrie und Handwerk waren 12,2 % der Erwerbstätigen beschäftigt, in Handel und Verkehr 18,8 %. Öffentlicher Dienst, private Dienstleistungen und häusliche Dienste machten 68,5 % aus. Im vereinigten Wilhelmshaven - Wilhelmshaven wurde 1937 im Rahmen der Gebietsreform nach dem "Groß-Hamburg-Gesetz" mit Rüstringen vereinigt - machten im Jahr 1939 die Land- und Forstwirtschaft 0,7 %[550] aus, Industrie und Handwerk 15,2 %, Handel und Verkehr 11,4 %, öffentlicher Dienst und private Dienstleistungen 72,7 %.

Entsprechend der Wirtschaftsstruktur dominierte besonders in Rüstringen, in der die Arbeiter der Marinewerft wohnten, die SPD, die noch bei der Reichstagswahl vom 5. 3. 1933 39,6 % der Stimmen erhielt und damit vor der NSDAP mit 35,9 % die stärkste Partei blieb. In Krisenzeiten gewann neben der NSDAP auch die KPD Stimmen hinzu: hatte sie bei der Landtagswahl nur 2,9 % der Stimmen erhalten, so erhielt sie bei der Landtagswahl vom 10. 6. 1923 12,9 % der Stimmen, bei der Reichstagswahl vom 5. 3. 1933 immerhin noch 10,3 %. Weniger stark war die Position der SPD in der Stadt Wilhelmshaven. Hier erhielt sie am 5. 3. 1933 noch 20,5 % der Stimmen, während die NSDAP es auf 49,1 % der Stimmen brachte. In ähnlicher, wenn auch nicht so starker Form, profitierte die DNVP von der Wirtschaftskrise und erzielte im März 1933 18,8 % der Stimmen.

Wilhelmshaven und Rüstringen hatten durch die Rüstungsbeschränkung des Versailler Vertrages ohnehin einen wirtschaftlichen Abschwung erlebt, der durch die Weltwirtschaftskrise weiter verstärkt wurde. In Rüstringen herrschte im Juni 1933 noch eine Arbeitslosigkeit von 20,5 %. Wilhelmshaven, das bis 1937 zum Regierungsbezirk Aurich gehörte, wies im Juni 1933 hingegen eine Erwerbslosigkeit von 10,7 % auf[551] Dies änderte sich nach 1933. Der Aufschwung der Marinewerft schlug sich auch auf die Entwicklung des durchschnittlichen Jahreseinkommens nieder. 1929 lag das Durchschnittseinkommen in Rüstringen mit 3194,75 RM[552] um 29,7 % unter dem Reichsdurchschnitt, in Wilhelmshaven mit 5006,13 RM[553] um 10,1 % über dem Reichsdurchschnitt. 1937, im neuen Stadtkreis Wilhelmshaven, lag es 1937 mit 5540,09 RM[554] um 3,1 % unter dem Reichsdurchschnitt, 1938 mit 6730,79 RM[555] um 6,1 % über dem Reichsdurchschnitt.

---

[550] Ergebnisse der Volks-, Berufs- und landwirtschaftlichen Betriebszählung 1939 in den Gemeinden (Statistik des Deutschen Reichs, Band 559,8). Berlin, 1943. S. 6.
[551] Angaben nach Statistik des Deutschen Reiches, Band, S. 48 f.
[552] Vgl. Einkommen- und Körperschaftssteuerveranlagung für 1929 (Statistik des Deutschen Reichs, Band 430. Berlin, 1933. S. 83.
[553] Vgl. Einkommen- und Körperschaftssteuerveranlagung für 1929 (Statistik des Deutschen Reichs, Band 430. Berlin, 1933. S. 67.
[554] Vgl. Einkommen- und Körperschaftssteuerveranlagung für 1937 und 1938 (Statistik des Deutschen Reichs, Band 580). Berlin, 1941. S. 90.
[555] Vgl. Einkommen- und Körperschaftssteuerveranlagung für 1937 und 1938 (Statistik des Deutschen Reichs, Band 580). Berlin, 1941. S. 91.

Auf den ersten Blick scheinen die Bedingungen für die NSDAP trotz der starken Position der SPD recht gut gewesen zu sein, denn die Reichstagswahl vom 4. 5. 1924 hatte in den Städten Wilhelmshaven und Rüstringen ein starkes völkisches Potential gezeigt. Sogar in der "Arbeiterstadt" Rüstringen hatte hier die "Deutsch-Völkische Freiheitspartei" 9,3 % der Stimmen erzielt, in der Stadt Wilhelmshaven sogar 16,7 %.

Trotz eines durchaus vorhandenen völkischen Potentials gelang es der NSDAP nur schwer, in den Jadestädten Fuß zu fassen[556]. Dies lag zunächst einmal an einem Mangel an fähigen und aktiven Organisatoren. Obwohl schon am 18. September 1925 eine "jadestädtische" Ortsgruppe gegründet wurde, entfaltete diese zunächst keine Aktivitäten.[557] Eine einzige, für den Januar 1926 angesetzte "Massenversammlung" erwies sich als Katastrophe: nur 27 zahlende Teilnehmer erschienen zu der Veranstaltung, die in einem für 500 bis 700 Sitzplätze ausgelegten Saal stattfand. Die noch relativ unbekannte NSDAP hatte sich ausgerechnet einen Termin ausgesucht, an dem zeitgleich Veranstaltungen der SPD und der Arbeiterwohlfahrt stattfanden. Nach diesem selbst verschuldeten Rückschlag wurde die Ortsgruppe aufgelöst.

Im Herbst 1927 wurde erneut eine "jadestädtische" Ortsgruppe der NSDAP gegründet, die es jedoch auch schwer hatte, Mitglieder zu gewinnen. Die NSDAP, die sich zu dieser Zeit in ihrer Propaganda noch primär an die Arbeiter wandte, scheiterte einerseits an deren Verbundenheit zur SPD und andererseits an einem neuen Erlaß des Reichswehrministers vom 12. 9. 1927, nach denen in Reichsbetrieben keine NSDAP-Mitglieder beschäftigt werden durften. Daneben war es das aggressive Auftreten einzelner NSDAP-Mitglieder, das nach einem Polizeibericht "abstoßend wirkte" und die Partei "mindestens 75 % an ihrem Ansehen"[558] kostete. Interne Richtungskämpfe innerhalb der Ortsgruppe verhinderten außerdem die Bildung eines klaren politischen Profils der örtlichen NSDAP. Dies gelang ihr erst nach 1928 mit einer klaren Umorientierung auf mittelständische Interessen im allgemeinen und den Themen Reichsmarinewerft und Panzerschiffbau im besonderen.

Es läßt sich nicht mehr sicher ermitteln, wer der erste Kreisleiter von Wilhelmshaven und Rüstringen war. Am 6. 9. 1932 berichtete der "Freiheitskämpfer", das offizielle Organ der NSDAP im Gau Weser-Ems, von der Ernennung des Elektrikermeisters Wilhelm Kronsbein zum Kreisleiter. Kronsbein war seit dem 1. 1. 1931 Ratsherr im Stadtmagistrat von Rüstringen und Mitglied der neuheidnischen "Deutschen Glaubensbewegung". Sein Nachfolger, der Studienrat Dr. Joseph Mainzer, gab in seinem Spruchgerichtsverfahren hingegen an, er sei ab dem 1. 9. 1932

---

[556] Zum Aufstieg der NSDAP in Wilhelmshaven s. ausführlich Appelius, Stefan/Feuerlohn, Bernd: Die braune Stadt am Meer. Wilhelmshavens Weg in die Diktatur. Hamburg, 1985.
[557] Dies und das Folgende nach Hergen, Manns: Das Scheitern der Weimarer Republik und die nationalsozialistische Machtübernahme in Wilhelmshaven-Rüstringen: zwei Städte im Schatten der Reichsmarine (Oldenburger Studien; Bd. 42). Oldenburg, 1998. S. 75 ff.
[558] Bericht der Landespolizeistelle in Wilhelmshaven vom 9. 11. 1928. Zit. nach Manns, S. 80.

Kreisleiter gewesen[559]. Dr. Mainzer wiederum wurde 1935 zunächst wegen Schwierigkeiten mit der Reichsmarine abgelöst und "Kreisleiter z. V." bei der Gauleitung in Oldenburg, dann beruflich nach Kiel versetzt. Neuer Kreisleiter wurde Ernst Meyer, bis zum 31. 12. 1934 Gaugeschäftsführer und bis 1937 Gauinspektor der Gauinspektion III (Oldenburg). Meyer behielt den Posten bis zur seiner Einberufung zur Wehrmacht Ende 1942. Kommissarisch wurde der Kreisleiterposten übernommen von dem Kreispropagandaleiter und Ratsherrn Georg Seiffe. Seiffe wurde 1943 zum Gaupropagandaleiter befördert, so daß er sein Amt als Kreisleiter nicht weiter ausüben konnte. Letzter Kreisleiter von Wilhelmshaven wurde Anfang März 1943 Bernhard Horstmann, der bis dahin den Kreisleiterposten von Emden innegehabt hatte.

Auch in kirchlichen Fragen gab es Mißstimmungen zwischen der Marine und den NS-Organisationen. 1938 berichtete die Kreisamtsleitung der NS-Frauenschaft der Kreisleitung der NSDAP:

> Man hört immer wieder, dass Volksgenossen, welche aus der Kirche ausgetreten sind, bei der Einstellung in die Marine Schwierigkeiten haben sollen bzw. nicht eingestellt werden.
>
> Ebenso soll auch die Eheschliessung von Marineangehörigen von der Zugehörigkeit einer Konfession abhängig gemacht werden. Volksgenossen, welche bereits aus der Kirche ausgetreten sind, können eine solche Handlungsweise nicht verstehen. Dagegen werden Volksgenossen, die jetzt innerlich soweit sind, dass sie aus der Kirche austreten wollen, daran evtl. gehindert, diesen Schritt zu tun, da dieselben befürchten, dass sich ihnen gegebenenfalls Hinderungsgründe, wie die obigen, entgegenstellen.[560]

Obwohl zumindest Kreisleiter Ernst Meyer bekundete, er habe mit den Vertretern der Reichsmarine keine Probleme gehabt[561], so bemerkte er doch negativ ihren Standesdünkel, der mit den Ideen der nationalsozialistischen "Volkgemeinschaft" schwer vereinbar war. In einem Bericht vom November 1939 bemängelte er beispielsweise, daß auf der Marinewerft Arbeiter einerseits und Beamte und Angestellte andererseits an getrennten Mittagstischen aßen, was ihm für die Reichsmarine "symptomatisch zu sein" schien "und durch eine Generalverfügung von oben abgestellt werden muß"[562].

---

[559] Vernehmung Dr. Mainzers durch Staatsanwalt Keim in Hannover, 11. 2. 1948. BA Koblenz Z 42 V/1540, Bl. 38.
[560] Stimmungsbericht des Kreises Wilhelmshaven für den Monat Mai 1938. StAO Best. 320-2 Nr. 2.
[561] Vgl. Lebenslauf Ernst Meyer vom 10. 11. 1948. Spruchgerichtsakte Ernst Meyer, BA Koblenz Best. Z 42 IV/7047.
[562] Bericht des Wilhelmshavener Kreisleiters Ernst Meyer vom November 1939. StAO Best. 320-2 Nr. 2.

Der Stadtkreis Delmenhorst zählte neben Wilhelmshaven zu den industriellen Zentren des Landes Oldenburg und des Gaues Weser-Ems insgesamt, wobei hier die Textilindustrie eine besondere Rolle spielte. Nur 10,1 % der Erwerbstätigen waren hier in der Land- und Forstwirtschaft tätig. Dieser Anteil ging bis zur Volkszählung vom 17. 5. 1939[563] weiter zurück auf 4,3 %. Auch der Bereich Industrie und Handwerk ging von 55,7 % auf 55,4 % leicht zurück. Noch mehr an Bedeutung verlor der Bereich Handel und Verkehr: 1933 21,5 % gegenüber 15,1 % im Jahr 1939. Hingegen konnte sich der Bereich öffentlicher Dienst, private Dienstleistungen und häusliche Dienste 12,6 auf 25,2 % verdoppeln.

Das durchschnittliche Jahreseinkommen der Einkommensteuerpflichtigen lag im Amt 1933 aufgelösten Amt Delmenhorst 1929 mit 2707,58 RM[564] 40,4 % unter dem Reichsdurchschnitt. In der Stadt Delmenhorst lag es 1929 mit 5102,88 RM[565] um 12,2 % darüber. Nach der Weltwirtschaftskrise lag das durchschnittliche Jahreseinkommen der Einkommensteuerpflichtigen noch 1937 mit 5010,23 RM um 12,4 % unter dem Reichsdurchschnitt, 1938 mit 5691,94 RM noch 10,3 % unter dem Reichsdurchschnitt. In der Stadt Delmenhorst war somit zwar 1938 - wie überall im Deutschen Reich - die Arbeitslosigkeit beseitigt, die Nachwirkungen der Weltwirtschaftskrise waren jedoch beim durchschnittlichen Jahreseinkommen der Einkommensteuerpflichtigen noch 1938 spürbar.

Ebenso geringe Veränderungen brachte die Zeit von 1933 bis 1939 für die Konfessionsstruktur der Stadt Delmenhorst mit sich. Der Anteil der evangelischen Bevölkerung sank zwar von 75,8 % im Jahr 1933 auf 74,0 % im Jahr 1939. Dieser ohnehin geringe Verlust läßt sich zu einem Teil durch die Änderung der Religionsordnungen (Konfessionsklassifizierungen) der Volkszählungen von 1933 und 1939 erklären: die "anderen Christen" von 1939 waren 1933 noch als "evangelisch" gezählt worden. Die absolute Zahl der evangelischen Christen stieg von 23705 auf 26520. Noch geringer fielen die Veränderungen bei den Katholiken aus: hier steht ein leichter prozentualer Rückgang von 18,8 % auf 18,5 % ein leichter Anstieg bei den absoluten Zahlen gegenüber (von 1933 5886 auf 6610 im Jahr 1939) Auch der Anteil der Konfessionslosen erscheint mit insgesamt 6,6 % (4 % Gottgläubige und 2,6 % Glaubenslose) nicht besonders hoch, wenn man bedenkt, daß der Anteil der Konfessionslosen schon 1933 4,9 % der Bevölkerung betragen hatte.

Entsprechend der Wirtschaftsstruktur war die SPD vor 1930 sowohl in der Stadt als auch im Amt Delmenhorst die stärkste Partei und konnte ihre Stammwähler bis 1933 halten: noch bei der Reichstagswahl vom 5. 3. 1933 erhielt die SPD in der Stadt Delmenhorst 30,9 % der Stimmen, im Amt Delmenhorst 26,9 %. Ein weiteres Hindernis für die NSDAP war in der Stadt Delmenhorst der äußerst stabile "Zentrumsturm": hatte das Zentrum hier bei der Wahl zur Deutschen Nationalver-

---

[563] Ergebnisse der Volks-, Berufs- und landwirtschaftlichen Betriebszählung 1939 in den Gemeinden (Statistik des Deutschen Reichs, Band 559,8). Berlin, 1943. S. 6.
[564] Vgl. Einkommen- und Körperschaftssteuerveranlagung für 1929 (Statistik des Deutschen Reichs, Band 430. Berlin, 1933. S. 83.
[565] Vgl. Einkommen- und Körperschaftssteuerveranlagung für 1929 (Statistik des Deutschen Reichs, Band 430. Berlin, 1933. S. 83.

sammlung am 19. 1. 1919 8 % der Stimmen erhalten, so waren es bei der Reichstagswahl vom 5. 3. 1933 8,5 %, wobei die absolute Zahl der Wähler von 816 auf 1345 gestiegen war. Im Amt Delmenhorst hingegen blieb das Zentrum bei allen Wahlen zwischen 1919 und 1933 unter 1 % der Stimmen und spielte somit nur eine marginale Rolle.

Die erste Delmenhorster Ortsgruppe der NSDAP wurde 1926 gegründet. Trotz dieser vergleichsweise frühen Gründung konnte die NSDAP zunächst weder in der Stadt noch im Amt Delmenhorst wesentliche Stimmengewinne erzielen. In der Stadt Delmenhorst erreichte die NSDAP trotz der Weltwirtschaftskrise und hoher Arbeitslosigkeit[566] bei der Reichstagswahl am 5. 3. 1933 nur 32,5 % der Stimmen, während die KPD mit 13,7 % ein überdurchschnittlich gutes Wahlergebnis verzeichnete. Auch im Amt Delmenhorst konnte sich die NSDAP die Agrarkrise von 1928 zunächst nicht zu Nutze machen. Den Durchbruch schaffte sie erst mit der Reichstagswahl vom 14. 9. 1930, als sie 35,9 % der Stimmen erhielt, was gegenüber der Reichstagswahl vom 20. 5. 1928 eine Zunahme um 31,2 % Prozentpunkte bedeutete.

In Delmenhorst wurde Studienrat Dr. Wilhelm Müller, der 1932 auch erfolglos für den oldenburgischen Landtag kandidierte, Kreisleiter. Da Dr. Müller seit dem 1. 6. 1933 auch Oberbürgermeister von Delmenhorst war und zudem unter seiner schlechten Gesundheit litt, gab er am 31. 10., kurz bevor er einen "mehrmonatigen Urlaub"[567] antrat, das Kreisleiteramt ab. Neuer Kreisleiter wurde Gustav Sturm, ein Kreisleiter mit literarischen Ambitionen, der 1936 seinen Gedichtband "Glaube und Schwert. Bilder aus Volk und Bewegung" veröffentlichte. Sturm blieb bis 1943 Kreisleiter, wobei er während seiner Wehrmachteinsätze 1939 bis 1941 von dem Kaufmann Heinrich Thümler, 1931 bis 1933 Mitglied des oldenburgischen Landtages, und 1942 bis 1943 von dem Oldenburger Kreisleiter Engelbart vertreten wurde. Gustav Sturm verstarb Anfang September 1943 an der Ostfront. Vom 1. 11. 1943 bis 1945 übernahm wiederum Heinrich Thümler den Kreisleiterposten.

Die Stadt Bremen, die zusammen mit dem angrenzenden Bremer Landgebiet bis 1932 eine Ortsgruppe, dann einen NSDAP-Kreis bildete, nimmt eine Sonderstellung im Gebiet des Gaues Weser-Ems ein. Sie war bei Gründung des Gaues im Oktober 1928 die einzige Großstadt im Gaugebiet, deren Einwohner zudem über ein ausgeprägtes eigenes Regionalbewußtsein verfügten und sich eher anderen Hansestädten wie Hamburg oder dem damals noch selbstständigen Lübeck[568] verwandt fühlten. Da Bremen zudem ein eigenständiges Land des Deutschen Reiches war, führte die Unterordnung unter Oldenburg fortwährend zu Problemen.[569]

---

[566] Die "Nordwolle AG" als wichtigster Arbeitgeber und Auftraggeber für Zulieferbetriebe hatte 1932 kurz vor dem Konkurs gestanden.
[567] OV, 11. 11. 1934.
[568] Lübeck verlor am 1. 4. 1937 im Rahmen des "Groß-Hamburg-Gesetzes" seine Selbstständigkeit und wurde der preußischen Provinz Schleswig-Holstein zugeschlagen.
[569] Müller, Hartmut: Bremen und Oldenburg. Freundnachbarliche Konfliktfelder in der Neuzeit (1648-1949). In: Oldenburger Jahrbuch 1982, S. 1-32.

In Bremen war es vor allem die starke Stellung der SPD, die der Ausbreitung der NSDAP im Wege stand. Auch das engagierte Eintreten des SPD-Fraktionsvorsitzenden und Chefredakteurs des SPD-Organs "Bremer Volkszeitung" Alfred Faust, dürfte wesentlich dazu beigetragen haben, daß die NSDAP noch am 5. 3. 1933 bei den Reichstagswahlen nur 32,3 % der Stimmen erhielt und so weit unter dem Reichsdurchschnitt blieb. Hingegen erreichte die SPD in der Stadt Bremen noch 30,0 % der Stimmen. Auch die KPD war mit 13,5 % überdurchschnittlich stark geblieben, ebenso wie die DNVP mit 14,4 % der Stimmen. Im Gegensatz zum KPD-Organ, der "Arbeiter-Zeitung", setzte Faust nicht auf stereotype Anschuldigungen, die Nationalsozialisten seien lediglich Handlanger der Kapitalisten, sondern nutzte seine guten Verbindungen zu Polizei und Justiz, um dann in geschickter und geistreich-witziger Art und Weise Enthüllungen über die NSDAP zu verbreiten. So stellte er 1930, als eine Koalitionsregierung unter Beteiligung der NSDAP, einen Senatskandidaten der NSDAP als ehemals entmündigten Quartalssäufer bloß. Auf diese Weise untergrub er den Glauben der Wähler an die Fähigkeit der NSDAP, den "Karren aus dem Dreck zu ziehen".

In der Stadt Bremen lag die Erwerbslosigkeit nach der Volkszählung vom 16. 6.1933[570] bei 24,0 %. Die Land- und Forstwirtschaft spielte mit 1,8 % eine untergeordnete Rolle, so daß sich in Bremen ein anderer Strukturwandel vollzog als in den überwiegend ländlichen Kreisen des Gaues Weser-Ems. Bis 1939[571] sank der Anteil der Land- und Forstwirtschaft auf 1,5 %. Hingegen legte der Anteil von Industrie und Handwerk von 31,0 % auf 43,8 % zu. Handel und Verkehr gingen von 45,2 % auf 29,7 % zurück. Leicht war auch der Anstieg von öffentlichem Dienst und privaten Dienstleistungen einschließlich der häuslichen Dienste: von 1933 22,1 % auf 1939 25,0 %.

Die Bevölkerung der Stadt Bremen war zu 84,7 % evangelisch, zu 6,6 % katholisch, die Zahl der Juden betrug 0,4 %, 8,3 % waren konfessionslos.[572] Der Landkreis Bremen war zu 95,6 % evangelisch, 1,6 % katholisch, 2,8 % konfessionslos. Lediglich ein einziger Jude war 1933 im Landkreis Bremen wohnhaft. In der Stadt Vegesack bekannten sich 1933 90,7 % zur evangelischen Konfession, 1,6 % zur katholischen, 0,8 % zum jüdischen Glauben. 2,8 % waren konfessionslos. Durch die Gebietsreform von 1939 kamen bevölkerungsreiche Gemeinden zum Bremer Staatsgebiet hinzu, so daß die Wohnbevölkerung von 1933 345779 um 28,7 % auf 445067 anstieg. Dies brachte eine leichte prozentuale Verschiebung der Konfessionen mit sich. Das wohl außergewöhnlichste Phänomen ist jedoch, daß sich die Zahl der Konfessionslosen nicht nur prozentual - dies wäre angesichts des Hinzukommens vorwiegend ländlicher Gebiete zu erwarten - sondern auch in absoluten Zahlen verringerte. Schwarzwälder erwähnt in diesem Zusammenhang, daß sich die evangelische Landeskirche zwar äußerlich habe vor den Karren der NSDAP span-

---

[570] Angaben nach Statistik des Deutschen Reiches, Heft 21: Land Bremen. Band, S. 35.
[571] Ergebnisse der Volks-, Berufs- und landwirtschaftlichen Betriebszählung 1939 in den Gemeinden (Statistik des Deutschen Reichs, Band 559,8). Berlin, 1943. S. 6.
[572] Angaben nach der Volkszählung vom 16. Juni 1933. Statistik des Deutschen Reichs, Bd. 451, Heft 3, S. 66.

nen lassen. "Andererseits wurden die Streitigkeiten um das Führerprinzip in der Kirche immer schärfer. Eine Welle von opportunistischen Kircheneintritten war zu verzeichnen."[573] Hier äußerte sich die Opposition zum Regime - ähnlich wie später in der DDR - durch die Mitgliedschaft in der evangelischen Kirche.

In Bremen war es zunächst der 1918 von Alfred Roth in Hamburg gegründete "Deutschvölkische Schutz- und Trutzbund", der mit seinen Bremer Vorsitzenden Studienrat Dr. Richard Rüthnick und Rechtsanwalt Dr. Hermann Eggers, der als Sammelbecken der Antisemiten auftrat und hier zeitweise bis zu 1300 Mitglieder hatte.[574] Dr. Rüthnik stellte auch Beziehungen zu anderen völkischen Gruppen her, unter anderem zur NSDAP in München. Nach dem Mord an Rathenau wurde der "Deutschvölkische Schutz- und Trutzbund" 12. Juli 1922 vom Bremer Senat gemäß dem Republikschutzgesetz verboten. Jedoch kam es weiterhin zu Hakenkreuzschmierereien und zur Verbreitung antisemitischer Flugblätter.

Nach dem Verbot des "Deutschvölkischen Schutz- und Trutzbundes" waren es seine Mitglieder, die die Gründung einer Ortsgruppe der NSDAP betrieben. Eigentlicher Initiator der dann am 2. Dezember 1922 erfolgten Ortsgruppengründung war wiederum Dr. Rüthnik. Offizieller Leiter der von 103 Personen besuchten Gründungsversammlung war der Buchhalter August Bröker. Bis zum 12. Januar 1923 brachte es die NSDAP in Bremen nach Angabe des Ortsgruppenleiters Bröker auf 678 Mitglieder. Größere öffentliche Versammlungen fanden jedoch nicht statt. Am 13. Februar 1923 wurde die NSDAP vom Bremer Senat verboten. Das Verbot der NSDAP wurde aber schon am 29. April 1924 wieder aufgehoben, so daß die NSDAP-Ortsgruppe neu gegründet werden konnte. Ortsgruppenleiter wurde nun der Schlossergeselle Adolf Geucke.[575]

Noch während der Verbotszeit der NSDAP wurde im Februar 1924 aus Anhängern der "Deutschvölkischen Freiheitspartei" und der "Großdeutschen Volksgemeinschaft" der "Völkisch-Soziale Block" gegründet. Die Völkischen errangen in der Reichstagswahl am 4. Mai 1924 in Bremen 9,3 % der Stimmen, in der Stadt Vegesack waren es 8,2 %, im Landkreis Bremen immerhin noch 5,4 %.

In den Jahren bis 1929 mangelte es der NSDAP durchgängig an geeigneten Führerfiguren, zum Teil wurde sogar das Vertrauen der Parteimitglieder durch Unterschlagungen untergraben. Ein besonders übler Zwischenfall, der das Ansehen der NSDAP in Bremen sehr schädigte, fand am 12. 9. 1928 statt. In den Bremer Wallanlagen wurde der brasilianische Konsul von SA-Männern zusammengeschlagen, weil diese ihn wegen seines Aussehens für einen Juden gehalten hatten.[576] Um einem Verbot zuvorzukommen, löste sich die Ortsgruppe Bremen selbst auf, um sich unter der nominellen Führung von Gauleiter Carl Röver sofort neu zu gründen. Tatsächlicher Führer der Ortsgruppe Bremen und des Bezirks Bremen-Delmenhorst war Kurt Thiele, der mit der Reichstagswahl vom 14. 9. 1930 wider Erwarten auch

---

[573] Schwarzwälder IV, S. 218.
[574] Dies und das folgende nach Schwarzwälder III, S. 216-218.
[575] Schwarzwälder III, 433 f.
[576] Vgl. Schwarzwälder III, S. 442.

Reichstagsmitglied wurde. Im Mai 1932 wurde er zum "Gauleiter Seefahrt" ernannt und als Ortsgruppenleiter durch Otto Bernhard ersetzt. Das SPD-Organ sah darin - wohl zu recht - einen Versuch der NSDAP, sich gerade beim Bürgertum "'salonfähig', d. h. bei den augenblicklichen politischen Verhältnissen koalitionsfähig zu machen."[577] Kurt Thiele sei dazu, im Gegensatz zu Bernhard, nicht geeignet: "Bernhard, der Tabakhändler und siamesische Konsul, ist die vornehme Visitenkarte der Hakenkreuzler, die sich von ihm größeres Ansehen und mehr politischen Einfluß versprechen als das unter der Aera Thiele-Pfeifer der Fall war.[578]

Bei der Einrichtung der Kreisleitungen im Juli 1932 wurde Bremen von einer Ortsgruppe zu einem Kreis erhoben, der Parteibezirk Bremen-Delmenhorst wurde aufgelöst. Dessen Bezirksleiter Otto Bernhard wurde Kreisleiter von Bremen, während Delmenhorst einen eigenen Kreis bildete. Otto Bernhard hatte nach der Machtergreifung seine Pflicht erfüllt, vertrat zudem die Meinung, Bremen solle einen eigenen NSDAP-Gau bilden. Röver setzte Bernhard daraufhin ab und setzte seinen politischen Ziehsohn und zukünftigen Nachfolger als Gauleiter, Paul Wegener, als neuen Kreisleiter ein. Wegener hatte, wohl wegen seiner allseits gelobten guten Manieren auch im Umgang mit dem Senat keine Probleme. Doch auch Wegener blieb nicht lange in Bremen: im Juli 1934 wurde er in die Reichsleitung der NSDAP nach München berufen.

Nachfolger von Paul Wegener wurde am 20. Juli 1934 der Ortsgruppenleiter von Bremen-Findorff, Bernhard Blanke. Blanke wurde

> von Freund und Feind gleichermaßen als beschränkt und aufgeblasen charakterisiert. Viele PGs nannten ihn den "Kreispankoken". Er wirkte geradezu lächerlich, wenn er sich als "Hoheitsträger" der Partei in die Brust warf und auch überall in den Staatsapparat eingreifen wollte.[579]

Blankes Ernennung zum Kreisleiter kann also dem Umstand zugeschrieben werden, "daß Röver die Kreisleitung mit Absicht schwach halten wollte."[580] Es ist aber noch ein anderes Motiv denkbar. Blanke gab am 11. Juni 1934 die Stelle des Ortsgruppenleiters der Ortsgruppe Bremen-Findorff auf, um kommissarisch die Stelle des Kreisleiters von Osnabrück-Stadt zu übernehmen.[581] Der bisherige Kreisleiter von Osnabrück-Stadt, Dr. Fritz Hofmann, war von Röver abgesetzt worden, weil er gegen Rövers Pläne stand, den NSDAP-Gau Weser-Ems in einen Reichsgau umzuwandeln und weil er die Verbundenheit Osnabrücks mit Westfalen höher schätzte als die durch die Parteiorganisation geschaffene Verbindung mit Oldenburg. Daß Röver ihn in der gegebenen Situation zum Kreisleiter von Osnabrück-Stadt ernannte, zeigt, daß er Blanke in puncto Reichsgauplanung für vertrauenswürdig hielt.

---

[577] Bremer Volkszeitung, 3. 5. 1932.
[578] Bremer Volkszeitung, 3. 5. 1932. Pfeifer war Geschäftsführer der Ortsgruppe Bremen.
[579] Schwarzwälder IV, 140f.
[580] Schwarzwälder IV, 140.
[581] Vgl. Bremer Zeitung, 18. 6. 1934.

Und zweifellos war Blanke als Kreisleiter für Bremen besser geeignet als für Osnabrück, wo er mit den örtlichen Verhältnissen nicht vertraut war.

Die Wirkung der NSDAP auf die Bremer Staatseinrichtungen nach 1933 ist "sehr schwer abzuschätzen. Wahrscheinlich war sie geringer, als man gewöhnlich meint."[582] Denn im Rahmen ihrer Arbeit "stießen der völlig unfähige Kreisleiter Blanke und seine Funktionäre bei den Staatsorganen oft auf heftigen Widerstand: im Senat[583] und bei höheren Verwaltungsbeamten, auch bei der SA und anderen Gliederungen." Kam es überhaupt vor, daß die Partei in entscheidenden Fragen eingriff, "so geschah das eigentlich immer durch den Gauleiter Röver als Reichsstatthalter; und selbst dem fiel es oft schwer genug, sich in Bremen durchzusetzen."[584]

Blanke, der als Kreisleiter völlig unfähig war, wurde 1943 von Paul Wegener abgesetzt und auf den Posten eines Gauamtsleiters der NSKOV abgeschoben. Letzter Kreisleiter war von 1943 bis 1945 Max Schümann, der zuvor den ostfriesischen Landkreis Leer geleitet hatte. Auch Schümann scheint für Bremen kein besonders guter Griff gewesen zu sein, da er "wie kein anderer von weiten Kreisen der Bevölkerung gehaßt wurde."[585]

---

[582] Schwarzwälder IV, 143.
[583] Siehe dazu ausführlich Grützner, Friedhelm: Das Verhältnis von NSDAP und Bremer Senat im Spiegel nationalsozialistischer Stimmungsberichte. In: Bremisches Jahrbuch 2000. S. 116-144.
[584] Schwarzwälder IV, S. 143.
[585] Schwarzwälder IV, S. 438.

Wahlergebnisse Stadt Delmenhorst

	SPD	KPD	USPD	Z	DDP	DVP	DNVP	NSDAP	Sonstige
19. 1. 19 (DNV)	64,1 % (6512)[586]	---	---	8,0 % (816)	17,7 % (1798)	10,2 % (1031)	---	---	---
23. 2. 19 (KLT)	61,3 % (4855)	---	---	8,0 % (636)	19,9 % (1576)	10,7 % (849)	0,0 % (1)	---	---
6. 6. 20 (RT)	21,7 % (2040)	2,5 % (237)	29,1 % (2739)	8,3 % (789)	14,5 % (1365)	22,8 % (2138)	1,0 % (98)	---	0,1 % (6)
10. 6. 23 (LT)	39,6 % (3928)	9,6 % (950)	6,3 % (624)	8,8 % (875)	12,8 % (1265)	19,5 % (1951)	3,4 % (341)	---	---
4. 5. 24 (RT)	37,8 % (3813)	8,6 % (871)	1,2 % (122)	8,5 % (858)	9,5 % (962)	11,3 % (1146)	15,8 % (1591)	5,6 %[587] (566)	1,7 % (169)
7. 12. 24 (RT)	41,2 % (4478)	5,3 % (573)	---	9,4 % (1021)	10,8 % (1174)	14,0 % (1525)	15,4 % (1676)	3,0 %[588] (327)	0,8 % (89)

	SPD	KPD	LV[589]	Z	DDP	DVP	DNVP	NSDAP	WP[590]	Sonstige
24. 5. 25 (LT)	46,0 % (3270)	2,5 % (177)	---	11,3 % (802)	10,1 % (717)	28,3 %[591] (2016)	---	1,3 %[592] (96)	---	0,5 %[593] (33)
20. 5. 28 (LT)	50,9 % (6667)	4,6 % (604)	0,3 % (42)	8,2 % (1079)	8,0 % (1054)	10,7 %[594] (1405)	---	2,6 % (336)	11,0 % (1438)	3,7 [595] (479)
20. 5. 28 (RT)	50,4 % (6634)	4,6 % (604)	0,3 % (36)	8,9 % (1171)	7,6 % (999)	10,2 % (1343)	4,7 % (613)	1,4 % (188)	10,3 % (1352)	1,6 % (210)
14. 9. 30 (RT)	34,4 % (5233)	11,5 % (1744)	0,2 % (31)	8,6 % (1315)	4,8 % (736)	3,8 % (578)	4,4 % (668)	18,8 % (2868)	8,2 % (1256)	5,2 %[596] (796)
17. 5. 31 (LT)	32,0 % (4514)	13,2 % (1862)	0,1 % (13)	8,5 % (1204)	2,9, % (415)	2,3 % (325)	3,0 % (427)	30,1 % (4249)	5,1 % (720)	2,7 %[597] (380)
29. 5. 32 (LT)	30,0 % (3894)	11,2 % (1459)	0,1 % (14)	9,2 % (1197)	2,1 % (273)	0,4 % (49)	11,6 % (1503)	34,7 % (4510)	---	0,7 %[598] (88)
31. 7. 32 (RT)	34,3 % (5288)	12,8 % (1968)	0,0 % (5)	8,8 % (1357)	1,7 % (260)	0,7 % (105)	6,0 % (928)	33,8 % (5212)	0,4 % (54)	1,6 % (250)
6. 11. 32 (RT)	35,4 % (5187)	14,5 % (2126)	0,0 % (1)	8,4 % (1230)	1,4 % (207)	2,4 % (353)	9,6 % (1403)	26,0 % (3809)	0,2 % (31)	2,1 %[599] (315)
5. 3. 33 (RT)	30,9 % (4907)	13,7 % (2174)	---	8,5 % (1345)	1,4 % (218)	0,9 % (141)	10,3 % (1639)	32,5 % (5165)	---	1,9 % (302)

---

[586] Stimmen für MSPD und USPD nach „Nachrichten für Stadt und Land", 24. 2. 1919.
[587] Deutsch-Völkische Freiheitspartei
[588] NS-Freiheitsbewegung
[589] Christlich-Nationale Bauern- und Landvolkpartei
[590] Reichspartei des Deutschen Mittelstandes (Wirtschaftspartei)
[591] Stimmen für den „Landesblock" aus DVP und DNVP.
[592] Deutsch-völkische Freiheitsbewegung.
[593] Stimmen für den „Sozialistischen Bund Deutschlands" (Ledebour).
[594] Stimmen für den „Landesblock" aus DVP und DNVP.
[595] 2,1 %Landvolk- und Mittelstandsliste (Völkisch-Nationaler Block), 0,9 % Christlich-soziale Reichspartei, 0,7 % Unpolitische Partei Reents.
[596] Davon 405 Stimmen (2,7 %) für den „Christlich-Sozialen Volksdienst", 207 Stimmen (1,4 %) für die „Deutsch-Hannoversche Partei".
[597] Stimmen für den „Christlich-Sozialen Volksdienst".
[598] Stimmen für die „Sozialistische Arbeiterpartei".
[599] Davon 247 (1,7 %) Stimmen für den „Christlich-Sozialen Volksdienst".

Wahlergebnisse Delmenhorst-Amt

	SPD	KPD	USPD	Z	DDP	DVP	DNVP	NSDAP	Sonstige
19. 1. 19 (DNV)	46,8 % (4615)[600]	---	---	0,1 % (7)	26,1 % (2575)	26,5 % (2610)	0,5 % (48)	---	---
23. 2. 19 (KLT)	45,8 % (3763)	---	---	0,0 % (3)	19,4 % (1598)	34,6 % (2850)	0,1 % (12)	---	---
6. 6. 20 (RT)	27,0 % (2580)	1,1 % (109)	10,2 % (975)	0,1 % (5)	8,4 % (801)	51,3 % (4899)	1,9 % (185)	---	0,0 % (2)
10. 6. 23 (LT)	38,6 % (3812)	1,9 % (184)	0,5 % (46)	0,1 % (9)	8,6 % (850)	44,8 % (4444)	5,5 % (543)	---	---
4. 5. 24 (RT)	33,2 % (3218)	3,0 % (295)	0,3 % (30)	0,2 % (17)	6,2 % (604)	17,8 % (1719)	26,4 % (2556)	11,2 %[601] (1086)	1,7 % (168)
7. 12. 24 (RT)	34,5 % (3509)	1,6 % (160)	---	0,4 % (40)	6,8 % (690)	20,8 % (2121)	28,4 % (2891)	6,9 %[602] (706)	0,6 % (65)

	SPD	KPD	LV[603]	Z	DDP	DVP	DNVP	NSDAP	WP[604]	Sonstig.
24. 5. 25 (LT)	33,1 % (2717)	0,9 % (78)	---	0,2 % (19)	8,1 % (669)	53,5 %[605] (4398)	---	3,8 %[606] (312)	---	0,4 %[607] (30)
20. 5. 28 (LT)	41,8 % (4364)	1,2 % (129)	3,0 % (318)	0,3 % (28)	6,4 % (664)	30,7 %[608] (3210)	---	4,6 % (474)	6,0 % (626)	6,0 %[609] (627)
20. 5. 28 (RT)	40,7 % (4332)	1,1 % (115)	1,9 % (205)	0,5 % (56)	6,6 % (708)	20,7 % (2203)	10,1 % (1074)	4,7 % (498)	6,4 % (679)	7,2 % (764)
14. 9. 30 (RT)	32,2 % (4104)	3,3 % (416)	2,3 % (292)	0,4 % (53)	2,9 % (370)	5,0 % (635)	8,2 % (1047)	35,9 % (4580)	4,7 % (601)	5,2 %[610] (662)
17. 5. 31 (LT)	29,4 % (3561)	3,3 % (403)	0,4 % (45)	0,3 % (32)	2,0 % (244)	1,9 % (226)	7,4 % (898)	52,5 % (6361)	2,0 % (240)	1,0 %[611] (117)
29. 5. 32 (LT)	26,9 % (3265)	2,4 % (294)	0,2% (20)	0,5% (61)	1,1 % (136)	0,4% (51)	8,5 % (1031)	59,0% (7158)	---	0,9 %[612] (113)
31. 7. 32 (RT)	28,8 % (4004)	3,0 % (424)	0,1 % (18)	0,5 % (73)	0,9 % (126)	0,6 % (81)	7,6 % (1058)	57,5 % (7998)	0,3 % (35)	0,6 % (89)
6. 11. 32 (RT)	30,8 % (4063)	4,2 % (559)	0,1 % (8)	0,4 % (56)	0,8 % (112)	1,9 % (251)	10,6 % (1393)	50,0 % (6601)	0,2 % (26)	1,0 % (129)
5. 3. 33 (RT)	26,9 % (3893)	3,3 % (484)	---	0,4 % (54)	0,4 % (63)	1,1 % (165)	9,9 % (1437)	57,3 % (8289)	---	0,6 %[613] (84)

---

[600] Stimmen für MSPD und USPD nach „Nachrichten für Stadt und Land", 24. 2. 1919.
[601] Deutsch-Völkische Freiheitspartei
[602] NS-Freiheitsbewegung
[603] Christlich-Nationale Bauern- und Landvolkpartei
[604] Reichspartei des Deutschen Mittelstandes (Wirtschaftspartei)
[605] Stimmen für den „Landesblock" aus DVP und DNVP.
[606] Deutsch-völkische Freiheitsbewegung.
[607] Stimmen für den „Sozialistischen Bund Deutschlands" (Ledebour).
[608] Stimmen für den „Landesblock" aus DVP und DNVP.
[609] 5,4 %Landvolk- und Mittelstandsliste (Völkisch-Nationaler Block), 0,4 % Christlich-soziale Reichspartei, 0,2 % Unpolitische Partei Reents.
[610] Davon 337 Stimmen (2,6 %)für die „Deutsch-Hannoversche Partei", 166 Stimmen (1,3 %) für den „Christlich-Sozialen Volksdienst".
[611] Stimmen für den „Christlich-Sozialen Volksdienst".
[612] Stimmen für die „Sozialistische Arbeiterpartei".
[613] Davon 76 Stimmen für den Christlich-Sozialen Volksdienst.

Wahlen Stadt Oldenburg

	SPD	KPD	USPD	Z	DDP	DVP	DNVP	NSDAP	Sonstige
19. 1. 19 (DNV)[614]	28,2 % (5444)	---	---	5,3 % (1014)	46,4 % (8949)	19,1 % (3683)	1,0 % (182)	---	---
23. 2. 19 (KLT)[615]	23,4 % (3433)[616]	---	---	5,2 % (762)	49,3 % (7216)	19,8 % (2906)	2,3 % (334)	---	---
6. 6. 20 (RT)	15,4 % (2403)	1,4 % (216)	7,0 % (1093)	4,6 % (710)	26,7 % (4167)	38,9 % (6072)	5,9 % (912)	---	0,1 % (21)
10. 6. 23 (LT)	13,1 % (2564)	13,5 % (2642)	2,4 % (473)	4,8 % (934)	20,8 % (4070)	36,4 % (7125)	9,0 % (1773)	---	2,4 %[617] (473)
4. 5. 24 (RT)	11,8 % (2485)	9,8 % (2060)	0,5 % (110)	5 % (1049)	17,2 % (3609)	22,8 % (4779)	23,9 % (5006)	7,4 % (1546)[618]	1,6 % (344)
7. 12. 24 (RT)	18,6 % (4878)	5,3 % (1377)	---	4,8 % (1259)	18,9 % (4958)	26 % (6812)	21,3 % (5586)	4,4 % (1151)[619]	0,8 % (207)

	SPD	KPD	LV[620]	Z	DDP	DVP	DNVP	NSDAP	WP[621]	Sonstige
24. 5. 25 (LT)	18,1 % (3431)	3,5 % (667)	---	5,0 % (943)	19,7 % (3748)	50,3 %[622] (9570)	---	3,2 %[623] (607)	---	0,2 %[624] (39)
20. 5. 28 (LT)	26,0 % (6805)	5,6 % (1460)	2,2 % (575)	4,5 % (1180)	18,7 % (4898)	24,8 %[625] (6476)	---	9,8 % (2576)	6,1 % (1588)	2,3 %[626] (607)
20. 5. 28 (RT)	25,2 % (6682)	5,4 % (1432)	1,6 % (415)	4,6 % (1220)	18,4 % (4875)	18,2 % (4826)	8,8 % (2324)	9,5 % (2525)	5,6 % (1479)	2,9 % (761)
14. 9. 30 (RT)	21,5 % (6778)	7,2 % (2282)	1,1 % (335)	3,9 % (1233)	11,4 % (3606)	9,8 % (3082)	5,5 % (1733)	27 % (8525)	5,1 % (1606)	7,6 % (2400)[627]
17. 5. 31 (LT)	19,5 % (5865)	11,2 % (3366)	0,3 % (98)	4,3 % (1307)	8,7 % (2636)	6,3 % (1897)	8,1 % (2454)	36,1 % (10870)	3,3 % (986)	2,2 %[628] (668)
29. 5. 32 (LT)	17,2 % (4691)	8,9 % (2419)	0,1 % (20)	4,5 % (1234)	8,4 % (2296)	2,1 % (560)	11,1 % (3020)	46,4 % (12635)	---	1,3 %[629] (346)
31. 7. 32 (RT)	19,1 % (6215)	9,5 % (3092)	0,02 % (6)	4,6 % (1483)	5,8 % (1885)	1,7 % (553)	10,8 % (3519)	46,3 % (15019)	0,3 % (85)	1,8 % (599)
6. 11. 32 (RT)	30,4 % (6585)	11,6 % (3699)	0,1 % (20)	4,4 % (1409)	6,9 % (2198)	4,3 % (1371)	19,2 % (6108)	30,4 % (9693)	0,2 % (57)	2,3 % (749)
5. 3. 33 (RT)	17,9 % (6309)	10 % (3529)	0,01 % (4)	4,3 % (1523)	3,7 % (1310)	2,7 % (936)	20,4 % (7174)	39,8 % (14014)	---	1,1 % (401)

---

[614] Wahlergebnisse laut „Nachrichten für Stadt und Land" vom 24. 2. 1919.
[615] Wahlergebnisse laut „Nachrichten für Stadt und Land" vom 24. 2. 1919.
[616] Wahlergebnisse für MSPD und USPD zusammengefasst.
[617] Stimmen der USPD
[618] Deutsch-Völkische Freiheitspartei
[619] NS-Freiheitsbewegung
[620] Christlich-Nationale Bauern- und Landvolkpartei
[621] Reichspartei des Deutschen Mittelstandes (Wirtschaftspartei)
[622] Stimmen für den „Landesblock" aus DVP und DNVP.
[623] Deutsch-völkische Freiheitsbewegung.
[624] Stimmen für den „Sozialistischen Bund Deutschlands" (Ledebour).
[625] Stimmen für den „Landesblock" aus DVP und DNVP.
[626] 1,4 %Landvolk- und Mittelstandsliste (Völkisch-Nationaler Block), 0,5 % Christlich-soziale Reichspartei, 0,4 % Unpolitische Partei Reents.
[627] Davon 1223 für die Deutsch-Hannoversche Partei.
[628] Stimmen für den „Christlich-Sozialen Volksdienst".
[629] Stimmen für die „Sozialistische Arbeiterpartei".

Wahlen Wilhelmshaven

	SPD	KPD	USPD	Z	DDP	DVP	DNVP	NSDAP	Sonstige
19. 1. 19 (RT)[630]	33,4 % (15408)	---	16,4 % (7562)	3,5 % (1636)	35,3 % (16248)	11,4 % (5235)	---	---	---
6. 6. 20 (RT)	20,0 % (2493)	1,5 % (193)	19,6 % (2454)	3,6 % (452)	14,9 % (1865)	35,0 % (4367)	5,3 % (662)	---	0,1 % (10)
4. 5. 24 (RT)	21,5 % (2312)	5,3 % (567)	---	5,6 % (607)	8,3 % (893)	15,4 % (1662)	23,5 % (2535)	16,7 %[631] (1796)	3,7 % (401)
7. 12. 24 (RT)	26,8 % (3095)	3,2 % (365)	---	4,5 % (515)	9,9 % (1143)	18,1 % (2090)	26,1 % (3019)	10,5 %[632] (1219)	0,9 % (109)

	SPD	KPD	LV[633]	Z	DDP	DVP	DNVP	NSDAP	WP[634]	Sonstige
20. 5. 28 (RT)	33,0 % (3942)	3,4 % (410)	0,1 % (7)	3,5 % (415)	8,0 % (960)	18,5 % (2211)	13,1 % (1564)	6,0 % (714)	8,1 % (968)	6,3 % (748)
14. 9. 30 (RT)	27,0 % (3558)	4,1 % (542)	0,0 % (6)	3,2 % (416)	4,2 % (551)	9,0 % (1180)	11,8 % (1557)	31,4 % (4317)	3,1 % (403)	4,8 % (631)
31. 7. 32 (RT)	24,1 % (3542)	5,0 % (735)	0,0 % (4)	3,9 % (573)	1,2 % (182)	1,3 % (198)	15,6 % (2303)	48,0 % (7069)	0,1 % (14)	0,7 % (109)
6. 11. 32 (RT)	24,7 % (3423)	6,9 % (963)	0,0 % (1)	3,3 % (461)	0,9 % (131)	2,5 % (346)	19,3 % (2681)	40,7 % (5646)	0,1 % (9)	1,5 % (205)
5. 3. 33 (RT)	20,5 % (3168)	5,9 % (915)	---	2,9 % (451)	0,8 % (125)	1,1 % (176)	18,8 % (2905)	49,1 % (7579)	---	0,7 % (109)

---

[630] Wahlergebnis für Wilhelmshaven-Rüstringen. „Der Ammerländer", 21. 1. 1919.
[631] Deutsch-Völkische Freiheitspartei
[632] NS-Freiheitsbewegung
[633] Christlich-Nationale Bauern- und Landvolkpartei
[634] Reichspartei des Deutschen Mittelstandes (Wirtschaftspartei)

Wahlen Rüstringen

	SPD	KPD	USPD	Z	DDP	DVP	DNVP	NSDAP	Sonstige
19. 1. 19 (DNV)[635]	64,5 % (18954)	---	---	3,4 % (988)	26,1 % (7660)	5,4 % (1582)	0,7 % (197)	---	---
23. 2. 19 (KLT)[636]	61,8 % (10102)[637]	---	---	5,0 % (809)	27,8 % (4549)	4,1 % (665)	1,4 % (228)	---	---
6. 6. 20 (RT)	37,3 % (8256)	2,3 % (506)	29,2 % (6473)	2,9 % (643)	10,7 % (2370)	15,4 % (3410)	2,1 % (459)	---	0,1 % (6)
10. 6. 23 (LT)	57,2 % (10980)	12,9 % (2494)	2,1 % (417)	3,5 % (669)	11,3 % (2148)	7,9 % (1508)	5,1 % (981)	---	---
4. 5. 24 (RT)	48,7 % (11310)	10,6 % (2470)	0,9 % (202)	2,7 % (638)	6,2 % (1449)	7,3 % (1701)	11,6 % (2688)	9,3 %[638] (2168)	2,7 % (617)
7. 12. 24 (RT)	55,0 % (13332)	5,2 % (1268)	---	2,9 % (711)	7,2 % (1736)	10,0 % (2413)	12,6 % (3053)	6,2 %[639] (1493)	0,9 % (213)

	SPD	KPD	LV[640]	Z	DDP	DVP	DNVP	NSDAP	WP[641]	Sonstige
24. 5. 25 (LT)	65,0 % (10541)	2,9 % (474)	---	2,3 % (377)	5,4 % (880)	21,1 %[642] (3417)	---	2,9 %[643] (467)	---	0,4 %[644] (64)
20. 5. 28 (LT)	60,4 % (14519)	5,0 % (1197)	0,4 % (93)	2,4 % (563)	7,2 % (1720)	7,0 %[645] (1686)	---	4,9 % (1184)	7,0 % (1685)	5,7 %[646] (1378)
20. 5. 28 (RT)	58,9 % (14255)	4,9 % (1198)	0,2 % (41)	2,5 % (606)	5,8 % (1413)	7,7 % (1866)	5,5 % (1332)	3,5 % (854)	7,0 % (1703)	3,9 % (940)
14. 9. 30 (RT)	51,5 % (13519)	8,0 % (2104)	0,0 % (9)	2,3 % (592)	2,4 % (618)	3,5 % (907)	4,7 % (1238)	20,4 % (5369)	4,0 % (1058)	3,2 % (853)
17. 5. 31 (LT)	51,8 % (12453)	10,4 % (2504)	0,1 % (14)	2,1 % (511)	1,2 % (289)	1,3 % (321)	1,3 % (322)	27,8 % (6679)	2,8 % (662)	1,2 %[647] (289)
29. 5. 32 (LT)	45,5 % (10875)	8,2 % (1958)	3,4 % (817)	2,2 % (518)	1,0 % (246)	1,2 % (283)	3,0 % (724)	34,6 % (8272)	---	0,8 %[648] (194)
31. 7. 32 (RT)	46,4 % (12846)	9,0 % (2482)	0,0 % (3)	2,6 % (712)	0,5 % (150)	0,4 % (115)	6,7 % (1841)	33,3 % (9200)	0,2 % (48)	0,6 % (162)
6. 11. 32 (RT)	47,7 % (13029)	11,3 % (3095)	0,0 % (2)	2,4 % (658)	0,4 % (114)	1,0 % (275)	9,2 % (2512)	26,7 % (7291)	0,1 % (34)	1,2 % (320)
5. 3. 33 (RT)	39,6 % (11620)	10,3 % (3018)	---	2,3 % (665)	0,4 % (103)	0,4 % (111)	10,7 % (3131)	35,9 % (10521)	---	0,6 % (165)

---

[635] Wahlergebnisse laut „Nachrichten für Stadt und Land" vom 24. 2. 1919.
[636] Wahlergebnisse laut „Nachrichten für Stadt und Land" vom 24. 2. 1919.
[637] Wahlergebnisse für MSPD und USPD zusammengefasst.
[638] Deutsch-Völkische Freiheitspartei
[639] NS-Freiheitsbewegung
[640] Christlich-Nationale Bauern- und Landvolkpartei
[641] Reichspartei des Deutschen Mittelstandes (Wirtschaftspartei)
[642] Stimmen für den „Landesblock" aus DVP und DNVP.
[643] Deutsch-völkische Freiheitsbewegung.
[644] Stimmen für den „Sozialistischen Bund Deutschlands" (Ledebour).
[645] Stimmen für den „Landesblock" aus DVP und DNVP.
[646] 2,5 %Landvolk- und Mittelstandsliste (Völkisch-Nationaler Block), 0,7 % Christlich-soziale Reichspartei, 2,5 % Unpolitische Partei Reents.
[647] Stimmen für den „Christlich-Sozialen Volksdienst".
[648] Stimmen für die „Sozialistische Arbeiterpartei".

Wahlen Stadt Bremen

	SPD	KPD	USPD	Z	DDP	DVP	DNVP	NSDAP	Sonstige
19.1.19 (DNV)	41,5 % (57477)	---	18,7 % (25916)	1,9 % (2601)	34,1 % (47267)	0,0 % (22)	3,5 % (4886)	---	0,2 %[649] (281)
6.6.20 (RT)	16,6 % (24010)	4,8 % (6916)	32,1 % (46454)	1,9 % (2698)	13,1 % (18895)	25,4 % (36711)	6,0 % (8699)	---	0,3 %[650] (393)
4.5.24 (RT)	29,9 % (46929)	14,2 % (22263)	0,4 % (581)	2,2 % (3405)	11,3 % (17764)	18,2 % (28616)	13,1 % (20541)	9,3 %[651] (14602)	1,4 % (2254)
7.12.24 (RT)	36,8 % (59172)	9,1 % (14590)	---	2,4 % (3901)	13,3 % (21425)	20,3 % (32670)	11,6 % (18652)	5,5 %[652] (8852)	0,9 % (1460)

	SPD	KPD	LV[653]	Z	DDP	DVP	DNVP	NSDAP	WP[654]	Sonstige
20.5.28 (RT)	41,8 % (72721)	10,4 % (18169)	0,3 % (543)	2,5 % (4269)	10,0 % (17333)	19,3 % (33598)	6,5 % (11298)	1,1 % (1861)	6,4 % (11104)	1,7 % (2902)
14.9.30 (RT)	32,8 % (62456)	12,4 % (23493)	0,1 % (97)	2,5 % (4816)	6,0 % (11502)	17,6 % (33517)	6,3 % (12045)	11,6 % (22032)	3,9 % (7482)	6,7 %[655] (12720)
31.7.32 (RT)	34,0 % (62476)	13,8 % (25350)	0,0 % (42)	2,8 % (5106)	1,2 % (2264)	4,5 % (8246)	12,4 % (22871)	30,0 % (55174)	0,3 % (566)	1,0 % (1876)
6.11.32 (RT)	30,6 % (57765)	17,2 % (32469)	0,0 % (10)	2,4 % (4615)	1,2 % (2217)	8,9 % (16759)	17,4 % (32760)	20,4 % (38500)	0,2 % (341)	1,6 % (3045)
5.3.33 (RT)	30,0 % (62862)	13,5 % (28233)	---	2,3 % (4881)	1,0 % (2172)	5,7 % (11927)	14,4 % (30107)	32,3 % (67639)	---	0,7 % (1493)

---

[649] Stimmen für die Deutsch-Hannoversche Partei
[650] Stimmen für die Deutsch-Hannoversche Partei
[651] Deutsch-Völkische Freiheitspartei
[652] NS-Freiheitsbewegung
[653] Christlich-Nationale Bauern- und Landvolkpartei
[654] Reichspartei des Deutschen Mittelstandes (Wirtschaftspartei)
[655] Davon 6711 Stimmen (3,5 %) für die Deutsch-Hannoversche Partei, 1320 Stimmen (0,7 %) für den Christlich-Sozialen Volksdienst.

Wahlen Stadt Vegesack

	SPD	KPD	USPD	Z	DDP	DVP	DNVP	NSDAP	Sonstige
19. 1. 19 (DNV)	34,3 % (829)	---	18,4 % (446)	1,2 % (30)	43,0 % (1039)	---	2,1 % (50)	---	1,0 %[656] (24)
6. 6. 20 (RT)	19,3 % (479)	4,1 % (102)	20,5 % (509)	0,9 % (22)	20,4 % (507)	30,4 % (754)	3,8 % (95)	---	0,6 %[657] (16)
4. 5. 24 (RT)	25,7 % (631)	10,5 % (257)	1,0 % (24)	1,2 % (30)	8,8 % (215)	18,3 % (448)	24,7 % (606)	8,2 %[658] (200)	1,7 % (42)
7. 12. 24 (RT)	30,9 % (776)	6,7 % (169)	---	1,4 % (36)	8,4 % (211)	21,0 % (526)	24,5 % (617)	5,9 %[659] (149)	1,2 % (30)

	SPD	KPD	LV[660]	Z	DDP	DVP	DNVP	NSDAP	WP[661]	Sonstige
20. 5. 28 (RT)	32,9 % (851)	5,8 % (149)	0,5 % (12)	2,2 % (56)	7,4 % (192)	20,8 % (538)	20,7 % (536)	1,6 % (41)	6,5 % (169)	1,7 % (43)
14. 9. 30 (RT)	24,0 % (678)	9,2 % (260)	---	2,1 % (59)	6,4 % (180)	19,3 % (544)	11,1 % (314)	15,5 % (438)	7,0 % (197)	5,4 %[662] (153)
31. 7. 32 (RT)	24,9 % (674)	8,3 % (225)	0,0 % (1)	2,5 % (68)	0,8 % (22)	4,1 % (112)	15,7 % (426)	42,5 % (1150)	0,2 % (6)	0,8 % (23)
6. 11. 32 (RT)	24,2 % (661)	9,6 % (263)	---	2,5 % (68)	0,1 % (2)	7,4 % (203)	16,9 % (463)	37,0 % (1012)	0,1 % (3)	1,5 % (40)
5. 3. 33 (RT)	23,2 % (679)	8,4 % (247)	---	2,2 % (64)	0,2 % (7)	5,4 % (157)	15,2 % (443)	44,5 % (1301)	---	0,2 % (7)

---

[656] Stimmen für die Deutsch-Hannoversche Partei
[657] Stimmen für die Deutsch-Hannoversche Partei
[658] Deutsch-Völkische Freiheitspartei
[659] NS-Freiheitsbewegung
[660] Christlich-Nationale Bauern- und Landvolkpartei
[661] Reichspartei des Deutschen Mittelstandes (Wirtschaftspartei)
[662] Davon 62 Stimmen (2,2 %) für die Deutsch-Hannoversche Partei, 15 Stimmen (0,5 %) für den Christlich-Sozialen Volksdienst.

Wahlen Landgebiet Bremen

	SPD	KPD	USPD	Z	DDP	DVP	DNVP	NSDAP	Sonstige
19. 1. 19 (DNV)	51,5 % (6348)	---	12,9 % (1589)	0,4 % (51)	24,5 % (3027)	---	10,6 % (1313)	---	0,1 %[663] (9)
6. 6. 20 (RT)	24,8 % (3324)	3,6 % (478)	32,3 % (4330)	0,6 % (79)	11,9 % (1601)	17,7 % (2379)	9,0 % (1210)	---	0,1 %[664] (15)
4. 5. 24 (RT)	42,2 % (3130)	8,8 % (649)		0,4 % (26)	0,1 % (10)	11,3 % (835)	11,6 % (857)	18,0 % (1332)	5,4 %[665] (402)	2,1 % (158)
7. 12. 24 (RT)	47,7 % (3648)	5,1 % (393)	---	0,6 % (46)	12,8 % (975)	12,2 % (933)	15,4 % (1178)	5,0 %[666] (379)	1,2 % (91)

	SPD	KPD	LV[667]	Z	DDP	DVP	DNVP	NSDAP	WP[668]	Sonstige
20. 5. 28 (RT)	54,6 % (4771)	3,2 % (283)	0,6 % (54)	0,4 % (32)	11,0 % (959)	14,2 % (1239)	7,5 % (655)	0,7 % (63)	2,6 % (226)	6,4 % (561)
14. 9. 30 (RT)	47,3 % (4695)	5,0 % (491)	2,8 % (273)	0,6 % (56)	6,4 % (638)	11,3 % (1123)	9,8 % (971)	10,4 % (1035)	1,9 % (185)	4,5 % (451)
31. 7. 32 (RT)	45,3 % (4851)	5,0 % (540)	0,0 % (5)	0,6 % (62)	1,3 % (142)	3,9 % (414)	10,0 % (1070)	33,1 % (3543)	0,1 % (16)	0,6 % (64)
6. 11. 32 (RT)	43,8 % (4366)	10,2 % (1020)	0,1 % (6)	0,8 % (81)	1,2 % (121)	6,2 % (616)	15,2 % (1512)	21,2 % (2115)	0,1 % (9)	1,1 % (114)
5. 3. 33 (RT)	40,9 % (4436)	7,4 % (805)	---	0,5 % (59)	0,8 % (86)	3,8 % (416)	12,5 % (1353)	33,5 % (3638)	---	0,5 % (53)

---

[663] Stimmen für die Deutsch-Hannoversche Partei
[664] Stimmen für die Deutsch-Hannoversche Partei
[665] Deutsch-Völkische Freiheitspartei
[666] NS-Freiheitsbewegung
[667] Christlich-Nationale Bauern- und Landvolkpartei
[668] Reichspartei des Deutschen Mittelstandes (Wirtschaftspartei)

Wahlen Stadtkreis Emden

	SPD	KPD	USPD	Z	DDP	DVP	DNVP	NSDAP	DHP	Sonstige
19. 1. 19 (RT)[669]	34,8 % (4394)	---	9,8 % (1240)	3,4 % (424)	31,9 % (4027)	12,0 % (1517)	8,2 % (1036)	---	---	---
6. 6. 20 (RT)	13,2 % (1499)	6,9 % (781)	21,8 % (2475)	3,5 % (395)	14,9 % (1699)	29,5 % (3353)	8,6 % (980)	---	1,6 % (182)	0,0 % (2)
4. 5. 24 (RT)	18,3 % (2179)	17,1 % (2037)	0,7 % (82)	3,6 % (434)	10,9 % (1298)	19,3 % (2304)	16,6 % (1973)	7,2 %[670] (863)	0,7 % (89)	5,5 % (661)
7. 12. 24 (RT)	26,1 % (3147)	10,3 % (1238)	---	3,6 % (429)	16,3 % (1958)	22,0 % (2644)	15,0 % (1802)	4,3 %[671] (516)	0,4 % (48)	2,2 % (260)

	SPD	KPD	LV[672]	Z	DDP	DVP	DNVP	NSDAP	WP[673]	Sonstige
20. 5. 28 (RT)	26,0 % (3845)	18,5 % (2747)	0,4 % (50)	2,8 % (411)	11,7 % (1737)	15,9 % (2351)	12,3 % (1815)	2,3 % (339)	2,0 % (292)	8,3 % (1224)
14. 9. 30 (RT)	23,6 % (4105)	17,5 % (3044)	0,0 % (6)	2,1 % (364)	9,2 % (1593)	6,2 % (1079)	8,5 % (1480)	23,3 % (4057)	0,6 % (103)	9,1 %[674] (1576)
31. 7. 32 (RT)	24,1 % (4318)	18,3 % (3276)	0,0 % (8)	2,5 % (443)	4,5 % (807)	2,0 % (363)	7,5 % (1339)	37,3 % (6685)	0,1 % (22)	3,7 % (672)
6. 11. 32 (RT)	22,7 % (3964)	20,2 % (3525)	0,0 % (3)	2,5 % (439)	4,4 % (762)	3,3 % (576)	10,9 % (1912)	31,2 % (5452)	0,0 % (5)	4,8 % (840)
5. 3. 33 (RT)	20,2 % (3861)	18,5 % (3550)	---	2,5 % (479)	3,6 % (699)	1,8 % (342)	12,2 % (2328)	38,3 % (7338)	---	2,9 %[675] (554)

Wahlen Landkreis Emden

	SPD	KPD	USPD	Z	DDP	DVP	DNVP	NSDAP	DHP	Sonstige
6. 6. 20 (RT)	16,1 % (1754)	5,1 % (558)	23,9 % (2599)	1,2 % (127)	10,8 % (1174)	28,8 % (3135)	11,8 % (1281)	---	2,8 % (244)	---
4. 5. 24 (RT)	21,1 % (2265)	13,8 % (1477)	0,6 % (60)	0,9 % (92)	7,9 % (842)	16,6 % (1780)	24,5 % (2620)	7,4 %[676] (792)	1,2 % (133)	6,1 % (649)
7. 12. 24 (RT)	32,2 % (3588)	6,2 % (692)	---	1,0 % (116)	11,9 % (1320)	14,3 % (1586)	21,6 % (2400)	11,0 %[677] (1229)	0,4 % (48)	1,3 % (149)

	SPD	KPD	LV[678]	Z	DDP	DVP	DNVP	NSDAP	WP[679]	Sonstige
20. 5. 28 (RT)	41,0 % (4139)	6,6 % (665)	1,0 % (103)	1,4 % (135)	7,1 % (718)	9,2 % (926)	17,8 % (1798)	4,1 % (412)	1,5 % (152)	10,4 % (1047)
14. 9. 30 (RT)	39,6 % (4578)	5,7 % (655)	0,2 % (23)	1,5 % (175)	4,5 % (520)	4,4 % (512)	11,8 % (1362)	23,4 % (2698)	0,6 % (68)	8,3 %[680] (960)
31. 7. 32 (RT)	29,2 % (4525)	7,4 % (1148)	0,0 % (5)	3,1 % (473)	1,1 % (175)	1,8 % (276)	10,8 % (1677)	44,4 % (6885)	0,1 % (20)	2,1 % (321)

---

[669] Wahlergebnisse laut "Artländer Anzeiger", 22. 1. 1919.
[670] Deutsch-Völkische Freiheitspartei
[671] NS-Freiheitsbewegung
[672] Christlich-Nationale Bauern- und Landvolkpartei
[673] Reichspartei des Deutschen Mittelstandes (Wirtschaftspartei)
[674] Davon 1112 (6,4 %) für den Christlich-Sozialen Volksdienst, 209 Stimmen (1,2 %) für die Deutsch-Hannoversche Partei.
[675] Fast ausschließlich (545 von 554) Stimmen für den Christlich-Sozialen Volksdienst.
[676] Deutsch-Völkische Freiheitspartei
[677] NS-Freiheitsbewegung
[678] Christlich-Nationale Bauern- und Landvolkpartei
[679] Reichspartei des Deutschen Mittelstandes (Wirtschaftspartei)
[680] Davon 671 Stimmen (5,8 %) für den Christlich-Sozialen Volksdienst, 150 (1,3 %) Stimmen für die Deutsch-Hannoversche Partei.

Wahlen Stadtkreis Osnabrück

	SPD	KPD	USPD	Z	DDP	DVP	DNVP	NSDAP	DHP	Sonstige
19. 1. 19 (RT)[681]	42,4 % (18632)	---	1,1 % (463)	21,5 % (9430)	12,5 % (5492)	18,8 % (8234)	0,9 % (392)	---	2,8 % (1250)	---
6. 6. 20 (RT)	24,5 % (10466)	0,0 % (2)	14,0 % (5989)	23,2 % (9897)	8,0 % (3433)	22,7 % (9723)	3,7 % (1591)	---	3,9 % (1650)	---
4. 5. 24 (RT)	23,0 % (10219)	9,5 % (4231)	0,4 % (161)	20,6 % (9119)	6,3 % (2792)	16,8 % (7471)	11,6 % (5136)	5,7 %[682] (2516)	3,0 % (1316)	3,2 % (1409)
7. 12. 24 (RT)	30,5 % (14071)	3,7 % (1712)	---	21,6 % (9955)	6,3 % (2883)	20,4 % (9414)	11,5 % (5283)	2,0 %[683] (922)	2,8 % (1274)	1,2 % (555)

	SPD	KPD	LV[684]	Z	DDP	DVP	DNVP	NSDAP	WP[685]	Sonstige
20. 5. 28 (RT)	33,3 % (15421)	3,9 % (1803)	1,2 % (551)	21,6 % (10011)	5,6 % (2595)	15,1 % (7001)	8,2 % (3812)	3,7 % (1695)	3,7 % (1705)	3,8 % (1767)
14. 9. 30 (RT)	26,2 % (14253)	4,6 % (2498)	0,1 % (39)	19,9 % (10822)	2,2 % (1192)	8,0 % (4356)	3,6 % (1984)	27,6 % (14995)	2,2 % (1196)	5,6 %[686] (3058)
31. 7. 32 (RT)	27,5 % (15491)	6,0 % (3362)	0,0 % (2)	21,4 % (12035)	0,8 % (437)	1,8 % (1006)	5,4 % (3047)	35,8 % (20144)	0,2 % (104)	1,2 % (690)
6. 11. 32 (RT)	23,7 % (13156)	9,9 % (5510)	0,0 % (4)	20,5 % (11407)	0,5 % (277)	3,3 % (1829)	7,4 % (4092)	32,9 % (18292)	0,1 % (54)	1,7 % (920)
5. 3. 33 (RT)	21,5 % (13135)	6,7 % (4085)	---	19,6 % (11954)	0,5 % (317)	2,2 % (1328)	7,0 % (4282)	41,7 % (25485)	---	0,9 % (547)

---

[681] Wahlergebnisse laut "Osnabrücker Tageblatt", 20. 1. 1919.
[682] Deutsch-Völkische Freiheitspartei
[683] NS-Freiheitsbewegung
[684] Christlich-Nationale Bauern- und Landvolkpartei
[685] Reichspartei des Deutschen Mittelstandes (Wirtschaftspartei)
[686] Davon 1133 Stimmen (2,1 %) für den Christlich-Sozialen Volksdienst, 977 Stimmen (1,8 %) für die Deutsch-Hannoversche Partei.

4 Die Gauleiter Röver und Wegener

Die Gauleiter waren die direkten und de facto einzigen Vorgesetzten der Kreisleiter. Die Kreisleiter waren disziplinarisch den Gauleitern unterstellt, d. h. ein Parteigerichtsverfahren gegen einen Kreisleiter konnte nur vom vorgesetzten Gauleiter angestrengt werden. Mißachtete ein Kreisleiter Anweisungen der Reichsleitung der NSDAP, so konnte diese gegen ihn ohne Mitwirken des Gauleiters, der wiederum nur Hitler direkt unterstellt war, nicht tätig werden. Ein Kreisleiter konnte somit im Rahmen der staatlichen Gesetze in Übertretung der Parteivorschriften schalten und walten, solange er vom Gauleiter gedeckt wurde. Der Gauleiter war somit für die praktische Tätigkeit der Kreisleiter im Zweifelsfalle wichtiger als die Anweisungen der Reichsleitung der NSDAP.

Erster Gauleiter des Gaues Weser-Ems war Carl Georg Röver. Röver wurde am 12. 2. 1889 in Lemwerder geboren[687]. Sein Vater, der Verkäufer Johann Gerhard Röver, entstammte einem alten Bauerngeschlecht in Stedingen, worauf Carl Röver "sich stets etwas zugute tat"[688]. Sein Vater wurde wenige Jahre nach Carl Rövers Geburt Geschäftsführer eines Manufakturgeschäfts in Oldenburg. Hier besuchte Carl Röver die Volks- und Mittelschule. Nach seinem Schulabschluß wurde Carl Röver Lehrling einer Kaffeehandlung in Bremen, für die er nach Abschluß seiner kaufmännischen Lehre bis 1911 als Korrespondent arbeitete. 1911 trat er eine Stelle in einer Faktorei in der damaligen deutschen Kolonie Kamerun an, kehrte jedoch wegen einer schweren Malariaerkrankung 1913 nach Oldenburg zurück. Hier war er dann bis zum Ausbruch des Ersten Weltkriegs im väterlichen Manufakturgeschäft tätig.

Carl Röver war zweimal verheiratet. 1915 heiratete er Marie Hermine (Minna) Tebbe, die Tochter des Rentners Hermann Heinrich Melchior Tebbe. Minna Röver, mit der zusammen er eine 1920 geborene Tochter hatte, verstarb 1921. 1922 heiratete Carl Röver zum zweiten Mal. Die Hochzeit mit Irma Kemmler fand in Libau in Lettland statt, dem Geburtsort seiner zweiten Frau. Mit ihr soll Röver mehrere Söhne gehabt haben, die aber allesamt kurz nach der Geburt verstarben.

Am Ersten Weltkrieg nahm Carl Röver von 1914 bis 1918 teil, zunächst als Infanterist im Reserveregiment Nr. 233, dann ab 1916 in der Propagandaabteilung der Obersten Heeresleitung. Röver war ein glühender Anhänger der "Dolchstoßlegende"; die Niederlage Deutschlands hatten seiner Meinung nach "die Roten" und die Juden verschuldet[689]. Günther urteilt über sein politisches Denken abschließend: "Rövers politisches Weltbild war primitiv und beschränkt, seine Gegner und Feinde standen unverrückbar fest, er verfolgte sie mit dauerhaftem Haß.

---

[687]Dies und das folgende im wesentlichen nach Wolfgang Günther: Carl Röver.
In: Biographisches Handbuch zur Geschichte des Landes Oldenburg, S. 611 - 613.
[688]Günther, S. 611.
[689]Günther, S. 611.

Seine kulturellen Bedürfnisse scheinen geringfügig gewesen zu sein"[690]. Kurt Thiele, ehemaliger Gauinspekteur für Bremen, sieht es natürlich nicht ganz so negativ:

> Seinem Werdegang in Elternhaus und Schule, vor allem aber seiner Veranlagung gemäß, war er kein Mann der "sogenannten" gebildeten Schicht, sondern ein Mann des "sogenannten" Volkes: einfach, offen, klar, unverschnörkelt im Denken und Sprechen. (...) Ich kannte von zu Hause und ebenso danach bis dahin nur städtische Lebensverhältnisse: Röver wirkte daher auf mich zunächst wie ein bulleriger Naturbursche.[691]

Es gibt noch einen weiteren Grund für Thieles anfängliche Abneigung gegen Carl Röver, den Thiele in seinen "Aufzeichnungen und Erinnerungen" zwar nicht nennt, der sich aber leicht erschließen läßt: Thiele mißtraute den Völkischen und insbesondere dem "Völkisch-Sozialen Block", die für ihn keine echten nationalen Sozialisten und somit "politische Falschmünzer"[692] waren. Thiele hatte sich 1924 "einen besonderen Spaß"[693] daraus gemacht, eine Wahlkampfversammlung des "Völkisch-Sozialen Blocks" in Bremerhaven zu stören. Der "Völkisch-Soziale Block" war im März 1923 von Nationalsozialisten und Deutschvölkischen gegründet worden und beteiligte sich an der Reichstagswahl vom 4. 5. 1924. Im April 1924 wurde Carl Röver der Führer der Ortsgruppe Oldenburg des "Völkisch-Sozialen Blocks"[694], auf dessen Liste er im gleichen Jahr in den Oldenburger Stadtrat einzog. So stellte Thiele erst nach einer gewissen Zeit fest, daß Röver dieselben politischen Anschauungen vertrat wie er:

> Er war Nationalsozialist weniger aus geschulter Intelligenz plus Verstand als aus dem Grunde seines Wesens plus Verstand. Seinem angeborenen Wesen blieb er immer treu. Er war bis auf den Grund ehrlich und schlicht. Jedes Getue war ihm zuwider. Intrigen haßte er. Im oldenburger Lande war er ausgesprochen beliebt. Hier war er der geborene Volksführer und am rechten Platze.[695]

---

[690] Günther, S. 613.
[691] Rademacher (Hrsg.): Thiele, S. 17.
[692] Rademacher (Hrsg.): Thiele, S. 16.
[693] Rademacher (Hrsg.): Thiele, S. 15.
[694] Dies und das folgende nach Schaap, Klaus: Oldenburgs Weg ins 'Dritte Reich' (Quellen zur Regionalgeschichte Nordwest-Niedersachsens; Heft 1). Oldenburg, 1983. S. 63.
[695] Rademacher: (Hrsg.): Thiele, S. 17.

Auch der ehemalige Gaugeschäftsführer Ernst Meyer beschreibt Röver in menschlicher Hinsicht als angenehmen und sozial engagierten Menschen:

> Ich möchte Röver tatsächlich als sauberen und anständigen Menschen charakterisieren. Jeder Volksgenosse konnte zu ihm kommen. Er war ausserordentlich gutmütig und hilfsbereit. (...) Wenn jemand eine Notlage schilderte, so wurde ihm in den meisten Fällen eine Unterstützung angewiesen. Ich glaube, dass Röver als armer Mann gestorben ist.[696]

Meyers Vermutung wird bestätigt von Dr. Henry Picker, der in "Hitlers Tischgespräche im Führerhauptquartier" zu Rövers Tod vermerkt, daß dieser Hitler "stark erschüttert" habe, "hat er doch mit ihm einen Idealisten verloren, der von seinen Gehältern und Bezügen nur das Lebensnotwendigste verbrauchte und alles anderen wohltätigen und allgemeinen Zwecken zuführte." Röver hatte noch nicht einmal für die Absicherung seiner eigenen Familie gesorgt und so "muß der Führer Frau Röver das Haus, in dem die Gauleiterfamilie wohnt, von Reichs wegen übertragen lassen, damit sie wenigstens ein eigenes Dach über dem Kopf behält."[697]

Röver gehörte von seiner politischen Grundüberzeugung her zu der Anfang der zwanziger Jahre in Deutschland weit verbreiteten völkisch-antisemitischen Strömung; "schon in den frühen zwanziger Jahren fiel er durch üble antisemitische Anzeigen auf"[698]. Rövers Einsatz für die völkische Bewegung wurde erstmals 1923 aktenkundig. Der Polizeibericht vom 15. 4. 1923 berichtet über ihn: "Röver betreibt mit seinem Vater hier Heiligengeiststraße ein Manufakturwarengeschäft. Er war hier als Anhänger der völkischen Bewegung bereits bekannt, ist aber bisher nicht hervorgetreten."[699]

Auf der Gründungsversammlung der NSDAP-Ortsgruppe in Oldenburg am 6. 4. 1925 wurde Carl Röver Ortsgruppenleiter der damals 21 Mitglieder umfassenden Ortsgruppe. Durch die schleppende Bearbeitung der Aufnahmeanträge in München - die NSDAP als solche war am 27. 2. 1925 neu gegründet worden - wurde Röver mit dem Eintrittsdatum vom 13. 7. 1925 und der Mitgliedsnummer 10545 in die NSDAP aufgenommen. Mit Verfügung vom 21. 6. 1927 wurde Carl Röver mit Wirkung vom 1. 7. 1927 Führer des Bezirks Ostfriesland-Oldenburg bestellt, der aus der Zusammenlegung der bisherigen Bezirke Oldenburg und Ostfriesland entstand.

Röver trat nicht nur als Organisator, sondern auch als Redner in Erscheinung. Seine Reden zeichneten sich laut Günther durch die "Brutalität der Sprache und der

---

[696] Staatsanwaltliches Vernehmungsprotokoll vom 10. 11. 1948. BA Koblenz Z 42 IV/7047, Bl. 47.
[697] Picker, Henry: Hitlers Tischgespräche im Führerhauptquartier. Berlin, 1997. S. 475.
[698] Günther, S. 611.
[699] Zitiert nach Klaus Schaap: Oldenburgs Weg ins 'Dritte Reich' (Quellen zur Regionalgeschichte Nordwest-Niedersachsens; H. 1). Oldenburg, 1983. S. 63.

Drastik der Bilder, die er verwendete"[700], aus. Seine Angriffe auf das Weimarer "System" und seine Repräsentanten "brachten ihm in den Jahren 1931 und 1932 in ganz Norddeutschland Rede- und Versammlungsverbote ein."[701] "Unwiderlegbar bleibt, daß er in der 'Kampfzeit' ein Volksverhetzer übelster Sorte war" (Schwarzwälder)[702]. Günthers abschließendes Urteil lautet: "Die Methoden seines politischen Kampfes waren, selbst an den Maßstäben der damaligen Zeit gemessen, brutal und abstoßend[703]. Ein etwas anderes Bild zeichnet ein Polizeibericht aus dem Jahr 1927, in dem "die Ausführungen dieses nicht ungeschickten Redners"[704] wiedergegeben werden. Röver zeigt sich in seinem Vortrag über "Judentum und Rassefragen" als krasser Antisemit, wobei er besonders von der Beteiligung der Juden am Wirtschaftsleben ein sehr düsteres Bild zeichnete.

Kurt Thiele, damals selbst ein führender Organisator der NS-Bewegung, sieht Rövers ordinäre Ausdrucksweise in einem anderen Licht, denn "was den Städter schockiert, schockiert nicht unbedingt auch den Landmann. Auf dem Lande kann man viel deutlicher und unverblümt reden. Und gar auf plattdeutsch ist meistens nicht anstößig, was auf hochdeutsch "shocking" ist. Auf dem Lande ist "Schiet" ein absolut honoriger Ausdruck."[705] Auch die geradezu blutrünstigen politischen Reden Rövers sieht Thiele in einem anderen Licht und weist darauf hin

> daß die Nationalsozialisten wohlüberlegt und somit mit voller Absicht nicht nur die Methoden des brachialen Kampfes sondern auch die Schärfe der Sprache bis zur blutrünstigen Sprache in Wort und Schrift ihren Gegnern aus dem Lager der roten Internationale abgesehen und abgelauscht hatten. (...) Den braven Bürgerlichen, die nie eine rote Versammlung besucht hatten und die rote Zeitungen nicht ins Haus kommen ließen, nun aber nationalsozialistische Versammlungen besuchten, war dieser Ton neu und schockierend.[706]

Doch auch die "braven bürgerlichen" Zeitungen empfanden Rövers Reden zwar als demagogisch und wenig gehaltvoll, keineswegs aber als "blutrünstig". Im Gegenteil mußte hier immer wieder zugegeben werden, daß Röver ein geschickter Redner war, der sein Publikum - das von den Zeitungen mehr gescholten wurde als der Redner - zu nehmen wußte. So berichtete die "Osnabrücker Zeitung" vom 6. 9. 1930:

---

[700] Günther, S. 612.
[701] Günther, S. 612.
[702] Zitiert nach Günther, S. 612.
[703] Günther, S. 613.
[704] Lagebericht vom 17. 9. 1927 für die Zeit vom 1. - 15. September 1927. StAO Best. 136 Nr. 2798 Bl. 333.
[705] Rademacher (Hrsg.): Thiele. S. 20.
[706] Rademacher (Hrsg.): Thiele. S. 20 f.

Zur Kennzeichnung seines Niveaus sei erwähnt, daß er die Staatspartei, "die Demokröten mit dem mahraunierten Hering" "als Paarung aus Perversität" bezeichnete, daß er in einem geschmacklosen Vergleich "Koch-Löwenstein mit seinen Plattfüßen" erwähnte und daß er auf Zwischenrufe mit dem schöne (!) Wort "Sabelsuse" (!) antwortete.

Dieses Schlagwörterlexikon ließe sich noch beliebig vermehren, denn es ist tatsächlich so, daß man als Deutscher geradezu Scham empfindet, wenn ein Redner solcher Qualität - vom Politiker ganz zu schweigen - vier Stunden lang einen vollgefüllten Saal beschäftigen kann (...), ohne daß eine Versammlung überhaupt dem Gedanken Ausdruck gibt, wie unser Volk immer mehr auf diese Art und Weise von Oberflächlichkeit und Verhetzung in den Abgrund gezogen wird und ein Bild politischer Unreife bietet, das jeden, der es lieb hat, nur mit Trauer erfüllen kann.

Röver litt zeitlebens unter der Malaria, die er sich in Kamerun zugezogen hatte, was sich besonders bei seinen Auftritten als Redner bemerkbar machte. Kurt Thiele erinnert daran, daß es zur Zeit Rövers noch keine Lautsprecher gab. Das Reden in einem großen Saal erfordert also eine bedeutende körperliche Anstrengung:

Hierbei spielte ihm die Malaria manches unliebe Mal einen üblen Streich. Was die Zuhörer dann -- die einen als volkstümlich, die anderen als schockierend -- empfanden, war in Wirklichkeit eine Nothandlung. Erst zog er während der Rede den Rock aus, schließlich riß er den Schlips herunter und öffnete den Hemdkragen. Dies tat er nicht aus Effekthascherei. Derlei war seinem Wesen völlig fremd. Er tat es, weil ihm der Hals anschwoll, so daß er unter Luftnot litt. Aus diesem Grunde auch mußte immer genügend Sprudel am Rednertisch bereit stehen. Er mußte die Kehle kühlen."[707]

Auch sei Röver im Alkoholgenuß "zurückhaltend vorsichtig, möglicherweise ebenfalls wegen der Malaria."

Rövers einziges, wirkliches Manko war, daß er seinen Redestil nicht der jeweiligen Gelegenheit anpasste. Thiele notierte bei Röver, er habe stets "gepredigt, daß es nur *einen* Nationalsozialismus gäbe und immer auch hatte er daraus den falschen Schluß gezogen, daß man ihn deshalb auch nur auf *eine* Weise an die Menschen heranbringen könne."[708] Ein besonders krasses Beispiel ist Rövers Ansprache anläßlich der Machtübernahme im Bremer Senat. Diese schockierte besonders den

---

[707] Rademacher (Hrsg.): Thiele. S. 18.
[708] Rademacher (Hrsg.): Thiele. S. 18.

abtretenden Regierenden Bürgermeister, den alten Dr. Donandt, den Thiele wegen seines Alters und seiner würdevollen Erscheinung "den Hindenburg Bremens"[709] nannte:

> Man konnte erkennen, wie er innerlich entsetzt war über diesen Mann, der da in seinem Amtszimmer so laut und angestrengt redete, daß er einen roten Kopf bekam, der da so viel Wesens vom Volk und von der deutschen Mutter und vom Kind in ihrem Schoße machte, wo es sich doch seiner Meinung nach nur darum handelte, ob diese national-rote Naziwelle ein paar Sitze im Senat haben sollte anstelle der bisher dort gesessenen Sozialdemokraten oder ob, wie diese Nazis es forderten, der ganze Senat zurücktreten solle und künftig die Stadt den Nazis mehr oder weniger ausgeliefert sein sollte.[710]

Im Zuge der Angleichung der NSDAP-Gaue an die Reichstagswahlbezirke wurde Carl Röver am 1. 10. 1928 Gauleiter des neuen Gaues Weser-Ems. Im selben Jahr wurde er nach den oldenburgischen Landtagswahlen, bei denen die NSDAP weit besser abschnitt als im Reichsdurchschnitt, Mitglied des Oldenburgischen Landtags und gleichzeitig Führer der NSDAP-Fraktion. Diese Stellung gab ihm eine neue Plattform zur Verbreitung nationalsozialistischer Propaganda.

Bei der Wahl zum Oldenburgischen Landtag vom Mai 1932 verfehlte die NSDAP zwar die absolute Mehrheit der Stimmen, erreichte aber eine knappe Mehrheit der Mandate, die zur Bildung einer Alleinregierung der NSDAP ausreichte. Carl Röver wurde daraufhin am 26. 6. 1932 zum Ministerpräsidenten gewählt. Laut Wolfgang Günther hat Röver für das Amt des Ministerpräsidenten zunächst nicht kandidiert, "weil er sich offenbar dieser Aufgabe nicht gewachsen fühlte und seine Glaubwürdigkeit als einfacher "NS-Kämpfer" ohne Karriereambitionen einzubüßen drohte."[711] Auf der Ministerliste, die im Oktober 1931 bei dem Versuch, eine NS-Regierung zu bilden, zusammengestellt wurde, war sein Name nicht enthalten. Heinrich Böhmcker hatte hier den Spitzenplatz eingenommen. Das Amt des Ministerpräsidenten hat Carl Röver nur zehn Monate lang innegehabt, denn im Rahmen der Gleichschaltung der Länder wurde er am 5. 5. 1933 zum Reichsstatthalter von Oldenburg und Bremen ernannt, was zwingend zur Aufgabe des Amtes führte. Neuer Ministerpräsident wurde Georg Joel, seit 1932 stellvertretender Gauleiter. Kurz vor Ausbruch des Zweiten Weltkrieges übernahm Röver neben seinen Ämtern als Gauleiter und Reichsstatthalter am 22. 9. 1939 noch das Amt eines Reichsverteidigungskommissars für den Wehrkreis XI Weser-Ems.

Seine Erfolge als Gauleiter waren bescheiden. Weder gelang es ihm, den Gau Weser-Ems zu einem Reichsgau zu machen, noch gelang ihm der Ausbau Olden-

---

[709] Rademacher (Hrsg.): Thiele. S. 71.
[710] Rademacher (Hrsg.): Thiele. S. 71.
[711] Günther, S. 612.

burgs zu einer repräsentativen Gauhauptstadt. Bei den "Wahlen" und Abstimmungen 1933 und 1934 belegte der Gau Weser-Ems einen der letzten Plätze in der Rangfolge der "Ja"-Stimmen. Als persönliche Ohrfeige muß Röver das offiziell verkündete Ergebnis der Reichstagswahl vom 10. 4. 1938 empfunden haben, denn sein Gau Weser-Ems war neben Sachsen der einzige Gau im ganzen Deutschen Reich einschließlich Österreichs, in dem laut veröffentlichtem Wahlergebnis weniger als 98 % der Bevölkerung mit "Ja" gestimmt hatten[712].

Auch sein Lieblingsprojekt, der Ausbau der Stiftung "Stedingsehre" bei Bookholzberg, konnte wegen des Kriegsausbruches nicht mehr fertiggestellt werden. Hier wurde erstmals 1934 das Freilichtfestspiel "Die Stedinger" des beliebten Heimatdichters August Hinrichs aufgeführt, das an den Kampf der Bauern des Stedinger Landes, aus dem auch Röver stammte, gegen den Bremer Bischof erinnerte. Daneben sollte der Bookholzberg ein großes Schulungszentrum werden und war auch zeitweise Sitz des Gauschulungsamtes Weser-Ems der NSDAP. Günthers Gesamturteil über Röver fällt dementsprechend aus: "Dem Urteil, die politischen Verhältnisse hätten ihn zu einer Stellung emporgespült, für die er nicht geeignet war und in der er sehr viel Schaden und wenig Nutzen stiftete (Schwarzwälder) ist nichts hinzuzufügen"[713].

Günthers Urteil über Rövers Fähigkeiten als Politiker fällt sehr hart aus, wie Günther Röver überhaupt insgesamt durchweg negativ beurteilt. Daß Röver hinsichtlich der oldenburgischen Landespolitik tatsächlich recht abenteuerliche Vorstellungen hatte, geht aus einer Aussage Hjalmar Schachts beim Nürnberger Prozess gegen die Hauptkriegsverbrecher hervor. 1932 hatte Hitler ein Treffen zwischen ihm und Röver arrangiert. Röver beabsichtigte, in Oldenburg ein eigenes Staatsgeld einzuführen. Hjalmar Schacht fand die Idee lächerlich: "Ich habe mich damals über diese Sache sehr lustig gemacht und habe Hitler ein Telegramm geschickt, worin ich ihm sagte, mit solchen Wundern könnte man die Wirtschaftsnöte des Deutschen Reiches nicht heilen."[714]

Für die vorliegende Arbeit sind jedoch weniger die Erfolge als vielmehr der Führungsstil Rövers als Gauleiter wichtig. Dieser war sehr kollegial und wurde bei seinen Mitarbeitern geschätzt. Ernst Meyer, 1933 bis 1934 Gaugeschäftsführer und ab 1935 Kreisleiter in Wilhelmshaven, hatte Gauleiter Röver noch nach dem Krieg in angenehmer Erinnerung.

---

[712] Vgl. Die Volksabstimmung und die Wahlen zum Großdeutschen Reichstag am 10. April 1938. Die Ergänzungswahlen zum Großdeutschen Reichstag am 4. Dezember 1938 (Statistik des Deutschen Reichs, Band 531). Berlin, 1939. S. 6.
[713] Günther, S. 613.
[714] Aussage Schachts am 30. 4. 1946. Der Prozeß gegen die Hauptkriegsverbrecher vor dem internationalen Militärgerichtshof Nürnberg. Band 12. Nürnberg, 1947-1949. S. 463.

Die Zusammenarbeit mit Röver war sehr angenehm. (...) Er konnte auch Widerspruch vertragen und forderte einen solchen Widerspruch heraus, um die Wahrheit zu erforschen. (...) Er hat auch niemals jemand zur Anzeige gebracht, der ihn angegriffen oder beschimpft hat. Entsprechende Anweisung hat er an uns, seine Mitarbeiter und an die Kreisleiter gegeben. Wer in seiner Überzeugung stark sei, der brauche solche Anwürfe nicht zu fürchten. Das war seine Redensart. Die besondere Stärke des Röver war seine aufrichtige Gesinnung gegenüber seinen Vorgesetzten.[715]

Röver ließ seinen Kreisleitern in der Regel freie Hand. Kurt Thiele berichtet: "Nach dem Eintritt in die Bürgerschaft Anfang 1931 führte ich ebenso selbständig im Verhältnis zu Oldenburg die Verhandlungen um eine Beteiligung der Partei an der bremischen Regierung. Es ist bezeichnend für den Abstand, den Röver zu Bremen hatte, daß er sich selbst dabei nicht einschaltete."[716] Rövers Tendenz, seinen Kreisleitern die Regelung der örtlichen Verhältnisse zu überlassen, beschränkte sich jedoch nicht auf Bremen. Auch Ernst Meyer, ab August 1935 Kreisleiter von Wilhelmshaven, sagte nach dem Krieg aus: "Röver liess mir völlig freie Hand."[717]

Rövers kollegialer Führungsstil ist unmittelbare Konsequenz seines politischen Denkens. Gerade für die Zukunft des NS-Staates nach dem Krieg – noch bei Abfassung seiner Denkschrift Anfang 1942 hegte Röver offenbar keinen Zweifel daran, daß das NS-Regime den Krieg überstehen würde - sah er im uneingeschränkten Führerprinzip die Gefahr des Entstehens "despotischer Führer"[718]. Nicht nur die Stellung der Gauleiter, sondern auch ihrer Mitarbeiter und der ihnen untergebenen "Politischen Leiter" müsse gefestigt sein. Die starke Stellung der Gauleiter sei zwar grundsätzlich begrüßenswert, es "ergibt sich doch daraus die Frage, ob nicht im Hinblick auf die Zukunft sozusagen ein Sicherheitsventil eingebaut werden muß."[719]

Obwohl Röver von der Richtigkeit des Führerprinzips als solchem überzeugt war, sah er doch die Gefahr, "daß der einzelne Führer sich zum politischen Despoten entwickelt, der keine andere Meinung neben sich duldet, jede begründete Kritik und jeden noch so berechtigten Einwand unterdrückt"[720]. Röver sah sich offenbar, ohne dies in seiner Denkschrift offen zum Ausdruck zu bringen, mit seinem kollegialen Führungsstil als eine Art Vorbild für den Rest der gegenwärtigen und zukünftigen Gauleiter. Das geforderte "Sicherheitsventil" war für Röver mit dem Führerprinzip durchaus vereinbar, denn dieses besagte lediglich, daß beim "Führer" die letztendliche Entscheidungsgewalt verblieb.

---

[715] Vernehmungsprotokoll Ernst Meyer, Staatsanwalt Dr. Schuemann als vernehmender, Bremen, 10. 11. 1948. BA Koblenz, Z 42 IV/7047 Spruchgerichtsakte Ernst Meyer. Bl. 47.
[716] Rademacher (Hrsg.): Thiele, S. 18.
[717] Vernehmungsprotokoll Ernst Meyer, Staatsanwalt Dr. Schuemann als vernehmender, Bremen, 10. 11. 1948. BA Koblenz, Z 42 IV/7047 Spruchgerichtsakte Ernst Meyer. Bl. 47.
[718] Rademacher (Hrsg.): Röver, S. 42.
[719] Rademacher (Hrsg.): Röver, S. 42 f.
[720] Rademacher (Hrsg.): Röver, S. 43.

Die politische Führung könne hierbei nicht mit der Befehlsgewalt in der Wehrmacht verglichen werden, denn im Bereich der "Menschenführung" könne man

> nicht nur befehlsmäßig arbeiten, sondern muß die Menschen von der Notwendigkeit der angeordneten Maßnahmen überzeugen. (...) Der politische Führer muß, um seine Aufgaben durchführen zu können, eine entsprechende Bewegungsmöglichkeit haben. Man kann ihn nicht einengen in bestimmte, fest umrissene Vorschriften, wie es bei der Wehrmacht möglich ist. Diese Bewegungsmöglichkeit, die für seine Arbeit notwendig ist, schließt aber die Gefahr in sich, daß, wie oben erwähnt, der einzelne sich zum politischen Despoten entwickelt.[721]

Bei der Frage, wie die Entwicklung der Gauleiter zu "politischen Despoten" verhindert werden kann, orientierte sich Röver an der katholischen Kirche. Hier sei das Führerprinzip ebenfalls nur eingeschränkt umgesetzt. Absolut sei es nur in der Spitze, in der Mittelinstanz, d. h. den Bischöfen, sei es nur bedingt umgesetzt, beispielsweise dadurch, daß den Bischöfen ein Domkapitel beigegen sei. Dieses System habe

> wesentlich zur Festigung der kirchlichen Organisation beigetragen. Es muß m. E. in Erwägung gezogen werden, ob nicht ähnliche Maßnahmen in der Partei getroffen werden müssen, selbstverständlich in der Form, daß hierdurch das Führerprinzip nicht verwässert wird. Ich denke hierbei an einen Gausenat, der mit gewissen Vollmachten ausgestattet ist, und der sich aus Männern des Gaustabes und einigen Kreisleitern zusammensetzen muß.[722]

Im folgenden berichtet Röver über seine eigenen Erfahrungen. Röver traf sich mehrmals im Jahr für einige Tage mit den Gauamtsleitern und Kreisleitern seines Gaues im Blockhaus Ahlhorn. Diese Treffen dienten nicht nur der Kameradschaftspflege, sondern auch dazu, alle anstehenden Probleme im Gau durchzusprechen. Konflikte zwischen Gauleiter Röver und den Kreisleitern konnten so nur schwerlich entstehen. Röver empfahl daher sein System und seine Vorstellungen von der "Menschenführung" zur Nachahmung, denn er sah es als erwiesen an,

---

[721] Rademacher (Hrsg.): Röver, S. 43.
[722] Rademacher (Hrsg.): Röver, S. 44.

daß man in der Menschenführung und auch in der Verwaltung nicht allein selbstherrlich mit Befehlen, sondern in erster Linie mit den Mitteln der Liebe und der Überzeugungskraft arbeiten muß, und daß es notwendig ist, bevor grundlegende Entscheidungen getroffen werden, die nachgeordneten Instanzen, in diesem Falle die Kreisleiter, sowie die in Frage kommenden Mitarbeiter, das sind die Gauamtsleiter, maßgeblich zu hören."[723]

Der Sicherung gegen die Entstehung depotischer Führer sollte ein "freies und offenes Auftreten der Pol. Leiter gegenüber Vorgesetzten"[724] entsprechen. Durch eine innerparteiliche Disziplinarordnung sollte politischen Leitern gegenüber ihren Vorgesetzten der Rücken gestärkt werden, so daß sie vom Wohlwollen ihrer Vorgestzten weniger abhängig wären, denn

die Eigenart der Parteiarbeit macht es notwendig, daß die Parteiführer, gleich in welcher Stellung sie sich befinden, jeder Zeit die Möglichkeit haben müssen, ein offenes Wort vor Königsthronen zu sprechen, ohne daß sie Gefahr laufen, sich hierdurch das Genick zu brechen.[725]

Röver war mithin so von seinem Führungsstil überzeugt, daß er ihn als Modell für das ganze Deutsche Reich vorschlug.

Mit den Kirchen ging Carl Röver durchgängig auf Konfrontationskurs. Der erste große Skandal war die sogenannte "Kwami-Affäre"[726]. Im Herbst 1932 hatte der schwarzafrikanische Pastor Kwami Oldenburg besucht und hier auch gepredigt. Das Auftreten Kwamis hatte Röver als Schändung der weißen Rasse erklärt, was heftige Reaktionen seitens der evangelischen Kirche auslöste.

Im "Kreuzkampf" im katholisch geprägten Südoldenburg im Herbst 1936, der sogar im Ausland Aufsehen erregte, erlitt Röver eine herbe Niederlage. Unter dem Druck der Bevölkerung mußte Carl Röver öffentlich die Rücknahme des Erlasses seines Ministers Pauly bekanntgeben, nach dem aus den katholischen Schulen die Kreuze zu entfernen waren. Für die 'Bekehrung' der katholischen Bevölkerung zum Nationalsozialismus war Röver allerdings auch nicht unbedingt der richtige Mann. Albert Krebs[727], der ihn Ende 1931 kennenlernte, meinte aufgrund von entspre-

---

[723] Rademacher (Hrsg.): Röver, S. 44 f.
[724] Rademacher (Hrsg.): Röver, S. 46.
[725] Rademacher (Hrsg.): Röver, S. 46.
[726] Vgl. Jeremy Noakes: The Nazi Party in Lower Saxony 1921-1933. Oxford, 1971. S. 228-231.
[727] Albert Krebs (1899-1974) war von 1926 bis 1928 Leiter der Ortsgruppe Hamburg der NSDAP, 1932 Parteiausschluß wegen Kritik am „Führerprinzip". Vgl. Höffkes, S. 192-194.

chenden Bemerkungen Rövers, daß er "wie viele protestantische Norddeutsche einen antikatholischen Komplex gehabt hat"[728].

Schwierig war auch Rövers Verhältnis zu Bremen, "das er als Reichsstatthalter den Oldenburger Interessen unterordnen wollte"[729] und das für ihn der "größte politische Scheißhaufen in Deutschland"[730] war. Carl Röver ernannte und entließ in Bremen zunächst die Bürgermeister Dr. Markert und Otto Heider und setzte dann mit Heinrich Böhmcker am 16. 4. 1937 einen Oldenburger in das Amt des Regierenden Bürgermeisters ein, "ohne allerdings in jedem Falle mit dessen Gefolgschaftstreue rechnen zu können."[731]

Auf Rövers völkisch-antisemitische Grundeinstellung ist bereits hingewiesen worden. An seiner bedingungslosen Treue gegenüber Hitler besteht kein Zweifel. So bemerkte er in seiner Denkschrift von 1942, in der er auch auf die Gefahren des Führerprinzips hinwies, daß sich diese "solange der Führer lebt"[732], praktisch niemals auswirken könne. Dies war nicht unbedingt selbstverständlich, wie der Fall Ernst Röhm und seiner Anhänger, die wie er die Doktrin von der "zweiten Revolution" vertraten, zeigt.

Röver war im Gegensatz zu vielen anderen Gauleitern nie in der SA aktiv gewesen. Eine Mitgliedschaft Rövers in der SA läßt sich nicht nachweisen. Erst am 9. 11. 1937 wurde Röver per "Führerbefehl" zum SA-Führer z. V. mit dem Dienstgrad eines Gruppenführers ernannt.[733] Röver mißbilligte den Kurs Röhms, die Schuld an Himmlers Mordaktion gegen die SA-Führung um Röhm beim sogenannten "Röhm-Putsch" sah Röver ausschließlich bei der SA. Nach Aussage des Wilhelmshavener Kreisleiters Ernst Meyer hat Röver "1934 den Führer etwa 3 mal vor einem Verrat durch Röhm gewarnt und ist deshalb herausgeworfen worden."[734] In seiner Denkschrift schrieb er: "Die SA ging unter Führung des Verräters Röhm dann jenen unheilvollen Weg, der zum 30. Juni 1934 führte."[735]

Mit dem "Reichsführer-SS" Heinrich Himmler verband Röver nicht nur die Gegnerschaft zu Ernst Röhm, sondern auch die Schwärmerei für das Mittelalter. Bei der Grundsteinlegung zu Rövers Lieblingsprojekt, der Gedenkstätte "Stedingsehre" auf dem Bookholzberg, war Heinrich Himmler Ehrengast. In ideologischer Hinsicht war Röver Anhänger der Lehren von Alfred Rosenberg, der mit seinem "Mythus des 20. Jahrhunderts" und seiner krassen Kirchenfeindlichkeit auf heftige Ableh-

---

[728] Krebs, Albert: Tendenzen und Gestalten der NSDAP. Erinnerungen an die Frühzeit der Partei von Albert Krebs (Quellen und Darstellungen zur Zeitgeschichte; Bd. 6). Stuttgart, 1959. S. 227.
[729] Günther, S. 612.
[730] Äußerung Rövers auf einer Konferenz in Innsbruck am 6. 1. 1939. Zitiert nach Hartmut Müller: Bremen und Oldenburg. Freundnachbarliche Konfliktfelder in der Neuzeit (1648-1949). In: Oldenburger Jahrbuch 1982. S. 1 - 32, hier S. 25
[731] Günther, S. 612.
[732] Rademacher (Hrsg.): Röver, S. 43.
[733] MdL-Kartei des Staatsarchivs Oldenburg.
[734] Spruchgerichtsakte Ernst Meyer. BA Koblenz, Z 42 IV-7047, Bl. 47: Lebenslauf für das Spruchgerichtsverfahren vom 10. 11. 1948.
[735] Rademacher (Hrsg.): Röver, S. 92.

nung sowohl der katholischen als auch der evangelischen Kirche stieß. Röver störte sich daran wenig und erklärte, in seinem Gau werde "nur mit Rosenberg geschult"[736]. Wie wenig erfolgreich Röver hinsichtlich der Verbreitung der von Rosenberg vertretenen kirchenfeindlichen "Gottgläubigkeit" war, zeigt ein Vergleich der Daten der Volkszählungen vom Juni 1933 und Mai 1939.

In Fragen der innerparteilichen Organisation verstand sich Röver recht gut mit Martin Bormann, der Röver oft diesbezüglich um Rat fragte. Ein weiterer Punkt, der Röver und Bormann miteinander verband, war die Abneigung gegen den Leiter der deutschen Arbeitsfront und Reichsorganisationsleiter Robert Ley. Waren es bei Bormann und Ley eher Kompetenzrangeleien - beide fühlten sich für parteiliche Organisationsfragen zuständig -, die für eine Gegnerschaft ursächlich waren, so war Rövers Abneigung gegen Ley rein menschlich begründet. Röver, der im Umgang mit Alkohol vorsichtig war, verachtete Ley, der von der deutschen Bevölkerung den wenig schmeichelhaften Titel eines "Reichstrunkenboldes" verliehen bekommen hatte. Gegenüber dem Bremer Werftdirektor Franz Stapelfeldt bemerkte er einmal, daß, "wenn er, Röver, noch heute seinen Zeugladen hätte, und so ein Kerl wie Ley käme zu ihm mit der Aufforderung, in die Arbeitsfront einzutreten, würde er ihm in den Arsch treten und rausschmeissen."[737]

Mit Ausbruch des Zweiten Weltkrieges wurde Röver zunehmend skeptischer, auch gegenüber der NSDAP, "hatten doch in der Partei statt der "Alten Kämpfer", als der er sich sah und der er bleiben wollte, die neuen Parteibürokraten die Herrschaft übernommen"[738]. Kurz vor seinem Tod verfaßte Carl Röver noch eine Denkschrift, die sich mit innerparteilichen Organisationsfragen befaßte, allerdings keine Zweifel am Nationalsozialismus als solchem oder gar an Hitler selbst äußerte, sondern lediglich punktuelle Verbesserungsvorschläge für die Arbeit der NSDAP machte, die nach Beendigung des Krieges umgesetzt werden sollten. Da Röver um seinen Gesundheitszustand wußte, kann die Denkschrift somit als eine Art "politisches Testament" angesehen werden.

Röver starb am 15. 5. 1942 an einem Schlaganfall in der Charité in Berlin, zu der man ihn zur Behandlung einer akuten Lungenentzündung gebracht hatte. Spekulationen über eine angebliche Ermordung halten sich hartnäckig, obwohl es dafür keine stichhaltigen Beweise gibt. Zuletzt vertrat Harms die These von einer möglichen Ermordung, ohne jedoch neue, ernst zu nehmende Hinweise, geschweige denn Beweise, liefern zu können[739]. Harms stützt sich im Wesentlichen auf zwei Briefe

---

[736] Zitiert nach Rudolf Willenborg: "Wir wollen Christen sein und keine Neuheiden. Die Entkonfessionalisierung der Schulen in Oldenburg, der Schulkampf in Goldenstedt, die Ausweisung des Offizials Vorwerk und der Versuch einer Zerschlagung der Kirchenleitung in Vechta. In: Christenkreuz oder Hakenkreuz. Zum Verhältnis von katholischer Kirche und Nationalsozialismus im Land Oldenburg. Herausgegeben von Willi Baumann und Michael Hirschfeld. Vechta, 1999. S. 35.
[737] Stapelfeldt, S. 25.
[738] Günther, S. 612.
[739] Ingo Harms: Der plötzliche Tod des Oldenburger Gauleiter Carl Röver. In: Das Land Oldenburg. Mitteilungsblatt der Oldenburgischen Landschaft Nr. 102, I. Quartal 1999. S. 1-8.

eines Magdeburger Heilpraktikers, obwohl sich dessen Darstellungen von Rövers Tod in beiden Briefen gravierend unterscheiden. So will er in einer ersten Version mit Röver nach Berlin geflogen, dann aber lange vor Rövers Tod von diesem getrennt worden sein. In der zweiten Version will er aber sogar Rövers Todesschrei gehört haben. Der Magdeburger Heilpraktiker behauptet zwar nicht, Röver sei ermordet worden, erweckt aber doch einen solchen Verdacht. Von daher ist es schon bemerkenswert, daß seine Schreiben weder an die Polizei noch an die Staatsanwaltschaft gerichtet wurden. Sein erstes Schreiben, dem er eine Quittung über 10.000 Reichsmark beifügte, die die Gestapo 1942 bei ihm beschlagnahmt hatte, richtete er an eine Dienststelle des Berliner Senats, die für die finanzielle Entschädigung von NS-Opfern zuständig war. Das zweite Schreiben ging an das Gesundheitsamt in Oldenburg. Der Magdeburger Heilpraktiker will Röver persönlich untersucht haben, weiß aber weder von der Malaria noch von der Progressiven Paralyse und noch nicht einmal von Rövers Autounfall im Jahr 1937, bei dem dieser eine schwere Gehirnerschütterung erlitt.

Die offizielle Todesursache war eine schwere Lungenentzündung. Das Sterbebuch der Berliner Charité weist als Todesursache eine Lungenentzündung und einen Schlaganfall aus, der die eigentliche Todesursache war. Zu dem Gerücht, Carl Röver sei ermordet worden, schreibt Curt Thiele:

> Dem Zeitgeist gemäß wurde behauptet, Carl Röver sei keines natürlichen Todes gestorben. Er ist es. In meiner Rückschau sehe ich es so, daß er nicht daran glaubte, daß der Krieg von uns erfolgreich werde beendet werden können. Seit Beginn des Ostfeldzuges 1941 wurde ihm dies immer mehr zur Gewißheit. Sie lähmte seinen Widerstand anläßlich der schweren Erkrankung im nächsten Jahre. Sein Lebenswille zerbrach. Der Schluß scheint mir durchaus berechtigt, daß er nicht mehr wollte. Das innere Feuer, mit dem dieser Mann rund dreißig Jahre lang gegen ein tückisches Leiden angekämpft hatte und das ihn diesem Leiden zum Trotz in bewußter Selbstaufopferungsbereitschaft zu großen Leistungen befähigt hatte, war erloschen. Es war nicht nötig, nachzuhelfen.[740]

Angesichts der langen Krankengeschichte Rövers erscheint ein krankheitsbedingtes Ableben durchaus glaubhaft. 1913 kehrte Röver, lebensgefährlich an Malaria erkrankt, aus Afrika zurück. An den Folgen dieser Erkrankung hatte er sein Leben lang zu leiden, wie Kurt Thiele in seinen "Aufzeichnungen und Erinnerungen" schreibt[741].

Auch alle anderen Personen aus Carl Rövers persönlichem Umfeld sind sich darin einig, daß sein Tod krankheitsbedingt war. Ernst Meyer, bis 31. 12. 1934 Gaugeschäftsführer und von 1935 - 1942 Kreisleiter von Wilhelmshaven, führt Rö-

---

[740] Rademacher (Hrsg.): Thiele. S. 20.
[741] Rademacher (Hrsg.): Thiele, S. 18.

vers Tod auf den Autounfall zurück, bei dem er sich eine Gehirnerschütterung zugezogen hatte[742]. Am 20. 12. 1937 geriet Rövers Wagen auf einer Fahrt auf der Reichsautobahn nach Hamburg infolge extremer Glätte ins Schleudern, kam von der Fahrbahn ab und rutschte "in einen drei Meter tiefen Graben senkrecht hinein."[743] Die "Oldenburgische Staatszeitung" verharmloste den Unfall und die von Carl Röver erlittenen Verletzungen: "Der Gauleiter hat sich dabei den Arm gebrochen. Sonst hat er nennenswerte Verletzungen glücklicherweise nicht erlitten."[744] Daß dies eine stark geschönte Fassung der Ereignisse war, konnten sich die Leser der "Oldenburgischen Staatszeitung" denken, als diese am 5. 1. 1938, über zwei Wochen nach dem Unfall, berichtete: "Der Gesundheitszustand des Gauleiters hat sich wesentlich gebessert. Es ist aller Voraussicht nach damit zu rechnen, daß er in einigen Wochen seine Dienstgeschäfte wieder übernehmen kann." Einige Wochen später, am 6. 2. 1938 berichtete die "Oldenburgische Staatszeitung", Gauleiter Röver habe einen vierwöchigen Erholungsurlaub angetreten. Erst am 3. 3. 1938, zweieinhalb Monate nach Rövers Unfall, konnte die "Oldenburgische Staatszeitung" melden, daß Gauleiter Röver wieder im Dienst sei. Daß er zu diesem Zeitpunkt immer noch nicht völlig wiederhergestellt war zeigt die Presseberichterstattung über den "Wahlkampf" für die "Wahl zum Großdeutschen Reichstag" am 12. 4. 1938, die die NS-Regierung nach dem Anschluß Österreichs angesetzt hatte. So meldete die "Oldenburgische Volkszeitung" am 23. 3. 1938, daß Carl Röver "nicht persönlich wie bisher in allen Wahlkämpfen das Wort ergreifen wird."

Schließlich geht aus einem Telegramm Heydrichs an Himmler[745] hervor, daß bei Carl Röver eine progressive Paralyse ausgebrochen war. Diese Krankheit, eine Spätfolge der Syphilis, im Volksmund "Gehirnerweichung" genannt, greift das Gehirn an, ist jedoch nicht unmittelbar tödlich, sondern führt zunächst zu Persönlichkeitsveränderungen, die zuerst mit Wahrnehmungs- und Gleichgewichtsschwierigkeiten sowie im Verhalten mit Taktlosigkeit beginnt und sich bis zu Wutausbrüchen und Tobsuchtsanfällen steigern kann. Die progressive Paralyse war zu diesem Zeitpunkt nicht heilbar und führte nach Ausbruch innerhalb weniger Jahre zum Tod. Durch die damals angewandte Heilfiebertherapie konnte bestenfalls eine Linderung erreicht werden.[746] Rövers baldiges Ausscheiden aus dem politischen Leben aufgrund der beginnenden Geisteskrankheit stand also fest und machte eine Ermordung in jeder Hinsicht überflüssig.

Popularisiert wurde die Ermordungsthese von dem Engländer David Irving, der lediglich aufgrund des bereits zitierten Telegramms von Heydrich an Himmler zu dem Schluß kommt, Bormann habe Röver ermorden lassen[747]. Aufgrund der bekannten guten Zusammenarbeit zwischen Röver und Bormann in grundsätzlichen

---

[742] Lebenslauf Ernst Meyer, Bremen, 10. 11. 1948. Spruchgerichtsakte Ernst Meyer, BA Koblenz, Z 42 II/7047 Bl. 47.
[743] Oldenburgische Staatszeitung, 23. 12. 1937.
[744] Oldenburgische Staatszeitung, 23. 12. 1937.
[745] Telegramm Heydrichs an Himmler, 13. 5. 1942. In: Reichsführer!...Briefe an und von Himmler. Herausgegeben und eingeleitet von Helmut Heiber. München, 1970. S. 148 f.
[746] Vgl. Der Volks-Brockhaus. Leipzig, [7]1938. S. 234.
[747] Vgl. Irving, David: Hitlers Krieg. Bd. 1: Die Siege 1939-1942. München, 1983. S. 304.

Organisationsfragen erscheint dies unwahrscheinlich, zumal Röver in seiner Denkschrift vorgeschlagen hatte, nach dem Krieg solle die Reichsleitung straff unter der Führung einer Person gestellt werden. Dies sollte der Leiter der Partei-Kanzlei sein. Bormann hätte sich selber einen schlechten Dienst erwiesen, hätte er Röver, der ihm für den weiteren Ausbau seiner Machtstellung so nützlich sein konnte, beseitigt[748].

Noch ein anderer Umstand lässt die Vermutung, Bormann habe Rövers Ableben befördert, als absurd erscheinen. Im Frühjahr 1942 suchte Martin Bormann einen Vertreter für seinen Adjutanten Heinrich Heim, der bei Hitlers Tischgesellschaften dessen Ausführungen schriftlich festhalten sollte. Bormann entschied sich auf Vorschlag von Carl Röver für Dr. Henry Picker, Mitarbeiter im Gauamt für Kommunalpolitik des Gaues Weser-Ems, "weil der Vorschlag von einem bewährten Gauleiter stammte und Hitler die Anerkennung, die er dem Vater Pickers zollte, auf den Sohn übertrug"[749]. Hätte Bormann, der stets streng darauf achtete, wer Zutritt zu Hitler erhielt, tatsächlich eine Ermordung Rövers geplant, so hätte er wohl kaum dessen Protegé zu seinem Adjutanten gemacht und Zutritt zu Hitlers innerstem Zirkel verschafft.

Nachfolger von Carl Röver wurde im Juni 1942 Paul Wegener. Paul Wegener war ein alter Bekannter von Carl Röver: "Anlässlich einer Zusammenkunft mit dem ersten Gauleiter des Gaues Weser-Ems, Carl Röver, hat er sich mit diesem über Kolonialfragen unterhalten, und da Röver selbst kolonialpolitisch stark interessiert war, wurde er mit ihm näher bekannt. Röver vermittelte ihm dann den Posten eines Adjutanten beim Stellvertreter des Führers."[750] Er war somit wegen seiner verschiedenen Tätigkeiten im Gau Weser-Ems und als Protegé von Carl Röver der ideale Nachfolger.

Paul Wegener wurde am 1. 10. 1908 in Varel in Oldenburg geboren.[751] Sein Vater, von Beruf praktischer Arzt, trat 1929 in die NSDAP ein und war bis 1933 Mitglied der NSDAP-Fraktion im Vareler Stadtrat. Die "Bremer Zeitung" schrieb über ihn: "Auch sein Vater ist Nationalsozialist aus der frühesten Kampfzeit der Bewegung, und all die guten Eigenschaften, die man in der Oeffentlichkeit an dem Vater schätzt, finden wir beim Sohne wieder."[752] Paul Wegener besuchte zunächst die Volksschule und die Realschule in Varel, danach die Gymnasien in Wilhelmshaven und Ballenstedt im Harz.

---

[748] Rademacher (Hrsg.): Röver, S. 63.
[749] Jochmann, Werner: Adolf Hitler. Monologe im Führerhauptquartier 1941-1944. Aufgezeichnet von Heinrich Heim. Herausgegeben und kommentiert von Werner Jochmann. München, 2000. S. 12.
[750] Ermittlungsbericht der Kriminalpolizei Oldenburg. Oldenburg, den 7. 9. 1948. BA Koblenz, Spruchgerichtsakte Paul Wegener, Z 42/IV 1716 Bl. 40.
[751] Dies und das folgende nach Karl Höffkes: Hitlers politische Generale. Die Gauleiter des Dritten Reiches. Ein biographisches Nachschlagewerk. Tübingen, 1986.
[752] Bremer Zeitung, 10. 7. 1934.

Nach einem Jahr praktischer Lehrzeit in der Landwirtschaft besuchte er die Kolonialschule in Witzenhausen, da er später als Farmer oder Kaufmann ins Ausland gehen wollte"[753]. Schon dort tat sich Paul Wegener als besonders aktiv und ehrgeizig hervor. Wegeners ehemaliger Lehrer Dr. Peppler sagte am 30. 5. 1947 vor dem Oberbürgermeister von Witzenhausen aus, er habe die Akten der deutschen Kolonialschule Witzenhausen eingesehen. Auf der Sitzung des Lehrkörpers zur Festlegung der Abgangszeugnisse im März 1928 sei Wegener folgendermaßen beurteilt worden:

> Für seinen gediegenen Charakter und für sein ansprechendes Wesen bietet die Tatsache Gewähr, dass Herr Wegener trotz seiner Jugend fast 2 ½ Semester hindurch das Amt des Vorsitzenden der Kameradschaft Wilhelmsdorf in vorbildlicher Weise bekleidet hat. Seine Gewissenhaftigkeit und Tüchtigkeit berechtigen zu den besten Hoffnungen.[754]

Paul Wegener verließ die Kolonialschule 1928 als Diplom-Kolonialwirt mit der Abschlußnote "gut".

Von 1929 bis 1930 übte er eine kaufmännische Tätigkeit bei einer Im- und Exportfirma in Bremen aus. Es folgte von 1930 bis 1931 eine Tätigkeit als Verkäufer bei Daimler-Benz in Bremen. Am 1. 8. 1930 trat er als Mitglied Nr. 286225 in die NSDAP und am 1. 2. 1931 in die SA ein. 1931 sollte Paul Wegener für die "Nordwolle" nach Argentinien gehen. Dazu kam es jedoch nicht, "da die Nordwolle in Konkurs ging. Da aber überredete ihn Hitler bei einer Kundgebung in Oldenburg zum Übertritt in die hauptamtliche SA-Laufbahn"[755]. 1931 wurde er Führer der Standarte 19. Er behielt dieses Amt bis 1932. Zugleich war er Ortsgruppenleiter der NSDAP in Varel. Es folgte im Juni/Juli 1931 ein Lehrgang auf der Reichsführerschule der SA in München.

Vom Januar bis April 1932 war Paul Wegener zunächst Leiter der SA-Führerschule in Dornum/Ostfriesland. Am 1. 5. 1932 wurde er zum Führer der Standarte 75 der SA in Bremen ernannt und zum SA-Standartenführer befördert. Zu dieser Zeit - seit dem 13. April 1932 - waren die SA und die SS im ganzen Reich verboten, "doch war die Polizei recht großzügig und seit dem 18. Juni konnten die braunen Kolonnen wieder marschieren."[756] In seiner Eigenschaft als SA-Standartenführer beteiligte er sich aktiv als Redner beim Reichstagswahlkampf. So hielt er z. B. zusammen mit Gauleiter Carl Röver am 25. 10. 1932 in Zetel i. Oldenburg Reden auf einer Wahlkundgebung der NSDAP.[757]

---

[753] Schwarzwälder IV, S. 389.
[754] StAO Best. 351 Karton Nr. 1221 Sp 888 Entnazifizierungsakte Paul Wegener.
[755] Schwarzwälder IV, S. 389.
[756] Herbert Schwarzwälder: Bremen in der Weimarer Republik (Geschichte der Freien Hansestadt Bremen; Bd. 3). Hamburg, 1983. S. 602.
[757] Der Freiheitskämpfer, 20. 10. 1932.

Mit der Übernahme der SA-Standarte Bremen wurde Wegener dort aktiv. Am 3. März war er Teil einer Abordnung der Partei, die bei dem Vorsitzenden der Bremer Polizeikommission, Senator von Spreckelsen, vorsprachen, um zu erreichen, daß das Versammlungsverbot für den Domshof am 4. März 1933 aufgehoben wurde. Am 4. März gestattete der Senat "ausnahmsweise", "daß der Domshof zur Übertragung der Rede Hitlers und für die Beendigung des Fackelzuges freigegeben werden sollte."[758]

Am 11. 3. 1933 wurde Paul Wegener zum Kreisleiter von Bremen ernannt. Der vorherige Kreisleiter Bernhard hatte sich bereits als den künftigen Bürgermeister gesehen und war bereit, auch konservative Fachleute in den Senat aufzunehmen, während Gauleiter Röver strikt dagegen war. Da das Verhältnis zwischen Bernhard und Röver ohnehin schon gespannt gewesen war, setzte Röver ihn am 11. 3. ab. Da Bernhard jedoch beim Bürgerturm einen guten Ruf besaß, ernannte ihn Röver zu einem der "Spezialkommissare", die im Auftrag der NSDAP die Senatoren und die Verwaltung überwachen sollten. Auch Paul Wegener bekam eine Stelle als "Spezialkommissar".[759]

Viele der "Spezialkommissare" wurden am 18. März in den neuen Bremer Senat übernommen. Paul Wegener war jedoch nicht darunter. Er wurde zum "Kommissar für Volksaufklärung und Propaganda" ernannt.[760] Am 1. April übernahm Paul Wegener die Leitung des neuen "Amtes für Volksaufklärung und Propaganda"[761]. Bei der "Wahl" vom 12. 11. 1933 wurde Wegener zudem Mitglied des Reichstages (Wahlkreis Weser-Ems). Im Laufe des Jahres 1933 wurde Paul Wegener Mitglied der Bremer Bürgerschaft und wurde zum Staatsrat der Freien Hansestadt Bremen ernannt. Zudem bekleidete er ab Anfang Mai 1934 das Amt eines Gauinspekteurs.[762]

Vom 11. 7. 1934 bis zum 8. 8. 1936 war Paul Wegener im Rang eines Reichsamtsleiters und eines SA-Standartenführers Mitglied im Stab des Stellvertreters des Führers in München. Am 8. 8. 1936 wurde er zum Stellvertretenden Gauleiter der Mark Brandenburg (Kurmark) ernannt. Dies ist ein möglicher Hinweis darauf, daß Röver, der sich den Zeitpunkt des Endes seiner politischen Karriere durch die progressive Paralyse in etwa ausrechnen konnte, schon zu diesem Zeitpunkt Wegener als seinen Nachfolger auserkoren hatte. Da ein stellvertretender Gauleiter grundsätzlich nicht den eigenen Gauleiter 'beerben' durfte, hätte ein Stellvertreteramt im Gau Weser-Ems der späteren Übernahme der Gauleitung entgegengestanden. Diese im Dritten Reich gängige Übung wurde später noch von einem "Führerbefehl" festgeschrieben[763].

---

[758] Herbert Schwarzwälder: Bremen in der NS-Zeit (1933-1945) (Geschichte der Freien Hansestadt Bremen; Bd. 4). Hamburg, 1985. S. 31.
[759] Schwarzwälder 4, S. 52.
[760] Vgl. Schwarzwälder 4, S. 56.
[761] Vgl. Schwarzwälder 4, S. 78.
[762] Bremer Zeitung, 10. 7. 1934.
[763] Hitler, Adolf: „Führer-Erlasse" 1939-1945: Edition sämtlicher überlieferter, nicht im Reichsgesetzblatt abgedruckter, von Hitler während des Zweiten Weltkrieges schriftlich

Im März 1937 nahm er an einem Ausbildungslehrgang bei der Flak in Wurzen teil und wurde zum Gefreiten ernannt. Vom 1. 2. bis zum 20. 4. 1940 versah er Dienst als Luftwaffen-Kriegsberichterstatter (LwKbK 5). Obwohl Wegener nominell weiter stellvertretender Gauleiter der Kurmark blieb, kehrte er zunächst nicht in den Parteidienst zurück, sondern wurde am 19. 4. 1940 in den Stab des Reichskommissars für Norwegen, Josef Terboven[764], berufen, wo er am 15. 7. 1940 zum Gebietskommissar für die besetzten Gebiete Nordnorwegens ernannt wurde. Am 1. 10. 1940 wurde er zum Leiter des Einsatzstabes der NSDAP in Norwegen ernannt. Hier hatte er die Aufgabe, den Auf- und Ausbau der Partei des NS-Kollaborateurs Vidkun Quislings zu unterstützen.

Am 20. 4. 1940 wurde Paul Wegener von der SA zur SS übernommen. Er bekam die SS-Mitgliedsnummer Nr. 353161 und wurde SS-Brigadeführer. Im April 1941 nahm er als Geschützführer im Artillerieregiment 6 der Leibstandarte Adolf Hitler am Griechenland-Feldzug teil. Ohne eine Karriere bei der SS anzustreben, stieg er dort in der Hierarchie weiter auf. Am 9. 11. 1942 erfolgte Wegeners Ernennung zum SS-Gruppenführer. Am 1. 8. 1944 wurde er zum SS-Obergruppenführer befördert.

Nach dem Tode des bisherigen Gauleiters Carl Röver wurde Paul Wegener am 16. 5. 1942 zum Gauleiter des Gaues Weser-Ems ernannt. Wegener befand sich zu diesem Zeitpunkt jedoch noch in Norwegen, so daß er sein neues Amt erst am 28. Mai antreten konnte, obwohl seine Ernennungsurkunde schon am 16. Mai von Hitler unterzeichnet worden war[765]. Nach der Neuordnung der Reichs-Verteidigungsbezirke wurde er am 16. 11. 1942 auch zum Reichsverteidigungskommissar für den Gau Weser-Ems ernannt.

Wegener war, obwohl ihn sein Interesse an kolonialpolitischen Fragen mit Carl Röver verband, das genaue Gegenteil seines Vorgängers. So berichtete die Kriminalpolizei Oldenburg:

> Zu seiner charakterlichen Beurteilung wurde ermittelt, dass Wegener im allgemeinen als "der Mann vom Parkett" bezeichnet wurde, was zu bedeuten hat, dass er durch sein gediegenes Auftreten und durch seine charakterlich einwandfreie Haltung sehr aus dem Rahmen der übrigen Gauleiter hervortrat. (...) Die Ermittlungen ergaben weiter, dass Wegener als Ästhet in jeder Beziehung anzusehen war, und er während seiner Gauleitertätigkeit in Oldenburg einen sittlich und moralisch einwandfreien Le-

---

erteilte Direktiven aus den Bereichen Staat, Partei, Wirtschaft, Besatzungspolitik und Militärverwaltung. Zusammengestellt und eingeleitet von Martin Moll. Stuttgart, 1997. Verfügung V 14/42 vom 24. 8. 1942. S. 177.

[764] Josef Terboven (1898-1945), Bankbeamter in Essen, 1. 8. 1928 bis 1945 Gauleiter Essen, MdR Sept. 1930 bis 1945, 1933 Ernennung zum Preußischen Staatsrat, 5. 2. 1935 bis 1945 Oberpräsident der Rheinprovinz, Sept. 1939 Reichsverteidigungskommissar des Wehrkreises VI, 24. 4. 1940 bis 1945 Reichskommissar für Norwegen, ferner SA-Obergruppenführer, verst. am 8. 5. 1945 in Skaugum bei Oslo/Norwegen (Selbstmord). Vgl. Höffkes,S. 345-348.

[765] Aktennotiz aus dem Führerhauptquartier, BA Berlin-Lichterfelde R 43 II 1393g, Bl. 32.

benswandel führte. So ist z. B. nie bekannt geworden, dass in seinem Hause die bei Parteigrössen sonst üblichen Saufgelage und Orgien abgehalten wurden. Er führte ein sehr harmonisches Familien- und Eheleben. Die Ermittlungen bei seinen näheren Mitarbeitern und bei seinem ständigen Kraftfahrer ergaben, dass diese den Gauleiter niemals betrunken gesehen haben, und es wurde festgestellt, dass er in jeder Beziehung massvoll war."[766]

Der ehemalige Hamburger Gauleiter Albert Krebs, der Wegener 1932 auf einer Tagung in Dornum in Ostfriesland kennenlernte, zeigte sich schon damals von seinen guten Manieren beeindruckt. Wegener zeichnete sich nicht nur durch ein "äußerlich gutes Benehmen" aus, sondern behandelte Albert Krebs auch "mit höflicher Bescheidenheit, was von seiten der jungen Männer in jenen Jahren und in den Kreisen der Partei durchaus nicht selbstverständlich war"[767]. Der Bremer Historiker Herbert Schwarzwälder betont ebenfalls den großen Unterschied zwischen Röver und Wegener, wobei er in Wegener vor allem den Technokraten sieht, der bei seinen Untergebenen mehr Wert auf Leistung legte als auf alte Kameradschaften und politische Aktivität:

Wegener war ein Mann, der mit einer gewissen Distanz und Schärfe Gehorsam forderte und der sich aus persönlichem Ehrgeiz und ideologischem Fanatismus voll und ganz dem Nationalsozialismus verschrieben hatte. Zugleich war er aber auch ein Politiker, der Sachverstand - etwa in der Wirtschaft und Verwaltung - zu würdigen wußte und der auch in der Parteiarbeit auf Energie und Leistung sah. So setzte er sogleich in der Führungsschicht des Gaues einige unfähige Günstlinge Rövers ab, die dieser aus einem gewissen Kameradschaftsgefühl gefördert hatte. Auch in Bremen trat 1943 an die Stelle des unfähigen Kreisleiters Bernhard Blanke der ungemein rührige Max Schümann. In der Verwaltungsspitze begnügte sich Wegener manchmal, wo eindeutiger Sachverstand vorlag, mit Loyalität gegenüber dem NS-Staat, ohne daß er aktiven politischen Einsatz forderte.[768]

---

[766] Ermittlungsbericht der Kriminalpolizei Oldenburg. Oldenburg, den 7. 9. 1948. BA Koblenz, Spruchgerichtsakte Paul Wegener, Z 42/IV 1716 Bl. 40.
[767] Krebs, S. 243.
[768] Schwarzwälder, S. 391.

Für das Ansehen und die Akzeptanz des NS-Regimes bei der Bevölkerung war die Person Wegeners insgesamt jedoch nicht unbedingt förderlicher als die Rövers. Dies erschließt sich aus dem bereits zitierten polizeilichen Ermittlungsbericht aus dem Jahr 1948:

> Daher ist in Oldenburg auch besonders der krasse Gegensatz zwischen Röver und ihm ins Auge gefallen. Röver wurde im allgemeinen als der Mann aus dem Volk angesprochen und fand zu vielen Gelegenheiten Zeit, Rücksprachen mit allen Kreisen der Bevölkerung zu tätigen. Über Wegener ist nicht bekannt geworden, dass er selbst diese Art der Verhandlungen mit allen Schichten der Bevölkerung und besonders mit sozial weniger gut gestellten Personen geführt hatte. Mit dieser Aufgabe wurden grundsätzlich die zuständigen Referenten beauftragt. Es ist bekannt, daß er sich und seine Person mit einer gewissen Unnahbarkeit umgab und aus diesem Grunde im Volksmund die Bezeichnung "Prinz Paul" führte.[769]

Rövers Volkstümlichkeit wird auch von Ernst Meyer bestätigt: "Jeder Volksgenosse konnte zu ihm kommen."[770] Nach den Kriterien Rövers, die für einen politischen Leiter der NSDAP enge Volksverbundenheit forderte, war Wegener somit eine schlechtere Wahl für die NSDAP - Röver war der "bessere" politische Leiter. Wie der polizeiliche Bericht zeigt, war Rövers Volksverbundenheit auch über sechs Jahre nach seinem Tod der Bevölkerung noch im Gedächtnis geblieben.

Gegen Ende des Zweiten Weltkrieges sollte Wegener für kurze Zeit an die Spitze des Deutschen Reiches treten. Am 22. 4. 1945 wurde Paul Wegener "auf Betreiben von Großadmiral Dönitz"[771] zum Obersten Zivilen Reichsverteidigungskommissar für Norddeutschland ernannt. Am 2. 5., nach dem Selbstmord Adolf Hitlers, ernannte Großadmiral Dönitz ihn zum Chef des Zivilkabinetts im Rang eines Staatssekretärs. Nach der deutschen Kapitulation vom 8. 5. wurde Paul Wegener zusammen mit der geschäftsführenden Reichsregierung und dem Großadmiral Dönitz von Angehörigen der 10. englischen Panzerarmee verhaftet und in Fallingbostel interniert.

Durch die Spruchkammer I des Spruchgerichts Bielefeld wurde Paul Wegener am 28. 11. 1949 wegen kenntnisbelastender Zugehörigkeit zum Führerkorps der NSDAP und der SS nach Verordnung 69 der britischen Militärregierung in Verbindung mit Gesetz Nr. 10 des Kontrollrates und dem Urteil des Internationalen Militärtribunals in Nürnberg unter Anrechnung der seit Mai 1945 erlittenen Internierungshaft zu einer Gesamtgefängnisstrafe von sechs Jahren und sechs Monaten verurteilt. Den Rest seiner Strafe verbüßte er in der Justizstrafanstalt Esterwegen,

---

[769] Ermittlungsbericht der Kriminalpolizei Oldenburg. Oldenburg, den 7. 9. 1948. BA Koblenz, Spruchgerichtsakte Paul Wegener, Z 42/IV 1716 Bl. 40.
[770] Lebenslauf Ernst Meyer, Bremen, 10. 11. 1948. Spruchgerichtsakte Ernst Meyer, BA Koblenz, Z 42 II/7047 Bl. 47.
[771] Höffkes, S. 381.

aus der im Mai 1951 entlassen wurde. Daneben wurde er am 16. 3. 1950 vom Entnazifizierungs-Hauptausschuß im Verwaltungsbezirk Oldenburg (Entnazifizierungs-Entscheidung im mündlichen Verfahren): in die Kategorie III eingestuft und zu 5000 DM Verfahrenskosten verurteilt. Nach seiner Entlassung aus der Justizanstalt Esterwegen war er anfangs als Vertreter und später kaufmännisch in größeren Unternehmen als Prokurist tätig.

5 Die Kreisleiter der NSDAP

5.1 Rekrutierungskriterien für das Kreisleiteramt

Eine wichtige Frage ist die, welche persönlichen Voraussetzungen jemand für die Übernahme des Kreisleiteramtes mitbringen mußte. Dreitzel kritisiert zu Recht, daß bei den in der Soziologie an Max Weber angelehnten Formalbestimmungen der Eliten "die für den Elitebegriff entscheidende Frage unberücksichtigt bleibt, *wie* denn diese bestimmten Gruppen in die sozialen Machtstellungen gelangen. Ohne Bezug auf das Wie der Auslese kann aber keine Elitetheorie auskommen!"[772] Hier sollen die persönlichen Voraussetzungen und Qualifikationen für die Übernahme eines Kreisleiterpostens ermittelt werden. Dabei ist natürlich auch die Frage zu stellen, ob die Qualifikationen, die de facto für die Übernahme des Amtes eine Rolle spielten, auch dem Amt angemessen waren. Sollte sich herausstellen, daß die Kreisleiter ihrer Aufgabe nicht gerecht geworden sind, so läge natürlich der Verdacht nahe, daß sie nach den falschen Kriterien ausgesucht wurden.

Für die Klassiker der Elitetheorie, Mosca und Pareto, war dies sogar auf die Dauer gesehen der entscheidende Punkt, da nur so die Überlegenheit der Elite gegenüber der Masse der Beherrschten gesichert werden konnte. Semmler faßt dies so zusammen:

> Die Überlegenheit kann die Elite (...) nur dann auf Dauer aufrecht erhalten, wenn im Rahmen einer ständigen Zirkulation die ungeeigneten Nachkommen der Elitemitglieder aus der Elite selbst eliminiert werden, dafür den fähigen Personen der beherrschten Schichten der Aufstieg in die Elite ermöglicht wird. Durch diesen Prozeß der Zirkulation bewahrt die Elite ihre Überlegenheit und nimmt der beherrschten Mehrheit ihre potentiellen Führer für eine Auflehnung gegen die bestehenden Verhältnisse. Findet dieser Austausch nicht statt, so sammeln sich in der Elite zunehmend Individuen mit minderwertigen Eigenschaften, in der beherrschten Mehrheit dagegen solche mit überlegenen Qualitäten.[773]

Sowohl Mosca als auch Pareto gehen davon aus, daß jede herrschende Elite grundsätzlich versucht, ihre Stellung an die eigenen Nachkommen weiterzugeben. Mosca vertritt hier die radikalere Position: "Immer haben diejenigen, die die Spitze der gesellschaftlichen Pyramide erreicht haben, zum Schutze der eigenen Person und der Nachkommen eine Mauer errichtet."[774]

---

[772] Hans P. Dreitzel: Elitebegriff und Sozialstruktur. Eine soziologische Begriffsanalyse. Stuttgart, 1962. S. 4.
[773] Semmler, S. 3 f.
[774] Zit. nach Semmler, S. 26.

Im Nationalsozialismus sind solche Ansätze zur Errichtung einer Erbaristokratie jedoch nicht zu erkennen. Dies hängt nicht nur damit zusammen, daß das Dritte Reich nur zwölf Jahre Bestand hatte, sondern auch damit, daß der Nationalsozialismus die Erbmonarchie schon von vornherein strikt ablehnte. Eine erbmonarchische Staatsverfassung kam für Hitler nicht in Frage, denn, wie er in "Mein Kampf" schrieb, "die Monarchen sind nur in den seltensten Fällen Auslesen der Weisheit und Vernunft oder auch nur des Charakters",[775] so daß die Völker "schon zufrieden sein müssen, wenn die Bosheit des Schicksals wenigstens vom allerärgsten Mißgriff absieht."[776] Auch Gauleiter Röver stellt in seiner Denkschrift von 1942 klar, daß sich der Nachwuchs der Parteiführer aus der gesamten HJ und der Partei selbst rekrutieren müsse. Bei vielversprechenden HJ-Mitgliedern dürfe die gesellschaftliche Position der Eltern und nicht einmal deren Einstellung zur NSDAP eine Rolle spielen.[777] Daß andererseits in vielen Fällen führende Mitglieder der NSDAP und ihrer Organisationen ihren Einfluß dazu benutzten, ihren Kindern bessere Karrierechancen zu eröffnen, ist menschlich zu erwarten, jedoch nicht Gegenstand dieser Untersuchung.

Röver selbst legte in seiner Denkschrift von 1942 dar, welche praktischen Erfahrungen seiner Ansicht nach ein politischer Leiter – also auch ein Kreisleiter – mitbringen sollte:

> Die praktische Arbeit in den allgemeinen Berufen sowie die ehrenamtliche und hauptamtliche Tätigkeit in der Partei selbst müssen die Grundlage bei der Führerauslese sein und bleiben. Wenn man anders verfährt, wird man zweifellos ein lebensfremdes politisches Pfaffentum heranzüchten. Die Parteiorganisation wird von Menschen getragen, entscheidend ist dabei, was für Menschen die Träger sind. Es kommt also sehr auf das richtige Ausleseverfahren an. Ich verkenne durchaus nicht die Notwendigkeit der theoretischen Schulung und Ausbildung, jedoch muß die Grundlage immer die Praxis sein."[778]

Hinsichtlich seiner persönlichen Eigenschaften sollte der politische Leiter folgende Eigenschaften besitzen:

1. Absolute weltanschauliche Klarheit und Festigkeit.
2. Einwandfreier Charakter.
3. Überdurchschnittliches Allgemeinwissen.
4. Genaueste Kenntniss von Aufbau, von den Aufgaben, Grundlagen, den Gesetzen, Bestimmungen und Anordnungen der Partei.

---

[775] Hitler, 260.
[776] Ebda.
[777] Vgl. Rademacher (Hrsg.): Röver, S. 113.
[778] Rademacher (Hrsg.): Röver, S. 34.

5. Erfahrung über die Art, Menschen zu behandeln und mit Menschen umzugehen, im Rahmen der der Partei gestellten Aufgaben der Menschenführung.

6. Nachweisliche Führerqualität, Fingerspitzengefühl, Einfühlungs- und Anpassungsvermögen, selbstbewußtes und sicheres Auftreten.[779]

Es stellt sich nun die Frage, welche Voraussetzungen die Kreisleiter besaßen, die tatsächlich ein solches Amt übernahmen. Hier bietet es sich an, die Gruppe zunächst als Ganzes zu betrachten und dann in einem Resümee festzustellen, ob Gauleiter Röver hinsichtlich der Rekrutierung seiner Kreisleiter seinen eigenen Anforderungen gerecht wurde.

5.1.1 Politische Sozialisation

Bei einer politischen Funktionselite wie den Kreisleitern ist die Frage nach ihrer politischen Sozialisation natürlich besonders interessant, denn aufgrund des kurzen Bestehens des NS-Regimes konnte natürlich keiner der hier untersuchten Kreisleiter als Kind oder Jugendlicher eine politische Sozialisation im eigentlichen Sinne des NS-Regimes erfahren haben. Zugleich sollte man aber annehmen, daß eine Partei wie die NSDAP auf die Linientreue gerade derjenigen Funktionäre Wert legte, die ihrerseits in ihrem Kreis die politische Sozialisation der Bevölkerung, d. h. die Vermittlung der NS-Ideologie (im NS-Jargon die "Menschenführung"), sicherstellen sollte. Daher lag die Rekrutierung solcher Personen für das Kreisleiteramt nahe, deren politische Überzeugungen mit denen der NSDAP möglichst weitgehend übereinstimmten. Die Gruppe der Völkischen ist dabei das naheliegendste Rekrutierungsfeld, zumal ja Gauleiter Röver selber ein "in der Wolle gefärbter" Völkischer war. Tatsächlich aber zeigen sich die Kreisleiter des Gaues Weser-Ems hinsichtlich ihrer politischen Sozialisation als eine sehr heterogene Gruppe. Die Völkischen, die in aller Regel auch Antisemiten waren, bildeten mit 27,5 % nur eine Minderheit.

Von den völkischen Gruppierungen ist als erste die "Deutsch-Völkische Freiheitsbewegung" zu nennen, der fünf Kreisleiter vor ihrem Eintritt in die NSDAP angehörten (Heinrich Bohnens/Wittmund, Bruno Brasch/Vechta, Arthur Drees/Wesermarsch, Willy Münzer/Osnabrück und Willy Schulemann/Wittmund). Drei Kreisleiter gehörten dem Völkisch-Sozialen Block an (Ferdinand Esser/Landkreis Osnabrück, Willy Münzer/Stadtkreis Osnabrück und Dr. Josef Ständer/Grafschaft Bentheim). Der Kreisleiter von Osnabrück-Land, Leonhard Baumgartner, gehörte dem "Deutsch-Völkischen Schutz- und Trutzbund" an. Bernhard Blanke, Bremen, gab nach Kriegsende in einem Fragebogen zu Protokoll, er sei vor 1933 Mitglied des VDA oder der "Nordischen Gesellschaft" gewesen. Hans Gronewald war seit 1923 aktiv in der völkischen Bewegung, Johann Menso Folkerts aktiv in der völkischen Jugendbewegung.

---

[779] Rademacher (Hrsg.): Röver, S. 35.

Der Kreisleiter des Kreises Osnabrück-Stadt, Willy Münzer, beschreibt in seinem politischen Lebenslauf besonders ausführlich seine Motive für den Eintritt in die NSDAP

> Das Gemeinschaftsgefühl und der Kameradschaftsgeist der Front machten mich zum Sozialisten, weil ich beides in der Heimat so sehr vermißte. Doch konnte ich den Parolen der Linksparteien (z. B. "ich kenne kein Vaterland, daß Deutschland heißt") nicht folgen, im Gegenteil - ich bekämpfte sogar den Bolschewismus (Spartakus) im Freikorps. So hoffte ich, in der Deutschvölkischen Freiheitspartei und später im Völkisch-sozialen Block, dann auch im "Stahlhelm, Bund der Frontsoldaten" meine Ideale verkörpert zu finden, wurde jedoch enttäuscht. Erst in der NSDAP, der ich 1925 beitrat, fand ich meinen Sozialismus verwirklicht, wurde ein überzeugter Anhänger Hitlers und wirkte für dessen Ideen als Propagandist, Ortsgruppen- und seit 1934 als Kreisleiter in Osnabrück. Mein Ziel blieb immer die Überbrückung der verheerenden Klassengegensätze, Beseitigung des Kastengeistes, Schaffung einer wahren Volksgemeinschaft, Verbesserung des Loses der Handarbeiter und Hebung der allgemeinen Moral.[780]

Münzer präsentiert hier gewissermaßen den Werdegang eines typischen Nationalsozialisten mit "Fronterlebnis", Freikorpsmitgliedschaft, Kampf gegen linke Revolutionäre und der Mitgliedschaft in "völkischen" Parteien vor dem schließlichen Eintritt in die NSDAP.

Die zweite wichtige politische Herkunftsgruppe ist die Gruppe der Deutschnationalen und der Stahlhelmer, wobei einige Stahlhelmer auch völkischen Organisationen angehörten, bzw. nach Austritt aus dem Stahlhelm einer solchen beitraten (Leonhard Baumgartner/Osnabrück-Land, Bruno Brasch/Vechta, Arthur Drees/Wesermarsch, Willy Münzer/Osnabrück und Willy Schulemann/Wittmund). Zu der Gruppe der "reinen" Stahlhelmer gehören Jann de Boer/Emden (zudem Freimaurer), Karl Gottschalck/Altkreis Jeverland und Eduard Siebrecht/Altkreis Jeverland. Aus den Reihen der DNVP stammen Wilhelm Assling/Oldenburg-Land (vorher DVP, auch Stahlhelmer), Otto Bernhard/Bremen (auch Freimaurer), Hans Flügel/Friesland und Karl Renken/Wilhelmshaven (nach Austritt aus der DNVP kurze Zeit Mitglied der Wirtschaftspartei). Karl Busch, der Kreisleiter von Bremen-Lesum, bezeichnete sich vor seinem Beitritt zu NSDAP als "passives Mitglied des Stahlhelms"[781]).

Das Zentrum und die Linksparteien spielen als Rekrutierungsfeld praktisch keine Rolle. Josef Gausepohl, der nach dem Krieg angab, er habe bis 1932 Zentrum gewählt, ist schon durch das Datum seines Parteieintritts (1. 5. 1933) als Opportunist

---

[780] Politischer Lebenslauf des Willy Karl Ernst Münzer, 16. 11. 1948. Entnazifizierungsakte Willy Münzer, StAOs Rep Nr. 39956.
[781] Protokoll der öffentlichen Sitzung am 3. und 4. Februar 1949 der V. Spruchkammer Bremen. StAB 4,66 Busch, Karl.

zu erkennen. Ähnliches gilt für Dr. Anton Kohnen, der mehrfach die Partei wechselte, wenn eine andere ihm bessere Karrierechancen bot. Im Gegensatz zu Josef Gausepohl war Dr. Kohnen mindestens bis 1921 eingeschriebens Mitglied des Zentrums[782].

Das einzige ehemalige SPD-Mitglied ist Dr. Joseph Mainzer, 1932 bis 1935 Kreisleiter von Wilhelmshaven, der "als alter Sozialist"[783] 1929 der NSDAP beitrat, "weil ich glaubte, hier meine Ideen über Völkerversöhnung und Völkerbeglückung verwirklicht zu sehen". Ebenfalls der politischen Linken zugerechnet werden kann Georg Seiffe, 1942 bis 1943 kommissarischer Kreisleiter von Wilhelmshaven. Seiffe war in gewisser Weise ein Paradiesvogel, der in seiner Jugend zunächst bei den "Falken", der Jugendorganisation der SPD, aktiv gewesen war und dann zum "Christlichen Verein junger Männer" übertrat. Nach dem Ende des Dritten Reiches interessierte er sich für die amerikanische "Christian Science". Zu seiner politischen Grundhaltung bemerkte er: "Politisch war ich von Hause aus Sozialist, deutsch denkender Sozialist"[784].

Nur ein einziger Kreisleiter war ehemaliges Mitglied der liberalen DDP. Hierbei handelt es sich um den Zollkommissar Erich Drescher. Er erklärte zu seinem Eintritt in die DDP: "Mich rührte die schlechte soziale Lage des kleinen Mannes"[785]. Besonders habe ihn der geringe Lohn der Arbeiter empört. Dies mag als Grund für den Eintritt in die DDP erstaunen, ist vor dem Hintergrund Ostfrieslands, wo die liberalen Parteien lange Zeit auch die einfachen Arbeiter, insbesondere die Landarbeiter umwarben und ihre Interessen vertraten, nichts Verwunderliches.

Die größte Gruppe ist die, die man heutzutage als "Protestwähler" bezeichnen würde. Diese 'Protestler' waren nicht grundsätzlich republikfeindlich eingestellt, sondern entschieden sich aus Enttäuschung über die Unfähigkeit des Weimarer "Systems", mit Wirtschaftskrise und Arbeitslosigkeit fertigzuwerden, für die NSDAP. Von vielen anderen Deutschen der Weimarer Republik unterschieden sie sich also nur insofern, als sie es nicht bei der reinen Wahlentscheidung beließen, sondern der NSDAP als aktive Mitglieder beitraten. Walter Brummerloh, Ernst Meyer und Diedrich Oltmanns nannten allgemein die wirtschaftliche Lage und die

---

[782] Kohnen behauptete zur Förderung seiner Karriere im Dritten Reich später, er sei bereits im Januar 1920 aus dem Zentrum ausgetreten. Tatsächlich aber wurde Kohnen am 30. Januar 1921 in den oldenburgischen Landesausschuss des Zentrums gewählt. Vgl. Willi Baumann: "Fleißig und strebsam, seit langem heftiger Gegner des Zentrums. Zuverlässiger Nationalsozialist. Die Karriere des katholischen Schulrates Dr. Anton Kohnen unter der nationalsozialistischen Regierung in Oldenburg. In: Christenkreuz oder Hakenkreuz. Zum Verhältnis von katholischer Kirche und Nationalsozialismus im Land Oldenburg. Herausgegeben von Willi Baumann und Michael Hirschfeld. Vechta, 1999. S. 71 - 147, hier S. 84 ff.
[783] Lebenslauf Dr. Joseph Mainzer, ohne Datum. BA Koblenz, Z 42 V/1540 Spruchgerichtsakte Dr. Joseph Mainzer, Bl. 3.
[784] Schreiben Georg Seiffes an die Entnazifizierungs-Kommission der Stadt Oldenburg, 5. 12. 1947. StAO Best. 351 Karton Nr. 224 Ost 13375.
[785] Stellungnahme Dreschers zu seinem Lebenslauf. Protokoll des öffentlichen Anklägers bei dem Spruchgericht Benefeld Bomlitz. Fallingbostel, 6. 5. 1947. Spruchgerichtsakte Erich Drescher. BA Koblenz Z 42 IV/1849. Bl. 6.

Not als Gründe für ihren Parteieintritt. Lenhard Everwien sah darüber hinaus das erfolgversprechende Rezept der NSDAP in der Verbindung zwischen nationalen und sozialen Interessen. Der Landwirt Fritz Lünschen gab an: "es ging mir auf meinem Hof wirtschaftlich sehr schlecht und ich glaubte den Verheissungen, die die NSDAP gerade gegenüber der Landbevölkerung machte."[786] Auch der Weg des Bauunternehmers Gerhard Buscher, 1932 bis 1945 Kreisleiter des Kreises Aschendorf-Hümmling, zur NSDAP ist vor dem Hintergrund der Weltwirtschaftskrise zu sehen:

> Durch den wirtschaftlichen Niederbruch aufgeschreckt, sah Buscher im Nationalsozialismus die Sanierung der seit dem Ersten Weltkrieg währenden Dauerkrise. Manche Zeitzeugen sprechen von seiner politischen Haltung als der eines Idealisten. Von einem bereits früher ausgeprägten politischen Bewußtsein oder gar einer politischen Betätigung wird nichts überliefert. (...) Von einer ausgesprochen patriotischen Gesinnung im Kreis um Buscher kann aber nach Auskunft von Zeitzeugen nicht die Rede sein. Es überwog die traditionelle dörflich-bäuerlich-realistische Weltsicht."[787]

Ein weiterer Vertreter des Mittelstandes, der aufgrund der Wirtschaftskrise zur NSDAP kam, ist der Vareler Lebensmitteleinzelhändler Hans Flügel, der bis 1945 den NSDAP-Kreis Friesland leitete:

> Die Hansa-Automobilwerke in Varel machten um 1928 Pleite. Ab da ging es wirtschaftlich abwärts mit Varel. Die städtische Sparkasse machte Pleite, ihre Direktoren kamen ins Gefängnis. Bürgermeister Berlet, ein Bürgerlicher, erschoß sich. Das war die Situation hier; sie war sehr schlecht; die Systemparteien hatten in Varel bereits 1930 total abgewirtschaftet, und die Roten bekamen Zulauf.
>
> Ich war von Beruf selbständiger Kaufmann in Lebensmitteln und bekam so Arbeitslosigkeit, Massenarmut und das Elend der Menschen täglich vor Augen geführt. Natürlich ging auch das Geschäft von Tag zu Tag schlechter."[788]

Die Reihe der Kreisleiter, die wie wohl die meisten NSDAP-Wähler aufgrund der Wirtschaftskrise zur NSDAP kamen, läßt sich weiter fortsetzen. Der Leeraner Kreisleiter Erich Drescher sah die Ursache der Not in der "Parteien-

---

[786] Protokoll der ersten verantwortlichen Vernehmung, Benefeld, 13. 10. 1947. Spruchgerichtsakte Fritz Lünschen, BA Koblenz, Best. Z 42/II 55 Bl. 11.
[787] Albers, Hans-Joachim: Kreisleiter Gerhard Buscher. In: Emsländische Geschichte 6. Dohren, 1997. S. 182-189, hier S. 183 f.
[788] Appelius, Stefan: Die Stunde Null, die keine war. Restauration und Remilitarisierung in Wilhelmshaven. Hamburg, 1986. S. 19 f.

zersplitterung"[789]. Ähnlich sah es auch der spätere Gauleiter Paul Wegener, der als Grund für seinen Parteieintritt angab: "Meine Beweggründe dazu lagen in dem sichtbaren Versagen der überzahlreichen abwechselnd an der Regierung gewesenen Parteien, die stets größer werdende wirtschaftliche und soziale Not in Deutschland"[790]. In die gleich Kerbe schlägt der Lehrer Alfred Kemnitz der feststellte, daß "alle Parteien versagten, Deutschland aus der Not zu befreien."[791] Außerdem "konnten vielerorts die Lehrergehälter nicht mehr ausgezahlt werden."[792]

Unmittelbare persönliche Betroffenheit durch die wirtschaftliche Lage mußte nicht gegeben sein, wie das Beispiel des Reichsbahnbeamten August Osterbuhr zeigt, der als Grund für seinen Parteieintritt angab: "furchtbare Arbeitslosigkeit, der auch mein Sohn und zwei meiner Schwiegersöhne zum Opfer fielen"[793]. Ähnliches gilt für den Postschaffner Friedrich Ebertfründ: "Massgebend für seinen Parteieintritt war nach seiner eigenen Darstellung das Programm der Partei, das die Behebung der sozialen Not des Volkes versprach."[794] Die zukünftigen Kreisleiter haben dabei den Versprechungen der Nazis nicht unbedingt von Vornherein blind geglaubt, sondern sahen in Hitlers Partei vielmehr den letzten Strohhalm. Der Delmenhorster Kreisleiter und spätere Wilhelmshavener Oberbürgermeister Wilhelm Müller gab als Grund ebenfalls die Erwerbslosigkeit an sowie den "Rückgang der deutschen Wirtschaft und die Zerrüttung der deutschen Finanzen. ... So entschloss ich mich trotz aller Bedenken in die NSDAP einzutreten, weil sie die einzige Partei zu sein schien, die das Schicksal noch wenden konnte."[795]

Wie erfolgreich die NSDAP durch ihre - im Gegensatz zu anderen Parteien - pausenlose Versammlungstätigkeit bei politisch zunächst uninteressierten bzw. politisch nicht festgelegten Wählern war, zeigen die Beispiele Meyer, Meyer-Wendeborn, Schneider und Walkenhorst. Im Falle Ernst Meyers gab eine Rede des Gauleiters Carl Röver den Ausschlag für den Eintritt in die NSDAP: "Am 1. 6. 1929 war ich in Brake der NSDAP beigetreten. Ich hatte damals an einer Versammlung der Partei in Golzwarden teilgenommen, auf der der Gauleiter Röver gesprochen hatte"[796]. Meyer-Wendeborn gab nach dem Krieg in seinem politischen Lebenslauf an: "Bis etwa 1930 ohne jedes politische Interesse und Meinung. Durch

---

[789] Stellungnahme Dreschers zu seinem Lebenslauf. Protokoll des öffentlichen Anklägers bei dem Spruchgericht Benefeld Bomlitz. Fallingbostel, 6. 5. 1947. Spruchgerichtsakte Erich Drescher. BA Koblenz Z 42 IV/1849. Bl. 6.
[790] Protokoll der Vernehmung Paul Wegeners durch Staatsanwalt Klink, Oldenburg, 19. 8. 1948. Spruchgerichtsakte Paul Wegener. BA Koblenz Z 42/IV 1716, Bl. 27.
[791] Politisches Lebenslauf Alfred Kemnitz ohne Datum. Spruchgerichtsakte Alfred Kemnitz. BA Koblenz Z 42/II 550, Bl. 17.
[792] Ebda.
[793] August Osterbuhr an den Kreisentnazifizierungsausschuss in Oldenburg, 11. 12. 1946. StAO Best. 351 Ost 7287 Karton Nr. 98.
[794] Rechtsanwalt Dr. Stemmer an den Entnazifizierungs-Hauptausschuß des Kreises Wittlage. Osnabrück, 11. 8. 1947. Entnazifizierungsakte Friedrich Ebertfründ. StAOs Rep. 980 Nr. 37350.
[795] Anlage zum Fragebogen für die politische Überprüfung des Niedersächsischen Ministers für die Entnazifizierung vom 8. 9. 1948. StAO Best. 351 Ost 14013 Karton 233.
[796] Vernehmungsprotokoll Ernst Meyer, Staatsanwalt Dr. Schuemann als vernehmender, Bremen, 10. 11. 1948. BA Koblenz, Z 42 IV/7047 Spruchgerichtsakte Ernst Meyer. Bl. 46.

die Not des Landes aufmerksam geworden, Parteien beobachtet und verglichen. Im Anschluß an eine mitgemachte große politische Versammlung, der ersten, die ich gelegentlich einer Geschäftsreise in Berlin erlebte, August 1932 in die NSDAP eingetreten."[797] Auch Johann Schneider gab die wirtschaftliche Not als Hauptgrund und die Teilnahme an Versammlungen als ausschlaggebendes Moment an: "hatte mich bis dahin nie mit politischen Dingen befasst und gehörte somit auch keiner Partei an."[798] Heinrich Walkenhorst gehört zu der jüngeren Generation von politischen Leitern, die den Ersten Weltkrieg zwar nicht mehr mitgemacht haben, aber durch seine Folgen doch wesentlich geprägt wurden: "Veranlasst durch die Notzeit der Kriegs- und Inflationsjahre und durch meine schwere und arbeitsreiche Jugendzeit, befasste ich mich schon früh mit politischen und sozialen Fragen."[799] Dann erfolgte sein Eintritt in die NSDAP, da "besonders beeindruckt durch eine Rede Adolf Hitlers, die dieser in einer Wahlversammlung in Oldenburg hielt."[800]

Die Versammlungs- und Propagandaaktivitäten der NSDAP waren jedoch nicht nur bei unpolitischen potentiellen Wählern erfolgreich, sondern auch darin, aktive Mitglieder anderer Parteien für sich abzuwerben. Hans Flügel, Mitglied des Stahlhelms und der DNVP, in der er sogar "zeitweilig regionales Vorstandsmitglied"[801] war, berichtete über seinen Eintritt in die NSDAP: "Eigentlich wurde ich eher zufällig NSDAP-Mitglied. Ich hörte eine Rede von Otto Herzog im 'Schütting' in Varel, die mir gut gefiel. Herzog war es, der mich wenig später persönlich überzeugte, in die NSDAP einzutreten."[802] Vor dem erdrutschartigen Erfolg der NSDAP bei den Reichstagswahlen vom November 1930 spielten im Gau Weser-Ems Einzelpersonen, die gleich Wanderpredigern von einem Ort zum nächsten zogen, um Anhänger für die NSDAP zu werben, eine besondere Rolle. Die bekanntesten Figuren sind hier Jann Blankemeyer und der 'Rucksack-Major' Karl Dincklage.

Keine Rolle beim Weg in die NSDAP spielte die Lektüre nationalsozialistischer Schriften. Diese wird weder vor noch nach 1945 als Beweggrund für einen Eintritt in die NSDAP genannt. Auch die Auseinandersetzung mit dem in den Wahlkampf propagierten Parteiprogramm der NSDAP kann nicht allzu intensiv gewesen sein, denn Paul Wegener war nach dem Krieg der einzige, der Arbeitsbeschaffungsmaßen als einen konkreten Punkt nennen konnte, der ihn für die NSDAP einnahm[803].

---

[797] Lebenslauf Willy Meyer-Wendeborn für das Spruchkammerverfahren. BA Koblenz Z 42/II 892. Bl. 1.
[798] Lebenslauf Johann-Dietrich Schneider, Fallingbostel, 30. 6. 1947. Spruchgerichtsakte Johann Schneider, BA Koblenz Z 42 II/1053, Bl. 5.
[799] Politischer Lebenslauf Heinrich Walkenhorst für das Spruchkammerverfahren. BA Koblenz Z 42 II/1058, Bl. 17.
[800] Ebda.
[801] Vgl. die Angaben zum Lebenslauf im Urteil des Schwurgerichts beim Landgericht in Aurich vom 23. 10. 1950. StAO Best. 140-4 Acc. 13/79.
[802] Appelius, Stefan: Die Stunde Null, die keine war. Restauration und Remilitarisierung in Wilhelmshaven. Hamburg, 1986. S. 20.
[803] Protokoll der Vernehmung Paul Wegeners durch Staatsanwalt Klink, Oldenburg, 19. 8. 1948. Spruchgerichtsakte Paul Wegener. BA Koblenz Z 42/IV 1716, Bl. 27.

Zu der Gruppe der Opportunisten gehören zunächst die allein schon durch ihr Eintrittsdatum als solche zu erkennnenden Wilhelm Dröge, Dr. Walther Drückhammer und Josef Gausepohl. Hinzurechnen muß man ferner, neben dem oben schon erwähnten Dr. Anton Kohnen, den Regierungsrat Dr. Franz Böckmann, der zwar vor dem 30. 1. 1933 in die NSDAP eintrat, jedoch erst nach der oldenburgischen Landtagswahl vom Mai 1932, bei der die NSDAP zwar nicht die absolute Mehrheit der Stimmen, jedoch die absolute Mehrheit der Sitze erreichte und somit erstmals in ihrer Geschichte die Alleinregierung in einem Land übernahm.

Insgesamt konnte bei 40 von 70 Kreisleitern die politische Herkunft ermittelt werden. Die Völkischen stellten mit 27,5 % die größte homogene Gruppe. Ebenso stark waren mit 27,5 % die heute so genannten "Protestwähler"[804], die wie viele damals glaubten, die Weimarer Parteien seien zu einer Lösung der Krise unfähig, und mangels Alternative die NSDAP wählten. Eine weitere bedeutende Gruppen waren die Deutschnationalen aus DNVP und Stahlhelm. Entgegen der Propaganda des Dritten Reiches waren auch die Opportunisten mit 12,5 % vertreten. Anhänger der Linksparteien und Zentrumsanhänger mit jeweils 5,0 % und DDP-Mitglieder mit 2,5 % spielten nur eine marginale Rolle.

	Völkisch	DNVP/ Stahlhelm	Zentrum	Linke	DDP	'Protestwähler'	Opportunisten
40 = 100 %	27,5 %	20 %	5,0 %	5,0 %	2,5 %	27,5 %	12,5 %

Vergleicht man die Gruppe der Kreisleiter aus dem Gau Weser-Ems mit der von Christine Arbogast untersuchten Gruppe aus dem Gau Württemberg-Hohenzollern, so ergibt sich in einem Punkt ein signifikanter Unterschied. Arbogast stellt fest:

Der Weg zur NSDAP führte über höchst unterschiedliche politische Orientierungen, ohne daß ein Muster erkennbar wäre. Nur daß sie sich in der Regel schon sehr früh organisierten und bereits als Jugendliche nach Wegen der politischen Mitgestaltung suchten, einte die späteren Kreisleiter.[805]

Läßt sich ersteres im Ganzen auch für die Kreisleiter des Gaues Weser-Ems sagen, so unterscheidet sich die Gruppe doch durch die hohe Zahl von 'unpolitischen' von der württembergischen Vergleichsgruppe. Arbogasts Ergebnisse können also nicht verallgemeinert werden. Dies zeigen auch die neuesten Ergebnisse von Wolfgang Stelbrink über die Kreisleiter der westfälischen NSDAP-Gaue: hier waren es sogar 43 % der Kreisleiter, die vorher einer Partei weder angehört noch nachweislich nahegestanden haben[806].

---

[804] Zu dieser Gruppe werden hier nur diejenigen gezählt, bei denen vorher keinerlei politische Präferenz irgendwelcher Art erkennbar ist. Auch der eindeutige Opportunist Josef Gausepohl wird deshalb hier zum Zentrum gezählt.

[805] Arbogast, Christine: Herrschaftsinstanzen der württembergischen NSDAP. Funktion, Sozialprofil und Lebenswege einer regionalen NS-Elite 1920-1960 (Nationalsozialismus und Nachkriegszeit in Südwestdeutschland; Bd. 7). München, 1998. S. 145.

[806] Vgl. Stelbrink: Die Kreisleiter der NSDAP in Westfalen und Lippe, S. 34 ff.

Stellt man die Frage, welche Gruppe für das Deutsche Reich im ganzen eher als repräsentativ gelten kann, so kann man nur - wenn auch begründet - spekulieren. Württemberg stellte und stellt bis heute einen Sonderfall hinsichtlich seiner politischen Kultur dar. Schon das Wahlverhalten der Württemberger am 5. März 1933 weist deutliche Unterschiede zum Rest des Deutschen Reiches auf: der Wahlbezirk Württemberg war der einzige, in dem der "Christlich-Soziale Volksdienst" über 3 % der Stimmen (3,1 %) erhielt. Der "Landbund" erhielt 5,1 %, obwohl er im Rest des Deutschen Reiches mit Ausnahme Badens, wo er 0,0 % der Stimmen erhielt, gar nicht mehr zur Wahl antrat.[807] Auch die Beteiligung der Bürger an der Politik auf kommunaler Ebene unterschied - und unterscheidet sich bis heute[808] - mit der hohen Stärke der freien Wählervereinigung deutlich von allen anderen Regionen Deutschlands bzw. des Deutschen Reiches. Es erscheint daher nur folgerichtig, daß bei einer 'politischen regionalen Sonderkultur', bei der der Prozentsatz der politisch aktiven Bevölkerung höher ausfällt als anderswo, sich auch eine Gruppe wie die Kreisleiter im Ganzen eher aus aktiven als aus bisher unpolitischen Kreisen rekrutiert.

5.1.2 Früher Parteieintritt

In der NS-Propaganda wurde der Kreisleiter als Musterbild des alten Kämpfers dargestellt. Sündermann schrieb über die Kreisleiter: "Jeder dieser Männer hat in der Kampfzeit der Bewegung seinen Mann gestanden, jeder war einst Pionier der Partei in seinem Heimatkreis, jeder aber hat auch manche Bewährungsprobe zu bestehen gehabt, um sein Amt als Kreisleiter sich in der Aufbauarbeit des nationalsozialistischen Reiches hart zu verdienen..."[809].

Betrachtet man nun die Daten des Parteieintritts der Kreisleiter im Gau Weser-Ems, so stellt man zwar fest, daß die Gruppe der "Alten Kämpfer" die absolute Mehrheit ausmacht, daß jedoch über 40 % der Kreisleiter nicht dazugehörten, sondern erst nach dem Erdrutschsieg bei den Reichstagswahlen vom 14. September 1930 zur NSDAP stießen. Drei Kreisleiter , d. h. 4,4 %, traten gar erst nach dem 30. 1. 1933 in die Partei ein. Von diesen dreien traten zwei am 1. 5. 1933 in die Partei ein und gehörten damit zu der von den "alten Kämpfern" besonders verachteten Kategorie der "Maiglöckchen".

---

[807] Vgl. Statistik des Deutschen Reich, Band 434, S. 142 f.
[808] Zur politischen Kultur in Baden-Württemberg vgl. den Artikel von Hans-Georg Wehling "Land Baden-Württemberg" in: Andersen, Uwe/Woyke, Wichard (Hrsg.): Handwörterbuch des politischen Systems der Bundesrepublik Deutschland. Opladen, [4]2000. S. 266 - 271.
[809] Sündermann, Helmut: Die Kreisleiter. In: Butjadinger Zeitung, 23. 4. 1936.

Parteieintritt

	Kreisleiter Gau Weser-Ems	Gau Weser-Ems[810]	Deutsches Reich[811]
Vor dem 14. 9. 1930	61,4 %	6,6 %	5,2 %
15. 9. 1930 - 30. 1. 1933	34,3 %	34,9 %	28,8 %
Nach dem 30. 1. 1933	4,3 %	58,5 %	66,0 %

Völlig unfähige Kreisleiter wurden trotz ihres frühen Parteibeitritts nicht dauerhaft in ihrem Amt belassen. Der einzige Kreisleiter, der zu den echten "Alten Kämpfern" gehörte, d. h. vor dem 14. 9. 1930 in die Partei eingetreten war und trotz mangelnder Befähigung bis 1942 Kreisleiter blieb, ist Arthur Drees, Kreisleiter des Kreises Wesermarsch. Über ihn sagte nach Kriegsende Karl Auffahrt, 1939 bis 1941 Führer der SA-Standarte 10 (Wesermarsch): "Der Angeklagte (Drees) ist Kreisleiter geworden weil er einer der ersten hier war, der sich für die NSDAP einsetzte. (...) Eben als alter Kämpfer wurde er von dem Gauleiter Röver gehalten."[812] Roth schreibt der Bedeutung des frühen Parteieintritts eine zentrale Bedeutung zu, urteilt dabei aber überzogen und vorschnell:

> Ferner war es auch zwei "parteijüngeren" Mitgliedern mit Beitritt nach dem Januar 1933 in den Gauen Hamburg bzw. Weser-Ems gelungen, in das Kreisleiteramt aufzusteigen. Diese durch die statistischen Erhebungen zufällig ermittelten Fehlbesetzungen waren bis zur Herausgabe der Partei-Statistik bereits wieder bereinigt worden, womit die Exklusivität des Kreisleiter-Ranges für parteiältere Mitglieder belegt wird. (...) Ziel der NS-Personalpolitik war es, vor allem die Hoheitsträgerposten mit langjährigen Parteiaktivisten zu besetzen.[813]

Einer der von ihr genannten Kreisleiter, über die sie aber keine weiteren Angaben ermittelte, war der Vechtaer Kreisleiter Dr. Walther Drückhammer, der von dem oldenburgischen Ministerpräsidenten und stellvertretendem Gauleiter Georg Joel mangels eines geeigneten Alternativkandidaten gewissermaßen zum Kreisleiter zwangsverpflichtet worden war. Es ist abwegig zu vermuten, Gauleiter Röver, der de facto über Ein- und Absetzung von Kreisleiter entschied, habe erst zwei Jahre nach Drückhammers Ernennung zufällig von dessen spätem Parteieintritt erfahren. Viel naheliegender ist hier ein anderer Grund. Mit Verabschiedung der "Deutschen Gemeindeordnung" bekam jeder Landkreis einen "Beauftragten der NSDAP". Dies

---

[810] Partei-Statistik. Stand 1. Januar 1935 (ohne Saargebiet). Hg. NSDAP, Reichsorganisationsleiter. Bearb. Hauptorganisationsamt, Amt für Statistik, verantwortl. Fritz Mehnert/Ludwig Zimmermann. Band 1: Parteimitglieder, o. O. u. J. S. 26.
[811] Ebda, S. 16.
[812] Aussage von Karl Auffahrt im Spruchgerichtsverfahren gegen Arthur Drees vor dem Spruchgericht Bergedorf, ohne Datum. Spurchgerichtsakte Arthur Drees. BA Koblenz Z 42 III/3256. Bl.
[813] Roth, 169.

war im Normalfall der Kreisleiter. Drückhammer konnte dieses Amt jedoch aufgrund seiner Position als Regierungsrat nicht ausüben, so daß für den Kreis Vechta Gauinspekteur Meyer diese Stellung einnehmen musste. Meyer war zugleich Kreisleiter von Wilhelmshaven, sodaß jeweils eine Anreise von über 100 km erforderlich war, wenn er als Beauftragter der NSDAP in Vechta tätig werden mußte. Es lag daher nahe, Drückhammer von seinem Kreisleiterposten abzuberufen und durch jemanden zu ersetzen, der zugleich Kreisleiter und Beauftragter der NSDAP sein konnte. Der frühe Parteieintritt ist somit zwar eine Eigenschaft, die vielen Kreisleitern zu eigen war, er war jedoch für die Übernahme bzw. Übertragung des Kreisleiteramtes keine zwingende Voraussetzung.

5.1.3 Praktische Erfahrungen als Volksvertreter und in der Parteiarbeit

Ein weiteres Kriterium für die Rekrutierung der Kreisleiter ist die politische Arbeit in Volksvertretungen vom Stadtrat bis zum Reichstag. 35, d. h. 51,47 % waren zeitgleich oder vor Übernahme des Kreisleiteramtes Mitglied in einem Stadt- oder Gemeinderat, Kreistag, Landtag, Provinziallandtag oder waren Mitglieder des Reichstages. Die Betätigung in der Kommunal-, Landes-, oder Reichspolitik war also eine ebenso wichtige, wenn auch nicht zwingende Voraussetzung für die Übernahme des Kreisleiteramtes.

Andere Parteiämter waren eine wesentlich wichtigere Voraussetzung für die Übernahme des Kreisleiteramtes. Alle Kreisleiter, die bei der Einrichtung der Kreisleitungen dieses Amt übernahmen, hatten vorher das Amt eines Bezirksleiters inne und waren somit "Alte Kämpfer", wobei dieser Begriff hier nicht streng am Datum des 14. 9. 1930 festgemacht wird, sondern eher im Sinne einer Pioniertätigkeit für die Partei zu sehen ist. So war z. B. Anton Kohnen erst 1931 in die Partei eingetreten, war aber als Gründer und Leiter der ersten NSDAP-Ortsgruppe im ganzen Landkreis Vechta gewissermaßen auch ein "Pionier". 26 Kreisleiter waren vor oder auch noch nach Übernahme des Kreisleiteramtes Ortsgruppenleiter, 10 hatten ein Amt auf Kreisebene inne, 4 eines auf Gauebene. Weniger wichtig waren Ämter bei der SA. Nur bei 13 Kreisleitern konnte eine Mitgliedschaft bei der SA nachgewiesen werden. Nur zwei hatten höhere Ämter bei der SA. Es handelte sich hierbei um die SA-Standartenführer Ferdinand Esser (Osnabrück), Wilhelm Engelbart (Oldenburg) und den späteren Gauleiter von Weser-Ems, Paul Wegener (Bremen).

Die hohe Zahl derjenigen, die vorher schon ein Amt innerhalb der NSDAP hatten, spiegelt Rövers wichtigstes Kriterium für die Rekrutierung des politischen Nachwuchses der NSDAP wider. Es lassen sich somit drei wichtige Kriterien für die Übernahme eines Kreisleiteramtes herausarbeiten: der frühe Parteieintritt und damit verbundene "Pionierarbeit" für die NSDAP, Tätigkeit als Volksvertreter und die Ausübung anderer Ämter bei NSDAP oder SA. Von 70 Kreisleitern erfüllen nur drei nicht zumindest eine dieser Voraussetzungen.

Es handelt sich um die beiden schon erwähnten "Notlösungen" Dr. Böckmann und Dr. Drückhammer sowie um den Meppener Kreisleiter Hubert Hoffschulte, der den eigentlichen Kreisleiter Egert vertrat, als dieser wegen einer Schlägerei auf dem Landratsamt kurzfristig (Okt. 33 - Feb. 34) seines Amtes enthoben wurde.

Einen besonderen Glücksfall stellt ein 1933 vermutlich für das Gaupersonalamt verfaßter Lebenslauf des Kreisleiters von Osnabrück-Land, Leonhard Baumgartner, dar[814]. Baumgartner präsentiert sich hier als guter Nationalsozialist und Kreisleiter. Seine Selbstdarstellung gibt Auskunft darüber, welche Voraussetzungen ein Kreisleiter im Gau Weser-Ems für sein Amt mitbringen sollte.

Zunächst nennt er - für die damalige Zeit fast schon obligat - seine Zeit im Ersten Weltkrieg als Kriegsfreiwilliger. Dann stellt er deutlich seine Aktivitäten als Freikorpskämpfer heraus:

"1919 Teilnehmer an den Kämpfen um die Befreiung Münchens von den Spartakisten im Verbande des Freikorps von Epp und Schwaben.

1920 unter dem Kommando des Generals von Epp bei der Unterdrückung der Unruhen im Rhein. Westf. Industriegebiet."

Als nächstes betont er, daß er nie zum Heer der Arbeitslosen gehört habe, sondern seit 1929 sogar eine Stelle als Abteilungschef bei den Klöckner Werken A. G. mit dem für damalige Zeiten recht üppigen Monatsgehalt von 500,- RM hatte, wenn dies auch 1933 wegen erheblicher Betriebseinschränkung auf 380,- RM gekürzt worden sei. Da die Kreisleiter, insofern sie 1933 überhaupt hauptamtlich angestellt waren, weitaus niedrigere Bezüge hatten - der Kreisleiter Bruno Brasch in Vechta bezog monatlich 80,- RM, war damit klargestellt, daß seine Aktivität für die NSDAP rein idealistischen, keinesfalls aber finanziellen Motiven entsprang.

Wurde seine antibolschewistische Einstellung schon durch die Zugehörigkeit zu einem Freikorps deutlich, so wies Baumgartner durch seine Mitgliedschaft 1919 bis 1921 im Deutsch-Völkischen Schutz- und Trutzbund auch seine völkische Gesinnung nach. Nach seiner Übersiedlung in das Ruhrgebiet im Jahre 1922 sei er - so Baumgartner weiter, dem Stahlhelm beigetreten, "da keine andere Organisation vorhanden"[815] war. Er sei "nachweislich immer Nationalsozialist"[816] gewesen, obwohl er tatsächlich erst am 1. 2. 1932, also lange nach dem 'Erdrutschsieg' der NSDAP bei den Reichstagswahlen vom November 1930 in die Partei eingetreten war. Auch sein Ausscheiden aus dem Stahlhelm begründet Baumgartner mit seiner nationalsozialistischen Gesinnung: "1930/31 wegen meines Eintretens für die NSDAP Auseinandersetzungen mit der Bundesleitung des Stahlhelms. Hierauf

---

[814]Lebenslauf des Leo Baumgartner, Georgsmarienhütte, 30. 3. 1933. BA Berlin-Lichterfelde BDC PK Referat R Pers 00630 Baumgartner, Leo
[815]Ebda.
[816]Ebda.

Eintritt in die NSDAP. Briefwechsel hierüber dem Führer zur Verfügung gestellt."[817]

Auch seine bisherige Tätigkeit als Kreisleiter stellt Baumgartner in einem möglichst positiven Licht dar. Sich selber bezeichnet er als "befähigter Organisator, energisch"[818] und weist darauf hin, daß sein Kreis ein "sehr schwer zu bearbeitendes Gebiet (Zentrum)"[819] sei. Als Erfolge rechnet er sich die letzten Wahlergebnisse (Nov. 1932: 6924, März 1934 12468 Stimmen für die NSDAP) sowie die Steigerung der Mitgliederzahlen in der Partei an. Betrug die Zahl der NSDAP-Mitglieder bei der Übernahme des Kreises noch 292, so waren es im März 1933 schon 730.

Die Kreisleiter sollten also in der Frühzeit der NSDAP nicht nur energisch und befähigte Organisatoren sein, sondern auch einen erfolgreichen Wahlkampf führen und erfolgreich Mitgliederwerbung betreiben. Die letzten beiden Punkte galten in der Folgezeit natürlich nur noch eingeschränkt. Während auch für die Volksabstimmungen und Reichstagswahlen 1933, 1934, 1936 und 1938 noch "Wahlkampf" betrieben wurde, spielte die Mitgliederwerbung nach dem am 1. 5. 1933 verhängten Aufnahmestopp keine Rolle mehr. Hier ist zu bedenken, daß der Lebenslauf des Kreisleiters Baumgartner vor dem Aufnahmestopp verfaßt wurde.

Wie wichtig gerade organisatorische Fähigkeiten für einen Kreisleiter waren, läßt sich noch aus einer anderen Quelle belegen. Die "Oldenburgische Staatszeitung" vom 1. 8. 1933 berichtete unter der Schlagzeile "Emil Pape in Nürnberg", daß laut Anordnung der Reichsleitung der NSDAP jeder Gau einen Kreisleiter zur organisatorischen Vorbereitung des Reichsparteitags stellen sollte. Der Kreisleiter des Kreises Oldenburg-Stadt, Emil Pape, sei "infolge seiner großen organisatorischen Begabung zum Leiter des Quartieramtes ernannt worden."[820]

---

[817]Ebda.
[818]Ebda.
[819]Ebda.
[820]Oldenburgische Staatszeitung, 1. 8. 1933.

5.1.4 Politische Schulungen

Politische Schulungen waren keine zwingende Voraussetzung für die Übernahme eines Kreisleiterpostens. Fritz Lünschen, 1932 bis 1945 Ortsgruppenleiter der Ortsgruppe Dedesdorf und 1943 bis 1945 Kreisleiter des Kreises Wesermarsch, stellte bei seiner Vernehmung in Benefeld klar: "An politischen Schulungen habe ich niemals teilgenommen. Ich bin auch niemals in Bookholzberg auf einer Wochenendschulung gewesen."[821] Dies ist durchaus glaubhaft, denn Gauleiter Röver war gerade gegenüber den Ordensburgen sehr skeptisch eingestellt. Der Nachwuchs der Partei müsse, so Röver in seiner Denkschrift, "aus allen Volksschichten herauswachsen und sich die Lebenserfahrungen im Volke selber aneignen"[822]. Die auf den Ordensburgen praktizierten Erziehungsmethoden hielt Röver für falsch, denn er habe "in vielen Fällen feststellen müssen, daß Parteigenossen, die an sich gute Anlagen besaßen, <u>nach dem Besuch der Ordensburgen sich zu überheblichen, teilweise sogar arroganten Typen entwickelt haben.</u>[823]" Rövers Meinung wurde von seinen Kreisleitern bestätigt:

Alle Kreisleiter, bei denen Ordensjunker eingesetzt waren, haben übereinstimmend erklärt, daß diese Jungen sozusagen einen Höhenrausch bekommen haben, der mit dem notwendigen Selbstbewußtsein schon garnichts (!) mehr zu tun hat. Sie mußten alle gehörig zurückgepfiffen werden."[824]

Auch Rövers Nachfolger Wegener änderte daran nichts. Ob Wegener Rövers Überzeugungen teilte, oder ob er deswegen nichts daran änderte, weil als Kreisleiter nunmehr genügend Kandidaten bereit standen, die sich durch langjährige Parteiarbeit bewährt hatten und bei denen daher – gerade vor dem Hintergrund des Zweiten Weltkrieges – solche Schulungen als nicht mehr nötig erschienen, muss hier allerdings Spekulation bleiben.

5.1.5 Konfession

Auch die Konfession könnte bei der Ernennung zum Kreisleiter eine Rolle gespielt haben. Willy Meyer-Wendeborn gab nach dem Krieg in seinem für das Spruchgericht verfaßten Lebenslauf an, er sei 1934 "infolge gründlicher Kenntnis der religiösen Verhältnisse des Münsterlandes Kreisleiter des Kreises Cloppenburg und Mitglied des Amtsvorstandes"[825] geworden. Tatsächlich war Meyer-Wendeborn für den Kreis Cloppenburg gewissermaßen eine ideale Besetzung, den

---

[821] Protokoll der ersten verantwortlichen Vernehmung, Benefeld, 13. 10. 1947. Spruchgerichtsakte Fritz Lünschen, BA Koblenz, Best. Z 42 II/55. Bl. 11.
[822] Rademacher (Hrsg.): Röver, S. 34.
[823] Rademacher (Hrsg.): Röver, S. 34.
[824] Rademacher (Hrsg.): Röver, S. 34.
[825] Lebenslauf des Willy Meyer-Wendeborn, ohne Datum. Spruchgerichtsakte Willy Meyer-Wendeborn. BA Koblenz Best. Z 42 II/892.

Gauleiter Röver als einen "Landkreis mit weltanschaulich besonders schwieriger Bevölkerung"[826] bezeichnete. Meyer-Wendeborn war bis zu seinem Kirchenaustritt 1938 evangelisch-lutherisch, konnte also von den katholischen Geistlichen nicht über die Konfession 'eingespannt' werden. Andererseits war Meyer-Wendeborn kein fanatischer Kirchengegner, bei dem die Gefahr bestand, daß er unnötige Konfrontationen im kirchlichen Bereich provozierte und somit das NS-Regime bei der katholischen Bevölkerung in Mißkredit brachte.

Gerade in katholischen Kreisen war es schwierig, überhaupt einen geeigneten Kandidaten für das Amt des Kreisleiters zu finden. Meyer-Wendeborn schrieb über seine NS-Karriere im Kreis Cloppenburg, er sei gleich nach der Machtübernahme Ortsgruppenleiter von Essen i. O. geworden. Meyer-Wendeborns Ernennung war folgerichtig, da er in dieser Gemeinde bisher das einzige, im benachbarten Bersenbrück eingeschriebene NSDAP-Mitglied war: "Ich wollte allerdings lieber in die SA eintreten, aber Oldenburg bestimmte es anders und ich musste gehorchen." [827] Erst nach der Machtübernahme konnte in Essen eine Ortsgruppe der NSDAP gegründet werden. Die Kandidaten für eine Aufnahme

kamen recht zaghaft und viele suchten mich nach Dunkelwerden auf, um mir zu versichern, dass sie eigentlich schon immer Hitler bejaht hätten, dass hier aber nun mal alles zum Zentrum gehöre, und hinter dem Zentrum stände die Kirche, und die hätte es bisher nun mal zu sagen gehabt.[828]

Die Führung der Ortsgruppe Essen, sowie die Tatsache, daß er seit 1922 im Kreis Cloppenburg ansässig gewesen war, prädestinierte Meyer-Wendeborn für die Übernahme des Kreisleiteramtes, zumal es auch kaum andere geeignete Kandidaten gab:

Bestimmend war auch wohl, dass man einfach keinen anderen Mann für dieses Amt hatte. Ich war doch kaum als alter Parteigenosse anzusprechen und hatte keinerlei Verdienst aus der Zeit vor der Machtübernahme. Ich habe versucht, daran vorbeizukommen, aber man ging nicht auf meine Einwände ein und so nahm ich an. Ich habe dann gerne angenommen und mein bestes gegeben.[829]

Meyer-Wendeborn blieb bis 1945 Kreisleiter des Kreises Cloppenburg und war zeitweise auch Kriegsvertreter des Vechtaer Kreisleiters. Weder Gauleiter Röver

---

[826] Antrag des Gauleiters Röver auf Besoldungsfestsetzung für den Kreisleiter Willy Meyer-Wendeborn, 25. 4. 1941. BA Berlin-Lichterfelde, BDC PK Meyer-Wendeborn, Wilhelm. Unterstreichung im Original.
[827] Willy Meyer-Wendeborn: Einstellung der Kreisleitung Cloppenburg gegenüber den Kirchen. S. 4 f.. Offizialatsarchiv Vechta, Nachlass Schlömer.
[828] Ebda.
[829] Willy Meyer-Wendeborn: Einstellung der Kreisleitung Cloppenburg gegenüber den Kirchen. S. 6. Offizialatsarchiv Vechta, Nachlass Schlömer.

noch sein Nachfolger Wegener machten sich jedoch die Mühe, Meyer-Wendeborn durch einen katholischen Kandidaten zu ersetzen, obwohl bei der Neubesetzung des Kreisleiterpostens in Bremen 1943 Meyer-Wendeborn wegen seiner hamburgisch-hanseatisch-kaufmännischen Herkunft ein naheliegender Kandidat gewesen wäre. Auf eine 'konfessionelle Kompatibilität' zwischen Kreisleiter und Kreisbevölkerung wurde also keinen Wert gelegt.

5.1.6 Rhetorische Fähigkeiten

Fähigkeiten als Redner waren nicht erforderlich. Ernst Meyer gab nach dem Krieg zu Protokoll, er sei trotz seines Amtes als Bezirkspropagandaleiter für das Amt Brake in den Jahren 1930 bis 1932 nicht als Redner aufgetreten. Er sei hier lediglich "das Bindeglied zwischen den (!) Gaupropagandaleiter in Oldenburg und den Propagandaleitern der Ortsgruppen"[830] gewesen. Er selber sei damals nicht als Redner eingesetzt worden. Dies habe nicht nur daran gelegen, daß er "wenig Talent zum Sprechen hatte"[831], sondern auch daran, daß ohnehin genügend Redner vorhanden gewesen seien. "Standen Wahlen vor der Tür, so wurden durch den Gau über mich den einzelnen Ortsgruppen Parteiredner zugewiesen."[832] Dem Kreisleiter des Kreises Ammerland: erklärte Röver: "Man braucht nicht reden können. Die Hauptsache ist die, dass man ein anständiger Kerl ist und das Vertrauen der Bevölkerung besitzt."[833]

5.1.7 Diplomatische Fähigkeiten

In besonders schwierigen Kreisen waren diplomatische Fähigkeiten gefragt. Ein solcher war als Marinestadt der NSDAP-Kreis Wilhelmshaven-Rüstringen. Gerade das zu Oldenburg gehörige Rüstringen war zudem SPD-Hochburg: noch bei der Reichstagswahl am 5. März 1933 erhielt die SPD hier mehr Stimmen als die NSDAP (SPD: 11620 Stimmen = 39,6 %, NSDAP: 10521 Stimmen = 35,9 %). Auch die KPD war in Rüstringen stark vertreten. Am 5. 3. 1933 erhielt sie hier 3018 Stimmen, d. h. 10,3 %. Dementsprechend bestand die dringlichste Aufgabe des Wilhelmshavener Kreisleiters Dr. Joseph Mainzer darin, "ausgleichend und versöhnend zu wirken, wie Führer der SPD und KPD bestätigen können."[834] Dr. Joseph Mainzer war als ehemaliger Anhänger der SPD dafür gut geeignet, war er doch nach eigenen Angaben sogar 1913 "als Lehrer an der höheren Landwirtschaftsschule in Bojanow, Provinz Posen, von deutschnationalen (!) wegen meiner sozialdemokratischen Gesinnung angezeigt und aus meiner Dienststellung entlassen"[835] worden. Schwierigkeiten gab es hingegen mit der Marineleitung in Wilhelmshaven: "Auf Betreiben der Marineleitung wurde ich (...) 1935 als Kreisleiter

---

[830] Vernehmungsprotokoll Ernst Meyer, Staatsanwalt Dr. Schuemann als vernehmender, Bremen, 10. 11. 1948. BA Koblenz, Z 42 IV/7047 Spruchgerichtsakte Ernst Meyer. Bl. 46.
[831] Ebda.
[832] Ebda.
[833] Lebenslauf Johann Schneider, Fallingbostel, 30. 6. 1947. BA Koblenz, Z 42 II/1053.
[834] Lebenslauf Dr. Joseph Mainzer, ohne Datum. BA Koblenz, Z 42 V/1540 Spruchgerichtsakte Dr. Joseph Mainzer, Bl. 3.
[835] Ebda.

abgesetzt. (...) Wegen der Differenzen mit der Marineleitung - ich galt ihr wohl zu sehr als Revolutionär und Sozialist (...) - trat ich in den höheren Schuldienst der Provinz Hannover (...)."[836] Röver mußte nun eine Person finden, die auch mit der Marineleitung zusammenarbeiten konnte, d. h. jemanden, der in besonderer Weise das von Röver für alle politischen Leiter geforderte Fingerspitzengefühl aufwies. Einen besonders fähigen innerparteilichen Diplomaten fand er in dem arbeitslosen Kaufmann Ernst Meyer aus Golzwarden. Meyer spielte im Mai 1933 zunächst mit dem Gedanken, wie seine zwei Brüder in die USA auszuwandern, wurde dann aber von Gauleiter Röver hauptamtlich für die NSDAP geworben. Sein erster Auftrag war die Untersuchung und Schlichtung eines innerparteilichen Streites in Ostfriesland. Meyer berichtet von nicht näher spezifizierten Streitigkeiten zwischen der NSDAP-Ortsgruppe Weener[837] (Kreis Leer) einerseits und dem Gauinspekteur und dem Kreisleiter[838] andererseits.

> Gauleiter Röver, der wußte dass ich beschäftigungslos zu Hause sass, schickte mich nach Weener um den Streitfall zu untersuchen und zu schlichten. Nachdem ich mich 5 Wochen bemüht hatte, gelang mir die Schlichtung. Eine weitere Schlichtung hatte ich anschliessend im Auftrage des Gauleiters auf der Insel Norderney durchzuführen, wo sich Bürgermeister, Ortsgruppenleiter und SA-Führer stritten. Dort blieb ich auch etwa 4 Wochen.[839]

Auch im Laufe seiner weiteren Karriere war Ernst Meyer mit Schlichtungsaufgaben befasst. Zum 1. 1. 1935 wurde er zum Gauinspekteur für das Land Oldenburg mit damals insgesamt 105 Ortsgruppen ernannt. In dieser Eigenschaft mußte er die verschiedensten Streitfälle schlichten:

> Es gab Differenzen in wirtschaftlicher Hinsicht, personeller Art u. a. in Angelegenheiten der Arbeitsfront, die Abhilfe erforderlich machten. (...) Ich möchte noch besonders erwähnen, dass ich persönlich alle jene Beschwerden zu erledigen hatte, die von irgendwelchen Volksgenossen an die Dienststelle von Hess oder den Gauleiter gerichtet waren. Diese Beschwerden waren meist personeller Art und richteten sich gegen Ortsgruppenleiter, Kreisleiter und Träger von Staatsämtern.[840]

Über seine Ernennung zum Kreisleiter von Wilhelmshaven im August 1935 berichtete Ernst Meyer, er habe sich diesen Posten zunächst nicht annehmen wollen,

---

[836] Ebda.
[837] Im Zeitraum Mai/Juni 1933 gab es hier gleich zwei Wechsel innerhalb der Ortsgruppenleitung. Vgl. Rademacher: Wer war im Gau Weser-Ems, S. 97.
[838] Beide Ämter wurden bis zum 20. 7. 1933 in Personalunion von Erich Drescher verwaltet.
[839] Vernehmungsprotokoll Ernst Meyer, Staatsanwalt Dr. Schuemann als vernehmender, Bremen, 10. 11. 1948. BA Koblenz, Z 42 IV/7047 Spruchgerichtsakte Ernst Meyer. Bl. 46.
[840] Vernehmungsprotokoll Ernst Meyer, Staatsanwalt Dr. Schuemann als vernehmender, Bremen, 10. 11. 1948. BA Koblenz, Z 42 IV/7047 Spruchgerichtsakte Ernst Meyer. Bl. 47.

da sein Vorgänger, Dr. Joseph Mainzer, permanent Schwierigkeiten mit den Kommandostellen der Kriegsmarine hatte. Schwierigkeiten bestanden auch zwischen den Bürgermeistern von Wilhelmshaven und Rüstringen. Wilhelmshaven gehörte 1935 noch zu Preußen, während das wesentlich einwohnerstärkere Rüstringen zu Oldenburg gehörte. Meyer legte daher auf die Übernahme des Kreisleiteramtes keinen Wert, da "sonst aber eine geeignete Person für die Übernahme der Stellung des Kreisleiters nicht vorhanden war, musste ich schließlich den Posten übernehmen".[841]

Obwohl auch Meyers Verhältnis mit der noch von den Verhältnissen des Kaiserreiches geprägten Vorstellungen der Reichsmarine nicht immer ungetrübt war[842], bezeichnete er die Zusammenarbeit mit den Wehrmachtsdienststellen doch als insgesamt problemlos. Meyers Vorbehalte gegen den Posten legten sich nach ein paar Wochen, zumal ihm Röver "vollkommen freie Hand" ließ. Auch mit "den Wehrmachtsdienststellen liess sich ausgezeichnet arbeiten. Man konnte sich vor allem auf den kommandierenden General und den Werftdirektor verlassen.[843] Meyer behielt den Kreisleiterposten bis zu seiner Einberufung zur Wehrmacht im Jahr 1942.

5.1.8 Altersstruktur

Die Altersstruktur der Kreisleiter bietet wenig Überraschendes. Der Löwenanteil der Kreisleiter zählt zu den Teilnehmern des 1. Weltkrieges (Jahrgänge 1886-1900), ein weiterer zu denjenigen, die von den wirtschaftlichen Krisen der Nachkriegszeit (Inflation, Weltwirtschaftskrise) geprägt wurden. Ältere Jahrgänge als 1880 finden sich überhaupt nicht, ebensowenig wie Jahrgänge nach 1912. Dies zeigt, daß die NSDAP zu ihrer Anfangszeit eine sehr "junge" Partei war - der Emder Bezirksleiter Johann Menso Folkerts war bei Einrichtung der Kreisleitungen 22 Jahre alt, Paul Wegener bei Übernahme des Bremer Kreisleiteramtes 24. 1945 war der jüngste Kreisleiter 32 Jahre alt. Dies ist ein Indiz dafür, daß auch die NSDAP mit der Konsolidierung ihrer Macht mehr auf Erfahrung als auf jugendlichen Elan Wert legte.

Geburtsjahrgänge der Kreisleiter[844]

	1880	1881-85	1886-90	1891-95	1896-1900	1901-05	1906-10	1910-12
70	1	5	8	18	16	11	9	2
100%	1,4 %	7,1 %	11,4 %	25,7 %	24,3 %	15,7 %	12,9 %	2,9 %

---

[841] Vernehmungsprotokoll Ernst Meyer, Staatsanwalt Dr. Schuemann als vernehmender, Bremen, 10. 11. 1948. BA Koblenz, Z 42 IV/7047 Spruchgerichtsakte Ernst Meyer. Bl. 47.
[842] Vgl. Kapitel 4.3.1.8.
[843] Vernehmungsprotokoll Ernst Meyer, Staatsanwalt Dr. Schuemann als vernehmender, Bremen, 10. 11. 1948. BA Koblenz, Z 42 IV/7047 Spruchgerichtsakte Ernst Meyer. Bl. 47.
[844] Eine ähnliche Entwicklung hat Sebastian Lehmann für die Gaue Schleswig-Holstein und Köln Aachen sowie für den Reichsdurchschnitt ermittelt. Vgl. Lehmann, Sebastian: Kreisleiter der NSDAP in Schleswig-Holstein. Möglichkeiten eines sammelbiographischen Ansatzes. In: Ruck, Michael/Pohl, Karl Heinrich (Hrsg.): Regionen im Nationalsozialismus. Bielefeld, 2003. S. 147-156, hier S. 155.

Semmler weist darauf hin, daß gerade Zapf in seiner Untersuchung dazu neigt, aus der an sich unbestreitbaren Tatsache, daß gerade die NSDAP eine 'junge' Partei war, ungerechtfertigte Schlüsse und Verallgemeinerungen zu ziehen. So schreibt Zapf:

> Es ist mehrfach gezeigt worden, daß totalitäre Eliten 'jünger' sind als demokratische. Politische Zuverlässigkeit ist dort oberstes Erfordernis; die Fachausbildung kann im Schnellverfahren nachgeholt werden; häufig wird zu diesem Zweck ein ganzes System von Sonderschulen, Parteiakademien und Fernstudiengängen eingerichtet. Wenn die langwierigen Karrierewege abgeschafft sind, kann man bereits in jungen Jahren in verantwortliche Stellungen gelangen und rasch avancieren. Totalitäre Systeme versichern sich auf diese Weise der Begeisterung der Jugend und helfen zugleich ihrem Mangel an zuverlässigen Kadern ab.[845]

Es ist eine Binsenweisheit, daß junge Leute in ihren politischen Anschauungen weniger festgelegt sind als ältere. Es ist mithin selbstverständlich, daß sie eher für eine neue, vom Selbstverständnis her revolutionäre Partei wie die NSDAP zu gewinnen sind. Durch ihre jugendliche Begeisterung sind sie, wie hier das Beispiel des jungen Menso Folkerts zeigt, eher bereit sich z. B. als Ortsgruppengründer zu exponieren als ältere, die eher zum Abwarten neigen. Dadurch gewinnen sie bei neuen Bewegungen einen Vorsprung vor den älteren und schaffen es somit, in vergleichsweise jungem Alter schon führende Stellungen wie die des Kreisleiters zu besetzen. Der daraus resultierende Überalterungsprozeß, der sich aufgrund der kurzen Dauer des NS-Regimes bei den Kreisleitern natürlich nur in Ansätzen entwickeln kann, ist kein deutsches Phänomen, sondern zeigte sich auch in der Sowjetunion und China.

Ob eine "junge" Partei auch insgesamt "jung" bleibt, läßt sich anhand der Gruppe der Kreisleiter leicht ermitteln. Hier zeigt sich, daß das Bild von der NSDAP als "junger" Partei im Laufe der Zeit immer weniger zutrifft. Lag das Duchschnittsalter der amtierenden Kreisleiter am 1. 7. 1932 und am 1. 7. 1934 noch bei 37,7 Jahren, so waren es am 1. 7. 1938 39,3 Jahre und am 1. 7. 1944 43,1 Jahre. Die Entwicklung fällt noch regelmäßiger und deutlicher aus, wenn man berücksichtigt, daß zu der Gruppe vom 1. 7. 1932 der mit Abstand älteste Kreisleiter Otto Bernhard gehört.

Zapfs Aussagen können somit zumindest für das Dritte Reich keinerlei Gültigkeit beanspruchen, denn hier zeigt sich ein deutlicher Alterungsprozeß in der Gesamtgruppe der Kreisleiter. Dies weist darauf hin, daß eine neue Partei wie die NSDAP deswegen eine - gemessen an dem Alter ihrer Funktionäre - "junge" Partei ist, weil sie mit neuen Ideen vor allem jüngere Leute anspricht und als Funktionäre rekrutiert. Die jungen Funktionäre geben ihren Posten jedoch nicht nach kurzer Zeit schon an noch jüngere weiter, sondern altern mit ihrer Partei, so daß sich auf die Dauer eine Angleichung an die "alten" Parteien ergibt. Zapf, der seine Arbeit 1966

---

[845] Zitiert nach Semmler, S. 201.

veröffentlichte, fehlinterpretierte offenbar einen momentanen Zustand. 1966 waren Rotchina und die sowjetischen Satellitenstaaten noch verhältnismäßig junge Staaten, während es in der Sowjetunion mit dem Ende der Stalin-Ära einen weitgehenden Personalwechsel gegeben hatte. Das NS-Regime konnte sich nur zwölf Jahre halten, so daß hier naturgemäß kein Überalterungsprozess, wie er sich später beispielsweise im Ostblock und in Rotchina zeigte, entwickeln konnte. Das Alter der Parteifunktionäre hängt somit vom Alter der Partei ab, nicht von der politischen Richtung. Bei der Rekrutierung der Kreisleiter im Gau Weser-Ems spielte jugendliches Alter als solches jedenfalls keine Rolle.

5.1.9 Sozialstruktur

In Helmut Sündermanns Artikel "Die Kreisleiter" heißt es: "Adolf Hitlers großer Führerkunst ist es gelungen, Männer, die unter dem Panzer verschiedenster Berufe das Zeug zur Führernatur in sich trugen, eine Mission zu geben, die ihrer wirklichen Kräfte lebendig werden läßt ..."[846] Vergleicht man nun anhand der Kreisleiter des Gaues Weser-Ems Anspruch und Wirklichkeit, so fällt zunächst einmal die dramatische Unterrepräsentation der Arbeiter auf - und dies bei einer Partei, die sich nicht nur "Arbeiterpartei" nannte, sondern zu deren Mitgliedern im Gau Weser-Ems immerhin 26 % Arbeiter zählten. Zwar ist der Begriff "Arbeiter" in der NS-Definition nicht auf den Fabrikarbeiter beschränkt, sondern umfaßt alle "Arbeiter der Faust", also auch Landarbeiter. Die gleiche Definition wird bei dieser Untersuchung aber auch auf die Sozialgruppe der Kreisleiter angewandt, so daß der Anspruch der NSDAP in jedem Falle widerlegt wird.

	Kreisleiter Gau Weser-Ems	NSDAP-Mitglieder Gau Weser-Ems[847]	Deutsches Reich[848]
Arbeiter	11,76 %	26,0 %	30,3 %
Angestellte	17,65 %	18,1 %	19,4 %
Selbst. Handwerker	5,88 %	8,9 %	8,3 %
Selbst. Kaufleute	25,00 %	7,9 %	7,5 %
Freiberufler	8,82 %	4,5 %	3,2 %
Lehrer	10,23 %	2,0 %	3,4 %:
Beamte	10,23 %	6,4 %	9,0 %
Bauern	5,88 %	15,2 %	10,2 %
Sonstige	2,94 %	9,0 %	8,7 %

Hingegen ist die Gruppe der Selbständigen mit 39,7 % (Mitglieder im Gau 21,3 %, Deutsches Reich 19 %) deutlich überrepräsentiert. Hier sind es besonders die selbstständigen Kaufleute, die mit 25 % bei den Kreisleitern gegenüber 7,9 % bei allen NSDAP-Mitgliedern im Gau Weser-Ems mehr als dreifach überrepräsentiert sind. Hier liegt ein eindeutiger Hinweis darauf vor, daß Falters These von der

---

[846] Sündermann, Helmut: Die Kreisleiter. In: Butjadinger Zeitung, 23. 4. 1936.
[847] Ermittelt aus der Partei-Statistik vom 1. 1. 1935, S. 86-134.
[848] Partei-Statistik, S. 72.

"Radikalisierung des Mittelstandes" auf die Kreisleiter der NSDAP in noch stärkerem Maße zutrifft als auf die Gesamtgruppe der NSDAP-Wähler.

Leicht überrepräsentiert sind die Beamten. Dabei ist anzumerken, daß es sich hier fast ausschließlich um Beamte des mittleren und gehobenen Dienstes handelt. Die beiden einzigen höheren Beamten, die Regierungsassessoren Dr. Böckmann und Dr. Drückhammer, traten nur aus Karrieregründen in die Partei ein und zeigten keine sonderliche Neigung zur Parteiarbeit: Dr. Böckmann gab sein Amt nach knapp siebeneinhalb Monaten wieder ab, Dr. Drückhammer hatte es gar nur unter Androhung eines Disziplinarverfahrens übernommen. Beide hatten nach ihrer Zeit als Kreisleiter keinerlei Parteiämter mehr inne und waren vermutlich nur als Kreisleiter eingesetzt worden, um in den "weltanschaulich schwierigen" katholischen Kreisen Cloppenburg und Vechta der Bevölkerung einen Kreisleiter zu bieten, den die dortige katholische Bevölkerung respektieren konnte. Dr. Böckmann, 28. 2. bis 13. 10. 1934 Kreisleiter des Kreises Cloppenburg, hatte den Vorzug, katholisch und NSDAP-Mitglied zu sein. Der Kreisleiter von Vechta, Bruno Brasch, hatte seinen Posten verloren, weil er für private Zwecke Geld aus der Parteikasse entnommen und versucht hatte, diese Privatentnahmen zu verschleiern. Hier war der evangelische Regierungsrat Dr. Drückhammer dem Ruf der NSDAP weit weniger abträglich.

Auffällig ist ferner, besonders bei einer Partei, die bei jeder Gelegenheit den Bauern verherrlichte, die Unterrepräsentierung der Bauern, obwohl die Bauern bei den NSDAP-Mitgliedern im Gau Weser-Ems mit 15,2 % sogar stärker vertreten waren als mit 10,2 % im Deutschen Reich. Ein Erklärungsversuch wäre hier, daß viele politisch aktive Landwirte sich in der "Christlich-Nationalen Bauern- und Landvolkpartei" engagierten und daher für die NSDAP bis 1933 ausfielen. Trotzdem ist bemerkenswert, daß diesem Mangel nicht in den darauffolgenden Jahren Abhilfe geschaffen wurde.

Was sich anhand der vorliegenden Zahlen zeigt, ist also weniger das Ergebnis eines gezielten Ausleseprozesses aus der Gesamtbevölkerung, sondern vielmehr ein Musterbeispiel für die "Radikalisierung des bürgerlichen Mittelstandes" einerseits und die Bevorzugung administrativ befähigter Gruppen bei der Personalauswahl andererseits, was besonders durch die krasse Unterrepräsentation der Arbeiter deutlich wird.

5.1.10 Bildungsgrad

Vom Bildungsgrad unterschieden sich die Kreisleiter untereinander beträchtlich. Elf hatten die Volksschule besucht, elf die Volksschule und eine weitere berufsbildende Schule. Einen mittleren Bildungsabschluss besaßen zwölf Kreisleiter. Elf Kreisleiter hatten das Abitur oder einen vergleichbaren Bildungsabschluss. Zwölf hatten einen Hochschulabschluss.

Insgesamt waren die Kreisleiter also gebildeter als der Durchschnitt der Bevölkerung. Andererseits war ein hoher Bildungsabschluß aber keine notwendige Voraussetzung für ein Kreisleiteramt. Gauleiter Röver forderte in seiner Denkschrift zwar, ein politischer Leiter müsse über eine überdurchschnittliche Allgemeinbildung verfügen[849], machte dies aber nicht am Schulabschluß fest. Eine "Bildungselite" waren die Kreisleiter somit nicht und sollten es wohl auch nicht sein.

5.1.11 Regionale Herkunft

Bei einer regionalen Führungselite wie den Kreisleitern ist die regionale Herkunft von besonderem Interesse. Claudia Roth behandelt die regionale Herkunft der Kreisleiter nur äußerst knapp[850]. Hier rächt es sich, daß ihre Arbeit nur zu einem ganz geringen Teil auf personenbezogenen Akten beruht, aus denen sich umfangreichere biographische Angaben gewinnen lassen. Als einziges Kriterium für die regionale Herkunft zieht sie den Geburtsort heran, wobei nicht der Kreis, wie es naheliegend wäre, sondern der Gau als örtlicher Bezugsrahmen dient. Die Frage, ob bevorzugt diejenigen als Kreisleiter in einem Kreis eingesetzt wurden, die gebürtig aus diesem Kreis stammten, wird bei ihr weder gestellt noch beantwortet. Von 109 bayerischen Kreisleitern, bei denen sie den Geburtsort ermitteln konnte, führten demnach "knapp die Hälfte (...) den Parteikreis in der engeren Heimat"[851], wobei Roth die engere Heimat nicht weiter definiert.

Von insgesamt 69 Kreisleitern, bei denen der Geburtsort ermittelt werden konnte, stammten 43 gebürtig aus dem Gebiet des Gaues Weser-Ems, 26 (37,7 %) nicht. Von insgesamt 72 zu besetzenden Kreisleiterstellen wurden insgesamt 19 mit Kreisleitern besetzt, die gebürtig aus diesem Kreis stammten. In 53 Fällen war dies nicht der Fall. Auf Landes- bzw. Regierungsbezirksebene stellt sich dies anders dar. Legt man diese Gebiete als Region zugrunde, so wurden 35 Stellen mit Kandidaten aus der Region besetzt, 37 kamen aus anderen Regionen. Auffällig ist, daß 37,7 % der Kreisleiter nicht einmal gebürtig aus dem Gau stammten. Bei den Kreisleiterstellenbesetzungen wurde sogar in 40,3 % der Fälle ein Kandidat gewählt, der gebürtig nicht aus dem Gau stammte:

Geburtsort der Kreisleiter

	Kreis	Region	Gau
Gesamtgruppe (72 Kreisleiterstellenbesetzungen)	19 (26,4 %)	35 (48,6 %)	43 (59,7 %)
Stichtag 1. 1. 39 (22 amtierende Kreisleiter)	7 (31,8 %)	10 (45,5 %)	12 (54,5 %)

Noch aussagekräftiger werden diese Daten, wenn man die Region nicht ausschließlich an den Grenzen von Ländern und Regierungsbezirken festmacht. So fällt für das katholisch geprägte Emsland (Kreise Aschendorf-Hümmling, Meppen, Lingen und Bentheim) auf, daß keiner der hier amtierenden Kreisleiter gebürtig aus dem Emsland stammt. Für die beste Vergleichsregion im Gau Weser-Ems, das ka-

---

[849] Vgl. Rademacher (Hrsg.): Röver, S. 35.
[850] Vgl. Roth, S. 192.
[851] Roth, S. 192.

tholisch geprägte Südoldenburg, läßt sich ähnliches, wenn auch nicht so krass feststellen. Im Kreis Cloppenburg stammte nur Leonhard Niehaus gebürtig aus Cloppenburg. Er war neben Dr. Franz Böckmann, der das Kreisleiteramt nur kurzfristig innehatte, zudem der einzige Katholik, der im Kreis Cloppenburg das Amt eines NSDAP-Kreisleiters ausübte. August Osterbuhr sowie der für den Kreis Cloppenburg wichtigste, da langjährigste Kreisleiter, waren evangelisch-lutherisch. Aber auch Niehaus fällt in gewisser Weise aus dem Rahmen, da er nicht nur eine aus Sachsen stammende lutherische Ehefrau hatte, sondern sie in Sachsen auch evangelisch-lutherisch geheiratet hatte[852]. Niehaus fiel mit dieser - für damalige Zeiten ungewöhnliche Ehe - deutlich aus dem im katholischen Südoldenburg üblichen Rahmen.

Für den Kreis Vechta gilt ähnliches. Der einzige Kreisleiter, der gebürtig aus dem Kreis Vechta stammte, war der Dammer Josef Gausepohl, der erst im November 1943 als Kriegsvertreter des Kreisleiters Voß in das Kreisleiteramt kam. Gausepohl war Katholik, trat aber 1939 aus der Kirche aus, weil er "von der Richtigkeit der kirchlichen Lehre nicht überzeugt"[853] war. Man kann also davon ausgehen, daß Gausepohl innerlich nicht kirchlich gebunden war, aber mit Rücksicht auf seine Geschäftsinteressen und seine katholischen Geschäftspartner den Kirchenaustritt nicht vorher vollzogen hat. Der einzige Vechtaer Kreisleiter, der sich dezidiert als katholischer Nationalsozialist verstand - wenn man von dem Opportunisten Kohnen absieht - war der aus Pommern stammende Bruno Brasch. Er hatte den größten Teil seines Lebens in Osnabrück verbracht und war erst Anfang 1933, nach dem Weggang Dr. Kohnens, nach Vechta gezogen. Der für den Kreis Vechta wichtigste, da langjährigste Kreisleiter, der aus Barel im Kreis Oldenburg-Land stammende Heinrich Voß, war bis zu seinem Kirchenaustritt evangelisch-lutherisch.

Übereinstimmend kann man für die Kreise mit überwiegend katholischer Bevölkerung sagen, daß die dort amtierenden Kreisleiter entweder gebürtig nicht dem Kreis entstammten und/oder einer anderen Konfession angehörten. Obwohl es also auch katholische Kreisleiter gab, so war es doch in keinem Fall ein fest im örtlichen katholischen Milieu eingebundener Katholik. Insgesamt sind die in ihrem Geburtskreis amtierenden Kreisleiter - insofern es sich um katholisch geprägte Kreise handelt, eine kleine Minderheit.

Zieht man also nur den Geburtsort als Kriterium für die regionale Herkunft heran, so kann man den Eindruck gewinnen, daß Röver nach Möglichkeit versucht hat, möglichst "Landfremde" als Kreisleiter zu verwenden. In einer Zeit der auch damals schon gegebenen großen Mobilität erscheint der Geburtsort allein aber wenig aussagekräftig. Zieht man hierzu noch andere Kriterien mit heran, wie z. B. die Frage nach früheren Parteiämtern oder berufliche Tätigkeiten in dem Kreis heran, so ergibt sich ein völlig anderes Bild.

---

[852] Angaben nach MDL-Kartei, StAO.
[853] Military Government of Germany Fragebogen, 7. 9. 1946. Entnazifizierungsakte Josef Gausepohl, StAO Best. 351, Ve 3756, Karton Nr. 724.

70 Kreisleiter haben in der Zeit von 1932 bis 1945 - durch Wechsel des Parteikreises - in insgesamt 73 Kreisen als Kreisleiter fungiert[854]. In 52 Fällen war der Kreisleiter schon vorher einmal in dem Kreis für die NSDAP tätig gewesen. In 13 Fällen stammten die Kreisleiter gebürtig aus dem Kreis oder waren dort zumindest einmal beruflich tätig gewesen[855]. Nur in insgesamt 8 Fällen bestanden dabei zwischen Kreisleiter und Kreis keinerlei biographische Verbindung.

Es lohnt sich hierbei, die letzten acht Fälle genauer zu betrachten. Der erste Fall betrifft den Wittmunder Kreisleiter Heinrich Bohnens, der 1934 als Kreisleiter nach Aurich wechselte. Da beide Kreise zur Region Ostfriesland gehören, kann Bohnens in Aurich keinesfalls als "Landfremder" bezeichnet werden.

Die Kreisleitertätigkeit von Hans Gronewald in Leer und Alfred Kemnitz im Kreis Bentheim waren von vornherein eine Übergangslösung. Hans Gronewald mußte aufgrund parteiinterner Differenzen Osnabrück verlassen und wurde für ein knappes Dreivierteljahr Kreisleiter des Kreises Leer, bevor er 1935 Landrat des Kreises Aschendorf-Hümmling wurde. Alfred Kemnitz war lediglich Kriegsvertreter des Bentheimer Kreisleiters Dr. Josef Ständer.

Nur drei langjährige Kreisleiter wurden von Gauleiter Carl Röver in Kreisen eingesetzt, zu dem sie keinerlei biographische Verbindung hatten. Während es bei Gustav Sturm Gründe der persönlichen Wertschätzung gewesen sein dürften[856], so war die Ernennung der evangelischen Kreisleiter Buscher und Voß in den katholischen Kreisen Aschendorf-Hümmling und Vechta eine reine, wenn auch dauerhafte Notlösung. In beiden Kreisen hatte zuvor ein katholischer Kreisleiter fungiert, der Gauleiter Röver wegen kriminellen Verhaltens schwer enttäuscht hatte.[857]

Die Kreisleiter Horstmann und Schümann, die 1943 die NSDAP-Kreise Wilhelmshaven bzw. Bremen übernahmen, obwohl sie zu diesen Kreisen keinerlei biographische Verbindung hatten, gingen auf die Initiative Gauleiter Wegeners zurück. Hier handelt es sich jeweils um Versetzungen in wirtschaftlich und konfessionell vergleichbare Kreise.

---

[854] Vorübergehende Mitverwaltung eines Nachbarkreises während des 2. Weltkrieges zählen hier nicht.
[855] Ausbildung und Studium zählen als berufliche Tätigkeit.
[856] Sturm war wie Röver ein Völkischer, dessen Nationalsozialismus einen stark religiösen Einschlag aufwies und der 1936 einen Gedichtband "Glaube und Schwert" mit teilweise völkisch-religiös gefärbten Gedichten veröffentlichte. Auch muss Sturm ein fähiger Parteifunktionär gewesen sein. Der stellvertretende Gauleiter des Gaues Südhannover-Braunschweig schlug ihn, kurz vor seinem Wechsel nach Delmenhorst, für den Posten des Vorsitzenden des Provinzialdienststelle Hannover des Deutschen Gemeindetages vor. Vgl. das Schreiben des Gauleiterstellvertreters Südhannover-Braunschweig an den Leiter des Amtes für Kommunalpolitik bei der Reichsleitung der NSDAP, 17. 10. 1934. BA Berlin-Lichterfelde BDK Sturm, Gustav.
[857] Emil Hartung hatte sich 1932 als organisatorisch völlig inkompetent erwiesen, den Kreis Aschendorf-Hümmling zu leiten; 1934 war er wegen Betrügereien aufgefallen (s. dazu Kapitel 5.7.4.1.). Bruno Brasch hatte sich 1933 in Vechta Unterschlagungen zu Schulden kommen lassen (s. dazu Kapitel 5.7.5.1).

5.1.12 Resümee

Insgesamt muß man feststellen, daß Röver keines der von ihm geforderten Kriterien für die Rekrutierung der Kreisleiter konsequent eingehalten hat. Die von Röver geforderte "absolute weltanschauliche Klarheit und Festigkeit"[858], die man am ehesten objektiv an einer völkischen politischen Sozialisation und am frühen Parteieintritt festmachen kann, wurde von ihm offenbar nicht überprüft: der Neffe des Cloppenburger Kreisleiters Dr. Franz Böckmann, der sich mit dem von Röver hoch geschätzten "Mythus des 20. Jahrhunderts" von Alfred Rosenberg beschäftigte, bekam von seinem Onkel gar zu hören, er "solle doch seine Zeit nicht mit so einem Quatsch vergeuden"[859].

Auch den von Röver geforderten "einwandfreien Charakter"[860] kann man kaum allen Kreisleitern zuschreiben. Gestalten wie der Oldenburger Kreisleiter Emil Pape, dessen Treiben Röver jahrelang duldete, zeigen deutlich, daß persönliche Werte wie "Männerkameradschaft" für ihn letztendlich mehr zählten als die von ihm selber eingeforderten objektiven Notwendigkeiten. Ebensowenig wie auf die "weltanschauliche Klarheit und Festigkeit" wurde auf ein überdurchschnittliches Allgemeinwissen Wert gelegt: die untersuchte Gruppe der Kreisleiter als Ganze ist zwar im Durchschnitt gebildeter als der Durchschnitt der Gesamtbevölkerung, von einem überdurchschnittlichen Allgemeinwissen als notwendiger Bedingung für die Übernahme des Kreisleiteramtes kann jedoch nicht die Rede sein. Auch die geforderte "genaueste Kenntniss von Aufbau, von den Aufgaben, Grundlagen, den Gesetzen, Bestimmungen und Anordnungen der Partei"[861] wurde nicht durch Schulungen mit Abschlußprüfungen sichergestellt, sondern mußte von den Kreisleitern - über Rundschreiben – gewissermaßen "on the job" gelernt werden.

Ein Sonderfall ist der Bremer Kreisleiter Bernhard Blanke. Nachdem Otto Bernhard März 1933 wegen seiner Bestrebungen, Bremen aus dem Gau Weser-Ems zu lösen, abgesetzt worden war, und sein Nachfolger Paul Wegener nach München versetzt wurde, setzte Carl Röver im Juli 1934 den Ortsgruppenleiter von Bremen-Findorff, Bernhard Blanke als Nachfolger ein. Anhand der Wahl des Nachfolgers zeigte sich "daß Röver die Kreisleitung mit Absicht schwach halten wollte."[862] Unfähigkeit konnnte also ein Grund für die Ernennung zum Kreisleiter sein, auch wenn es auf den ersten Blick widersinnig erscheint, daß jemand sich aufgrund seiner Unfähigkeit für die Übernahme eines Kreisleiterpostens "qualifiziert".

Auch die Punkte 5 und 6 auf Rövers Liste, "Erfahrung über die Art, Menschen zu behandeln und mit Menschen umzugehen, im Rahmen der der Partei gestellten Aufgaben der Menschenführung" und "nachweisliche Führerqualität, Fingerspitzengefühl, Einfühlungs- und Anpassungsvermögen, selbstbewußtes und sicheres Auftreten"[863] waren eher Glückssache als zwingendes Rekrutierungskriterium. So-

---

[858] Rademacher (Hrsg.): Röver, S. 35.
[859] Gespräch mit Otto Böckmann, Vechta, 26. 5. 1998.
[860] Rademacher (Hrsg.): Röver, S. 35.
[861] Rademacher (Hrsg.): Röver, S. 35.
[862] Schwarzwälder, 140.
[863] Rademacher (Hrsg.): Röver, S. 35.

gar ein aufgrund seines Hanges zur Gewalt bei der Bevölkerung allgemein gefürchteter Kreisleiter[864] wie der Kreisleiter Egert aus Meppen wurde nach der Klärung eines Zwischenfalls auf dem Meppener Landratsamt von Röver wieder in sein Kreisleiteramt eingesetzt. Das Alter der Kandidaten spielte bei der Rekrutierung gar keine Rolle.

Röver rekrutierte die Kreisleiter also nicht systematisch nach dem von ihm selber geforderten Kriterienkatalog, sondern traf eine Reihe von Einzelentscheidungen. Versucht man, seine Einzelentscheidungen auf einen gemeinsamen Nenner zu bringen, so kann man sagen, daß er darum bemüht war, Kandidaten als Kreisleiter einzusetzen, die eine persönliche Bindung an den Kreis hatten und sich daher mit den örtlichen Verhältnissen auskannten. Das wichtigste Kriterium für Gauleiter Röver war hier die frühere Parteitätigkeit in dem übernommenen Kreis: in 72,6 % aller Fälle war der Kreisleiter vor Übernahme des Kreisleiteramtes hier für die Partei oder eine ihrer Organisationen tätig gewesen. Andere Kriterien einschließlich der gebürtigen Herkunft treten hingegen zurück: in über 40 % der Fälle, in denen eine Kreisleiterstelle besetzt werden mußte, wurden Kandidaten gewählt, die nicht einmal aus dem Gau Weser-Ems stammten. Dies gilt sowohl für die langjährigen, hauptamtlichen Kreisleiter (Stichtag 1. 1. 1939) als auch für die Gesamtgruppe. Die Personal- und Versetzungspolitik sowohl Rövers als auch Wegeners ähnelt somit der der preußischen Staatsverwaltung, die ebenfalls ohne Zögern und Rücksichtnahme auf regionale Herkunft beispielsweise Beamte von Ostpreußen in die Rheinprovinz versetzte, insofern dies nach dem Bedarf einerseits und der Qualifikation der Beamten andererseits angezeigt war.

---

[864] Gespräch mit Lisa Borker, Dalum, 18. 10. 1999.

5.2 Abgabe des Kreisleiteramtes

Im Gau Weser-Ems gab es in den Jahren von 1933 bis 1935 eine starke Fluktuation bei den Kreisleitern. Ähnliches gilt für das gesamte Deutsche Reich. Nach dem zweiten Band der Partei-Statistik von 1935 gab es am 30. 1. 1933 855 Kreise bzw. Kreisleiter. Davon schieden 454 Amtsträger (53,1 %) aus und wurden dauerhaft ersetzt, 28 Parteikreise (3,3 %) wurden vorübergehend kommissarisch verwaltet und nur in 373 Kreisen (43,6 %) erfolgte kein Wechsel, woraus Claudia Roth auf "ein negatives Bild von der Effizienz der bisherigen Amtsinhaber"[865] schließt. Auch berufliche bzw. wirtschaftliche Gründe - 1933 waren die wenigsten Kreisleiter hauptamtlich bei der NSDAP angestellt - waren nach Roth ein wichtiger Faktor für "Instabilität in der lokalen Parteiführung"[866]. Hingegen seien "in der Anfangszeit des Dritten Reiches die Personalunion mit einem Staats- oder Kommunalamt noch kein Grund zum Ausscheiden als NSDAP-Kreisleiter (gewesen); derartige Amtsverbindungen wurden zum Teil noch explizit bejaht."[867]

Roth übergeht hier zwei wichtige Faktoren. Zum einen wurde ein Teil der 1932 eingerichteten Kreise in den Jahren 1933 bis 1935 aus rein organisatorischen Gründen mit anderen Kreisen zusammengelegt. Dies hatte in erster Linie mit der Einsparung von Kosten zu tun, weniger mit der Qualifikation der Kreisleiter. Gab es am 30. 1. 1933 noch 855 NSDAP-Kreise, so waren es Anfang 1938 - vor dem Anschluß Österreichs - nur noch 727[868]. Zum anderen ist Roths Ausage in sich widersprüchlich, wenn sie einerseits allein von dem häufigen Wechsel auf eine "Permanenz der Inkompetenz" schließt, andererseits aber - zu Recht - auf die mangelnde wirtschaftliche Attraktivität hinweist. Hier müßte bei jedem einzelnen Fall geprüft werden, wo die Gründe für den Kreisleiterwechsel lagen. Das Jahr 1933 ist zudem ein Ausnahmejahr, da hier häufig "alte Kämpfer" für ihre Verdienste um die NSDAP mit Stellen belohnt wurden, die nicht unbedingt in dem Kreis lagen, in dem bisher das Kreisleiteramt ausgeübt worden war. Kreiszusammenlegungen und Karrieresprünge waren im Wesentlichen bis 1935 abgewickelt. Es müßte sich, wenn Roth mit ihrer Folgerung der fortwährenden Inkompetenz Recht hat, auch für die Jahre 1936 bis 1938 ähnlich häufige Wechsel in den Kreisleitungen ergeben, ohne daß diese sich mit den genannten Gründen erklären lassen. Dies ist jedoch zumindest im Gau Weser-Ems nicht der Fall. In den Jahren 1936 und 1937 hat es im ganzen Gau gar keinen Kreisleiterwechsel gegeben, im Jahr 1938 nur einen einzigen.

Ähnliche Schlüsse zieht Roth für die bayerischen NSDAP-Kreisleitungen in den Kriegsjahren 1942 bis 1945. Hier waren von 104 Kreisleitungen die Hälfte seit 1942 umbesetzt worden.[869] Auch hier schließt Roth von dem häufigen Wechsel auf

---

[865] Roth, S. 158.
[866] Ebda.
[867] Roth, S. 158.
[868] Vgl. Schlag nach! Wissenswerte Tatsachen aus allen Gebieten. Leipzig, 1938. S. 201.
[869] Vgl. Roth, S. 165.

Unfähigkeit. Dabei wertet sie die Tatsache, daß nur selten ein Kreisleiter in ein Amt auf Gauebene aufstieg, als weiteres Indiz für die mangelnden Fähigkeiten der Kreisleiter. Roth übersieht hier einen ganz zentralen Faktor: ein großer Teil der Kreisleiter war im Kriegseinsatz, manche fielen im Krieg. Diejenigen, die vertretungsweise das Kreisleiteramt übernahmen, taten dies in den seltensten Fällen mit der Absicht, dieses oder ein anderes, höheres Parteiamt auszuüben.

Insgesamt kann man aus dem häufigen Wechsel nicht einfach auf Unfähigkeit schließen, sondern muß schon im Einzelnen nachweisen, daß der Grund für den häufigen Wechsel durch Unfähigkeit bedingt ist und nicht durch andere Umstände. Am Beispiel der Kreisleiter des Gaues Weser-Ems soll nun im folgenden untersucht werden, welche Gründe tatsächlich für die Abgabe des Kreisleiteramtes ausschlaggebend waren.

5.2.1 Auflösung des Parteikreises

Die Auflösung des Parteikreises war in den Jahren 1933 - 1935 der häufigste Grund für die Abgabe des Kreisleiteramtes. Eine besondere Rolle spielte im Gau Weser-Ems die oldenburgische Gemeindereform vom Mai 1933. Hier wurden mehrere staatliche Kreise zusammengelegt, während die Zusammenlegung der NSDAP-Kreise erst später erfolgte. Lediglich der NSDAP-Kreis Wildeshausen wurde sofort aufgelöst. Die Zusammenlegung der Kreise Jeverland und Varel erfolgte erst im März 1934, die Kreise Friesoythe und Cloppenburg wurden am 13. 10. 1934 zum neuen NSDAP-Kreis Cloppenburg vereinigt. Die Schaffung des Partei-Kreises Wesermarsch erfolgte in zwei Stufen. Zunächst wurden am 10. 3. 1934 die Partei-Kreise Brake und Elsfleth zum Partei-Kreis Wesermarsch zusammengelegt, der jedoch nicht mit dem staatlichen Kreis bzw. Amt Wesermarsch übereinstimmte, da das ehemalige Amt Butjadingen bis März 1935 ein eigenständiger NSDAP-Kreis blieb. Im Regierungsbezirk Osnabrück wurden im März 1935 die Kreise Melle und Wittlage zusammengelegt. Im Regierungsbezirk Aurich bestanden bis zum 30. 9. 1933 die Parteikreis Emden-Stadt und Emden-Land fort, obwohl der Landkreis Emden bereits 1932 durch die preußische Gemeindereform aufgelöst worden war.

5.2.2 Aufstieg innerhalb der Partei

Hier sind nur zwei Beispiele zu nennen. Heinrich Walkenhorst, der Kreisleiter von Leer, wurde 1934 zum Gauorganisationsleiter ernannt. Paul Wegener, 1933 bis 1934 Kreisleiter von Bremen, wurde 1934 in den Stab des Stellvertreters des Führers berufen. 1936 wurde er stellvertretender Gauleiter des Gaues Kurmark, 1942, nach Carl Rövers Tod, Gauleiter des Gaues Weser-Ems.

5.2.3 Berufliche Veränderung

Gerade in der Anfangszeit des Dritten Reiches, d. h. für die Kreisleiter bis Herbst 1934, als die Kreisleiter hauptamtlich eingestellt wurden, waren berufliche Veränderungen neben der Auflösung des Parteikreises der Hauptgrund für die Abgabe des Kreisleiteramtes. So wurde z. B. Edo Siebrecht, der Kreisleiter des Kreises Jeverland, als Lehrer von Jever nach Oldenburg versetzt.

Ein gutes Beispiel ist auch der Fall des Auricher Kreisleiters Meinert Janssen. Nach der Machtergreifung erlebte seine Karriere als Postbeamter eine rasante Beschleunigung[870]. Seit 1923 Oberpostsekretär in Aurich, wurde er zum 1. 1. 1934 zum Postinspektor befördert. Schon am 1. 5. 1934 wurde er erneut befördert, diesmal zum Oberpostinspektor. Diese erneute Beförderung brachte allerdings eine Versetzung nach Oldenburg mit sich.

Ein ähnlicher Fall ist Hermann Brunken, Obertelegraphensekretär in Brake und bis 1934 Kreisleiter des NSDAP-Kreises Brake. Die NSDAP-Kreise Brake und Elsfleth wurden im März 1934 zum NSDAP-Kreis Wesermarsch zusammengelegt. Kreisleiter des neuen Kreises Wesermarsch wurde der Braker Bürgermeister Karl Reich. Hermann Brunken wurde im Februar 1934 zum Telegrapheninspektor befördert[871] und zum Telegraphenbauamt in Osnabrück versetzt. Er verließ daher Brake, zog eine berufliche Karriere also einer Parteikarriere vor.

Eine besondere Rolle spielt die Übernahme eines Bürgermeister- bzw. Oberbürgermeisteramtes. Hier zeigt sich zudem, daß die NSDAP, die vor der Machtübernahme dem "Parteibonzentum" den Kampf angesagt hatte, sich selber nicht anders verhielt. Ein gutes Beispiel ist der Leeraner Kreisleiter Erich Drescher, der am 28. August 1933 zum Bürgermeister von Leer gewählt wurde[872]. Dies machte sogar eine Änderung des Ortsstatuts erforderlich, nach dem der Bürgermeister entweder zum Richteramt oder zum höheren Verwaltungsdienst befähigt sein mußte. Die NSDAP setzte sich mit ihrer Argumentation, "Volksgemeinschaft" sei wichtiger als Qualifikation, letztlich gegen die Bedenken des Auricher Regierungspräsidenten und des Preußischen- und Reichsinnenministers durch. Nach Erlaß des "Anpassungsgesetzes" vom 15. Dezember 1933 wurde der juristische Beistand des Landrats Conring als ausreichend angesehen. Am 28. Juni 1934 wurde Erich Drescher trotz mangelnder Qualifikation, miserabler Dienstzeugnisse und einer kriegsbedingten Hirnverletzung für zwölf Jahre zum Bürgermeister der Stadt Leer berufen. Drescher hatte außer seinen Verdiensten als "alter Kämpfer" nichts vorzuweisen, was ihn für diesen Posten qualifiziert hätte. Dementsprechend "ist die Amtszeit Dreschers von Willkür und Schikane geprägt."[873]

Auch bei dem Elsflether Kaufmann Ernst Ibbeken spielt die gleichzeitige Ausübung des Bürgermeisteramtes eine Rolle bei der Abgabe des Kreisleiteramtes. Hier handelte es sich zwar um einen ehrenamtlich Bürgermeisterposten, der nur ein geringes Gehalt und keine Aufwandsentschädigung mit sich brachte, Ibbeken hatte

---

[870] Angaben nach der Entnazifizierungsakte Meinert Janssen. StAO Best. 351 Karton Nr. 130 Ost. 8862.
[871] Butjadinger Zeitung, 13. 2. 1934.
[872] Dies und das Folgende nach Günther Robra: Erich Emil August Drescher. In: Biographisches Lexikon für Ostfriesland. Zweiter Band. Herausgegeben im Auftrag der Ostfriesischen Landschaft von Martin Tielke. Aurich, 1997. S. 80-82.
[873] Ebda, S. 81.

aber die Hoffnung, diesen Posten hauptamtlich zu übernehmen[874]. Als in dieser Beziehung staatlicherseits nichts unternommen wurde, erklärte er, er wolle sich um den hauptamtlichen Bürgermeisterposten in Varel bewerben und trat im Januar 1941 kurzerhand als ehrenamtlicher Bürgermeister zurück. Mit Unterstützung des Kreisleiters Arthur Drees gelang es ihm schließlich, eine Übernahme in den hauptamtlichen Dienst zu bewirken und eine öffentliche Ausschreibung der Stelle zu unterbinden[875].

5.2.4 Unfähigkeit

Claudia Roth folgert aus der großen Fluktuation bei den Kreisleitern eine "Permanenz der Inkompetenz". Tatsächlich war im Gau Weser-Ems nur in drei Fällen Inkompetenz die Ursache für die Amtsenthebung. Es handelt sich hier um Emil Hartung (Aschendorf-Hümmling), Arthur Drees (Wesermarsch) und Bernhard Blanke (Bremen). Hier muß mit Hinblick auf Roths These von der 'Permanenz der Inkompetenz' auch geprüft werden, durch welche Leute sie als Kreisleiter ersetzt wurden. Dies ist bei den drei vorliegenden Fällen besonders interessant, da die Absetzung Emil Hartungs in die Amtszeit Gauleiter Rövers, die Absetzung Bernhard Blankes in die Amtszeit Gauleiter Wegeners fällt, während die Absetzung von Arthur Drees auf den Mai 1942 zu datieren ist. Im Mai 1942 erkrankte und starb Gauleiter Röver, während er kurz zuvor mit seiner Denkschrift beschäftigt war und wohl kaum die Muße gehabt hat, einen Kreisleiter, dessen Inkompetenz ihm seit längerem bekannt war, ausgerechnet zu diesem Zeitpunkt abzusetzen. Gauleiter Wegener trat sein Amt erst Ende Mai an. Vorher hatte er sich mehrere Jahre lang nicht im Gau Weser-Ems aufgehalten. Es ist kaum anzunehmen, daß er wenige Tage nach Amtsübernahme und noch vor seiner öffentlichen Amtseinführung gleich eine so weitreichende Entscheidung wie die Absetzung eines Kreisleiters vornahm. Dies ist umso unglaubhafter als er sich mit der Absetzung des unfähigen Bremer Kreisleiters Blanke über ein Jahr Zeit ließ. Die Absetzung von Arthur Drees als altem und die Einsetzung Georg Meiers als neuem Kreisleiter der Wesermarsch muß demnach das Werk des stellvertretenden Gauleiters Joel - eventuell im Zusammenspiel mit dem Gauorganisationsleiter Walkenhorst - gewesen sein.

Aber auch Gauleiter Röver war 1942 nicht mehr gewillt, unfähige Führungskräfte in der Partei zu belassen. In seiner Denkschrift von 1942 stellte er die These auf: "Verdienste um die Bewegung und das gegenseitige Treueverhältnis sind kein Freibrief für leistungsschwache Führer."[876] Im einzelnen führte er dazu aus, Verdienste seien ja

---

[874] Ibbekens Bemühungen um die hauptamtliche Übernahme des Bürgermeisterpostens sind überliefert im StAO, Best. 231-4 Nr. 1840.
[875] Schreiben des Ministers des Innern in Oldenburg an den Beauftragten der NSDAP für den Kreis Wesermarsch, Kreisleiter Arthur Drees vom 15. 2. 1941. StAO Best. 231-4 Nr. 1840.
[876] Rademacher (Hrsg.): Röver, S. 27 .

gut und schön, aber das Wohl des Volkes muß über allem stehen. Es wird nicht immer nötig sein, schwache Führer, die sich Verdienste um die Bewegung erworben haben, aber nicht die von einem Führer zu fordernden Qualitäten besitzen, gleich zu entfernen. Man wird ihnen in den meisten Fällen, wenn die festgestellten Mängel dies noch zulassen, andere Aufgaben zuweisen können, wo es ihnen nicht möglich ist, Schaden anzurichten[877].

Schlimmer als bloße Unfähigkeit war grobes Fehlverhalten. Es gab nach Rövers Überzeugung zwischen Führung und Gefolgschaft, in diesem Fall zwischen Gauleiter und Kreisleiter ein gegenseitiges Treueverhältnis, das es rechtfertigte, schwache Kreisleiter noch im Amt zu belassen. Wenn aber "ein Führer die ihm entgegengebrachte Treue mit Pflichtvergessenheit, charakterlosen Handlungen oder ähnlichem vergilt, dann müssen die entsprechenden Konsequenzen gezogen werden."[878]

Es gab einen Fall, bei dem Unfähigkeit und charakterlose Handlungen zusammen auftraten. Hier handelt es sich um den Kreisleiter des Kreises Aschendorf-Hümmling, der zunächst wegen Unfähigkeit den Kreisleiterposten verlor und später darüber hinaus wegen Kriminalität aus der Partei ausgeschlossen wurde.

Die Fälle Emil Hartung, Bernhard Blanke und Arthur Drees sollen im Folgenden im Einzelnen dargestellt werden. Sie geben Auskunft darüber, welche Art von "Unfähigkeit" tatsächlich zu dem Verlust des Kreisleiteramtes führte. Tatsächlich sind diese drei Fälle die einzigen im Gau Weser-Ems, in denen Unfähigkeit nachweislich der Grund für die Absetzung war. Im Falle des Wittlager Kreisleiters Friedrich Ebertfründ kann man lediglich aufgrund der Aussagen seines Rechtsanwaltes nach dem Krieg, Ebertfründ sei ein "Mensch von bescheidener Denkart"[879], schließen, daß er für die Leitung eines NSDAP-Kreises nicht intelligent genug war.

5.2.4.1 Emil Hartung

Emil Hartung wurde am 16. 10. 1890 in Waldzell (Bayern) geboren. Er war zunächst Bahnbeamter, dann Arbeiter und Kaufmann. Seine Stelle als Reichsbahnbeamter verlor er wegen zweier Straftaten[880]. Am 30. 6. 1926 wurde er vom Schöffengericht Meppen wegen Schmuggels zu einer Geldstrafe von 2000 RM oder 40 Tagen Gefängnis verurteilt. Wenige Monate später, am 9. 11. 1926, wurde er vom Amtsgericht Bielefeld wegen Betruges zu zwei Wochen Gefängnis verurteilt. Aufgrund dieser Straftaten wurde er von der Reichsbahn auf dem Disziplinarweg ent-

---

[877] Ebda., S. 27.
[878] Ebda., S. 27.
[879] Rechtsanwalt Dr. Stemmer an den Entnazifizierungs-Hauptausschuß des Kreises Wittlage. Osnabrück, 11. 8. 1947. Entnazifizierungsakte Friedrich Ebertfründ, StAOs Rep 980 Nr. 37350.
[880] Angaben über Hartungs Vorstrafen nach dem Beschluß des Kreisgerichts Aschendorf-Hümmling der NSDAP, 12. 12. 1935. BA Berlin-Lichterfelde, BDC OPG Hartung, Emil.

lassen. Emil Hartung war dann als Arbeiter und Kaufmann tätig. Zuletzt war er Inhaber eines Kiosks in Papenburg.

Am 1. 7. 1930 trat Emil Hartung mit der Mitgliedsnummer 262205 in die NSDAP ein.[881] Über Hartungs dann folgende Aktivitäten für die NSDAP im Kreis Aschendorf-Hümmling gibt die von der preußischen politischen Polizei angelegte Kartei, die später die Gestapo übernahm und weiterführte[882], Auskunft. Schon vor seinem offiziellen Eintritt in die Partei war er der preußischen politischen Polizei als "werbendes Mitglied der NSDAP in Papenburg" aufgefallen: am 11. 2. 1930 war Hartung erstmals Leiter einer NSDAP-Versammlung in Papenburg. Am 9. 4. 1931 trat er erstmals als "Bezirksleiter der NSDAP in Papenburg" in Erscheinung. Von Mai bis Anfang November 1931 entwickelte er eine umfangreiche Versammlungstätigkeit für die NSDAP im gesamten Kreis Aschendorf-Hümmling. Die politische Polizei registrierte von Hartung geleitete Versammlungen in Papenburg, Aschendorf, Bokel, Dörpen, Mark und in Lathen, aber auch im benachbarten Kreis Leer (so am 25. 9. 1931und am 19. 1. 1932 in Völlen). Am 28. 9. 1932 trat er erstmals als "Kreisgruppenführer" in Erscheinung. Hartungs Amtsenthebung als Kreisleiter wurde bei der preußischen politischen Polizei am 29. 12. 1932 aktenkundig.

Wann Hartungs Amtsenthebung als Kreisleiter tatsächlich stattfand, läßt sich nicht mehr genau rekonstruieren. Im Beschluß des Kreisgerichts der NSDAP Aschendorf-Hümmling vom 12. 12. 1935 heißt es, er sei "bis Anfang 1932"[883] Kreisleiter gewesen. "Die Verhältnisse im hiesigen Kreise gestalteten sich unter Hartungs Führung dann jedoch so, daß Hartung von dem Gauleiter Pg. Röver seines Amtes enthoben wurde".[884] Da dies keinerlei kriminellen Hintergrund hatte, kann dies nur verklausuliert heißen, daß Hartung mit der Leitung eines NSDAP-Kreises völlig überfordert war[885]. Nach Aussage des Kreisrichters sträubte sich Emil Hartung gegen die Übergabe des Amtes an seinen Nachfolger, Gerhard Buscher. Auch ein von Gauinspekteur Gronewald verfaßtes Dankschreiben an Emil Hartung beurteilt Kreisrichter Richard Janssen kritisch: "Das Dankschreiben des früheren Gauinspekteurs Gronewald wäre s. Zt. nicht von dem Pg. Gronewald verfasst worden, wenn Pg. Gronewald den notwendigen Überblick über die Tätigkeit des Hartung gehabt hätte. Obwohl dem jetzigen Kreisleiter Buscher die Geschäfte schon Anfang August 1932 übertragen waren, hielt Hartung die Geschäftspapiere noch bis November 1932 zurück. Erst auf Anordnung der Gauleitung haben wir dem Pg. Hartung die Papiere aus der Wohnung holen müssen."[886]

---

[881] Angabe entnommen aus einem Schreiben des Papenburger Ortsgruppenleiters Gerber an den Kreisgerichtsvorsitzenden der NSDAP. BA Berlin-Lichterfelde, BDC OPG Hartung, Emil.
[882] StAOs Rep 439 Nr. 19, Hartung, Emil.
[883] Beschluß des Kreisgerichts Aschendorf-Hümmling der NSDAP, 12. 12. 1935. BA Berlin-Lichterfelde, BDC OPG Hartung, Emil.
[884] Ebda.
[885] Ein Hinweis hierauf hätte sich ansonsten in der Parteigerichtsakte finden müssen.
[886] Kreisgericht Aschendorf-Hümmling an das Gaugericht Weser-Ems, 19. 2. 1936. BA Berlin-Lichterfelde, BDC OPG Hartung, Emil.

Nach seiner Absetzung als Kreisleiter ist Hartung dann "nach der Machtübernahme nochmals von der Kreisleitung verwandt worden, und zwar wurde ihm 1933 die Kreisamtsleitung der NSBO übertragen. Dieser Posten musste ihm auch wieder entzogen worden."[887] Emil Hartung wird in der "Ems-Zeitung" am 28. 6. 1933 letztmalig als NSBO-Kreisleiter genannt. Am 18. 7 1933 ist laut "Ems-Zeitung" Hans Finke der Kreisleiter der NSBO und Beauftragter der DAF für den Kreis Aschendorf-Hümmling. Über einen Wechsel in der Leitung der NSBO des Kreises Aschendorf-Hümmling berichtet die "Ems-Zeitung" hingegen nicht.

Nach Verlust seiner Ämter bei NSDAP und NSBO war Emil Hartung wieder erwerbslos. "Unter Würdigung seiner früheren Verdienste für die Partei"[888] bekam Hartung dann zum 1. 11. 1933 bei der Stadtverwaltung Papenburg eine Stelle als Bürogehilfe. Seine Frau bekam einen Posten als Schulwärterin. "Hartung und Frau bezogen neben freier Wohnung, Licht und Heizung monatlich netto 140,- RM. Ausserdem wurde dem Hartung ein neues Fahrrad zum Geschenk gemacht, um ihm den Weg zur Arbeitsstätte zu erleichtern. Hartung war damit jeder Not enthoben. Es war ihm in Aussicht gestellt, daß bei guter Führung und Leistung seine demnächstige Einstellung als Dauerangestellter nach Gr. V. der Pr. B. O. erfolgen sollte. Hartung hat das in ihn gesetzte Vertrauen nicht gewürdigt."[889]

Tatsächlich läßt das, was Emil Hartung aus der ihm gebotenen Chance machte, hinter seiner schon 1926 zutage getretenen Kriminalität pathologische Züge vermuten. Hartung war seit Mitte 1934 I. Vorsitzender des Sportvereins "Amisia" in Papenburg[890].. SA-Obersturmführer Weber in Papenburg hatte ihn in diese Stellung gebracht in der Hoffnung, "daß er den Verein im nationalsozialistischen Sinne leiten würde."[891]

Für das Ansehen der NSDAP in Papenburg erwies sich diese Entscheidung als verhängnisvoll, denn Anfang 1935 stellte sich heraus, daß Hartung diese Position zu kriminellen Zwecken mißbrauchte. Polizeiobermeister Schäfer stellte fest, Hartung sei "dringend verdächtig und durch die vorliegenden Beweisstücke und eigenes Geständnis bereits überführt, den Verein um 46,-- RM geschädigt zu haben, indem er sich in betrügerischer Weise in den Besitz des Betrages zu setzen wußte und diesen Betrag für sich verwandte. Dabei hat Hartung sich auch in 2 Fällen der Urkundenfälschung schuldig gemacht."[892]

Der Sportverein "Amisia" veranstaltete am 20. 7. und am 18. 11. 1934 eine Tanzveranstaltung in der "Centralhalle" in Papenburg. Die Veranstaltung, für die der Verein an die Stadtverwaltung Vergnügungssteuer zahlen mußte, war so

---

[887] Beschluß des Kreisgerichts Aschendorf-Hümmling der NSDAP, 12. 12. 1935. BA Berlin-Lichterfelde, BDC OPG Hartung, Emil.
[888] Ebda.
[889] Beschluß des Kreisgerichts Aschendorf-Hümmling der NSDAP, 12. 12. 1935. BA Berlin-Lichterfelde, BDC OPG Hartung, Emil.
[890] Dies und das Folgende nach der Anzeige des Polizeiobermeisters Schäfer in Papenburg gegen Emil Hartung, 25. 2. 1935. BA Berlin-Lichterfelde, BDC OPG Hartung, Emil.
[891] Ebda.
[892] Ebda.

schlecht besucht, daß dadurch dem Verein ein Verlust entstand. Dies bot Hartung eine Gelegenheit, den Verein unter Ausnutzung seiner neuen Stellung bei der Papenburger Stadtverwaltung zu betrügen. Hartung war als Bürogehilfe beim Stadtobersekretärs Dembinski tätig, der auch die Vergnügungssteuerangelegenheiten bearbeitete. Hartung fertigte ohne Auftrag des Sachbearbeiters dem Verein "Amisia" eine Vergnügungssteuerberechnung mit einer zu zahlenden Steuer von 36,-- RM aus. Dazu benutzte er den Vordruck, der für den inneren Betrieb verwendet wird, fälschte Dembinskis Unterschrift und versah die Rechnung mit dem Stadtsiegel. Hartung beging noch weitere plumpe Betrügereien, die nicht lange folgenlos bleiben konnten.

Hartung wurde am 25. Februar festgenommen, "da die zu erwartende hohe Strafe Fluchtgefahr begründet.[893] Wegen der ihm nachgewiesenen Straftaten - zweifache Urkundenfälschung in Tateinheit mit Betrug - wurde Emil Hartung zunächst am 24. 4. 1935 durch Urteil des Schöffengerichts Meppen zu einer Gefängnisstrafe von 7 Monaten verurteilt.[894] Dies zog am 12. 12. 1935 gemäß Beschluß des Kreisgerichts der NSDAP Aschendorf-Hümmling den Ausschluß aus der NSDAP nach sich. Gegen den Beschluß des Kreisgerichts legte Emil Hartung erfolglos Beschwerde beim Gaugericht Weser-Ems ein, das mit Urteil vom 30. 3. 1936 dem Beschluß des Kreisgerichts folgte. Auch eine daraufhin von Emil Hartung beim Obersten Parteigericht eingelegte Beschwerde endete mit demselben Ergebnis. Am 19. 6. 1936 wurde Hartungs Beschwerde zurückgewiesen und der Ausschluß aus der NSDAP bestätigt.

In der Begründung des Obersten Parteigeichts hieß es, Hartung gebe die strafbaren Handlungen, die ihm zur Last gelegt wurden, zu, berufe sich aber auf Notlage. Das Oberste Parteigericht konnte bei Hartung eine solche jedoch nicht feststellen, da dieser nicht nur einen monatlichen Reinverdienst von 130,- RM bezogen habe, sondern darüber hinaus auch völlig mietfrei - einschl. Heizung, Licht und Wasser - gewohnt habe. Unter Hinweis auf seine Vorstrafe wegen Betruges aus dem Jahr 1926 kam das Oberste Parteigericht zu dem Schluß, seine Verfehlungen seien vielmehr auf einen "Mangel an sittlicher Festigkeit und Widerstandskraft" zurückzuführen. Hartung könne daher

> wegen der erwiesenen mangelhaften charakterlichen Veranlagung nicht in der Partei, die nur die Besten des Volkes umfasst, belassen werden. Er hat auch das Vertrauen der Partei, der er seine Stellung zu verdanken hatte, gröblich missbraucht und das Ansehen der Bewegung empfindlich geschädigt. Die Zubilligung mildernder Umstände kommt deshalb nicht in Betracht.[895]

---

[893] Anzeige des Polizeiobermeisters Schäfer gegen Emil Hartung wegen Unterschlagung, Betrugs und schwerer Urkundenfälschung, Papenburg, 25. 2. 1935. BA Berlin-Lichterfelde, BDC OPG Hartung, Emil.
[894] Dies und das folgende nach dem Beschluß des Obersten Parteigerichts der NSDAP in München vom 19. 6. 1936. BA Berlin-Lichterfelde, BDC OPG Hartung, Emil.
[895] Ebda.

Emil Hartungs Ausschluß aus der NSDAP, den er durch Betrügereien, die ihm eine Summe einbrachte, die nicht einmal einem einzigen regulären Monatseinkommen entsprach, war damit endgültig. Eine Rolle in der NSDAP oder ihrer Organisationen hat er im Gau Weser-Ems nie wieder gespielt.

Nachfolger von Emil Hartung wurde der Maurer und Zimmermann mit dem Titel "Baumeister" Gerhard Buscher aus Völlen im Nachbarkreis Leer. Ein größerer Gegensatz zu seinem Vorgänger Emil Hartung ist kaum denkbar. Buscher, Sohn eines Bremer Malers, wuchs, da seine Eltern schon früh an einer Lungenkrankheit verstarben, bei einem Onkel im ostfriesischen Völlen (Kreis Leer) auf.[896] Nach dem Besuch der Volksschule in Völlen begann Buscher am 1. Oktober 1905 eine Lehre im Maurer- und Zimmerhandwerk. 1909 bestand er die Gesellenprüfung mit der Note "gut" und besuchte anschließend die Semester 1910/11 und 1911/12 an der Handwerkerschule Leer.

Im Oktober 1913 wurde Gerhard Buscher zum Militärdienst eingezogen und nahm dann am 1. Weltkrieg teil. "Wegen besonderer Leistungen"[897] wurde er am 2. August 1915 zum Unteroffizier befördert. Am 30. September 1918 geriet er in französische Gefangenschaft. Nach seiner Rückkehr aus der Kriegsgefangenschaft im Januar 1920 bereitete sich Gerhard Buscher auf seine Meisterprüfung vor, die er am 6. Juli 1921 mit der Note "gut" bestand. Später übernahm er das Bauunternehmen seines Onkels, das er erfolgreich weiterführte. Seine Zeitgenossen im ostfriesischen Völlen hatten von ihm ein außerordentlich positives Bild:

> Gerhard Buscher, als mittelgroßer, untersetzter Mann beschrieben, war nach Ansicht von Zeitzeugen als Handwerker ein seriöser und guter Fachmann. Er galt als ausgezeichneter Unternehmer mit besonderen organisatorischen Talenten und genoß hohes Ansehen. Das Haus seines Onkels Janssen in Völlen und später sein eigenes bildeten einen gewissen gesellschaftlichen Mittelpunkt.[898]

Gerhard Buscher blieb bis 1945 Kreisleiter des Kreises Aschendorf-Hümmling. Seine Ernennung zum Kreisleiter beruhte ausschließlich auf seinem Ruf als seriöser Handwerker und Unternehmer. Damit bildete er zu seinem Vorgänger zwar einen positiven Kontrast, war und blieb aber ansonsten als evangelischer Ostfriese ein Fremdkörper im katholischen Milieu des Kreises Aschendorf-Hümmling. Buschers Ernennung ist damit direkt vergleichbar mit der Ernennung des evangelischen Regierungsrates Dr. Drückhammer im katholischen Vechta. In beiden Fällen gewichtete Gauleiter Röver berufliche und persönliche Seriösität und Integrität höher als Konfession, regionale Herkunft oder - im Falle Dr. Drückhammers - gar als Ver-

---

[896] Dies und das folgende nach Hans-Joachim Albers: Gerhard Buscher. In: Emsländische Geschichte 6. Dohren, 1997. S. 182-189.
[897] Ebda., S. 183.
[898] Ebda.

dienste um die Partei, die Dr. Drückhammer als "Maiglöckchen" nicht im allergeringsten aufweisen konnte.

5.2.4.2 Arthur Drees

Arthur Drees war ein typischer "Alter Kämpfer". Zunächst aktiv im "Jungdeutschen Orden", im "Stahlhelm" und in der "Deutsch-völkischen Freiheitsbewegung", trat er 1926 in die NSDAP ein. Seit 1928 betreute er die NSDAP-Ortsgruppen im oldenburgischen Amt Butjadingen. Hier hatte er zunächst die Aufgabe, die Parteibeiträge einzukassieren. 1932 wurde er Kreisleiter des Kreises Butjadingen, 1935 Kreisleiter des Kreises Wesermarsch. Das Amt übte er bis Mai 1942 aus. Drees selber behauptete später, er habe das Amt bereits im Dezember 1941 abgegeben. Die Entlassung führte er zum einen auf persönlich Differenzen mit dem Gaustabsamtsleiter Heinrich Walkenhorst zurück, zum anderen darauf, daß eine jüngere Kraft für seinen Posten vorgesehen war. Er habe danach auch kein politisches Amt mehr innegehabt. Es sei ihm "sogar von der Gauleitung verboten worden, mich weiterhin politisch zu betätigen"[899].

Drees' Aussage, für ihn sei ein jüngerer Nachfolger vorgesehen, weist schon darauf hin, daß Unfähigkeit der Grund für seine Entlassung war. Karl Auffahrt, 1939 bis 1941 Führer der SA-Standarte 10 Wesermarsch, bestätigt dies. Er habe 1942 bei einem Urlaub in Brake gehört, "dass verschiedene prominente Persönlichkeiten sich an den Gauleiter gewendet hätten mit Vorstellungen, den Angeklagten von seinem Amte als Kreisleiter zu entheben, weil er dieser Aufgabe nicht gewachsen sei."[900] Drees habe den Posten als Kreisleiter nur deshalb bekommen, weil er sich schon sehr früh in dem Kreis für die NSDAP eingesetzt habe. Persönlich hatte Auffarth eine gute Meinung von Drees. Dieser sei seiner Meinung nach "grundehrlich" und in beruflicher Hinsicht sehr vielseitig gewesen, habe aber seines Wisssens nach

> nirgendwo einen Meisterbrief bekommen. (...) Ich habe mit Röver selbst einmal über den Angeklagten gesprochen und Röver erklärte mir bei dieser Gelegenheit, daß er wohl wüßte, daß der Angeklagte am falschen Platz wäre, aber er ließe es sich noch sehr durch den Kopf gehen, bevor er ihn abberufen würde.[901]

Der Leiter des Gesundheitsamtes Brake hatte eine deutlich negativere Meinung von dem ehemaligen Kreisleiter. Er könne Drees "nur als einen Menschen mit einem

---

[899] Aussage Arthur Drees ergänzend zum Lebenslauf vor dem Spruchgericht Bergedorf, 26. 1. 1948. Spruchgerichtsakte Arthur Drees, BA Koblenz Z 42 III/3256. Bl. 2.
[900] Aussage Karl Auffahrt vor dem Spruchgericht Bergedorf, 21. 4. 1949. Spruchgerichtsakte Arthur Drees, BA Koblenz Z 42 III/3256. Bl. 163.
[901] Ebda.

Wust von Komplexen jeder Art bezeichnen"⁹⁰². Das Verhalten des Kreisleiters habe seiner Ansicht nach deutlich pathologische Züge aufgewiesen. Er hielt Drees zwar

> nicht für schwachsinnig, auch nicht für geistesgestört, wohl aber für einen Psychopathen mittleren Grades (...). Seine mangelnde Urteilsfähigkeit beruht aber einmal auf seiner Unbildung, zweitens auf den Feldern seiner Umgebung und drittens auf seiner fanatischen Einstellung.⁹⁰³

Noch krasser formuliert es ein Zeuge, der 1937 bis 1939 - unter anderem wegen eines Gutachtens der Kreisleitung - wegen Vorbereitung zum Hochverrat eine Haftstrafe verbüßte. Der Zeuge bezeichnete Drees als den "Tyrann von Brake" und äußerte starke Zweifel an Drees' Geisteszustand: "In einem normalen Staat hätte diesem Menschen der Paragraph 51 zugebilligt werden müssen. In jeder seiner Ansprachen hieß es: 'Der Führer und ich!' Manchmal jedoch verwechselte er die Wörter und dann sagte er: 'Ich und der Führer!'"⁹⁰⁴

Aus einigen Berichten läßt sich der Grund für seine Absetzung erschließen. Der Ermittlungsbericht der Polizei in Brake bestätigt, daß Gaustabsamtsleiter Walkenhorst die treibende Kraft hinter Drees' Absetzung war. Drees wehrte sich dagegen, daß Walkenhorst ihn zu Gunsten eines jüngeren Nachfolgers absetzen wollte und legte Beschwerde bei Gauleiter Röver ein. Der Polizeibericht kommt zu dem Schluß:

> Jetzt wurde innerhalb der Partei von Seiten Walkenhorst wahrscheinlich gegen Drees gearbeitet und gewühlt, bis es dann 1941 zur Entlassung kam. Also Intriegen (!) innerhalb der Partei.⁹⁰⁵

Sein ehemaliger Nachbar sagte ergänzend dazu aus, daß Drees vor seiner Entlassung Streit mit Röver gehabt hatte. :

> Drees kam von einer Besprechung mit dem Gauleiter Röver zurück. Wutentbrannt kam er sofort zu mir und sagte, "Ich habe den Laden satt, ich mache nicht mehr mit und schmeisse Röver den ganzen Kram vor die Füße." Der Grund für diese Erregung ist mir nicht bekannt.⁹⁰⁶

---

⁹⁰² Aussage des Leiters des Braker Gesundheitsamtes, Dr. Bruno Fortmann, vor dem Spruchgericht Bergedorf, 21. 4. 1949. Spruchgerichtsakte Arthur Drees, BA Koblenz Z 42 III/3256. Bl. 170.
⁹⁰³ Ebda.
⁹⁰⁴ Aussage Paul Claus, Brake, 21. 9. 1948. Spruchgerichtsakte Arthur Drees, BA Koblenz Z 42 III/3256. Bl. 188.
⁹⁰⁵ Ermittlungsbericht der Polizei-Abteilung Brake/Polizei-Kreis Wesermarsch, Brake, 16. 2. 1948. Spruchgerichtsakte Arthur Drees, BA Koblenz Z 42 III/3256. Bl. 5.
⁹⁰⁶ Aussage des Kaufmanns Hans Mierbach, Brake, bei der Polizei-Abteilung Brake, 11. 3. 1948. Spruchgerichtsakte Arthur Drees, BA Koblenz Z 42 III/3256. Bl. 21.

Bei dem hier erwähnten Treffen mit Gauleiter Röver handelt es sich mit aller Wahrscheinlichkeit um das Treffen vom Februar 1942, über das seine Ehefrau berichtet. Sie sieht den Grund für die Entlassung ihres Mannes darin, daß dieser zu volkstümlich und "daher in den höheren Kreisen nicht angesehen" sei. Daher habe man nur nach einem Grund gesucht, ihn zu entlassen und diesen in der Wollsachensammlung vom Winter 1941/42, bei der die Familie Drees angeblich nicht früh und genug gespendet hatte, auch gefunden.

Mein Mann wurde Mitte Februar 1942 zum Gauleiter nach Oldenburg bestellt und erhielt dort einen Zwangsurlaub von 6 Wochen. Beim Gauleiter war auch Herr Walkenhorst und die Kreisfrauenschaftsleiterin zugegen.[907]

Heinrich Walkenhorst war der Gaustabsamtsleiter und soviel wie ein persönlicher Sekretär Carl Rövers. Bei der Kreisfrauenschaftsleiterin der Stadt Oldenburg handelte es sich um Hertha Joel, die Ehefrau des stellvertretenden Gauleiters Georg Joel. Gauleiter Rövers soziale Einstellung und große Spendenfreudigkeit ist bereits erwähnt worden. Daß Gerüchte über mangelnde Spendenfreudigkeit bei einem Kreisleiter Rövers Mißfallen erregten, liegt daher auf der Hand. Daß Drees' soziale Gesinnung tatsächlich zu wünschen übrig ließ, bestätigt der Bericht des Polizeipostens Burhave, der über die fragliche Woll- und Pelzsammlung berichtet, es sei "enorm gestiftet" worden, "nur der Kreisleiter Drees konnte angeblich nichts geben."[908] Auch soll Drees "nie einen Pfennig gestiftet haben. Seine Frau soll immer gesagt haben: 'Mein Mann gibt in Nordenham.'"[909]

Arthur Drees selber sah, ebenso wie seine Frau, den Grund zu seiner Absetzung als Kreisleiter in Rövers Absicht, den Parteiapparat zu verjüngen und "dass die jungen Leute, die von den Gauführerschulen kamen, als Politische Leiter eingesetzt werden sollten."[910] Ganz offensichtlich wollte Drees den wahren Grund, daß Röver ihn schlicht für unfähig hielt, wie die Aussage des SA-Standartenführers Auffahrt nahelegt, ganz einfach nicht wahrhaben. Prinzipiell war Röver, wie bereits erwähnt, gegen eine Überbewertung der schulischen Ausbildung des Parteinachwuchses. Zudem war Drees keineswegs außergewöhnlich alt, sondern sogar jünger als beispielsweise sein Amtskollege Gerhard Buscher im Kreis Aschendorf-Hümmling. Insgesamt kann man somit schließen, daß der Hauptgrund für Drees' Absetzung tatsächlich Unfähigkeit war. Seine mangelnde soziale Einstellung war hingegen bestenfalls eine Eigenschaft, die bei Gauleiter Röver auf wenig Gegenliebe stieß und

---

[907] Aussage der Ehefrau von Arthur Drees, Elsa, auf dem Polizeirevier Nordenham, 11. 2. 1948. Spruchgerichtsakte Arthur Drees, BA Koblenz Z 42 III/3256. Bl. 30.
[908] Gutachten über den früheren Kreisleiter Arthur Drees. Polizeikreis Wesermarsch, Polizeiposten Burhave, 12. 2. 1948. Spruchgerichtsakte Arthur Drees, BA Koblenz Z 42 III/3256. Bl. 7.
[909] Ebda. Drees hatte seinen privaten Wohnsitz in Brake, war aber Inhaber einer Druckerei in Nordenham.
[910] Aussage Arthur Drees vor dem Spruchgericht Bergedorf, 13. 7. 1948. Spruchgerichtsakte Arthur Drees, BA Koblenz Z 42 III/3256. Bl. 67.

höchstens der Tropfen war, der das Faß zum Überlaufen brachte. Es bleibt noch anzumerken, daß es strenggenommen nicht korrekt ist zu sagen, daß Arthur Drees seines Amtes enthoben wurde. Er wurde vielmehr zum 1. 12. 1942 als Kreisleiter in den Ruhestand geschickt. Als Kreisleiter im Ruhestand bezog er 585,10 RM monatlich.[911]

Tatsächlich wurde ab dem 1. 6. 1942 mit Georg Meier ein jüngerer Parteifunktionär Nachfolger von Drees. Meier, am 30. 11. 1910 in Ovelgönne als Sohn eines Landwirts geboren, besuchte von 1917 bis 1921 die Volksschule in Oldenbrok, dann von 1921 bis 1930 die Oberrealschule in Brake, an der er Ostern 1930 das Abitur ablegte. Vom 1. 4. 1930 bis 30. 9. 1933 war er Lehrling und Angestellter bei der Oldenburgischen Landesbank in Brake.

Am 1. 4. 1930 erfolgte sein Eintritt in die NSDAP (Mitglieds-Nr. 227 218) und am 1. 6. 1930 der Eintritt in die SA (Hauptsturmführer). 1933 verzog Georg Meier nach Leer und war dort zunächst vom 1. 10. bis zum 28. 2. 1934 Angestellter beim Kreisausschuß Leer. 1934 begann seine hauptamtliche Parteikarriere. Im Februar absolvierte er einen Lehrgang in der Gauschule Loy, im Oktober desselben Jahres einen Lehrgang in der Landesführerschule Königswinter/Rh. Im Oktober 1934 erfolgte auch sein Kirchenaustritt, danach bezeichnete er sich als "gottgläubig". Ab dem 1. 3. 1934 war er hauptamtlich für die NSDAP tätig, zunächst als Kreisgeschäftsführer der NSDAP in Brake, dann ab Oktober 1935 als Kreisgeschäftsführer und Kreisorganisationsleiter der NSDAP in Wilhelmshaven. 1939 bis 1941 leistete Georg Meier Kriegsdienst bei der Wehrmacht. Vom 11. 3. 1941 bis zum 31. 5. 1942 war Meier kommissarischer Kreisleiter in Emden, dann ab 1. 6. 1942 zunächst kommissarischer Kreisleiter des Kreises Wesermarsch in Brake. Am 30. 1. 1943 wurde er "vom Führer zum Kreisleiter und Hauptabschnittsleiter ernannt."[912] Alle hauptamtlichen Kreisleiter bekamen eine von Adolf Hitler persönlich unterschriebene Ernennungsurkunde. Zwischen der tatsächlichen Übernahme des Kreisleiteramtes und der Zustellung der Ernennungsurkunde konnten allerdings Jahre vergehen.

5.2.4.3 Bernhard Blanke

Ein Sonderfall ist der Bremer Kreisleiter Bernhard Blanke. Blanke, geboren am 14. 1. 1885 in Lesum (Kreis Blumenthal/Provinz Hannover, ab 1939 Teil des Landes Bremen), besuchte 1891 bis 1895 die Volksschule Calvenstraße in Bremen und von 1895 bis 1899 die Volksschule Elisabethstraße in Bremen[913]. Über weitergehende Bildung verfügte er nicht. Nach seiner Teilnahme am 1. Weltkrieg 1914 bis 1948 arbeitete er als Buchhalter, zuletzt bis zum 30. 9. 1931 als Buchhalter und

---

[911] Reichsschatzmeister, Zentral-Personalamt, Berechnungsbogen für Ruhegehalt Arthur Drees, aufgestellt am 23. 1. 1943, genehmigt am 29. 1. 1943. BA Berlin-Lichterfelde, BDC PK Drees, Arthur.
[912] Partei-Kanzlei, Besoldungsfestsetzung für Kreisleiter, 12. 2. 1943. BA Berlin-Lichterfelde, BDC PK Meier, Georg.
[913] Dies und das folgende nach dem „Military Government of Germany Fragebogen" vom 9. 10. 1947. Entnazifizierungsakte Bernhard Blanke, StAO Best. 351, Karton Nr. 215, Ost 12949.

Korrespondent bei der Bremer Türdrückerfabrik. Nach einigen Monaten der Arbeitslosigkeit war er dann vom 1. 3. 1932 bis zum 31. 5. 1933 Buchhalter bei der Exportgesellschaft Schütte-Bünnemann, dann vom 1. 6. 1933 bis zum 7. 6. 1934 angestellt bei der Sparkasse Bremen. Nach dem Krieg gab er an, Mitglied im "Verein für das Deutschtum im Ausland" oder der "nordischen Gesellschaft" gewesen zu sein. Blanke ist also der völkischen Richtung zuzuordnen. Am 1. 12. 1930 erfolgte sein Eintritt in die NSDAP. Bis zum 11. 6. 1934 war er Ortsgruppenleiter der Ortsgruppe Bremen-Findorff. Vom Oktober 1933 bis Juni 1934 war er zudem stellvertrender Kreisleiter des Kreises Bremen.[914] Nach einer mehrwöchigen Tätigkeit als kommissarischer Kreisleiter des Kreises Osnabrück-Stadt wurde er im Juli 1934 Nachfolger des Bremer Kreisleiters Paul Wegener, der als Adjutant des Stellvertreters des Führers nach München versetzt wurde. Anhand der Wahl des Nachfolgers zeigte sich "daß Röver die Kreisleitung mit Absicht schwach halten wollte."[915]

Die Wahl Blankes erwies sich als Fehlgriff. Der Bremer Senat hatte schon bald Grund zur Klage über den neuen Kreisleiter. Dies kam in einer Senatorenbesprechung deutlich zum Ausdruck, in der Senator Laue über die Korrespondenz mit Kreisleiter Blanke berichtete und in Auszügen verlas. Die Korrespondenz zeigte, wie das Senatsprotokoll festhielt "wie unendlich ein gutes Zusammenarbeiten zwischen Senat und jetziger Kreisleitung erschwert wird durch die auf der einen Seite überempfindliche, auf der anderen Seite schroffe Art des Kreisleiters". Der Senat beschloß jedoch, "daß er trotz der Schwierigkeiten, die Herr Blanke im Gegensatz zu seinem Vorgänger, Herrn Staatsrat Wegener, mache, alles tun werde, um eine gütliche Zusammenarbeit zu erzielen.[916]

Eine solche gütliche Zusammenarbeit wurde jedoch immer wieder von Eigenmächtigkeiten Blankes verhindert. Ausschlaggebend waren hier keinesfalls ideologisch begründete Differenzen, denn auch mit "alten Kämpfern" und alten "Völkischen" gab es Schwierigkeiten. 1937 verärgerte er den Bremer Senator für das Bildungswesen, Dr. Richard von Hoff, der 1919 in Bremen eine völkische Volkshochschule gegründet hatte. Senator Dr. von Hoff beschwerte sich bei Kreisleiter Blanke energisch darüber, daß dieser ohne sein Wissen die Technischen Lehranstalten besucht und anschließend eine Feierstunde abgehalten habe. Er habe selbstverständlich nichts dagegen einzuwenden, wenn die Kreisleitung eine der Bremer Lehranstalten besichtigen wolle, bat jedoch für die Zukunft um vorherige Absprache, damit entweder er selbst oder einer seiner Schulräte zugegen sein könnten. Ansonsten könne aus der Lektüre der dazu veröffentlichten Presseartikel der Eindruck entstehen, daß

---

[914] Antrag auf Besoldungsfestsetzung für den Kreisleiter Bernhard Blanke, 24. 4. 1941. BA Berlin-Lichterfelde, BDC PK Blanke, Bernhard.
[915] Schwarzwälder, 140.
[916] Auszug aus der Senatorenbesprechung vom 5. Oktober 1934. StAB 3-N.7. Nr. 146.

die Schulbehörde, die ja bei der Veranstaltung nicht zugegen war, entweder nicht weiß, was in ihrem Arbeitsbereich vorkommt oder aber sich nicht darum kümmert. Sie können sich vorstellen, daß mir ein solcher Eindruck einigermaßen peinlich ist.[917]

Besonders kritisch war Blankes Verältnis zum Bremer Polizeipräsidenten Johannes Schroers. Schroers hatte am 10. Mai 1938 das Kommando der Schutzpolizei in Bremen übernommen. Schroers war ein altgedienter, bis zur Eigenwilligkeit selbstbewußter Polizeioffizier aus dem Rheinland mit großen organisatorischen Fähigkeiten[918]. Schroers war am 31. Juli 1932 in die NSDAP eingetreten und zudem seit Dezember 1935 Mitglied des Volksgerichtshofes. Am 3. Januar 1940 wurde er zum Stellvertreter des unfähigen Bremer Polizeipräsidenten, SS-Oberführer Kurt Ludwig eingesetzt. Ludwigs Unfähigkeit begründete auch den großen Einfluß, den Schroers auf die gesamte bremische Polizei ausübte. Kurt Ludwig wurde am 28. März 1941 durch den SS-Oberführer Oberg ersetzt.

Oberg wurde gleich zu Beginn seiner Karriere in einen Skandal verwickelt. Im April 1941 wünschte er an einer Razzia im Bremer Café Atlantic, in dem oft Damen des "horizontalen Gewerbes" verkehrten, teilzunehmen. Oberg übernahm dann die Führung der Razzia und ließ zahlreiche weibliche Gäste verhaften und im Polizeihaus einer ärztlichen Zwangsuntersuchung unterziehen. Unter diesen weiblichen Gästen, die unter dem Verdacht der Prostitution zwangsuntersucht wurden, befand sich auch eine nahe Verwandte von Rudolf Heß, zu diesem Zeitpunkt noch "Stellvertreter des Führers". Der Skandal kostete Oberg sein Amt.

Nachfolger von Oberg wurde nun, zunächst kommissarisch, Polizeioberst Johannes Schroers. Schroers war trotz aller seiner unbestreitbaren Qualitäten nicht unbedingt ein einfacher Vorgesetzter und "forderte in oft grober Weise absoluten Gehorsam. (...) Wenn ihm jemand dreinredete, von welcher Seite auch immer, dann gab es Krach.[919] Da Schroers dabei auch eine Neigung zum "Kasernenhofton" hatte, ist es kaum verwunderlich, daß zwischen jemandem wie dem Polizeioberst Schroers einerseits und dem Kreisleiter Blanke und seiner einerseits empfindlichen und andererseits anmaßenden Art eine gedeihliche Zusammenarbeit von vornherein ausgeschlossen war.

Der erste nachweisbare Zusammenstoß zwischen beiden, der ebenfalls auf Schroers Neigung zum "Kasernenhofton" zurückzuführen ist, datiert auf den Januar 1940. Im Februar 1943 schrieb Schroers dem Regierenden Bürgermeister und verwahrte sich gegen den Vorwurf, daß er "die Frauen der NSV dauernd anschnauzte." Dies könne sich nur auf einen Vorfall beziehen, "der im Januar 1940 gespielt hat, und wo der Kreisleiter Blanke ein grosses Schreiben an mich richtete wegen der Zustände in der Stader Kaserne."

---

[917]Senator Dr. von Hoff an Kreisleiter Blanke, Bremen, 23 Dezember 1937. StAB 3 T.6. Nr. 111.
[918] Dies und das folgende nach Schwarzwälder, 398.
[919] Schwarzwälder IV, 399.

Damals sei die Sache ja "besprochen und bereinigt worden, und ich habe ja beweisen können, daß die Behauptungen nicht zutrafen.[920]

Blanke hatte, wie ein Beschwerdeschreiben des Bremer Polizeipräsidenten an den Regierenden Bürgermeister belegt, anscheinend die Angewohnheit, führende Personen, die ihm nicht genehm waren, bei Parteiveranstaltungen grundsätzlich auf die hinteren Plätze zu verweisen. So geschah es am 30. Januar bei einer Feier der NSDAP im Saal der Bremer "Glocke". Erbost schrieb Polizeipräsident Schroers dem Regierenden Bürgermeister und beschwerte sich darüber, daß Blanke nicht nur ihn, sondern auch den Admiral Kehrhahn auf einen hinteren Platz verwiesen habe, woraufhin sowohl Schroers als auch Kehrhahn die Veranstaltung noch vor Beginn verließen. Diese Reaktion wurde von Blanke nicht ohne weiteres hingenommen. Blanke rief Schroers am nächsten Tag an und machte ihm so heftige Vorhaltungen, daß Schroers

> das Telefongespräch abbrach, da ich nicht gewillt bin, mich telefonisch in dieser Art behandeln zu lassen. (...) Der Kreisleiter hat mir dann noch einen Brief geschrieben, auf den ich aber nicht mehr geantwortet habe, da ich Weiterungen in dieser Angelegenheit nicht für erwünscht hielt.[921]

Im Falle des Polizeipräsidenten, der daraufhin die Parteiveranstaltung sofort verlassen hatte, ging dies soweit, daß Blanke ihm mitteilte, er werde ihn "nach Rücksprache und mit Einverständnis unseres Gauleiters Pg. Paul Wegener (...) zukünftig zu Veranstaltungen des Kreises Bremen der NSDAP nicht mehr einladen."[922]

Blankes ganzes Verhalten zeigt, daß es ihm an dem Fingerspitzengefühl, das von Röver für die Kreisleiter als besonders wichtig angesehen wurde, in eklatanter Weise mangelte. Gauleiter Röver war mit Blankes Leistungen als Bremer Kreisleiter nicht zufrieden und beließ ihn nur deswegen in seinem Amt, weil es nach Ausbruch des 2. Weltkrieges besonders schwierig war, geeignete Kandidaten zu finden. So ist auf dem Formular für seine Besoldungsfestsetzung vermerkt: "Der Gauleiter beabsichtigt, den Kreisleiter Blanke nach Kriegsende in einem kleineren Kreis zu verwenden und schlug deshalb eine vorläufige Einstufung in Besoldungsstufe B (H) 3 vor."[923]

Auch Gauleiter Wegener ließ sich Zeit damit, Bernhard Blanke seines Postens zu entheben und tat dies erst, als er für ihn einen adäquaten Ersatzposten beschafft hatte. Eine Gelegenheit dazu ergab sich mit dem Tod des Gauamtsleiters des Amtes für Kriegsopfers und Gauobmanns der NSKOV, Aloys Kröger, der im Dezember

---

[920] Der Polizeipräsident in Bremen, Schroers, an den Regierenden Bürgermeister, Bremen, 22. 2. 1943. StAB 3-P.1.c. Nr. 1301.
[921] Der Polizeipräsident in Bremen, Schroers, an den Regierenden Bürgermeister, Bremen, 19. 2. 1943. StAB 3-P.1.c. Nr. 1301.
[922] Kreisleiter Bernhard Blanke an den Polizeipräsidenten Generalmajor Schroers, Bremen, 20. 2. 1943. StAB 3-P.1.c. Nr. 1301.
[923] Partei-Kanzlei, Besoldungsfestsetzung für Kreisleiter Bernhard Blanke, 10. 12. 1941. BA Berlin-Lichterfelde, BDC PK Blanke, Bernhard.

1942 in Oldenburg verstorben war. Probleme ergaben sich jedoch mit der Besoldung. Wegener wandte sich diesbezüglich im Januar an den Reichsschatzmeister der NSDAP und setzte sich persönlich sehr stark für Blanke ein. Blanke zeige sich, so Wegener, vor dem Hintergrund der Bombenangriffe "den Anforderungen nicht mehr voll gewachsen." Eine Abberufung sei bisher lediglich deshalb nicht erfolgt, da für Blanke keine geeignete Stelle vorhanden sei. Mit Hilfe des Reichsschatzmeisters hoffe Wegener nun eine Regelung zu treffen, "die dem fraglos vorhandenen Verdiensten des Kreisleiters Blanke für die Zukunft gerecht würde." Blanke habe "seinem Alter und seinen Fähigkeiten entsprechend sein Bestes getan."[924]

Mit Hinweis auf Blankes "tadellose Haltung während der Bombenangriffe" und seiner Verdienste um die Partei bat Wegener um eine unorthodoxe Lösung und schlug vor, daß Blanke als Kreisleiter zur Übernahme des Amtes des Gauamtsleiters abkommandiert werden sollte. Die NSKOV solle der NSDAP dann das übliche Gehalt zurückerstatten. Dieses Verfahren würde zwar mit allen Grundsätzen brechen, entspräche aber den Bedürfnissen des Krieges, der "uns im Frontgau Weser-Ems vor ganz neue und grosse Aufgaben gestellt hat und jüngere, den Anstrengungen gewachsene Führer notwendig werden, um die Front, den Erfordernissen entsprechend, halten zu können."[925]

Reichsschatzmeister Schwarz konnte Wegeners unorthodoxem Vorschlag nicht zustimmen. Eine solche Lösung könne nur über eine hauptamtliche Anstellung bei der NSKOV erfolgen. Dies hätte dann aber zur Folge, "dass Pg. Blanke aus seinem bisherigen versorgungsberechtigten Dienstverhältnis zur NSDAP mit den üblichen Rechtsfolgen ausscheiden müßte." Die dadurch folgende wirtschaftliche Schlechterstellung Blankes könne eventuell durch die NSKOV ausgeglichen werden. Dies könne allerdings "von hier aus nicht beurteilt werden. In letzterer Beziehung wäre daher die Anfrage an die NSKOV zu richten.[926] Die umfangreichen - und letzlich erfolglosen Verhandlungen, die zwischen den zuständigen Stellen der Gauleitung Weser-Ems und der Reichsleitung der NSDAP sowie der NSKOV gefolgt sein müssen, sind nicht überliefert.

Gauleiter Wegener schaffte es aber trotzdem, für Blanke mit Hilfe von Heinrich Walkenhorst zu einer akzeptablen Lösung zu kommen. Walkenhorst, der ehemalige Gauorganisations- und Gaustabsamtsleiter des Gaues Weser-Ems, nun in der Personalabteilung bei der Reichsleitung tätig, teilte dem Reichsschatzmeister der NSDAP mit, "daß ich keine Bedenken habe, wenn Kreisleiter Blanke, Bremen, der nunmehr das Gauamt NSKOV übernommen hat, auf einer Besoldungsplanstelle des

---

[924] Gauleiter Paul Wegener an den Reichsschatzmeister Pg. Xaver Schwarz in München, 22. 1. 1943. BA Berlin-Lichterfelde, BDC PK Blanke, Bernhard.
[925] Gauleiter Paul Wegener an den Reichsschatzmeister Pg. Xaver Schwarz in München, 22. 1. 1943. BA Berlin-Lichterfelde, BDC PK Blanke, Bernhard.
[926] Fernschreiben des Reichsschatzmeisters der NSDAP, Zentral-Personalamt, an den Gauschatzmeister der Gauleitung Weser-Ems, 14. 1. 1943. BA Berlin-Lichterfelde, BDC PK Blanke, Bernhard.

"Sonderstabes" geführt wird."[927] Obwohl Bernhard Blanke also vom 1. 7. 1943 bis zum Kriegsende 1945 das Amt eines Gauobmannes der NSKOV ausübte, blieb er rein buchhalterisch weiterhin der Kreisleiter des Kreises Bremen.[928]

Max Schümann, der Nachfolger Blankes, bildete zu ihm einen krassen Gegensatz. Schümann wurde am 26. 12. 1909 als Sohn eines Bootsmannsmaaten in Kiel geboren[929]. Schon als Jugendlicher zeigte sich bei Schümann ein bemerkenswerter Ehrgeiz. Um Ingenieur zu werden, absolvierte er in Wilhelmshaven eine Schlosserlehre und erhielt für besonders gute theoretische wie praktische Kenntnisse bei der Gesellenprüfung die silberne Medaille der Stadt Wilhelmshaven. Familiäre Gründe verhinderten, daß Schüman wie geplant am Technikum in Ilmenau zum Ingenieur ausgebildet wurde. Seine Stiefmutter verstarb, so daß sein Vater gezwungen war, das ererbte eigene Geschäft zu verkaufen und das Ingenieurstudium nicht mehr finanzieren konnte. Schümann wurde deshalbe 1928 Schlosser bei der Reichsbahn und legte hier, wiederum mit außergewöhnlich gutem Erfolg, die Vorprüfung zum Reichsbahn-Assisten und Reichsbahn-Sekretär ab. Seine Tätigkeit bei der Reichsbahn dauerte bis zum 19. Juli 1933. Die Kreisleitung Leer und die Gauinspektion Ostfriesland erwirkten seine Beurlaubung von der Reichsbahn, damit er in Leer die Geschäftsführung der Ortskrankenkasse übernehmen konnte. In Leer übernahm er am 1. 10. 1933 auch die Landkrankenkasse.

Max Schümanns wurde schon früh für die NSDAP aktiv. In seinem Lebenslauf behauptete er, er sei schon 1926 der NSDAP beigetreten[930] und einer der Begründer der Ortsgruppe und der örtlichen SA gewesen. Nach der Mitgliedskarte der NSDAP[931] wurde er erst mit Datum 1. 1. 1928 NSDAP-Mitglied. Fest steht wohl, daß er schon 1926 "der jüngste SA-Mann der Gruppe Niedersachsen war"[932]. Schümann war bis 1930 in der SA akiv. Im Juni 1930 übernahm er den Posten des Bezirkspropagandaleiters in Weener. 1933 wurde er Leiter der Ortsgruppe der NSBO Weener, am 15. Juni 1933 Kreisbetriebszellenleiter der NSBO für den Kreis Leer. Am 1. 4. 1934 trat er in den hauptamtlichen Dienst der DAF und fungierte bis zum 30. 4. 1935 als Kreisobmann der DAF in Leer. Am 1. 5. 1935 wurde Schümann Kreisleiter des Kreises Leer. Am 15. 1. 1941 wurde er zum zur Parteikanzlei abkommandiert, die ihn dem Reichskommissar für die besetzten niederländischen Gebiete in Den Haag zur Dienstleistung für Sonderaufgaben überwies. Schümann fungierte hier als Verbindungsführer zum Militärverwaltungschef des Befehlshabers für Belgien und Nordfrankreich in Brüssel. Von 1941 bis 42 war Schümann im Kriegseinsatz an der Ostfront.

---

[927] Partei Kanzlei, Walkenhorst an den Reichsschatzmeister der NSDAP, 8. 11. 1943. BA Berlin-Lichterfelde, BDC PK Blanke, Bernhard.
[928] Vgl. die Besoldungsfestsetzung für Bernhard Blanke. Reichsleiter Schieder an den Kreisleiter des Kreises Bremen, 8. Dezember 1944. BA Berlin-Lichterfelde, BDC PK Blanke, Bernhard.
[929] Dies und das Folgende nach dem Lebenslauf Max Schümann. StAB 7,1066-100.
[930] Vgl. Lebenslauf Max Schümann. StAB 7,1066-100.
[931] BA Berlin-Lichterfelde, NSDAP-Mitgliedskarte Max Schümann.
[932] Wilhelmshavener Kurier, 30. 6. 1943.

Am 1. 7. 1943 wurde Schümann von Gauleiter Wegener zum Kreisleiter des Kreises Bremen ernannt. Wegener war wegen Schümanns zweifellos vorhandenen Fähigkeiten auf ihn aufmerksam geworden und versetzte ihn nach Bremen, da er nach Wegeners Meinung seine Fähigkeiten im ostfriesischen Landkreis Leer nicht voll entwickeln konnten[933]. Schümann versuchte wie Blanke in die Bremer Verwaltung hineinzureden, wurde jedoch von Gauleiter Wegener in seine Schranken verwiesen. Das Verhältnis zwischen NSDAP und Verwaltung blieb daher ebenso schlecht wie unter seinem Vorgänger Blanke. Max Schüman hatte vorher nie etwas mit der Stadt oder dem Land Bremen zu tun gehabt. Er ist somit ein weiteres Beispiel dafür, daß Fähigkeiten als Parteifunktionär wichtiger waren als Verbundenheit mit der Region, in der "Menschenführung" betrieben werden sollte.

5.2.5 Kriminalität

Bei zwei Kreisleitern war Kriminalität der unmittelbare Grund für die Absetzung als Kreisleiter. Bruno Brasch, Januar bis Mai 1933 Kreisleiter von Vechta, wurde wegen Unterschlagung von Parteigeldern 1934 aus der Partei ausgeschlossen. Später begründete er seinen Ausschluß mit seiner "religiösen Einstellung zur römisch-katholischen Kirche"[934]. Emil Pape, 1932 bis 1935 Kreisleiter von Oldenburg-Stadt, wurde wegen Zweckentfremdung von Partei-Geldern (Saufgelage mit anderen politischen Leitern, großzügige Gewährung von "Darlehen" an sich selber) und anderen Verfehlungen seines Amtes enthoben. Eine in betrunkenem Zustand begangene Pöbelei gegenüber einem Unteroffizier der Wehrmacht in einem öffentlichen Lokal setzte dabei dem ganzen nur die Krone auf.

Eine politische Führungsgruppe, die auch vom Volk als Elite wahrgenommen und akzeptiert werden will, darf auf keinen Fall durch Kriminalität auffallen, da es wohl kaum etwas gibt, was den Eliteanspruch deutlicher widerlegt als die Begehung von Straftaten. Zwei Fälle, in denen Kriminalität der Hintergrund für die Entlassung aus dem Kreisleiteramt mögen bei der Gesamtgruppe als Ausnahme erscheinen. Betrachtet man aber die Kriminalitätsziffern für den Durchschnitt der Jahre 1928-1932[935], so stellt man fest, daß von 100.000 Personen 1.163 strafrechtlich verurteilt wurden. Demnach dürfte man bei einer Gesamtgruppe von 70 Kreisleitern höchstens einen Fall von Kriminalität erwarten – und selbst dieser eine Fall hätte schon den Anspruch, in moralischer Hinsicht eine Elite zu sein, widerlegt.

5.2.5.1 Bruno Brasch

Bruno Brasch wurde am 10. 6. 1894 in Schwerin geboren[936]. 1900 bis 1908 besuchte er die katholische Volksschule (Domschule) in Osnabrück. Von 1908 bis

---

[933] Schwarzwälder IV, S. 438.
[934] Fragebogen für die politische Überprüfung, 22. 3. 1949. Entnazifizierungsakte Bruno Brasch. StAOs Rep 980 Nr. 32992.
[935] Statistik des Deutschen Reichs, Band 448. Kriminalstatistik für das Jahr 1932. Berlin, 1935. S. 17.
[936] Dies und das folgende nach Braschs Angaben in seinem am 22. 3. 1949 als Anlage zum Fragebogen für die politische Überprüfung verfassten Lebenslauf. Entnazifizierungsakte Bruno Brasch, StAOs Rep 980 Nr. 32992.

1911 war er kaufmännischer Lehrling bei einer Tapeten-, Farben- und Lackgroßhandlung in Osnabrück. Danach war er als Angestellter bei seinem Bruder in dessen Buchdruckerei tätig. Seine Militärdienstzeit dauerte vom 9. Januar 1915 bis zum 29. Februar 1920. Vom 16. Mai 1920 bis zum 28. Februar 1922 war Bruno Brasch dann zunächst als Postschaffner bei der Osnabrücker Postverwaltung als Beamter beschäftigt. Diese Stelle gab er auf, da er als Versorgungsanwärter - Bruno Brasch besaß wegen einer 50prozentigen Kriegsbeschädigung einen Zivilversorgungsschein - in die Osnabrücker Regierung übernommen wurde. Ab dem 1. März 1922 war er dann als Versorgungsanwärter (Regierungs-Kanzleiangestellter) bei der Bezirksregierung in Osnabrück tätig. Er verlor die Stelle im Herbst 1929 wegen seiner Aktivitäten für die NSDAP.

Bruno Brasch trat bereits am 1. 7. 1925 in die NSDAP ein. Über seine Aktivitäten für die NSDAP gibt die Osnabrücker 'Gestapo-Kartei'[937] Auskunft. Am 10. 5. 1929 fiel er der politischen Polizei in Osnabrück erstmals als Schriftführer der Ortsgruppe Osnabrück der NSDAP auf. Für den 12. 11. 1929 vermerkt seine Karteikarte: "Als Regierungskanzleiangestellter entlassen, weil er während des Dienstes über das Volksbegehren gesprochen hat."[938] Für die Gemeinderatswahlen am 17. 11. 1929 in Osnabrück ließ er sich als Kandidaten aufstellen. Am 28. 4. 1930 trat er dann wieder als Leiter einer Versammlung der NSDAP in Osnabrück in Erscheinung. Nach einer knapp zweimonatigen Tätigkeit als Werber für die Allianz- und Stuttgarter Lebensversicherung in Osnabrück war er vom 1. 2. 1930 bis 16. 7. 1933 arbeitslos[939]. Während der Zeit seiner Arbeitslosigkeit wurde er nach Informationen der Osnabrücker politischen Polizei "in dem von der NSDAP in Osnabrück, Wittekindstr. 3, eingerichteten Geschäftszimmer beschäftigt"[940]. 1930 zeichnete er auch "verantwortlich für die Zeitung Christl. Deutscher Weihnachtsanzeiger"[941]. Am 24. 2., 18. 3. und 24. 4. 1931 trat er wiederum als Leiter einer NSDAP-Versammlung in Osnabrück in Erscheinung. Im selben Jahr war er auch Schriftführer der Ortsgruppe Osnabrück und Führer ihrer Sektion 3.

Im Jahr 1932 wurde Bruno Brasch auch im Kreis Vechta tätig. Hier hatte die NSDAP wenig Rückhalt in der Bevölkerung und wenige waren bereit, sich als NSDAP-Aktivisten zu exponieren. Erstmals trat er im Oktober 1932 als Kreisorganisationsleiter der NSDAP Vechta in Erscheinung[942], im November auch als deren Kreispropagandaleiter.[943] Nach dem Weggang Dr. Anton Kohnens nach Oldenburg übernahm Brasch die Leitung des Kreises Vechta. Zu dieser Zeit, d. h. kurz nach der "Machtergreifung", verfügte die NSDAP noch nicht über eine sichere finanzielle Basis und hatte ständig mit der Parteifinanzierung und der Besoldung ihrer

---

[937] StAOs Rep 439 Nr. 19. Karteikarte Bruno Brasch.
[938] Dies und das folgende nach Bruno Braschs Karteikarte in der 'Gestapo-Kartei'
[939] Angaben nach Lebenslauf Bruno Brasch. Entnazifizierungsakte Bruno Brasch, StAOs Rep 980 Nr. 32992.
[940] StAOs Rep 439 Nr. 19. Karteikarte Bruno Brasch.
[941] StAOs Rep 439 Nr. 19. Karteikarte Bruno Brasch.
[942] Vgl. Oldenburgische Staatszeitung, 8. 10. 1932.
[943] Vgl. Oldenburgische Staatszeitung, 4. 11. 1932.

Kreisleiter Schwierigkeiten.[944] Diese Schwierigkeiten bestanden auch im Gau Weser-Ems, obwohl es schon 1933 Gerüchte über üppige Gehaltszahlungen an die Kreisleiter gab. Das "Meller Kreisblatt" berichtete am 4. 7. 1933 über eine Amtswaltertagung der NSDAP des Kreises Melle und vermerkte: "Kreisleiter Seidel wies energisch die Gerüchte zurück, die da von unsinniger Gehaltszahlung an den Kreisleiter kolportieren. Man erdreiste sich die Summe von monatlich 400 RM. zu nennen. Er stellte fest, daß er nach wie vor 7,50 RM Unterstützung wöchentlich erhalte."[945] Die schwierige Finanzlage der NSDAP war es letztendlich, die 1933 im Kreis Vechta 1933 für einen Skandal um Kreisleiter Brasch ursächlich war.

Im Beschluß des Untersuchungs- und Schlichtungsausschuß für den Gau Weser-Ems vom 16. Juli 1933[946] wurde beantragt, Bruno Brasch aus der Partei auszuschließen. Festgestellt wurden Braschs Manipulationen bei der Kassenrevision vom 29. 5. 1933. Der beauftragte Revisor berichtete, "dass die Kasse der Kreisleitung Vechta von dem Pg. Brasch derart unordentlich geführt ist, daß eine Nachprüfung der Kassenvorgänge unmöglich ist"[947]. Verhängnisvoll erwies sich für Brasch, daß er zuerst abgestritten hatte, daß die Kreisleitung Vechta ein Bankkonto unterhielt, dann jedoch auf Nachfrage zugab, daß es ein solches gab. Dies stützte natürlich die Anschuldigung, Brasch habe Parteigelder nicht abgeführt und statt dessen für sich verbraucht. Der Untersuchungs- und Schlichtungsausschuß des Gaues Weser-Ems kam daher zu dem Schluß, Brasch habe sich "ehrenrühriger Handlungen schuldig gemacht, die sein Verbleiben in der Partei ausschliessen."[948] Gauleiter Röver, der hier die letzte Entscheidung zu fällen hatte, folgte dem Antrag des Ausschußes. Am 16. 7. 1933 teilte er Bruno Brasch, der nun wieder in Osnabrück wohnhaft war, den Ausschluß aus der Partei mit. Begründet wurde der Parteiausschluß damit, daß Brasch Parteigelder in unrechtmäßiger Weise für sich verbraucht habe. Auch habe er die Buchführung des Kreises Vechta "so unübersichtlich und mangelhaft geführt, daß eine Nachprüfung unmöglich war."[949]

Bruno Brasch fand sich mit dieser Entscheidung nicht ab und legte am 19. 7. beim Untersuchungs- und Schlichtungsausschuß der Reichsleitung der NSDAP Beschwerde ein. Dieser hob den Parteiausschluß am 28. 9. 1933 wieder auf[950]. Die Sache müsse erneut vor dem Gau-Uschla Weser-Ems verhandelt werden. Zu den Gründen erklärte der Reichs-Uschla, der Beschuldigte Bruno Brasch habe gegen den Parteiausschluß rechtzeitig Beschwerde eingelegt. Brasch begründete seine Beschwerde damit, er sei vor dem Gau-Uschla gar nicht gehört worden und habe somit keine Möglichkeit gehabt, die gegen ihn erhobenen Vorwürfe der Unterschlagung von Parteigeldern zu entkräften. Da die Akten des Gau-Uschla weder ein Ver-

---

[944] Siehe dazu ausführlich Roth, S. 41-68.
[945] Meller Kreisblatt, 4. 7. 1933.
[946] Beschluss des Untersuchungs- und Schlichtungsausschuss für den Gau Weser-Ems vom 16. Juli 1933. BA Berlin-Lichterfelde BDC OPG Brasch, Bruno.
[947] Ebda.
[948] Ebda.
[949] BA Berlin-Lichterfelde BDC OPG Brasch, Bruno.
[950] Dies und das Folgende nach dem Beschluss des Reichs-Uschla vom 28. 9. 1933. BA Berlin-Lichterfelde BDC OPG Brasch, Bruno.

handlungsprotokoll oder eine schriftliche Vernehmung noch eine schriftliche Äußerung des Beschuldigten enthielten, sah der Reichs-Uschla den Einwand des Brasch als erwiesen an und hob den Parteiausschluß somit auf.

Bruno Brasch wandte sich nun zusätzlich an den ehemaligen Osnabrücker Ortsgruppenleiter Dr. Otto Marxer. Dr. Marxer hatte 1930 einen Konflikt mit Gauleiter Röver, weil er gegen dessen Willen eine eigene NS-Parteizeitung in Osnabrück herausbrachte. Dieser Konflikt dürfte die Ursache dafür gewesen sein, daß Dr. Marxer Osnabrück und den Gau Weser-Ems verließ und für die Reichsleitung der NSDAP in München tätig wurde. Von ihm erhoffte sich Brasch Schützenhilfe. Am 14. 11. 1933 schrieb er an Dr. Marxer und beschwerte sich zunächst über die Art und Weise, in der die Kassenprüfung durchgeführt worden war. So sei eines Tages plötzlich die Geschäftsstelle der NSDAP-Kreisleitung Vechta einer Revision unterzogen und alle relevanten Unterlagen nach Oldenburg verbracht worden. Nach einigen Tagen sei dann alles "als nicht ordnungsmässig und den Vorschriften nach geführte Kassenangelegenheit"[951] zurückgebracht worden.

Der Parteiausschluß hatte für Brasch noch einen weiteren Nebeneffekt. Nach Abgabe des Kreisleiteramtes hatte er einige Zeit wieder bei der Regierung in Osnabrück gearbeitet, war aber sofort erneut entlassen worden, als der Regierungspräsident von Gauschatzmeister Pfeffermann über Braschs Parteiausschluß und dessen Hintergründe informiert wurde. Die ganze Angelegenheit gehe, so Bruno Brasch an Dr. Marxer, auf die Hetze insbesondere eines Parteineulings zurück, der nun aber alle Anschuldigungen widerrufen und Vechta bereits verlassen habe. Dieser habe die Verleumdungen gegen ihn und andere nur in die Welt gesetzt, um als erfolgloser Homöopath selbst Kreisleiter zu werden "und dann seine ihm nichts einbringende Kurfuscherei (!) durch die Partei wieder hochzubringen"[952]. Der Betreffende hatte u. a. das Gerücht verbreitet, Kreisleiter Brasch "hätte ein Leben geführt welches sittenlos und in Sauferei und Hurerei ausgeartet sei und dabei die Gelder der Partei verprasst."[953]

Das Gerücht, Brasch habe das Geld in der ihm zur Last gelegten Weise verprasst, wurde von der Partei zwar nicht geglaubt[954], die Unterschlagungen als solche waren jedoch eine nachweisbare Tatsache und wurden von Brasch im weiteren Verlauf des Parteigerichtsverfahrens auch nicht mehr bestritten. Die erneute Verhandlung vor dem Gau-Uschla, der nun allerdings mittlerweile die Bezeichnung "Gaugericht" führte, bestätigte daher das Ergebnis der ersten Verhandlung und beantragte am 15. 2. 1934 erneut den Parteiausschluß. Brasch legte dagegen beim Obersten Parteigericht der NSDAP Beschwerde ein, was jedoch ebenfalls keinen Erfolg hatte. Am 14. 3. 1934 bestätigte das Oberste Parteigericht den Parteiausschluß. Obwohl

---

[951] Schreiben Bruno Braschs an Dr. Marxer in München, 14. 11. 1933. BA Berlin-Lichterfelde BDC OPG Brasch, Bruno.
[952] BA Berlin-Lichterfelde BDC OPG Brasch, Bruno.
[953] BA Berlin-Lichterfelde BDC OPG Brasch, Bruno.
[954] In dem Schreiben Braschs an Dr. Marxer wurde „Sauferei und Hurerei" von Dr. Marxer unterstrichen und mit dem Randvermerk „Habe ich in 6 Jahren (1926-32) nie gehört") versehen. In der Urteilsbegründung tauchte dieser Vorwurf ebenfalls nicht mehr auf.

Brasch nun geständig war und wegen seiner tatsächlich vorhandenen finanziellen Notlage mildernde Umstände geltend machte, wurden ihm diese vom Obersten Parteigericht nicht zugebilligt. Die Begründung hierfür ist aufschlußreich für die Idee des Kreisleiters insgesamt:

> Der Kreisleiter ist der erste Repräsentant unserer Bewegung in einem grösseren Bezirk. Lässt er sich in irgend einer Beziehung Vergehen zuschulden kommen, ist das Ansehen der NSDAP. in hohem Masse in solchen Landesteilen erschüttert. Im vorliegenden Falle handelt es sich um Unterschlagung von Parteigeldern. Die Partei hat den Kampf gegen die Korruption auf ihre Fahnen geschrieben. Wenn Brasch in der Partei belassen würde, fände diese Massnahme bei allen Volksgenossen kein Verständnis. Es würde sogar die Gefahr bestehen, dass sich hierdurch andere Parteigenossen zu leichtfertigem Handeln hinreissen lassen könnten. Die Erhaltung der Sauberkeit in der Bewegung muss aber das Ziel aller Parteigenossen sein.[955]

Braschs Einspruch wurde daher "trotz seiner Parteizugehörigkeit seit 1925 und der Mitglieds-Nr. 16463 vom Obersten Parteigericht mit unerbittlicher Strenge zurückgewiesen."[956]

Brasch wandte sich daraufhin wiederum an Dr. Marxer. Dieser sah jedoch keine Aussicht, da Brasch die Vorwürfe im wesentlichen ja zugegeben habe. Marxer hielt es daher für das Zweckmäßigste, "wenn Sie nach Ablauf einer gewissen Zeit Begnadigungsantrag beim Obersten Parteigericht zum Zwecke der Wiederaufnahme in die Partei stellen."[957] Schon wenige Monate später wurde dies in Angriff genommen. Am 21. 1. 1935 forderte das Oberste Parteigericht Brasch auf, unter Beifügung eines polizeilichen Führungszeugnisses und entsprechender Bescheinigungen der örtlichen Parteidienststellen eine Eingabe zu machen. Der Osnabrücker Kreisleiter Münzer bearbeitete die Eingabe und leitete die Unterlagen am 7. 2. 1935 an das Oberste Parteigericht in München weiter. Münzer selber vermerkte zur Person Braschs, der ihm seit 1924 persönlich bekannt war, dieser habe sich "stets aktiv für die Bewegung eingesetzt"[958]. Über Braschs Verfehlungen in Vechta sei er zwar nicht unterrichtet, in Osnabrück habe sich Brasch jedoch nie etwas zu Schulden kommen lassen.

Das Oberste Parteigericht hob am 26. März 1935 den Beschluß des Gaugerichts Weser-Ems auf und beauftragte es mit Hinweis auf die Stellungnahme des Osnabrücker Kreisleiters mit dem Wiederaufnahmeverfahren des ehemaligen Parteimitglieds Brasch. Das Gaugericht kam nun zu einem milderen Urteil und beantragte

---
[955] BA Berlin-Lichterfelde BDC OPG Brasch, Bruno.
[956] BA Berlin-Lichterfelde BDC OPG Brasch, Bruno.
[957] Dr. Marxer in München an Bruno Brasch in Osnabrück, 11. 8. 1934. BA Berlin-Lichterfelde BDC OPG Brasch, Bruno.
[958] Kreisleiter Münzer (Osnabrück) an das Oberste Parteigericht der NSDAP (München), 7. 12. 1935. BA Berlin-Lichterfelde BDC OPG Brasch, Bruno.

am 13. Juni 1935 jetzt nur noch "die Erteilung einer Verwarnung unter gleichzeitiger Aberkennung der Fähigkeit zur Bekleidung eines Parteiamtes auf die Dauer von 2 Jahren". Das Gaugericht stellte zunächst fest, daß im Grunde genommen keine neuen Tatsachen vorlägen, die eine Wiederaufnahmeverfahrens rechtfertigen[959]. Nun bezog das Gaugericht in seine Überlegungen aber die Tatsache mit ein, daß Brasch sich tatsächlich in einer finanziellen Notlage befunden hatte. Dieser Umstand war im ersten Verfahren nicht erkennbar als strafmildernd berücksichtigt worden. Brasch war im Januar 1933 als Kreisleiter in Vechta eingesetzt worden und hatte dort auch eine eigene Wohnung bezogen. Seine Familie blieb jedoch zunächst in Osnabrück und unterhielt dort weiter einen eigenen Haushalt. Brasch hatte sich auf diese Konstellation nur eingelassen, weil ihm die Gauleitung eine Vergütung von monatlich 150,- RM zugesichert hatte. Dieser Betrag war unter den vorliegenden Umständen schon kaum ausreichend. Die Gauleitung konnte ihm aber tatsächlich nur 80,- RM monatlich zahlen, so daß Brasch davon sich und seine Familie nicht ernähren konnte. Die Tat könne dadurch

zwar nicht entschuldigt aber doch etwas milder beurteilt werden. Lediglich aus diesem Grunde hat das Gaugericht, zumal Brasch nach dem Urteil des Ortsgruppenleiters der Ortsgruppe Osnabrück-Johannistor in der Kampfzeit ganz und gar seine Pflicht getan hat, ihm im Wiederaufnahmeverfahren mildernde Umstände zugebilligt.[960]

Der Ausschluß wurde somit rückgängig gemacht. Statt dessen wurde ihm lediglich auf zwei Jahre die Eigenschaft aberkannt, Parteiämter zu bekleiden. Die Aberkennung auf lediglich zwei Jahre war ein vergleichsweise mildes Urteil und kam nur deswegen zustande, weil der Angeschuldigte zu diesem Zeitpunkt "bereits seit über einem Jahre rechtskräftig aus der Partei ausgeschlossen war"[961].

Die bloße Wiederaufnahme in die NSDAP genügte Bruno Brasch jedoch nicht. Im November 1938 stellte er, mittlerweile Ortsgruppenamtsleiter der NSV der Ortsgruppe Osnabrück-Schölerberg, Antrag auf Verleihung des Goldenen Ehrenzeichens der NSDAP beim Stellvertreter des Führers, Rudolf Heß. Brasch wies dabei darauf hin, daß er seit 1925 Parteimitglied gewesen und seit diesem Jahr restlos Beiträge gezahlt habe. Außerdem sei das Parteigerichtsverfahren gegen ihn seit 1935 rechtskräftig abgeschlossen.[962]

Das Mitgliedschaftsamt der NSDAP in München wandte sich zunächst um eine Stellungnahme an den Gauschatzmeister Pfeffermann in Oldenburg, bei der ausdrücklich darum gebeten wurde: "Bei Abgabe Ihrer diesbezüglichen Stellungnahme ist der Beschluß des Gaugerichtes Weser-Ems vom 13. Juni 1935, womit Genannter

---

[959] Dies und das folgende nach dem Beschluss des Gaugerichtes Weser-Ems vom 13. 6. 1935. BA Berlin-Lichterfelde PK Brasch, Bruno.
[960] BA Berlin-Lichterfelde PK Brasch, Bruno.
[961] Ebda.
[962] Bruno Brasch (Osnabrück) an den "Stellvertreter des Führers", Rudolf Heß (München), 23. 11. 1938. BA Berlin-Lichterfelde PK Brasch, Bruno.

wegen Unterschlagung von Parteigeldern mit einer Verwarnung bei gleichzeichtiger Aberkennung der Fähigkeit zur Bekleidung eines Parteiamtes auf die Dauer von 2 Jahren bestraft wurde, zu berücksichtigen."[963] Gauschatzmeister Pffeffermann lehnte den Antrag Bruno Braschs aus terminlichen Gründen - Brasch hatte den Antrag nicht fristgerecht gestellt - ab.[964] In einem erneuten Schreiben an Gauschatzmeister Pfeffermann wies das Mitgliedschaftsamt darauf hin, daß eine Regelung im Sinne des Brasch zwar prinzipiell möglich sei, hatte aber dennoch Bedenken wegen dessen Verurteilung durch das Gaugericht Weser-Ems. Braschs Antrag auf Verleihung des Goldenen Ehrenzeichens der NSDAP stelle somit "einen Sonderfall dar, der ohne eine diesbezügliche Stellungnahme des Gauleiters nicht entschieden werden kann."[965]

Gauleiter Rövers Stellungnahme fiel nach Rücksprache mit Kreisleiter Münzer in Osnabrück positiv aus:

> Der Kreisleiter betrachtet die seinerzeitige Unterschlagungsangelegenheit des Pg. Brasch nicht so schwerwiegend, weil Brasch damals, materiell gesehen, nicht leben und nicht sterben konnte, sich daneben aber voll und ganz für die Partei eingesetzt hat. Da die Mitgliedschaft des Pg. Brasch durch die Nachzahlung der Beiträge als nicht unterbrochen anerkannt wird, befürworte ich die Verleihung des Ehrenzeichens.[966]

Brasch kam hier wohl zunächst Rövers bekannte, soziale Einstellung zu Gute. Da er die soziale Notlage von Brasch und seiner Familie einsah, erschien ihm auch Braschs Griff in die Parteikasse als weniger schwerwiegend. Wahrscheinlich hatte Röver jedoch auch ein schlechtes Gewissen, weil er im ersten Verfahren gegen Brasch den Parteiausschluß ausgesprochen hatte, ohne diesem Möglichkeit zur Stellungnahme zu geben[967]. Im April 1940 schließlich bekam Bruno Brasch dann ein großes und kleines Ehrenzeichen der NSDAP nebst Besitzurkunde zugesandt.[968] Gegen verdiente "Alte Kämpfer" zeigte sich die NSDAP somit auch dann nach-

---

[963] Mitgliedschaftsamt der NSDAP in München an den Gauschatzmeister des Gaues Weser-Ems, Pfeffermann, in Oldenburg, 5. 1. 1939. BA Berlin-Lichterfelde PK Brasch, Bruno.
[964] Gauschatzmeister Pfeffermann in Oldenburg an das Mitgliedschaftsamt der NSDAP in München, 26. 1. 1939. BA Berlin-Lichterfelde PK Brasch, Bruno.
[965] BA Berlin-Lichterfelde PK Brasch, Bruno.
[966] Gauleiter Röver in Oldenburg an den Reichsschatzmeister der NSDAP in München, 25. 3. 1939. BA Berlin-Lichterfelde PK Brasch, Bruno.
[967] Röver neigte mitunter zu impulsiven Reaktionen, die er später bereute, wie auch sein Vertrauter in Bremen, Kurt Thiele zu spüren bekam Röver entzog Thiele aufgrund von Vorwürfen seitens des Regierenden Bürgermeisters Dr. Markert, ohne Thiele dazu zu hören. Thiele warf Röver vor: "Trotzdem du stets gepredigt hast, daß man nie ein Urteil fällen dürfe, ohne beide Seiten gehört zu haben, hast du diese Weisheit bei deinem einzigen Getreuen in Bremen vergessen" [Rademacher (Hrsg.): Thiele, S. 86]. Röver bemühte sich auch im Falle Thiele um eine Wiedergutmachung.
[968] Schreiben des Mitgliedschaftsamtes der NSDAP in München an Bruno Brasch in Osnabrück, 30. 4. 1940. BA Berlin-Lichterfelde PK Brasch, Bruno.

sichtig, wenn diese sich schwerer Verfehlungen, die das Ansehen der Partei schädigten, schuldig gemacht hatten.

5.2.5.2 Emil Pape

Der Reichsbahn-Sekretär Ernst Emil Hermann Pape wurde am 17. 4. 1898 in Eversten bei Oldenburg geboren. Vom 13. 12. 1916 bis zum 28. 11. 1918 nahm er am 1. Weltkrieg teil. Am 1. 8. 1930 trat er in die NSDAP ein (Mitglieds-Nr. 286274), in deren Fraktion er 1933 auch Mitglied des Oldenburger Stadtrates war. Am 8. 7. 1932 heiratete er Erika Pape geb. Waldeck. Nach der Machtergreifung widmete sich Emil Pape ganz der Parteiarbeit. Schon am 1. 10. 1932 übernahm er das Amt des Kreisleiters von Oldenburg-Stadt von Jens Müller.

Am 1. 12. 1934 übernahm er auch den Posten eines Gauamtsleiter der NSV. Durch seine Amtsführung machte sich Emil Pape sowohl bei seinen Mitarbeitern als auch bei der Oldenburger Bevölkerung schnell unbeliebt: Der ehemaliger Kreiskassenleiter der NSDAP-Kreisleitung Oldenburg-Stadt, Helmut Barkemeyer, sagte am 27. 4. 1936 vor dem Gaugericht Weser-Ems aus:

> Mir ist aus eigener Erfahrung bekannt, dass Pape keinen Widerspruch vertragen konnte. Ich habe selbst gesehen, dass er Mitarbeiter der Kreisleitung, wenn sie ihm widersprachen, oder auch wenn er schlechter Laune war, schlug und mit dem Fuss stieß. Der Pg. Pape hatte oft Schlägereien, insbesondere im "Kleinen Kaiserhof".

Ein weiterer Zeuge gab vor dem Gaugericht Weser-Ems an, "daß Pape ungenießbar würde, sobald er mehr getrunken habe", was öfter vorgekommen sei. Ähnliche Kritik an Kreisleiter Pape äußerte auch der Gauschatzmeister Pfeffermann in einem Geheimbericht an den Reichsschatzmeister der NSDAP[969]: "Pg. Pape trank täglich sein bestimmtes Quantum Bier und sobald er in irgendeiner Wirtschaft in Auseinandersetzungen mit den Gästen geriet, wurden von ihm Schlägereien angefangen." Mit solcherartigen Zwischenfällen fiel Pape nicht nur in Oldenburg auf, wo er dem Fahrlehrer Kleditz zwei Zähne ausschlug, weil er angeblich von ihm durch Sticheleien gereizt worden war. Auch auf dem Reichsparteitag schlug er einem Parteimitglied in einem öffentlichen Lokal in Nürnberg ins Gesicht, da er sich "durch eine in unhöflichem Ton vorgetragene Bitte" gereizt gefühlt habe. Pape ließ seiner Vorliebe für Bierstuben und andere Lokale auch innerhalb seiner Parteitätigkeit freien Lauf: "Verhandlungen dienstlicher Art pflegte Pg. Pape scheinbar nur in Wirtschaften abzuhalten. Die Mitarbeiter mussten unter Druck an den Biersitzungen teilnehmen". Gauschatzmeister Pfeffermann kam in seinem Geheim-

---

[969] Dies und das folgende nach dem Geheimbericht des Gauschatzmeisters Weser-Ems, Pfeffermann, zu den Revisionsberichten Nachrevision der Kreisleitung Oldenburg-Stadt, Revisionsabschnitt Februar 1934 bis einschl. Januar 1935. Revision der Kreisleitung Oldenburg-Stadt, Revisionsabschnitt Februar 1935 bis Oktober 1935 vom 3. 12. 1935. BA Berlin-Lichterfelde, OPG Pape, Emil.

bericht an den Reichsschatzmeister der NSDAP über das Verhalten Papes zu dem Schluß:

All diese Punkte geben in der Gesamtheit das Bild ab, dass Pg. Pape rücksichtslos in jeder Art nach Ermessen, ob gerecht oder ungerecht, vorging und entschied. Die Bevölkerung der Stadt Oldenburg fürchtete ihn, da er die Stellung als Kreisleiter in jeder Weise ausnützte. [. . .] Kriminalbeamte, welche in Untersuchungssachen beim Kreisleiter vorsprechen mussten, machten mir als Gauschatzmeister gegenüber die Aussage, dass sie nicht zum Kreisleiter kommen dürften, wenn es gegen Parteigenossen ginge, da sie befürchten müssten, in ihrer Dienststellung geschädigt zu werden, und der Kreisleiter alles niederschlägt.

Insgesamt stellt sich Emil Pape somit als trunksüchtiger und gewalttätiger Charakter dar, der keinen Widerspruch duldete. Es war daher nur eine Frage der Zeit, wann ihm sein Verhalten seine Parteiämter kosten würde.

Am Oldenburger Kramermarkt, einem traditionellen Oldenburger Volksfest, brachte Pape das Faß zum Überlaufen. Dort kam es in der Gastwirtschaft Stolle zu einem Zusammenstoß zwischen Pape und einer Jagdgesellschaft. Zu der Gesellschaft gehörten neben einem Kaufmann und "altem Kämpfer" auch ein Beamter des Amtsgerichts und ein Unteroffizier der Wehrmacht. Der "alte Kämpfer" Johann Hinrichs, Kaufmann in Oldenburg, sagte am 15. 4. 1936 vor dem Gaugericht Weser-Ems aus, er sei am Kramermarkts-Donnerstag mit mehreren Bekannten zunächst zur Jagd gewesen[970]. Nach der Jagd seien sie in der Gastwirtschaft Stolle in Oldenburg eingekehrt, um dort einen lustigen Abend zu verbringen und Jägerlieder zu singen. Dabei habe sich dann der Vorfall mit Kreisleiter Pape ereignet. Der Amtsgerichtsinspektor Hülsmann verließ kurz das Lokal. Als er wieder hereinkam, hatte er einen verschwollenen Mund und erklärte, er habe von Kreisleiter Pape "welche in die Schnauze bekommen". Auf die Frage, wieso er sich dies gefallen lassen könne, erklärte er, daß "Pape ja Kreisleiter sei und angeblich die oberste Polizeigewalt in Oldenburg habe". Dies ist zwar faktisch falsch, war jedoch ein weit verbreitetes Mißverständnis, daß hier wohl in besonderer Weise daraus resultiert, daß Pape seinen Einfluß - gerade bei politisch begründeten Verhaftungen wurde der Kreisleiter im Nachhinein um Stellungnahme gebeten - in besonderer Weise geltend machte, was die bereits zitierte Aussage von Gauschatzmeister Pfeffermann klar bestätigt.

Kurze Zeit später erschien Kreisleiter Pape selbst im Lokal und ging sofort zum Tisch der Jagdgesellschaft. Zum Unteroffizier gewandt sagte er sinngemäß: "Wir haben gesiegt, wir haben das Dritte Reich erobert, wir sind Volksgenossen - und ihr seid alles Scheisse." Pape stand dabei zwar unter Alkoholeinfluß, war aber nicht offensichtlich volltrunken. Der Unteroffizier, der zu diesem Zeitpunkt vermutlich sei-

---

[970] Dies und das Folgende nach der Aussage von Johann Hinrichs vor dem Gaugericht Weser-Ems am 15. 4. 1936. BA Berlin-Lichterfelde, BDC OPG Pape, Emil.

ne Uniform trug[971] war aufs Höchste empört und kündigte an, er werde Papes Verhalten zur Anzeige bringen. Der Kaufmann Hinrichs, der sich als langjähriges Parteimitglied verpflichtet fühlte, den Vorfall mit Hinblick auf das Ansehen der Partei im Ganzen ohne weiteres Aufsehen zu schlichten, ging daraufhin zu Pape, der mit dem NSDAP-Kreisgeschäftsführer der Stadt Oldenburg an einem Tisch saß und forderte ihn auf, seine Beleidigung zurückzunehmen. Pape weigerte sich, woraufhin die Situation eskalierte. Pape betonte:

"Wenn ich was sage, stimmt das." Auf meine Frage, ob er wohl noch wisse, was er gesagt habe, erklärte er weiter, dass er es wohl wüsste und wiederholte dabei nochmals, "wenn er was sage, stimme das." Daraufhin habe ich ihm seine am Tisch gemachte Aussage wiederholt und dann wörtlich gesagt: "Also bin auch ich Scheisse?" Darauf erwiderte er: "Na, was denn sonst." Daraufhin habe ich ihm einen Schlag ins Gesicht versetzt und einen zweiten hinterher. Pape hat daraufhin nichts unternommen, sondern ist ganz still dabei geblieben. Er verliess dann bald darauf das Lokal.[972]

Dieser Vorfall war am nächsten Tag das Stadtgespräch in Oldenburg. Natürlich erfuhr auch Gauleiter Röver davon, der daraufhin die Geduld mit Pape verlor. Noch am gleichen Tage benachrichtigte er das Gaugericht Weser-Ems und bat um die Einleitung einer Voruntersuchung, 21. 10. 1935:

Es ist hier mündlich berichtet worden, daß der Kreisleiter und Gauamtsleiter Parteigenosse Emil Pape in der Gastwirtschaft Stolle in eine Schlägerei verwickelt gewesen ist. Angeblich soll die Ursache der Schlägerei auf Trunkenheit zurückzuführen sein. In der ganzen Stadt kursiert das Gerücht, daß Pape mit Angehörigen der Wehrmacht eine Schlägerei gehabt habe[973].

Im Oktober 1935 lief gleichzeitig die Nachrevision der Kreisleitung Oldenburg-Stadt. Das, was die Gaurevisoren über Papes Umgang mit Parteigeldern herausfanden, sollte Pape endgültig seine Parteiämter kosten und war auch für andere NS-Funktionäre verhängnisvoll.[974] Der ehemalige Kreiskassenleiter der Kreisleitung und spätere Kreiskassenwalter der Kreisamtsleitung der NSV Oldenburg-Stadt

---

[971] Hinrichs konnte dies nicht mit Bestimmtheit sagen, Pape bestritt dies.
[972] Parteigerichtsakte Emil Pape. BA Berlin-Lichterfelde, BDC OPG Pape, Emil.
[973] Schreiben Gauleiter Rövers an das Gaugericht Weser-Ems, 21. 10. 1935. Parteigerichtsakte Emil Pape. BA Berlin-Lichterfelde, BDC OPG Pape, Emil.
[974] Dies und das folgende nach Geheimbericht zu den Revisionsberichten Nachrevision der Kreisleitung Oldenburg-Stadt, Revisionsabschnitt Februar 1934 bis einschl. Januar 1935. Revision der Kreisleitung Oldenburg-Stadt, Revisionsabschnitt Februar 1935 bis Oktober 1935 von Gauschatzmeister Hanns Pfeffermann. Oldenburg, 3. 12. 1935. Parteigerichtsakte Emil Pape. BA Berlin-Lichterfelde, BDC OPG Pape, Emil.

Heinrich Ahsendorf und der bisherige Kreiskassenleiter der Kreisleitung Oldenburg-Stadt, Hellmuth Barkemeyer, wurden vom Gauschatzmeister fristlos ihrer Ämter enthoben. Gegen beide wurde vom Gauschatzmeister ein Parteigerichtsverfahren beantragt.

Ahsendorf wurde die Vergeudung und Verschleuderung von Parteivermögen vorgeworfen, sowie die selbständige Aneignung von Parteimitteln für private Zwecke und Führung von unrechtmäßigen Sonderkonten bei der Bank und in der Dienststelle. Ferner wurde ihm undurchsichtige Kassenführung zur Last gelegt. Die Vorwürfe gegen Barkemeyer lauteten: Urkundenunterdrückung, Unterschlagung, Vergeudung und Verschleuderung von Parteimitteln, Aneignung von Parteimitteln für private Zwecke unter vorläufiger Vorspiegelung falscher Tatsachen und nachträgliche Änderungen von Grundbuchungen. Die Kreiskassenleiter Ahsendorf und Barkemeyer wurden von der großen Strafkammer des Landgerichts Oldenburg mit Urteil vom 30. bzw. 31. 10. 1936 wegen Untreue bzw. Untreue und Unterschlagung je zu 6 Monaten Gefängnis und einer Geldstrafe von 300 RM verurteilt.

Aus dem Revisionsbericht geht hervor, daß Pg. Pape in die Angelegenheit verwickelt war. Gauleiter Röver, aufgrund des Zwischenfalls in der Gastwirtschaft Stolle ohnehin nicht gut auf Pape zu sprechen, enthob ihn als Gauamtsleiter innerhalb der NSV-Dienststelle unter Zusammenruf der gesamten Mitarbeiterschaft seines Amtes. Auch seines Amtes als Kreisleiter wurde er enthoben.

Mehrere Punkte wurden Pape zur Last gelegt. Er hatte sich seit Anfang 1934 hohe Darlehen von über RM 1.000,-- bei seinem schon guten Gehalt angewiesen, ohne daran zu denken, diese zurückzuzahlen. Um hier freie Bahn zu haben, hatte er auch anderen Mitarbeitern innerhalb und außerhalb der Dienststelle Darlehen gewährt. Auch hier dachte er nicht daran, für die Rückzahlung zu sorgen. Dies sei nach Gauschatzmeister Pfeffermann "im allgemeinen darauf zurückzuführen, daß Pg. Pape sehr viel des Alkohols hingegeben und seine Umgebung innerhalb der Dienststelle seine Bierfreunde waren"[975]. Zu seinen "Bierfreunden" gehörten auch die Mitglieder der Kreisleitung Oldenburg-Land, die ihren Sitz ebenfalls in Oldenburg hatte. Auch sie wurden durch den Gauleiter ihrer Ämter enthoben und teils aus der Partei ausgeschlossen, und zwar: Kreisleiter Assling (Amtsenthebung), Propagandaleiter Vensler (Parteiausschluß) und Organisationsleiter Grade (Amtsenthebung).

Pape war außerdem Aufsichtsrat in einer Weingroßhandlung und Spirituosenfabrik, deren Hauptaktionär der ehemalige Kreiskassenleiter Ahsendorf war. Gauschatzmeister Pfeffermann hielt es "an und für sich untragbar, daß politische Leiter Aufsichtsräte und Aktionäre sind. Es kann nicht festgestellt werden, wo Pg. Ahsendorf das Geld zum Kauf der Aktien herbekommen hat."[976] Es war jedoch bekannt, daß Pape Ahsendorf einen Betrag von 300 RM als "Zuschuß" gewährt hatte.

Auch ansonsten fiel Pape durch eine große Selbstherrlichkeit im Umgang mit Parteigeldern auf. Als er beispielsweise am 12. 2. 1935 mit einem dem Kreis gehö-

---

[975] Ebda.
[976] Ebda.

rigen Wagen auf einer Dienstfahrt nach Berlin einen Unfall hatte, wodurch der Wagen für die Rückfahrt nicht mehr benutzt werden konnte, kaufte er kurzerhand von den Stoewer-Werken eine Limousine, ohne vorher die Genehmigung des Gauschatzmeisters einzuholen.

Das Verhalten des Kreisleiters in Finanzangelegenheiten sowie seine häufigen Verwicklungen in Schlägereien waren Gegenstand des gegen ihn eingeleiteten Verfahrens am Gaugericht Weser-Ems. Darüber hinaus leitete die Staatsanwaltschaft beim Landgericht Oldenburg ein Ermittlungsverfahren ein, weil er nicht nur die Zustimmung zur Auszahlung eines Zuschusses von 300 RM an den ehemaligen Kreiskassenleiter Ahsendorf und zur Gewährung verschiedener Darlehen an Parteigenossen aus den Mitteln der Kreiskasse gegeben hatte, sondern sich auch für seine eigenen Bedürfnisse Geldbeträge als Darlehen aus der Kreiskasse hatte auszahlen lassen. Dieses Verfahren wurde jedoch am 13. 5. 1937 auf Grund des Straffreiheitsgesetzes vom 7. 8. 1934 und 23. 4. 1936 eingestellt.

Das Gaugericht Weser-Ems erteilte Kreisleiter Pape, der die gegen ihn erhobenen Vorwürfe im wesentlichen zugab, mit Beschluß vom 22. 10. 1936 eine Verwarnung und erkannte ihm die Ämterfähigkeit bis zum 31. 3. 1939 ab. Pape legte dagegen Beschwerde beim Obersten Parteigericht ein. Dieses hob mit Beschluß vom 5. 1. 1938 den Beschluß des Gaugerichts auf und verwies die Sache zur Durchführung einer Hauptverhandlung und erneuten Entscheidung an das Gaugericht zurück, da das Verfahren schriftlich durchgeführt worden war und nach Ansicht des Obersten Parteigerichts zur Klärung des Sachverhalts eine Gegenüberstellung des Angeschuldigten mit den Zeugen erforderlich erschien.

Das Gaugericht Weser-Ems beschloß daraufhin am 10. 5. 1938, das Verfahren auf Grund der Amnestie des Führers vom 27. 4. 1938 einzustellen, da die unter Anklage stehenden Handlungen vor dem 10. 4. 1938 liegend nicht derart schwerwiegend erschienen, um den Ausschluß aus der NSDAP zu begründen. Pape war damit jedoch nicht einverstanden. Unter ausdrücklichem Verzicht auf die Anwendung der Amnestie beantragte er die Wiederaufnahme des Verfahrens unter Aufhebung des Einstellungsbeschlusses. Das Gaugericht kam jedoch wieder zu demselben Ergebnis und beschloß am 1. 7. 1938, ihm eine Verwarnung zu erteilen und ihm die Ämterfähigkeit auf 2 Jahre abzuerkennen. Da Pape damit jedoch erst recht nicht einverstanden sein konnte, legte er am 10. 8. 1938 erneut Beschwerde gegen das Urteil des Gaugerichts ein. Am 25. 5. 1939 erging das endgültige Urteil des Obersten Parteigerichtes, das Papes Beschwerde zurückwies, da die gegen den Beschluß eingelegte Beschwerde des Angeschuldigten zwar zulässig, form- und fristgerecht erhoben, jedoch sachlich unbegründet sei.

Das Urteil des Obersten Parteigerichts fiel insgesamt recht nachsichtig und milde aus und rechnete Pape jeden nur möglichen mildernden Umstand an. Die Pape zur Last gelegten Handlungen, welche von ihm im Grunde zugegeben und vom Gaugericht als erwiesen angesehen wurden, erschienen auch dem Obersten Parteigericht unbedenklich und wurden daher übernommen.

Zu den Darlehen von insgesamt 900 RM, die sich Pape im April 1934 und Juni 1935 aus der Kreiskasse hatte auszahlen lassen, sowie zu dem Betrag von 50 RM, den der Kreiskassenleiter ihm auf Anweisung am 10. 3. 1934 als Gerichtskostenvorschuß in einer gegen Pape erhobenen Privatklage aus der Kreiskasse gegeben hatte, machte das Gaugericht Pape den Vorwurf, daß er dadurch gegen die Verfügung des Reichsschatzmeisters vom 24. 3. 1934, wonach die Gewährung von Darlehen aus Parteimitteln ohne Genehmigung verboten war, verstoßen habe. Andererseits müsse dem Angeschuldigten "jedoch zugebilligt werden, daß er in den obengeschilderten Fällen, wie auch in dem von der Staatsanwaltschaft untersuchten Sachverhalt nicht die Absicht hatte, sich Parteigelder anzueignen, da er keinerlei Versuche unternommen hat, diese Art der Geldgebahrung in den Kassenbüchern zu verheimlichen"[977]. Das Schicksal seines Vechtaer Amtskollegen Bruno Brasch, der seine Privatentnahmen nicht deutlich und offen dokumentiert hatte, blieb Pape somit erspart. Ansonsten wäre er wie dieser wohl sofort aus der Partei ausgeschlossen worden.

Das Oberste Parteigericht sah es als erwiesen an, daß Pape 1935 dem Parteimitglied Kleditz und dem "Volksgenossen" Hülsmann ohne vernünftigen Grund in einem öffentlichen Lokal in Oldenburg ins Gesicht geschlagen hatte, wobei Kleditz durch den Schlag zwei Zähne verlor.[978] Pape behauptete, er sei von Kleditz durch Sticheleien gereizt worden. Hülsmann habe sich von der NSV, deren Gauamtsleiter Pape damals war, eine Unterstützung erschlichen. Durch Lanwehr, dem er in Nürnberg in einem öffentlichen Lokal ins Gesicht geschlagen hatte, war er angeblich "durch eine in unhöflichem Ton vorgetragene Bitte gereizt worden". Die von Pape vorgebrachten Einwände hinsichtlich der Opfer hielt das Oberste Parteigericht für irrelevant, da sie Papes Verhalten in keinster Weise entschuldigten. Vielmehr wurde der Grund für Papes Fehlverhalten in dessem Alkoholkonsum gesehen. Es sei "charakteristisch, daß sich alle diese Vorfälle in Bierlokalen ereignet haben und wie aus den Aussagen der Zeugen Kleditz, Willers und Lanwehr hervorgeht, daß der Angeschuldigte im Zeitpunkt dieser 3 Vorfälle nicht mehr ganz nüchtern war; auch der Zeuge Engelmann gibt an daß "Pape ungenießbar würde, sobald er mehr getrunken habe", was öfter vorgekommen sei."[979] Pape zeigte zudem wenig Einsichtsfähigkeit. Nur im Fall des Lanwehr räumte er ein, falsch gehandelt zu haben, "während er in den beiden anderen Fällen, die sich in seiner Kreisstadt ereigneten, die Schuld auf das Benehmen der Geschlagenen abzuwälzen versucht". Das Verhalten Papes und seine mangelnde Einsicht hielt das Oberste Parteigericht bei einem Politischen Leiter der NSDAP für untragbar:

> Ein Hoheitsträger, der Partei- und Volksgenossen lediglich aus einer gereizten Stimmung heraus ins Gesicht schlägt, zeigt nicht nur einen Mangel der von ihm zu verlangenden Eigenschaften, sondern schädigt auch das

---
[977] Dies und das folgende nach dem Urteil des Obersten Parteigerichts vom 25. 5. 1939. BDC OPG Pape, Emil.
[978] Ebda.
[979] Ebda.

Ansehen der Bewegung auf das Schwerste. Daß es nicht zu einer öffentlichen Prügelei zwischen Parteigenossen kam, ist nicht dem Angeschuldigten gutzuschreiben, sondern den vom ihm Mißhandelten, die sich aus Achtung vor seiner Stellung als Kreisleiter nicht entsprechend zur Wehr setzten."[980]

Auch der oben geschilderte Vorfall mit dem Unteroffizier floß in das Gesamturteil mit ein. Ursprünglich war Pape zu Last gelegt worden, daß seine Äußerungen als Beleidigung des Hildebrandt als Unteroffizier und damit als Beleidigung der Wehrmacht insgesamt zu werten seien. Das Oberste Parteigericht folgte jedoch hier dem Urteil des Gaugerichts, wonach Pape nicht die Absicht gehabt habe, die Wehrmacht zu beleidigen. Dennoch mußte festgestellt werden "daß auch ein derartiges Benehmen dem Ansehen der Partei in höchstem Maße abträglich ist, umsomehr, als der Angeschuldigte in diesem Zusammenhang von Pg. Hinrichs einen Schlag ins Gesicht erhielt."[981]

Das Gaugericht hatte von den anderen gegen Pape erhobenen Vorwürfen in seinem letzten Beschluß nur einen Punkt, nähmlich den Kauf des Autos, aufrecht erhalten und hierin einen Verstoß des Angeschuldigten durch Nichteinholung der Genehmigung des Gauschatzmeisters erblickt. Das Oberste Parteigericht berücksichtigte jedoch, daß der Angeschuldigte durch den vorhergehenden Unfall in eine Lage gedrängt worden sei, die "eine rasche Entscheidung erforderte und er nach den Umständen wohl annehmen konnte, dadurch wirtschaftlich gehandelt zu haben". Seine Einlassung, er hätte mündlich mit dem Verkäufer vereinbart, für den beschädigten Wagen und eine Aufzahlung von 400 RM den neuen Wagen zu erhalten, sei nicht widerlegt. Somit könne ein derartiger Vertrag als günstig angesehen werden.

Obwohl somit auch der letzte Anklagepunkt entfiel, schloß sich das Oberste Parteigericht in seiner Strafzumessung doch dem Gaugericht Weser-Ems an, denn zusammengefaßt ergab sich, "daß der Angeschuldigte insbesondere durch sein unmögliches Verhalten bei den Schlägereien das Ansehen der NSDAP schwer geschädigt hat und bei der Bestimmung über Parteivermögen wirklich großzügig verfahren ist. Diese Feststellungen konnten auch durch die Ausführungen der Beschwerde nicht widerlegt werden, die sich in Wiederholungen seiner bisherigen Einlassung erschöpft"[982].

Diesen Verfehlungen stünden jedoch die Verdienste gegenüber, welche sich der Angeschuldigte durch die langjährige Tätigkeit für die Partei erworben habe. Bei Abwägung aller dieser Umstände erschien dem Obersten Parteigericht die vom Gaugericht beantragte Strafe als gerechtfertigt, wobei in Erwägung zu ziehen war, daß "das Verhalten des Angeschuldigten in vielen Fällen nicht den Anforderungen entspricht, welche die Bewegung an ihre Hoheitsträger stellen muß. Da jedoch das

---

[980] Ebda.
[981] Ebda.
[982] Ebda.

Parteigerichtsverfahren seit Ende des Jahres 1935 läuft, der Angeschuldigte sofort aus seinen Parteiämtern entlassen wurde und seither zur Verfügung gestellt ist, wurde ihm ein Teil dieser Zeit in die Strafzeit eingerechnet und die Dauer der Ämteraberkennung mit 1. 1. 1940 befristet". Dazu erteilte das Oberste Parteigericht Pape eine Verwarnung.

Knapp drei Monate nach seiner endgültigen Verurteilung durch das Oberste Parteigericht verstarb Emil Pape am 17. 8. 1939 an einer Zucker- und Lungenkrankheit. Die "Oldenburgische Staatszeitung" brachte dazu zwei große Berichte[983], die Papes Verfehlungen selbstverständlich mit keinem Wort erwähnen, wie auch allen Beteiligten an einem Parteigerichtsverfahren grundsätzlich unter Androhung des sofortigen Ausschlusses aus der Partei strengstes Stillschweigen über das Verfahren auferlegt wurde. Dieses Stillschweigen bezog sich nicht nur auf Einzelheiten des Verfahrens, sondern auch auf den Prozeß als solchen, von dem die Öffentlichkeit nach Möglichkeit nichts erfahren sollte.

5.2.6 Politische Unzuverlässigkeit

Im Gau Weser-Ems gab es drei Fälle, die man im weiteren Sinne als Fälle der "politischen Unzuverlässigkeit" bezeichnen kann. Ein eindeutiger Fall ist der Emder Kreisleiter Jann de Boer, der als aktiver Freimaurer aus dem Amt 'gemobbt' wurde. Im Gegensatz dazu hat die Absetzung des Bremer Kreisleiters Otto Bernhard andere Gründe. Er war zwar Freimaurer, hatte jedoch schon 1930 jede Verbindung zu diesen gelöst.

Zwei weitere Fälle sind die der Verwaltungsbeamten Dr. Böckmann und Dr. Drückhammer. In beiden Fällen ist es nicht ganz korrekt von "mangelnder politischer Zuverlässigkeit" zu sprechen. Angemessener wäre es hier vielleicht, von "mangelnder politischer Überzeugung" zu sprechen. Beide waren Opportunisten, die nur in die NSDAP eingetreten waren, um damit ihre Karriere zu fördern. Auch kamen beide nur deshalb ins Kreisleiteramt, weil zu der Zeit kein anderer geeigneter Kandidat vorhanden war. 'Kreisleiterdienst nach Vorschrift' war jedoch auf die Dauer für die NSDAP nicht hinnehmbar.

Dr. Böckmann war nur knapp ein halbes Jahr Kreisleiter des Kreises Cloppenburg und war von Anfang an nur ein notdürftiger Ersatz für den als Bürgermeister nach Lohne übergesiedelten Kreisleiter Leonhard Niehaus. Dr. Böckmann war zwar aus Karrieregründen - dies auch erst nach Bildung der ersten reinen NSDAP-Landesregierung in Oldenburg - in die Partei eingetreten, hegte aber keine Ambitionen auf eine Karriere in der NSDAP und versuchte den ihm ungeliebten Posten so schnell wie möglich wieder loszuwerden[984]. Die Gelegenheit kam schnell: im Oktober wurden die Parteikreise Cloppenburg und Friesoythe zum Kreis Cloppenburg zusammengelegt. Kreisleiter wurde der Essener Ortsgruppenleiter Willy Meyer-Wendeborn.

---

[983] Am 18. 8. 1939 „Ein alter Kämpfer gestorben. Reichsbahninspektor Emil Pape", und am 22. 8. 1939 „Emil Papes letzter Gang".
[984] Gespräch mit seinem Neffen Otto Böckmann (Dinklage), 16. 10. 1998.

Ein ähnlicher Fall spielte sich im Kreis Vechta ab, der genau wie die Kreise Cloppenburg und Aschendorf-Hümmling fast rein katholisch und daher zentrumsdominiert war. Hier bestätigt sich wieder einmal, daß Rövers Personalstrategie gegenüber katholischen Kreisen zweifacher Natur war. Gab es einen im Parteisinne "fähigen" Kreisleiter, der aus eigener Kraft eine Parteistruktur aufgebaut hatte und diese halbwegs unter Kontrolle hatte, so wurde dieser im Amt belassen, auch wenn er wie im Falle des Meppener Kreisleiters Egert für Skandale sorgte. Überstieg die Unfähigkeit, wie im Falle Aschendorf-Hümmling (Emil Hartung), oder die Skandalösität der Amtsführung - wie im Falle Brasch (Vechta) und Pape (Oldenburg)- ein gewisses Maß, so wurden diese Kreisleiter durch Personen ersetzt, die zwar keine "alten Kämpfer" waren, die aber in den Augen der Bevölkerung als "seriös" gelten konnten. Wie der Fall Dr. Drückhammer zeigt, konnte eine Ernennung zum Kreisleiter sogar gegen den Willen des Betroffenen erfolgen. Dr. Drückhammer sagte nach dem Krieg aus, er sei im Juni 1933 dazu bestimmt worden, "bis zur Ernennung und Einführung eines Kreisleiters, die Geschäfte zu führen."[985] Hintergrund ist der Skandal um den Vechtaer Kreisleiter Bruno Brasch, der wegen Unterschlagung von Parteigeldern abgesetzt und zunächst aus der NSDAP ausgeschlossen worden war. Der einzige geeignete Nachfolger saß wegen Betruges im Gefängnis, so daß die Gauleitung auf Dr. Drückhammer als Notlösung verfiel. Dr. Drückhammer weigerte sich zunächst, wurde aber vom oldenburgischen Ministerpräsidenten und stellvertretendem Gauleiter, Georg Joel, unter Androhung eines Disziplinarverfahrens dazu genötigt, den Posten zu übernehmen, obwohl Dr. Drückhammer erst am 1. 5. 1933, also nur knapp einen Monat vor der Amtsübernahme in die NSDAP eingetreten war:

> Die Geschäfte des Kreisleiters habe ich dann geführt, ohne Rücksicht darauf zu nehmen, ob jemand alter Pg war oder nicht. Hierdurch habe ich mir den Zorn, ja den Haß fast aller alten Pgs zugezogen. Dies verstärkte sich zu direkten Angriffen, als ich mehrere alte Pgs wegen Strafdelikte bei der Staatsanwaltschaft anzeigte und sie auch bestraft wurden.
>
> Mit größter Gehässigkeit und Hartnäckigkeit verfolgte mich der frühere nationalsozialistische Landtagsabgeordnete L. Niehaus, der gegen meinen ausgesprochenen Willen als Bürgermeister in Lohne eingesetzt worden war.[986]

Obwohl Dr. Drückhammer nur als Übergangslösung gedacht war, übte er den Posten des Kreisleiters über zwei Jahre lang aus. Mit Einführung der Deutschen Gemeindeordnung konnte er aufgrund der von ihm bekleideten Position als Regie-

---

[985] Von Dr. Drückhammer verfaßte Anlage zum Military Government of Germany Fragebogen, 21. 7. 1946. Entnazifizierungsakte Dr. Walther Drückhammer. StAO Best. 351 Fri 4137, Karton Nr. 939.
[986] Von Dr. Drückhammer verfaßte Anlage zum Military Government of Germany Fragebogen, 21. 7. 1946. Entnazifizierungsakte Dr. Walther Drückhammer. StAO Best. 351 Fri 4137, Karton Nr. 939.

rungsrat nicht, wie ansonsten üblich, zugleich Kreisleiter und Beauftragter der NSDAP für die Gemeinden sein. Beauftragter der NSDAP für die Gemeinden des Kreises Vechta wurde der Gauinspekteur und Kreisleiter in Wilhelmshaven Ernst Meyer. Für Meyer bedeutete dies zusätzliche lange Fahrten von Wilhelmshaven nach Vechta, wenn er sein Amt als Beauftragter der NSDAP ausüben wollte. Da Dr. Drückhammer noch mehrere Monate nach Inkrafttreten der neuen Gemeindeordnung im Amt blieb und zudem Voß erst Mitte Oktober den Posten des "Beauftragten der NSDAP" übernahm[987], kommt ein weiterer möglicher Grund hinzu. Dr. Drückhammer hatte sich während seiner Amtszeit als Kreisleiter nie als antisemitischer Propagandist betätigt. Sein Abgang als Kreisleiter fällt zeitlich mit der verstärkten antijüdischen Propaganda im Zusammenhang mit der Verabschiedung der "Nürnberger Gesetze" zusammen: am 1. 9. 1935 trat Heinrich Voß den Posten als Kreisleiter in Vechta an, am 18. 9. weihte er den in Vechta neu aufgestellten Stürmerkasten ein[988].

Daß auch aktive Freimaurer vorübergehend Kreisleiter der NSDAP werden konnten, zeigt der Fall Jann de Boer.[989] Jann de Boer, gelernter Landwirt und ab 1923 Geschäftsführer des Kreislandbundes Emden[990] war ein ausgeprägter "Alter Kämpfer". Im Januar 1925 trat er in die Ortsgruppe Emden der "Nationalsozialistischen Freiheitspartei ein"[991], im April 1931 wurde er Mitglied der NSDAP, im September desselben Jahres Mitglied der SA. Jann de Boer beschrieb sich selbst als mustergültigen Nationalsozialisten am Rande des Märtyrertums:

> Bauernsohn, 27. 9. 1898 geboren. Von der Sekunda einer Realschule aus freiwillig für den Kriegsdienst gemeldet und seit Herbst 1915 ständig an der Westfront. Nach dem Kriege Landwirtschaft erlernt in Holstein. Nach dreijährige [!] Leitung des väterlichen Betriebes als Geschäftsführer des Kreislandbundes Emden berufen. Im Juli 1923 Stahlhelm beigetreten, im Januar 1925 der nationalsozialistischen Freiheitspartei. Im Juli 1931 der N.S.D.A.P. beigetreten, am 1. 9. 1931 der SA beigetreten. Im September 1931 wegen Vergehens gegen Gesetz zur Aufrechterhaltung von Ruhe

---

[987] Oldenburgische Volkszeitung, 14. 10. 1935.
[988] Oldenburgische Volkszeitung, 19. 9. 1935. Auch in den anderen Kreisen des Gaues Weser-Ems wurde nun propagandistisch stärker gegen die Juden vorgegangen. Im September 1939 wurden beispielsweise auch im Kreis Cloppenburg zwei Stürmerkästen aufgestellt: in Bösel (OV, 26. 9. 1935) und Ramsloh (OV, 28. 9. 1935). Im Kreis Friesland gab Kreisleiter Flügel am 11. 9. 1935 im "Jeverschen Wochenblatt" eine Erklärung "Im Kampf gegen das Judentum" ab.
[989] Der Bremer Kreisleiter Otto Bernhard hatte bei Übernahme des Kreisleiterpostens seine Mitgliedschaft bei den Freimaurern bereits aufgegeben. Zudem wurde er nicht nur als 'bürgerliches Aushängeschild' gebraucht, sondern genoß durch seine persönliche Bekanntschaft mit Adolf Hitler besonderen Schutz. Als innerhalb der SA versucht wurde, ihn wegen seiner freimaurerischen Vergangenheit aus der SA auszuschließen, wurde dieser Versuch von Hitler gestoppt. Vgl. hierzu die Unterlagen in Bernhards SA-Personalakte. BA Berlin-Lichterfelde, BDC SA Bernhard, Otto.
[990] Emder Zeitung, 1. 7. 1933.
[991] Angaben nach dem "Führer-Fragebogen" der Obersten SA-Führung, 25. 10. 1933. BA Berlin-Lichterfelde, BDC SA Boer, Jann de.

und Ordnung im Staate zu 3 Monaten Gefängnis verurteilt, davon 8 Wochen abgesessen. Jetzt bin ich Stabsleiter der KBS (Kreisbauernschaft, Anm. M.R.) in Wesermünde und führe ehrenamtlich einen SA-Sturm (12/411). In Emden bin ich im Jahre 1934 durch Parteigenossen (Ortsgruppenleiter) in Versammlungen in unerhörter Form verächtlich gemacht und beleidigt worden. Ein von mir gegen den Schuldigen beantragtes Uschla-Verfahren bei dem Gaugericht in Oldenburg ist bis heute nicht erledigt worden."[992]

Von seinen örtlichen Vorgesetzten in der SA wurde Jann de Boer durchaus geschätzt. Anton Bleeker, bis zu seiner "Beurlaubung" Anfang Juli 1934 Führer der SA-Brigade 63 Oldenburg-Ostfriesland, beurteilte ihn als hervorragenden SA-Führer. Besonders die geistige Veranlagung wurde als "sehr gut, sehr rege"[993] eingestuft. Die körperliche Veranlagung sei "gut", der Charakter "ehrlich und offen". Das Verhalten gegen Kameraden und Untergebene sei insgesamt sehr gut, er müsse lediglich "im Verhalten gegen Untergebene den nötigen Abstand wahren". Hinsichtlich seiner soldatischen Veranlagung und Kenntnisse wurde de Boer ein ausgezeichnetes Zeugnis erstellt. Wäre seine bekannte Vorgeschichte als Freimaurer nicht gewesen, so hätte die abschließende Beurteilung für de Boer die "Eintrittskarte" in eine erfolgreiche Karriere bei der SA bedeuten können:

Weltanschauliche Festigung: alter, treuer Kämpfer, eignet sich für weltanschauliche Schulung. (...)

Gesamturteil: Unbedingt zuverlässiger Mitarbeiter, bei Verhandlungen und Besprechungen mit Behörden und Berufsvertretern sagt de Boer diesem unverblümt die Wahrheit, setzt die ablehnenden Persönlichkeiten unter Druck und erreicht damit oft sein Ziel bei Unterbringung erwerbsloser SA-Männer. Bei Behandlung von Siedlungsfragen ist de Boer meistens erfolgreich.[994]

Bleekers Vorgesetzter, der Führer der SA-Gruppe Nordsee, Wilhelm Freiherr von Schorlemer, teilte diese positive Einschätzung nur bedingt. Zum Urteil Bleekers vermerkte er:

---

[992] Jann de Boer an die NSDAP-Reichsschatzmeisterei in München. Wesermünde, den 10. 6. 1937. BA Berlin-Lichterfelde BDC PK Boer, Jann de.
[993] SA-Führerbeurteilung der SA-Brigade 63 Oldenburg-Ostfriesland, 29. 3. 1934. BA Berlin-Lichterfelde BDC PK Boer, Jann de.
[994] Ebda.

Mit vorstehender Beurteilung im allgemeinen einverstanden, nicht einverstanden bin ich mit der unbedingten Zuverlässigkeit. De Boer war Freimaurer und hat als solcher als seinen Freundeskreis in der Hauptsache auch nur Freimaurer. Auf Grund der Verfügung der Obersten SA-Führung wird er seiner Dienststellung als Stabsführer der Brigade 63 abgelöst.[995]

Von Schorlemer konnte zu diesem Zeitpunkt noch nicht wissen, daß de Boer sogar noch aktiver Freimaurer war. Aufgedeckt wurde dies durch einen Spitzel der Gestapo. Der SA-Verbindungsführer Abt. Ie. beim Geheimen Staatspolizeiamt in Berlin teilte dem Obersten SA-Führer, Abt. VI in Berlin, am 13. 4. 1934 mit: "Ein Vertrauensmann hat die Mitgliedschaft der Johannisloge Emden fotografiert und dabei festgestellt, daß der Pg. J. de Boer, Stabsleiter bei der SA-Brigade 63 und der Pg. Studienrat Göing, Stadtrat in Emden, Schulungsreferent beim Stabe der SA-Brigade 63, Oberbrüder der genannten Loge sind."[996] Wegen dieser Mitgliedschaft wurde de Boer am 15. 4. 1934 seiner Dienststellung enthoben.[997] De Boer gab seine Stellung als Kreisleiter der Stadt Emden schon Ende September 1933 ab. Zu den gegen ihn in Emden erhobenen Vorwürfen nimmt de Boer in den überlieferten Quellen in keiner Weise Stellung, so daß nicht einmal bekannt ist, welcher Art die Vorwürfe waren. Vor dem Hintergrund der Entlassung aus der Führungsposition bei der SA liegt hier allerdings der Verdacht nahe, daß sich de Boer aufgrund der zutreffenden Gerüchte über seine Freimaurer-Mitgliedschaft nicht als Kreisleiter halten konnte.

5.2.7 Jüdische Herkunft

Jüdische Herkunft, die prominenten Nationalsozialisten wie Heydrich und Hitler fälschlicherweise nachgesagt wurde, konnte ebenfalls ein Grund für den Verlust des Kreisleiteramtes sein. Ein solcher Fall trug sich 1932 im oldenburgischen Landesteil Eutin zu und betraf einen dort sehr prominenten NS-Aktivisten. Der Fall soll hier wegen seiner Außergewöhnlichkeit kurz behandelt werden, obwohl Eutin zwar zum Land Oldenburg, nicht aber zum Gau Weser-Ems gehörte.

Dr. med. Wolfgang Saalfeldt wurde am 9. 10. 1890 in Berlin geboren. 1923 schloss er sich bei Eintreffen der Nachricht vom "Hitler-Putsch" einer Gruppe bewaffneter Hitler-Anhänger an, die mit einem Lastwagen nach Hamburg fuhren, um sich am "Marsch auf Berlin" zu beteiligen[998] Dr. Saalfeldt war nach dem 1. Weltkrieg zunächst in DNVP und Stahlhelm aktiv. 1924 trat er in den "Völkisch-

---

[995] Der Führer der SA-Gruppe Nordsee an die SA-Obergruppe VI in Hannover-Linden, 31. 5. 1934. BA Berlin-Lichterfelde BDC PK Boer, Jann de.
[996] Der SA-Verbindungsführer Abt. Ie. beim Geheimen Staatspolizeiamt in Berlin an den Obersten SA-Führer, Abt. VI in Berlin, 13. 4. 1934. BA Berlin-Lichterfelde BDC PK Boer, Jann de.
[997] Der Führer der SA-Gruppe Nordsee an die SA-Obergruppe VI in Hannover-Linden, 31. 5. 1934. BA Berlin-Lichterfelde BDC PK Boer, Jann de.
[998] Vgl. Stokes, S. 33.

Sozialen Block", 1928 in die NSDAP und die SA ein[999]. In der Eutiner NSDAP fungierte er als Redner, Ortsgruppenleiter und Kreisleiter für den oldenburgischen Landesteil Eutin. Im Eutiner Stadtparlament war er sowohl Stadtrat als auch Fraktionsführer der NSDAP. In der SA war er zunächst Arzt der SA-Standarte XI, später Arzt beim Stab des für Eutin zuständigen SA-Oberführers, dann ab 1. 1. 1931 Oberarzt der SA-Untergruppe Nordmark.

Im Januar 1932 behauptete ein Lehrer, Dr. Saalfeldt sei Jude[1000]. Dr. Saalfeldt bestritt dies und nannte den Lehrer "einen Lumpen und Verleumder"[1001]. Der Lehrer verklagte Dr. Saalfeldt wegen Verleumdung und konnte zudem amtliche Unterlagen beibringen, aufgrund derer das Amtsgericht Neustadt die jüdische Abstimmung des Dr. Saalfeldt als erwiesen ansah und diesen am 16. 8. 1932 zu einer Geldstrafe wegen Verleumdung verurteilte. Dr. Saalfeldt bezweifelte die Echtheit der beigebrachten Dokumente. Jedoch kam kurz darauf auch die "NS-Auskunft", die Parteistelle für Rassefragen und Stammbaumforschung, zu dem Ergebnis, daß Dr. Saalfeldt tatsächlich jüdischer Abstammung (Halbjude) war, so daß Walter Buch, der Reichs-Uschla-Vorsitzende, Dr. Saalfeldt am 15. 10. 1932 mitteilte, daß "die in der Satzung geforderte Voraussetzung für Ihre Mitgliedschaft nicht gegeben und diese selbst deshalb hinfällig geworden ist."[1002]

Das Gerichtsurteil, das die jüdische Abstammung des Eutiner Kreisleiters feststellte, fand besonders in der sozialdemokratischen Presse große Beachtung. Auch der "Freiheitskämpfer", das offizielle Organ der oldenburgischen NSDAP, sah sich am 29. 9. 1932 zu folgender Erklärung genötigt:

> Da sich nach Prüfung der Unterlagen herausgestellt hat, daß Dr. Saalfeldt, Eutin, tatsächlich jüdischer Abstammung ist, erfolgte sein Ausschluß aus der Partei durch den Vorsitzenden des Untersuchungs- und Schlichtungs-Ausschusses der Reichsleitung. Ein solcher Ausschluß ist selbstverständlich. Es entfallen somit alle Verdächtigungen der Gegner, wenn sie behaupten, daß die NSDAP Judenstämmlinge in ihren Reihen dulde, und sogar in führenden Stellungen belasse.

Letzteres war jedoch der Fall: am 22. 5. 1933 wurde Dr. Saalfeldt zum Ratsherrn und am 23. 5. 1933 zum stellvertretenden Bürgermeister der Stadt Eutin gewählt.[1003] Proteste der DNVP-Fraktion, die Dr. Saalfeldt unter Hinweis auf das "Gesetz zur

---

[999] Dies und das folgende nach dem Personalbogen Dr. med. Wolfgang Saalfeldt, 20. 3. 1932. In: Stokes, S. 287 f.
[1000] Dies und das folgende nach dem Schriftstück "Prozeß-Vorgang" von Dr. med. Saalfeldt (o. D.). In: Stokes, S. 344 f.
[1001] Ebda., S. 345.
[1002] Schreiben des Vorsitzenden des Untersuchungs- und Schlichtungsausschusses der Reichsleitung der NSDAP, Walter Buch, an Dr. med. Wolfgang Saalfeldt, 15. 10. 1932. Zitiert nach Stokes, S. 346.
[1003] Protokoll der Sitzung des Stadtmagistrats am 23. 5. 1933. Zitiert nach Stokes, S. 395.

Wiederherstellung des Berufsbeamtentums" vom 7. 4. 1933 wegen seiner erwiesenen jüdischen Abstammung ablehnte[1004], blieben erfolglos.

Der ohnehin folgenlose Ausschluß wurde nachträglich rückgängig gemacht. Wie aus einem Schreiben Walter Buchs an die Gauleitung Schleswig-Holstein hervorgeht, schloß jüdische Abstammung eine Mitgliedschaft in der NSDAP nicht unbedingt aus:

> Es dürfte einleuchten, daß die Aufnahme eines Judenblütigen in die Partei von (...) außergewöhnlicher Bedeutung ist. (...) Der Führer hat sich allerdings vorbehalten, in besonderen Fällen auf Grund hervorragender Verdienste um die Bewegung einen Judenstämmling auf dem Gnadenweg in der Bewegung zu belassen, jedoch ist zu erwarten, daß dieser Gnadenakt in irgendeiner Willensäußerung des Führers sichtbar zum Ausdruck kommt. Dabei ist zu bemerken, daß auf ausdrücklichen Wunsch des Führers der Gnadenakt nur auf die Person des Betreffenden beschränkt bleibt und nicht auf seine Kinder ausgedehnt wird.[1005]

Auf diesem Wege wurde auch Dr. Saalfeldt wieder in die NSDAP aufgenommen. Am 9. 7. 1934 erging eine von Adolf Hitler eigenhändig unterzeichnete Verfügung des Obersten Parteigerichts der NSDAP, wonach "die Parteigenossenschaft des Dr. Saalfeldt wieder herzustellen ist. Von Parteiämtern ist er jedoch fernzuhalten."[1006] Dr. Saalfeldts erneute Mitgliedschaft war jedoch nicht von Dauer. Am 22. 3. 1939 wurde er vom Hamburger Schwurgericht wegen Abtreibung in zwei Fällen zu drei Jahren und neun Monaten Zuchthaus verurteilt. Dies zog ein Parteigerichtsverfahren nach sich, das am 31. 7. 1944 mit dem endgültigen Ausschluß Dr. Saalfeldts aus der NSDAP endete.[1007]

5.2.8 Konflikte mit der Gauleitung

Die Gauleiter der NSDAP bevorzugten in der Regel einen sehr autoritären Führungsstil, wobei "sie sich nicht immer an das vorgeschriebene hierarchische Schema hielten, sondern die Befehlswege verkürzten oder verlängerten, so daß einige Gauamtsleiter mehr Macht besaßen als ihnen parteirechtlich zukam[1008]. Röver hingegen bevorzugte einen sehr kollegialen Führungsstil und ließ seinen Kreisleitern weitgehend freie Hand.

[1004] Beschwerde der Deutschnationalen Front im Stadtrat an die Regierung Eutin, 26. 5. 1933. Stokes, S. 396.
[1005] Schreiben von Walter Buch, Reichsleitung der NSDAP, an die Gauleitung Schleswig-Holstein, 7. 12. 1933. Zitiert nach Stokes, S. 779.
[1006] Verfügung des Obersten Parteigerichts der NSDAP, München, 9. 7. 1934. Zitiert nach Stokes, S. 779.
[1007] Vgl. den Beschluss des Obersten Parteigerichts der NSDAP, München, in Sachen des Parteigenossen Dr. Wolfgang Saalfeldt, 31. 7. 1944. In: Stokes, S. 797 ff.
[1008] Hüttenberger, S. 125 f.

Aber auch unter Rövers lockerer Führung gab es besonders einen Punkt, den die Kreisleiter bei ihrer Politik nicht berühren durften. Dies betraf das Gebiet des Gaues Weser-Ems. Rövers Bestreben war es, seinen Gau Weser-Ems in einen - möglichst großen - Reichsgau umzuwandeln: "Im ganzen umgänglich, entfaltete er auf diesem Gebiet die hemmungslose Aktivität des Primitiven."[1009] Noch 1942 kritisierte Röver die mangelnde gebietliche Kongruenz zwischen den Ländern und den NSDAP-Gauen: "Der Hoheitsbereich "Gau" ist noch unklar und wird solange unklar bleiben, bevor nicht die Reichsgaue gebildet sind. Beim Gau ist in Bezug auf die Gebietseinteilung alles kreuz und quer durcheinander."[1010]

Jegliche Bestrebungen, einzelne Gebiete aus dem Gau herauszulösen, stießen bei Röver auf heftigen Widerstand. 1931 beauftragte Hitler Hermann Göring, federführend die Verhandlungen über Regierungsbeteiligungen in den einzelnen Ländern in die Hand zu nehmen. Röver wies Kurt Thiele an, sich wegen einer Beteiligung der NSDAP an der Bremer Regierung mit Göring in Verbindung zu setzen. Thiele traf sich daraufhin mit Göring in dessen Berliner Wohnung. Dabei kam das Gespräch auch auf die Frage, ob es nicht vielleicht zweckmäßig sein könnte, Bremen nach dem Vorbild Hamburgs zu einem eigenen Gau der NSDAP zu machen. Schon die bloße Tatsache, daß ein solches Gespräch stattgefunden hatte, führte bei Röver zu einem Wutanfall, der sich erst legte, als Thiele ihm klar machen konnte, daß seine "umgehende, freiwillige Berichterstattung jeden Verdacht einer Intrige zum Schaden des Gaues ausschlösse.[1011]

Kreisleiter Otto Bernhard vertrat jedoch die Meinung, daß ein eigener Gau Bremen - nach dem Vorbild Hamburgs - zweckmäßiger wäre, was somit zwangsläufig zu seiner Absetzung durch Röver führen mußte. Schwarzwälder bestätigt den Hintergrund für Bernhards Absetzung und bemerkt dazu, daß Kreisleiter Bernhard ohnehin für den Posten nicht geeignet war, denn von ihm war die Kreisleitung "schlecht und recht verwaltet worden. Er war Freimaurer gewesen, ein Mann ohne zündende Energie. Den Nationalsozialisten hatte er nur dazu gedient, die Partei beim Bürgertum gesellschaftsfähig zu machen."[1012]

Ähnlich wie in Bremen gelagert ist der Fall des Kreisleiters Dr. Fritz Hofmann, 1933 bis 1934 Kreisleiter des Stadtkreises Osnabrück. Dr. Hofmann gehörte zu den Osnabrückern, die für die Eigenständigkeit und Autonomie der Osnabrücker Region eintraten, während die allgemeine Linie der NSDAP vom Gau Weser-Ems als einer historischen Einheit sprach und die "volksbiologische Lebensgemein-

---

[1009] Kühling, S. 113.
[1010] Rövers, S. 62.
[1011] Rademacher (Hrsg.): Thiele, S. 18 f.
[1012] Schwarzwälder IV, S. 140.

schaft"[1013] der Weser-Ems-Bevölkerung betonte. Dies wurde jedoch in Osnabrück strikt abgelehnt.[1014]

Die führenden Osnabrücker Nationalsozialisten - hierzu zählte neben dem Kreisleiter Dr. Hofmann auch der Gauinspekteur Hans Gronewald - machten sich bei Röver zudem unbeliebt, da sie den Verwaltungs- und Beamtenapparat weitgehend unangetastet ließen und sich kaum bemühten, Parteigenossen in führende Stellungen zu bringen. Kreisleiter Dr. Hofmann wurde am 11. Juni 1934 seines Amtes enthoben und trat danach parteipolitisch nicht mehr in Erscheinung. Gronewald gab am 20. 7. 1934 sein Amt als Gauinspekteur ab und wurde Kreisleiter des Kreises Leer in Ostfriesland im benachbarten Regierungsbezirk Aurich. Ersetzt wurde er durch Fritz Wehmeier, bisher Kreisobmann der DAF in Emden in Ostfriesland. War es in Preußen üblich, die Einheit des Staates dadurch zu stärken, daß Beamte aus einer Provinz in eine andere versetzt wurden, so verfuhr Röver hier in gleicher Weise mit leitenden Parteifunktionären.

Eine andere Erklärung für das Ausscheiden Dr. Hofmanns legen die Deutschland-Berichte der Sopade nahe. Für den Berichtszeitraum Juni/Juli 1934 ist vermerkt:

> In Osnabrück ist bei der Kreisleitung der NSDAP eine schwere Veruntreuung festgestellt worden. Beteiligt ist daran ein bekannter Margarinefabrikant, der sich das Vertrauen einst erkaufte, indem er der Kreisleitung ein Auto schenkte, aber auch der oldenburgisch-bremische Reichsstatthalter Calli Röver. Es handelt sich um einen Betrag von Mk. 80000,-. Bei dem Range der Beteiligten wird jede Vertuschung versucht und die Angelegenheit abgestritten. Prinz Auwi und Schwundgeld-Feder müssen kurz hintereinander sprechen, um die Wellen der Erregung zu glätten.[1015]

Das "Osnabrücker Tageblatt" brachte am 13. 6. 1934 eine Verlautbarung Rövers:

> Um den Gerüchten in Osnabrück Stadt und Land entgegenzutreten, erkläre ich hiermit, daß ich gegen jeden Gerüchtemacher ohne Rücksicht auf die Person einschreiten werde.

[1013] So der Bremer Senator Dr. Hans-Joachim Fischer am 29. 3. 1944 in der "Bremer Zeitung" im sechsten und letzten Teil seiner Artikelserie "Reichseinheit und Verwaltung an Weser und Ems". Dr. Fischer wurde im Juli 1944 Regierungspräsident in Osnabrück.
[1014] Vgl. Kühling: "Hatte der Osnabrücker Raum sich in den zwanziger Jahren gegen die Angliederungsgelüste von Westfalen aus zu wehren, so mußte er sich jetzt mit Bestrebungen der Parteiinstanzen in Oldenburg auseinandersetzen, die dahin zielten, den NSDAP-Gau Weser/Ems, zu dem auch die Regierungsbezirke Osnabrück und Aurich gehörten, zu einem staatspolitischen Gebilde zu erheben." Kühling, S. 113 f.
[1015] Deutschland-Berichte der Sozialdemokratischen Partei Deutschlands (Sopade) 1934-1940. Erster Jahrgang 1934. Frankfurt am Main, ⁶1982.

Gauinspekteur Gronewald ist nicht beurlaubt, steht vielmehr zu meiner besonderen Verfügung. Die Neubesetzung der Kreisleitung Osnabrück ist eine rein interne parteidienstliche Angelegenheit.

Da Gauleiter Röver seine Stellung nie zur persönlichen Bereicherung benutzte, erscheint das von dem Sopade-Bericht kolportierte Gerücht in dieser Form wenig glaubhaft. Wahrscheinlich erscheint hingegen, daß Röver, der von der Idee der Reichsreform und der Einrichtung von Reichsgauen fest überzeugt war, aus diesem Grunde Dr. Hofmann aus dem Kreisleiterposten entfernte.

Ein weiterer Punkt, auf den Carl Röver empfindlich reagierte, war eine eigenständige Pressepolitik seiner Kreisleiter. Er wollte den "Nordwestdeutschen Freiheitskämpfer", die von ihm ins Leben gerufene Parteizeitung, die ab 1932 "Der Freiheitskämpfer" und ab 1933 "Oldenburgische Staatszeitung" hieß, zur einzigen gauamtlichen Parteizeitung machen. Dies stieß gerade in den Kreisen, die nicht zum Land Oldenburg gehörten, auf wenig Gegenliebe bei den örtlichen Parteifunktionären.

Schon vor der "Erdrutschwahl" vom 14. 9. 1930 gab es im Gau Weser-Ems Bestrebungen, neben dem "Freiheitskämpfer" örtliche Parteizeitungen zu etablieren, da dieser außerhalb des Landes Oldenburg nur wenige Käufer fand. Zu einem Konflikt kam es zwischen dem Osnabrücker Ortsgruppenleiter Dr. Marxer, der eine örtliche NS-Zeitung auf Druck Rövers wieder einstellen musste. Pläne des Bremer Ortsgruppenleiters Stechert auf Herausgabe einer eigenen NS-Parteizeitung für Bremen wurden von Röver im Keim erstickt. Auch der Nachfolger Stecherts, Kurt Thiele, drängte Röver gerade vor dem Hintergrund der für die NSDAP hervorragend verlaufenen Reichstagswahl vom 14. 11. 1930 auf Herausgabe einer eigenen Bremer Parteizeitung, denn es hätte "keinen günstigeren Startmoment geben"[1016] können, zumal in Bremen ebenfalls Bürgerschaftswahlen bevorstanden, bei denen eine eigene Bremer Parteizeitung wertvolle Dienste hätte leisten können. Röver blieb hart, obwohl ihm bewußt gewesen sein muß, daß sein in Oldenburg erscheinender "Freiheitskämpfer" von der Bremer Stadtbevölkerung ohnehin kaum gelesen wurde.

Rövers Weigerung sollte sich als verhängnisvoll erweisen. Denn die lukrative "Marktlücke" wurde nun von jemandem gefüllt, der noch nicht einmal Mitglied der NSDAP war[1017]. Dabei handelte es sich um den ehemaligen Osnabrücker "Stadtwächter"-Redakteur Fritz Jursch, der sich nach dem Skandal um den antisemitischen "Stadtwächter" aus Osnabrück abgesetzt hatte. Jursch hatte die Redaktion des Blattes verlassen müssen, weil er nachweislich jüdischen Geschäftsleuten vorgeschlagen hatte, er würde gegen Zahlung von 20.000 Reichsmark dafür sorgen, daß ihre Namen nicht mehr in der regelmäßig vom "Stadtwächter" veröffentlichten Liste jüdischer Geschäfte erscheinen würden.

[1016] Vgl. Rademacher (Hrsg.): Thiele, S. 82 - 84.
[1017] Vgl. Rademacher (Hrsg.): Thiele, S. 107-117.

Der mehrfach wegen Betruges und Beleidigung vorbestrafte Jursch gab nun, erstmals am 6. 12. 1930, in Bremen die "Neuesten Nationalsozialistischen Nachrichten" heraus. Dies war für die NSDAP in mehrfacher Hinsicht verhängnisvoll. Zunächst konnte Jursch als Nicht-Parteimitglied seine Ansichten in einer Zeitung veröffentlichen, die von den Bremern als offizielles Organ der NSDAP angesehen wurde. Röver, der einsehen mußte, daß er einen schweren Fehler begangen hatte, benutzte den "Freiheitskämpfer", um gegen das scheinbare NS-Blatt Front zu beziehen. Jursch, der es mit der Wahrheit im politischen Kampf noch nie sehr genau genommen hatte, benutzte nun wiederum sein Blatt, um Röver Skandale anzudichten und erklärte öffentlich, er werde gegen ihn Strafanzeige erstatten. Das Bremer SPD-Organ "Bremer Volkszeitung", das seinen Lesern natürlich verschwieg, daß Jursch gar kein NSDAP-Mitglied war, schlachtete den nun so genannten "Bremer Zeitungskrieg"[1018] gründlich aus und sprach von einer "Rebellion im Bremer Naziladen"[1019]. Dabei appellierte die SPD bewußt an das Bremer Regionalbewußtsein und schürte Befürchtungen, Bremen werde im Falle einer nationalsozialistischen Senatsbeteiligung, die zu diesem Zeitpunkt ernsthaft zur Debatte stand, mehr oder weniger von Oldenburg aus regiert werden. Die "Bremer Volkszeitung" griff die Vorwürfe des Jursch am 6. 1. 1931 auf und nahm in der Folge Röver ins Visier. Am 14. 1. 1931 befasste sich die "Bremer Volkszeitung" erneut mit Röver und titelte mit Hinweis auf das Blatt des Jursch "Nazi-Röver am seidenen Faden." Röver werde angeklagt; für die nahe Zukunf wurden "weitere Enthüllungen über die Röver-Korruption angekündigt".

Ab dem 10. 1. 1931 erschien, jetzt mit Rövers Zustimmung, die "Bremer Nationalsozialistische Zeitung" als offizielles Organ der Bremer NSDAP, die zunächst nichts anderes als ein Kopfblatt des Oldenburger "Freiheitskämpfers" war. Jursch stellte seine Zeitung kurz darauf ein. Der angekündigte Prozeß gegen Röver fand nie statt. Auch scheint die vorgebliche NS-Zeitung nicht den gewünschten Erfolg gehabt zu haben. Fest steht auf jeden Fall, daß Jursch mit seiner Zeitung finanzielle Probleme hatte.[1020]

Auch der Meppener Kreisleiter Josef Egert versuchte, mit mäßigem Erfolg, im Kreis Meppen eine eigene Pressepolitik zu betreiben.[1021] Nach der "Machtergreifung" mußten auf Initiative Egerts die beiden in Meppen erscheinenden Zeitungen "Meppener Volksblatt" und "Hümmlinger Volksblatt" zu der neuen Zeitung "Der Emsländer" zusammengelegt werden. Die Zeitung erschien auch im Kreis Aschendorf-Hümmling, hier unter dem Titel "Der Hümmling". Beide Blätter firmierten als "Zentralorgan der NSDAP für das Emsland". Zu diesem Zweck schloß Josef Egert in seiner Eigenschaft als Kreisleiter der NSDAP am 27. 7. 1933 einen Vertrag mit dem Besitzer der einzustellenden Zeitungen. In einem Zusatzvertrag vom 31. 7. 1933 wurde "festgelegt, daß sich der politischen Gestaltung und Leitung sämtliche

---

[1018] Bremer Volkszeitung, 6. 1. 1931.
[1019] Ebda.
[1020] Vgl. dazu auch Rademacher (Hrsg.): Thiele, S. 107-117.
[1021] Dies und das folgende nach: Hermann Friese: Ein Bürger und seine Stadt. Band 2: Gedanken und Beiträge zu den Ereignissen im Emsland nach 1933. Meppen, 1983. S. 32 ff.

Vertragsteile den Bestimmungen des Gauleiters, Reichsstatthalter Röver, unterwerfen."[1022] Egert handelte hier wie ein Beauftragter des Gauleiters, der von diesem Vertrag jedoch keine Kenntnis hatte.

Für den "Emsländer" wurde ein Presserat eingesetzt, der aus dem kommissarischen Landrat Dr. Schubert, dem Meppener Ortsgruppenleiter Bernhard Koop, dem Ortsgruppenpressewart und dem beauftragten Redakteur aus Osnabrück, Dr. Hecht, bestand. Doch auch innerhalb der NSDAP fand der "Emsländer" wenig Freunde. So schrieb der Pressewart der Ortsgruppe Meppen an die Redaktion "Der Emsländer" am 7. 9. 1933, die Zeitung "Der Emsländer" genüge "in keiner Weise den an sie gestellten Forderungen"[1023] und stehe in technischer und redaktioneller Hinsicht "auf dem Niveau eines Käseblattes."[1024]

Zwei Mitglieder des Überwachungsausschußes des "Emsländers", der Ortsgruppenleiter und der Ortsgruppenpressewart der Ortsgruppe Meppen der NSDAP, meldeten dem Kreisleiter Josef Egert am 11. 9. 1933, sie hätten feststellen müssen, daß die Zeitung "in keiner Weise den Anforderungen bezüglich der Erziehung des Emsländers zum nationalsozialistischen Gedanken genügt"[1025]. Ferner teilten sie dem Kreisleiter mit, "daß der jetzt fungierende Redakteur Dr. Hecht den an ihn gestellten Anforderungen nicht entspricht. Die Zeitung ist das wichtigste Kampfmittel, das auf keinen Fall der Bewegung verloren gehen darf.[1026] Hermann Friese sieht dahinter ein Komplott des Kreisleiters gegen den Redakteur Dr. Hecht: "Ein Beweis, daß alles schon vorher abgesprochen war, ist der mit einem Satz lapidar vom Kreisleiter gegebene Auftrag an den Pressewart: 'Die Stelle des Redakteurs ist sofort auszuschreiben und Dr. Hecht zu kündigen.'"[1027]

Gauleiter Carl Röver war mit Egerts Handeln, der zu diesem Zeitpunkt wegen dem Zwischenfall auf dem Landratsamt seines Amtes entbunden war, keineswegs einverstanden. Dem Verleger Heinrich Wegener in Meppen teilte er am 18. 12. 1933 mit, er habe Egert niemals beauftragt, einen solchen Vertrag für die NSDAP abzuschließen und überhaupt nur durch Zufall von dem Vertrag Kenntnis erhalten. Er könne daher diese Verträge nicht anerkennen und erklärte sie somit "für die NSDAP als nicht bestehend. Rechtsansprüche irgendwelcher Art können daher aus diesen Verträgen gegen die NSDAP nicht abgeleitet werden."[1028]. Überhaupt sei der Untertitel "Zentralorgan der NSDAP für das Emsland" unzulässig.

Rövers Zorn hatte für Egert, der zu diesem Zeitpunkt ohnehin seines Amtes vorübergehend enthoben war, keine weiteren Konsequenzen. Dem "Emsländer" war

---

[1022] Schreiben Rövers an den Verleger Heinrich Wegener in Meppen, 18. 12. 1933. Friese: Ein Bürger und seine Stadt. Band 2: S. 78 f.
[1023] Hermann Friese: Ein Bürger und seine Stadt. Band 2: Gedanken und Beiträge zu den Ereignissen im Emsland nach 1933. Meppen, 1983. S. 80.
[1024] Ebda.
[1025] Hermann Friese: Ein Bürger und seine Stadt. Band 2, S. 81.
[1026] Ebda.
[1027] Ebda.
[1028] Hermann Friese: Ein Bürger und seine Stadt. Band 2: Gedanken und Beiträge zu den Ereignissen im Emsland nach 1933. Meppen, 1983. S. 78 f.

dennoch kein langes Leben beschieden, denn "der Querelen waren zuviele."[1029] Am 9. 5. 1936 verbot der Präsident der Pressekammer Berlin dem Verleger Heinrich Wegener den Verlag der Zeitung. Mit dem 30. 6. 1936 stellte "Der Emsländer" sein Erscheinen ein.

[1029] Hermann Friese: Ein Bürger und seine Stadt. Band 2: Gedanken und Beiträge zu den Ereignissen im Emsland nach 1933. Meppen, 1983. S. 81.

6 Die Kreisleiter im politischen System des Dritten Reiches

6.1 Allgemein

Der Kreisleiter der NSDAP nahm in der Parteihierarchie eine Mittelposition zwischen Ortsgruppen- und Gauleitung ein. Ihm unterstand in der Regel ein Landkreis oder eine Stadt mit mindestens 50.000 Einwohnern. Als man ab 1934 dazu übergang, hauptamtliche Kreisleiter einzusetzen, wurden verstärkt NSDAP-Kreise zusammengelegt. So entstanden 1935 die Kreise Melle/Wittlage und Delmenhorst/Oldenburg-Land. Der Kreisleiter war also in der Regel für eine Bevölkerung von ca. 100.000 Menschen zuständig.

Der Dienstweg wurde auch in der NSDAP strikt eingehalten. Ortsgruppenleiter hatten gemäß dem "Führerprinzip" innerhalb der Ortsgruppe absolute Handlungsfreiheit, nicht aber bei Angelegenheiten, die die Einschaltung des Gauleiters oder anderer übergeordneter Instanzen erforderlich machten. So wies beispielsweise der Detmolder Kreisleiter Adolf Wedderwille am 13. 3. 1939 den Ortsgruppenleiter der Ortsgruppe Helpup zurecht, der das Gebiet seiner Ortsgruppe zu einer eigenen staatlichen Gemeinde machen wollte:

> In dieser Angelegenheit haben Sie sich ohne Einhaltung des Dienstweges an den Gauleiter gewandt. Ich muß gerade von den Ortsgruppenleitern verlangen, daß sie die Richtlinien der Bewegung beachten. Ich bitte einmal zu überlegen, was der Gauleiter mit mir anstellen würde, wenn ich mich über seinen Kopf hinweg an den Stellvertreter des Führers wenden wollte. Ich hoffe, daß dieser Einweis genügt und Sie für die Zukunft den Dienstweg beachten[1030].

Der Kreisleiter wurde auf Vorschlag des Gauleiters direkt von Adolf Hitler eingesetzt. Er unterstand in der Hierarchie der NSDAP direkt dem Gauleiter[1031]. Auch fachliche Anweisungen der Gauamtsleiter (z. B. des Amtes für Volkswohlfahrt, Erzieher, etc.) waren für den Kreisleiter bindend. Allgemeine Anweisungen führte er unter Berücksichtigung der Verhältnisse in seinem Kreis durch. Die Richtlinien für die Arbeit in den Parteikreisen kamen prinzipiell von der Reichsleitung der NSDAP. Die Stellung des "Stellvertreters des Führers" war aber eher schwach, denn nach Hitlers "Ernennung zum Reichskanzler zeigte er für die NSDAP als Institution kaum noch Interesse. Der schwache und unfähige, aber treuergebene Rudolf Heß wurde im April zu Hitlers Stellvertreter ernannt und mit der Leitung der

---

[1030] StA Detmold, L 113 Nr. 787 Bl. 2.
[1031] Dies und das folgende nach dem Organisationsbuch der NSDAP. Herausgegeben vom Reichsorganisationsleiter der NSDAP. München, ³1937. S. 130-135.

NSDAP betraut."[1032] Kompetenzüberschneidungen mit dem Reichsorganisationsleiter Robert Ley einerseits und mangelndes Durchsetzungsvermögen gegenüber den Gauleitern, die sich in den meisten Fällen "auf eine lange persönliche Bindung zu Hitler stützen konnten, wenn es darum ging, die eigene regionale Machtbasis zu wahren"[1033], engten den faktischen Gestaltungsspielraum des "Stellvertreters des Führers", in der Theorie zweiter Mann in der Partei nach Hitler, in der Praxis weiter ein.

Hielt ein Gauleiter eine bestimmte Verfügung in seinem Gau nicht für sinnvoll, so mußte sich der Kreisleiter an die Anweisungen seines Gauleiters halten, da er diesem und nicht der Reichsleitung der NSDAP disziplinarisch unterstellt war. Die Gauleiter wiederum waren direkt Adolf Hitler unterstellt und konnten von der Reichsleitung nicht gemaßregelt werden. Der Kreisleiter war somit letztlich nur von seinem vorgesetzten Gauleiter abhängig. Auf die Gestaltung der Parteiarbeit auf Kreisebene hatte die Reichsleitung der NSDAP also nur insoweit Einfluß, als die von ihr erlassenen Richtlinien vom Gauleiter gutgeheißen wurden.

Dem Kreisleiter unterstanden alle politischen Leiter seines Kreises. Die politischen Leiter der Kreisleitung sowie die Ortsgruppen- und Stützpunktleiter konnte er jedoch nicht ernennen oder abberufen, sondern nur in dringenden Fällen kommissarisch einsetzen. Handelte es sich dabei um ein Mitglied einer Ortsgruppenleitung, so mußte die Einsetzung mit dem zuständigen Ortsgruppenleiter abgesprochen werden. Disziplinarisch unterstanden dem Kreisleiter auch die angeschlossenen Verbänden, wie z. B. der NSLB oder der RDB, nicht aber die Gliederungen der NSDAP, d. h. die SA, die SS und das NSKK.

Auf die Polizei, die in den Landkreisen dem Landrat unterstand, hatte der Kreisleiter keinerlei Zugriff. Das weit verbreitete Mißverständnis, der Kreisleiter besitze die Polizeigewalt, resultierte wohl daraus, daß der Kreisleiter gerade in "politischen" Ermittlungsverfahren der Gestapo um Stellungnahme gebeten wurde. Dadurch erlangte der Kreisleiter zwar keine direkte "Macht"[1034] über die Polizei als solche, aber doch einen wichtigen "Einfluß" auf die Arbeit von Polizei und Justiz, da er damit den Ausgang des Strafverfahrens beeinflussen konnte.

Kurz nach der Machtergreifung wurde seitens der Partei versucht, eine Unterorganisation der NSDAP aufzubauen. In der bremischen Polizei waren seit 1931 die "NS-Beamtenarbeitsgemeinschaften" aktiv. Aus der Abteilung "Polizei" NS-Beamtenarbeitsgemeinschaften" wurde am 8. April 1933 die "NSDAP/Fachschaft Polizei e.V.". Die "Bremische Polizeibeamten-Zeitschrift" führte nun den Titel "Nachrichten der NSDAP/Fachschaft Polizei e.V.". Die Satzung dieses Vereins, dessen Zweck es war "alle im bremischen Staatsgebiet angestellten Polizeibeamten in einer einheitlichen Berufsorganisation (Ständevertretung) zusammenzuschließen und dadurch für ihr geistiges und wirtschaftliches Wohl zu sorgen und einzutre-

---

[1032] Kershaw, S. 676.
[1033] Kershaw, S. 676.
[1034] Hier im politikwissenschaftlichen Sinne zu verstehen, wie oben definiert.

ten"[1035], hätte dem Kreisleiter der NSDAP die absolute Kontrolle über diesen berufsständischen Verein ermöglicht. So besagte § 5 der Satzung: "Der Fachschaftsführer sowie ein stellvertretender Fachschaftsführer werden von dem Kreisleiter der NSDAP auf unbestimmte Zeit bestellt. Der Kreisleiter ist allein zum Widerruf der Bestellung berechtigt." Auch konnte der Kreisleiter laut § 14 nach eigenem Gutdünken Satzungsänderungen vornehmen, die nicht der Zustimmung der Mitgliederversammlung bedurften, sondern lediglich den Vereinsmitglieder schriftlich mitgeteilt werden mussten.

Diese Konstruktion hätte in absehbarer Zeit Probleme verursacht. Denn Bremen gehörte zum Gau Weser-Ems, während Bremerhaven einen eigenen NSDAP-Kreis bildete, der dem Gau Ost-Hannover unterstand. Dieses Problem wird in der Satzung völlig außer acht gelassen, sollte aber ohnehin nicht mehr relevant werden. Am 8. November 1933 verbot der Bremer Senator für Inneres und Justiz den Polizeibeamten jede Betätigung für die "NSDAP/Fachschaft Polizei e.V.", nachdem ein ähnliches Verbot für Preußen ergangen war. Nachfolgeorganisation war der "Kameradschaftsbund Deutscher Polizeibeamten e. V.", dessen Landesverband Bremen am 23. November gegründet wurde. Als Begründung nannte Martin Bammann, ehemaliger "Fachschaftsführer" und neuer "Landesführer" in seinem Aufruf in den "Nachrichten der NSDAP":

Es ist der Wille der Reichsregierung, daß die Polizeibeamten Deutschlands aller Dienstgrade sich einheitlich organisieren sollen. Dafür ist der Kameradschaftsbund gegründet worden. Bei der kommenden Reichsreform wird es voraussichtlich eine Landespolizei in Zukunft nicht mehr geben, sondern nur eine Reichspolizei.[1036]

Ein weiterer führender Nationalsozialist in der Bremer Polizei, Fischotter, fügte in einem eigenen Artikel hinzu: "Die nationalsozialistische Idee ist in der Polizeibeamtenschaft gefestigt, und ihre Führer bieten Gewähr, jederzeit für den nationalsozialistischen Staat einzutreten. Es war deshalb nicht mehr notwendig, die Fachschaft noch weiter wirken zu lassen."[1037] Über die Entstehung des "Kameradschaftsbundes" schrieb er, die Iniatiative sei vom Preußischen Ministerium des Inneren ausgegangen. Vom Reichskommissar für Beamtenorganisation wurde dieser Gedanke dann aufgegriffen und auf das Deutsche Reich ausgedehnt. Auf Vorschlag des Preußischen Ministers des Inneren wurde Luckner von dem Reichskommissar für Beamtenorganisationen zum Bundesführer des "Kameradschaftsbundes" ernannt. Luckner begann mit dem Aufbau des "Kameradschaftsbundes". Der am 13.

[1035] § 3 a der Satzung der NSDAP/Fachschaft Polizei. Vollständiger Text in den "Nachrichten der NSDAP", Nr. 2 (Juni 1933), S. 20.
[1036] Aufruf Martin Bammans in den "Nachrichten der NSDAP" Nr. 8 (Dezember 1933), S. 5.
[1037] Dies und das folgende nach Fischotters Artikel "Auflösung der Fachschaft Polizei e.V. und Gründung des Landesverbandes Bremen im Kameradschaftsbund Deutscher Polizeibeamten e. V." "Nachrichten der NSDAP" Nr. 8 (Dezember 1933), S. 5 f.

Juli 1933 gegründete "Kameradschaftsbund" bildete nun zunächst eine Konkurrenzorganisation zur "Fachschaft Polizei e.V." der NSDAP. In den Satzungen des "Kameradschaftsbundes" wurde die damals angestrebte, aber nie verwirklichte Reichsreform berücksichtigt, so daß jeder Polizeibeamte, ganz gleich in welchem Landesbund er war, Einzelmitglied des "Kameradschaftsbundes Deutscher Polizeibeamten" wurde. Die Satzungen wurden "im engsten Einvernehmen mit den Sachbearbeitern der zuständigen Ministerien aufgestellt". Man könne daher "den Kameradschaftsbund als eine halbstaatliche Einrichtung betrachten". "Gewerkschaftliche Tendenzen jeder Art" seien "selbstverständlich streng verboten."[1038]

Vor allem war der "Kameradschaftsbund", im Gegensatz zu anderen berufsständischen Vereinigungen wie z. B. dem "Reichsbund der Deutschen Beamten" oder dem "NS-Lehrerbund" kein angeschlossener Verband der NSDAP. Der zuständige Landesführer war somit weder dem Gau-, noch dem Kreisleiter der NSDAP unterstellt. Durch das Verbot der Betätigung für die "Fachschaft Polizei" der NSDAP setzte Frick die Gleichschaltung der Polizei auf Reichsebene gegenüber der Gleichschaltung der Polizei mit den lokalen Entscheidungsträger der NSDAP durch. Nachdem Heinrich Himmler am 17. 6. 1936 zum "Reichsführer SS und Chef der Deutschen Polizei" aufgestiegen war, sahen sich Kreisleiter, die mit dem Gedanken spielten, sich die Polizei ihren Zwecken zunutze zu machen, nicht nur der formalen Zuständigkeit des Landrats, sondern auch der Zuständigkeit der SS gegenüber. Trotz der weit verbreiteten Meinung, der NSDAP-Kreisleiter kontrolliere die Polizei[1039], hatte er also keinerlei Möglichkeit, unmittelbar auf diese einzuwirken oder gar in seinem Sinne zu lenken.

Der Kreisleiter wurde ab Herbst 1934 hauptamtlich eingestellt. Auch die Mitarbeiter des Kreisstabes wurden ab diesem Zeitpunkt teilweise hauptamtlich eingestellt. Genaue Vorschriften darüber, welche Ämter innerhalb der Kreisleitung hauptamtlich besetzt werden mußten, liefert das "Organisationsbuch der NSDAP" jedoch nicht. Es schreibt lediglich vor, daß die Stellen des Kreisorganisationsleiters, des Kreisschulungsleiters, des Kreispropagandaleiters und des Kreispersonalamtsleiters ständig besetzt sein mußten. Dies waren jedoch nicht unbedingt die Ämter, die auch hauptamtlich besetzt wurden. So berichtet der Wilhelmshavener Kreisleiter Ernst Meyer über die Zusammensetzung seines Kreisstabes:

> Ich hatte hauptamtlich einen Organisationsleiter, einen Geschäftsführer, einen Personalamtsleiter und einen Kassenleiter. Ehrenamtlich waren vorhanden ein Propagandaleiter, ein Schulungsleiter.[1040]

[1038] Gerade letzteres war für den langjährigen Leser der nationalsozialistischen Presse alles andere als selbstverständlich. So hatte die "Bremer nationalsozialistische Zeitung" in ihrem Artikel "Fort mit dem Parteibuchbeamtentum" vom 17. 6. 1932 den Nationalsozialismus noch als "Verfechter des Gewerkschaftswesens" bezeichnet.
[1039] Vgl. das Kapitel über den Fall Emil Pape.
[1040] Lebenslauf Ernst Meyer. BA Koblenz, Z 42 IV/7047.

Verantwortlich war der Kreisleiter laut Organisationsbuch der NSDAP "für die gesamte politische, kulturelle und wirtschaftliche Gestaltung aller Lebensäußerungen nach nationalsozialistischen Grundsätzen."[1041], obwohl er nicht einmal über ein eigenes Budget verfügte, sondern jede Ausgabe – und sei es auch nur für einen Blumenstrauß anläßlich der Pensionierung einer Mitarbeiterin – mußte in München beim Reichsschatzmeister beantragt werden[1042]. Aus der im Vergleich zur staatlichen Verwaltung spärlichen Personalausstattung ist aber schon ersichtlich, daß die Kreisleitungen nicht als Alternative zur herkömmlichen staatlichen Bürokratie im Sinne einer Polykratie bzw. "Bikratie" von Landrat und Kreisleiter gedacht waren, sondern bestenfalls als Ergänzung oder Kontrolle.

6.2 Das Verhältnis Kreisleiter-Landrat

Das Verhältnis Kreisleiter-Landrat wurde erst mit der "Anordnung über die Verwaltungsführung in den Landkreisen" vom 28. 12. 1939 geregelt. Diese Anordnung war jedoch nicht geeignet, das Verhältnis endgültig zu klären, da die "Menschenführung" "allein Aufgabe der Partei" (Art. I. Abs. 1.) sein sollte. Weiterhin war der Kreisleiter berechtigt, "dem Landrat Anregungen zu behördlichen Vorhaben und Maßnahmen zu geben und ihn vom Standpunkt der Menschenführung aus auf maßgebliche Gesichtspunkte aufmerksam zu machen." Obwohl es also in Artikel III hieß: "Der Kreisleiter hat sich jeglicher Eingriffe in die laufende Verwaltungsführung zu enthalten.", so hatte der Kreisleiter doch über das Argument der "Menschenführung" jederzeit Gelegenheit zur Einmischung, auch wenn er nach wie vor dem Landrat gegenüber keine direkte Weisungsbefugnis hatte. Dieter Rebentisch spricht gar von "fortwährenden Rivalitäten und Kompetenzkonflikten zwischen Landräten und Kreisleitern der NSDAP"[1043] Ob diese Einschätzung, die auf Kompetenzrangeleien zwischen höchsten Stellen in Partei und Staat und einigen nachgewiesenen Einzelfällen beruht, tatsächlich in dieser extremen Form zutrifft, wird hier noch zu untersuchen sein.

Der zentrale Problempunkt im Verhältnis zwischen Kreisleiter und Landrat war, daß es keine klare Abgrenzung der Arbeitsbereiche gab, daß eine solche vielmehr sogar unmöglich war. Arbeitete der Kreisleiter oftmals punktuell an einzelnen Problemen, die er persönlich für wichtig im Sinne der "Menschenführung" hielt, so war es gar nicht zu vermeiden, daß es Bereiche geben konnte, wo sich seine Tätigkeit mit der des Landrats überschnitt.

Ein typisches Beispiel ist ein Fall aus dem Landkreis Norden-Krummhörn, wo sich sowohl der Landrat als auch der Kreisleiter per Zeitungsanzeigen mit einer erfolgreichen Arbeitsbeschaffungsmaßnahme schmücken wollten. Der Kreis Norden-Krummhörn war damals - besonders hinsichtlich der Lebensverhältnisse der einfachen Landarbeiter - der soziale Brennpunkt des Gaues Weser-Ems. Im April be-

---

[1041] Organisationsbuch, S. 130.
[1042] Während die Gauleiter eine bestimmte monatliche Summe zur freien Verfügung hatten, verhinderte die Reichsleitung der NSDAP jedes Bestreben der Gauschatzmeister, für sich und die ihnen untergebenen Kreisleitungen eigene Etats einzurichten. Vgl. Roth, S. 59.
[1043] Rebentisch: Führerstaat, S. 158.

suchte der Reichskommissar für Landarbeiterfragen, Staatsrat Reinke, in Begleitung des Landrats Schede, des Kreisleiters Everwien und des Kreisbauernführers Neupert das Dorf Midlum, um sich vor Ort ein Bild zu machen und die Landarbeiter zu ihren Lebensverhältnissen zu befragen.[1044] Die befragten Landarbeiter berichteten, seit der "Machtergreifung" sei die Lage noch schlimmer geworden: "Die Bauern haben sich uns gegenüber noch nie so viel herausgenommen wie im Dritten Reich"[1045]. Die durchweg elenden Lebensverhältnisse seien vorwiegend auf die hohe Arbeitslosigkeit unter den Landarbeitern zurückzuführen, da die Bauern außerhalb der Erntezeit kaum jemanden beschäftigen. Diejenigen Landarbeiter, die trotzdem Arbeit haben, sind bereit, fast alles hinzunehmen, da sie sonst gar keine Arbeit hätten. Reichskommissar Reinke wollte dies nicht glauben und wandte sich an

den Kreisleiter, der die Worte des Arbeiters bestätigt. Man sei eben bei ostfriesischen Bauern und das sei eine besonders "menschenfreundliche" Sorte. Der Landrat Scheede (!) kann da auch nicht widersprechen. Er weiß ja, welche Sorgen es macht, von diesen Bauern Steuern zu erhalten.[1046]

Reichskommissar Reinke wollte schlichtweg nicht zur Kenntnis nehmen, daß sich die Lebensverhältnisse der Landarbeiter seit 1933 verschlechtert hatten und erklärte, er werde dafür sorgen, daß "hierher keine Mittel für Landarbeiterwohnungen kommen. Hier gibt es eben keine Lebensmöglichkeiten."[1047] Statt dessen sollten die ostfriesischen Landarbeiter in Mecklenburg oder in Ostpreußen siedeln, was bei diesen auf wenig Gegenliebe stieß.

Vor diesem Hintergrund hatte eine von Staat und Partei getragene Arbeitsbeschaffungsmaßnahme im Landkreis Norden-Krummhörn einen besonderen Stellenwert. Anlaß des Streites war nun eine am 29. 8. 1935 in der parteiamtlichen "Ostfriesischen Tageszeitung" erschienene, von Landrat Schede gezeichnete Bekanntmachung. Hier berichtete der Landrat von der am 1. Mai gemeinsam mit Kreisleiter und Kreisbauernführer eingeleiteten "Arbeitsschlacht". Der Erfolg der Aktion bestand darin, daß die Zahl der in der Landwirtschaft ständig beschäftigten Arbeiter gegenüber dem Vorjahr deutlich angestiegen war. Den Erfolg dieser "Arbeitsschlacht" schrieb Schede in erster Linie dem "Pflichtbewußtsein der Bauern und Landwirte des Kreises Norden und auf die in der Arbeitsschlacht entwickelte Tätigkeit der Arbeitsbeschaffungsausschüsse und meiner Beamten" zu. Weiter appellierte der Landrat, es gelte nun "die in dieser Arbeitsschlacht eroberte Stellung zu halten und die eingestellten Arbeiter nach Beendigung der Erntearbeiten vor der Entlassung zu bewahren". Er erwarte daher, "daß Bauern und Landwirte weiterhin den Gemeinschaftsgeist beweisen und versuchen, ihre Arbeiter möglichst das ganze

---

[1044] Vgl. Bericht der Sopade für den April 1935. In: Deutschland-Berichte der Sozialdemokratischen Partei Deutschlands (Sopade) 1934-1940. Zweiter Jahrgang 1935. Frankfurt a. Main, [5]1980. S. 479-481.
[1045] Zit. nach ebda., S. 480.
[1046] Ebda.
[1047] Ebda., S. 481.

Jahr hindurch zu beschäftigen" und schloss mit dem Aufruf "Nationalsozialisten! Zeigt, daß ihr in einer Schlacht durchzustehen vermögt!".

Besonders der letzte Aufruf an die Nationalsozialisten erregte den Unmut des Kreisleiters Lenhard Everwien, der schon am nächsten Tag mit einer eigenen Bekanntmachung in der "Ostfriesischen Tageszeitung" antwortete. Everwien eröffnete seine Bekannmachung mit dem Aufruf: "Nationalsozialisten, Nationalsozialistinnen!" und stellte klar:

> Wenn in der diesjährigen Arbeitsschlacht im Kreise ein Erfolg zu verzeichnen ist, so gebührt Euch in erster Linie der Dank des Volkes. Ihr seid die Frontsoldaten, die täglich im Kampfe stehen. Ihr verlangt nicht danach, daß darüber große Worte gemacht werden. Ich weiß, Ihr tut nur Eure Pflicht still und unverdrossen für Führer und Volk. Ihr meine Parteigenossen seid es, die täglich den Kleinkampf zu führen haben, weil es der Führer will. Es ist nicht nötig, daß man Euch, meine Nationalsozialisten, von anderer Seite an Eure Pflicht erinnert und wir verbitten uns dieses. Man mag andere zur Pflicht rufen. Wir Nationalsozialisten erfüllen unsere Pflicht zu jeder Stunde, wenn es sein muß, mit dem Leben.[1048]

Noch am gleichen Tag erstattete Landrat Schede Bericht über diesen Vorfall an den Regierungspräsidenten in Aurich und stellte fest: "Ich glaube nicht, dass die von Assessor Esch, einem alten Nationalsozialisten, entworfene Bekanntmachung berechtigten Anlass zu dieser Entgegnung gegeben hat."[1049]

Auch Gerichtsassessor Esch, der Verfasser der beanstandeten Bekanntmachung, äußerte in einem Schreiben an den Regierungspräsidenten in Aurich Unverständnis über das Verhalten des Kreisleiters[1050]. Über die Vorgeschichte der Bekanntmachung des Landrats berichtete Esch, kurz vor Abfassung des Aufrufs sei Kreisleiter Everwien bei ihm erschienen und habe darauf hingewiesen, es bestände die Gefahr, "dass die Bauern mit Beendigung der Erntearbeiten die eingestellten Arbeiter wieder entlassen würden". Daher sei es angebracht, wieder wie zum 1. Mai d. Js. bei Einleitung der "Arbeitsschlacht" einen entsprechenden Aufruf an die Landwirte zu richten. Dies habe er ihm versprochen und darauf hingewiesen, daß er selbst schon denselben Gedanken gehabt habe. Am Dienstag, den 27. August d. Js. habe er dann von Landrat Schede die Unterschrift unter den Aufruf erhalten und sofort die Absendung an die Zeitungen verfügt, "da die Erntearbeiten zum grössten Teil schon beendet wurden und keine Zeit mehr zu verlieren war, sollte der Zweck des Aufrufs erreicht werden"[1051]. Kreisleiter Everwien habe er an dem Tage nicht mehr erreichen können, da dieser bekanntlich seinen Wohnsitz in Woltzeten habe und sich lediglich höchstens zweimal in der Woche, nämlich Montags und Donnerstags, in Norden aufhalte, "und zwar auch nur für wenige Stunden, in denen er meist überla-

---
[1048] Ostfriesische Tageszeitung, 30. 8. 1935.
[1049] Landrat Schede an den Regierungspräsidenten in Aurich, StAA Rep 16/1 Nr. 63.
[1050] Gerichtsassessor Esch an den Regierungspräsidenten in Aurich StAA Rep 16/1 Nr. 63.
[1051] Ebda.

stet und in Eile ist"[1052]. Überdies habe er seine Befragung nicht mehr für erforderlich gehalten, "da er ja bereits über den Erlass des Aufrufs im Bilde war und ich auf Grund der bisherigen Übung annehmen konnte, daß er einem Parteigenossen mit der Mitgliedsnummer 120477 die Abfassung des Aufrufs in seinem Wortlaut anvertraute"[1053]. Außerdem habe er "die Gemeinsamkeit des Vorgehens des Landrats mit Kreisleiter und Kreisbauernführer im ersten Satz des Aufrufs vom 26. August d. Js. ausdrücklich betont, sodass es der Unterzeichnung der beiden letzteren gar nicht mehr bedurfte"[1054].

Dieser angebliche Mangel sei auch gar nicht das wahre Motiv des Kreisleiters bei der Abfassung des Gegenaufrufs vom 30. August d. Js. gewesen: "Dies kam in einer Aussprache zwischen Gauinspekteur Drescher, dem Kreisleiter und mir zum Ausdruck, als Everwien ausdrücklich betonte, daß das Verdienst an dem guten Ergebnis der Arbeitsschlacht ausschliesslich der Partei und ihren Amtswaltern zukomme und nicht der Behörde"[1055]. Esch wies darauf hin, daß Ortsgruppenleiter, Bürgermeister und Ortsbauernführer gemeinsam in den Arbeitsbeschaffungsausschüssen sitzen, "sodass der letzteren ausgesprochene Dank des Landrats auch ihnen gebührte"[1056]. Von einer Zurückstellung der Amtswalter und deren Tätigkeit könne daher nicht die Rede sein. Überhaupt sei zu konstatieren, "dass die Arbeit nach den von mir im Anschluss an Everwien's Behauptungen eingezogenen Auskünften fast restlos von den Bürgermeistern und den Beamten des Kreiswohlfahrtsamts gemacht wurde, was jederzeit an Hand der umfangreichen Akten bewiesen werden kann"[1057]. Dem Kreisleiter sei es lediglich ein Dorn im Auge gewesen, daß Landrat Schede überhaupt einen Erfolg in der "Arbeitsschlacht" melden konnte, da er "mit allen Mitteln auf die Beseitigung des Landrats hinarbeitet, indem er die Arbeit des Landrats hinter dessen Rücken stets bemängelt und seine Autorität zu untergraben versucht"[1058].

Gerichtsassessor Esch fügte "zur weiteren Charakterisierung des Vorgehens des Kreisleiters gegen Landrat Schede"[1059] die Abschrift eines von ihm im Anschluss an eine Aussprache an Gauinspekteur Drescher gerichteten Schreibens vom 3. September d. Js. bei. In dem genannten Schreiben berichtet Assessor Esche von einem Gespräch mit Kreisleiter Everwien, in der dieser ihm erklärt habe, "dass der Landrat unter allen Umständen beseitigt werden müsse, koste es, was es wolle"[1060]. Hier sah Esche den eigentliche Hintergrund für die Gegenbekanntmachung des Kreisleiters vom 30. 8. 1935: "Ich habe die Besorgnis, dass dies sein Streben auf die Wahl und Art seiner Vorwürfe gegen den Landrat nicht ohne Einfluß ist. Ich würde

---

[1052] Ebda.
[1053] Ebda.
[1054] Ebda.
[1055] Ebda.
[1056] Ebda.
[1057] Ebda.
[1058] Ebda.
[1059] Ebda.
[1060] Gerichtsassessor Esch an den Gauinspekteur Erich Drescher, 3. 9. 1935. StAA Rep 16/1 Nr. 63.

mich freuen, wenn Pg. Everwien von diesem Vorsatz abginge und damit seinerseits ebenfalls überhaupt erst die Grundlage für ein gedeihliches Zusammenarbeiten geben würde."[1061] Wie ein auf den Oktober 1935 datierter Aktenvermerk des Regierungspräsidenten in Aurich belegt, gelang es tatsächlich, den Streit zwischen Kreisleiter und Landrat zu schlichten: "Nach mündl. Mitteilung des Landrats ist das Einvernehmen mit dem Kreisleiter in jeder Weise wiederhergestellt. Es ist daher nichts zu veranlassen. Gauleiterstellvertreter ist benachrichtigt."[1062]

Im Kreis Bentheim gestaltete sich das Verhältnis zwischen Landrat und Kreisleiter besonders schwierig. Nach der Machtübernahme 1933 gab es vor allem zwischen den Landräten und Kreisleiter Dr. Ständer ständig Schwierigkeiten[1063]. Zuerst wurde der hier seit 1931 wirkende Landrat Dr. Gerhard Scheffler im Mai 1933 versetzt. Sein Nachfolger wurde am 1. August 1933 Otto Karl Niemeyer. Niemeyer war zwar schon 1932 in die NSDAP eingetreten, hatte aber trotzdem Schwierigkeiten mit Dr. Ständer, einem "überzeugten und gefürchteten Nationalsozialisten, der sich 1933 auch mit der Osnabrücker Gestapo anlegte, von der er sich Belehrungen verbat"[1064]. Dies lag auch daran, daß sich Ständer selber auf die Landratsstelle Hoffnung gemacht hatte. Regierungspräsident Eggers ernannte jedoch Niemeyer zum Landrat, wohl mit Rücksicht auf die benachbarten Niederlande, denn hier "wurde die Ernennung Niemeyers mit Befriedigung zur Kenntnis genommen, da man durch ihn eine korrektere Behandlung der niederländischen Staatsangehörigen erwartete."[1065]

Die Gegensätze zwischen Niemeyer und Dr. Ständer verschärften sich weiter und führten dazu, daß gerade die Gruppen, die dem Nationalsozialismus distanziert gegenüber standen, sich um ihn scharten. Dies brachte Regierungspräsident Eggers in Schwierigkeiten. Landrat Niemeyer machte er den Vorwurf: "In dieser peinlichen Lage hätte der Landrat schroffstens als Nationalsozialist auftreten müssen. Er tat das nicht und hielt sich die Reaktionäre nicht genügend vom Leibe".[1066]

Regierungspräsident Eggers, Parteimitglied seit 1932, jedoch schon seit 1922 oder 1923 in Kontakt zur NSDAP[1067] warf dem Landrat vor, er habe bei der Aufgabe, eine gute Zusammenarbeit mit der NSDAP zu sichern, vollkommen versagt. Am 13. 10. 1934 teilte er dem Landrat seine Unzufriedenheit über die Entwicklung der Lage im Landkreis Grafschaft Bentheim mit. Er hielt ihm vor, die politische Lage in Bentheim sei bei seinem Dienstantritt zwar schwierig gewesen, seine Aufgabe habe aber gerade darin bestanden, die "Ruhe und Ordnung wiederherzustellen" und vor allem "mit den Parteidienststellen Fühlung zu bekommen und mit ihnen in gemeinsamer Arbeit das Ziel des Führers vorzutreiben"[1068]. Er habe in dieser

---

[1061] Ebda.
[1062] Aktenvermerk des Regierungspräsidenten in Aurich. StAA Rep 16/1 Nr. 63.
[1063] Dies und das folgende nach Steinwascher, S. 28 f.
[1064] Steinwascher, S. 28.
[1065] Ebda.
[1066] Steinwascher, S. 28.
[1067] So die Behauptung von Gauleiter Röver bei Eggers Beerdigung 1937. Vgl. Steinwascher: Gestapo Osnabrück meldet..., S. 10.
[1068] StAOs Rep 430-101-8/66 Nr. 95

Hinsicht jedoch nicht das Geringste erreicht, im Gegenteil stünde jetzt die gesamte Partei restlos gegen ihn.

Regierungspräsident Eggers versuchte die Situation, die er mit einem "brodelnden Hexenkessel" verglich, dadurch zu entspannen, daß er Landrat Niemeyer im November 1934 erfolglos zu einem Wechsel zu überreden versuchte[1069]. Der Streit wurde dadurch beendet, daß Landrat Niemeyer zunächst zum 9. Mai 1935 in den einstweiligen Ruhestand versetzt, dann zum 31. Mai 1935 an die Regierung in Stettin versetzt wurde.

Auch mit den folgenden Landräten sollte es Probleme geben. Der Ruhestandsbürgermeister von Schüttorf, Dr. Franz Scheurmann, sagte nach dem Krieg zu Dr. Ständer, der für ihn "ein kleiner Hitler" war, zu den von Dr. Ständer 'verbrauchten' Landräten aus.[1070] Landrat Dr. Scheffler habe 1933 Bentheim fluchtartig verlassen und wurde in die Kommunalabteilung des Preußischen Ministeriums des Innern berufen. Sein Nachfolger Regierungsassessor Dr. Kallabis, 1933 kurzzeitig Landrat, sei "in Bentheim nicht genehm"[1071] gewesen. Der Nachfolger von Landrat Niemeyer, SA-Oberführer Rosenhagen, Reichsinspekteur beim Chef des Ausbildungswesens in Berliln, sei 1935 "erst parteiamtlich von Dr. Ständer im Beisein aller Bürgermeister usw. öffentlich groß bewillkommnet, später überraschend in Haft genommen"[1072] genommen worden. Kurzfristiger Nachfolger 1938 war Regierungsrat Dr. Blendermann. Er wurde noch im selben Jahr zum Kreise Rothenburg in Oberschlesien versetzt. Dr. Mückley, dann bis zu seiner Einberufung zum Heeresdienst 1942 Landrat, wurde 1938 Blendermanns Nachfolger. Über ihn berichtet Scheurmann nichts weiter. Dr. Mückley, Kreisgruppenführer des NSRB für den Kreis Bentheim[1073] und in dieser Eigenschaft dem Kreisleiter disziplinarisch unterstellt, dürfte diesem keine großen Schwierigkeiten bereitet haben. Auch Landrat Wege, Mückleys Nachfolger für die Jahre 1942-1945 "ließ sich (...) willig Weisungen durch den Kreisleiter geben."[1074]

Dr. Ständer betrieb mit seinem Gemäldevertrieb eigene Kulturpolitik. Besonders hart traf es die Stadt Schüttorf, die der Kreisleiter dazu bewog, "für ca. 23.000 RM Gemälde durch seine Vermittlung zu kaufen"[1075]. Dr. Ständer protegierte eine Gruppe aus vier niederländischen Künstlern. Einem niederländischen Zwangsarbeiter, dem Bildhauer Fokko Remmers, ermöglichte er sogar den Besuch der Kunstaka-

---

[1069] Vgl. Steinwascher, S. 29.
[1070] Dies und das folgende nach der Aussage des Ruhestandsbürgermeisters von Schüttorf, Dr. Franz Scheurmann, auf der Polizeistation Schüttorf o. D. Spruchgerichtsakte Dr. Josef Ständer, BA Koblenz Z 42 IV 1547, Band I, Bl. 103 f.
[1071] Ebda.
[1072] Ebda.
[1073] Vgl. Rademacher, S. 313.
[1074] Aussage des Ruhestandsbürgermeisters von Schüttorf, Dr. Franz Scheurmann, auf der Polizeistation Schüttorf o. D. Spruchgerichtsakte Dr. Josef Ständer, BA Koblenz Z 42 IV 1547, Band I, Bl. 103 f.
[1075] Aussage des Ruhestandsbürgermeisters von Schüttorf, Dr. Franz Scheurmann, auf der der Polizeistation Schüttorf o. D. Spruchgerichtsakte Dr. Josef Ständer, BA Koblenz Z 42 IV 1547, Band I, Bl. 103 f.

demie in Münster. Dieser war nach dem Krieg wohl der einzige, der sich - von den ehemals führenden Nationalsozialisten einmal abgesehen - aktiv für Dr. Ständer verwandte und ihm bescheinigte, "hoewel ik anti nazi was"[1076], von ihm gut behandelt worden zu sein.

Im Umgang mit den Landräten ließ Dr. Ständers Betragen hingegen mehr als zu wünschen übrig. Einen besondes krassen Fall schilderte am 28. 2. 1942 der Landrat in Bentheim dem Gauinspekteur Wehmeyer, der sich am vorigen Tag zugetragen hatte. Er erklärte, er wolle "zunächst von weiteren Schritten absehen und Sie bitten, den Ihnen geeignet erscheinenden Weg zu einer schiedlichen Bereinigung der Angelegenheit zu begehen."[1077] Der Landrat hatte am 26. 2. 1942 ein Gespräch mit Regierungspräsident Rodenberg, der aus Osnabrück anreiste, nur eine halbe Stunde Zeit. Er ordnete daher an, für die nächste halbe Stunde keine Ferngespräche durchzustellen. Kreisleiter Dr. Ständer versuchte, den Landrat anzurufen, da er ihn wegen einer Meldung von Reservelazaretten sprechen wollte, konnte ihn jedoch nicht erreichen. Dr. Ständer war darüber sehr ungehalten. Er rief den Landrat am Nachmittag noch einmal in einer privaten Angelegenheit an. Dann kam das Gespräch darauf, daß der Kreisleiter am Vormittag vergeblich versucht hatte, ihn zu erreichen. Der Landrat wies noch einmal darauf hin, daß er ja eine dringende Besprechung mit dem Regierungspräsidenten gehabt habe und bat Kreisleiter Dr. Ständer um Verständnis

Pg. Dr. Ständer blieb jedoch mit den Worten "wenn er anrufe, sei es wichtig und müsse ich zu sprechen sein", dabei, daß ich mich hätte sprechen lassen müssen. Ich hielt dem entgegen, daß die Besetzung der Zentrale nun einmal an meine Anordnung als an die ihres vorgesetzten Chefs gebunden gewesen wäre. Im übrigen, meinte ich, würde er sich wohl bei einem Besuch des Gauleiters auch nicht sprechen lassen - was von ihm bestritten wurde. Auf meine erneute Bemerkung, die Sache doch als erledigt anzusehen, erklärte er mir darauf völlig unvermittelt, daß "man dann eben die Fensterscheiben einhauen müsse." Ich war über diese mir als Vertreter des Staates gegenüber gemachte Äußerung aufs stärkste erstaunt und erwiderte, daß ich mir eine solche Bemerkung verbitten müßte, worauf beiderseits das Telefon abgehängt wurde."[1078]

Auch ein Landrat, der keinerlei Opposition dem Kreisleiter gegenüber beabsichtigte, blieb also nicht von Kreisleiter Ständers Launen verschont.

Ein Beispiel für gute Zusammenarbeit zwischen Landrat und Kreisleiter bietet hingegen der Kreis Cloppenburg. Kreisleiter Meyer-Wendeborn berichtet sogar,

---

[1076] 'Persilschein' des Bildhauers Fokko Remmer, Gildehaus, 5. 4. 1947. Das Blatt trägt im Kopf den Schriftzug "Medestrijders der ondergrondse beweging".
[1077] StAOs Rep 430-101-8/66 Nr. 89. Abschrift des Schreibens für den Regierungspräsidenten.
[1078] Ebda.

Landrat Münzebrock habe aus eigenem Antrieb für eine angemessene Unterbringung der Kreisleitung gesorgt, da diese vorher "recht primitiv"[1079] gewesen sei,

> bis sich dann schliesslich der Landrat Münzebrock, der mir immer wieder vor Augen hielt, dass unsere Unterbringung dem Ansehen der Partei keinesfalls entspräche, und dass alle anderen Dienststellen, staatliche als auch solche der NSDAP bessere Räume bewohnten als wir, unserer annahm und in wirklich grosszügiger Weise das Haus Hagenstrasse 11 für die Kreisleitung herrichten liess. Dieses Haus haben wir dann gemietet und hatten nun eine würdige Geschäftsstelle.[1080]

Am 17. 1. 1938 berichtete die 'Oldenburgische Volkszeitung' über eine "Gemeinsame Tagung der Amtsträger der NSDAP und der öffentlichen Verwaltung des Amtsbezirks Cloppenburg". Der Artikel diente dazu, der Bevölkerung zu verdeutlichen, wie die Zusammenarbeit zwischen Partei und Staat praktisch aussah. Besagte Tagung fand unter Leitung von Amtshauptmann Münzebrock und Kreisleiter Meyer-Wendeborn im Kreisschulungsheim der NSDAP in den "Bühren Tannen" statt. "Nach der Kaffeetafel, die von Mitgliedern der NS-Frauenschaft gereicht wurde, begrüßte der Kreisleiter die Erschienenen." Münzebrock erklärte daraufhin die Zusammenarbeit. Diese sei schon dadurch gewährleistet, daß der Kreisleiter im Land Oldenburg Mitglied des Amtsvorstandes und Beauftragter der NSDAP für die Gemeinden des Amtsbezirks sei. "Auf der anderen Seite werden der Amtshauptmann und die Bürgermeister zu den wichtigen Besprechungen des Kreisleiters bezw. des Ortsgruppenleiters hinzugezogen." Es fand also eine gegenseitige Abstimmung zwischen Vorhaben der NSDAP und solchen des Landrates und der staatlichen Verwaltung statt.

Die bisherigen Ausführungen legen nahe, daß es gewissermaßen eine gemeinsame Gestaltung der gesamten Kreispolitik durch Kreisleiter und Landrat bzw. Oberbürgermeister gab, sei es in Form eines permanenten Machtkampfes wie im Falle des Kreisleiters Dr. Ständer im Kreis Bentheim, oder sei es in Form einer auskömmlichen Zusammenarbeit wie im Falle Landrat Münzebrock - Kreisleiter Meyer-Wendeborn in Cloppenburg. Inwieweit die Kreisleiter jedoch tatsächlich die Kreispolitik mitgestalteten, läßt sich weder aus einzelnen Aktenbeständen ersehen, in denen speziell Unterlagen zu Konfliktfällen gesammelt wurden, noch aus dem offiziellen Bild der gütlichen und fruchtbaren Zusammenarbeit, welches in dem zitierten Zeitungsartikel gezeichnet wird.

Will man eruieren, in welchem Grade und in welchen Fällen die alltägliche Kreispolitik vom Kreisleiter der NSDAP mitgestaltet wurde, so sind die Protokolle der in den oldenburgischen Landkreisen so genannten "Bürgermeister-

---

[1079] Willy Meyer-Wendeborn: Einstellung der Kreisleitung Cloppenburg gegenüber den Kirchen. S. 6. Offizialatsarchiv Vechta, Nachlass Schlömer.
[1080] Ebda.

versammlungen" sehr aufschlußreich. Auf diesen Sitzungen traf sich der Landrat mit seinen leitenden Beamten sowie den Bürgermeistern seines Kreises, um die aktuellen Fragen der Kreispolitik zu besprechen und notwendige Maßnahmen zu beschließen. Nach Verabschiedung der Deutschen Gemeindeordnung wurde der Kreisleiter der NSDAP als "Beauftragter für die NSDAP" zu den Sitzungen dazugeladen. Eine solche Einladung war nach dem Wortlaut des Gesetzes nur dann zwingend vorgeschrieben, wenn Punkte auf der Tagesordnung standen, bei denen der Kreisleiter ein gesetzliches Mitwirkungsrecht hatte. Dieses lag aber nur in einigen Sonderfällen vor, so bei der Berufung der Bürgermeister und der Beigeordneten, dem Erlaß der gemeindlichen Hauptsatzung, der Verleihung von Ehrenbürgerrechten und Ehrenbezeichnungen und der Bestellung der Gemeinderäte.

Der Kreisleiter hatte somit bei Angelegenheiten der allgemeinen Verwaltung kein gesetzliches Mitspracherecht. Der Amtshauptmann bzw. Landrat hätte also in den meisten Fällen Grund gehabt, ohne den Kreisleiter zu tagen. Aus den überlieferten Einladungsschreiben und den Protokollen der "Bürgermeisterversammlungen" geht jedoch hervor, daß der Kreisleiter zu allen Sitzungen eingeladen wurde, wohl um dem definierten Zweck des Gesetzes, den Einklang der Gemeindeverwaltung mit der Partei zu sichern, Genüge zu tun. Er hatte somit Gelegenheit, sich zu allen Punkten der Kreispolitik zu äußern und im Sinne der NSDAP zu beeinflussen.

Für den oldenburgischen Landkreis Ammerland sind für den Zeitraum von 1937 bis 1940 insgesamt 22 Protokolle von "Bürgermeisterversammlungen" überliefert.[1081] Bei 13 Versammlungen war Kreisleiter Johann Schneider laut Protokoll überhaupt nicht anwesend. Lediglich in einem Falle fehlte er entschuldigt - das Protokoll vermerkt, Kreisleiter Schneider sei krank. In einem weiteren Fall kam er zu spät. Aus keinem Protokoll lässt sich eine aktive Teilnahme Schneiders oder gar eigene Initiativen zur Kreispolitik erkennen.

Vergleicht man dies mit dem Landkreis Wesermarsch, so erhält man ein ähnliches Bild.[1082] Schon vor Erlaß der Deutschen Gemeindeordnung nahmen hier für die alten Ämter Brake und Elsfleth, die als Parteikreis noch bis 1934 weiterexistierten, die Kreisleiter Reich und Ibbeken in ihrer Eigenschaft als Bürgermeister der Städte Brake und Elsfleth teil. Für den Zeitraum von 1935 bis 1939 sind insgesamt 10 Protokolle von Bürgermeisterversammlungen überliefert. Kreisleiter Drees nahm nur an 3 von 10 Sitzungen teil, zeigte also tendentiell noch weniger Interesse daran, sich mit den alltäglichen Fragen der Kreispolitik auseinanderzusetzen als sein Amtskollege im Kreis Ammerland. Sein einziger aktiver Beitrag bestand darin, in der Sitzung vom 3. 9. 1935 die Bedeutung eines Kursus der Kreisführerschule der NSDAP des Kreises Wesermarsch zu erläutern. Auch bei der Gründung einer Wohnungsbaugesellschaft im Kreis Wesermarsch beschränkte sich die Teilnahme des Kreisleiters darauf, daß er in seiner Eigenschaft als Mitglied des Amtsvorstandes den entsprechenden Beschluß mit unterzeichnete. In der Folge küm-

---

[1081] StAOl Best. 231-2 A Nr. 939.
[1082] StAOl Best. 231-4 Nr. 1787.

merte er sich nicht mehr um die Angelegenheiten der gemeinnützigen Wohnungsbaugesellschaft "Wesermarsch" m.b.H., obwohl deren Arbeit auch und gerade in seiner Heimatstadt Nordenham häufig Anlaß zu Beschwerden gab, so z. B. seitens des Ortsgruppenleiters von Altenesch und des Bürgermeisters von Nordenham.[1083]

Es ist nun interessant, diese Ergebnisse mit einem Stadtkreis zu vergleichen. Hier könnte sich aufgrund der größeren räumlichen Überschaubarkeit die Einflußnahme des Kreisleiters stärker ausgewirkt haben. Für die Stadt Osnabrück sind umfangreiche Unterlagen über zwölf Sitzungen der Gemeinderäte mit dem Oberbürgermeister und seinen leitenden Beamten überliefert.[1084] Nur in einem einzigen Falle ist überhaupt die Anwesenheit des Kreisleiters festzustellen. In der Sitzung vom 3. 11. 1939 hält das Protokoll fest: "Vor Eintritt der Tagesordnung beglückwünschte Kreisleiter Pg. Münzer Oberbürgermeister Dr. Gärtner zu seiner Wiederberufung als Oberbürgermeister der Stadt Osnabrück und sprach ihm seine und der Partei Anerkennung aus für die im Dienste der Stadt geleistete Arbeit." In der Sitzung vom 18. 3. 1940 "überreichte der Oberbürgermeister der Kreisfrauenschaftsleiterin Frau Herrosè und Stadtrat Frerichs das ihnen vom Führer und Reichskanzler verliehene Ehrenzeichen für deutsche Volkspflege." Es ist schon bemerkenswert, daß ein solches Ehrenzeichen nicht vom Kreisleiter, der erst im August 1940 seinen Kriegsdienst antrat, überreicht wurde.

Im Ganzen zeigte Kreisleiter Münzer wenig Neigung, sich an der Gestaltung der Osnabrücker Stadtverwaltung zu beteiligen. Auch wenn es um den Bau von "Volkswohnungen" ging - Wohnungsbau spielte in der NS-Propaganda und damit in der "Menschenführung", für die die Kreisleiter zuständig waren, eine große Rolle[1085] - blieb der Osnabrücker Kreisleiter außen vor. Als es am 23. 6. 1939 um die Bewilligung von Kosten für innere Einrichtung und Ausschmückung der HJ-Heime in Osnabrück ging, ist aus dem Protokoll der Sitzung der Gemeinderäte keinerlei Engagement des Kreisleiters zu erkennen.

Nur ein einziges Mal läßt sich in den Protokollen der Sitzungen der Gemeinderäte der Stadt Osnabrück eine Initiative des Kreisleiters erkennen: im Dezember 1937 beantragte die Kreisleitung der NSDAP Osnabrück-Stadt eine einmalige Beihilfe der Stadt Osnabrück in Höhe von 3000 RM für den Ausbau der Kreisschule der NSDAP in Malgarten. In der Sitzung vom 30. 12. 1937 beschloß Oberbürgermeister Dr. Gärtner, den Antrag zu genehmigen. Als Gegenleistung sollte die Kreisschule "nach noch zu treffenden Vereinbarungen für Schulungszwecke der städtischen Gefolgschaft zur Verfügung stehen."[1086] Eine Anwesenheit des Kreisleiters wird im Protokoll nicht vermerkt.

Die bisher festgestellte mangelnde Beteiligung an der vom Landrat gestalteten Kreispolitik könnte natürlich in der Persönlichkeit der beteiligten Kreisleiter begründet sein und sagt daher noch nicht unbedingt etwas darüber aus, inwieweit die

---

[1083] StAOl Best. 331-4 Nr. 1800.
[1084] StAOs Dep. 3 b IV Nr. 685.
[1085] Vgl. Peter Reich: Der schöne Schein des Dritten Reiches. Faszination und Gewalt des Faschismus. München, ³1996. S. 308 f.
[1086] StAOs Dep. 3 b IV Nr. 685.

Kreisleiter prinzipiell Einfluß auf die Kreispolitik genommen haben. Die Vermutung, die hier nahe liegt und überprüft werden muß, ist, daß besonders machtbewußte, aggressive Kreisleiter jede Möglichkeit zur Einflußnahme genutzt haben. Diese Vermutung liegt besonders bei dem aggressiv auftretenden Dr. Ständer nahe, der auf den ersten Blick der Typ des Kreisleiters gewesen zu sein scheint, der sich wirklich 'in alles eingemischt hat', da ja überliefert ist, daß er sogar versucht hat, Akten zu einem ihm persönlich fern liegenden Problem - Flußregulierung - zu beschlagnahmen.

Leider sind für den Landkreis Grafschaft Bentheim für die Zeit von 1933 bis 1945 keine Protokolle für den oldenburgischen "Bürgermeisterversammlungen" vergleichbaren Sitzungen überliefert. Es haben sich jedoch Akten über zwei für die Entwicklung des Kreises Bentheim wichtigen Bereiche erhalten. Dies ist zum einen eine umfangreiche Akte über die Landesplanung - hier primär der Siedlungsbau - im Kreis Bentheim, die auch nicht den geringsten Hinweis auf eine Beteiligung oder auch nur ein Interesse des Kreisleiters an der Landesplanung enthält.[1087] Eine zweite Akte betreffend die Einrichtung von Kreisverkehrsämtern, die die Bemühungen des Kreises Grafschaft Bentheim seit 1932 um eine Verbesserung seiner Verkehrs- und Fremdenverkehrssituation dokumentiert, enthält ebenfalls keinen Hinweis auf eine Beteiligung oder auch nur ein Interesse des Kreisleiters an der Entwicklung der Verkehrs- und Fremdenverkehrssituation in seinem Kreis.[1088] Das gleiche Desinteresse des Kreisleiters an Wirtschafts-, Siedlungs- und Wohnungsbaufragen dokumentiert die Akte über die Wirtschaftspläne der Stadt Nordhorn.[1089] Nicht einmal an dem Bau von HJ-Heimen zeigte der Kreisleiter Interesse. Aus zwei umfangreichen Akten zum Bau von HJ-Heimen in Bentheim - damals noch nicht 'Bad Bentheim' - und in Hoogstede ist zu ersehen, daß die Heimbauaktion ausschließlich von HJ, Landrat und Kreisbaurat im Zusammenspiel mit den örtlichen Bürgermeistern organisiert wurde.[1090]

Aus allen bisher aufgeführten Fällen ist ein eklatantes Desinteresse der Kreisleiter am Siedlungs- und Wohnungsbau zu erkennen. Daß dies jedoch keineswegs für alle Kreisleiter verallgemeinert werden darf, zeigt das Beispiel des Kreisleiters des Kreises Osnabrück-Land. Während sein Kollege in Osnabrück-Stadt keinerlei Interesse am Siedlungs- und Wohnungsbau zeigte, entwickelte der Kreisleiter des Kreises Osnabrück-Land, Ferdinand Esser, eine für die staatlichen Stellen unangenehme Aktivität, wie ein Aktenvermerk der Regierung Osnabrück betreffend "Zersplitterung bzw. Aushöhlung der Verwaltung durch andere Organisationen" zeigt, in dem Fälle von Einmischung von Parteiorganisationen in staatliche Angelegenheiten dokumentiert sind.[1091]

[1087] StAOs Rep. 450 Bent I Nr. 59.
[1088] StAOs Rep. 451 Bent Nr. 103.
[1089] StAOs Rep 450 Bent I Nr. 488.
[1090] StAOs Rep 450 Bent II Nr. 603 (HJ-Heim in Bentheim) und StAOs 450 Bent II Nr. 602 (HJ-Heim in Hoogstede).
[1091] StAOs Rep 430-101-8/66-108. Das Schriftstück trägt kein Datum, lässt sich aber aufgrund der aufgeführten Vorfälle auf das Jahr 1938 datieren.

Nach den Bestimmungen über die Förderung der Kleinsiedlung (KSB) vom 14. 9. 1937 war für die Bewerber um eine Kleinsiedlung nur dann ein Gesundheitszeugnis - ausgestellt von einem Amtsarzt oder eines Arztes des Amtes für Volksgesundheit der NSDAP - erforderlich, wenn Grund zu der Annahme bestand, daß die Bewerber und ihre Familien nicht deutschen oder artverwandten Blutes nach den "Nürnberger Gesetzen" oder nicht erbgesund waren. Der Kreisleiter des Kreises Osnabrück-Land und der Kreisobmann der DAF, der zugleich als Kreisheimstättenbeauftragter der DAF fungierte[1092], vertraten hingegen den Standpunkt, daß nur Bewerbern mit Gesundheitszeugnis die Siedlungseignung zuerkannt werden dürfe. Sie hatten daher "den ihnen unterstellten Dienststellen die Anweisung gegeben, keinen Siedlerfragebogen zu unterschreiben, wenn die ärztliche Untersuchung fehlt."[1093] An den Landrat traten sie mit dem Wunsch heran, "die Siedlerfragebogen durch die Gemeindebehörden zunächst an das Kreisheimstättenamt einreichen zu lassen, damit dieses in jedem Fall ohne Weiteres die ärztliche Untersuchung veranlassen könne".[1094] Dies lehnte der Landrat jedoch "mit Rücksicht auf die für ihn verbindlichen staatlichen Anweisungen"[1095] ab.

Ähnlich verhält es sich mit dem Fall des Wilhelmshavener Kreisleiters Ernst Meyer, der sich in seinen Stimmungsberichten relativ ausführlich mit dem Wohnungsbauwesen beschäftigte. Ernst Meyer sah den Wohnungsbau weniger unter gesundheits- und rassepolitischen Aspekten wie sein Amtskollege Ferdinand Esser, sondern eher unter dem Aspekt der propagierten "Volksgemeinschaft". Dabei sparte er nicht mit Kritik am Reichsarbeitsministerium:

> Die heutigen Wohnungen (Volkswohnungen) dürfen die nach Vorschrift des Reichsarbeitsministeriums vorgeschriebene 60 qm.-Fläche nicht überschreiten. (...) 80 - 100 qm auf das Raumprogramm, wie der Führer es vorgeschrieben hat verteilt, würden sehr schöne Räume geben. Es ist aber an der Zeit, daß die Bestimmungen des Reichsarbeitsministeriums schnellstens überholt werden, damit nicht noch jetzt soviel Unsinn gemacht wird, den man nachher wieder wegreißen muß. Es ist überhaupt falsch, daß die einzelnen Kontingentträger, wie Marine, Luftwaffe, Post, Stadtverwaltung, Reichsbahn usw. in einer Stadt wie Wilhelmshaven nebeneinander herbauen. Der private Mann, der ja auch zur Befriedigung der Bedürfnisse dieser bei obigen Behörden beschäftigten Volksgenossen nötig ist, wird ganz vergessen. Selbst kann er nicht bauen, weil der Bauindex zu hoch ist und es für ihn kein Holz und Eisen gibt.[1096]

[1092] Eine DAF-Parole versprach "jedem deutschen Arbeiter ein eigenes Häuschen". Reichel, 309.
[1093] StAOs Rep 430-101-8/66-108.
[1094] StAOs Rep 430-101-8/66-108.
[1095] StAOs Rep 430-101-8/66-108.
[1096] Stimmungsbericht für den Monat Oktober 1940. StAOl Best. 320-2 Nr. 2.

Dies alles könne man, so Meyer weiter, später einmal regeln, d. h. nach dem Krieg, der Ende 1940, nach dem Sieg über Frankreich und vor dem Angriff auf die Sowjetunion, für das Deutsche Reich noch gut lief. Wesentlich dramatischer empfand Meyer die Auswirkungen der gegenwärtigen Wohnungsbaupolitik auf die "Volksgemeinschaft":

> Ich sehe aber jetzt etwas anderes mit Grausen. Die Schichtung der Bevölkerung in den neuen Wohngebieten wird nicht nach den Gesichtspunkten der Zweckmäßigkeit und des Zusammenlebens, also der Volksgemeinschaft vorgenommen, sondern nach der Zufälligkeit, wie sie sich aus der Finanzierung dieser neuen Wohnungsgebiete heraus ergeben. Wir bekommen also in unserer Stadt Gebiete mit kleineren Arbeitern der Werft, mit Beamten, mit Offizieren, mit Unteroffizieren, mit Eisenbahnern, mit bei der Stadt beschäftigten Volksgenossen, Post- und Zollmenschen, Polizeibeamten usw.[1097]

Trotzdem erweckte diese Frage, die ja unstreitig eine "wichtige politische Frage" war, die in den Verantwortungsbereich des Kreisleiters fiel, bei Kreisleiter Meyer nicht den Wunsch, in der Wohnungsbaupolitik selber die Fäden in die Hand zu nehmen. Stattdessen schrieb er:

> Ich mache den Vorschlag, da ja doch alles aus einen (!) Topf kommt, daß man eine einzige Stelle, nach meiner Meinung müßte das der Oberbürgermeister sein, mit dem Bau der gesamten Stadt beauftragt und ihm dafür das Geld gibt. Sodann wird nach den Notwendigkeiten, unter Berücksichtigung der richtigen Schichtung von arm und reich, alt und jung, die Wohnung bezogen und wir bekommen eine normal durchsetzte Bevölkerung.[1098]

Kreisleiter Ernst Meyer verhält sich hier als Musterkreisleiter, der beispielhaft die "Anordnung über die Verwaltungsführung in den Landkreisen vom 28. Dezember 1939"[1099] in die Praxis umsetzt. Diese gibt ihm nach § I Abs. 1 das Recht "Anregungen zu behördlichen Vorhaben und Maßnahmen zu geben und ihn vom Standpunkt der Menschenführung aus auf maßgebliche Gesichtspunkte aufmerksam zu machen". Nach § III mußte er sich andererseits "jeglicher Eingriffe in die laufende Verwaltungsführung (...) enthalten." Diese beiden Bestimmungen, die bei einem machtbesessenen, auf Konfrontation ausgehenden Kreisleiter eine solche geradezu vorprogrammierten, konnten in der Praxis also durchaus funktionieren. Daß die Zusammenarbeit auch von seiten des Wilhelmshavener Oberbürgermeisters funktioniert, zeigt die Tatsache, daß Meyer in seinen Berichten über die Wohnungs-

---
[1097] Ebda.
[1098] Ebda.
[1099] RGBl. 1940, S. 45.

situation stets mit exakten Zahlen operiert, die ihm ohne den guten Willen der staatlichen Stellen nicht zur Verfügung gestanden hätten.

Es kam also im Verhältnis Kreisleiter-Landrat ganz auf die jeweiligen Personen an. Man kann somit konstatieren, daß die Dualität Landrat-Kreisleiter zwar von den rechtlichen Rahmenbedingungen her ein sehr weites Konfliktfeld bot, daß in der Praxis aber tatsächlich der Landrat in der staatlichen Verwaltung das Zepter in der Hand behielt, während sich der Kreisleiter auf die "Menschenführung" beschränkte. Gerade in den geschilderten Konfliktfällen in Norden (Kreisleiter Everwien) und im Kreis Grafschaft Bentheim (Kreisleiter Dr. Ständer) war die Ursache letzlich eben nicht die unklare rechtliche Situation, sondern verletzte Eitelkeit und Geltungsbedürfnis des betreffenden Kreisleiters. Auch wo Differenzen sachlicher Art vorlagen wie z. B. im Fall des Kreisleiters Ferdinand Esser (Osnabrück-Land) beschränkten sie sich auf ganz spezielle Punkte wie hier eben auf die Frage nach der Siedlereigenschaft - eine Vielzahl möglicher Konflikte bedeutete also in der Praxis keineswegs eine Vielzahl tatsächlicher Konflikte.

Ein Vergleich mit dem Land Lippe, wo die Überlieferung der Kreisleiterakten einmalig dicht ist, zeigt auch hier, daß der Kreisleiter sich keineswegs überall einmischte, wie Ruppert und Riechert auf der Grundlage dieser Quellen feststellen konnten: "Der Kreisleiter der lippischen NSDAP akzeptierte grundsätzlich das arbeitsteilige Vorgehen von Partei und Verwaltung, solange der Primat der Partei gewahrt und die Schnittstelle von einem Nationalsozialisten besetzt blieb."[1100] Hier war es allerdings so, daß Wedderwille als Stellvertreter des Chefs der Landesregierung den Landräten vorgesetzt war. Kompetenzstreitigkeiten waren daher von vornherein ausgeschlossen .

Unter dem Stichwort "Polykratie" wird in der Literatur ausführlich der Kampf der Führungsspitzen in staatlicher Verwaltung und NSDAP um eine Stärkung ihrer Vertreter auf Kreisebene geschildert.[1101] Man muß hier allerdings die besonderen Verhältnisse des Dritten Reiches bedenken. Wollte beispielsweise ein Reichsleiter die Position der Kreisleiter gegenüber den Landräten stärken, so erforderte dies eine Änderung der gesetzlichen Rahmenbedingungen, die ohne die Zustimmung Hitlers nicht möglich war. Hitlers Zustimmung oder auch nur sein Interesse konnten jedoch nur dann gewonnen werden, wenn man die Zustände auf Kreisebene als besonders dramatisch darstellte und so dringenden Handlungsbedarf vorspiegelte. Man kann also aus den Machtkämpfen auf höchster Ebene nicht zwingend schließen, daß sich dieser Machtkampf auch auf lokaler Ebene zwischen Kreisleiter und Landrat widergespiegelt hat. Daß die Konflikte nicht so gravierend sein konnten wie in der Regel angenommen wird, ergibt sich auch aus der Arbeit von Stelbrink, der der Verwaltung auf Kreisebene "trotz aller Reibungsverluste" bis 1945 "ein hohes Maß an Effizienz"[1102] bescheinigt.

[1100] Ruppert/Riechert, S. 38.
[1101] Zuletzt Stelbrink, Wolfgang: Der preußische Landrat im Nationalsozialismus. Studien zur nationalsozialistischen Personal- und Verwaltungspolitik auf Landkreisebene. Münster/Westfalen, 1998.
[1102] Stelbrink, S. 405.

Wie die aufgeführten Beispiele zeigen, verlief die tatsächliche Zusammenarbeit zwischen Kreisleiter und Landrat tatsächlich weitgehend so, wie das NS-Regime sie haben wollte: der Landrat als Fachbeamter kümmerte sich um die Belange der staatlichen Verwaltung, während der Kreisleiter sich als 'Propaganda-Manager' um die "Menschenführung" kümmerte. Von einer "Polykratie" bzw. "Bikratie" von Landrat und Kreisleiter kann mithin keine Rede sein.

6.3 Die Kreisleiter und die kommunale Personalpolitik

Gerade in den Monaten nach der "Machtergreifung" benutzten die Kreisleiter in vielfacher Weise unter Überschreitung ihrer Kompetenzen die neue Situation, um ihnen mißliebige Personen aus der kommunalen Verwaltung und der Kommunalpolitik zu entfernen. Besonders rabiat wurde dabei in den Kreisen Aschendorf-Hümmling[1103], Meppen und Grafschaft Bentheim vorgegangen.

Erstes Opfer des Kreisleiters in der Grafschaft Bentheim war nach der Machtübernahme durch die NSDAP der Gildehauser Bürgermeister Ernst Buermeyer. Buermeyer hatte sich schon 1927 Dr. Ständers Haß zugezogen, als er einen zweiten Arzt nach Gildehaus holte[1104]. Dr. Ständer sah dies als Angriff auf seine wirtschaftliche Existenz. Tatsächlich war es so, daß die Gemeindevertretung Buermeyer gedrängt hatte, einen evangelischen Arzt nach Gildehaus zu holen, weil die Gildehauser Bevölkerung überwiegend reformiert war und sich nur ungern von dem damals noch der katholischen Kirche angehörenden Dr. Ständer behandeln ließ. Buermeyer warb daher einen evangelischen Zahnarzt an, der lediglich nebenbei auch Allgemeinmedizin praktizierte. Hier wurden also persönliche Rechnungen im Zeichen des Machtwechsels beglichen.

Ebenfalls sehr rabiat ging im Kreis Meppen der dortige Kreisleiter Egert vor[1105]. Am 8. 4. 1933 setzte er eigenmächtig mit Hilfe eines SA-Aufgebots in Meppen den Landrat und den Bürgermeister ab. Diese eigenmächtige Aktion wurde weder vom Regierungspräsidenten Eggers noch von Gauleiter Röver hingenommen, Landrat und Bürgermeister wurden in ihre Stellung zunächst wieder eingesetzt[1106].

Der Einfluß der Kreisleiter auf die kommunale Personalpolitik beschränkte sich nicht auf die 'wilden' Eingriffe in der Übergangsphase nach der "Machtergreifung", sondern wurde institutionalisiert. Eine der wichtigsten Aufgaben der Kreisleiter war dann auch die Abgabe von politischen Gutachten, mit denen sie die Personalpolitik auf kommunaler Ebene mitgestalten konnten. In Oldenburg wurde ihnen von staatlicher Seite schon vor Inkrafttreten der "Deutschen Gemeindeordnung" die Mög-

---

[1103] Zur Absetzung Bürgermeister Jaegers in Papenburg/Kreis Aschendorf-Hümmling s. Hans-Joachim Albers: Zur NS-Machtergreifung in Papenburg/Ems - Wie Bürgermeister Jaeger gestürzt wurde: Anatomie einer Intrige. In: Emsländische Geschichte 7. Herausgegeben von der Studiengesellschaft für Emsländische Regionalgeschichte. Dohren, 1998. S. 33-62.
[1104] Dies und das folgende nach dem Schreiben von Gauinspektor Gronewald an Gauleiter Röver, 15. 8. 1933. BA Berlin-Lichterfelde, BDC PK Ständer, Josef, Dr.
[1105] Dies und das Folgende nach Steinwascher, S. 30 f.
[1106] Landrat Fehrmann wurde am 18. Mai 1933 zur Regierung nach Münster versetzt. Vgl. ebda.

lichkeit gegeben, kommunale Personalpolitik mitzugestalten. Am 19. Juni 1933 teilte der oldenburgische Minister des Innern, Georg Joel, allen Landräten mit:

Zur Zeit erfolgen überall die Neuwahlen der Gemeindevorsteher. Sie wollen sich wegen der neugewählten Persönlichkeiten mit den örtlichen Kreisleitern der NSDAP in Verbindung setzen und in Ihrem Bericht bei der Vorlage zur Bestätigung der Einzelnen erwähnen, ob dieselben die politische Billigung der Kreisleitung gefunden haben.[1107]

Daß es für eine "politische Billigung" keine - und seien es auch ungeschriebene - festen Kriterien gab, zeigt der Fall des Braker Ratsherren und stellvertetenden Bürgermeisters Anton Hoffmann. Der Fabrikant Anton Hoffmann war, obwohl er nicht Mitglied der NSDAP war, mit Wirkung vom 5. Juli 1933 Ratsherr der Stadt Brake[1108] ernannt worden. Am 17. April des Folgejahres avancierte er sogar zum stellvertretenden Bürgermeister[1109]. Weder Amtshauptmann noch Kreisleiter hatten gegen die Bestätigung Hoffmanns etwas einzuwenden.[1110] Schwierigkeiten entstanden jedoch bei der erneuten Bestätigung - diese hatte jährlich zu erfolgen - im Mai 1935. Am 2. Mai 1935 kam aus dem Ministerium des Inneren das Ersuchen, bis zum 20. Mai "nach Fühlungnahme mit dem zuständigen Kreisleiter der NSDAP"[1111] zu berichten, ob die Bestätigung des Ratsherrn Anton Hoffmann als stellvertretendem Bürgermeister unbedenklich erfolgen könne. Obwohl der Amtshauptmann sich am 8. Mai in dieser Angelegenheit an den Kreisleiter der Wesermarsch und den Bürgermeister der Stadt Brake wandte, erhielt er keine fristgerechte Meldung und mahnte am 25. Mai eine Meldung an. Wiederum hatte der Bürgermeister der Stadt Brake, der Kreisleiter des ehemaligen Amtes Brake und NSDAP-Kreises Wesermarsch, Karl Reich, keine Bedenken.[1112] Allerdings hatte im März 1935 der zuständige Kreisleiter gewechselt, da der bisherige NSDAP-Kreis Butjadingen mit dem bisherigen NSDAP-Kreis Wesermarsch zusammengelegt wurde. Der NSDAP-Kreis Wesermarsch entsprach nun gebietsmäßig dem Amt Wesermarsch. Der nunmehr zuständige Kreisleiter, Arthur Drees, lehnte die Bestätigung, mit der er sich bis zum 18. Juni Zeit ließ, ganz lapidar ab: "Die Bestätigung des Genannten kann

---

[1107] StAOl Best. 231-4 Nr. 1735.
[1108] Mitteilung des Minister des Innern, Joel, an den Amtshauptmann in Brake. Oldenburg, 21. 8. 1933. StAOl Best. 231-4 Nr. 1831.
[1109] Auszug aus dem Protokoll der Sitzung des Stadtrats der Stadtgemeinde Brake, 17. 4. 1934 (Wahl Hoffmanns zum stellvertretenden Bürgermeister). StAOl Best. 231-4 Nr. 1831.
[1110] Vgl. das Schreiben des Amtshauptmanns der Wesermarsch an den Minister des Innern in Oldenburg. Brake, 21. 6. 1934. StAOl Best. 231-4 Nr. 1831.
[1111] Schreiben von Dr. Grube aus dem Oldenburgischen Ministerium des Innern an den Amtshauptmann der Wesermarsch in Brake. Oldenburg, 2. Mai 1935. StAOl Best. 231-4 Nr. 1831.
[1112] StAOl Best. 231-4 Nr. 1831.

ich nicht verantworten. Ich schlage den Pg. Johann Ahrens, Harriewurp, vor."[1113]
Der Amtshauptmann vermutete,

> dass die ablehnende Stellungnahme des Kreisleiters darauf zurückzuführen ist, dass Ratsherr Hoffmann kein Parteimitglied ist. Allein deswegen wird jedoch die Bestätigung nicht versagt werden sollen, zumal nach dem Urteil des Bürgermeisters und auch nach meiner Ansicht der Ratsherr Hoffmann an sich geeignet ist, die Geschäfte des Stellvertretenden Bürgermeisters auszuüben.[1114]

Das letzte Wort hatte hier der Minister des Innern. Pauly, in Vertretung von Joel, entschied sich auf der Grundlage eines nicht überlieferten Berichts des Bürgermeisters der Stadt Brake, nach dem Hoffmann "Interesse und Sachkunde gezeigt" und vom Bürgermeister der Stadt Brake und vom Amtshauptmann "für befähigt erachtet wird, die Geschäfte des 1. Beigeordneten wahrzunehmen."[1115] für die Bestätigung Hoffmanns.

Das Urteil des Kreisleiters war somit nicht in jedem Falle entscheidend. Hatte ein dem Kreisleiter nicht genehmer Kandidat einen geeigneten Fürsprecher, wie es der Bürgermeister der Stadt Brake, Karl Reich, als "alter Kämpfer", ehemaliges Landtagsmitglied und ehemaliger Kreisleiter in den Augen Joels bzw. Paulys zweifellos war und der Kreisleiter keine triftigen Gründe vorbringen konnte, so ging auch eine in der Wolle gefärbte nationalsozialistische Landesregierung - Joel war stellvertretender Gauleiter, Pauly ehemaliger Ortsgruppenleiter der Stadt Oldenburg - über die Bedenken des Kreisleiters hinweg.

Besonders scharf gerierte sich der Auricher Kreisleiter Janssen. Bloße Gerüchte waren für ihn bereits Grund zu einer Denunziation. Am 3. 4. 1933 wandte er sich beispielsweise an den Präsidenten des Landgerichts Aurich. Er teilte diesem mit, in Aurich kursiere sowohl in der Bevölkerung als auch in der Beamtenschaft das Gerücht, daß beim Landgericht Aurich eine Referendarin B. der KPD angehöre oder angehört habe, zumindest aber mit der Partei sympathisiere.[1116] Janssen konnte dem Präsidenten des Landgerichts zwar keine konkreten Beweise vorlegen, jedoch "habe er gehört, daß die Referendarin bei einer Versammlung der NSDAP in Aurich in Brems Garten dadurch Anstoss erregt habe, daß sie beim Deutschlandlied ostentativ sitzen geblieben sei."[1117] Außerdem sei sie mit einem bekannten Auricher Kommunisten auf der Straße gesehen worden.

[1113] StAOl Best. 231-4 Nr. 1831.
[1114] Der Amtshauptmann in Brake an den Minister des Innern in Oldenburg. Brake, 19. 6. 1935. StAOl Best. 231-4 Nr. 1831.
[1115] Der Minister des Innern in Oldenburg (Pauly in Vertretung von Joel) an den Amtshauptmann in Brake. Oldenburg, den 4. Juli 1935. StAO Best. 231-4 Nr. 1831.
[1116] Dies und das Folgende nach der Aktennotiz des Präsidenten des Landgerichts Aurich vom 3. 4. 1933. Entnazifizierungsakte Meinert Janssen. StAO Best. 351 Karton Nr. 130 Ost. 8862.
[1117] Ebda. Unterstreichung im Original.

Tatsächlich endete das daraufhin eingeleitete Verfahren mit einer Entlassung der Referendarin B.[1118] Meinert Janssen wurde 1934 zur Oberpostdirektion in Oldenburg versetzt. Dort verfuhr er in gleicher Weise. Ein Oberpostrat erklärte nach Kriegsende, Janssen sei bis weit über die Grenzen des Bezirks Oldenburg der Oberpostdirektion für sein "strenges Naziregiment"[1119] bekannt gewesen und dafür daß er "die politische ‚Ausrichtung' mit allen Mitteln betrieb. Der damalige Präsident der Oberpostdirektion wagte nicht dagegen anzugehen. Einem Beamten gegenüber erklärte er: "Ich kann doch nichts dagegen machen; Janssen hat das Ohr des Gauleiters und ich habe den Auftrag vom Reichspostministerium, mich mit diesem gut zu stellen."[1120]

Schon Kleinigkeiten genügten für Janssen, jemanden als "national unzuverlässig" einzustufen. Der durch den Ausbruch des Zweiten Weltkriegs bedingte Personalmangel änderte daran nichts. Die Wiederaufnahme eines pensionierten Obertelegrapheninspektors in den aktiven Dienst wurde von Janssen zunächst lapidar mit der Begründung der "nationalen Unzuverlässigkeit" abgelehnt, ohne daß er dies näher begründete. Nach Drängen des zuständigen Referatsleiters, der nun auf Unterstützung verzichten musste, "gab Janssen als einzige Begründung an, Wintermann habe eines Tages in einem Laden "Auf Wiedersehen" gesagt statt "Heil Hitler". Es gelang mir trotz aller Bemühungen nicht, Wintermann zu bekommen."[1121]

Janssens Schärfe sprach sich bis nach Bremen herum. So verweigerte 1943 der Präsident der Reichspostdirektion Bremen die Übernahme Janssens, nachdem durch eine Postreform die Oberpostdirektion Oldenburg aufgelöst worden war. Dies führte dazu, daß Janssen zunächst 14 Tage faktisch arbeitslos war, bis es ihm mit Hilfe von Gauleiter Wegener und dem Reichspostministerium gelang, seine Versetzung nach Bremen durchzusetzen. Janssen musste jedoch eine entscheidende Beschränkung seiner Tätigkeit hinnehmen. Der Präsident der Reichspostdirektion Bremen hatte die Versetzung Janssens nach Bremen nur unter der Bedingung zugestimmt, daß

> er unter keinen Umständen jemals gezwungen würde, J. mit Personaldingen zu beschäftigen. Es ist mir keine Äußerung irgend eines Beamten bekannt, die hierüber Bedauern ausdrückte. Es ist mir aber im Gegenteil bekannt, daß allgemein ein Aufatmen durch die Beamtenschaft ging, weil der Referent der Reichspostdirektion Bremen, Heuer, wenn auch ein "alter Kämpfer" und somit parteigebunden, stets menschlich und vernünftig handelte.[1122]

[1118] Oberlandesgerichtspräsident Celle, 10. 3. 1949, an den Öffentlichen Kläger bei den Entnazifizierungshauptausschüssen im Verwaltungsbezirk Oldenburg (Sitz in Oldenburg). Ebda.
[1119] So der Oberpostrat Dipl.-Ing. Kuhrt in seinem Schreiben an den Öffentlichen Kläger Herrn Engelhardt in Oldenburg. Oldenburg, 28. 2. 1949. Ebda.
[1120] Ebda.
[1121] Ebda.
[1122] Ebda.

In manchen Fällen betrieben die Kreisleiter auch ganz eigenständig Personalpolitik. Dies war nicht nur - wie bereits beschrieben - während der Phase der Machtergreifung der Fall, sondern kam vereinzelt auch später noch vor. Bei Bedarf wurden einfach vollendete Tatsachen geschaffen. Ein Beispiel, das bei der Regierung Osnabrück als Aktennotiz festgehalten wurde, spielte sich 1937 in Melle ab. Zum 1. Oktober 1937 war in Melle eine Mittelschulrektorstelle zu besetzen.[1123] Bei der Regierung in Osnabrück hatte die Absicht bestanden die Stelle, die der Meller Bürgermeister öffentlich ausgeschrieben hatte, mit dem Mittelschulrektor einer aufzulösenden Mittelschule zu besetzen. Auf die Stellenausschreibung meldeten sich 70 Bewerber, von denen 43 der NSDAP angehörten. Keiner der Bewerber erhielt die Stelle. Den Posten des Rektors bekam der Konrektor der Schule, obwohl ein Erlaß des Reichsministers für Wissenschaft, Erziehung und Volksbildung, einer solchen Ernennung ausdrücklich entgegenstand. Die Ernennung ging auf die Initiative des Kreisleiters Helmut Seidel zurück, der mit Unterstützung des Gauamtsleiters des NSLB die Ernennung durchsetzte. Auch "wurde 1937 der Kreisoberinspektor beim Landratsamt Melle auf Wunsch des Kreisleiters der NSDAP in den Regierungsbezirk Frankfurt/Oder versetzt, weil dieser seine Bindung zur katholischen Kirche nicht aufgab."[1124] Kreisleiter Seidel duldete keine Staatsdiener, die nicht voll seinen Vorstellungen entsprachen.

Die Kreisleiter waren allerdings nicht die einzigen, deren Stellungnahme bei der anstehenden Ernennung von Beamten herangezogen wurden. In einem Stimmungsbericht beschwerte sich der Wilhelmshavener Kreisleiter Ernst Meyer, daß sich neuerdings die Fälle häuften, daß die Kreisleitung "Anfragen bei Ernennungen zu Beamten nicht nur vom Gaupersonalamt, sondern auch von der Gestapo und dem SD"[1125] erhält. "Hieraus ist zu schließen, daß nicht nur die Partei, sondern auch die oben erwähnten Dienststellen jeweils befragt werden"[1126].

Meyer begrüßte diese Maßnahme grundsätzlich, "besonders weil zeitweise Personen beurteilt werden müssen, die erst seit Monaten hier wohnen, oder nur kurze Zeit hier gewohnt haben. Diese sind vielleicht in staatspolizeilicher Hinsicht irgendwie in Erscheinung getreten - jedoch politisch nicht - oder umgekehrt."[1127] Dadurch sei "Gewähr gegeben, daß alles in Erfahrung gebracht wird und bei der Ernennung berücksichtigt werden kann."[1128] Kreisleiter Meyer störte sich an einer anderen Unsitte, für die er anscheinend Beweise hatte, die er in seinem Stimmungsbericht aber nicht nennt. Offenbar war die Einholung von Auskünften bei der NSDAP dazu ausgeartet, daß andere, mit politischen Gutachten betraute Behörden wie z. B. die Gestapo sich einfach ein Gutachten von der Kreisleitung holten und dieses dann als Ergebnis eigener Ermittlungen ausgaben. Dadurch würde nach Meinung von

---

[1123] Dies und das Folgende nach StAOs Rep 430-101-8/66-108.
[1124] Steinwascher, S. 32.
[1125] StAO Best. 320-2 Nr. 2. Einzelnes Blatt eines Stimmungsberichtes ohne Datum.
[1126] StAO Best. 320-2 Nr. 2. Ebda.
[1127] StAO Best. 320-2 Nr. 2. Ebda.
[1128] StAO Best. 320-2 Nr. 2. Ebda.

Kreisleiter Meyer "das Befragen verschiedener Dienststellen überflüssig und die Maßnahme bezw. die Anordnung verliert dadurch ihren Zweck."[1129]

Die Kontrollfunktion der Kreisleiter beschränkte sich nicht auf den öffentlichen Dienst im engeren Sinne, sondern erstreckte sich auch auf berufsständische und anderere Organisationen wie beispielsweise den Reichsnährstand. Ein Beispiel hierfür ist der Ammerländer Kreisleiter Johann Schneider, der in Personalfragen wesentlich härter durchgriff als sein Amtsvorgänger Roggemann. Unmittelbar nach Übernahme des Kreisleiteramtes wurde er gegen den Ammerländer Kreisbauernführer Thye aus Mansie tätig. Zunächst verhinderte er Thyes Bestätigung als Beigeordneter der NSDAP für die Gemeinde Westerstede. Seine Begründung gegenüber Amtshauptmann Theilen lautete, die Westersteder NSDAP erkenne die Verdienste Thyes, die er sich um die Gemeinde Westerstede in kommunalpolitischer Hinsicht erworben habe, durchaus an. Trotzdem sei eine Wiederbestätigung nicht möglich, da Thye

> gerade in letzter Zeit mehrere Male bewiesen hat, dass ihm die nationalsozialistische Idee ein Fremdkapitel ist und bleiben wird. Wir sind es unserem Führer schuldig, dass allenthalben, wo sich nur die Gelegenheit bietet, freiwerdende Stellen mit überzeugten Nationalsozialisten besetzt werden, denn nur dann hat unser Führer die Gewähr, dass die nat. Idee sich nicht allein behaupten, sondern fortpflanzen wird.[1130]

Thye war bis 1933 Mitglied und Landtagsabgeordneter der DNVP gewesen und erst nach der "Machtergreifung" zur NSDAP gewechselt. Wohl von daher erschien er Kreisleiter Schneider als nicht zuverlässig genug. Amtshauptmann Theilen erstattete dementsprechend an den Minister des Innern in Oldenburg Bericht. Unter Hinweis auf die ablehnende Stellungnahme des Kreisleiters vom 27. 6. 1934 riet er von einer Bestätigung des Beigeordneten Thye ab. Zwar liege

> sachlich gegen Thye nicht das geringste vor. Es hat sich aber leider zwischen ihm und den maßgebenden Führern der NSDAP eine wachsende Entfremdung entwickelt, die ein Zusammenarbeiten wohl kaum möglich erscheinen lässt.[1131]

[1129] StAO Best. 320-2 Nr. 2. Ebda.
[1130] Kreisleiter Schneider an den Amtshauptmann in Westerstede. Aschhausen, 27. 6. 1934. StAO Best. 136 Nr. 1841. Bl. 84
[1131] Amshauptmann Theilen in Westerstede an den Minister des Innern in Oldenburg, 23. 7. 1934. StAO Best. 136 Nr. 1841. Bl. 82

Der Minister des Innern, Georg Joel, folgte der Empfehlung des Amtshauptmanns und lehnte die Bestätigung Thyes als Beauftragter der NSDAP für die Gemeinde Westerstede ab[1132].

Auch als Kreisbauernführer konnte sich Thye nicht halten und wurde abgesetzt. Neuer Kreisbauernführer wurde Wilhelm Fittje aus Rostrup.[1133] "Der Ammerländer" vom 21. 7. 1934 berichtete ausführlich über den neuen Kreisbauernführer und strich besonders die Verdienste, die sich Fittje um die NSDAP erworben habe, heraus:

> Der Pg. Fittje, der seit dem Jahre 1929 der NSDAP aktiv angehört und sich in der Kampfzeit der Bewegung als vorbildlicher Kämpfer ausgezeichnet hat, ist nunmehr von dem Reichsbauernführer zum Kreisbauernführer des Kreises Ammerland eingesetzt worden. Für die Zwischenahner Gemeinde wird sein Nachfolger als Bezirksbauernführer demnächst eingesetzt.

Kreisleiter Schneider hatte somit sein Ziel, einen "Konjunkturritter" durch einen "alten Kämpfer" zu ersetzen, erreicht.

Die bisher geschilderten Fälle zeigen den Einfluß der Kreisleiter auf Personalentscheidungen im staatlichen und parteiinternen Bereich – der Reichsnährstand war zwar keine Parteiformation, sonder nur eine "mittelbar betreute Organisation", jedoch bekleidete der Kreisbauernführer in der Regel das Amt eines "Kreisamtsleiters für Agrarpolitik" und war somit Mitglied der Kreisleitung. Daß die Kreisleiter auch auf Personalentscheidungen in Berufsverbänden nehmen konnten, zeigt ein Beispiel aus dem 'Nachbargau' Westfalen-Nord.

Der Detmolder Kreisleiter Adolf Wedderwelle beschwerte sich am 4. 4. 1935 in einem Schreiben an den Reichsverband des Kraftfahrgewerbes, Fachschaft Kraftomnibusgewerbe mit Sitz in Essen, über den Vertrauensmann der Fachschaft für das Land Lippe, den Omnibusbesitzer Karl K., der "vor der Machtübernahme stark marxistisch eingestellt war und es anscheinend noch ist, da er noch vor einem halben Jahre wegen Verbreitung unwahrer Gerüchte über den Staatsminister Riecke und den Gauleiter Meyer mit (. . .) Geldstrafe bedroht wurde."[1134] Die Antwort des Reichsverbandes erfolgte postwendend. Schon am 6. 4. 1935 wurde Wedderwille mitgeteilt, daß K. von seinem Posten abberufen worden sei.[1135]

K. wehrte sich gegen Wedderwilles Beschwerde und stellte die Vermutung an, ein Konkurrent habe ihn angeschwärzt. Wedderwille holte weitere Erkundigungen über K. ein. Der Ortsgruppenleiter der Ortsgruppe Blomberg, Frenzer, teilte Kreisleiter Wedderwille am 16. 4. 1935 mit, K. sei bis 1933 SPD-Mitglied gewesen, und

---

[1132] Aktenvermerk Joel (ohne Datum). StAO Best. 136 Nr. 1841 Bl. 82a.
[1133] Oldenburgische Staatszeitung, 23. 7. 1934.
[1134] StA Detmold, Best. L 113 Nr. 30, Bl. 185.
[1135] StA Detmold, Best. L 113 Nr. 30, Bl. 200.

zeige auch jetzt noch den "Deutschen Gruß" nicht[1136]. Am 2. 5. 1935 bestätigte Wedderwille seine Vorwürfe gegen K. in einem weiteren Schreiben an den Reichsverband des Kraftfahrgewerbes in Essen. Köhnes Beschwerde sei haltlos. Köhne sei zwar nicht zu einer Geldstrafe verurteilt worden, habe aber eine Geldbuße von 50 RM gegen Einstellung des Verfahrens gezahlt. Dies sei als Schuldeingeständnis zu werten. Außerdem habe eine Beeinflussung durch K.s Konkurrenten W. nicht stattgefunden.[1137] Wedderwille hatte damit sein Ziel erreicht. Am 17. 5. teilte der Reichsverband mit, Köhne sei endgültig abberufen, der von Wedderwille in Vorschlag gebrachte Alternativkandidat habe den Posten übernommen.[1138]

Die Personalpolitik im staatlichen als auch außerstaatlichen Bereich war somit das Feld, auf dem die Kreisleiter am stärksten auf die Gestaltung der regionalen Verhältnisse einwirken konnten und dies - zum Teil aus Verpflichtung, zum Teil aus eigenem Wunsch - auch taten. Zwar waren ihre Wünsche nicht unbedingt maßgeblich, auch wurden Anfragen auf Beurteilungen teilweise als lästig empfunden. Die größte Wirksamkeit dürften die Kreisleiter allerdings durch ihr bloßes Vorhandensein entfaltet haben, da nun von vornherein nur regimetreue Kandidaten ausgewählt wurden, von denen man ausging, daß sie den Ansprüchen des Kreisleiters genügten.

6.4 Die Stimmungsberichte der Kreisleiter

Neben der Abgabe von Gutachten über Kandidaten für den öffentlichen Dienst war die Verfassung von Stimmungs- und Tätigkeitsberichten die wichtigste Aufgabe der Kreisleiter. Das Berichtswesen der NSDAP geht auf eine Weisung des Stellvertreters des Führers vom 19. 8. 1933 an die Gauleiter zurück. Bis 1938 wurde Art und Form der Berichterstattung durch weitere parteiinterne Verordnungen genauer festgelegt[1139]. Ziel des Berichtswesen sollte sein, die Regierung über die Stimmung und das Meinungsklima der Bevölkerung auf dem Laufenden zu halten. Als Indikatoren für den Zuspruch oder die Ablehnung der Bevölkerung dienten nicht nur verbreitete Gerüchte und private Äußerungen, sondern auch die Beteiligung an KdF-Veranstaltungen[1140].

In der Praxis sah es in der Regel so aus, daß der Kreisleiter sich nicht persönlich um alle Punkte kümmerte, die in dem Bericht abgehandelt werden sollten. Stattdessen wurde häufig ein einschlägiger Bericht einer seiner Ortsgruppen oder einer anderen NS-Organisation auf Kreisebene, die ihm disziplinarisch unterstand, weitergeleitet und diese gegebenenfalls mit einem Kommentar versehen. So berichtete z. B. im Oktober 1940 die Ortsgruppe Wilhelmshaven-Kopperhörn von permanenten

---

[1136] StA Detmold, Best. L 113 Nr. 30, Bl. 203.
[1137] StA Detmold, Best. L 113 Nr. 30, Bl. 204.
[1138] StA Detmold, Best. L 113 Nr. 30, Bl. 207.
[1139] Vgl. Roth, S. 292 ff.
[1140] Vgl. den Lagebericht des Detmolder Kreisleiters Adolf Wedderwille vom 1. 4. 1936: "Dass sich die Bevölkerung des Kreises Detmold mit der Partei und ihren Gliederungen
   verbunden fühlt, beweist, dass insgesamt 25243 Personen an den Veranstaltungen der NS-
   Gemeinschaft 'Kraft durch Freude' sich beteiligten." StA Detmold L 113 Nr. 1075 Bl. 65.

Klagen der Bevölkerung über die gestiegenen Preise von Textilwaren. Dies war eine Klage, die von der NSDAP und ihrer Idee von der "Volksgemeinschaft" besonders ernst genommen wurde, denn von der Bevölkerung wurde bemerkt

> daß der bessergestellte Volksgenosse in dieser Beziehung im Vorteil ist, weil er diese Preise bezahlen kann, andererseits aber z. T. den Schrank voll Garderobe hat und z. Zt. evtl. auf den Kauf verzichten kann, wohingegen die Minderbemittelten (!) Kreise, da sie über keine Kleiderbestände für längere Zeit verfügen, zum Kauf der teuren Ware gezwungen sind."[1141]

Diese Preissteigerung war nicht nur bei Kleidung, sondern zum Teil auch bei Lebensmitteln und auf vielen anderen "Gebieten zu beobachten, wofür (...) durchaus nicht immer eine genügende Begründung vorhanden ist."[1142] Kreisleiter Meyer bemerkte ergänzend, "daß diese Klage über Preissteigerung, besonders in der Frage bei Textilien und Schuhen allgemein ist. Vom Preiskommissar merkt man nicht viel."[1143]

Besonders argwöhnisch und kritisch wurden seitens der Kreisleitung auch die Aktivitäten der Kirchen beobachtet. Monatlich mußte über "Kirchliche Fragen" berichtet werden, d. h. über die Aktivitäten der evangelischen und der katholischen Kirche sowie über sonstige christliche Glaubensrichtungen, insoweit sie in dem jeweiligen NSDAP-Kreis vorhanden waren. Im mehrheitlich evangelischen NSDAP-Kreis Wilhelmshaven-Rüstringen war es die evangelische Kirche, die argwöhnisch beobachtet wurde. Kirchliche "Propagandaschriften" wurden gesammelt und an die Gauleitung weitergeleitet. So berichtet Kreisleiter Meyer zum Punkt "Kirchliche Fragen", unter Beifügung von "3 Propagandaschriften der evangelischen Kirche", diese schalte sich sehr geschickt "nunmehr auch in die Ahnenforschung ein. Natürlich wieder um diese Aufgaben der NSDAP umzubiegen."[1144]

Besonders ausführlich berichtete Kreisleiter Meyer im April 1938 über die Aktivitäten der evangelischen Kirche, als der evangelische Geistliche Martin Niemöller in Berlin inhaftiert wurde.

[1141] Stimmungsbericht der Ortsgruppe Wilhelmshaven-Kopperhörn für den Monat Oktober 1940 zu Punkt 21d (Preispolitik). StAO Best. 320-2 Nr. 2.
[1142] Stimmungsbericht der Ortsgruppe Wilhelmshaven-Kopperhörn für den Monat Oktober 1940 zu Punkt 21d (Preispolitik). StAO Best. 320-2 Nr. 2.
[1143] Stimmungsbericht des Kreisleiters des Kreises Wilhelmshaven, Ernst Meyer, für den Monat Oktober 1940 zu Punkt 21d (Preispolitik). StAO Best. 320-2 Nr. 2.
[1144] Einzelnes Blatt eines Stimmungsberichtes ohne Datum. StAO Best. 320-2 Nr. 2.

In der letzten Woche und am 22. 4. 38 flatterten von Hamburg an Offiziere, Ärzte und Geschäftsleute aus Bochum Rundschreiben als Drucksache ins Haus. "Martin Niemöller im Konzentrationslager." (...). Es wird angenommen, dass der Absender dieses Briefes hier in Wilhelmshaven wohnt und die Briefe nur in fremden Städten der Post anvertraut werden[1145]

Auch die Tatsache, daß die Bekennende Kirche dem weit verbreiteten "Führer-Mythos" nicht verfallen war, wurde vermerkt:

In einem nichtssagenden Konfirmationsgottesdienst hat der Pfarrer Harms in seiner Fürbitte mit einem Satz von der Angliederung Österreichs gesprochen, aber den Führer dabei nicht erwähnt. Dann aber hat er die Gemeinde aufgefordert, für den armen Pfarrer Niemöller zu beten, der im Konzentrationslager schmachte.[1146]

Als besonders subversiv und auf die Dauer gefährlich wurde jedoch die Jugendarbeit angesehen. Meyer berichtet hier in einem Duktus über die Aktivitäten der Bekennenden Kirche, als handele es sich um obszöne Handlungen an Kindern. Eine evangelische Gemeindeschwester sei aus dem kirchlichen Dienst entlassen, aber sofort von dem Bekenntnispfarrer der Kirche in Heppens wieder angestellt worden. Für diese Schwester, deren Gehalt privat aufgebracht werde, sei auch eigens ein Zimmer angemietet worden:

Hier versammelt sie Kinder unter 10 Jahren zu gottesdienstlichen Handlungen und christlicher Schulung um sich. Die Kinder werden durch Kuchen angelockt. Viele Eltern wissen nicht einmal, dass ihre Kinder an diesen Zusammenkünften teilnehmen. Der Hilfsprediger der Kirche Heppens soll sich geäussert haben, die Kirche sei schon zufrieden, wenn sie die Kinder bis zu 10 Jahren hätte, denn diese Zeit genüge, die Kinder derart in den kirchlichen Anschauungen zu festigen, dass später jeder Kampf gegen diese von diesen Kindern abprallen würde.[1147]

Manche Aktivitäten der Bekennenden Kirche wurden hingegen nicht ernst genommen. Beispielsweise berichtete Meyer:

[1145] StAO Best. 320-2 Nr. 2.
[1146] StAO Best. 320-2 Nr. 2.
[1147] StAO Best. 320-2 Nr. 2.

Im übrigen machen sich die evangelischen Bekenntnispfarrer immer lächerlicher. So ist z. B. der angeordnete Dankgottesdienst bezüglich des Wahlergebnisses am 10. 4. 38 in der Banter Kirche nicht gehalten worden, weil eine Verfügung ihres "Präsidenten" (der abgesetzte Pfarrer Kloppenburg) ausgeblieben ist.[1148]

Oftmals wurden qualitativ gleiche, gegen die nationalsozialistische Ideologie gerichteten Predigten evangelischer und katholischer Geistlicher völlig unterschiedlich bewertet. Ein besonders sprechendes Beispiel findet sich im Lagebericht der Staatspolizeistelle Osnabrück für den Januar 1936[1149]. In diesem Monat predigten im Regierungsbezirk Osnabrück Geistliche beider Konfessionen gegen die Rasselehre. Bezeichnend sind hier die Anmerkungen des Bericht erstattenden Gestapo-Beamten. Zum Vortrag des evangelischen Missionsgeistlichen Dr. Ernst Verwiebe, der sich 1935 und 1936 nur vorübergehend in Deutschland aufhielt, wurde lapidar vermerkt, es habe zwar nach dem Vortrag eine lebhafte Aussprache stattgefunden, "doch wurden politische - insbesondere Fragen über die von dem Reichsminister für die kirchlichen Angelegenheiten eingesetzten Reichskirchenausschüsse, nicht angeschnitten."[1150] Der örtliche Pastor Middendorf hatte nach Ende des Vortrages ergänzt: "Gott ist für alle Menschen da, nicht nur für die Chinesen, Hottentotten und Juden, sondern auch für die Deutschen. Wenn Gott aus unserem Blut und unserer Rasse ist, dann ist es Unfug, wenn die Chinesen und Japaner denselben Gott haben."[1151] Diese Zusatzbemerkung wurde von der Gestapo nicht kommentiert. Hingegen wurde zu einer von Inhalt und Zielrichtung ähnlichen Predigt des Kapuzinerpaters Paulinus Borocco vermerkt: "Von mehreren Anwesenden wurde diese Predigt als gemeine Hetzrede bezeichnet. Gegen den Geistlichen ist Anzeige erstattet worden."[1152]

Die katholische Kirche, die in Wilhelmshaven und Umgebung naturgemäß weniger stark vertreten war, entging der Beobachtung durch die Kreisleitung ebenfalls nicht. So schrieb Kreisleiter Meyer unter dem Punkt "Allgemeine Kriegserscheinungen" zur katholischen Aktion:

[1148] StAO Best. 320-2 Nr. 2.
[1149] Lagebericht der Staatspolizeistelle Osnabrück an das Geheime Staatspolizeiamt für den Monat Januar 1936 vom 4. Februar 1936. In: Steinwascher: Gestapo Osnabrück meldet..., S. 329-339
[1150] Ebda, S. 332.
[1151] Ebda.
[1152] Ebda, S. 333. Leider konnte hier nicht ermittelt werden, ob die Anzeige weitere Maßnahmen seitens der Gestapo zur Folge hatte. Zu Pater Borocco vgl. Hehl, Ulrich von (Bearb.): Priester unter Hitlers Terror. Paderborn, [4]1998.

Die katholische Aktion ist dauernd im gange und versucht ihren Einfluß ständig zu vergrößern und zwar in solchem Maße, daß es einfachen Volksgenossen auffällt, innerhalb der einzelnen Betriebe, auch der Wehrmachtsbetriebe.[1153]

Auch wenn Kreisleiter Meyer es in diesen Fällen unterließ, konkrete Vorschläge zu machen, so finden sich in seinen Stimmungsberichten doch auch genügend Beispiele, in denen er mit eigenen Vorschlägen an seine Vorgesetzten herantritt. So regte er z. B. in einem Bericht an, für alle Partei- und Volksgenossen "Lebensbücher" einzuführen, in denen alle wichtigen Dokumente vom Abstammungsnachweis bis zum Totenschein gesammelt werden sollten.[1154]

Kreisleiter Ernst Meyer scheute sich in seinen Stimmungsberichten nicht, Kritik an einzelnen staatlichen Maßnahmen oder dem Verhalten anderer NS-Organisationen zu äußern. Beispielhaft für Kritik an staatlichen Maßnahmen ist der Bericht für den Monat Oktober 1940. Hier geht Meyer unter dem Punkt "Kohlenversorgung" auf die Politik der Bezirkswirtschaftskammer ein. Diese gebe "wieder eine der berühmten Lockerungen"[1155]. Auch sei es sachlich falsch,

wenn in dem Bericht, den die Kanzlei des Gauleiters vom Stellvertreter des Führers bekommt und uns weitergibt, davon gesprochen wird, daß 50 % des Bedarfs da sei. Ich werde darauf aufmerksam gemacht, daß diese 50 % sicherlich von den 27 Punkten gemeint sind, die man ursprünglich allen Ofenheizern im Durchschnitt zugedacht hat. Augenblicklich leben alle Leute noch in der Hoffnung, daß sie etwas zusätzlich bekommen. Wie wir später in der ganzen Kohlenfrage fertig werden wollen, muß die Zukunft erweisen. Jedenfalls war die Organisation der Zuteilung vollkommen falsch.[1156]

Auch die Reichszeugmeisterei, die die Uniformen sowohl für die NS-Organisationen als auch für die Wehrmacht herstellte, erregte Kreisleiter Meyers Mißfallen, da ihm immer wieder Klagen "über die unerhörte Unzulänglichkeit der Reichszeugmeisterei"[1157] zu Ohren kamen. Besonders unangenehm fiel auf, daß eine Qualitätskontrolle so gut wie nicht vorhanden war und oftmals in einer Lieferung völlig verschiedene Stoffe enthalten waren: "Die Verschiedenartigkeit in Farbe und Qualität dieser samt und sonders von der Reichszeugmeisterei abgestempelten Stof-

---

[1153] Bericht über Verhältnisse, Probleme und Schwierigkeiten in Wilhelmshaven an den Gauleiter der NSDAP, Paul Wegener. Wilhelmshaven, 25. Juni 1942. StAO Best. 320-2 Nr. 5.
[1154] StAO Best. 320-2 Nr. 2.
[1155] StAO Best. 320-2 Nr. 2.
[1156] StAO Best. 320-2 Nr. 2.
[1157] Einzelnes Blatt eines Stimmungsberichtes der Kreisleitung der NSDAP Wilhelmshaven ohne Datum. StAO Best. 320-2 Nr. 2.

fe ist so groß, daß man es kaum für möglich hält. Den Gipfel schießen die Jungvolk-Hosen ab."[1158] Entschuldigungen seitens der Reichszeugmeisterei ließ Meyer nicht gelten, da er festgestellt habe,

> dass die Wehrmacht für mindestens dasselbe Geld ganz andere Qualitäten bekommt. Die Uniformen der Partei und der Wehrmacht stechen direkt voneinander ab. Die Reichszeugmeisterei ist unerhört teuer. Kein Geschäftsmann kann sich aber dagegen wehren, weil sie ja das Monopol hat und mit diesem Monopol alles beherrscht.
>
> Wenn man sieht, wie alle diese Unzulänglichkeiten wieder einmal auf Kosten der NSDAP gehen, der zuliebe die Menschen ja schweigen, kann man wirklich über die Reichszeugmeisterei die helle Wut bekommen.[1159]

Von den anderen NS-Organisationen erregte vor allem die HJ Kreisleiter Meyers Mißfallen. Dies betraf schon die Organisation der HJ, deren Gebietsführungen geographisch nicht mit den Gauen der NSDAP übereinstimmten, ebensowenig wie die Zuständigkeitsbereiche der Kreise und Ortsgruppen mit denen der Banne und Gefolgschaften übereinstimmten:

> Es wird versucht, nach wie vor weiter zu schulen, jedoch machen Krieg und Fliegeralarm hier große Schwierigkeiten. Sehr viel bemängelt wird, daß die Jugend trotz aller Aufforderung immer wieder nicht kommt. Wenn nicht von obenher dafür gesorgt wird, daß die HJ in ihrer Organisation der Partei angepaßt wird, gibt das nie etwas.[1160]

Auch das allgemeine Verhalten der HJ-Mitglieder fand Kreisleiter Meyer nicht zufriedenstellend. Die Beschwerde der Ortsgruppe Wilhelmshaven-Skagerrak, "daß die HJ in Uniform den politischen Leiter in Uniform nicht grüßt", kommentierte Meyer dahingehend, "daß die Grußpflicht der HJ allgemein nicht nur in Wilhelmshaven, sondern überhaupt sehr schlecht ist."[1161]

Insgesamt kann man sagen, daß die Stimmungsberichte der NSDAP-Kreisleiter eine Art 'Meinungsforschungsbericht' darstellen. Sie dienten nicht dazu, einzelne "Miesmacher" namhaft zu machen, wie sich überhaupt in Kreisleiter Meyers Stimmungsberichten nur selten Namen finden. Im ganzen Gau Weser-Ems findet sich

---

[1158] Ebda.
[1159] Einzelnes Blatt eines Stimmungsberichtes der Kreisleitung der NSDAP Wilhelmshaven ohne Datum. StAO Best. 320-2 Nr. 2.
[1160] Stimmungsbericht zu Punkt 8 Schulung für den Monat Oktober 1940. StAO Best. 320-2 Nr. 2.
[1161] Stimmungsbericht zu Punkt 8 HJ für den Monat Oktober 1940. StAO Best. 320-2 Nr. 2.

nur ein einziger Fall, in dem ein in einem Stimmungsbericht namentlich Genannter später von der Gestapo verhaftet wurde[1162].

Claudia Roth sieht einen grundsätzlichen Unterschied zwischen den Berichten des SD und der Kreisleitungen der NSDAP. Im Anschluß an Unger[1163] behauptet sie, der SD habe versuchen müssen, "sein denunziatorisches Arbeitsgebiet zu einem für den Systemerhalt unentbehrlichen Element zu machen und daher möglichst schonungslos vorhandene Mißstände aufdeckte"[1164]. Im Gegensatz dazu habe die NSDAP harsche Kritik unterdrückt, "um nicht die eigene Position durch Selbstzensur zu gefährden."[1165] Roth stützt sich in ihrer Untersuchung auf Literatur und allgemeine, parteiinterne Verordnungen der NSDAP, jedoch kaum auf tatsächliche Stimmungsberichte, obwohl gerade für Bayern schon lange Stimmungs- und Lageberichte der NSDAP und ihrer Organisationen vorliegen[1166]. Die wenigen, von ihr herangezogenen Berichte mögen obiges Urteil vielleicht stützen. Mit den Stimmungsberichten des Wilhelmshavener Kreisleiters Ernst Meyer liegt jedoch ein krasses Gegenbeispiel vor. Meyer nimmt in seinen Berichten kein Blatt vor den Mund und scheut sich nicht, Maßnahmen der Reichsregierung und ihrer Organe und Ministerien zu kritisieren. Ohnehin ist die Behauptung, die NSDAP hätte durch Selbstzensur ihre Position gefährden können, völlig abwegig, da die Stimmungsberichte der Kreisleiter ebenso wie die Berichte des SD nicht zur Veröffentlichung, sondern lediglich zum internen Gebrauch vorgesehen waren. Ebenso abwegig ist Roths Behauptung, daß "die ungeschminkte Preisgabe negativer Meinungsbilder Sanktionen für die eigene Position befürchten ließ"[1167]. Roth kann keinen einzigen solchen Fall belegen, sondern vermutet dies lediglich aufgrund einer Reichstagsrede Hitlers, in der er gesagt hatte:

> Keiner melde mir, daß in seinem Gau, in seinem Kreis oder in seiner Gruppe oder in seiner Zelle die Stimmung einmal schlecht sein könnte. Träger, verantwortlicher Träger der Stimmung sind Sie. Ich bin verantwortlich für die Stimmung im deutschen Volk, Sie sind verantwortlich für

---

[1162] Dem Kreisleiter von Bremen-Lesum, Karl Busch, wurde nach dem Krieg im Rahmen seines Entnazifizierungsverfahrens vorgeworfen, er habe eine ihm missliebige Personen denunziert, die dann in der Untersuchungshaft bei einem Bombenangriff ums Leben kam. Busch behauptete zunächst, er habe nie jemanden denunziert, sonder nur Stimmungsberichte geschrieben. Im Weiteren stellte sich jedoch heraus, dass er sich in einem Stimmungsbericht über den Betreffenden unter Nennung dessen Namens so negativ geäußert hatte, dass die Gestapo - die über dem Umweg über die Gauleitung und die staatlichen Behörden Abschriften der Kreisleiterberichte erhielt - Grund zum Eingreifen gesehen hatte. StAB 4,66 Busch, Karl.

[1163] A. L. Unger, The Totalitarian Party. Party and People in Nazi Germany and Soviet Russia, Cambridge 1974, 239 ff.

[1164] Roth, 297.

[1165] Ebda.

[1166] Bayern in der NS-Zeit. Soziale Lage und politisches Verhalten der Bevölkerung im Spiegel vertraulicher Berichte. Herausgegeben von Martin Broszat, Elke Fröhlich, Falk Wiesemann. München, 1977.

[1167] Roth, 301.

die Stimmung in ihren Gauen, in Ihren Kreisen! Keiner hat das Recht, diese Verantwortung abzutreten.[1168]

Daß das Verhalten des Wilhelmshavener Kreisleiter Meyer nicht die Ausnahme, sondern die Regel war, belegt auch eine schon 1977 publizierte Auswahl von Stimmungsberichten bayerischer Ortsgruppen- und Kreisleitungen. So berichtete beispielsweise die Kreisleitung Memmingen-Land am 1. 7. 1936, der Hirtenbrief der bayerischen Bischöfe gegen die Auflösung der Klosterschulen habe sich "ganz katastrophal" ausgewirkt: "Sogar von Parteigenossen konnte gehört werden, wenn die Sache in dieser Beziehung so weitergehe, so wollen sie aus der Partei austreten und nicht immer die Sachen, welche oben vermurkst werden, ausbaden."[1169].

Der Fall des Kreisleiters Ernst Meyer zeigt, bestätigt durch den Blick auf die bayerischen Stimmungs- und Tätigkeitsberichte, daß die Kreisleiter sich durchaus nicht scheuten, ihren vorgesetzten Stellen die ungeschminkte Wahrheit über die Stimmung im Volk mitzuteilen. Meyer hielt zumindest von 1938 bis zu seiner Einberufung 1942 - für diesen Zeitraum sind Stimmungsberichte von ihm überliefert - an dieser Praxis fest, ohne jemals irgendwelche Sanktionen zu erleiden. Ohnehin gaben in der Regel gerade die Sachverhalte Anlaß zu Unmut, deren Verursacher auf Reichsebene zu suchen waren, und nicht auf der Ebene der Gauleitung, die über eventuelle Sanktionen, d. h. Einleitung eines Parteigerichtsverfahrens, zu entscheiden hatte.

6.5 Praktische Ausgestaltung der "Menschenführung"

6.5.1 Die "Kreisleiterpersönlichkeit"

Auf die grundlegende Bedeutung des Begriffes der "Menschenführung" im Sinne einer ideologischen Durchdringung der Gesellschaft ist bereits eingegangen worden. Vor dem Hintergrund des Gaues Weser-Ems und Gauleiter Rövers Vorstellung über die "Menschenführung" soll nun anhand von Beispielen die praktische Umsetzung dargestellt werden. Carl Röver schrieb über die Menschenführung: "Voraussetzung zur Menschenführung ist engste Verbindung mit dem Volke."[1170] Im einzelnen führte er dazu aus:

[1168] Zitiert nach Roth, S. 301.
[1169] Tätigkeitsbericht der Kreisleitung Memmingen-Land (Gau Schwaben) vom 1. 7. 1936. In: Bayern in der NS-Zeit. Soziale Lage und politisches Verhalten der Bevölkerung im Spiegel vertraulicher Berichte. Herausgegeben von Martin Broszat, Elke Fröhlich, Falk Wiesemann. München, 1977.
[1170] Rademacher (Hrsg.): Röver, S. 33.

Die der Partei gestellte Aufgabe der Menschenführung macht es notwendig, daß die Politischen Leiter auf das engste mit dem Volke verbunden sind und bleiben. Es hat sich bewährt, daß neben den ehrenamtlichen auch die hauptamtlichen Politischen Leiter sich aus allen Volksschichten zusammensetzen.[1171]

In Rövers Vorstellungswelt lag das Schwergewicht der "Menschenführung" auf den unteren Parteiebenen. Die Politschen Leiter auf regionaler Ebene vergleicht er dabei mit den Geistlichen der katholischen Kirche. In seiner Denkschrift von 1942 kritisierte er die Organisation der NSDAP. Der Personaleinsatz in der gesamten Partei sei schlecht geplant[1172]. Die Personalverteilung ähnele einer umgedrehten Pyramide, da sich die meisten hauptamtlichen Stellen in den obersten Parteistellen zu finden seien. Als Vorbild solle vielmehr auch in dieser Beziehung die katholische Kirche dienen:

> Ich glaube, hier kann man etwas von der <u>Organisation</u> der katholischen Kirche lernen. Im kleinsten Dorf hat diese Institution mehrer hauptamtliche Vertreter, die das Volk auf ihre Art und Weise seelisch betreuen. Die Zentralstellen und Mittelstellen der Kirche sind betont schwach besetzt. (...) Die Stärke liegt in den Gemeinden, sowohl in der seelsorgerischen Betreuung als auch in der charitativen Fürsorge (Krankenhäuser, Altersheim usw.). Die Kirche setzt in erster Linie ihre Kräfte an der Front an. Man hat hier richtig erkannt, daß das Schwergewicht der Menschenführung unten liegt, und entsprechend die Kräfte angesetzt.[1173]

Der Kreisleiter als Person sollte bestimmte persönliche und charakterliche Eigenschaften für sein Amt mitbringen. Diese sollten ihn nicht nur dazu qualifizieren, für die ideologische Durchdringung des Kreises - die "Menschenführung" im eigentlichen Sinne - zu sorgen, sondern er sollte das alltägliche und politische Leben des Kreises mitgestalten und so die Lebensverhältnisse der Bevölkerung verbessern. Im weiteren Sinne diente natürlich auch die praktische politische Arbeit dazu, die Zufriedenheit der Bevölkerung mit dem System zu fördern und die Richtigkeit der NS-Ideologie praktisch unter Beweis zu stellen.

Der Kreisleiter mußte somit eine praktisch orientierte Persönlichkeit sein. In dem bereits zitierten Artikel "Die Kreisleiter" von Helmut Sündermann heißt es, es habe sich "heute bereits ein besonderer Typ der Kreisleiterpersönlichkeit herausgebildet

---

[1171] Rademacher (Hrsg.): Röver, S. 33.
[1172] Dies und das Folgende nach Rademacher (Hrsg.): Röver, S. 60 f.
[1173] Zitiert nach ebda.

- der Typ einer Persönlichkeit, der nichts ferner liegt als leerer Formalismus"[1174]. Weiter heißt es hier:

> Der Kreisleiter ist nicht etwa nur der Sachbearbeiter für die tausenderlei Fragen, die heute in der Kreisleitung bearbeitet werden, er ist der Mann, der seinen Mitarbeitern mit dem Instinkt und dem Blick für das Wesentliche, der das Kennzeichen alles Führertums ist, die Richtung angibt und aus den zahllosen Steinen einzelner kleiner Arbeitserfolge das Mosaikbild einer tatkräftigen und klugen Führung alles öffentlichen Wirkens im Kreisgebiet zusammsetzt.[1175]

Der Kreisleiter und seine Mitarbeiter stellen also weder eine reine Kontrollinstanz noch eine Alternative zu den Verwaltungsorganen dar, sondern vielmehr eine komplementäre Ergänzung im Sinne der "Menschenführung". Während die staatliche Verwaltung auf Gesetzen und Verordnungen beruht und somit zwar in der Regel effektiv, aber unflexibel arbeiten, stellt der Kreisleiter gewissermaßen die Verkörperung des "Maßnahmestaates" dar, der gezielt dort eingreift, wo die staatlichen Behörden nicht oder nicht schnell genug Abhilfe schaffen können. Zwei ganz typische Beispiele aus der Kriegszeit sind der Kreisleiter von Norden-Krummhörn, der bei einem akuten Arbeitskräftemangel HJ und SA für den Ernteeinsatz zusammentrommelte[1176], und der Kriegskreisleiter von Melle/Wittlage, der für berufstätige Frauen gesonderte Öffnungszeiten für den Einkauf von Lebensmitteln durchsetzte[1177].

"Für die Bevölkerung sorgen" hatte im Zusammenhang mit der Deportation der Juden und dem Holocaust teilweise auch eine ganz konkrete Bedeutung. In Delmenhorst, das seit 1940 "judenfrei" war, sorgte Kreisleiter Heinrich Thümler nach 1942 dafür, daß die Bevölkerung sich doch noch an jüdischem Eigentum bereichern konnte[1178]. Da Thümler zugleich kommissarischer Kreisamtsleiter für Volkswohlfahrt war, besaß er gute Beziehungen zur NSV. Nach 1942 wurden ganze Zugladungen mit Möbeln und Hausrat nach Deutschland geschafft, die aus den Wohnungen verhafteter und deportierte jüdischer Wohnungen stammten und hier nach Bedürftigkeit über die NSV verteilt wurden. Thümler organisierte einen Saal der Delmenhorster "Harmonie", stellte dort das Beutegut aus und "lud die Bevölkerung großzügig ein, sich dort zu bedienen"[1179] Junge Ehepaare konnten so kostenlos zu einer Ausstattung gelangen, andere Interessenten konnten gegen geringes Entgelt

---

[1174] Butjadinger Zeitung, 23. 4. 1936.
[1175] Ebda.
[1176] Vorschlag der Gauleitung Weser-Ems auf das Kriegsverdienstkreuz I. Klasse ohne Schwerter, 13. 3. 1943. BA Berlin-Lichterfelde, BDC Everwien, Lenhard.
[1177] Lagebericht des Regierungspräsidenten in Osnabrück, 12. 7. 1942. StAOs Rep. 430-Dez. 201 – acc. 14/47 – Nr. 2.
[1178] Dies und das Folgende nach Werner Vahlenkamp: Delmenhorst im „Dritten Reich". In: Streiflichter aus 600 Jahren Delmenhorster Geschichte (Delmenhorster Schriften 16). Delmenhorst, 1994. S. 55.
[1179] Ebda.

einzelne Stücke erwerben. Einen anderen Teil der Möbel erhielt ein Delmenhorster Krankenhaus.

Für eine erfolgreiche "Menschenführung" sollte der Kreisleiter ein Mensch sein, "zu dem der Volksgenosse Vertrauen haben muß"[1180]. Der Kreisleiter soll dabei als ein Mann aus dem Volk erscheinen:

> Der Kreisleiter ist auch nicht etwa der Nachfahre des einstigen kleinen Potentaten, die sich in eine Wolke fürstlicher Unnahbarkeit hüllten, er ist der Mann des Volkes, der in seiner rastlosen Tätigkeit täglich mit ihm spricht, mit ihm lebt und so eine wirkliche Führung der Menschen in die Tat umsetzt.[1181]

Einen ausführlichen Bericht über die tägliche Arbeit eines Kreisleiters brachte die "Oldenburgische Volkszeitung" vom 11. 3. 1939. In ihrem Bericht wird zunächst das Arbeitszimmer des Kreisleiters, das "einfach und geschmackvoll eingerichtet" ist, lobend erwähnt. Geschmückt wird das Zimmer lediglich durch

> Bilder des Führers, des Stellvertreters des Führers und des Gauleiters Röver sowie Bilder der 14 österreichischen Märtyrer der Bewegung, der Hakenkreuzfibel von Elmelage, des Quatmannshofes und ein Pastellbild der Tochter des Kreisleiters (...). Auch ein Globus fehlt nicht, um jederzeit die Ereignisse in der Welt verfolgen zu können. (...)

Zunächst einmal stellte Kreisleiter Voß in dem Gespräch mit der "Oldenburgischen Volkszeitung" klar, daß "alle Volksgenossen des Kreises Vechta, die irgendwie Rat oder Hilfe brauchen", sich doch "vertrauensvoll an die Ortsgruppenleiter der 14 Ortsgruppen wenden" sollten, "weil diese am besten in der Lage sind, die Dinge örtlich zu beurteilen und ev. zu regeln". Sei dies "nicht möglich, so geben sie mir Bericht und ich stehe dann an jedem Dienstag vormittag für diese Volksgenossen zur Verfügung, um dann meinerseits zu versuchen, die Angelegenheit möglichst zu regeln". Als typischen Fall nennt Kreisleiter Voß den Fall einer Frau, die zu ihm kommt, weil ihr Mann seine Pachtstelle verloren hat und nun für die Familie ein neues Haus bauen will. Im weiteren schildert er die damit verbundenen Probleme und wie er als Kreisleiter vermittelnd eingegriffen habe.

Zum Schluß kommt Kreisleiter Voß auf die Probleme "weltanschaulicher Art" zu sprechen, die hier - nach Gauleiter Rövers Ansicht war Vechta in seinem Gau "der

---

[1180] Sündermann "Die Kreisleiter". Butjadinger Zeitung, 23. 4. 1936.
[1181] Ebda.

schwierigste Kreis in weltanschaulicher Beziehung. Sitz des bischöfl. Offizials usw."[1182] - besonders gravierend waren. Er wisse, daß in seinem Kreis

noch Spannungen, vor allem weltanschaulicher Art bestehen, wie das sich in einer Zeit eines so gewaltigen Umbruchs ergibt. Es waren schon viele Volksgenossen bei mir, die diese oder jene Maßnahme nicht verstanden und zu mir kamen um Aufklärung geben zu können, und sie haben dann diese Maßnahmen richtig sehen gelernt und waren dankbar dafür.

Auf diesen Punkt - gerade der Kreuzkampf von 1936, der zu diesem Zeitpunkt erst knapp eineinhalb Jahre zurücklag, hatte der NSDAP in Südoldenburg schwer geschadet - ging die "Oldenburgische Volkszeitung" nicht weiter ein. Statt dessen wurde das Gespräch wieder auf die Rolle des Kreisleiters als 'Sorgenonkel' gelenkt. Der Kreisleiter nahm dies dankbar auf und führte weiter aus:

Sie haben recht. Viele, viele Volksgenossen, die Sorgen, Nöte und Wünsche haben, kommen zu mir. (...) Es ist nicht immer der leichteste Teil meiner Arbeit, aber letzten Endes doch der dankbarste, den Menschen raten oder helfen zu können, die in Not sind. Die nationalsozialistische Weltanschauung verpflichtet auch hier, der Betreuer aller Volksgenossen und der Anwalt ihrer gerechten Interessen zu sein. Auch in den Fällen, wo es mir im Augenblick nicht möglich ist, zu helfen, konnte ich den Volksgenossen neuen Mut geben durch die vertrauensvolle Aussprache, bis auch für ihn die Erfüllung seines Wunsches oder die Abstellung seiner Notlage möglich ist.

Voß betonte, er stehe "für alle Volksgenossen im Kreise Vechta zur Verfügung". Persönlich könne er das "allerdings nur an einem Vormittag der Woche sein, weil die Unzahl an Eingaben, Wünschen, Fragen, die tagtäglich an mich gelangen, auch bearbeitet werden müssen, und zwar gründlich, bevor ich eine Entscheidung fällen kann." Dafür stehe der "Kreisgeschäftsführer in der Kreisleitung jeden Vormittag allen Volksgenossen zur Verfügung". Hier ergibt sich ein weiteres Problem der "Menschenführung" für Kreisleiter Voß, das hier natürlich nicht deutlich genannt wird: Voß hatte seinen privaten Wohnsitz in Brettorf im Landkreis Oldenburg und wollte ihn auch beibehalten, weil er, wie er zu Beginn des Interviews klarstellte, "mit Leib und Seele Bauer" sei. Es ist kaum vorstellbar, daß Kreisleiter Voß, der aus einer evangelischen Familie stammte und dessen privates Leben sich weiterhin in einem evangelischen Umfeld abspielte, unter diesen Voraussetzungen jemals wirklichen Zugang zur katholischen Bevölkerung seines Kreises finden konnte, , bei der er im Auftrag der NSDAP "Menschenführung" und betreiben sollte. Ein "Landfremder" kann niemals ein örtlicher "opinion leader" werden.

[1182] Begründung des Antrags auf Besoldungsfestsetzung Gauleiter Rövers für Kreisleiter Heinrich Voß. BA Berlin-Lichterfelde, BDC PK Voß, Heinrich.

Kreisleiter Voß ist deutlich anzumerken, daß ihm dieses Manko auch durchaus selber bewußt ist, wenn er bedauert, nur an einem Tag der Woche der Bevölkerung zur Verfügung stehen zu können und dann auf seinen Kreisgeschäftsführer verweist Auch sei zu bedenken, "daß alle Stellen der Partei, der Gliederungen und Verbände im Kreise Vechta, ehe sie in einer Frage eine grundsätzliche Entscheidung treffen, sich mit mir in Verbindung setzen, damit die einheitliche Linie in allem gewahrt bleibt". Hier muß noch einmal daran erinnert werden, daß die Gliederungen der NSDAP, d. h. SA, SS und NSKK dem Kreisleiter nicht unterstellt waren.

Dann geht Kreisleiter Voß auf ein weit verbreitetes Mißverständnis ein. Man sehe "die Aufgaben und Arbeit des Kreisleiters und der Kreisleitung völlig falsch, wenn man hier und da glaubt, es liege uns daran, nach diesem oder jenem herumzuschnüffeln, wie man sagt". Tatsächlich war es nicht Aufgabe der politischen Leiter der NSDAP, für das Regime Spitzeldienste zu übernehmen. Auch gibt es im ganzen Gau Weser-Ems nur einen einzigen Fall, in dem ein Kreisleiter eine Denunzierung nachgewiesen werden konnte, die zu einer strafrechtlichen Verfolgung geführt hat. Es handelt sich hier um den Fall des Kreisleiters Karl Busch, Kreisleiter des Kreises Bremen-Lesum, der in seinen Stimmungsberichten Namen genannt hatte.[1183] Selbst wenn der Kreisleiter tatsächlich einmal feststellte, daß jemand dem System feindlich gegenüberstand, so hatte dies für den Betreffenden nicht unbedingt negative Konsequenzen. Im Gegenteil konnte es geschehen, daß der Kreisleiter auf Anfrage einer Behörde riet, einem Systemgegner eine beantragte staatliche Hilfe zu gewähren. So empfahl beispielsweise der Offenbacher Kreisleiter bei ehemaligen Anhängern der KPD trotz "Fortbestehens der Gegnerschaft die Gewährung von Kindergeldbeihilfen, zumal bei schwierigen materiellen Verhältnissen dadurch vielleicht eine Änderung der Gesinnung eintreten könne"[1184].

Marßolek und Ott stellen die Kreisleitung als die zentrale Stelle dar, bei der Denunzierungen zusammenliefen und von dort an die Gestapo weitergereicht wurden. Dies tun sie allerdings auf der Grundlage der Aussage eines ehemaligen Gestapobeamten, "der 1949 erklärte, 90 % der Anzeigen, die der Gestapo zugingen, seien von der Kreisleitung gekommen."[1185] Darüber hinaus können Marßolek und Ott zwei Berichte über einen Volksgenossen P. nachweisen, der "als nicht nationalsozialistisch zuverlässig angesehen werden kann"[1186]. Negative Konsequenzen für den "Volksgenossen P." können jedoch nicht nachgewiesen werden. Ein Schreiben der Ortsgruppe Bremen-Arsten beweist lediglich, daß die Partei "diejenige Stelle ist, wo diese Dinge zusammenfließen"[1187].

[1183] Zu den Stimmungsberichten der NSDAP-Kreisleiter siehe ausführlich das entsprechende Kapitel.
[1184] Dieter Rebentisch: Die "politische Beurteilung" als Herrschaftsinstrument der NSDAP. In: Peukert/Reulecke (Hrsg.): Die Reihen fast geschlossen. S. 113 f.
[1185] Marßolek/Ott, S. 171.
[1186] Marßolek/Ott, S. 170.
[1187] Marßolek/Ott, S. 171.

Ein gänzlich anderes Bild zeichnen die Untersuchungen von Reinhard Mann[1188], der einen anderen Ansatz wählt und auf den Erfolg einer Denunzierung - hier im weitesten Sinne des Wortes - abzielt. Mann betrachtet nicht jede negative Äußerung einer Parteidienststelle als Denunzierung, sondern beschränkt sich auf die Fälle, in denen die Gestapo in irgendeiner Form gegen einzelne Personen tätig gewesen ist. Hier ergibt sich ein gänzlich anderes Bild. Nach Manns Untersuchung, die sich auf die Unterlagen der Gestapo Düsseldorf stützt, stammten nur 6 % der Anzeigen, die zur Initiierung eines Vorganges führten, tatsächlich von einer der zahlreichen Parteiorganisationen. Selbst wenn berücksichtigt wird, daß sich die Verhältnisse in Bremen von denen in Düsseldorf graduell unterschieden haben mögen, so wird die zitierte Äußerung des Bremer Gestapo-Beamten doch eindeutig als reine Schutzbehauptung entlarvt, denn auch im Land Lippe, wo die Akten der Kreisleitung sehr gut überliefert sind, kann man feststellen, daß der dortige Kreisleiter Wedderwille nur in wirklich extremen Fällen die Gestapo einschaltete, sondern es in der Regel mit einem lautstarken "Zusammenstauchen" in der Kreisleitung beließ.[1189] Der Kreisleiter überlegte es sich sehr genau, ob er jemanden bei der Gestapo denunzierte, denn jeder solcher Fall war ja gleichzeitig ein Fall, in dem seine Künste der "Menschenführung" versagt hatten und der einem Armutszeugnis für seine Amtsführung gleichkam.

Nach Manns Untersuchungen hatte die Kreisleitung zwar tatsächlich Einfluß auf die Vorgehensweise der Gestapo. Dies geschah jedoch in der Regel erst im Nachhinein, wenn nämlich die Gestapo bereits gegen eine Person ermittelte und die Kreisleitung um Stellungnahme bzw. ein "Politisches Gutachten" bat[1190]. Reinhard Mann weist zwar ausdrücklich auf "institutionelle Kontakte der NSDAP mit der Geheimen Staatspolizei"[1191] hin, die auf einer Anweisung Heinrich Himmlers beruhten. Demnach waren die Gauleiter über alle staatspolizeilichen Maßnahmen zu unterrichten, die für sie "wertvoll und notwendig seien". Die Kreisleiter wurden nur über Vorgänge informiert, "die eine Beunruhigung der Bevölkerung und eine ungünstige Beeinflussung ihrer Stimmung im Gefolge haben können."[1192] Eine generelle Informationspflicht der Gestapo gegenüber den Kreisleitern bestand nur bei Maßnahmen in kirchlichen Fragen. Die Anweisung Himmlers läßt daher vermuten, daß die Kreisleiter als mögliche Konkurrenten angesehen wurden, die der Gestapo die Lorbeeren bei der "Bekämpfung der Staatsfeinde" streitig machen könnten[1193].

[1188] Vgl. Mann, Reinhard: Protest und Kontrolle im Dritten Reich. Nationalsozialistische Herrschaft im Alltag einer rheinischen Großstadt (Studien zur Historischen Sozialwissenschaft; Bd. 6). Frankfurt/Main, 1987. S. 292.
[1189] Vgl. Ruppert/Riechert, S. 55 f.
[1190] Vgl. Mann, S. 169.
[1191] Mann, S. 172.
[1192] Zitiert nach Mann, S. 172.
[1193] Reinhard Heydrich stellte in seinem Artikel 'Die Bekämpfung der Staatsfeinde' im 'Völkischen Beobachter' vom 28. 4. 1936 klar, daß dies ausschließlich Aufgabe von Gestapo und SD der SS war. Vgl. Adressenwerk der Dienststellen der NSDAP, Berlin 1937, S. 39 des Lexikon-Teils. Der Artikel wurde als Lexikon-Eintrag übernommen.

Kreisleiter Voß kann somit geglaubt werden, daß er sich nicht als Gestapo-Spitzel und Denunziant verstand, sondern eher als eine Art 'politischer Seelsorger', zu dem die Bevölkerung mit allen Sorgen kommen konnte. Es läßt sich zwar im Nachhinein nicht feststellen, wie sehr dieses Angebot seitens der Partei tatsächlich von der Bevölkerung wahrgenommen wurde. Eine Bekanntmachung in der Nordenhamer "Butjadinger Zeitung" vom 29. 6. 1938 weckt eher Zweifel an der Version des Vechtaer Kreisleiters: "Sprechstunden des Kreisleiters in Nordenham und Brake. Es wird bei dieser Gelegenheit nochmals darauf hingewiesen, daß die Sprechstunden des Kreisleiters von a l l e n Volksgenossen besucht werden können." Dies weist darauf hin, daß die Sprechstunden zwar für alle "Volksgenossen" gedacht waren, tatsächlich aber nur von untergeordneten Funktionären genutzt wurden, um parteiinterne Angelegenheiten zu besprechen. Andererseits mag dies aber eher an der Persönlichkeit des Kreisleiters Arthur Drees als an der Institution des Kreisleiters gelegen haben, da dieser nur wegen seiner frühen Verdienste um die NS-Bewegung sein Kreisleiteramt behielt und von Parteimitgliedern für unfähig, vom Amtsarzt gar für einen mittleren Psychopathen gehalten wurde.[1194]

Insgesamt scheint die NSDAP als 'Kummerkasten' bei der Bevölkerung eine gewisse Anerkennung gefunden zu haben. Stimmungsberichte dienten auch dazu "Unzufriedenheit in der Bevölkerung zu erkennen und die Gründe für diese - wenn sich dies mit der Herrschaftslogik vertrug – abzustellen"[1195]. Diese Beschwerden aus der Bevölkerung bezogen sich auf alle Lebensbereiche, dabei "konnte es sich um mangelnde Straßenbefestigungen handeln, um zu hohe Mieten in staatlichen Wohnungen, um mangelnde Spielplätze, hohes Verkehrsaufkommen in Wohnstraßen oder - um ein heute besonders aktuelles Beispiel zu nennen - um Luftverschmutzung und zwar durch die Zementfabrik der Norddeutschen Hütte."[1196]

Neben diesen Fällen, die ganz oder teilweise im staatlichen Bereich angesiedelten waren, und oft von der NSDAP in Kompetenzkämpfen mit der staatlichen Verwaltung instrumentalisiert wurden, gab es auch eine ganze Reihe von rein privaten Problemen, die an den Kreisleiter herangetragen wurden. Einige Beispiele lassen sich aus den gut überlieferten Akten der Kreisleitung Detmold anführen, die die Darstellung des Vechtaer Kreisleiters Voß bestätigen.

Ähnlich wie die NSDAP in Bremen so war auch der Detmolder Kreisleiter Wedderwille eine Art 'Sorgenonkel'. Die an ihn herangetragenen Anliegen reichten von der Bitte eines Arbeiters um finanzielle Unterstützung (4 Wochen krank, 2 Wochen arbeitslos wegen Kälte-Periode)[1197] bis zu einem Konflikt mit der Evangelisch-reformierten Kirchengemeinde in Helpup wegen Erhebung doppelter Gebühren für Gottgläubige[1198]. Hierbei hatte ein "gottgläubiges" SA-Mitglied sich beim Kreisleiter darüber beschwert, daß er für das Reihengrab seiner Tochter eine doppelte Gebühr bezahlen mußte. Wedderwilles Beschwerden drangen jedoch weder bei den

---

[1194] Vgl. das Kapitel über Arthur Drees.
[1195] Marßolek/Ott, S. 172.
[1196] Marßolek/Ott, S. 172 f.
[1197] Aktenvermerk Kreisleiter Wedderwilles vom 8. 4. 1940. StA Detmold L 113 Nr. 1074 Bl.
[1198] StA Detmold, L 113, Nr. 787 Bl. 40-70.

staatlichen Stellen noch beim Lippischen Landeskirchenamt durch. Letzteres bestätigte dem Kirchenvorstand ausdrücklich, der Gebührenbescheid sei korrekt, da es eben nicht wie von Wedderwille dargestellt, eine Frage der Konfession sei, sondern daß es daran läge, daß die Familie als nicht Ortsansässige auch nicht zu den Unterhaltungspflichtigen des Friedhofes gehörten. Hingegen zahlten Familien von Angehörigen, die nicht formell aus der Kirche ausgetreten sind, aber ohne Mitwirkung eines Pfarrers beerdigt wurden, nur den einfachen Preis für ein Kirchengrab, da sie zu den Unterhaltungspflichtigen gehören.[1199]

Kreisleiter Wedderwille legte dabei größten Wert auf seinen Ruf als unbestechlicher Volksführer. Dies ging so weit, daß er selbst kleine Geschenke grundsätzlich ablehnte. Einer Besucherin - das spezielle Anliegen, oder ob es ein solches überhaupt gab ist nicht überliefert - schrieb er:

> Anläßlich Ihres Besuches in meiner Wohnung haben Sie die beiliegende Wurst abgegeben. Wenn ich auch annehme, dass Sie mit diesem Schritt keinerlei Nebenabsichten verfolgten, so sehe ich mich doch aus grundsätzlichen Erwägungen nicht in der Lage, das gewiss gut gemeinte Geschenk anzunehmen.[1200]

Mitunter konnten die Auftritte der Bittsteller auch recht dramatisch ausfallen. So kam am 27. 3. 1940 ein älterer Bürger erschöpft in die Kreisleitung in Detmold und erklärte, er wolle nicht auf den Heimathof Bethel zurück, auf dem er untergebracht war, weil die Leute dort geistig nicht normal seien. Kreisleiter Wedderwille empfing den alten Herren, der einen geistig verwirrten Eindruck machte und notierte: "Buchholz wies durch sein Mitgliedsbuch, das übrigens in bester Ordnung war, nach, daß er der Bewegung seit 1931 angehört und seine Beiträge pünktlich bezahlt hat." Da er Zweifel daran hatte, ob Buchholz wirklich geistig verwirrt war, ließ er ihn zunächst in das Detmolder Krankenhaus einweisen. Die dortigen Ärzte stellten fest, daß der Rentner "geistig völlig normal ist und sein Leiden (Versagen der Beine, Zittern der Hände und teilweises Versagen der Sprache) auf ein Nervenrückenmarksleiden zurückzuführen ist."[1201] Wedderwille verschaffte dem Rentner daraufhin einen Platz in einem Altersheim.

Der Lipper Kreisleiter präsentiert sich somit als eine Art gütiger Landesvater, der sich um seine "Volksgenossen" kümmert und der seine 'regionalen Landsleute' nicht nur kennt, sondern sich auch mit persönlicher Tatkraft und eigenem Einsatz für die Bedürfnisse des Einzelnen einsetzt. In diesem Sinne kann Adolf Wedderwille als eine Art 'Muster-Kreisleiter' angesehen werden, der den von Sündermann aufgestellten Kriterien in idealer Weise entsprach.

[1199] Lippisches Landeskirchenamt an den Kirchenvorstand in Helpup, Detmold, 29. 1. 1940. StA Detmold L 113 Nr. 787 Bl. 69.
[1200] Kreisleiter Wedderwille an Frau Jasper-Möller - Bürgermeisteramt in Pivitsheide, 2. 4. 1942. StA Detmold Nr. 1073 L 113 Nr. Band 1 Bl. 254.
[1201] Aktenvermerk Wedderwilles vom 26. 4. 1940. StA Detmold L 113 Nr. 1074 Bl. 67.

6.5.2 Der "Sozialismus der Tat"

Wie bereits festgestellt, war es nicht allein die Konzentration auf bestimmte, einzelne, fachlich und sachlich abgegrenzte Bereiche wie z. B. die Mitwirkung in der kommunalen Personalpolitik, die die Arbeit eines Kreisleiters ausmachte. Es war vielmehr die konkrete Arbeit in den Bereichen, die der Kreisleiter als besonders dringlich empfand. Dies ist ein Konzept, das aus dem italienischen Faschismus[1202] als die 'azione' bekannt ist, ein Konzept, das seine nationalsozialistische Entsprechung im vielbeschworenen sogenannten "Sozialismus der Tat" findet. Durch Aktionen, deren Nutzen für die Bevölkerung unmittelbar offensichtlich war, sollte die Richtigkeit der Ideologie als ganzer aufgezeigt werden.

Einen erfolgreichen Fall von "Menschenführung" durch den "Sozialismus der Tat" schildert der Deutschland-Bericht der Sopade vom Januar 1938. Der Berichterstatter mußte konstatieren: "Einzelne Organisationen bringen es immer wieder fertig, die Menschen richtig anzupacken.". Ein typisches Beispiel spielte sich im Kohlengebiet Borna-Meuselwitz ab, wo von der Partei eine Weihnachtsfeier für Bergarbeiterkinder veranstaltet wurde. Dabei holte man nicht irgendwelche Kinder, sondern man suchte gezielt

> die Kinder solcher Bergarbeiter zusammen, die früher ausgesprochene Gegner der Nazis waren und sich bisher ablehnend verhalten haben und beschenkte sie. Neben Wäsche und Eßwaren gab es je Kind 2,- RM. Dabei wurde den Eltern und Kindern mitgeteilt, daß diese Spende von der SA aufgebracht worden sei, die im einstigen politischen Gegner den unterstützungswürdigen Freund von heute sehe.[1203]

Der Berichterstatter stellte fest: "Es läßt sich nicht bestreiten, daß die durchgeführte Aktion Anklang gefunden hat."[1204]

Dieses Beispiel illustriert die von Burns beschriebene "hierarchy of needs and values". Es wird jedoch suggeriert, daß materielle Bedürfnisse immer Vorrang haben vor immateriellen Werten. Dies trifft für das Handeln in extremen Situationen sicherlich zu, da der Durchschnittsbürger, der in der Regel keinen Hang zum Märtyrertum hat, bei der Androhung von KZ-Haft ohne Zögern bereit war, ein Lippenbekenntnis zum Nationalsozialismus abzulegen. "Menschenführung" im nationalsozialistischen Sinne hieß jedoch, die innere Einstellung der Menschen zu verändern. Dies läßt sich mit Gewalt nicht erreichen.

Hier zeigt sich der Unterschied des Zentrums als religiöser Weltanschauungspartei zu den Parteien der Linken. Seitens der katholischen Wähler waren die

---

[1202] Zum italienischen Faschismus, besonders in seinem Verhältnis zum Nationalsozialismus, s. Nolte, Ernst: Der Faschismus in seiner Epoche. Action francaise - Italienischer Faschismus - Nationalsozialismus. München, ^{9}1995.
[1203] Deutschland-Berichte der Sozialdemokratischen Partei Deutschlands (Sopade). Fünfter Jahrgang 1938, S. 113 (Auszug aus dem Bericht für Januar 1938)
[1204] Deutschland-Berichte der Sozialdemokratischen Partei Deutschlands (Sopade). Fünfter Jahrgang 1938, S. 113 (Auszug aus dem Bericht für Januar 1938)

Vorbehalte und Ängste gegenüber den Nationalsozialisten religiös begründet. Die Befürchtungen der Katholiken wurden bestätigt, nicht zuletzt weil jeder "Politische Leiter" im Lexikon-Teil des von ihm im Dienstgebrauch verwendeten "Adressenwerks der Dienststellen der NSDAP" lesen konnte, daß jeder katholische Geistliche grundsätzlich als potentieller Staatsfeind zu betrachten war. Hingegen waren die Linksparteien in erster Linie Interessenparteien der Arbeiter. Ihre Vorbehalte gegen die Nationalsozialisten gingen eher in Richtung der "needs". Ihre Befürchtung war, daß die NS-Regierung es nicht schaffen werde, die Arbeitslosigkeit zu beseitigen und sich andererseits eindeutig auf die Seite "des Kapitals" schlagen werde. Als es dem NS-Regime dann gelang, die Arbeitslosigkeit zu beseitigen, waren die Bedenken der ehemaligen Linkswähler hinfällig, sie selber somit nicht mehr "weltanschaulich schwierig".

Unter den Bedingungen des Zweiten Weltkrieges verlagerte sich die "Menschenführung" auf die Mobilisierung der Bevölkerung für den Kriegseinsatz. Karl Busch, 1942 bis 1945 Kreisleiter des Kreises Bremen-Lesum schrieb nach dem Krieg über seine Parteitätigkeit während des Zweiten Weltkrieges, diese sei ganz von den Verhältnissen des Bombenkrieges bestimmt worden; Bremen war als Wirtschaftszentrum ein bevorzugtes Angriffsziel. Der Kreisleiter der NSDAP wurde somit zur zentralen Figur auf Kreisebene in allen Fragen des Luftschutzes. Dies umfaßte Vorsorgemaßnahmen wie den Bau von Luftschutzbunkern und Splittergräben, Abstützung von Kellern, die Organisation von Gemeinschaftshilfen sowie die allgemeine Verdunkelungsüberwachung[1205]. Weitere Aufgaben waren nach Busch

> Beratung und Hilfe beim Arbeitseinsatz, Berichtwesen, Bearbeitung von Gnadengesuchen, Überwachung der Ernährungswirtschaft, Familienfeiern, Beratung und Schlichtung von Mietstreitigkeiten, Unterbringung und Verpflegung von Flüchtlingen, Zusammenarbeit mit der HJ und Schule, Katastrophenhilfe, Mitarbeit in Kommunalangelegenheiten, Wahrnehmung kultureller Belange, Bearbeitung von Personalangelegenheiten usw.[1206]

Hingegen trat die Versammlungstätigkeit der NSDAP in den Hintergrund.

Hier zeigt sich unter den Bedingungen gerade des Luftkrieges verstärkt das maßnahmestaatliche Element des Kreisleiteramtes. Insgesamt stieg dadurch die Wichtigkeit des Kreisleiters für die Bevölkerung. Konnten vor Kriegsausbruch nur die sozial schwachen in die Lage kommen, beim Kreisleiter um eine finanzielle Unterstützung zu bitten, so konnten unter den Bedingungen des Bombenkrieges auch sozial Bessergestellte jederzeit in die Situation geraten, daß sie bei der Zuweisung einer Notwohnung auf das Wohlwollen des Kreisleiters angewiesen waren. Der

---

[1205] Nach dem Lebenslauf Karl Busch, Fallingbostel, 13. 10. 1947. Entnazifizierungsakte Carl Busch, StAB 4,66 Busch, Karl.
[1206] Ebda.

Kreisleiter konnte somit fast täglich einerseits den systemkonformen und den 'lauen' Unterstützern des Systems die Vorzüge des nationalsozialistischen Volksgemeinschaftsgedankens demonstrieren, andererseits die 'Unbelehrbaren' durch die Verweigerung von Unterstützungen abstrafen.

Die Kreisleiter hatten darauf zu achten, daß die Bevölkerung die nötige Distanz zu Kriegsgefangenen einhielt. Dies galt besonders für polnische Kriegsgefangene. Am 2. März 1940 richtete der Kreisleiter des Landkreises Osnabrück, Ferdinand Esser, zusammen mit dem Landrat und dem Kreisbauernführer ein Schreiben an alle Ortsgruppenleiter, Bürgermeister sowie die Bezirks- und Ortsbauernführer, in dem er die Bevölkerung ermahnte:

> Wir wollen keinen Augenblick vergessen, wie schändlich die Polen an deutschen Soldaten und deutschen Volksgenossen gehandelt haben. Sie machen keinen Unterschied in der Konfession, für sie gilt es nur, das deutsche Blut zu treffen und zu vernichten. Aus diesem Grunde darf auch von uns das polnische Blut nur als unser Feind gesehen werden.[1207]

Auch in Bayern wurde die Distanz zu Kriegsgefangenen mit der Rasselehre begründet und die NSDAP gar zur "Hüterin der Reinerhaltung des Blutes gegenüber den Fremdstämmigen"[1208] hochstilisiert.

Zur Durchsetzung der notwendigen Distanz konnten die Kreisleiter auch zu Gewaltmitteln greifen. So berichtete der Landrat des Kreises Lingen von dem Fall der Küchengehilfin Hedwig M., aus Lingen a. d. Ems. Hedwig M. war von Anfang Juni bis zum 29. 7. 1940 in der Diätküche des dortigen Kriegsgefangenlazaretts beschäftigt[1209]. M. wurde am 1. 8. 1940 von der Polizei festgenommen und am folgenden Tag der Gestapo in Osnabrück übergeben, die die weitere Bearbeitung des Falles übernahm. Nach eigenem Geständnis hatte sie im Juli 1940 mit einem polnischen Gefangenen intime Beziehungen unterhalten. Ferner hatte sie insgesamt vier Briefe von Gefangenen unter Umgehung der Lagerzensur an deren Angehörige geschickt. Drei Antwortbriefe hatte sie unter ihrer Privatadresse empfangen und an Gefangene ausgehändigt. Dieser Fall sorgte in der Bevölkerung für Aufsehen,

> weil der M. auf Anordnung des Kreisleiters vor dem Rathaus auf dem Adolf-Hitlerplatz in Lingen vor den Augen einer grösseren Menschenmenge die Haare durch SA-Männer abgeschnitten wurden. Die Polizei sorgte lediglich für Ruhe und Ordnung.

[1207] StAOs Rep 430-201-16C/65-15.
[1208] So der Gauleiter des Gaues München-Oberbayern, Adolf Wagner, in seinem Gaubefehl vom 27. 9. 1941. Zit. nach Roth, S. 328.
[1209] Dies und das Folgenden nach dem Lagebericht des Landrats in Lingen an den Regierungspräsidenten in Osnabrück vom 6. August 1940. StAOs Rep 430 - 201 - 16C/65 - 15.

Ein gleichartiger Fall spielte sich 1941 im oberbayerischen Fürstenfeldbruck ab.[1210] Das Vorgehen hinsichtlich der Kriegsgefangenen ist also keine Besonderheit des Gaues Weser-Ems sondern entspricht dem, was im Dritten Reich hinsichtlich der Kriegsgefangenen gängige Übung war.

6.5.3 Die Kreisleiter und die Kirchen

Ein besonders kritisches Verhältnis bestand zwischen der NSDAP und den Kirchen. Die NSDAP, die als totalitäre Bewegung grundsätzlich keine Konkurrenz in der "Menschenführung" dulden konnte, zielte langfristig auf die Beseitigung der Kirchen. Joseph Goebbels notierte am 6. 2. 1940 in sein Tagebuch:

> Aufgrund unserer Organisation und Auslese muss uns dabei einmal automatisch die Weltherrschaft zufallen. Im Wege steht uns u. a. noch die Kirche. Sie will ihren weltlichen Herrschaftsanspruch nicht aufgeben, sie tarnt ihn nur religiös. Im heiligen Reich besaß sie ihn ja auch. Da war der Staat gewissermaßen nur Steuereinzieher, die Menschenführung aber oblag der Kirche. Darum geht auch heute der Kampf, den wir später einmal gewinnen müssen und auch gewinnen werden.[1211]

Vor diesem Hintergrund sah Goebbels auch mit einem gewissen Neid auf die Sowjetunion, denn "die kirchliche Opposition, die uns auch außerordentlich viel zu schaffen macht, ist ja auch im Bolschewismus nicht mehr vorhanden."[1212] Stalin hatte es nach Goebbels' Meinung wesentlich leichter als die NS-Regierung, denn es gab "in der Sowjetunion keine andere Meinung als die der Kremlgewaltigen."[1213]

Alle hauptamtlichen Kreisleiter traten im Verlauf ihrer Amtszeit aus der Kirche aus. In den meisten Fällen hängt der Grund für den Kirchenaustritt mit einer Kirchenferne der Kreisleiter zusammen, ohne daß dies notwendigerweise mit der Angehörigkeit zur NS-Bewegung zu tun hat. Während mehrere Kreisleiter als Grund schlicht "innere Überzeugung" nennen (Blanke[1214], Lünschen[1215], Nietfeld-Beckmann[1216], Walkenhorst[1217], nennen einige auch spezifischere Gründe, die aber ebenfalls in die gleiche Richtung gehen. So gab Paul Wegener, 1933 bis 1934 Kreislei-

---

[1210] Vgl. Roth, S. 328.
[1211] Zit. nach Löw, Konrad: Die Schuld. Christen und Juden im Urteil der Nationalsozialisten und der Gegenwart. Gräfelfing, 2002, S. 136.
[1212] Tagebucheintrag vom 8. 5. 1943. .Zit. nach ebda., S. 137.
[1213] Ebda.
[1214] Military of Government of Germay Fragebogen vom 9. 10. 1947. StAO Best. 351 Karton Nr. 215 Ost 12949.
[1215] Fragebogen für die politische Überprüfung des Niedersächsischen Ministers für die Entnazifizierung vom 17. 9. 1948. StAO Best. 351 Wes 4553 Karton Nr. 483.
[1216] Fragebogen für die politische Überprüfung des Niedersächsischen Ministers für die Entnazifizierung vom 14. 5. 1949. StAOs Rep 980 Nr. 36879.
[1217] Fragebogen für die politische Überprüfung des Niedersächsischen Ministers für die Entnazifizierung vom 14. 5. 1949. StAOs Rep 980 Nr. 36879.

ter von Bremen und 1942 bis 1945 Gauleiter Weser-Ems, an, er sei "aus religiösen Gründen"[1218] ausgetreten. Konkreter wird Josef Gausepohl, 1943 bis 1945 Kreisleiter von Vechta, der angab, er sei "von der Richtigkeit der katholischen Lehre nicht überzeugt"[1219]. Die Kirche per se als überflüssig empfanden der Aurich Kreisleiter Meinert Janssen, der schrieb "Ich gebrauche keine Mittelinstanz zu meinem Gott"[1220], und der Kreisleiter von Bremen-Lesum, Otto Denker, der die Meinung vertrat: "Um an Gott zu glauben, bedarf es keiner Zugehörigkeit zu einer Kirche"[1221]. Diese Gruppe waren die typischen "Gottgläubigen", die genau wie Hitler zwar an Gott und die Vorsehung glaubten, wobei diese Begriffe jedoch mit dem Christentum im herkömmlichen Sinne nur auf den ersten Blick etwas zu tun hatten.

Bei evangelischen Kreisleitern spielte zudem der Konflikt zwischen "Deutschen Christen" und "Bekennender Kirche" eine Rolle. So nannte der Cloppenburger Kreisleiter Meyer-Wendeborn als Grund für seinen Kirchenaustritt, ihm sei das "Durcheinander in der evangelischen Kirche zuwider"[1222] gewesen. Auch der Wittmunder, dann Auricher Kreisleiter Heinrich Bohnens trat aus der Kirche aus "um über dem damaligen Streit, der innerhalb der Kirche herrschte, stehen zu können"[1223].

Zwei Kreisleiter, der Wilhelmshavener Wilhelm Kronsbein[1224] und der Jeverländer Karl Gottschalck[1225], ab 1934 Direktor des Gymnasiums Antonianum Vechta, wurden nach ihrem Kirchenaustritt Mitglieder der "Deutschen Glaubensbewegung" und lassen sich somit der Gruppe der "Neuheiden" zurechnen. Rein finanzielle Gründe, d. h. die Kirchensteuer, nannten der Willldeshauser Kreisleiter Hinrich Abel[1226] und der Wittmunder Kreisleiter Hinrich Oltmanns[1227] als Gründe für ihren Kirchenaustritt.

Einen wirklich politisch-ideologisch orientierten Grund für ihren Kirchenaustritt findet man bei dem Lingener Kreisleiter Walter Brummerloh und dem Meller Kreisleiter Wilhelm Dröge. Brummerloh gab an: "In dem Kampfe Katholizis-

---

[1218] Fragebogen für die politische Überprüfung des Niedersächsischen Ministers für die Entnazifizierung vom 21. 8. 1948. StAO Best. 351 Ost 13172 Karton Nr. 220.
[1219] Military Government of Germany Fragebogen vom 7. 9. 1946. StAO Best. 351 Ve 3756 Karton Nr. 724.
[1220] Military Government of Germany Fragebogen vom 2. 12. 1947. StAO Best. 351 Ost 8862 Karton Nr. 130.
[1221] Fragebogen für die politische Überprüfung des Niedersächsischen Ministers für die Entnazifizierung (ohne Datum). StAO Best. 351 Ost 13551 Karton Nr. 229.
[1222] Fragebogen für die politische Überprüfung des Niedersächsischen Ministers für die Entnazifizierung vom 28. 8. 1948. StAO Best. 351 Clo 3135 Karton Nr. 866.
[1223] Fragebogen für die politische Überprüfung des Niedersächsischen Ministers für die Entnazifizierung vom 6. 11. 1950. StAA Rep. 250 Nr. 7986.
[1224] Fragebogen für die politische Überprüfung des Niedersächsischen Ministers für die Entnazifizierung (ohne Datum). StAO Best. 351 Will 5475 Karton Nr. 334.
[1225] Personalbogen Karl Gottschalck (mit Lebenslauf). BA Berlin-Lichterfelde, BDC OPG Gottschalck, Karl.
[1226] MdL-Kartei des Staatsarchivs Oldenburg.
[1227] Fragebogen für die politische Überprüfung des Niedersächsischen Ministers für die Entnazifizierung vom 15. 11. 1949. StAA Rep. 250 Nr. 6755.

mus/Protestantismus sah ich eine Gefährdung der Einheit Deutschlands"[1228]. Auch Dröges Begründung "Um ein Volk zu werden"[1229] geht wohl in dieselbe Richtung. Obwohl vor diesem Hintergrund ein aktives Eintreten für die ökumenische Bewegung[1230] durchaus mit dem propagierten "positiven Christentum" in Einklang gestanden hätte, ist seitens der NSDAP nie der Versuch unternommen worden, "positives Christentum" und Ökumene miteinander zu verbinden. Überhaupt war der Begriff des "positiven Christentums" ein reiner Etikettenschwindel, denn Hitler selbst war nach Bekunden von Joseph Goebbels zwar "tief religiös, aber ganz antichristlich"[1231]. Auch verwahrte sich Hitler "mit Leidenschaft dagegen, Religionsstifter zu spielen. (...) Er ist nur und ausschließlich Politiker"[1232]. Für Goebbels bestand kein Zweifel daran, daß das "positive Christentum" nur ein Etikettenschwindel und ein Mittel zum Zweck war: "Am besten erledigt man die Kirchen, wenn man sich selbst als positiverer Christ ausgibt."[1233]

Der im Juni 1943 ausgetretene Edo Siebrecht gab an, sein Kirchenaustritt sei aus "Protest gegen das Auftreten von Geistlichen beider Konfessionen an und hinter der Front"[1234] erfolgt. Bei dem Ammerländer Kreisleiter Johann Roggemann schließlich war es konkret eine "Auseinandersetzung mit dem Pfarrer"[1235], die ihn zu seinem Austritt aus der Kirche bewog.

Grund für Kirchenaustritt	Zahl
Innere Überzeugung/allg. Entfremdung von der Kirche	14
Neuheiden	2
Evangelischer Kirchenkampf	3
Kirchensteuer	2
Konflikt mit Geistlichen	1
Stärkung der "Volksgemeinschaft"	2
"Wehrkraftzersetzung" durch Geistliche	1
Insg.	25

Da sich ein Kirchenaustritt grundsätzlich tendenziell verschärfend auf die Entnazifizierungsentscheidung auswirkte, sollte man eigentlich erwarten, daß eine große Zahl ehemaliger Kreisleiter hier die Behauptung aufstellen würde, sie seien zu einem Kirchenaustritt gezwungen oder zumindest gedrängt worden - und sei es auch nur als reine Schutzbehauptung. Da Gauleiter Röver als Anhänger Alfred Ro-

---

[1228] Fragebogen für die politische Überprüfung des Niedersächsischen Ministers für die Entnazifizierung vom 23. 11. 1948. StAOs Rep 980 Nr. 29489.
[1229] Military Government of Germany Fragebogen vom 3. 2. 1949. StAOs Rep. 980 Nr. 28426.
[1230] Der Begriff "Ökumenische Bewegung" wurde erstmals 1925 auf der Stockholmer Weltkonferenz für Praktisches Christentum benutzt und hat rasch in allen modernen Sprachen Eingang gefunden.
[1231] Tagebucheintrag Joseph Goebbels vom 29. 12. 1939. Zit. nach Löw, S. 135.
[1232] Tagebucheintrag Joseph Goebbels vom 28. 12. 1939. Zit. nach Ebda.
[1233] Ebda.
[1234] Fragebogen für die politische Überprüfung des Niedersächsischen Ministers für die Entnazifizierung vom 23. 10. 1948. StAO Best. 351 Ost 11725.
[1235] Fragebogen für die politische Überprüfung des Niedersächsischen Ministers für die Entnazifizierung vom 5. 8. 1949. StAO Best. 351 Am 3533 Karton Nr. 792.

senbergs, mit dem er sogar "nationalsozialistische Gottesdienste"[1236] feierte, bekannt war, besäße eine solche Behauptung sogar eine gewisse Glaubwürdigkeit und ihr hätte zudem von Röver, der 1942 verstorben war, nicht mehr widersprochen werden können. Von 25 Kreisleitern, bei denen der Grund für den Kirchenaustritt aus Fragebögen ermittelt werden konnte, behauptete jedoch nicht ein einziger glaubhaft[1237], zum Kirchenaustritt gedrängt oder gar gezwungen worden zu sein.

Die Aussagen der Kreisleiter lassen also darauf schließen, daß von Gauleiter Carl Röver auf sie keinerlei Druck ausgeübt wurde, aus der Kirche auszutreten. Einen Sonderfall stellt der Emder Kreisleiter Johann Menso Folkerts dar. Dietmar von Reeken vermutet hier einen Zusammenhang zwischen der Absetzung Folkerts' als Kreisleiter und seiner Wiegerung, aus der Kirche auszutreten.[1238] Sieht man sich nun die zeitliche Verteilung der Kirchenaustritte an, so läßt sich sofort erkennen, daß das Jahr 1938, in dem Menso Folkerts angeblich aufgrund seiner Weigerung, aus der Kirche auszutreten, sein Kreisleiteramt verlor, keine besondere Austrittswelle bei den Kreisleitern mit sich brachte:

Kirchenaustritte der Kreisleiter

Jahr	1934	1935	1936	1937	1938	1939	1940	1941	1942	1943
Anzahl	1	2	4	5	3	3	---------	1	---------	1

Es erscheint also mehr als unwahrscheinlich, daß Folkerts wegen seiner bloßen Weigerung aus der Kirche auszutreten, sein Kreisleiteramt verlor. Wahrscheinlicher ist hingegen, daß Folkerts sich zu sehr für die Belange der "Deutschen Christen" (DC) einsetzte. So erscheint er 1933 auf einer Liste der führenden Persönlichkeiten der "Deutschen Christen" im Gau Weser-Ems. Im gleichen Jahr ging er massiv gegen einen Bekenntnispfarrer vor. Während in der Öffentlichkeit allgemein das Bild von der "Bekennenden Kirche" als Widerstandsorganisation und den "Deutschen Christen" als den Ziehkindern der NSDAP vorherrscht, war es jedoch tatsächlich so, daß sich die "Bekennende Kirche" nicht als Widerstandsorgan verstand und die NSDAP die "Deutschen Christen" nicht bevorzugt wissen wollte und schon 1933 ihre politischen Leiter davor warnte, sich zu sehr für sie einzusetzen. Ein aktives Eintreten für die DC und ein führendes Amt als politischer Leiter galt als unvereinbar. 1935 wurde Heinrich Held, NSDAP-Kreis-schulungsleiter und stellv. Gauobmann der "Deutschen Christen" vor die Wahl gestellt, sich entweder für die DC oder die NSDAP einzusetzen.[1239] Es erscheint somit als wahrscheinlich, daß Fol-

---

[1236] Zitiert nach Willenborg: "Wir wollen Christen sein und keine Neuheiden". In: Baumann/Hirschfeld, S. 35.

[1237] Anton Kohnen stellte diese Behauptung auf. Da er gleichzeitig in seinem Entnazifizierungsverfahren aber auch behauptete, nie Kreisleiter gewesen zu sein, ist diese Aussage kaum glaubhaft. StAO Best. 351 Karton Nr. 220 Ost 13169.

[1238] Vgl. Reeken, Dietmar von: Johann Menso Folkerts. In: Biographisches Lexikon für Ostfriesland. Herausgegeben im Auftrag der Ostfriesischen Landschaft von Martin Tielke. Zweiter Band. Aurich, 1997. S. 122-124, hier S. 122.

[1239] Vgl. Delbanco, Hillard: Kirchenkampf in Ostfriesland 1933-1945. Die evangelisch-lutherischen Kirchengemeinden in den Auseinandersetzungen mit den Deutschen Christen und dem Nationalsozialismus. Aurich, 1989.

kerts 1938 vor eine ähnliche Wahl gestellt wurde und seinen Kreisleiterposten aufgab, d. h. seine Absetzung erfolgte nicht wegen seiner Kirchenmitgliedschaft als solcher, sondern wegen seines aktiven Eintretens für die DC.

Ein besonderes Konfliktfeld zwischen der NSDAP und den Kirchen war die Abschaffung der Konfessionsschule und die Einführung der "Deutschen Gemeinschaftsschule", die von Schülern beider Konfessionen besucht wurde. Hier sollten die Kreisleiter zumindest in Oldenburg eine Rolle spielen: Am 19. November 1937 erging vom oldenburgischen Minister der Kirchen und Schulen, Pauly, Anweisung an die Kreisschulräte, "im Benehmen mit den Amtshauptleuten, Oberbürgermeistern und Kreisleitern der NSDAP festzustellen, wo die geplanten Schritte zur allmählichen Einführung der Gemeinschaftsschule angebracht und wie sie zweckmäßig durchzuführen seien."[1240] Dies war gerade im Landkreis Vechta schwierig, da sich die Bürgermeister sträubten, die Gemeinschaftsschule einzuführen. Der Bürgermeister von Fladderlohausen weigerte sich mit Hinweis auf das Konkordat, in dem die konfessionelle Schule garantiert worden war, strikt, die Gemeinschaftsschule einzuführen und erklärte, dies solle sein Nachfolger tun, der im folgenden Monat das Amt übernehmen würde[1241].

Weniger Probleme bereitete der Bürgermeister der Stadt Vechta, Dr. Brandis, obwohl er darauf hinwies, daß die Bevölkerung die Maßnahme ablehne. Kreisleiter Voß beschwichtigte, die "Erregung wird nicht so tief sein. Nach etwas Zeit wird Gras darüber wachsen"[1242]. Dr. Brandis erklärte schließlich:

Als Bürgermeister führe ich alles durch, wenn ich schriftliche Anordnung bekomme. Persönlich kann ich es nicht, weil ich Prügelknabe für die Bevölkerung werde.[1243]

Dr. Brandis hatte zunächst vorgeschlagen, eine reichseinheitliche Regelung abzuwarten. Dies wurde aber von der oldenburgischen Landesregierung, die mit der Gauleitung Weser-Ems eng verbunden war - Ministerpräsident Joel war zugleich stellvertretender Gauleiter - auf gar keinen Fall gewünscht. Offenbar bestand hier die Absicht, die im November 1936 erlittene Schlappe während des "Kreuzkampfes" auszubügeln, indem man in der Frage der "Deutschen Gemeinschaftsschule" eine Vorreiterrolle übernahm

---

[1240] Rudolf Willenborg: "Wir wollen Christen sein und keine Neuheiden". Die Entkonfessionalisierung der Schulen in Oldenburg, der Schulkampf in Goldenstedt, die Ausweisung des Offizials Vorwerk und der Versuch einer Zerschlagung der Kirchenleitung in Vechta. In: Baumann/Hirschfeld: Christenkreuz oder Hakenkreuz. Vechta, 1999. S. 34-70.
[1241] Vgl. Protokoll der Besprechung von Ministerialbeamten mit Bürgermeistern und örtlichen Parteileitungen vom 19. 5. 1938 über das Vorgehen bei der Zusammenlegung von Schulen. In: Kuropka, Joachim: Für Wahrheit, Recht und Freiheit - gegen den Nationalsozialismus. Vechta, 1983. S. 124 f.
[1242] Zitiert nach ebda., S. 124.
[1243] Ebda.

Dies gelang jedoch nicht, denn in Osnabrück, das zur preußischen Provinz Hannover gehörte, wurde zeitgleich mit Oldenburg die Konfessionsschule abgeschafft und durch die Gemeinschaftsschule, die sogenannte "Deutsche Volksschule" ersetzt. In der Sitzung der Gemeinderäte der Stadt Osnabrück vom 26. 1. 1939 stellte Oberbürgermeister Dr. Gärtner fest, es gebe in Osnabrück 15 Volksschulen, von denen seit dem 1. 4. 1938 12 "Deutsche Volksschulen" und 3 katholische Volksschulen seien. Oberbürgermeister Dr. Gärtner beschloß nun, die restlichen drei katholischen Volksschulen, weil es "weltanschauliche und schulische Gründe erfordern", zum 1. 4. 1939 in "Deutsche Volksschulen" umzuwandeln. Hier wurde der Kreisleiter der NSDAP nicht aktiv an der Abschaffung der Konfessionsschulen beteiligt.

Schon aus der Lektüre von "Mein Kampf" ist ersichtlich, daß der Nationalsozialismus nach Adolf Hitler sich als eine Art Religion empfand. Hitlers Treueschwur auf das "positive Christentum" mag zwar in erster Linie zur Beruhigung der Kirchen gedacht gewesen sein, besonders hinsichtlich des in der NSDAP weit verbreiteten "Neuheidentums". Dies schließt jedoch nicht aus, daß Hitler den Nationalsozialsozialismus tatsächlich als eine Art religiöse Bewegung gesehen hat. Vielfache Bezüge auf seinen "politischen Glauben" finden sich in "Mein Kampf". Diese religiöse Dimension hat in der Literatur schon vielfache Beachtung gefunden.[1244]

Die Bezüge auf einen nationalsozialistischen "Glauben" finden sich jedoch nicht nur auf der oberen Ebene, d. h. u. a. bei Adolf Hitler und "Mein Kampf", sondern ziehen sich hinab bis auf die untersten Ebenen nationalsozialistischen Lebens und Erlebens. So standen z. B. die Zehnjahresfeiern mehrer NSDAP-Ortsgruppen in Oldenburg unter dem Motto "Unser Glaube hat gesiegt."[1245]

Auch die Gedichte des Dichters und Delmenhorster Kreisleiters Gustav Sturm, dessen 1936 erschienener Gedichtband den bezeichnenden Titel "Glaube und Schwert"[1246] trägt, strotzt geradezu vor religiöser Mystik, mit Bezügen auf die "Ewigkeit" und den "Herrgott". So heißt es im Gedicht "Unseren toten Kameraden":

Ihr waret die Fackelträger einer neuen Zeit,
in Euern Seelen brannte die Sehnsucht nach der Ewigkeit.
Die Manneskraft zu Eurem stolzen Leben
hat Euch der Herrgott selbst gegeben.

[1244] Zuletzt bei Bärsch, Claus Ekkehard: Die politische Religion des Nationalsozialismus: die religiöse Dimension der NS-Ideologie in den Schriften von Dietrich Eckart, Joseph Goebbels, Alfred Rosenberg und Adolf Hitler. München, 1998.
[1245] Vgl. den Artikel in der "Oldenburgischen Staatszeitung" vom 13. 6. 1938.
[1246] Gustav Sturm: Glaube und Schwert. Worte und Bilder aus Volk und Bewegung. Delmenhorst, 1936. Das Buch trägt den Vermerk: "Gegen die Herausgabe dieser Schrift werden seitens der NSDAP keine Bedenken erhoben. Der Vorsitzende der parteiamtlichen Prüfungskommission zum Schutze des NS-Schrifttums.

Ferner waren die "toten Kameraden", die die "heil'ge Fahne" trugen "Flamme und Opfer auf dem Altar". Der Tod der Kameraden wird "als unser Heiligtum" empfunden. Daß die Rasselehre als eine Art Ersatzevangelium empfunden wird, geht aus zwei weiteren Gedichten hervor. In "Unser Glaube" heisst es:

Wir alle sind Glied in der Kette der Ahnen,
die vor uns schon trugen das gleiche Blut.
Wir alle sind Stürmer, Träger der Fahnen.
Wir lieben die Volkheit mit lohender Glut.

Hier dürfte jeder zeitgenössische Leser die Anspielung auf Julius Streichers antisemitisches Hetzblatt verstanden haben. In dem letzten Gedicht von Gustav Sturms Gedichtband, das den Titel "Hitler-Jugend" trägt, heißt es:

Wer will unser Blut verderben!
Wehe! Rache dem Verrat!
In den Wurzeln soll der sterben;
Gnade Gott die arge Tat!

Daß für diese Art der pseudochristlichen Religiosität auch ohne Zögern Anleihen beim Neuheidentum gemacht werden konnten, zeigt sich im letzten Vers des Gedichtes "Schaffendes Volk":

Ein Volk fand sich wieder; im Geiste der Ahnen
kam Bruder um Bruder zur Heimat zurück.
Wir grüßen die Runen heiliger Fahnen
und preisen der Schöpfung herrlich Geschick!"

Insgesamt kommt man hier zu dem Schluß, daß die Formel vom "positiven Christentum" bei Gustav Sturm durchaus ernst gemeint war, allerdings nicht in dem Sinne einer Bestandsgarantie für die Kirchen, sondern in der Form, daß der Nationalsozialismus eine eigene Weltanschauung darstellt, die ebenso wie die christlichen Kirchen die Existenz Gottes anerkennt, ansonsten aber mit den Kirchen nichts gemein hat. Dies konnte der Kreisleiter auch in dem "Lexikon-Führer" des "Adressenwerk der Dienststellen der NSDAP" nachlesen. Unter dem Punkt "Bekämpfung der Staatsfeinde" findet man zu dem Punkt Kirchen folgendes:

Daß der Nationalsozialismus an den einen Gott glaubt, ist oft genug vom Führer und seinen Getreuen unterstrichen worden und wird jedem Deutschen und Nationalsozialisten zur Pflicht gemacht. Nur durch welche Brille der Deutsche diesen Gott sieht und sich vorstellt, ist jedes Deutschen Privatangelegenheit. (...) Mit Bedauern wird [seitens der Kirchen] über das sogenannte Neuheidentum gejammert. Daß aber das Neuheidentum - rein kirchlich gesehen - wohl im wesentlichen als nichts anderes als eine Reaktion auf innere Schwächeerscheinungen der Kirche zu sehen ist, will man scheinbar nicht sehen.[1247]

Anders als bei der radikalen Linken üblich, war ein Kirchenaustritt nicht unbedingt mit einem Bekenntnis zum Atheismus gleichzusetzen. So schrieb der Cloppenburger Kreisleiter Meyer-Wendeborn, er sei bei seinem Kirchenaustritt 1938 davon überzeugt gewesen, "dass die bis dahin propagierten Lebensregeln der NSDAP ausreichten, um vor seinem Herrgott bestehen zu können."[1248] Meyer-Wendeborn bezeichnete sich nach seinem Kirchenaustritt als "gottgläubig", ebenso wie der 1936 aus der evangelischen Kirche ausgetretene Osnabrücker Kreisleiter Willy Münzer, der als Grund für den Kirchenaustritt "jahrzehntelange Beschäftigung mit Religion-Philosophie"[1249] angab. Die Tatsache, daß in der Erhebungs-gruppe kein Kreisleiter ermittelt werden konnte, der sich nach seinem Kirchenaustritt als Atheist bezeichnete oder Atheismus als Grund für den Kirchenaustritt nannte, mach deutlich, daß der Nationalsozialismus nicht nur insgesamt gewisse pseudoreligiöse Züge trägt, sondern daß zumindest in der ermittelten Gruppe der Kreisleiter die Ansicht vorherrschte, die Wert-vorstellungen der NSDAP wie "Volksgemeinschaft" und die "gottgewollte Reinheit der Rasse"[1250] seien ein vollwertiger weltanschaulicher und religiöser Ersatz für die Kirchen.

6.5.4 Die Kreisleiter und die Juden

Vor dem Hintergrund des Antisemitismus als wesentlichem Bestandteil der NS-Ideologie ist das Verhältnis der Kreisleiter zu den Juden besonders interessant. Nach Aussage von Wilhelm Schnier, 1935 bis 1945 Kreispersonalamtsleiter des Kreises Wesermarsch, "bestand die Vorschrift, daß wir bei den Ortsgruppen und auch bei der Kreisleitung Listen bzw. Karteien zu führen hätten über die hier ansässigen Juden. Die Liste bei der Kreisleitung habe ich geführt. Die Verpflichtung zur Führung dieser Judenliste war dem Angeklagten [dem ehemaligen Kreisleiter

---

[1247] Adressenwerk der Dienststellen der NSDAP, Berlin 1937, S. 39 des Lexikon-Teils.
[1248] Fragebogen für die politische Überprüfung, 25. 8. 1948. StAO Best. 351, Karton Nr. 866. Meyer-Wendeborn ist der einzige Kreisleiter im Weser-Ems-Gebiet, der die Frage nach dem Kirchenaustritt auf einem gesonderten Blatt ausführlich beantwortete.
[1249] Fragebogen für die politische Überprüfung, 21. 6. 1949. StAOs Rep 980 Nr. 39956.
[1250] Hitler schrieb in "Mein Kampf": "So glaube ich heute im Sinne des allmächtigen Schöpfers zu handeln: Indem ich mich des Juden erwehre, kämpfe ich für das Werk des Herrn." Mein Kampf, S. 70.

Arthur Drees] natürlich auch bekannt."[1251] Er konnte nach dem Krieg jedoch mehr sagen, "wann wir die Verpflichtung erhalten haben, die Judenlisten zu führen."

Auch bei der "Arisierung" jüdischen Eigentums sollten die Kreisleiter eine Rolle spielen. Gemäß dem 1. Durchführungserlaß des Reichswirtschaftsministers vom 6. 2. 1939 bezüglich der "Verordnung über den Einsatz des jüdischen Vermögens" vom 3. 12. 1938 mußte vor dem Verkauf jüdischer Grundstücke jeweils die Genehmigung des Gauleiters der NSDAP eingeholt werden, was den Verkauf erheblich verzögerte. Gauleiter Röver bat daher, "um das Verfahren zu beschleunigen", den Regierungspräsidenten in Aurich in einem Schreiben vom 28. 2. 1939 darum, "nicht mich, sondern jeweils die einzelnen Kreisleiter zu fragen."[1252] In der Folgezeit hatten nun die Kreisleiter der NSDAP in Fragen der "Arisierung" das letzte Wort.[1253]

Überraschend ist, daß von 70 Kreisleitern lediglich Josef Egert (Meppen), der 1919 wegen Beleidigung eines Juden zur einer hohen Geldstrafe verurteilt worden war[1254], vor 1933 als aktiver Antisemit aufgefallen war. Nach 1933 war es Dr. Josef Ständer, der über die Verbreitung antisemitischer Propaganda hinaus in übler Weise auffiel, indem er sich 1943 mit den Grabsteinen vom jüdischen Friedhof seinen Hof pflasterte. Von 70 Kreisleitern wiesen also nur zwei 'antisemitische Eigeninitiative' auf, die über das hinausging, was von den Kreisleitern ohnehin erwartet wurde.

Neben den Fällen Egert und Dr. Ständer gehen noch zwei weitere als Antisemiten aus den Entnazifizierungs- und Spruchgerichtsakten hervor. Keinen Hehl aus seiner Einstellung machte Arthur Drees, der sich dem Spruchgericht Bergedorf als "fanatischer Antisemit" präsentierte, der vor dem Spruchgericht noch aussagte, "dass er damals bedauert habe, von der Kristallnacht zu spät Kenntnis erhalten zu haben, so daß er sich nicht beteiligen konnte."[1255] Auch dem Auricher Kreisleiter Heinrich Bohnens wurde nach 1945 bescheinigt, er sei ein "starker Antisemit"[1256] gewesen. Es ist jedoch mehr als bemerkenswert, daß von 70 nachgewiesenen Kreisleitern nur vier als aktive Antisemiten ermittelt werden konnten.

[1251] Aussage Wilhelm Schnier im Spruchgerichtsverfahren gegen Arthur Drees beim Spruchgericht Bergedorf, 21. 1. 1949. Spruchgerichtsakte Arthur Drees, BA Koblenz Z 42 III/3256, Bl. 162.
[1252] StAA, Rep. 16/1, Nr. 259.
[1253] Zur Beteiligung der NSDAP an Arisierungsmaßnahmen s. Kratzsch, Gerhard: Der Gauwirtschaftsapparat der NSDAP. Menschenführung-"Arisierung"-Wehrwirtschaft im Gau Westfalen-Süd. Eine Studie zur Herrschaftspraxis im totalitären Staat (Veröffentlichungen des Provinzialinstituts für Westfälische Landes- und Volksforschung des Landschaftsverbandes Westfalen-Lippe; Bd. 27). Münster, 1989. Zur 'Arisierung' jüdischer Wohnhäuser und Grundstücke in Ostfriesland und im nördlichen Emsland vgl. auch Teuber, S. 164-167.
[1254] Egert war 1919 wegen Beleidigung eines Juden zu einer hohen Geldstrafe verurteilt worden. Vgl. Teuber, S. 234 (ohne Quellenangabe!)
[1255] Urteil des Spruchgerichts Bergedorf vom 4. 7. 1949. BA Koblenz, Z 42 III/3256, Bl. 235.
[1256] Bericht des Kreisentnazifizierungsausschusses in Aurich vom 17. 1. 1948 an das Spruchgericht Benefeld. BA Koblenz, Z 42 II/580, Bl. 35.

Obwohl Gauleiter Röver selbst überzeugter Antisemit war, war eine feste antisemitische Überzeugung für ihn dennoch keine zwingende Voraussetzung für die Übernahme eines Kreisleiteramtes.

Die "Reichskristallnacht" bzw. "Reichspogromnacht"[1257] vom 9. 11. 1938 war nach Darstellung der NS-Propaganda ein Ausbruch des "Volkszorns". Zunächst durfte die deutsche Presse nicht über die Ereignisse auf lokaler Ebene berichten. Am 10. 11. wurde die Presse per DNB-Rundruf um 10 Uhr vormittags[1258] angewiesen: "Meldungen über die Vergeltungsmaßnahmen gegen Juden dürfen nur in DNB-Fassung gebracht werden."[1259]

Die offizielle Darstellung der "Reichskristallnacht" auf lokaler Ebene konnte die Bevölkerung daher erst am 11. 11. 1938 in der örtlichen Presse nachlesen. Angeblich hatte die "starke und berechtigte Empörung"[1260] über die Ermordung des Pariser Gesandten vom Rath das Volk so in Wut versetzt, daß sich nun "die Volksgenossen anschickten, ganze Arbeit zu machen", wie beispielsweise die Osnabrücker "Neuen Volksblätter" am 11. 11. 1938 berichteten. Tatsächlich aber war die Aktion eine reine 'Parteiveranstaltung', bei der die Kreisleiter eine zentrale Rolle spielten. Im Gegensatz zu Pogromen des zaristischen Russlands, bei der staatliche Stellen gezielt das Volk zu Aktionen gegen die Juden anstifteten, war die Beteiligung der Bevölkerung in der "Reichskristallnacht" nicht einmal erwünscht. Dies geht aus dem Stimmungsbericht des Detmolder Kreisleiter Adolf Wedderwille vom 23. 11. 1938 hervor. Im NSDAP-Kreis Detmold wurde die Aktion

> gemeinsam von der SA, SS, und Politischen Leitern durchgeführt. Von einer Rivalität der einzelnen Gliederungen untereinander habe ich nichts bemerkt noch feststellen können. Da die Absperrungen durch die Gliederungen vorgenommen wurden, sind Unbeteiligte oder lichtscheue Elemente in keinem Falle an die betreffenden Gebäude oder Geschäfte herangekommen.
>
> Von den Parteigenossen ist diese Aktion mit grösster Befriedigung aufgenommen. Andererseits sind aber noch sehr viele Volksgenossen vorhanden, die politisch nicht reif genug sind, um die Dinge richtig zu sehen und daher die Massnahme zu kritisieren versuchen. Es sind dieses in erster

---

[1257] Der Begriff ist problematisch, da mit 'Pogrom' heute in der Regel eine spontane, gewalttätige Aktion der Bevölkerung gegen eine ethnische oder andere Minderheit verstanden wird. Da dem durchschnittlich Gebildeten heute nicht mehr bewußt ist, daß Judenpogrome im zaristischen Russland oft von staatlicher Seite provoziert bzw. gelenkt wurden - kann so der Eindruck entstehen, die 'Volkszorn-These' der Goebbels-Propaganda entspräche den Tatsachen.

[1258] Tageszeitungen erschienen in der Regel erst abends, so dass die Anweisung für die Zeitungen vom 10. 11. noch rechtzeitig kam.

[1259] NS-Presseanweisungen der Vorkriegszeit Band 6, Teil III 1938: Quellentexte September bis Dezember. S. 1059.

[1260] So die Osnabrücker "Neuen Volksblätter" vom 11. 11. 1938.

[1261] StA Detmold, L 113 Nr. 996 Bl. 55.

Linie die Spiesser und kirchlich beeinflusste Personen. In der Arbeiterschaft hat die Aktion gegen das Judentum allgemeine Befriedigung ausgelöst.[1261]

Die Rolle der Kreisleiter bei der Organisation der "Reichskristallnacht" ist für den Bereich des Landes Oldenburg bereits gründlich aufgearbeitet[1262]. Die bisherigen Untersuchungen stützen auf der Grundlage staatsanwaltlicher Ermittlungen und Zeugenaussagen im Rahmen der Synagogenbrandprozesse in etwa die Version, die der ehemalig Kreisleiter Hans Flügel (Kreis Friesland) 1984 Stefan Appelius[1263] in einem Interview gab. Nach Hans Flügel waren die Kreisleiter von der "Kristallnacht" überrascht und erst am späten Abend darüber informiert worden. Flügel behauptet, er sei an dem fraglichen Abend von einem Rednereinsatz in Zetel nach Varel zurückgekehrt. Dabei habe der Gastwirt Meyer ihm über die Straße hinweg zurgerufen, aus Oldenburg sei ein Anruf für ihn gekommen. Da die Kreisleitung Varel damals nicht rund um die Uhr besetzt war, sei es somit nur der Tatsache zu verdanken, daß der Oldenburger Kreisleiter sich in Varel gut auskannte[1264], daß er ihn überhaupt erreichen konnte. Flügel habe somit erst gegen 23 Uhr über Kreisleiter Engelbart den Befehl von Gauleiter Röver erhalten, daß noch in der gleichen Nacht in Varel und Jever die Synagogen niedergebrannt werden sollten. Flügel behauptet, er habe wegen der Schwierigkeit, die Aktion so kurzfristig zu organisieren, vorgeschlagen, dies auf den nächsten Tag zu verschieben. Engelbart habe jedoch auf sofortigem Vollzug bestanden. Die Feuerwehr sollte dafür sorgen, daß der Brand nicht auf die benachbarten Häuser übergriff. Die Partei sollte dabei nicht in Erscheinung treten, d. h. die beteiligten Parteimitglieder durften bei der Maßnahme keine Parteiuniform tragen.

Flügel suchte nun das örtliche Parteilokal auf, wo einige NSDAP- und SA-Mitglieder noch bei einer Feier zum 9. November 1923 versammelt waren und teilte ihnen mit, daß er Leute brauche, um den Befehl zum Synagogenbrand auszuführen. Nachdem Kreisleiter Flügel sich umgezogen hatte, fuhr er nach Jever, um auch dort den Synagogenbrand zu organisieren. Die dortigen Parteiführer waren zunächst skeptisch, Flügel bestand jedoch auf der Durchführung und mußte dabei "schon mit gewissem Nachdruck vorgehen."[1265]

Auch in Osnabrück wurde nach Kriegsende dem dortigen Kreisleiter wegen des Synagogenbrandes der Prozess gemacht. Er und andere wurden vor dem Hintergrund des Synagogenbrandes angeklagt wegen "eines Verbrechens gegen die Menschlichkeit in Tateinheit mit Landfriedensbruchs, Freiheitsberaubung, gefährli-

---

[1262] Enno Meyer (Hrsg.): Die Synagogen des Oldenburger Landes. Im Auftrag der Gesellschaft für Christlich-Jüdische Zusammenarbeit Oldenburg. Oldenburg, 1988.
[1263] Stefan Appelius: Die Stunde Null, die keine war. Restauration und Remilitarisierung in Wilhelmshaven. Hamburg, 1986. S. 19-23.
[1264] Kreisleiter Wilhelm Engelbart war bis 1935 Führer der SA-Standarte Varel gewesen.
[1265] Appelius: Die Stunde Null, die keine war, S. 21 f.

cher Körperverletzung, schwerer Brandstiftung, bzw. Beihilfe zur Brandstiftung, schweren Diebstahls"[1266].

Nach den Ermittlungen der Osnabrücker Staatsanaltschaft hatte Kreisleiter Münzer Kenntnis von der Aktion gegen die Juden vor deren Beginn erhalten, "denn die Gestapo-Stellen waren gehalten, sich wegen der Durchführung der Massnahmen mit der örtlichen Parteileitung, also der Gau- bzw. Kreisleitung ins Einvernehmen zu setzen"[1267]. Dafür spricht auch, daß in Osnabrück "der gesamte Ablauf der Aktion sich genau in dem vorgeschriebenen Rahmen abwickelte". Ein Zeuge der Staatsanwaltschaft bestätigte zweifelsfrei, "dass der fragliche Befehl auch tatsächlich bei der Gestapo in Osnabrück angelangt war"[1268].

Der Gestapo-Beamte Poppel sagte aus, er habe nach dem Synagogenbrand von SA-Männern erfahren, daß die gesamte Organisation dieser Aktion sich in den Händen der Parteileitung befunden habe. Lediglich die Durchführung der Aktion habe in den Händen der SA gelegen. Ein weiterer Zeuge ergänzte, daß Kreisleiter Münzer und Ortsgruppenleiter Kolkmeyer ihn "zum Zwecke der Anfertigung von Fotos zur Synagoge holen"[1269] liessen. Es gibt also deutliche Indizien dafür, daß auch in Osnabrück der Kreisleiter die planende Kraft hinter der Synagogenbrandstiftung war.

Trotzdem endete der Synagogenbrandprozeß vor dem Landgericht Osnabrück am 16. 12. 1949 mit einem Freispruch für Münzer. Zunächst einmal war "der nähere Inhalt der an die einzelnen Dienststellen ergangenen Anweisungen (...) mit Ausnahme der an alle Gestapo(leit)stellen gerichteten Fernschreiben nicht bekannt."[1270] Auch aus dem von der Staatsanwaltschaft genau rekonstruierten Ablauf der "Reichskristallnacht" liess sich eine Beteiligung Münzers an den Vorbereitungen zur Brandstiftung nicht zweifelsfrei nachweisen.

Die Synagoge wurde in der Nacht vom 9. auf den 10. 11. 1938 zwischen 1.00 und 2.00 Uhr von Angehörigen der SA befehlsgemäß in Brand gesetzt. Als Brandbeschleuniger wurden leichtentzündliche Materialien, insbesondere Benzin, verwendet. Zwischen 2.00 und 3.00 Uhr wurde die Feuerwehr telefonisch durch den Rabbiner und ein anderes jüdisches Gemeindemitglied alarmiert. Die Feuerwehr befand sich zu diesem Zeitpunkt auf Anordnung des Leiters der städtischen Feuerwehr Mitsdörffer, bereits in Alarmbereitschaft. Kreisleiter Münzer hatte Mitsdörffer unmittelbar nach der Vereidigung der SS vor die am Marktplatz gelegene Brandwache zu sich rufen lassen und "ihm dem Sinne nach gesagt, daß er heute Nacht wohl noch etwas zu tun bekommen werde"[1271], ohne jedoch nähere Angaben dazu zu machen.

[1266] Dies und das folgende nach StAOs Rep 945 - 3/82 Nr. 5 Bd.1. Anklageschrift des Oberstaatsanwalts, Landgericht Osnabrück, Osnabrück, 19. 7. 1949.
[1267] Ebda.
[1268] Ebda.
[1269] Ebda.
[1270] Dies und das Folgende nach der Urteilsbegründung des Landgerichts Osnabrück. StAOs Rep 945 - 3/82 Nr. 5 Bd.1.
[1271] Ebda.

Als die Feuerwehr an der bereits in hellen Flammen stehenden Synagoge erschien, wurden ihre Löscharbeiten durch die SA massiv behindert. Die SA hatte die Straße, die zur Synagoge führte, abgesperrt, und verweigerte der Feuerwehr schlichtweg den Zutritt. Als sich die Feuerwehrleute dennoch Zugang zur Brandstelle verschafften wurden ihnen "von anderen SA-Männern die Wasserschläuche zerschnitten und die Ventile an den Spritzen abgesperrt."[1272] Ein SA-Führer verlangte von den Feuerwehrmännern sogar, daß sie ihnen bei der Brandstiftung behilflich seien und für die SA "das Dachgestühl der Synagoge in Brand zu setzen"[1273]. Der Leiter der Feuerwehr lehnte dies jedoch ab. Ein anderer SA-Mann bemächtigte sich der Feuerwehrleiter und entfernte den an der Synagoge angebrachten Davidstern. Andere SA-Männer trugen Bücher und Kultgegenstände aus der Synagoge und stapelten sie draußen auf. Nachdem die SA ihre Behinderungen einstellte, konnte die Feuerwehr nur noch die Fenster, Türen und Empore der Synagoge retten und die Ausbreitung des Feuers verhindern. Jüdische Kinder, die sich mit ihrem Lehrer im Keller der brennenden Synagoge versteckt hatten, konnten nun von der Feuerwehr herausgeholt und gerettet werden. Zeitgleich mit der Synagogenbrandstiftung wurden die männlichen Angehörigen der jüdischen Gemeinde verhaftet, ihre Wohnungen durch die eingesetzten SA-Truppen zerstört.

Kreisleiter Münzer verbrachte den Abend des 9. 11. 1938 im Hotel Düing in Osnabrück. Gegen 23 ½ Uhr ging er zum Marktplatz, wo er mit anderen Vertretern von Partei und Behörden an der Vereidigung der SS teilnahm. Unmittelbar nach der Vereidigung hatte er mit dem Oberstleutnant und Chef der Ordnungspolizei der Stadt Osnabrück, Jung, eine Unterredung. Jung befürchtete, "dass in der Nacht noch irgendwelche Ausschreitungen seitens der durch das Bekanntwerden der Ermordung des vom Rath aufgeputschten Menge erfolgen würde"[1274] und überlegte, ob er Sicherheitsvorkehrungen treffen sollte. Kreisleiter Münzer beruhigte ihn jedoch, es werde nichts passieren. Dann - möglicherweise auch vor der Unterredung mit Jung - begab Münzer sich zu Mitsdörffer und sagte, ihm, er werde "heute Nacht wohl noch etwas zu tun bekommen"[1275]. Dann begab Kreisleiter Münzer sich in den Ratskeller, wo er von seiner Ehefrau und dem Ehepaar Hecker[1276] erwartet wurde. Erst am nächsten Morgen besichtigte Münzer die ausgebrannte Synagoge.

Kreisleiter Münzer hatte sich also nachgewiesenermaßen an der Synagogenbrandstiftung selbst nicht beteiligt. Die Beteiligung an der Vorbereitung konnte nicht zweifelsfrei nachgewisen werden. Dazu trug die Aussage eines Zeugen bei, der ausgesagt hatte,

---

[1272] Ebda.
[1273] Ebda.
[1274] Ebda.
[1275] Ebda.
[1276] Es handelt sich hier vermutlich um den damaligen Kreisgerichtsvorsitzenden der NSDAP, Otto Hecker. Vgl. Rademacher: Wer war wer im Gau Weser-Ems, S. 244.

dass der damalige Gauinspekteur Wehmeyer bei dem Leiter der Gestapo Schlette gewesen ist. Hiermit wird die Einlassung des Angeklagten Münzer gestützt, dass die Befehle im Hinblick auf die Nacht des 9. 11. 1938 nicht an den Kreisleiter, sondern an den dem Kreisleiter vorgesetzten politischen Leiter in Osnabrück, nämlich den damaligen Gauinspekteur, gegangen sind und somit der Angeklagte Münzer als Kreisleiter von diesen Dingen nicht in Kenntnis gesetzt worden ist.[1277]

Die Behauptung Münzers, er sei von der geplanten Aktion nicht informiert gewesen, da sein Vorgesetzter, der Gauinspekteur Wehmeyer, die Befehle erhalten habe, ist schon deshalb abwegig, weil ein Gauinspekteur nicht der Vorgesetzte eines Kreisleiters war, sondern eine Instanz neben Ortsgruppen- und Kreisleiter darstellte, dessen primäre Aufgabe in der Schlichtung von Streitigkeiten innerhalb der NSDAP oder auch zwischen der NSDAP und staatlichen oder privaten Stellen bestand. Es ist zwar durchaus denkbar, daß der Gauinspekteur die Befehle von der Gestapo entgegennahm und dann vom Kreisleiter mit der Umsetzung beauftragt wurde. Eine völlige Umgehung des Kreisleiters ist hingegen undenkbar.

Scheinbar gestützt wird die Version Münzers durch die Umstände der Synagogenbrandstiftung in Leer. Hier war es nicht der Kreisleiter, sondern der Gauinspekteur und Bürgermeister von Leer, Erich Drescher, der die Organisation der "Reichskristallnacht" übernahm. Drescher sagte nach dem Krieg aus, er habe bereits am 8. November "als Gauinspekteur und Bürgermeister der Stadt Leer von der Gauleitung den Auftrag, eine besondere Aktion gegen die Synagoge und gegen die Juden im Kreis Leer vorzubereiten",[1278] könne jedoch nicht mehr sagen, wer ihm diesen Auftrag gab. Er habe Polizei und die Feuerwehr beauftragt, sich bereit zu halten, da die Synagoge in Brand gesetzt werden sollte. Der zuständiger Leeraner Polizeileutnant Schmidt erhielt den Befehl, "den Schutz der Bevölkerung zu übernehmen, einschließlich der Juden", sollte jedoch weder das Inbrandsetzen der Synagoge verhüten noch gegen die daran beteiligten SA-einschreiten. Die Feuerwehr sollte lediglich die Nachbargebäude gegen den Brand schützen.

Drescher versuchte trotz dieser Aussage, seine Beteiligung an der "Reichskristallnacht" weitestgehend herunterzuspielen: "Erst nach geraumer Zeit gab er zu, damals die ersten Anordnungen zur Vorbereitung der Brandstiftung getroffen zu haben."[1279]

[1277] Rechtsanwalt Dr. Ludwig Schirmeyer an das Landgericht-Schwurgericht Osnabrück, 18. 10. 1949 (Antrag auf Zulassung des Zeugen Poppel aufgrund dessen Zeugenaussage im Ermittlungsverfahren). StAOs Rep 945 - 3/82 Nr. 5 Bd.1.
[1278] Kriminaldienststelle Leer, 20. 7. 1946. Aussage Dreschers in Fallingbostel. Abschrift aus der Akte 2 520/46 der Staatsanwaltschaft beim Landgericht Aurich, betreffend den Synagogenbrand in Leer. Spruchgerichtsakte Erich Drescher, Bl. 19. BA Koblenz, Z 42 IV/1849.
[1279] Kriminaldienststelle Leer, 20. 7. 1946. Aussage Dreschers in Fallingbostel. Abschrift aus der Akte 2 520/46 der Staatsanwaltschaft beim Landgericht Aurich, betreffend den

Hierzu ist zu bemerken, daß der Befehl zur Synagogenbrandstiftung deshalb nicht an den Kreisleiter Schümann ging, weil dieser sich zu dieser Zeit gar nicht in Leer aufhielt. Wie die "Ostfriesische Tageszeitung" meldete, war Kreisleiter Schümann "für einige Wochen zur Dienstleistung im Stab des Stellvertreters des Führers befohlen."[1280] Schümann trat diesen Dienst am 24. 10. 1938 an und kehrte erst am 18. 11. auf seinen Posten in Leer zurück[1281], befand sich also zur fraglichen Zeit in München.

Interessant ist auch Dreschers Aussage, er sei bereits am 8. November von der Gauleitung zur Vorbereitung der Brandstiftung angewiesen worden. Dies bestätigt die Ermittlungsergebnisse der Osnabrücker Staatsanwaltschaft, daß schon vor dem späten Abend des 9. November entsprechende Befehle erteilt wurden. Durch einen Tagebucheintrag von Joseph Goebbels lässt sich die Erteilung der Befehle auf den späten Nachmittag des 9. November datieren:

> In Kassel und Dessau große Demonstrationen gegen die Juden, Synagogen in Brand gesteckt und Geschäfte demoliert. Nachmittags wird der Tod des deutschen Diplomaten vom Rath gemeldet. (...) Ich trage dem Führer die Angelegenheit vor. Er bestimmt: Demonstrationen weiterlaufen lassen. Polizei zurückziehen. Die Juden sollen einmal den Volkszorn zu verspüren bekommen. Das ist richtig. Ich gebe gleich entsprechende Anweisungen an Polizei und Partei.[1282]

Daraus erhellt nun eine recht geschickte Verteidigungsstrategie einiger Oldenburger Kreisleiter in den Synagogenbrandprozessen. Sie verschwiegen vor Gericht das bewußte Fernschreiben der Gestapo und stellten es hingegen so hin, als habe Gauleiter Röver kategorisch die Inbrandsetzung der Synagogen gefordert. Dadurch lasteten sie dem schon 1942 verstorbenen Röver die Hauptschuld am Synagogenbrand an. Kreisleiter Engelbart bestritt hingegen jede Beteiligung an der Synagogenbrandstiftung und behauptete, von Röver nie einen direkten Befehl dazu erhalten zu haben[1283]. Dies entspricht vermutlich der Wahrheit, denn da die Anweisungen bereits vorher ergangen waren, wollte sich Röver - falls es überhaupt ein solches Telefonat gegeben hat - vermutlich nur nach der Umsetzung der Befehle erkundigen. Die Verteidigungsstrategien der Kreisleiter Engelbart und Münzer, die Schuld bereits Verstorbenen anzulasten - Röver starb 1942 an einer Lungenentzündung, Wehmeyer im April 1945 an den Folgen einer Schußverletzung - gingen glatt auf. Keiner der beiden konnte wegen der Synagogenbrandstiftung verurteilt werden.

Synagogenbrand in Leer. Spruchgerichtsakte Erich Drescher, Bl. 20. BA Koblenz, Z 42 IV/1849.
[1280] Ostfriesische Tageszeitung (Ausgabe Leer), 22. 10. 1938.
[1281] Vgl. Ostfriesische Tageszeitung (Ausgabe Leer), 18. 11. 1938.
[1282] Tagebucheintrag vom 10. 11. 1938. Goebbels, Joseph: Tagebücher. Band 3: 1935-1939. Herausgegeben von Ralf Georg Reuth. München, ²1992. S. 1281.
[1283] Vgl. Werner Vahlenkamp: Bei Kreisleiter-Geburtstagsfeier kam Befehl zur Brandstiftung. In Nordwest-Heimat Nr. 11 (Beilage zur Nordwest-Zeitung vom 12. 11. 1983).

Insgesamt läßt sich feststellen, daß prinzipiell die Kreisleiter von Goebbels - nicht von Gauleiter Röver - mit der Vorbereitung zur Brandstiftung beauftragt wurden.

6.5.5 Die Kreisparteitage der NSDAP

Eine besondere Form der Mobilisierung der Bevölkerung waren die Kreisparteitage. Sie dienten in erster Linie der NSDAP und ihren Organisationen als Arbeitstagungen, waren aber auch willkommener Anlaß zu Massenkundgebungen, die mitunter Volksfestcharakter annehmen konnten. Roth behauptet von den Kreisparteitagen, diese Art von Großveranstaltung sei 1936 vom Gauleiter des Gaues München-Oberbayern, Adolf Wagner, initiiert worden, somit gewissermaßen eine bayerische Erfindung. Wagner habe dies in der Absicht getan, um "ungleich mehr Volksgenossen des Gaugebietes" zu erfassen und um "die Verbindung zwischen Partei und Volks (...) lebendiger, persönlicher zu gestalten"[1284]. Die NSDAP sollte nach Roth auf diese Weiste stärker in das öffentliche Leben zu integrieren.

Die unbestreitbaren Erfolge dieser Propagandaaktivitäten im 'Traditionsgau' führten dazu, daß die Kreistage bald zu einem reichseinheitlich verbindlichen Kundgebungstypus wurden, die, wenn auch in ihrer Ausgestaltung weniger normiert als der ritualisierte Ablauf der Reichsparteitage, nach dem Willen der Parteizentrale zu alljährlichen "Höhepunkte[en] im Leben der Bevölkerung" werden sollten.[1285]

Roth stützt ihre Darstellung hier ohne weitere Nachprüfung lediglich auf zwei zeitgenösse Quellen[1286].

Tatsächlich gab es im Kreis Bremen bereits 1933 und 1934 jeweils einen Kreisparteitag in Vegesack[1287]. Diese beiden Parteitage hatten noch eher den Charakter eines Arbeitstreffens. Die 1931 als "Bremer Nationalsozialistische Zeitung" gegründete parteiamtliche "Bremer Zeitung" schrieb dazu am 24. 6. 1934: "Die Abhaltung eines solchen Parteitages ist gerade für Bremen, das in seiner Ausdehnung einen der größten Kreise der NSDAP darstellt, besonders wertvoll, weil durch ihn die Möglichkeit gegeben ist, wieder einmal alle Gliederungen der Partei zusammenzurufen, um in gemeinsamer Arbeit Bericht zu geben über die Tätigkeit des vergangenen Halbjahres, und um die kommenden Aufgaben durchzusprechen." Der Parteitag begann am Nachmittag des 30. Juni mit einer Tagung der verschiedenen Ämter der NSDAP (Propaganda, NSBO, NSV usw.) und endete am Mittag des 1. Juli nach einer Tagung der politischen Leiter. Erst nach dem offiziellen Ende der

---

[1284] Rossmaier, Alois: München-Oberbayern. Berlin, 1941. Zitiert nach Roth, S. 140.
[1285] Roth, S. 140.
[1286] A. Rossmaier, München-Oberbayern, Berlin 1941, S. 31 und Das Buch der deutschen Gaue. Fünf Jahre nationalsozialistische Aufbauleistung, Bayreuth 1938, S. 320.
[1287] Bremer Zeitung, 24. 6. 1934.

Amtstagungen folgten Platzkonzerte und eine große Kundgebung mit einer Rede des Gauleiters Röver, die sich an ein breiteres Publikum richteten[1288].

Noch im gleichen Jahr folgte in Bremen ein weiterer Kreisparteitag vom 16. bis zum 18. November, der bereits einen Wandel erkennen läßt vom reinen innerparteilichen Arbeitstreffen hin zu einer auf die gesamte Kreisbevölkerung ausgerichteten Großveranstaltung mit Volksfestcharakter. Am 4. 11. 1934 schrieb die "Bremer Zeitung" in ihrem Artikel "Parteitage sind Arbeitstage": "Man hat sich erstmalig in diesem Jahr nicht darauf beschränkt, die übliche Tagung der Politischen Organisation stattfinden zu lassen, sondern darüber hinaus alle Gliederungen und Formationen zur Mitwirkung aufgerufen, um durch einen großangelegten Parteitag den Rahmen zu schaffen für eine Veranstaltung, die die Arbeit und das Wollen der NSDAP in ihrer Gesamtheit erfaßt."[1289] Aus demselben Artikel geht hervor, daß der Kreisparteitag nunmehr nicht nur die NSDAP einschließlich aller ihrer Organisationen, sondern alle "Volksgenossen" ansprechen sollte. Der 'Köder' waren hier die in den zwanziger und dreißiger Jahren extrem beliebten Motorsportveranstaltungen, auf die die "Bremer Zeitung" ausdrücklich hinwies: "Ein besonderes Ereignis aber stellt die Großveranstaltung im Weser-Stadion dar, die vom NSKK aufgezogen wird und motorsportliche Vorführungen bietet, die in Bremen bisher noch nie gezeigt wurden und somit für alle Volksgenossen den Gegenstand höchsten Interesses bilden."[1290] In der zum Kreisparteitag erschienenen Festschrift schrieb Kreisleiter Bernhard Blanke, ein solcher Parteitag sei nicht nur ein reines Arbeitstreffen, auf dem spezielle Fragen geklärt werden sollten. Der Kreisparteitag insgesamt soll vielmehr

> über das Sachliche hinausgehen und uns den seelischen Schwung wiedergeben und bewahren, der allein imstande ist, auch die schwersten Aufgaben zu lösen. (...) Wir geben unseren Versammlungen eine weihevolle Umrahmung, einen reichen und schönen Inhalt, damit nicht nur der jüngste Parteigenosse, sondern auch der letzte Volksgenosse Mitkämpfer wird und bleibt.[1291]

Dementsprechend wurden die Veranstaltungen für ein breiteres Publikum nicht an das Ende der parteiinternen Tagungen verlegt, sondern wechselten sich mit anderen Veranstaltungen ab. Der Kreistag begann am Abend des 15. November - nicht, wie der Titel der Festschrift vermuten läßt, am 16. November - mit einer Verleihung der Ehrenzeichen an die "Alte Garde der Bewegung" durch Kreisleiter Blanke und einem Marsch der Hitlerjugend. Nach der Begrüßung der auswärtigen Gäste durch Kreisleiter Blanke und den Bremer Senat im Rathaus folgte am Abend des 16. November ein Festkonzert im Staatstheater Bremen. Gespielt wurden das

---

[1288] Vgl. das Programm für den Parteitag in Vegesack. In: Bremer Zeitung, 24. 6. 1934.
[1289] Bremer Zeitung, 4. 11. 1934.
[1290] Bremer Zeitung, 4. 11. 1934.
[1291] Festschrift zum Kreisparteitag 1934 der NSDAP Kreis Bremen vom 16. Bis 18. November 1934 in Bremen. Bremen, 1934 (ohne Seitenzählung).

Festliche Präludium in D-Dur von Johann Sebastian Bach und Beethovens Neunte Symphonie. Ergänzt wurde dieses eher für die gehobene Bremer Bürgerschaft konzipierte Konzert durch Platzkonzerte am Mittag des folgenden Tages. Zeitgleich fanden ab 13 Uhr insgesamt neun Platzkonzerte an verschiedenen Stellen des Bremer Stadtgebietes statt, so daß alle Bremer den Kreisparteitag akustisch unüberhörbar zur Kenntnis nehmen mußten.

Der Sonntag, 18. November, begann mit einem großen Propagandamarsch sämtlicher Formationen der NSDAP und einer öffentlichkeitswirksamen Wimpelweihe und Appell des BDM auf der Parkwiese im Bürgerpark mit anschließendem Marsch durch Bremen. Es folgte eine Großkundgebung der NS-Frauenschaft im großen Saal des Bremer Casinos. Der Abend war der Unterhaltung gewidmet. Für aktive Mitglieder der NSDAP, der SA, SS, NSKK, HJ, dem NSAD[1292] sowie Angehörigen der Reichswehr und der Polizei gab es einen Kameradschafts-Abend, während die breite Öffentlichkeit zwischen einem "Volkstums-Abend des Kreises Bremen" im großen Saal der "Union", einem "Volkstümlichen Konzert" im großen Saal der Centralhallen und einem Unterhaltungsabend der SA-Standarte 75 in Sielers Festsälen wählen konnte. Die aufwendigste Veranstaltung an diesem Tag wurde durch die NSKK-Motorstandarte 62 im Weser-Stadion bestritten. Auf dem Programm standen u. a. Wehrsport auf Krafträdern, Rhönrad auf Krafträdern, Kraftrad-Kunstfahren auf Solomaschinen und Seitenwagen-Maschinen, Staffel-Fahren sowie Kradball-Wettspiele, d. h. Fußball auf Motorrädern.

Auch in anderen Kreisen des Gaues Weser-Ems gab es bereits vor dem von Roth genannten Stichjahr Kreisparteitage, wenn auch nicht mit dem in Bremen betriebenen Aufwand. So fand in Delmenhorst am 1. 9. 1935 die erste Kreistagung des Kreises Delmenhorst/Oldenburg-Land statt[1293]. Der Kreis Vechta beging 1936 gar schon seinen dritten Kreisparteitag[1294].

Roths Beurteilung der Kreisparteitage muß noch in einem Punkt ergänzt werden. Die Partei bot hier "Brot und Spiele", um gerade die "Volksgenossen" an die NSDAP heranzuführen, die ihr bisher besonders fern standen. So war beispielsweise eine Motorsportveranstaltung des NSKK zunächst eine Unterhaltungsveranstaltung, die auch gerade von der NS-Ideologie fern stehenden jungen Männern besucht wurden. Diese wurden allerdings dadurch für das NSKK interessiert, vielleicht sogar geworben. Als Mitglieder des NSKK konnten sie dann effektiv in das nationalsozialistische System eingebunden werden.

Durch diese Werbeveranstaltungen folgte die NSDAP lediglich einem Rezept, das sich schon in der frühen "Kampfzeit" als wirksam erwiesen hatte. Ein Beispiel findet sich in der "Zentrumshochburg" Papenburg. Hier traten 1930 erstmals wiederholt Redner der NSDAP auf. Fanden diese zuerst nur wenig Resonanz und sehr viel Ablehnung, so änderte sich dies im Laufe des Reichstagswahlkampfes, wie die zentrumsnahe Papenburger "Ems-Zeitung" am 10. 9. 1930 feststellte. Erstmals be-

---

[1292] NSAD = NS-Arbeitsdienst, Vorläufer des Reichsarbeitsdienstes.
[1293] Delmenhorster Kreisblatt, 1. 9. 1935.
[1294] Festschrift zum 3. Kreistag der NSDAP- Kreis Vechta vom 12. Juli 1936. Vechta, 1936.

suchten bisherige Zentrumswähler nicht nur Veranstaltungen der NSDAP, sondern spendeten für die Ausführungen der Parteiredner auch noch Beifall. Den Grund hierfür sah die "Ems-Zeitung" in der "Sensationslust des Volkes", das zu den Veranstaltungen der NSDAP ging, weil dort "was los" war, und das dann durch die "unerhörte Schlauheit und Durchtriebenheit" der Parteiredner für die NSDAP gewonnen werden konnte.

Nach der Machtergreifung und dem weiteren Ausbau der NS-Organisationen erschlossen sich der NSDAP weitere Möglichkeiten, Großveranstaltungen mit einem attraktiven Unterhaltungsangebot - der Bremer Kreisparteitag kann hier durchaus als beispielhaft gelten - zu organisieren und das Volk für die Partei zu interessieren und zur aktiven Mitarbeit zu animieren. Das NS-Regime hatte so mit den Kreisparteitagen ein effektives Mittel, das in seinen Werbemöglichkeiten für das NS-Regime weit effektiver war als die von staatlicher Seite organisierten traditionellen Volksfeste, auch wenn diese natürlich "gleichgeschaltet" waren und unter nationalsozialistischen Vorzeichen stattfanden.

6.5.6 Ergebnisse der "Menschenführung"

Die Aufgabe der "Menschenführung" bestand im wesentlichen darin, die Bevölkerung für den Nationalsozialismus als Ideologie zu gewinnen, d. h. die Gesellschaft ideologisch zu durchdringen. Hier muß nun geprüft werden, inwieweit die Kreisleiter diese Aufgabe tatsächlich bewältigt haben.

Unstreitig ist, daß die Erfolge der NS-Regierung hinsichtlich der Beseitigung der Arbeitslosigkeit einerseits und die außenpolitischen Erfolge andererseits zu einer breiten Zustimmung in der Bevölkerung geführt haben. Die von Burns getroffene grundsätzliche Unterscheidung zwischen den "needs" und den "values" führt zu der Frage, ob die Zustimmung zur Wirtschafts- und Außenpolitik der NS-Regierung auch zugleich eine Zustimmung zum Nationalsozialismus als Ideologie bedeutete oder nach sich zog.

Für die Kreisebene gibt es hier eine zuverlässige Quellenart. Dies sind die Vorschläge auf Besoldungsfestsetzung einschließlich Aufwandsentschädigung Gauleiter Rövers für die Kreisleiter des Gaues Weser-Ems[1295]. Jeder Vorschlag enthielt eine Beschreibung des Kreises hinsichtlich Bevölkerungszahl, geographische Größe und Zahl der Ortsgruppen. Gesondert vermerkt wurde die Präsenz von Heer oder Marine und "weltanschauliche Schwierigkeit". Für den größten Teil der NSDAP-Kreise sind aus dem Frühjahr 1941 solche Formulare überliefert, die aufzeigen, in welchen Kreisen auch acht Jahre nach der Machtergreifung und einem bis dahin erfolgreich verlaufenen Krieg der Nationalsozialismus als Ideologie immer noch abgelehnt wurde. Aus der systematischen Zusammenstellung ergibt sich ein erhellendes Raster[1296]: Vechta war "der schwierigste Kreis in weltanschaulicher Hin-

---

[1295] Überliefert in den Personalakten des ehemaligen "Berlin Document Center", jetzt im Bundesarchiv Berlin-Lichterfelde.
[1296] s. Tabelle 9.3.

sicht"[1297]. Auch Cloppenburg war ein Kreis mit "weltanschaulich <u>besonders</u> schwieriger Bevölkerung"[1298]. "Weltanschaulich schwierig" waren auch die emsländischen Kreise Aschendorf-Hümmling[1299], Meppen[1300] und Lingen[1301]. "Teilweise weltanschaulich schwierig"[1302] war der Kreis Bersenbrück.

Ein Blick auf die Reichstagswahlergebnisse vom 5. 3. 1933 zeigt, daß alle weltanschaulich als schwierig eingestuften Kreise unterdurchschnittliche Ergebnisse für die NSDAP zu verzeichnen hatten. Vergleicht man die Ergebnisse der anderen Parteien von 1933 mit Rövers Einschätzung hinsichtlich weltanschaulicher Schwierigkeit von 1941, so stellt man fest, daß alle Zentrumshochburgen durchgängig als "weltanschaulich schwierig" eingestuft wurden, die SPD- und KPD-Hochburgen mit unterdurchschnittlichen Ergebnissen für die NSDAP sind es jedoch nicht. Dies bestätigt die Ergebnisse von Stöver[1303], der auf der Grundlage sozialistischer Exilberichte der Arbeiterschaft im Dritten Reich ein besonders hohes Maß an Konsensbereitschaft bescheinigt, die in allererster Linie auf dem Abbau der Arbeitslosigkeit beruhte. Selbst wenn schlechtere Arbeitsbedingungen zum Arbeitskampf führten, war es doch so, daß dieser in der Regel "keine erkennbaren politischen Intentionen besaß und deswegen auch die Teilnahme von SA- und SS-Leuten zuließ"[1304].

Die Zentrumshochburgen Vechta und Cloppenburg, die 1936 unmittelbar am "Kreuzkampf" beteiligt waren, waren die schwierigsten Kreise. Die weltanschauliche Schwierigkeit ist dabei völlig unabhängig von der Strategie des jeweiligen Kreisleiters. In den fünf katholischen Kreisen, die als "weltanschaulich schwierig" eingestuft waren, saßen fünf Kreisleiter, die sich von ihrem Charakter und ihrem Verhalten sehr stark unterschieden. Kreisleiter Voß in Vechta argumentierte, der Nationalsozialismus sei gottgefällig, da erfolgreich, Kreisleiter Meyer-Wendeborn suchte Konflikte möglichst zu vermeiden. Kreisleiter Buscher im Kreis Aschendorf-Hümmling versuchte seine Meinung mit Wutausbrüchen lautstark durchzusetzen, während Kreisleiter Plesse in Lingen sich auf Polizei und SA verließ. Kreisleiter Egert galt spätestens nach dem Zwischenfall auf dem Meppener Landratsamt als gewalttätig. Sie alle vereint nur eines: ihre Erfolglosigkeit, der Bevölkerung den Nationalsozialismus näherzubringen.

[1297] Antrag des Gauleiters Röver auf Besoldungsfestsetzung für den Kreisleiter Heinrich Voß, 29. 4. 1941. BA Berlin-Lichterfelde, BDC PK Voß, Heinrich.

[1298] Antrag des Gauleiters Röver auf Besoldungsfestsetzung für den Kreisleiter Willy Meyer-Wendeborn, 25. 4. 1941. BA Berlin-Lichterfelde, BDC PK Meyer-Wendeborn, Willy.

[1299] Antrag des Gauleiters Röver auf Besoldungsfestsetzung für den Kreisleiter Gerhard Buscher, 25. 4. 1941. BA Berlin-Lichterfelde, BDC PK Buscher, Gerhard.

[1300] Antrag des Gauleiters Röver auf Besoldungsfestsetzung für den Kreisleiter Josef Egert, 24. 4. 1941. BA Berlin-Lichterfelde, BDC PK Egert, Josef.

[1301] Antrag des Gauleiters Röver auf Besoldungsfestsetzung für den Kreisleiter Erich Plesse, 6. 6. 1941. BA Berlin-Lichterfelde, BDC PK Plesse, Erich.

[1302] Antrag des Gauleiters Röver auf Besoldungsfestsetzung für den Kreisleiter Gustav Nietfeld-Beckmann, 11. 6. 1941. BA Berlin-Lichterfelde, BDC PK Nietfeld-Beckmann, Gustav.

[1303] Stöver, Bernd: Volksgemeinschaft im Dritten Reich. Die Konsensbereitschaft der Deutschen aus der Sicht sozialistischer Exilberichte. Düsseldorf, 1993.

[1304] Ebda., S. 417.

Eine besondere Schwierigkeit für die Südoldenburger Kreisleiter war der bereits geschilderte "Kreuzkampf". Die Vechtaer NSDAP-Kreisleitung sah in dem "Kreuzerlaß" einen gewaltigen taktischen Fehler, der es dem katholischen Klerus leicht machte, die Bevölkerung von der NS-Ideologie zu entfremden. Zitiert wurde in einem Stimmungsbericht der Vechtaer Vikar: "Drei Jahre haben wir vergeblich gerungen, um das Volk religiös wachzurütteln, eine Unterschrift von Pauly hat uns dieses Ziel erreichen lassen"[1305]. Über die vermeintliche und tatsächliche Haltung der Bevölkerung zum Nationalsozialismus berichtete die Kreisleitung:

Eines hat uns die ganze Angelegenheit jedoch gezeigt, dass wir mit unserer Behauptung recht hatten, dass unsere grossen Massenversammlungen der Vergangenheit eine Vorspiegelung falscher Tatsachen waren und auswärtigen Parteigenossen leicht ein falsches Bild über die tatsächliche Lage vermittelten.[1306]

Besonders aufschlußreich ist hier, daß die Vechtaer NSDAP-Kreisleitung offensichtlich schon vor dem "Kreuzkampf" darauf hingewiesen hatte, daß die mehr oder weniger freiwillige Teilnahme der Bevölkerung an den für das Dritte Reich typischen Massenversammlungen keineswegs auch eine Akzeptanz der NS-Ideologie bedeutete.

Kreisleiter Willy Meyer-Wendeborn war in dem geschlossenen katholischen Milieu des Landkreises Cloppenburg ein absoluter Fremdkörper. Aus einem rein evangelischen Milieu stammend blieb ihm der innere Zugang zur Mentalität der katholischen Bevölkerung völlig verschlossen. Wenn Meyer-Wendeborn in seinem Lebenslauf für das Spruchkammerverfahren schreibt, er sei 1934 "infolge gründlicher Kenntnis der religiösen Verhältnisse des Münsterlandes Kreisleiter des Kreises Cloppenburg"[1307] geworden, so muß man dies im Zusammenhang mit seinen Nachkriegsaufzeichnungen sehen. Hier fügt er hinzu: "Bestimmend war auch wohl, dass man einfach keinen anderen Mann für dieses Amt hatte."[1308] Er selber bekannte hier auch freimütig: "Vom Wesen der katholischen Religion wusste ich herzlich wenig."[1309] Zwar hatte er, wie er selber schreibt, "in den Jahren von 1922 - 1936 reichlich Gelegenheit gehabt, mich mit dem Wesen der katholischen Religion bekannt zu machen"[1310], betrachtet man jedoch seine Nachkriegsaufzeichnungen weiter, so

---

[1305] Bericht zur weltanschaulichen Lage der NSDAP-Kreisleitung Vechta vom 4. 12. 1936. Zit. nach Kuropka, Joachim (Hrsg.): Für Wahrheit, Recht und Freiheit - gegen den Nationalsozialismus (Dokumente und Materialien zur Geschichte und Kultur des Oldenburger Münsterlandes; Bd. 1). Vechta, 1983. S. 100.
[1306] Zit. nach ebda., S. 101.
[1307] Lebenslauf Willy Meyer-Wendeborn für das Spruchkammerverfahren, o. D. Meyer-Wendeborn, Willy Z 42 II/892. Bl. 1.
[1308] Meyer-Wendeborn: Einstellung, Bl. 6
[1309] Offizialatsarchiv Vechta, Nachlass Schlömer, Willy Meyer-Wendeborn: "Einstellung der Kreisleitung Cloppenburg gegenüber den Kirchen". Bl. 1.
[1310] Ebda.

kommt man zu dem Schluß, daß er auch nach knapp zwölf Jahren Tätigkeit als "politischer Leiter" kaum Zugang zur örtlichen Mentalität hatte.

Ein Streitfall mit der katholischen Kirche resultierte aus der Praxis der Parteibegräbnisse, bei denen Mitglieder der NS-Organisationen in Uniform am Begräbnis teilnahmen und am Grab Reden hielten. Über einen solchen Streit mit dem Dechanten Hackmann berichtete Meyer-Wendeborn nach dem Krieg:

> Hackmann hörte mich an, um mir dann in aller Liebenswürdigkeit zu erklären, er könne leider keine Ausnahme machen. Er wolle aber den Organisationen das Betreten des Friedhofes gestatten, müsse aber darauf bestehen, dass am Grabe nicht gesprochen würde. Das musste ich nun ablehnen, denn die paar Abschiedsworte hatte der Tote umso eher verdient, als Katholische Begräbnisse immer sehr kurz und frostig ausfielen. Was hat der Tote schon vom feierlichen Seelenamt, das in der Kirche anschliessend stattfindet, während er einsam und verlassen da draussen liegt, ohne ein Wort des Gedenkens, des Abschieds?[1311]

Nach evangelischem Verständnis ist der Trauergottesdienst nicht heilswirksam, sondern dient lediglich zum Gedenken an und dem Abschied von dem Verstorbenen. Auch bleibt der Sarg während des Trauergottesdienstes in der Kirche[1312]. Die eigentliche Beisetzung findet erst anschließend statt. Auch ist nach evangelischem Verständnis nichts dagegen einzuwenden, daß ein Verwandter oder ein Freund zum Gedenken an den Verstorbenen spricht. Eine evangelische Bestattung - wie sie Meyer-Wendeborn aus dem evangelischen Hamburg kannte - wäre also mit einem Parteibegräbnis ohne weiteres zu vereinbaren gewesen.

Ein weiteres Verständnisproblem waren für Meyer-Wendeborn die katholischen Prozessionen:

> In Oldenburg lachte man über diese Umzüge und konnte nicht verstehen, dass ich dagegen nichts unternahm. Ja, mir wurde sogar mal der Vorschlag gemacht, an einem solchen Tage hierher zu kommen, um einmal gründlich "Rabatz" zu machen, damit der Unfug aufhörte. Es ist mir dann auch gelungen das zu verhindern, indem ich darauf aufmerksam machte, dass ja auch wir große Freunde solcher Umzüge wären, und dass es viel richtiger sei, alles darauf abzustellen die grössere Demonstration auf die Beine zu bringen.[1313]

[1311] Wendeborn, Bl. 31.
[1312] In manchen lutherischen Gemeinden bleibt dabei der Sarg offen. In den USA weit verbreitet ist die Sitte, nach dem Trauergottesdienst die gesamte Trauergemeinde am offenen Sarg vorbeidefilieren zu lassen.
[1313] Wendeborn, Bl. 30.

Zum Verbot einzelner Prozessionen schrieb er, er habe ein solches Verbot nicht veranlasst,

obgleich ich mehr wie einmal beobachtet habe, mit welcher Dickfelligkeit die Teilnehmer die Strasse sperrten und den Verkehr behinderten. Sie waren und sind eben der Auffassung, dass alles andere Nebensache ist, wenn sie ihre Wallfahrt machen, und können sehr ungehalten werden, wenn andere Menschen auch ihr Recht auf die Straße geltend machen.[1314]

Hier offenbart sich ein weiteres, auf Meyer-Wendeborns evangelischem Lebens- und Erfahrungshintergrund resultierendes Mißverständnis. Der evangelischen Kirche ist die Praxis der Prozessionen ebenso wie die der Wallfahrt[1315] völlig fremd. Jemand, der wie Meyer-Wendeborn aus einem rein evangelischen Milieu kam und zum katholischen Glauben keinerlei Zugang hatte, mußte eine Prozession daher als einen rein folkloristischen Umzug, eventuell mit Demonstrationscharakter, mißverstehen. Ein Umzug mit liturgischem Charakter ist seiner evangelischen Vorstellungs- und Erfahrungswelt völlig fremd. Es ist daher kein Wunder, daß Meyer-Wendeborn die Begriffe "Wallfahrt" und "Prozession" synonym verwendet. Dies zeigt ebenso wie der Fall der Beerdigung, daß Kreisleiter Meyer-Wendeborn nicht nur von Anfang an keinerlei Zugang zur katholischen Vorstellungswelt hatte, sondern sich vermutlich auch in seiner ganzen Amtszeit als Kreisleiter von 1934 bis 1945 nie darum bemüht hat. Obwohl er sich selber nie in üblem Sinne gegen die Kirche betätigt hat, so war er doch ein denkbar ungeeigneter Kandidat, um im katholisch geprägten Cloppenburg im Auftrag der NSDAP "Menschenführung" zu betreiben.

Was für "weltanschaulich schwierige" Kreise gilt, gilt in ähnlicher Form auch für Kreise, bei denen Röver 1941 keine besondere weltanschauliche Schwierigkeit festgestellt hatte. Bremen und Wilhelmshaven waren gleichermaßen weltanschaulich unproblematisch, obwohl sich zwischen den beiden Kreisleitern kein größerer Unterschied denken läßt. Dem erfahrenen Parteidiplomaten Ernst Meyer in Wilhelmshaven, der es im Gegensatz zu seinem Vorgänger auch schaffte, mit den Marinebehörden gut auszukommen, stand in Bremen der nicht nur intellektuell, sondern auch im Umgang mit Menschen völlig unfähige Kreisleiter Blanke gegenüber, dessen Inkompetenz bereits ausführlich erörtert wurde.

[1314] Da er als Kreisleiter ohnehin nicht dazu befugt war, Prozessionen polizeilich zu verbieten, hat dies also keinen Rechtfertigungs- oder Entschuldigungscharakter. Wie Meyer-Wendeborn weiter berichtet, machte eine Verfügung des oldenburgischen Ministers der Kirchen und Schulen vom Juli 1941 die Durchführung von Prozessionen von einer polizeilichen Genehmigung abhängig. Als vermutlichen Grund nennt Meyer-Wendeborn einen Fall, in dem eine wichtige Lieferung für die Marinewerft in Wilhelmshaven über eine Stunde lang von einer Prozession aufgehalten worden war.

[1315] Die Wallfahrt wurde übereinstimmend von allen Reformatoren - Luther, Zwingli, Calvin - abgelehnt und hatte gerade in Deutschland seit der Reformation die Funktion eines konfessionellen Unterscheidungszeichen. Vgl. Wörterbuch des Christentums, S. 1345.

Betrachtet man die wirtschaftliche Entwicklung des Gaues Weser-Ems, so stellt man insgesamt einen starken Strukturwandel fest. Mehr oder weniger starke Veränderungen im Vergleich zum Reichsdurchschnitt sind auch bei den Einkommensverhältnissen[1316] zu verzeichnen. Nimmt man das durchschnittliche Jahreseinkommen der Einkommensteuerpflichtigen im Vergleich zum Reichsdurchschnitt als Indikator, so stellt man wiederum fest, daß eine positive Entwicklung in wirtschaftlicher Hinsicht nicht unbedingt Akzeptanz des Nationalsozialismus als Ideologie nach sich zog. In den emsländischen Kreisen lag die Einkommenssteigerung durchweg über dem Reichsdurchschnitt. Stieg das Durchschnittseinkommen im Deutschen Reich (ohne Österreich und Sudetenland) von 1937 auf 1938 um 11,02 %, so waren es im Kreis Aschendorf-Hümmling 16,8 %, in Meppen 12,99 % und in Lingen 13,44 %. Hingegen galt der Kreis Norden, der mit einer Einkommenssteigerung von 0,23 % im Gau Weser-Ems das Schlußlicht darstellte, nicht als "weltanschaulich schwierig".

Am positivsten verlief die wirtschaftliche Entwicklung während des Dritten Reiches in der Grafschaft Bentheim. Lag dieser Kreis 1929 beim Durchschnittseinkommen noch um 23,9 % unter dem Reichsdurchschnitt, so hatte sich die Lage in den Jahren 1937/38 gründlich gewandelt. 1937 lag Bentheim um 12,1 %, 1938 gar um 35,1 % über dem Reichsdurchschnitt. Der Kreis Grafschaft Bentheim hatte somit in den dreißiger Jahren in wirtschaftlicher Hinsicht eine geradezu dramatische Wandlung zum besseren durchgemacht.

Trotz dieser hervorragenden, im Gau Weser-Ems einmaligen wirtschaftlichen Entwicklung weist die Statistik über die Reichstagswahl von 1938 für den Kreis Bentheim katastrophale 94,2 % aus[1317], ähnlich schlecht also wie in den Kreisen Vechta und Cloppenburg. Es gibt keinen Zweifel daran, daß die veröffentlichten Wahlergebnisse reine Phantasieprodukte der NS-Regierung waren. Eindeutig beweisen läßt sich dies für die Gemeinde Goldenstedt im Kreis Vechta. Hier hatten laut amtlichem Endergebnis 87,26 % der Wähler mit "Ja" gestimmt[1318]. Einem Bericht der Gestapo über die Gemeinde Goldenstedt ist jedoch zu entnehmen, daß die Kreise "Cloppenburg und Vechta die größte Anzahl der Nein-Stimmen im Gau Weser-Ems aufweisen. Auch die Gemeinde Goldenstedt stimmte zu rund 50 % mit „Nein""[1319]. Dies ist umso bemerkenswerter, als allgemein befürchtet wurde, man werde die "Nein"-Wähler irgendwie ermitteln können. Andererseits ging man davon aus, daß ohnehin ein reines Phantasieergebnis verkündet werden würde. Ein Bericht der Sopade hält fest, daß beispielsweise in einem norddeutschen Betrieb die

---

[1316] Vgl. Tabelle 9.4.
[1317] Statistik des Deutschen Reichs, Band 531. Die Volksabstimmung und die Wahlen zum Großdeutschen Reichstag am 10. April 1938. Berlin, 1939. S. 58.
[1318] Ebda., S. 59.
[1319] Bericht der Geheimen Staatspolizei vom 3. 5. 1938 über die Vorgänge in Goldenstedt bei der Errichtung der Gemeinschaftsschule. Zit. nach Kuropka, Joachim: Für Wahrheit, Recht und Freiheit - gegen den Nationalsozialismus (Dokumente und Materialien zur Geschichte und Kultur des Oldenburger Münsterlandes; Bd. 1). Vechta, 1983. S. 117.

"Nein"-Wähler als 'Klapsmänner' bezeichnet wurden, "denn es hätte doch gar keinen Sinn gehabt, mit „Nein" zu stimmen und dieses Risiko auf sich zu nehmen."[1320]

Für die Wahlfälscher wäre es kein Problem gewesen, auch für den Kreis Bentheim eine Quote von über 99 % wie im Reichsdurchschnitt auszuweisen. Das schlechte Wahlergebnis verwundert umso mehr, als die NSDAP bei der Reichstagswahl vom 5. 3. 1933 im Kreis Bentheim mit 53,4 % überdurchschnittlich gut abgeschnitten hatte[1321]. Hier stellt sich nun die Frage, welche Gründe die Fälscher hatten, für den Kreis Bentheim ein derart schlechtes Wahlergebnis auszuweisen. Interessant ist in jedem Fall, daß offenbar nicht völlig willkürlich gefälscht wurde, denn sowohl die veröffentlichten als auch die echten Wahlergebnisse weisen für die Kreise Vechta und Cloppenburg die niedrigsten Ja-Quoten aus. Es liegt also nahe, daß die veröffentlichten Wahlergebnisse in erster Linie für die "Menschenführung" der Gau- und Kreisleiter 'Noten verteilten'.

Eine mögliche Erklärung für das außergewöhnlich schlechte Wahlergebnis wäre die ablehnende Haltung der Altreformierten. Die Altreformierten hatten in den Jahren von 1933 bis 1936 "noch keine rechte Verbindung zum Nationalsozialismus gefunden"[1322]. 1936 versuchte der Osnabrücker Regierungspräsident, die traditionell starken Bindungen an die Niederlande zu kappen. Im altreformierten Gottesdienst durfte nicht mehr in niederländischer Sprache gepredigt oder gesungen werden. Dies bedeutete, daß die bisher ausschließlich niederländischen Gesangbücher durch deutschsprachige ersetzt werden mußten. Auch durften die Altreformierten keine niederländischen Zeitungen mehr beziehen. Insgesamt dürfte die Ablehnung der Altreformierten gegen das NS-Regime ein ähnliches Maß erreicht haben wie das der Südoldenburger Katholiken. Dagegen spricht jedoch, daß die Altreformierten nur eine kleine Minderheit waren, die nur knapp 5 % der Bevölkerung ausmachten[1323].

Auch eine verstärkte Rolle der KPD kann hier ausgeschlossen werden. Zwar hatte es 1933 in Nordhorn bei den Reichstagswahlen noch eine KPD-Hochburg gegeben. Hier erhielt die KPD am 5. März 1933 13 % der Stimmen[1324]. Gerade hier wurde aber bei der Reichstagswahl von 1938 eine Ja-Quote von 98,13 ausgewiesen[1325] (Durchschnitt Gau Weser-Ems: 97,87[1326]). Im Kreis Bentheim insgesamt spielte die KPD mit 4,7 % der Stimmen bei der Reichstagswahl vom 5. März 1933 eine vergleichsweise geringe Rolle.

[1320] Deutschland-Bericht der Sopade für den Zeitraum April/Mai 1938. In: Deutschland-Berichte der Sozialdemokratischen Partei Deutschlands (Sopade) 1934-1940. Fünfter Jahrgang 1938. Frankfurt a. Main. ⁵1980. S. 428.
[1321] Statistik des Deutschen Reichs, Band 434. S. 190.
[1322] Lagebericht der Staatspolizeistelle Osnabrück an das Geheime Staatspolizeiamt für den Monat Februar 1936 vom 4. März 1936. Zit. nach Steinwascher: Gestapo Osnabrück meldet . . . S. 347.
[1323] Auskunft von Pastor Dr. Beuker, Hoogstede (Archivar der Evangelisch-Altreformierten Kirche) vom 6. 9. 2000.
[1324] Ebda.
[1325] Statistik des Deutschen Reichs, Band 531. S. 58.
[1326] Ebda., S. 57.

Eine mögliche Erklärung ergibt sich aus der guten wirtschaftlichen Entwicklung einerseits und dem persönlichen Verhalten des Kreisleiters Dr. Ständer andererseits. Die Grundlagen für den wirtschaftlichen Aufschwung im Kreis Bentheim wurden vor 1933 gelegt. Kommunalpolitiker und Gewerbetreibende des Kreises setzten alles daran, besonders die Infrastruktur des Kreises zu verbessern und Handel und Gewerbe nachhaltig zu fördern. Besonders verdient gemacht hat sich dabei der Gildehauser Bürgermeister Ernst Buermeyer (DVP), der es in den Jahren 1931/32 trotz wirtschaftlicher Schwierigkeiten vermocht hatte, die Fertigstellung der Reichsfernstraße 65 zu realisieren.[1327] Dadurch lief ein großer Teil des Besuchs- und Warenverkehrs mit den Niederlanden jetzt nicht mehr über den Umweg über Westfalen, sondern durch den Kreis Grafschaft Bentheim. Haltlose Anschuldigungen der NSDAP gegen Buermeyer verfingen bei der Gildehauser Bevölkerung nicht. Erst die Machtergreifung ermöglichte es Kreisleiter Ständer, den ihm verhaßten Buermeyer zum Rücktritt zu zwingen.

Auch in den folgenden Jahren unternahm der Kreis Bentheim weitere Anstrengungen in der Landesplanung[1328] und im Ausbau des Verkehrsnetzes, wobei auch Anstrengungen zur Förderung des Fremdenverkehrs unternommen wurden[1329]. Diese Anstrengungen, zu denen auch die Anerkennung Bentheims als Heilbad gehörte, fanden unter der Regie des Landräte Niemeyer und - ab 1935 - Rosenhagen statt. In den betreffenden Akten taucht der Name Dr. Ständers nicht auf, der Versuch einer konstruktiven Mitgestaltung der Kreispolitik ist nicht einmal im Ansatz zu erkennen. Das menschlich unmögliche Verhalten Ständers gerade gegenüber den Landräten und seine 'Kulturpolitik', die die kommunalen Kassen teuer zu stehen kam, ist hingegen bereits dargestellt worden. Hier zeigt sich somit, daß ein Kreisleiter, wenn er sich entsprechend verhielt, sogar einen dem Nationalsozialismus überwiegend positiv gegenüberstehenden Kreis zum Gegner des Regimes machen konnte.

Gauleiter Carl Röver hatte als überzeugter Anhänger Rosenbergs immer klar gestellt, daß bei ihm "nur mit Rosenberg"[1330] geschult wird. Rosenberg war - vor allem hinsichtlich der Rassenideologie - der führende Ideologe des Dritten Reiches und ein extremer Gegner der Kirchen und spielte somit eine zentrale Rolle im "Weltanschauungskampf im Dritten Reich"[1331]. Ein weiterer wichtiger Indikator für den Erfolg der "Menschenführung" ist somit die Zahl der Kirchenaustritte, da hieraus ersichtlich wird, ob die kirchenfeindliche Propaganda auf der Linie Alfred Rosen-

---

[1327] Dies und das Folgende nach Herbert Wagner: Der Rücktritt des Gildehauser Bürgermeisters Ernst Buermeyer. In: Bentheimer Jahrbuch 1998, S. 211 - 234.
[1328] S. StAOs, Rep ?
[1329] S. StAOs, Rep.?
[1330] Zitiert nach Rudolf Willenborg: "Wir wollen Christen sein und keine Neuheiden. Die Entkonfessionalisierung der Schulen in Oldenburg, der Schulkampf in Goldenstedt, die Ausweisung des Offizials Vorwerk und der Versuch einer Zerschlagung der Kirchenleitung in Vechta. In: Christenkreuz oder Hakenkreuz. Zum Verhältnis von katholischer Kirche und Nationalsozialismus im Land Oldenburg. Herausgegeben von Willi Baumann und Michael Hirschfeld. Vechta, 1999. S. 35.
[1331] So der Titel des Buches von Raimund Baumgärtner. Rosenbergs Rasselehre wurde von katholischer und "Bekennender" Kirche bekämpft und war in den Reihen der "Deutschen Christen" heftig umstritten.

bergs bei der Masse der Bevölkerung Erfolg hatte. Die Propaganda richtete sich in erster Linie gegen die katholische Kirche. Im Lexikon-Teil des "Adressenwerks der Dienststellen der NSDAP", das Anfang 1937, noch vor der Enzyklika "Mit brennender Sorge" vom 14. 3. 1937, erschienen war, wurde den politischen Leitern der NSDAP nahegelegt, jeden katholischen Geistlichen grundsätzlich als Staatsfeind zu betrachten.[1332] Eine große Kampagne startete am 28. April 1937 auf einer Sonderpressekonferenz in Berlin. Dort wurde den Vertretern der deutschen Presse mitgeteilt: "Mit sofortiger Wirkung hat eine grosszügige Propagandaaktion gegen die katholische Kirche einzusetzen."[1333] Mit Hinweis auf die bereits laufenden Sittlichkeitsprozesse gegen katholische Geistliche und Ordensbrüder wurde angeordnet: "Der Erziehungsanspruch der Kirche gegenüber der Jugend ist mit dem Hinweis auf die Enthüllung der Klöster als Lasterstätte zurückzuweisen. Wer so seine Unfähigkeit, Jugend zu erziehen, erwiesen habe, habe das Recht verloren, gegen die Gemeinschaftsschule Stellung zu nehmen."[1334]

Schon ein erster Blick auf die Ergebnisse der Volkszählungen von 1933 und 1939 zeigt, daß es bei der Masse der Bevölkerung in keinster Weise gelungen ist, die Bindung zur Kirche zu untergraben[1335]. Nur 3,5 % der Bevölkerung bekannten sich 1939 als "gottgläubig", 1,5 % als "glaubenslos". Bedenkt man dabei, daß schon 1933 4,0 % der Reichsbevölkerung sich als "konfessionslos" bezeichnet hatten, so kann man der antikirchlichen Propaganda der NSDAP bestenfalls bei einem Prozent der Bevölkerung Erfolg bescheinigen. Das entspricht nicht einmal dem Anteil der NSDAP-Mitglieder an der Bevölkerung.

Da nicht alle Gauleiter Anhänger Rosenbergs waren, liegt hier die These nahe, daß der Anteil der "Gottgläubigen" im Gau Weser-Ems höher gewesen sein müsse als im Reichsdurchschnitt, da Röver die kirchenfeindliche Propaganda Rosenbergs nachhaltig förderte. Ein Blick auf die Zahlen zeigt jedoch, daß das Gegenteil der Fall ist. Im Gau Weser-Ems bezeichneten sich 1939 nur 3,0 % der Bevölkerung als "gottgläubig", 1 % als "glaubenslos". 1933 hatte der Anteil der Konfessionslosen 2,7 % betragen.

Fasst man für 1939 die Gruppen der "Gottgläubigen" und der "Glaubenslosen" zur Gruppe der "Konfessionslosen" zusammen, so erhält man für die Gruppe der Konfessionslosen insgesamt einen Anstieg auf Reichsebene von 4 auf 5 % der Bevölkerung, also eine Steigerung der Prozentzahlen um 25 %, im Gau Weser-Ems hingegen einen Anstieg von 2,7 auf 4 % der Bevölkerung, was einer Steigerung der Prozentzahlen um 48,1 % entspricht. Hieraus könnte man eine Verbindung ableiten zwischen kirchenfeindlicher Propaganda und Anstieg der "Gottgläubigkeit", wenn auch auf sehr niedrigem Niveau und mit marginalem Erfolg. Dieser hypothetische

---

[1332] Adressenwerk der Dienststellen der NSDAP. Berlin, 1937. Lexikon-Teil, S. 39. Besagter Lexikon-Artikel war, wie bereits erwähnt, der Neuabdruck eines Artikels von Reinhard Heydrich, der erstmals im "Völkischen Beobachter" vom 28. 4. 1936 erschienen war.
[1333] NS-Presseanweisungen der Vorkriegszeit. Edition und Dokumentation. Bd. 5/I: 1937. Quellentexte Januar bis April. Bearbeitet von Karen Peter. München, 1998. S. 336.
[1334] Ebda., S. 338.
[1335] Vgl. die Tabellen 9.5 und 9.6.

bescheidene Erfolg fällt noch geringer aus, wenn man bedenkt, daß das Gaugebiet 1939 um eine Reihe an Bremen angrenzender Gemeinden erweitert wurde, in denen hauptsächlich in Bremen tätige Arbeiter wohnhaft waren, die der Kirche in der Regel fern standen. So betrug der Anteil der Konfessionslosen in der Landgemeinde Aumund 1933 6,2 %.[1336]

Eine deutliche Beziehung herstellen kann man zwischen Kreisen mit "weltanschaulicher Schwierigkeit" und überdurchschnittlicher Zahl an "Gottgläubigen": alle "weltanschaulich schwierigen" Kreise weisen eine unterdurchschnittliche Zahl an "Gottgläubigen" aus, während weltanschaulich unproblematische Kreise teils über-, teils unterdurchschnittliche Zahlen aufweisen. Ähnliches gilt für das Verhältnis zwischen NSDAP-Wählern 1933 und "Gottgläubigen" 1933. Alle ehemaligen Zentrumshochburgen haben einen unterdurchschnittlichen Prozentsatz an "Gottgläubigen". Hingegen gibt es bei den NSDAP-Hochburgen keine klare Beziehung. Im Kreis Ammerland hatten im März 1933 74,1 % die NSDAP gewählt. 1939 bezeichneten sich 5,1 % der Bevölkerung als "gottgläubig". Hier scheint sich die These, hohe Akzeptanz der NSDAP ziehe eine hohe Entfremdung gegenüber der Kirche nach sich, zu bestätigen. Ein Blick auf den Kreis Wittmund widerlegt dies jedoch. Hier hatten 1933 71,0 % die NSDAP gewählt, der Anteil der "Gottgläubigen" betrug 1939 jedoch nur 1,0 % und lag somit noch unter dem Anteil der "Gottgläubigen" im "weltanschaulich schwierigen" Kreis Meppen (1,1 % "Gottgläubige"). Dies ist umso verwunderlicher, als hier im Mai 1924 schon 46,6 % der Bevölkerung "völkisch" gewählt hatten. Auch das Argument, NSDAP-Propaganda habe da Erfolg gehabt, wo ohnehin schon ein gewisser 'Bodensatz' an Konfessionslosen vorhanden war, verfängt nicht: im ostfriesischen Kreis Leer hatte der Anteil der Konfessionslosen 1933 mit 0,6 % höher gelegen als im Kreis Ammerland. Dennoch betrug der Anteil der "Gottgläubigen" 1939 nur 1,0 % der Bevölkerung. Daß es sich hier nicht um eine Besonderheit aufgrund 'ostfriesischer Mentalität' handelt, zeigt der Blick auf den Kreis Wittlage, wo die NSDAP im März 1933 56,9 % der Stimmen erreicht hatte. 1939 betrug der Anteil der "Gottgläubigen" hier 1,2 % der Bevölkerung und blieb somit ähnlich weit hinter dem Gau- und Reichsdurchschnitt zurück wie der Kreis Wittmund.

Ein Zusammenhang zwischen NSDAP und ihrer Rosenbergschen Propaganda und dem zunehmenden Kirchenaustritt kann also nicht hergestellt werden. Betrachtet man hingegen den Gau Weser-Ems, seine Landesteile und die jeweils zuständige evangelische Landeskirche, so kann man eine eindeutige Verbindung herstellen. Bremen zeichnet sich dadurch aus, daß die Zahl der Konfessionslosen sowohl in Prozent als auch in absoluten Zahlen zurückgegangen ist. Hier hat sich, wie bereits dargestellt, ein ähnliches Phänomen gezeigt wie später in der DDR: die Kirche galt durch die Ablehnung des "Führerprinzips" als mit dem System nicht konform und wurde so attraktiv. Die Regierungsbezirke Aurich und Osnabrück gehör-

---

[1336] Statistik des Deutschen Reichs, Band 451, Heft 3, S. 51. Die Gebietserweiterung Bremens fand zwar erst später statt, ist bei der Auswertung der Ergebnisse der Volkszählung vom 16. 6. 1933 bereits berücksichtigt.

ten zur Landeskirche in Hannover. Hier verfolgte der Landesbischof Marahrens einen gemäßigten Kurs und nahm so dem Kirchenkampf einiges von seiner Schärfe.

Im Land Oldenburg, das insgesamt mit 4,2 % einen hohen prozentualen Anteil an Gottgläubigen aufwies und somit über dem Reichsdurchschnitt lag, zeigen sich regional starke Unterschiede. In den katholischen südoldenburgischen Kreisen spielte der Anteil der "Gottgläubigen" praktisch keine Rolle (Cloppenburg 0,5 %; Vechta 0,4 %). In den Stadtkreisen war der Anteil der "Gottgläubigen" besonders groß (Oldenburg 5,4 %; Delmenhorst 4,9 % und Wilhelmshaven 7,4 %). Vergleicht man diesen Anteil jedoch mit der Zahl der Konfessionslosen 1933, so wird klar, daß man höchstens in der Gauhauptstadt Oldenburg von einem deutlichen Anstieg sprechen kann: Oldenburg hatte 1933 2,1 % Konfessionslose, Delmenhorst 4,9 % und Wilhelmshaven (einschl. Rüstringen) 6,9 %.

Insgesamt ist somit im ganzen Gau Weser-Ems nur in den ländlichen, oldenburgischen Kreisen Friesland, Ammerland, Wesermarsch und Oldenburg-Land eine wirkliche Entfremdung von der Kirche anhand von Zahlen nachzuweisen. Am höchsten war 1939 die Zahl der "Gottgläubigen" im Kreis Ammerland mit 5,1 %. Auch in den Kreisen Wesermarsch (4,8 % "Gottgläubige") und Friesland (4,3 % "Gottgläubige") lag der Anteil der "Gottgläubigen" über dem Reichsdurchschnitt. Hingegen blieb der Landkreis Oldenburg mit 2,4 % deutlich sowohl unter dem Gau- als auch dem Reichsdurchschnitt.

Es ist schon festgestellt worden, daß der Anstieg der Zahl der "Gottgläubigen" in evangelischen Kreisen mit der Zugehörigkeit zur jeweiligen Landeskirche korreliert. Es erscheint nun wenig plausibel, daß der Kirchenkampf sich auf Kreisebene - auf Gemeindeebene wird dies hingegen oft der Fall gewesen sein - innerhalb derselben Landeskirche sich derart unterschiedlich gestaltet hat, daß daraus die unterschiedliche Entwicklung in den Nachbarkreisen Ammerland und Oldenburg-Land erklärt werden kann. Erklärt werden können die unterschiedlichen Prozentzahlen von "Gottgläubigen" hingegen sehr gut durch die mehr oder weniger hohe Kirchlichkeit der Bevölkerung, die sich an der Zahl der Abendmahlsgäste hinreichend festmachen läßt. Hierbei korreliert die Anzahl der "Gottgläubigen" eindeutig mit der Kirchlichkeit: Im Kirchenkreis Varel hatten 1932 nur 3,3 % der Kirchenmitglieder das Abendmahl besucht, im Kirchenkreis Stadt- und Butjadingerland 3,8 %, im Kirchenkreis Ammerland 6,6 %. Im Kirchenkreis Wildeshausen (Landkreis Oldenburg) betrug die Besucherquote 1932 hingegen 49,0 %.[1337]

Regelrecht kontraproduktiv war die antikirchliche Propaganda beim katholischen Kirchenvolk. Dies läßt sich an der Zahl der Heiligen Kommunionen festmachen, die auch von der Gestapo als wichtiger Indikator für die Regimetreue der katholischen Bevölkerung angesehen wurde:

[1337] Archiv des Oldenburger Oberkirchenrats, Best. LVI (Kirchliche Statistik), Nr. 11 1932-1948.

Wie weit die Bestrebungen der katholischen Geistlichkeit von Erfolg begleitet sind, läßt sich an der Tatsache ersehen, daß allein in der Pfarrgemeinde Vechta mit rund 6000 katholischen Seelen im Jahre 1935 die Kommunion 26000 mal öfter gereicht worden ist als im Jahre 1934.[1338]

Nach diesem Maßstab war die antikirchliche Propaganda der NS-Regierung, besonders die groß aufgemachten Devisen- und Sittlichkeitsprozesse, der Kirchlichkeit der katholischen Bevölkerung ausgesprochen förderlich. Während die Zahl der Heiligen Kommunionen im Land Oldenburg (ohne Landesteile Birkenfeld und Lübeck-Eutin) von 1.437.849 im Jahr 1920[1339] auf 1.288.760 im Jahr 1925[1340] gesunken war, so betrug sie im Jahr 1938 wieder 2.139.291[1341].

Carl Röver schrieb 1942 in seiner Denkschrift über den "Politischen Leiter":

Der Politische Leiter ist im Volke ein Begriff geworden; auf ihm ruht die Hauptarbeit der Partei. Die Politischen Leiter setzen sich aus allen Berufsgruppen zusammen, sie stehen mit beiden Beinen im praktischen Leben, kennen die Sorgen und Nöte der Bevölkerung und werden überall als Helfer und Berater von der Mehrheit des Volkes geschätzt und anerkannt.[1342]

Rövers Aussage steht im krassen Gegensatz zu den bisher festgestellten Ergebnissen der "Menschenführung". Mag die NSDAP als Beschwerdeinstanz gegenüber staatlichen Behörden durchaus Anerkennung gefunden haben, so ist doch das eigentliche Ziel, die 'Bekehrung' zum Nationalsozialismus als Ideologie doch durch die Bank fehlgeschlagen.

Wie ist dieser Fehlschlag der "Menschenführung" nun zu erklären? Gauleiter Röver betont in seiner Denkschrift von 1942 immer wieder, wie wichtig auch und gerade im Sinne der "Menschenführung" der ständige Kontakt zum Volk ist, den er auch als gegeben ansah. Damit deckt sich seine Meinung mit der eines Klassikers der Elitentheorie. Karl Mannheim schrieb:

[1338] Lagebericht des Geheimen Staatspolizeiamtes Oldenburg vom 8. Februar 1936. In: Gestapo Oldenburg meldet . . . Berichte der Geheimen Staatspolizei und des Innenministers aus dem Freistaat und dem Land Oldenburg 1933-1936. Bearbeitet und eingeleitet von Albrecht Eckhardt und Katharina Hoffmann (Veröffentlichungen der Historischen Kommission für Niedersachsen und Bremen; 209). Hannover, 2002. S. 273.

[1339] Vgl. Staats-Handbuch des Freistaates Oldenburg für 1922, Oldenburg, 1922, S. 43 des statistischen Anhangs.

[1340] Vgl. Staats-Handbuch des Freistaates Oldenburg für 1926/27, Oldenburg, 1927, S. 43 des statistischen Anhangs.

[1341] Vgl. Kirchliches Handbuch für das katholische Deutschland. Zweiundzwanzigster Band. Köln, 1943. S. 400.

[1342] Röver. S. 32.

Einerseits ist es für die kulturschöpferische Kraft der Eliten entscheidend, daß sie eine gewisse, Geschlossenheit und Exklusivität bewahren, andererseits ist es aber auch wichtig, daß sie in bestimmter Weise einen Zustrom aus der Gesellschaft erhalten. Wohl bringen auch kastenartig geschlossene Intelligenzgruppen geistiges Leben zustande, das bis zur geistigen Überzüchtung gehen kann - man denke hier nur an die esoterischen Priesterkulturen Babylons und Ägyptens - aber gerade wegen dieser sozialen Inzucht verfallen sie allzuschnell in Erstarrung. Neben der erwähnten Exklusivität müssen diese Elitegruppen daher auch eine gewisse Offenheit behalten, wenn sie kulturell lebendig bleiben wollen. Jeder aus anderen Lebenskreisen hinzukommende Mensch bringt neue Anregungen und bereichert das interne Leben der Elitegruppe. Zugleich stellt er eine Vermittlung zu den anderen Gruppen und Schichten dar, an die sich die Elite zu wenden hat.[1343]

Gerade letzterer Punkt ist für diese Untersuchung entscheidend, da die Kreisleiter als Vermittler des Nationalsozialismus zum Rest der Bevölkerung fungieren sollten. Der Nationalsozialismus versuchte durch eine Fülle von Organisationen, die Menschen in allen Lebensbereichen zu erfassen. Gauleiter Röver schrieb dazu in seiner Denkschrift:

Durch die Vielheit der bestehenden Organisationen, Verbände und Vereine ist eine ungeheure Belastung der Bevölkerung in finanzieller Hinsicht eingetreten. Denn es gibt heute kaum einen Menschen, der nicht durchschnittlich in drei bis vier Organisationen Mitglied ist. Handelt es sich dann noch um einen Politischen Leiter, Ortsgruppenleiter oder dergleichen, dann verlangt man von ihm, daß er in möglichst allen Organisationen vertreten ist. Alle betonen sie ihre Wichtigkeit und berufen sich bei Durchführung ihrer Aufgaben auf die Partei. An ihren Veranstaltungen sollen die Parteimänner teilnehmen, und die führenden Politischen Leiter sollen Mitglied dieser Verbände sein.[1344]

Röver sieht dies ausschließlich als finanzielles Problem für die "politischen Leiter". Tatsächlich waren besonders die Kreisleiter in einer Vielzahl von Organisationen. Der Dammer Ortsruppenleiter und spätere Vechtaer Kreisleiter war Mitglied in NSKOV, NS-Reichskriegerbund, NSV, im "Reichsbund Deutsche Familie", im Reichskolonialbund, im Volksbund für das Deutschtum im Ausland, zeitweise auch in der DAF[1345]. Manche Kreisleiter, wie beispielsweise Dr. Ständer im Kreis Bentheim, waren darüber hinaus noch in der SA aktiv. Röver übersieht hier völlig, daß die Veranstaltungen der NS-Organisationen zum überwiegenden Teil von über-

---

[1343] Mannheim, S. 104.
[1344] Rademacher (Hrsg.): Röver, S. 88.
[1345] Military Government of Germany Fragebogen, 7. 9. 1946. Entnazifizierungsakte Josef Gausepohl, StAO Best. 351, Ve 3756, Karton Nr. 724.

zeugten Nationalsozialisten besucht wurden, während der Teil der Bevölkerung, der dem Nationalsozialismus fernstand, auch diesen Veranstaltungen fernblieb. Die sozialen Kontakte der Kreisleiter spielten sich daher praktisch automatisch nur mit Gleichgesinnten ab. Personenkreise, die der kreisleiterlichen Aufgabe der "Menschenführung" entsprechend für den Nationalsozialismus gewonnen werden sollten, wurden auf diese Weise nicht erreicht. Durch Massenveranstaltungen wie die Kreisparteitage wurden zwar größere Kreise der Bevölkerung mobilisiert, persönliche Kontakte zwischen Parteiführung und besonders der NSDAP fern stehenden Besuchern dürften sich hier jedoch kaum angebahnt haben: es erscheint lebensfremd anzunehmen, der ehemalige Kommunist oder der strenggläubige katholische Bauer habe nun im Rahmen eines Parteitages das persönliche Gespräch mit dem Parteifunktionär bei einem Glas Bier gesucht.

Auch Burns stellt in seinen Betrachtungen zum Thema der "transforming leadership" klar, daß es sehr schwer ist, Mentalitätsgrenzen zu durchbrechen und Menschen umzuziehen:

> Socializing tendencies of family and tribe, school, church, and workplace (...) can hold persons in a viselike grip. Shared values will intensify with continued exchange among group members in the absence of external opinion, as in medieval monasteries and Amish communities. Close friendships within groups stabilize opinions even further.[1346]

Wie hätte nun ein Ansatz zur "Menschenführung" gerade in den "weltanschaulich schwierigen" Kreisen aussehen können? Burns formuliert die Frage folgendermaßen:

> What social forces can break through the powerful psychological and institutional barriers that enforce conformity, consensus, and stability? Only those forces that can 'hook up' with latent opinion sources that serve as potential rallying points behind those barriers for both consensual and competitive leadership.[1347]

Daß dies auch für das Dritte Reich gilt, zeigt die Arbeit von Caroline Wagner, deren wesentliches Ergebnis in der Erkenntnis besteht, daß es der NSDAP dort gelang, in der Gesellschaft Fuß zu fassen, wo "die Ortsgruppenleiter sich mit beruflich und gesellschaftlich etablierten Persönlichkeiten umgaben."[1348] Mit anderen Worten bedeutet dies, auf die Verhältnisse des Weser-Ems-Gebietes und der "Men-

---

[1346] Burns, S. 259.
[1347] Burns, S. 260.
[1348] Wagner, Caroline: Die NSDAP auf dem Dorf. Eine Sozialgeschichte der NS-Machtergreifung in Lippe (Geschichtliche Arbeiten zur westfälischen Landesforschung. Wirtschafts- und sozialgeschichtliche Gruppe; Band 11). Münster, 1998. S. 253.

schenführung" übertragen, daß die Anstrengungen der NSDAP dahin hätten gehen müssen, die örtlichen Autoritäten im Sinne der "opinion leadership" auf ihre Seite zu ziehen.

Autoritäten im Sinne der "opinion leadership", an die sich die NSDAP hätte halten können, wären zunächst die Vertreter der Kirchen gewesen[1349]. Dies wurde seitens der NSDAP allerdings nicht gewünscht. Katholische Geistliche, die grundsätzlich als Staatsfeinde eingestuft wurden, kamen als Vermittler nationalsozialistischer Ideologie von vornherein nicht in Frage. Außerdem läßt sich die Rolle der Kirchen letztendlich nicht auf das Jenseits beschränken. Ein praktisches Beispiel war die eugenische Sterilisation, die vom NS-Regime propagiert, von der katholischen Kirche jedoch schon am 21. März 1931 verboten worden war[1350]. Ein katholischer Geistlicher konnte dem Volk also unmöglich im Sinne der "Menschenführung" dem Volk die eugenische Sterilisation 'verkaufen'.

Auch evangelische Geistliche beider Richtungen – "Deutsche Christen" als auch "Bekennende Kirche" konnten schon deswegen nicht in dieser Weise in die aktive Parteipropaganda eingebunden werden, da dies die NSDAP aktiv in den evangelischen Kirchenkampf hineingezogen hätte. Die NSDAP zog es daher vor, sich auf die Formel des "positiven Christentums" zurückzuziehen und sich aus innerkirchlichen Angelegenheiten ganz herauszuhalten. Die Kreisleiter der katholischen Kreise im Gau Weser-Ems waren weder gewillt noch geeignet, die notwendige Brücke zur katholischen Kirche zu schlagen. Für die Ortsgruppenleiter wäre dies gesondert zu untersuchen. Hier ist aber zu vermuten, daß die Bindung an die katholische Kirche einerseits und an die NSDAP andererseits gerade in rein katholischen Kreisen für die Ortsgruppenleiter zur ständigen Zerreißprobe wurde, die sich nur entweder durch Amtsniederlegung oder durch Kirchenaustritt beenden ließ.

Eine weitere Möglichkeit bestand darin, die außerhalb der Kirche in der Gesellschaft tonangebenden Personen auf ihre Seite zu ziehen, d. h. bekannte und anerkannte Persönlichkeiten des jeweiligen Kreises zum Kreisleiter zu berufen. Dies ist jedoch - abgesehen von der kurzen Amtszeit des Bremer Kreisleiters Otto Bernhard als 'bürgerlichem Aushängeschild' in Bremen - nicht geschehen. Anders mag es hier auf der Ortsgruppenebene ausgesehen haben. Ein Hinweis darauf ist die Gründung der Ortsgruppe Damme im Kreis Vechta, wo führende Geschäftsleute die Ortsgruppe gründeten, um der Einsetzung ortsfremder, im schlimmsten Falle "nationalbolschewistischer" NS-Funktionäre vorzubeugen[1351].

[1349] Die 'opinion leadership' kann sich auf verschiedene Weise manifestieren. Dabei ist es nicht zwingend nötig, dass der 'opinion leader' sehr viele Menschen auf einmal anspricht wie z. B. der katholische Geistliche bei der Predigt. Viel häufiger trägt der örtliche 'opinion leader' seine Ansichten im kleinen Kreis vor, von wo sie dann per Mundpropaganda weitergegeben werden. Typische Fälle sind z. B. der Hausbesuch eines evangelischen Geistlichen oder Stammtischbesuch eines großen Bauern oder einflussreichen Geschäftsmannes.
[1350] Vgl. Handbuch für das katholische Deutschland. Zweiundzwanzigster Band. Köln, 1943. S. 44.
[1351] Vgl. den Bericht Gausepohls mit dem Titel "Meine politische Tätigkeit" für das Spruchkammerverfahren. BA Koblenz Z 42 IV/1690, Bl. 6.

Im Gegenteil gab es gerade in der Anfangszeit viele kriminelle oder aus sonstigen Gründen völlig ungeeignete Kandidaten in den Kreisleiterposten, was sich sehr negativ auf die Einstellung der Bevölkerung gegenüber dem Nationalsozialismus auswirkte. Die örtlichen Vertreter des neuen Regimes in Partei und staatlicher Verwaltung hatten aber einen wesentlichen Einfluß darauf, wie sehr es gelang, der Bevölkerung den Nationalsozialismus zu vermitteln. So berichtete der Osnabrücker Regierungspräsident über den Lingener Landrat Zimmermann, der zwar

> evangelisch ist, der es aber nach meiner Beobachtung ausgezeichnet versteht, seine Kreiseingesessenen mit den Zielen des Nationalsozialismus bekannt zu machen. Gerade hieraus ist zu schließen, daß die Bewegung durchaus abhängig ist von der Person ihres Trägers.[1352]

Zum Teil waren also die staatlichen Stellen sogar erfolgreicher in der Vermittlung des Nationalsozialismus als die Parteistellen im allgemeinen und die Kreisleiter im besonderen, deren Aufgabe es eigentlich gewesen wäre.

Weder von Gauleiter Röver noch seinem Nachfolger Wegener wurde Wert darauf gelegt, daß der Kreisleiter aus dem von ihm betreuten Kreis stammte. In den meisten Fällen waren somit die Kreisleiter Auswärtige, mit denen sich die Bevölkerung nur schwer identifizieren konnte. Besonders gravierend wirkte sich dies in den fünf katholischen Landkreisen in zweifacher Hinsicht aus: kein einziger katholischer Kreis hatte einen Kreisleiter, der in dem betreffenden Kreis geboren war. Auch gab es nach 1933 im gesamten Gau Weser-Ems keinen katholischen Kreisleiter mehr, der wirklich als Katholik auftrat. In den seltenen Fällen, in denen sie überhaupt der katholischen Konfession angehört hatten, waren sie wie Josef Gausepohl schon vor Übernahme des Kreisleiteramtes aus der Kirche ausgetreten. Dr. Josef Ständer, der zu Beginn seiner Kreisleitertätigkeit noch Mitglied der katholischen Kirche war, kehrte seine Eigenschaft als Katholik nie hervor, zumal er einen überwiegend evangelischen Kreis leitete.

Röver vergleicht in seiner Denkschrift immer wieder die Arbeit der NSDAP mit der Seelsorge der Kirchen. In Organisationsfragen sieht Röver besonders die katholische Kirche als Vorbild. Er übersieht dabei jedoch einen ganz wesentlichen Faktor. Die Autorität - hier nicht im Sinne der staatlichen Autorität sondern in der Bedeutung des "als rechtmäßig erkannten Einflußes" im Sinne der "opinion leadership" beruht im Falle der Kirche auf dem Christentum, also einem im Gegensatz zum Nationalsozialismus bei der Bevölkerung bereits etablierten und allgemein anerkannten Faktor. Auf der Grundlage dieses Faktors kann die Kirche - mit Rövers Worten – "Menschenführung" betreiben, also "opinion leadership" ausüben.

[1352] Lagebericht des Regierungspräsidenten von Osnabrück an den Reichsminister des Innern für den Monat September 1934 vom 10. Oktober 1934. Steinwascher, S. 93 f.

Hier stellt sich jedoch aus der Sicht der politischen Psychologie ein grundsätzliches Problem: "*Der Totalitarismus ist nicht zu integrieren*"[1353], wie es Wanda von Baeyer-Katte treffend auf den Punkt bringt. Denn wenn der zentrale Grundwert einer "nationaldarwinistischen" Gesellschaft darin besteht, daß "gut ist, was dem Volke nützt", und ein "Führer" je nach Situation neu definiert, was in diesem Sinne "gut" ist, so ergibt sich daraus ein letztlich normloser Zustand ohne für den einzelnen nachvollziehbare Werte. Es liegt aber gerade in der Natur moralischer Werte und Verhaltensnormen, ohne die keine Gesellschaft und keine menschliche Gruppe - sogar die Mafia besitzt einen eigenen Ehrenkodex - auskommt, daß sie eben gerade nicht je nach Situation immer wieder neu definiert werden. Ein Wertesystem, das nicht den einzelnen Menschen, sondern einen für den einzelnen Menschen abstrakte Größe, sei es das "Volk" oder die "Arbeiterklasse", in den Mittelpunkt stellt, ist letzlich dem einzelnen Menschen auch nicht vermittelbar und ohne Zwang nicht überlebensfähig. Ein treffendes Beispiel hierfür ist die Sowjetunion, die 1991 auseinanderbrach, obwohl weit über 90 % der Bevölkerung lebenslang im sozialististischen Sinne erzogen worden waren. "Menschenführung", also die Erreichung von Zustimmung zum Regime, war somit eine Sysiphusarbeit, da es abgesehen von den Konstanten Nationalbewusstsein, Eugenik und eine vom Antisemitismus geprägte Rasselehre eben kein festes Gerüst an ethischen Werten wie im Christentum gab. Ein solch festes Gerüst eines 'nationaldarwinistischen Katechismus' mit integriertem Gottes- und Jenseitsglauben wäre zwar durchaus vorstellbar gewesen, hat im im Dritten Reich aber nicht vorgelegen. Vielmehr mußte jede Entscheidung des Führers neu 'verkauft' werden.

Das Scheitern der Kreisleiter bei der Umsetzung der "Menschenführung" im Sinne einer Vermittlung der NS-Ideologie läßt sich somit auf eine Reihe von Faktoren zurückführen. Zunächst blieben einfach diejenigen Kreisleiter im Amt, die sich in der "Kampfzeit" beim Aufbau der Parteistruktur hervorgetan hatten, ungeachtet ihrer sonstigen menschlichen Eignung. Auch im weiteren Verlauf blieben Leistungen für die NSDAP entscheidend für eine Ernennung zum Kreisleiter. Eine Berücksichtigung regionaler Kriterien, d. h. welche Art von Kreisleiter für welchen Kreis geeignet war, fand nicht statt. Es gab keine "Headhunter", die für das NS-Regime die örtlichen "opinion leader" ausfindig machten und anwarben. Der Versuch, gerade für katholische Kreise katholische Kreisleiter zu finden, unterblieb nach den schlechten Erfahrungen, die Gauleiter Röver mit den Kreisleitern Emil Hartung und Bruno Brasch gemacht hatte. Dabei war es im Grunde genommen offensichtlich, daß ein evangelischer Kreisleiter nicht dazu geeignet war, einer katholischen Bevölkerung die Vereinbarkeit von Katholizismus und Nationalsozialismus glaubhaft zu vermitteln, geschweige denn praktisch vorzuleben. Rövers Anliegen, die Lehre Rosenbergs zu verbreiten, scheiterte völlig und gelang selbst bei langjährigen Stammwählern der NSDAP nur in einem ganz geringen Umfang.

[1353] Baeyer-Katte, Wanda von: Das Verlockende am NS-Führerprinzip. In: Autoritarismus und Nationalismus - ein deutsches Problem? Bericht über eine Tagung veranstaltet vom Institut für staatsbürgerliche Bildung Rheinland-Pfalz im Fridtjof-Nansen-Haus in Ingelheim geleitet von Prof. Dr. Karl Holzamer (Politische Psychologie; Bd. 2). Frankfurt a. Main, 1963. S. 47. Im Original kursiv.

7 Die Entnazifizierung der Kreisleiter

Die Entnazifizierung der ehemaligen Kreisleiter folgte auch im relativ begrenzten Gebiet des Gaues Weser-Ems, dessen Gebiet mit Ausnahme Bremens in seiner Gänze zur britischen Zone gehörte, keiner einheitlichen Linie. Besonders krass fällt hier der Unterschied zwischen Oldenburg und Bremen auf. Im ehemaligen Land Oldenburg wurde niemand in die Kategorien I (Hauptschuldiger) oder II (Belasteter) eingestuft. Dies galt sogar für den ehemaligen Oldenburger Gauleiter und zeitweiligen Bremer Kreisleiter Paul Wegener, der in Oldenburg entnazifiziert und in die Kategorie III eingestuft wurde[1354]. In Gruppe bzw. Kategorie III wurden diejenigen eingestuft, die den Nationalsozialismus "wesentlich gefördert" hatten. Hingegen wurde der Kreisleiter des NSDAP-Kreises Bremen-Lesum, Karl Busch, als "Belasteter", d. h. entsprechend Kategorie II eingestuft. In seiner Klageschrift hatte der öffentliche Kläger bei der Spruchkammer Bremen sogar die Einstufung in die Gruppe I der Hauptschuldigen gefordert.[1355]

Die Mehrzahl der Kreisleiter wurde im Land Oldenburg in die Kategorie IV eingestuft, d. h. sie hatten den Nationalsozialismus "gefördert". In Einzelfällen war sogar eine sofortige Einstufung oder auch eine spätere Umstufung in die Kategorie V der "Mitläufer", die als "entlastet" galten, möglich. Die Unterteilung in fünf Gruppen war eine Verfeinerung der Praktik der britischen Militärbehörden, die lediglich zwischen aktiven Nationalsozialisten ("ardent Nazi supporter") und Mitläufern ("nominal Nazi supporter") unterschieden hatten.

7.1 Oldenburg

Emil Pape, 1932 bis 1935 Kreisleiter der Stadt Oldenburg, verstarb bereits 1939. Gustav Sturm, der Kreisleiter des Kreises Delmenhorst/Oldenburg-Land, überlebte den Krieg nicht. Heinrich Voß, Kreisleiter des Kreises Vechta, wurde mehrere Monate nach Kriegsende in der Nähe von Lüneburg tot aufgefunden[1356]. Karl Brunken, 1932 bis 1934 Kreisleiter des Kreises Brake, verstarb 1947 vor der Aufnahme eines Verfahrens. Keine Entnazifizierungsverfahren erhielten die Kreisleiter Wilhelm Engelbart (Oldenburg-Stadt), Hans Flügel (Friesland) und Ernst Meyer (Wilhelmshaven), wohl aber ein Spruchgerichtsverfahren. Ein Verzicht auf ein Entnazifizierungsverfahren war üblich, wenn ein bereits laufendes Strafverfahren, das mit der Parteitätigkeit in Verbindung stand, wesentlich gravierendere Sanktionen für die

---

[1354] Entnazifizierungs-Entscheidung des Entnazifizierungs-Hauptausschusses im Verwaltungsbezirk Oldenburg im mündlichen Verfahren vom 16. 3. 1950. Entnazifizierungsakte Paul Wegener. StAO Best. 351 Karton Nr. 1221 Sp. 888.
[1355] Klageschrift des öffentlichen Klägers bei der Spruchkammer Bremen vom 27. 11. 1948. Entnazifizierungsakte Karl Busch. StAB 4,66 Busch, Karl.
[1356] Best. 250 Nr. 18 Bd. 8 Kirchenbuch der ev.-luth. Kirchengemeinde Dötlingen. Eintrag vom 19. 6. 1948 (Beerdigung ohne kirchliche Mitwirkung). Das Kirchenbuch vermerkt, der Verstorbene sei am 24. 10. 1945 in einem Forst im Landkreis Lüneburg tot aufgefunden worden. Eine Erklärung für den langen Zeitraum, der zwischen dem Fund der Leiche und der Beerdigung liegt, findet sich hier jedoch nicht.

Betroffenen erwarten ließ. Dies war in der Regel - so auch hier - ein Strafverfahren im Zusammenhang mit der "Reichskristallnacht".

Der erste Kreisleiter der Kreise Oldenburg-Stadt und Oldenburg-Land, Jens Müller, wurde am 18. 6. 1948 vom Spruchgericht Benefeld zu einem Jahr Gefängnis und 1000 RM Geldstrafe verurteilt, wobei die Gefängnisstrafe durch die Internierungshaft als verbüßt galt.[1357] Zu einem anschließenden Entnazifizierungsverfahren kam es nicht mehr, da Jens Müller kurze Zeit später am Grab des Gauleiters Carl Röver Selbstmord beging. Wilhelm Engelbart wurde am 2. 6. 1948 vom Spruchgericht Benefeld zu 3000 RM Geldstrafe und dreieinhalb Jahren Gefängnis verurteilt, wobei Kriegsgefangenschaft und Internierungshaft voll angerechnet wurden.[1358]

Hinrich Abel, bis Mai 1933 Kreisleiter des Kreises Wildeshausen, wurde am 7. 12. 1948 vom Entnazifizierungs-Hauptausschuß des Landkreises Oldenburg in Kategorie IV eingestuft und zu 3000 DM Verfahrenskosten verurteilt. Am 20. 3. 1951 erfolgte die Umstufung in Kategorie V.[1359] Zu einem Spruchgerichtsverfahren kam es nicht. Abel erklärte vor dem Spruchgericht Stade, er sei lediglich Bezirksführer gewesen. Angeblich hatte Hinrich Abel erst davon erfahren, daß er Kreisleiter war, als man ihn seines Amtes wegen Auflösung des Parteikreises Wildeshausen im Rahmen der oldenburgischen Verwaltungsreform seines Amtes enthob[1360]. Ob dies tatsächlich der Fall war, mag dahingestellt sein. Es war auch unerheblich, da Abel sein Amt vor dem 1. 9. 1939 abgegeben hatte. Er kam damit für ein Spruchgerichtsverfahren nicht in Frage, woraufhin der öffentliche Kläger beim Spruchgericht Stade die Einstellung des Verfahrens vorschlug.[1361] Auch sein Nachfolger Wilhelm Assling ging fast straffrei aus. Die Geldstrafe von 6000 DM, zu der das Spruchgericht Bielefeld ihn am 25. 5. 1949 verurteilte, galt durch die Internierungshaft als verbüßt, so daß Assling lediglich die Verfahrenskosten zu tragen hatte[1362]. Der bis 1934 für den Stadtkreis Delmenhorst zuständige Kreisleiter Dr. Wilhelm Müller, wurde zunächst in die Kategorie IV eingestuft, erhielt dann aber nach Berufung des öffentlichen Klägers am 5. 5. 1950 die Kategorie III[1363]. Ebenfalls in

---

[1357] Urteil des Spruchgerichts Benefeld vom 18. 6. 1948. Spruchgerichtsakte Jens Müller. BA Koblenz Z 42 II/947. Bl. 51.
[1358] Urteil des Spruchgerichts Benefeld vom 2. 6. 1948. Spruchgerichtsakte Wilhelm Engelbart. BA Koblenz Z 42 II/566. Bl. 142.
[1359] StAO MdL-Kartei Abel, Hinrich
[1360] Aussage Hinrich Abels vor dem Spruchgericht Stade, 1. 11. 1948. Spruchgerichtsakte Hinrich Abel, BA Koblenz Z 42 VII/302. Bl. 33.
[1361] Schreiben des öffentlichen Anklägers bei dem Spruchgericht Stade, 7. 11. 1948. Spruchgerichtsakte Hinrich Abel, BA Koblenz Z 42 VII/302. Bl. 33.
[1362] Urteil des Spruchgerichts Bielefeld vom 25. 5. 1949. Spruchgerichtsakte Wilhelm Assling. BA Koblenz Z 42 IV/1709. Bl. 101.
[1363] Entnazifizierungs-Entscheidung im mündlichen Verfahren des Berufungsausschusses für die Entnazifizierung im Verwaltungsbezirk Oldenburg vom 5. 5. 1950. StAO Best. 351 Karton Nr. 233 Ost 14013.

Kategorie III eingestuft wurde der Delmenhorster Kriegskreisleiter Heinrich Thümler.[1364]

Jan Roggemann, 1932 bis 1934 Kreisleiter des Kreises Ammerland, wurde am 27. 1. 1949 in Kategorie IV eingestuft und lediglich zu 100 DM Verfahrenskosten verurteilt: "Nachteiliges kann ihm nicht zur Last gelegt werden."[1365] Sein Nachfolger Johann Schneider wurde zunächst vom Spruchgericht Benefeld zu zwei Jahren und zehn Monaten Gefängnis verurteilt, wobei die Strafe durch die Internierungshaft als verbüßt galt.[1366] Anschließend wurde Schneider am 6. 1. 1950 in Kategorie III eingestuft und zu 1000 DM Verfahrenskosten verurteilt.[1367]

Dr. Franz Böckmann, 1934 für einige Monate Kreisleiter des Kreises Cloppenburg, wurde zunächst in Kategorie IV eingestuft, konnte jedoch nach Einlegung von Revision erreichen, daß er am 11. 1. 1951 in Kategorie V eingestuft wurde, was lediglich die Übernahme der Verfahrenskosten von 20 DM mit sich brachte.[1368] Unverständlich hart erscheint die Einstufung des ehemaligen Kreisleiters für das Amt Friesoythe, August Osterbuhr, in die Kategorie III, der sich nach 1934 nur noch als Orgruppen-Amtsleiter der NSV in der NSDAP betätigt hatte[1369]. Willy Meyer-Wendeborn, 1934 bis 1945 Kreisleiter des Kreises Cloppenburg kam nicht ganz so glimpflich davon. Nachdem er im schriftlichen Verfahren zunächst in Kategorie III eingestuft worden war, wurde er nach Widerspruch im mündlichen Verfahren am 2. 6. 1949 in Kategeorie IV eingestuft und zu 200 DM Verfahrenskosten verurteilt.[1370] Vorher hatte Meyer-Wendeborn vor dem Spruchgericht Benefeld-Bomlitz gestanden. Die Strafe von zweieinhalb Jahren Gefängnis galten jedoch durch die erlittene Internierungshaft als verbüßt.[1371]

Der erste Kreisleiter des Kreises Vechta, Dr. Anton Kohnen, der zuerst bestritt, jemals Kreisleiter gewesen zu sein, wurde nach einem zweijährigen, von Dr. Kohnen mit äußerster Energie bestrittenen Verfahren am 8. 12. 1950 schlussendlich in

---

[1364] Entnazifizierungs-Entscheidung des Berufungsausschusses für die Entnazifizierung im Verwaltungsbezirk Oldenburg vom 26. 11. 1949 (Bestätigung der Entscheidung des Hauptausschusses vom 19. 8. 1949). StAO Best. 351 Karton Nr. 666 Ola 5788.

[1365] Begründung der Entnazifizierungs-Entscheidung des Entnazifizierungs-Hauptausschusses des Kreises Ammerland im schriftlichen Verfahren vom 27. 1. 1949. StAO Best. 351 Karton Nr. 792 Am 3533.

[1366] Urteil des Spruchgerichts Benefeld-Bomlitz vom 9. 4. 1948. Spruchgerichtsakte Johann Schneider. BA Koblenz Z 42 II/1053 Bl. 8.

[1367] Entnazifizieurngs-Entscheidung des Entnazifizierungs-Hauptausschusses im Verwaltungsbezirk Oldenburg im mündlichen Verfahren vom 6. 1. 1950. StAO Best. 351 Karton Nr. 1218 Sp. 704.

[1368] Entnazifizierungs-Entscheidung im mündlichen Verfahren des Entnazifizierungs-Hauptausschusses im Verwaltungsbezirk Oldenburg vom 11. 1. 1951. StAO Best. 351 Karton Nr. 725 Ve 3758.

[1369] Entnazifizierungs-Entscheidung des Berufungsausschusses im Verwaltungsbezirk Oldenburg im schriftlichen Verfahren vom 13. 12. 1948. Entnazifizierungsakte August Osterbuhr. StAO Best. 351 Karton Nr. 98 Ost 7287.

[1370] StAO Best. 351 Karton Nr. 866 Clo 3135.

[1371] Urteil des Spruchgerichts Benefeld-Bomlitz vom 18. 2. 1948. Spruchgerichtsakte Willy Meyer-Wendeborn. BA Koblenz Z 42 II/892. Bl. 90.

Kategorie IV eingestuft[1372]. Bruno Brasch, Januar bis Mai 1933 Kreisleiter des Kreises Vechta, wurde am 9. 5. 1949 vom Entnazifizierungs-Hauptausschuß für besondere Berufsgruppen in Osnabrück in die Kategorie IV eingestuft und zu 150 DM Verfahrenskosten verurteilt. Seine Tätigkeit als Kreisleiter verschwieg er erfolgreich, obwohl er beim Einwohnermeldeamt Vechta sogar als Beruf "Kreisleiter der NSDAP"[1373] angegeben hatte. Seine Entlassung aus dem Angestelltenverhältnis bei der Regierung in Osnabrück zum 1. 10. 1933, die wegen seines Ausschlusses aus der Partei (Unterschlagung von Parteigeldern) erfolgte, stellte er als Folge seines katholischen Glaubens hin: "Infolge meiner religiösen Einstellung zur röm.-kath. Kirche, bin ich von seiten der Partei in meinem Fortkommen zurückgestellt und auch mit vielen Unannehmlichkeiten belegt worden."[1374] Seinem Nachfolger Dr. Drückhammer wurde geglaubt, daß er den Kreisleiterposten gegen seinen Willen übernommen hatte, so daß er mit der denkbar mildesten Einstufung in die Kategorie V und 20 DM Verfahrenskosten davonkam[1375]. Ähnlich milde kam auch der letzte Kreisleiter des Kreises Vechta, Josef Gausepohl, davon. Am 14. 12. 1948 verurteilte ihn das Spruchgericht Bielefeld zu 6000 DM Geldstrafe (ersatzweise 300 Tage Gefängnis) sowie zu den Kosten des Verfahrens. 3000 DM wurden aufgrund der Internierungshaft vom 16. 5. 1945 bis zum 10. 7. 1946 als abgegolten erklärt.[1376] Am 7. 6. 1950 gewährte der Ministerpräsident des Landes Nordrhein-Westfalen im Gnadenwege Strafaussetzung für die Reststrafe und die Kosten bis zum zum 31. 12. 1952 "mit Aussicht auf Erlass der Strafe (...), falls der Verurteilte in dieser Zeit keine Verbrechen oder vorsätzliche Vergehen verübt."[1377]

Zu Ernst Ibbeken und Karl Reich ließen sich keine Entnazifizierungsakten ermitteln. Ibbeken wurde am 12. 10. 1948 vom Spruchgericht Stade[1378] zu 3000 DM Geldstrafe oder ersatzweise 4 Monaten Gefängnis sowie den Kosten des Verfahrens verurteilt. Die Strafe galt durch die Internierungshaft als verbüßt.

Arthur Drees, bis 1942 Kreisleiter der Wesermarsch, zeigte sich während der Entnazifizierung uneinsichtig. Auch brachte er beim Entnazifizierungsverfahren keinerlei Entlastungsmaterial bei. Beim Spruchgerichtsverfahren hatte er gar zugegeben, es damals bedauert zu haben, daß er von der "Reichskristallnacht" zu spät erfahren hatte, um sich daran beteiligen zu können.[1379] Zwar galt die vom Spruchge-

---

[1372] Siehe dazu ausführlich Baumann, S. 117-122.
[1373] Meldekarte Bruno Brasch, Einwohnermeldeamt Vechta.
[1374] Fragebogen für die politische Überprüfung, 22. 3. 1949. Entnazifizierungsakte Bruno Brasch. StAOs Rep 980 Nr. 32992.
[1375] Entnazifizierungs im mündlichen Verfahren des Entnazifizierungs-Hauptausschusses im Verwaltungsbezirk Oldenburg vom 17. 8. 1949. StAO Best. 351 Fri 4137 Karton Nr. 939.
[1376] Urteil des Spruchgerichts Bielefeld vom 14. 12. 1948. Spruchgerichtsakte Josef Gausepohl, BA Koblenz, Z 42 IV/1690, Bl. 42.
[1377] Der Ministerpräsident des Landes Nordrhein-Westfalen an den Justizminister des Landes Nordrhein-Westfalen, Düsseldorf, 7. 6. 1950. Spruchgerichtsakte Josef Gausepohl, BA Koblenz, Z 42 IV/1690, Bl. 72.
[1378] Urteil des Spruchgerichts Stade vom 12. 10. 1948. Spruchgerichtsakte Ernst Ibbeken. BA Koblenz Z 42 VII 4485.
[1379] Urteil des Spruchgerichts Bergedorf vom 4. 7. 1949. Spruchgerichtsakte Arthur Drees. BA Koblenz Z 42 III/3256.

richt verhängte Haftstrafe durch die Internierungshaft als verbüßt, Drees wurde jedoch noch in Oldenburg entnazifiziert. Wegen seiner uneinsichtigen Haltung war Drees somit neben Dr. Wilhelm Müller und August Osterbuhr der einzige Kreisleiter im Land Oldenburg, der in die Kategorie III eingestuft wurde.[1380]

Milder kamen die Nachfolger von Arthur Drees davon. Georg Meier, 1942 bis 1943 Kreisleiter der Wesermarsch, wurde vom Spruchgericht Benefeld-Bomlitz am 18. 8. 1948 zu 2 ½ Jahren Gefängnis sowie zu den Kosten des Verfahrens verurteilt. Die Strafe galt durch die vom 6. 5. 1945 bis 21. 3. 1948 erlittene Internierungshaft als verbüßt. Ähnlich fiel die Entnazifizierungs-Entscheidung des Entnazifizierungs-Hauptausschußes des Kreises Wesermarsch aus: "Die angestellten Ermittlungen und beigebrachten Leumundszeugnisse lassen erkennen, daß der Überprüfte bestrebt war, sein Amt loyal zu verwalten und politisch bzw. rassisch Verfolgten zu helfen (...) Der Antragsteller hat für etwaige politische Irrtümer durch Internierung vom 6. 5. 1945 bis 21. 3. 1948 bereits hinreichend gesühnt."[1381] Georg Meier wurde in die Kategorie IV eingestuft und zu Verfahrenskosten in Höhe von 20 DM verurteilt. Fritz Lünschen, Kreisbauernführer des Landkreises Wesermarsch und von 1943 bis 1945 Kriegskreisleiter, wurde am 19. 12. 1947 vom Spruchgericht Benefeld-Bomlitz zu 2 Jahren Gefängnis verurteilt, die durch die erlittene Internierungshaft als verbüßt galten.[1382] Auch das weitere Entnazifizierungsverfahren brachte nur geringfügige weitere Sanktionen. Lünschen wurde vom Entnazifizierungs-Hauptausschuß des Kreises Wesermarsch am 25. 1. 1949 in Kategorie IV eingestuft und zu 200 DM Verfahrenskosten verurteilt.[1383]

Edo Siebrecht, bis 1933 Kreisleiter der NSDAP für das Amt Jeverland, wurde am 21. 1. 1949 in Kategorie IV eingestuft. Ausdrücklich wurde festgelegt: "Gegen seine Wiederbeschäftigung als Lehrer bestehen keine Bedenken".[1384] Hans Flügel, Kreisleiter des Kreises Friesland, wurde am 27. 5. 1949 vom Spruchgericht Bielefeld zu 27. 5. 1949 zu drei Jahren Gefängnis verurteilt, wobei eine Internierungshaft von zwei Jahren und fünf Monaten auf die Strafe angerechnet wurde.[1385] Daneben wurde Flügel wegen Beteiligung an der "Reichskristallnacht" der Prozeß gemacht. Flügel machte dabei Befehlsnotstand geltend und hatte damit Erfolg. Am 1. 4. 1949 sprach das Schwurgericht beim Landgericht Oldenburg ihn frei. Im und den anderen Beteiligten könne "nicht widerlegt werden, daß sie die Tat in einem unverschuldeten, auf andere Weise nicht zu beseitigenden Notstande zur Rettung aus ei-

---

[1380] Entscheidung des Entnazifizierungs-Hauptausschusses im Verwaltungsbezirk Oldenburg vom 6. 1. 1950. StAO Best. 351 Karton Nr. 1218 Sp. 705.
[1381] Entzazifizierungs-Entscheidung im schriftlichen Verfahren des Entnazifizierungs-Hauptausschußes des Kreises Wesermarsch vom 18. 3. 1949. Entnazifizierungsakte Georg Meier, StAO Best. 351 Karton Nr. 534 Wes 6757.
[1382] Spruchgerichtsakte Fritz Lünschen. BA Koblenz Z 42 II/55. Bl. 55.
[1383] Entnazifizierungs-Entscheidung des Entnazifizierungs-Hauptausschusses des Kreises Wesermarsch im schriftlichen Verfahren vom 25. 1. 1949. Entnazifizierungsakte Fritz Lünschen. StAO Best. 351 Karton Nr. 483 Wes Nr. 4553.
[1384] Entnazifizierungs-Entscheidung des Entnazifizierungs-Hauptausschusses der Stadt Oldenburg vom 21. 1. 1949. StAO Best. 351 Karton Nr. 890 Ost 11725.
[1385] Urteil des Spruchgerichts Bielefeld vom 27. 5. 1949. Spruchgerichtsakte Hans Flügel, BA Koblenz Z 42 IV/1771, Bl. 100.

ner gegenwärtigen Gefahr für Leib oder Leben begangen haben."[1386] Die Staatsanwaltschaft legte gegen dieses Urteil Revision ein. Am 20. 10. 1953 wurde Flügel endgültig vom Bundesgerichtshof wegen seiner Rolle bei der "Reichskristallnacht" zu einer Gesamtstrafe von zwei Jahren und sechs Monaten verurteilt.

Der erste Kreisleiter des Kreises Wilhelmshaven-Rüstringen, Wilhelm Kronsbein, wurde am 20. 5. 1949 in Kategorie III eingestuft[1387]. Dr. Joseph Mainzer, 1932 bis 1935 Kreisleiter des Kreises Wilhelmshaven-Rüstringen, wurde am 13. 9. 1948 zu 3000 DM Geldstrafe sowie zu den Kosten des Verfahrens verurteilt. Die Strafe galt durch die erlittene Internierungshaft als verbüßt.[1388] Sein Nachfolger Ernst Meyer kam nicht mit einer Geldstrafe davon, sondern wurde unter Einbeziehung eines Urteils des Oldenburger Schwurgerichts vom 6. 7. 1949 wegen Beteiligung an der "Reichskristallnacht"[1389] am 6. 2. 1950 vom Spruchgericht Bielefeld zu einer Gesamtzuchthausstrafe von 3 Jahren verurteilt.[1390] Die nicht durch Internierungshaft als verbüßt geltende Reststrafe wurde auf dem Gnadenwege erlassen.[1391] Georg Seiffe, der den Kreis Wilhelmshaven 1942 bis 1943 für einige Monate geleitet hatte, wurde am 19. 5. 1949 in Kategorie IV eingestuft.[1392]

7.2 Bremen

Der Kreisleiter des Kreises Bremen, Max Schümann, beging nach dem Krieg Selbstmord. Der Kreisleiter des Kreises Bremen-Lesum, Karl Busch, wurde nach mündlicher Verhandlung am 18. 2. 1949 von der V. Spruchkammer des Spruchgerichts Bremen in die Gruppe der Belasteten (entsprechend Kategorie II) eingestuft.[1393] Im schriftlichen Verfahren war er sogar in die Gruppe der Hauptschuldigen (entsprechend Kategorie I) eingestuft worden.[1394] Relativ milde kam hingegen der erste Kreisleiter Otto Bernhard davon. Er wurde am 16. 7. 1948 von der Spruchkammer Bad Aibling lediglich als Mitläufer eingestuft. Dennoch standen die letzten Jahre Bernhards, der nun schon 68 Jahre alt war, "unter dem Zeichen menschlichen Elends"[1395], denn Bernhard hatte durch den Krieg fast sein gesamtes Vermögen

---

[1386] Urteil des Schwurgerichts beim Landgericht Oldenburg vom 1. 4. 1949. StAO Best. 140-4 13/79 Nr. 79 Bl. 65.
[1387] Entnazifizierungs-Entscheidung des Entnazifizierungs-Hauptausschusses der Stadt Wilhelmshaven im mündlichen Verfahren vom 20. 5. 1949. Entnazifizierungsakte Wilhelm Kronsbein. StAO Best. 351 Karton Nr. 334 Wil 5475.
[1388] Urteil des Spruchgerichts Hiddesen vom 13. 9. 1948. Spruchgerichtsakte Dr. Joseph Mainzer. BA Koblenz Z 42 V/1540. Bl. 136.
[1389] StAO 140-4 Acc. 13/79 Nr. 83.
[1390] Urteil des Spruchgerichts Bielefeld vom 6. 2. 1950. Spruchgerichtsakte Ernst Meyer. BA Koblenz Z 42 IV/7047. Bl. 2.
[1391] Aktenvermerk des zuständigen Staatsanwalts Rahe in Düsseldorf, 21. 12. 1950. Ebda., Heft Gnadensache, Bl. 33.
[1392] Entnazifizierungs-Entscheidung des Entnazifizierungs-Hauptausschuss im schriftlichen Verfahren vom 19. 5. 1949. StAO Best. 351 Karton Nr. 224 Ost 13375.
[1393] Spruch der V. Spruchkammer vom 18. 2. 1949 auf Grund der mündlichen Verhandlung. Entnazifizierungsakte Karl Busch. StAB 4,66.
[1394] Spruch der V. Spruchkammer vom 4. 2. 1949 im schriftlichen Verfahren. Entnazifizierungsakte Karl Busch. StAB 4,66.
[1395] Bremische Biographie, S. 37.

verloren und der Kampf um seine Pensionsansprüche brachte ihm nur eine geringe, befristete Unterstützung ein. Dadurch verärgert ließ sich Bernhard von der rechtsradikalen "Sozialistischen Reichspartei" als Kandidaten für die Bremische Bürgerschaft aufstellen und wurde sogar gewählt, konnte sein Mandat aber aus gesundheitlichen Gründen nicht mehr ausüben und verstarb im folgenden Jahr. Otto Bernhard ist der einzige Kreisleiter, der sich nach dem Krieg noch politisch betätigt hat. Bernhard Blanke, der in Oldenburg entnazifiziert wurde, wo er zuletzt als Gauamtsleiter der NSKOV tätig war, wurde am 12. 1. 1950 vom Entnazifizierungs-Hauptausschuß im Verwaltungsbezirk Oldenburg im mündlichen Verfahren in Kategorie III eingestuft und zu 500 DM Verfahrenskosten verurteilt.[1396]

7.3 Regierungsbezirk Aurich

Willy Schulemann, der erste Kreisleiter von Wittmund, war während des Zweiten Weltkrieges in den "Reichsgau Wartheland" übergesiedelt. Über seinen Verbleib konnte nichts ermittelt werden.

Bernhard Horstmann, Kreisleiter der Stadt Emden, erhielt kein Entnazifizierungsverfahren, weil er aus dem Emder Synagogenbrandprozeß höhere Sanktionen zu erwarten hatte. Hier wurde Horstmann 1949 zu 3 Jahren und 4 Monaten Zuchthaus verurteilt. Das Urteil floss in das Spruchgerichtsurteil des Spruchgerichts Bielefeld mit ein, das Horstmann am 9. 8. 1949 zu 3 Jahren Gefängnis und den Kosten des Verfahrens verurteilte[1397].

Das Spruchgerichtsverfahren gegen Erich Drescher, ehemaliger Kreisleiter des Kreises Leer und Gauinspekteur wurde eingestellt, "weil die Strafe, zu der die Verfolgung führen kann, neben der Strafe nicht ins Gewicht fällt, die der Angeklagte im Verfahren wegen Verbrechens gegen die Menschlichkeit, Brandstiftung, schweren Landfriedensbruchs und schwerer Freiheitsberaubung - 2 Js 75/48 der Staatsanwaltschaft Aurich- zu erwarten hat."[1398]. Vom Landgericht Aurich wurde Erich Drescher tatsächlich am 12. 12. 1951 aufgrund seiner Rolle bei der "Reichskristallnacht" wegen Brandstiftung in Tateinheit mit Landfriedensbruch und Freiheitsberaubung zu 1 Jahr und 9 Monaten Zuchthaus verurteilt. Die Strafe galt dabei durch Dreschers Internierungshaft vom 20. 5. 1945 bis 2. 11. 1948 und die Untersuchungshaft vom 22. 11. 1947 bis 28. 10. 1948 als verbüßt[1399]. Dreschers Bemühungen, bei der Stadtverwaltung Leer wieder eingestellt zu werden, wobei er sich auch mit einer niedrigeren Vergütungsgruppe zufrieden geben wollte, blieben jedoch er-

---

[1396] Entnazifizierungs-Entscheidung des Entnazifizierungs-Hauptausschuss im Verwaltungsbezirk Oldenburg im mündlichen Verfahren vom 12. 1. 1950. StAO Best. 351 Karton Nr. 215 Ost 12949.
[1397] Urteil des Spruchgerichts Bielefeld vom 9. 8. 1949. Spruchgerichtsakte Bernhard Horstmann. BA Koblenz Z 42 IV/1776. Bl. 129.
[1398] Entscheidung des Spruchgerichts Bielefeld über die Einstellung des Spruchverfahrens, 13. 11. 1950.
[1399] Mitteilung des Oberstaatsanwalts in Aurich an den Leiter der Anklagebehörde bei dem Spruchgericht Bielefeld, 30. 1. 1952. Spruchgerichtsakte Erich Drescher, BA Koblenz Z 42 IV/1849. Bl. 88.

folglos."[1400] Sein unmittelbarer Nachfolger, Heinrich Walkenhorst, wurde in Kategorie III eingestuft[1401], wohl weil dieser im Anschluss an seine Tätigkeit als Kreisleiter zunächst in Oldenburg Gauorganisationsleiter und nach dem Tod Gauleiter Rövers Leiter des Personalamtes in der Parteikanzlei in München geworden war.

Meinert Janssen, der von 1932 bis 1934 den Kreis Aurich geleitet hatte, wurde trotz seiner Strenge bei Personalangelegenheiten bei der Reichspost am 19. 11. 1948 vom Entnazifizierungs-Hauptausschuß der Stadt Oldenburg nur in Kategorie IV eingestuft, zu 200 DM Verfahrenskosten verurteilt und umgehend als Postbeamter in den Ruhestand versetzt[1402]. Sein Nachfolger Heinrich Bohnens wurde am 20. 8. 1948 vom Spruchgericht Benefeld zu 4 Jahren Gefängnis und 500 DM Geldstrafe verurteilt. Von der Gefängnisstrafe galten zweieinhalb Jahre durch die Internierungshaft als verbüßt. Ferner wurde Bohnens am 10. 12. 1948 vom Auricher Schwurgericht wegen seiner Beteiligung an der "Reichskristallnacht" zu drei Jahren Zuchthaus verurteilt.[1403]

Lenhard Everwien, 1935 bis 1945 Kreisleiter des Kreises Norden und von 1943 bis 1945 Kreisleiter des Stadtkreises Emden, wurde am 19. 11. 1949 vom Spruchgericht Bielefeld zu vier Jahren und 6 Monaten Gefängnis sowie den Kosten des Verfahrens verurteilt.[1404] Das Urteil fiel deshalb so hart aus, weil Everwien bereits am 18. 12. 1948 wegen schwerer Brandstiftung und schwerer Freiheitsberaubung anläßlich der Aktionen in der "Reichskristallnacht" vom Schwurgericht Aurich zu vier Jahren Gefängnis verurteilt worden war.[1405]

Diedrich Oltmanns, 1934 bis 1945 Kreisleiter des Kreises Wittmund, wurde am 1. 6. 1949 vom Spruchgericht Bielefeld zu zwei Jahren Gefängnis verurteilt. Die Strafe galt durch die Internierungshaft als verbüßt.[1406] Im anschließenden Entnazifizierungsverfahren wurde er am 21. 11. 1949 in Kategorie III eingestuft und zu 250 DM Verfahrenskosten verurteilt.[1407]

[1400] Günther Robra: Erich Emil August Drescher. In: Biographisches Lexikon für Ostfriesland. Zweiter Band. Herausgegeben im Auftrag der Ostfriesischen Landschaft von Martin Tielke. Aurich, 1997. S. 80-82, hier S. 81.
[1401] Entnazifizierungs-Entscheidung des Berufungsausschusses für die Entnazifizierung im Verwaltungsbezirk Oldenburg im mündlichen Verfahren vom 21. 7. 1950. StAO Best. 351 Karton Nr. 220 Ost 13172.
[1402] Entnazifizierungs-Entscheidung des Entnazifizierungs-Hauptausschusses der Stadt Oldenburg vom 19. 11. 1948. StAO Best. 351 Karton Nr. 130 Ost. 8862.
[1403] Spruchgerichtsakte Heinrich Bohnens. BA Koblenz Z 42 II/580. Entnazifizierungsakte Heinrich Bohnens. StAA Rep 250 Nr. 7986. Prozessakte Synagogenbrand Aurich. StAA Rep 109 Nds. E 142.
[1404] Urteil des Spruchgerichts Bielefeld vom 19. 11. 1949. Spruchgerichtsakte Lenhard Everwien. BA Koblenz Z 42 IV/7186, Bl. 179.
[1405] Urteil des Schwurgerichts Aurich vom 18. 12. 1948. Ebda., Bl. 83.
[1406] Urteil des Spruchgerichts Bielefeld vom 1. 6. 1949. Spruchgerichtsakte Diedrich Oltmanns. BA Koblenz Z 42 IV/1770. Bl. 104.
[1407] Entnazifizierungsakte Diedrich Oltmanns. StAA Rep. 250 Nr. 6755.

7.4 Regierungsbezirk Osnabrück

Der kommissarische Kreisleiter für den Kreis Osnabrück-Stadt, der Gauinspekteur Fritz Wehmeyer, wurde im April 1945 bei einem Fluchtversuch aus dem von britischen Truppen eingeschlossenen Osnabrück durch englisches Maschinengewehrfeuer tötlich verwundet. Willy Münzer befand sich nach der deutschen Kapitulation zwei Jahre lang in niederländischer Untersuchungshaft. Die niederländischen Behörden fanden nach der Untersuchung von Münzers Tätigkeit als Beauftragter für die Provinz Seeland des Reichskommissars für die besetzten niederländischen Gebiete jedoch keinen Grund zur Klageerhebung und ließen ihn ohne Verfahren nach Deutschland ausreisen. In Deutschland wurde Münzer vom Spruchgericht Bielefeld am 7. 10. 1949 zu 2000 DM Geldstrafe verurteilt, die durch die Internierungshaft in voller Höhe als verbüßt galt.[1408] Ein Verfahren wegen Beteiligung an der Synagogenbrandstiftung in Osnabrück endete am 16. 12. 1949 mit einem Freispruch.[1409]

Der erste Kreisleiter des Landkreises Osnabrück, Leo Baumgartner, starb 1935 an einer Lungenentzündung[1410]. Ebenfalls früh verstarb sein Nachfolger Ferdinand Esser[1411]. Ab 1943 wurde der Landkreis kommissarisch von dem Kreisleiter der Kreise Melle und Wittlage geleitet.

Der erste Kreisleiter des Kreises Wittlage, Friedrich Ebertfründ wurde vom Entnazifizierungsausschuß des Kreises Wittlage, da er seit 1928 NSDAP-Mitglied und zeitweise Kreisleiter gewesen war, als "Eifriger Nazi-Unterstützer - für Entlassung empfohlen" eingestuft.[1412] Er habe "insbesondere seine Beamtenstellung bei der Post durch Parteibeziehungen erhalten, während er früher Schuster war. Im Gegensatz zu dem Vorschlag des Unterausschusses wird die Weiterzahlung einer Pension auf jeden Fall abgelehnt, da Ebertfründ nur durch seine Parteizugehörigkeit die Beamtenstellung erlangt hatte."[1413] Die Militärregierung folgte der Empfehlung des Wittlager Entnazifizierungsausschusses und stufte ihn in die Kategorie III ein mit der Anweisung, er sei von seiner "Anstellung als Postsekretär unter Verlust jeden Ruhegehalts zu entfernen."[1414]

Gegen diesen Bescheid legte Ebertfründs Rechtsanwalt erfolgreich Berufung ein. Die Entscheidung des Berufungsausschusses fiel für Ebertfründ wesentlich milder aus. Er wurde nun in die Kategorie IV eingestuft. Statt einer Entlassung aus dem

---

[1408] Urteil des Spruchgerichts Bielefeld vom 7. 10. 1949. Spruchgerichtsakte Willy Münzer. BA Koblenz Z 42 IV/1790. Bl. 64.
[1409] StAOs Rep 945 - 6/83 Nr. 215.
[1410] Vier Todesanzeigen im "Osnabrücker Kreisblatt" vom 28. 11. 1935.
[1411] Ausführlicher Bericht über die Totenfeier in der "Oldenburgischen Staatszeitung" vom 2. 7. 1943.
[1412] Stellungnahme/Opinion Sheet des Deutschen Entnazifizierungs-Ausschußes/German Denazification Panel des Kreises Wittlage vom 9. 9. 1946. Entnazifizierungsakte Friedrich Ebertfründ, StAOs Rep 980 Nr. 37350.
[1413] Ebda.
[1414] Einreihungsbescheid der Militärregierung Deutschland (Britisches Kontrollgebiet) vom 19. 9. 1947. Entnazifizierungsakte Friedrich Ebertfründ, StAOs Rep 980 Nr. 37350.

Postdienst wurde er nun lediglich zum Postassistenten zurückgestuft, eine spätere Pension wurde auf monatlich höchstens 150,- DM begrenzt[1415].

Helmut Seidel, der Kreisleiter der Kreise Melle und Wittlage, zuletzt auch Kreisleiter des Kreises Osnabrück-Land und Gaustabsamtsleiter, wurde bei Kriegsende von Engländern erschossen. Sein Kriegsvertreter Wilhelm Dröge wurde am 24. 2. 1949 in Kategorie III eingestuft. Diese relativ harte Einstufung erfolgte jedoch weniger wegen seiner Tätigkeit als Kreisleiter. Dröge war vielmehr "in der Öffentlichkeit in langen Jahren als Ortsgruppenleiter von Altenmelle (...) sehr viel und unangenehm hervorgetreten."[1416]

Den ehemaligen Kreisleiter des Kreises Bersenbrück, den Landwirt Gustav Nietfeld-Beckmann, verurteilte das Spruchgericht Hiddesen am 5. 5. 1948 zu drei Jahren Gefängnis (ersatzweise für je dreißig Reichsmark einen Tag Gefängnis), dreitausend Reichsmark Geldstrafe sowie den Kosten des Verfahrens. Die erkannte Strafe wurde nur "in Höhe von 2 Jahren Gefängnis durch die seit dem 16. 5. 1945 erlittene Internierungshaft für verbüßt erklärt."[1417] Das Gericht begründete das relativ harte Urteil damit, daß Gustav Nietfeld-Beckmann "versuchte, sich in einem Maße mit Nichtwissen herauszureden, daß in Anbetracht seiner Stellung als langjähriger Kreisleiter und Reichstagsabgeordneter nicht zu vertreten war. (...) Das Gericht folgerte aus dem Verhalten des Angeklagten, daß er noch in der Ideologie des Nationalsozialismus befangen ist."[1418]

Gegen das Urteil legte Nietfeld-Beckmann erfolglos Revision ein. Nach der Ablehnung der Revision stellte er ein Gnadengesuch. Nietfeld-Beckmanns Ehefrau versuchte das Verhalten ihres Mannes in einer Bittschrift im Rahmen des Gnadengesuches an den Ministerpräsidenten des Landes Nordrhein-Westfalen zu erklären:

> Er sah die Dinge stets in erster Linie unter dem Gesichtspunkt der Bedürfnisse der Landwirtschaft. Dies war auch allgemein und über den Kreis Bersenbrück hinaus bekannt. So wurde mein Mann von den anderen Kreisleitern der Reichsnährstand-Kreisleiter genannt. Sie brachten in diesem Beinamen zum Ausdruck, daß sie ihn nicht als politischen Kreisleiter, wie sie sich selbst fühlten, betrachteten.[1419]

[1415] Berufungsausschuß für die Entnazifizierung im Regierungsbezirk Osnabrück. Entnazifizierungs-Entscheidung im mündlichen Verfahren. Osnabrück, 6. 7. 1949. Entnazifizierungsakte Friedrich Ebertfründ, StAOs Rep 980 Nr. 37350.
[1416] Entscheidung des Entnazifizierungs-Hauptausschusses des Kreises Melle vom 24. 2. 1949. Entnazifizierungsakte Wilhelm Dröge. StAOs Rep 980 Nr. 28426.
[1417] Urteil des Spruchgerichts Hiddesen vom 5. 5. 1948. Spruchgerichtsakte Gustav Nietfeld-Beckmann, BA Koblenz Z 42 V/4029. Bl. 99.
[1418] Urteilsbegründung des Spruchgerichts Hiddesen vom 5. 5. 1948. Spruchgerichtsakte Gustav Nietfeld-Beckmann, BA Koblenz Z 42 V/4029. Bl. 103.
[1419] Bittschrift Minna Nietfeld-Beckmann an den Ministerpräsidenten des Landes Nordrhein-Westfalen über die Anklagebehörde beim Spruchgericht in Hiddesen. Bersenbrück-Bokel, 8. 12. 1948. Spruchgerichtsakte Gustav Nietfeld-Beckmann, BA Koblenz Z 42 V/4029. Heft Gnadensache, Bl. 4.

Das von Gustav Nietfeld-Beckmann gestellte Gnadengesuch hatte nur beschränkten Erfolg. Die Entscheidung ging dahin, daß "die zwischen dem Tage der Urteilsverkündung, dem 5. 5. 48 und dem Tage der Rechtskraft, dem 30. 9. 48 erlittene Internierungs-Haft auf die zu verbüssende Strafhaft im Gnadenwege angerechnet wird. Einen weitergehenden Gnadenerweis zu erteilen hat sich der Ministerpräsident nicht in der Lage gesehen."[1420]

Das Spruchgerichtsverfahren des Bentheimer Kreisleiters Dr. Josef Ständer endete nach einer Revision am 20. 12. 1948 mit der Verurteilung zu vier Jahren Gefängnis sowie den Kosten des Verfahrens sowie der Revision. Die Internierungs- und Untersuchungshaft wurde in Höhe von drei Jahren auf die erkannte Strafe angerechnet.[1421] Besonders Dr. Ständers antisemitische Haltung schlug dabei zu Buche:

> Im Rahmen seiner Tätigkeit als Kreisleiter hat der Angeschuldigte sich ebenfalls an der Hetze gegen das Judentum beteiligt. So bezeichnete er im Jahre 1942 des öfteren die Juden als die Feinde des deutschen Volkes; gegen die Juden müsse - wie der Angeschuldigte damals gefordert hat - der Kampf unerbittlich zu Ende geführt werden. Gelegentlich einer Versammlung der Ortsgruppe Schüttorf "rechnete der Angeschuldigte mit dem Judentum ab", das er als das Grundübel des Krieges bezeichnete. Anläßlich des Führerappels der NSDAP in Nordhorn im August 1943 wies er wiederum darauf hin, dass einzig und allein die Juden die Gegner seien und daß die Juden die Vernichtung des deutschen Volkes beabsichtigten.
>
> Auch im Jahre 1944 noch sprach der Angeschuldigte anlässlich verschiedener Veranstaltungen der NSDAP gegen die Juden.[1422]

Dr. Ständers Antisemitismus gipfelte darin, daß er sich 1943 mit den Grabsteinen des jüdischen Friedhofs der Stadt Gildehaus seinen Hof pflasterte. Der Vorsteher der Israelitischen Synagogengemeinde zu Osnabrück erklärte 1947: "Die Zerstörung des Friedhofes war eine vollkommene. Die Grabsteine sind an Ort und Stelle 1944 zu einem großen Teil zu Pflastersteinen umgearbeitet worden, der andere Teil in den Hof des Dr. Ständer geschafft und wurden als Wegeplatten benutzt."[1423]

Der städtische Vorarbeiter Johann Rödding erklärte zu dem Vorfall

---

[1420] Schreiben des Ministerpräsidenten des Landes Nordrhein-Westfalen an Gustav Nietfeld-Beckmann, 8. 3. 1949. Spruchgerichtsakte Gustav Nietfeld-Beckmann, BA Koblenz Z 42 V/4029. Heft Gnadensache, Bl. 18.
[1421] Urteil des Spruchgerichts Bielefeld, 20. 12. 1948. Spruchgerichtsakte Dr. Josef Ständer, BA Koblenz Z 42 IV 1547. Band II (ohne Blattzählung).
[1422] Anklageschrift des Oberstaatsanwalts an den Vorsitzenden der Strafkammer Osnabrück, 17. 12. 1949. StAOs Rep 945-6/83- Nr. 113.
[1423] Der Vorsteher der Israelitischen Synagogengemeinde zu Osnabrück an Oberstaatsanwalt Dr. Ihm in Osnabrück, 10. 11. 1947. Rep 945-6/83- Nr. 113.

Der ehemalige Bürgermeister Brundermann beauftragte mich damit, die Grabsteine des jüdischen Friedhofes zu entfernen. Diese mussten zu dem damaligen Kreisleiter Dr. Ständer gebracht werden, in dessen Garten ein Weg damit gepflaster wurde. Die obere Rundung wurde abgemeisselt, ebenso die Beschriftung der Seite, die nach oben zu liegen kam, während die Beschriftung der unteren Seite noch vorhanden ist. Als die letzten Steine gelegt waren, fragte mich Dr. Ständer, ob nicht noch mehr da wären. Die Unkosten sollte angeblich Dr. Ständer tragen, während sie tatsächlich zu Lasten der Gemeindekasse gingen.[1424]

Dr. Ständer "erkundigte sich noch kurz vor Abschluß der Arbeiten, ob nicht noch mehr derartige Steine auf dem Friedhof vorhanden wären. Er beabsichtigte, für die Kinder einen Sandspielplatz anzulegen, die schweren Steine schienen ihm für eine Umfriedung des Platzes besonders geeignet."[1425]

Die englischen Besatzungsbehörden hatten starke Bedenken, Dr. Ständer nach seiner Entlassung aus der Internierungshaft überhaupt nach Gildehaus zurückkehren zu lassen. Der "Kreis Resident Officer Bentheim" riet 1947 stark davon ab, Dr. Ständer aus der Internierungshaft zu entlassen[1426]. Eine Rückkehr Ständers nach Gildehaus würde gar den im Kreis herrschenden Frieden ernsthaft gefährden und das Ansehen der englischen Behörden stark in Mitleidenschaft ziehen. Im Oktober hatte die Bentheimer Kreisversammlung eine Eingabe an die Besatzungsbehörden gemacht, "die notwendigen Schritte gegen die Rückkehr der Familie Ständer nach Gildehaus mit den entsprechenden Mitteln vorzunehmen"[1427]. Auch das "Intelligence Department Nordhorn" warnte vor den Folgen, die eine Rückkehr Dr. Ständers in den Kreis Bentheim haben könnte und schrieb am 24. Juli 1947 an das Civilian Internment Camp No 7:

This office has not yet dealt with a case where the proposed release of an internee has brought forth such a widespread storm of indignation from all sections of the population and in the words of a leading official in the Kreis, if Staender is released, "the Kreis will go mad". It is practically certain that efforts will be made to lynch or otherwise injure him.

[1424] Eidesstattliche Erklärung des städtischen Vorarbeiters Johann Rödding, Gildehaus, 16. 7. 1947. Rep 945-6/83- Nr. 113.
[1425] Osnabrücker Tageblatt, 26. 9. 1947.
[1426] Dies und das Folgende nach dem Schreiben von E. H. D. Grimley, Lieut. Col. NF, Kreis Resident Officer Bentheim, an den öffentlichen Ankläger bei dem Spruchgericht Bielefeld. Nordhorn, 24 July 47. Uebersetzung aus dem Englischen! (wörtliche Üb.).
Spruchgerichtsakte Dr. Josef Ständer, BA Koblenz Z 42 IV 1547. Bl. 38.
[1427] Zitiert nach ebda.
[1428] Spruchgerichtsakte Dr. Josef Ständer, BA Koblenz Z 42 IV 1547. Bl. 43.

It is felt that our prestige will suffer severely if this man is released in spite of the foregoing. If however it is not possible to detain him further, it is urgently recommended that he be directed not to return to his former home at Gildehaus, but to stay away from Kreis Bentheim altogether.[1428]

Wegen der Inbesitznahme der Grabsteine, die er nicht bei der Gemeindekasse bezahlt hatte, wurde Dr. Ständer vom Landgericht in Osnabrück am 3. 6. 1952 wegen Hehlerei verurteilt. Aus dem Spruchgerichtsurteil vom 20. 12. 1948 und dem Landgerichtsurteil wurde eine Gesamtstrafe von 4 Jahren und 2 Monaten gebildet. Die Reststrafe - Internierungs- und Untersuchungshaft wurden angerechnet - musste er jedoch nicht verbüßen, da der Ministerpräsident des Landes Nordrhein-Westfalen am 10. 6. 1953 verfügte, daß die Reststrafe mit einer Bewährungsfrist von 3 Jahren im Gnadenwege ausgesetzt wurde[1429]. 1952 konnte Dr. Josef Ständer seine Arztpraxis in Gildehaus wieder aufnehmen. Dr. Ständers Kriegsvertreter, der Gauamtsleiter des NSLB Alfred Kemnitz, wurde am 30. 9. 1949 in die Kategorie IV eingestuft. [1430]

Der Kreisleiter des Kreises Aschendorf-Hümmling, Gerhard Buscher, wurde vom Spruchgericht Bielefeld am 25. 4. 1949 zu drei Jahren Gefängnis verurteilt, wobei die Internierungshaft von 2 Jahren und 6 Monaten angerechnet wurde.[1431] Die Reststrafe wurde zur Bewährung ausgesetzt.[1432] Im darauf folgenden Jahr wurde Buscher im Zusammenhang mit der "Köpenickiade" des neunzehnjährigen Willi Herold verurteilt. Herold hatte sich eine Hauptmannsuniform angeeignet und in den Emslandlagern und später im benachbarten Ostfriesland nach eigenem Gutdünken Massenhinrichtungen durchgeführt[1433]. Das Schwurgericht Oldenburg gelangte zu der Überzeugung, Herold habe die Erlaubnis der Gestapo für die Erschießungen ohne Mitwirkung des Kreisleiters nicht erhalten können und verurteilte Buscher am 21. 11. 1950 durch "wegen Beihilfe zur vorsätzlichen Tötung auf Grund von §§ 212, 213, 49 StGB zu 1 Jahr Gefängnis"[1434]. Die Untersuchungshaft wurde angerechnet. Für den Strafrest erhielt Buscher am 7. 3. 1953 Straferlass gemäß § 2 des Straffreiheitsgesetzes vom 31. 12. 1949. Da die Kreisleiter keine Polizeigewalt hatten und die Gestapo somit auf eine Zustimmung Buschers nicht angewiesen war, muß die Richtigkeit des Urteils stark bezweifelt werden.

Der Kriegskreisleiter des Kreises Lingen, Walter Brummerloh, wurde am 10. 11. 1948 vom Spruchgericht Benefeld zu 2 Jahren Gefängnis verurteilt. Die Strafe galt

---

[1429] Der Ministerpräsident des Landes Nordrhein-Westfalen an den Justizminister des Landes Nordrhein-Westfalen, 10. 6. 1953. Spruchgerichtsakte Dr. Josef Ständer, BA Koblenz Z 42 IV 1547. Bl. 43.
[1430] Entnazifizierungs-Entscheidung des Entnazifizierungs-Hauptausschusses im Verwaltungsbezirk Oldenburg vom 30. 9. 1949. StAO Best. 351 Karton Nr. 147 Ost. 9975.
[1431] Urteil des Spruchgerichts Bielefeld vom 25. 4. 1949. BA Koblenz, Best. Z 42/6938. Bl. 17.
[1432] Der Ministerpräsident des Landes Nordrhein-Westfalen an den Justizminister des Landes Nordrhein-Westfalen, Düsseldorf, 15. 1. 1951. BA Koblenz, Best. Z 42/6938. Bl. 17.
[1433] Vgl. Pantcheff, T. X. H.: Willi Herold, 19 Jahre alt. Ein deutsches Lehrstück. Köln, 1987.
[1434] Auskunft aus dem Strafregister der Staatsanwaltschaft zu Bremen, Bremen 21. 12. 1953. BA Koblenz, Best. Z 42/6938. Bl. 18.

durch die Internierungshaft als verbüßt.[1435] Ungeklärt ist hingegen das Schicksal des Lingener Kreisleiters Erich Plesse. Nach Aussage seiner Ehefrau wurde er Ende Januar an der Ostfront vermißt.[1436] Tatsächlich war Plesse jedoch schon zum 31. 8. 1944 aus der Wehrmacht entlassen worden.[1437] Zum 14. 9. 1944 wurde Plesse zur Partei-Kanzlei nach München kommandiert. Am 1. 2. 1945 belegt eine Aktennotiz der Partei-Kanzlei in München Plesses dortige Anwesenheit:

> Oberbereichsleiter Karl Plesse, geb. am 13. 7. 1908 wird in Übereinstimmung mit der Gauleitung Weser-Ems ab 1. 2. 1945 zur Partei-Kanzlei versetzt. Mit diesem Zeitpunkt übernimmt die Partei-Kanzlei seine Besoldung. Die am 18. 9. 1944 verfügte Kommandierung ist damit beendet. Die bisherige Dienststellung kann endgültig besetzt werden.[1438]

Aus einer Mitteilung des Reichsschatzmeisters an den Schatzmeister des Gaues Weser-Ems vom 12. 3. 1945, die sich auf eine aufgrund einer nicht näher bezeichneten Änderung des Familienstandes erfolgte neue Besoldungsmitteilung bezieht, geht hervor, daß Plesse sich zu diesem Zeitpunkt in Oldenburg aufhielt. Bis heute ist nichts über seinen weiteren Verbleib bekannt geworden.

Kein Entnazifizierungsverfahren gab es gegen den Meppener Kreisleiter Josef Egert, vermutlich weil gegen diesen ein Strafverfahren wegen Verbrechens gegen die Menschlichkeit lief. Angeblich hatte Egert einen Meppener Bürger denunziert und war aktiv an dessen Verhaftung beteiligt. Die Vorwürfe konnten jedoch nicht gehalten werden, so daß Egert aus Mangel an Beweisen freigesprochen wurde.[1439]

7.5 Resümee

Üblicherweise wird bei Untersuchungen zur Entnazifizierung ausgerechnet der Aspekt ausgeklammert, der in jedem Strafverfahren im Mittelpunkt steht: die konkrete Tat des Angeklagten. Deutschland ist ein Rechtsstaat, der über kein Gesinnungsstrafrecht verfügt, sondern die Strafe an der konkreten Tat festmacht. Die dahinter stehende Gesinnung spielt allenfalls bei der Erforschung des Motivs und bei der Strafzumessung eine Rolle. Wenn heute beispielsweise nach der Aufdeckung einer terroristischen, rechtsradikalen Organisation die Mitglieder vor Gericht kommen, so ist es selbstverständlich, daß der Schriftführer als einer der "geistigen

---

[1435] Urteil des Spruchgerichts Benefeld vom 10. 11. 1948. Spruchgerichtsakte Walter Brummerloh. BA Koblenz Z 42 II/547.
[1436] Fragebogen für die politische Überprüfung, o. D. Entnazifizierungsakte Erika Plesse. StAOs Rep 980 Nr. 13600.
[1437] Antrag auf Besoldungsfestsetzung Erich Plesse, München, 14. 12. 1944. BA Berlin-Lichterfelde, BDC PK Plesse, Erich.
[1438] Aktennotiz der Partei-Kanzlei der NSDAP in München betreffend die Versetzung Erich Plesses nach München. München, 1. 2. 1945. BA Berlin-Lichterfelde, BDC PK Plesse, Erich.
[1439] Urteil des Schwurgerichts des Landgerichts Osnabrück vom 6. 7. 1949. StAOs Rep 945 - 6/83 Nr. 36.

Brandstifter" zwar auch bei Bekundung von Reue und dem Gelöbnis der Besserung nicht gänzlich straffrei ausgehen, jedoch sicherlich milder bestraft werden wird als derjenige, der gegen ausländische Mitbürger Brandanschläge verübt hat. Niemand käme auf den Gedanken, dieses Ergebnis mit Hinweis auf die höhere Stellung des Schriftführers in der Parteihierarchie für ungerecht zu erklären.

In der geschichtswissenschaftlichen Praxis wird die Ebene der Tat jedoch unverständlicherweise völlig ausgeschlossen. Dabei legt schon der Aufbau der Kategorien I - V der Entnazifizierung dies dringend nahe: die Kategorien I und II blieben denjenigen vorbehalten, die Taten begangen hatten, die über eine bloße Förderung des Nationalsozialismus (Kategorien III und VI) hinausgingen. Bloße Mitläufer wurden die Kategorie V eingestuft und galten als entlastet. Ein für das Untersuchungsgebiet relevantes Beispiel ist die Arbeit von Olaf Reichert, der die Entnazifizierung in der Stadt Oldenburg von 1945 bis 1947 untersucht[1440]. Reichert untersucht vier Grundfragen. Zunächst werden die Motive der Briten für ihre Entnazifizierungspolitik untersucht, die sich daraus ergebenden Probleme, sowie der dazu eingesetzte Verwaltungsapparat. Ein zweiter Punkt betrifft die Gesetze, Anordnungen und Verfügungen des Alliierten Kontrollrats, der britischen Besatzungsmacht, sowie der oldenburgischen Auftragsverwaltung. Die dritte und vierte Frage betreffen die Umsetzung und das Ergebnis der politischen Säuberung. Für die vierte Frage wird die Sozialstruktur der entnazifizierten Stadtoldenburger herangezogen. Dies erscheint mehr als fragwürdig, denn nach rechtsstaatlichen Grundsätzen muß eine Strafe ohne Ansehen der Person verhängt werden. Ob ein Urteil gerecht ist, hängt eben gerade nicht von der Zugehörigkeit zu einer bestimmten sozialen Gruppe ab, sondern davon, ob bei vergleichbaren Taten auch ähnlich geurteilt wurde. Will man also nachweisen, daß die Entnazifizierungspraxis im Laufe der Zeit immer nachsichtiger wurde, so muß man nachweisen, daß vergleichbare Taten im Laufe der Zeit immer mildere Sanktionen nach sich zogen. Ansonsten können die milderen Sanktionen auch darauf zurückzuführen sein, daß eben zuerst die gravierenderen Taten abgearbeitet wurden, während man sich mit "kleinen Fischen" Zeit ließ.

Ignoriert man die Tatdimension, so mag es in der Tat auf den ersten Blick ungerecht erscheinen, daß der in Oldenburg entnazifizierte Gauleiter Paul Wegener in die Kategorie III (Förderer) eingestuft wurde, der in Bremen entnazifizierte Kreisleiter Carl Busch hingegen in die Kategorie II (Täter). Zieht man jedoch das Element der Tat, was eigentlich selbstverständlich sein sollte, in die Beurteilung mit ein, so ist dieses Ergebnis völlig gerechtfertigt, denn Carl Busch hat durch sein Verhalten letztlich bewußt den Tod eines Menschen verursacht oder ihn zumindest billigend in Kauf genommen, denn ihm mußte als Kreisleiter klar sein, daß die Nennung von Namen in Stimmungsberichten die Gestapo auf den Plan rufen würde. Gauleiter Wegener bekleidete zwar ein höheres Amt als Kreisleiter Busch, vergleichbare Taten konnten ihm jedoch nicht nachgewiesen werden. Den Vechtaer Kreisleitern Dr. Böckmann und Dr. Drückhammer, die diesen Posten nur ihrer Kar-

---

[1440] Reichert, Olaf: "Wir müssen doch in die Zukunft sehen . . ." Die Entnazifizierung in der Stadt Oldenburg unter britischer Besatzungshoheit. Oldenburg, 1998.

riere zuliebe übernommen haben, kann durchaus geglaubt werden, daß sie nur "Dienst nach Vorschrift" gemacht haben und ihre Tätigkeit keine Förderung des Nationalsozialismus dargestellt hat, die eine Einstufung in die Kategorie III oder IV gerechtfertigt hätte. Eine Einstufung in die für Kreisleiter außerordentlich milde Kategorie V erscheint somit durchaus gerechtfertigt.

Für die Gesamtwürdigung der Entnazifizierung im Weser-Ems-Gebiet muß noch darauf hingewiesen werden, daß in der britischen Besatzungszone, zu denen die preußischen Regierungsbezirke Aurich und Osnabrück sowie das Land Oldenburg gehörte, ein Entnazifizierungsverfahren ganz unterblieb, wenn aus einem Strafverfahren eine höhere Strafe zu erwarten war. Dies waren aber gerade die Fälle, in denen eine Einstufung in die Kategorien I und II wahrscheinlich war. Wenn also bei den Kreisleitern im Gau Weser-Ems die einzige Einstufung in die Kategorie II in Bremen erfolgte, das zur amerikanischen Besatzungszone gehörte, so kann daraus also keineswegs geschlossen werden, daß in Bremen generell strenger verfahren wurde.

Überhaupt war es schwierig, zwischen den Kategorien III und IV einerseits und IV und V andererseits klar zu unterscheiden. Für den Unterschied zwischen "Förderung" und "wesentlicher Förderung" konnte es keine klare, griffige Definition geben. Auch die Frage, ob ein bestimmtes Amt in der NSDAP "nach Vorschrift" (Einstufung in Kategorie V) ausgeübt wurde oder ob der betreffende Amtsträger sich bemüht hat, aktiv die nationalsozialistische Ideologie zu verbreiten, war im Einzelfalle schwer zu beantworten. Hier greift der rechtsstaatliche Grundsatz des "in dubio pro reo".

Insgesamt kann man also sagen, daß die tendenziell milde Behandlung der Kreisleiter in der Entnazifizierung auf ihre Aufgabe der "Menschenführung" im Sinne von "transforming leadership", also der Verbreitung und Förderung der nationalsozialistischen Ideologie auf gütlichem Wege, zurückzuführen ist. Die überwiegende Einstufung in die Kategorien III und IV war somit absolut folgerichtig. Es ist demnach abwegig, wenn Reichert im Zusammenhang mit der Entnazifizierung generell von der Verwandlung in eine "Entlastungsmaschinerie"[1441] spricht. Soweit man es nach der vorliegenden Untersuchung sagen kann, haben die Entnazifizierungsausschüsse ihre Arbeit nach rechtsstaatlichen Grundsätzen auf der Grundlage der damals vorliegenden Rechtslage getan. Das Ergebnis der Entnazifizierung mag man somit zwar dennoch insgesamt als nicht *gerecht* einstufen, es war jedoch auf jeden Fall *rechtens*.

[1441] Reichert, S. 184.

8 Zusammenfassung

Die Kreisleiter bildeten das 'mittlere Management' der NSDAP. Sie standen zwischen der Gau- und der Orts- bzw. Gemeindeebene und somit einerseits hoch genug in der Parteihierarchie, um entscheidend auf Entwicklungen in Staat und Gesellschaft auf regionaler Ebene einzuwirken, betreuten andererseits aber ein Gebiet, das von der Größe her noch überschaubar war und einen direkten Kontakt zur Bevölkerung ermöglichte. Deshalb wurden die Kreisleiter auch von der Parteipropaganda oft als Schlüsselstellen innerhalb der NSDAP und im Herrschaftssystem des Dritten Reiches insgesamt dargestellt. Von Ende 1934 bis Mitte 1935 wurden die Kreisleiter und vier bis fünf weitere Funktionäre der Kreisleitung hauptamtlich eingestellt. Dies zeigt, daß das Regime bereit war, einen erheblichen finanziellen Aufwand mit den Kreisleitungen zu treiben und unterstreicht die Wichtigkeit, welche den Kreisleitungen seitens des Regimes beigemessen wurde. Um die bloße Versorgung verdienter "alter Kämpfer" mit einträglichen Positionen kann es hier nicht gegangen sein, denn seit der "Machtergreifung" hatte man über anderthalb Jahre Zeit gehabt, "alte Kämpfer" mit Positionen in der staatlichen Verwaltung für ihren Einsatz zu entlohnen.

Kreisleitungen wurden, obwohl schon in "Mein Kampf" erwähnt, erst ab Juli 1932 reichsweit eingerichtet. Ein NSDAP-Kreis sollte einem Landkreis (in Oldenburg bis zum 31. 12. 1938 "Amt") oder einer Stadt von über 50000 Einwohnern, d. h. in der Regel einem Stadtkreis, entsprechen. Davor gab es ähnliche Organisationseinheiten, die im Gau Weser-Ems die Bezeichnung "Bezirksleitung" trugen. Diese wurden jedoch nur bei Bedarf eingerichtet und orientierten sich nicht unbedingt an staatlichen Grenzen. So bildeten z. B. Bremen (ohne Bremerhaven) und das oldenburgische Delmenhorst bis 1932 einen Parteibezirk. Überhaupt gab es bei der Gründung des Gaues Weser-Ems im Oktober 1928 noch keine flächendeckende Einrichtung von Bezirksleitungen. Das oldenburgische Amt Vechta wurde erst 1931 ein eigener Bezirk. Mit der oldenburgischen Gemeindereform vom Mai 1933 wurden die Kreisgrenzen neu gezogen. Bei der Angleichung der Partei-Kreise an die Landkreise ließ sich Gauleiter Röver im Falle des Kreises Wesermarsch bis März 1935 Zeit.

Die Ausgangsposition für die NSDAP war im Weser-Ems-Gebiet sehr unterschiedlich. Während z. B. im Kreis Wittmund schon bei der Reichstagswahl vom 4. 5. 1924 eine völkische Partei 46,6 % der Stimmen auf sich vereinen konnte, mußte die NSDAP noch 1933 im Kreis Vechta eines ihrer schlechtesten Wahlergebnisse im ganzen Deutschen Reich hinnehmen. Erste Gründungen von Ortsgruppen gab es 1921 in Oldenburg (mangels Interesse eingegangen), 1923 in Oldenburg (verboten), 1922 in Bremen (verboten, Neugründung 1924) und 1923 in Norden in Ostfriesland. Zu einer flächendeckenden Gründung von Ortsgruppen kam es erst ab 1928.

Neben der Ferne zur Parteizentrale in München waren es jeweils lokal unterschiedliche Vorbedingungen, die einer raschen Ausbreitung der NSDAP und anderer völkisch-rechtsradikaler Parteien im Wege standen. Dies waren in erster Linie die langfristigen Bindungen an die regional wählerstarken Parteien. In den südoldenburgischen Kreisen Vechta und Cloppenburg sowie der Mehrzahl der Kreise des Regierungsbezirks Osnabrück war es die Geschlossenheit des katholischen Milieus und die damit verbundene starke Stellung des Zentrums, die ein Vorankommen der NSDAP erschwerte. In den Stadtkreisen Osnabrück, Oldenburg Delmenhorst, Bremen, Wilhelmshaven und Emden hatte die SPD, besonders in Emden auch die KPD, eine ähnlich starke Stellung inne.

In Ostfriesland und den nordoldenburgischen Landkreisen wurde das politische Leben traditionell von den liberalen Parteien geprägt. Sie boten aber zugleich den besten Nährboden für den Aufstieg der NSDAP, da es gerade diese Parteien waren, auf deren Kosten der Wählerzustrom zur NSDAP ging. Extremstes Beispiel ist hier der Kreis Wittmund, in dem die DDP bei der Wahl zur Deutschen Nationalversammlung am 19. 1. 1919 50,2 % der Stimmen erhielt. Bei der Reichstagswahl vom 4. 5. 1924 erreichte die "Deutsch-Völkische Freiheitspartei" als Auffangpartei für die verbotene NSDAP 46,6 % der Stimmen, ohne daß dies zu Lasten der DNVP ging. Dieser frühe, außergewöhnliche Wahlerfolg einer rechtsradikalen Partei wurde nicht allein durch die Wirtschaftskrise bedingt, sondern von noch zwei weiteren Faktoren. Dies war zum einen der extrem republikfeindliche "Anzeiger für Harlingerland", der im Kreis Wittmund fast ausschließlich gelesen wurde, sowie die Person des dortigen Landrats, der eine ähnliche Einstellung nicht nur vertrat, sondern auch durch eine dementsprechende Personalpolitik nach Kräften förderte.

Einen weiteren Aufstieg erlebte die NSDAP im Zuge der 1928 beginnenden Agrarkrise. Wie schon bei der allgemeinen Wirtschaftskrise 1923/24 kam ihr auch die Agrarkrise nur in Ostfriesland und Nordoldenburg zu Gute. In den katholischen Kreisen Südoldenburgs und im gesamten Regierungsbezirk Osnabrück konnte die NSDAP nur marginale Zugewinne verzeichnen, während andere Parteien, in erster Linie die "Christlich-Nationale Bauern- und Landvolkpartei", im Regierungsbezirk Osnabrück auch in einigen überwiegend evangelischen Kreisen die "Reichspartei für Volksrecht und Aufwertung", die beide wiederum in Ostfriesland und Nordoldenburg nur eine marginale Rolle spielten, die Stimmen des bäuerlichen Protests für sich gewinnen konnten.

Der große Durchbruch kam auch im Weser-Ems-Gebiet mit der Reichstagswahl von 1930. Ihren größten Erfolg hatte die NSDAP im Freistaat Oldenburg, wo sie im Mai 1932 bei der Landtagswahl zwar nicht die absolute Mehrheit der Stimmen, aber doch die absolute Mehrheit der Sitze für sich gewinnen konnte. Erstmals hatte damit ein deutsches Land eine NSDAP-Alleinregierung.

Insgesamt kann man sagen, daß sich in Ostfriesland und Nordoldenburg schon vorher genau das Phänomen gezeigt hat, das auch bei den Reichstagswahlen in den Jahren 1930 bis 1933 zu Tage trat: Stimmengewinne der NSDAP gingen in erster Linie auf Kosten der liberalen Parteien, wobei sich eine starke liberale Tradition wie in Ostfriesland somit gerade als günstige Voraussetzung für den Aufstieg der NSDAP erwies. Dies scheint zunächst ein bemerkenswertes Ergebnis, da die öffentliche Meinung dazu neigt, den Aufstieg des Nationalsozialismus eher den preußischen monarchistisch-militaristischen Traditionen zuzuschreiben. Andererseits ist es aber durchaus einleuchtend, daß sich die Wähler liberaler Parteien und Anhänger einer liberalen Staats- und Wirtschaftsordnung eher von ihren Parteien trennten, wenn sich angesichts gravierender Wirtschaftskrisen eine liberale Wirtschaftspolitik als nicht geeignet zur Krisenbewältigung erwies. Anhänger des Zentrums hingegen waren konfessionell gebunden; ihre Wahlentscheidung hatte erst in zweiter Linie etwas mit wirtschaftspolitischen Überlegungen zu tun. Das Fehlen des "Zentrumsturms" in Ostfriesland und Nordoldenburg einerseits und die starke Verbreitung liberaler Parteien, die angesichts der Wirtschaftskrise unter besonderer Anfälligkeit für Wählerschwund litten, erklärt das Nord-Süd-Gefälle, das sich von den ersten Anfangserfolgen der NSDAP im Jahr 1924 bis zur letzten halbfreien Reichstagswahl im März 1933 kontinuierlich zeigt.

Obwohl die NSDAP im Gau Weser-Ems ihren frühen Aufschwung in erster Linie der Agrarkrise und dem bäuerlichen Protest verdankte, spielten Landwirte eine geringe Rolle bei der Rekrutierung der Kreisleiter. Zu den langjährigen Kreisleitern zählt hierbei nur Kreisleiter Nietfeld-Beckmann (Bersenbrück). Ebenso wie die Gauleiter Röver und Wegener gehörten die Kreisleiter von ihrer sozialen Stellung her überwiegend zum unteren Mittelstand. Besonders auffällig ist die Zahl der selbständigen 'kleinen' Kaufleute. Nur zwei Kaufleute bezeichneten sich selbst als "Großkaufleute" und können somit dem oberen Mittelstand bzw. sogar der Oberschicht zugeordnet werden. Es handelt sich hier um Carl Renken (Wilhelmshaven) und Otto Bernhard (Bremen). Carl Renken fungierte nur kurzzeitig als Vertreter des eigentlichen Kreisleiters, während Otto Bernhard der NSDAP nur dazu diente, sie beim gehobenen Bremer Bürgertum gesellschaftsfähig zu machen. Die beiden einzigen höheren Beamten, die Regierungsräte Dr. Franz Böckmann (Cloppenburg) und Dr. Walther Drückhammer (Vechta) waren typische Opportunisten und übernahmen den Kreisleiterposten nur deshalb, weil einerseits kein anderer 'respektabler' Kandidat zur Verfügung stand und sie sich andererseits nicht durch die Weigerung, den Posten zu übernehmen, ihre Beamtenkarrieren ruinieren wollten. Insgesamt kann man sagen, daß für die Kreisleiter die Theorie von der "Radikalisierung des Mittelstandes" in besonderem Maße zutrifft. Dies trifft in noch stärkerem Maße zu, wenn man nur die Kreisleiter betrachtet, die 1934 und 1935 in den hauptamtlichen Parteidienst eintraten, denn keine der vier genannten Ausnahmen gehört zu dieser Gruppe. Auch Angehörige der Unterschicht (Hilfsarbeiter) finden man in dieser Gruppe nicht.

Bei der Untersuchung der politischen Lebensläufe der Kreisleiter fällt auf, daß sie sich nicht grundsätzlich von denen der 'normalen' NSDAP-Mitglieder unterscheiden. Die Kreisleiter waren zum größten Teil Weltkriegsteilnehmer; eine nicht unbeträchtliche Zahl hatte auch im Freikorps gekämpft. Die Vertreter der völkisch-antisemitischen Richtung, d. h. derjenigen, die von ihrer eigenen ideologischen Ausrichtung her prädestiniert für einen Eintritt in die NSDAP waren, sind zwar gemessen an der Gesamtwählerschaft des Deutschen Reiches überrepräsentiert, stellen aber dennoch mit 27,5 % keine Mehrheit. Obwohl Carl Röver überzeugter Antisemit war, war langjähriger, nachgewiesener Antisemitismus offenbar keine notwendige Voraussetzung für die Übernahme eines Kreisleiteramtes. Die mit 27,5 % ebenso starke Gruppe, aus der sich die Kreisleiter der NSDAP rekrutierten, bildeten die heute so genannten "Protestwähler", die es jedoch im Gegensatz zu vielen anderen bisherigen unpolitischen Nichtwählern nicht dabei beließen, der NSDAP ihre Stimme zu geben, sondern gleich der Partei beitraten. Dabei läßt sich kein grundsätzlicher Unterschied zwischen der Gruppe der langjährigen, hauptamtlichen Kreisleiter und der Gesamtgruppe feststellen: die Entscheidung für die längere Ausübung dieses Parteiamtes richtete sich nach den persönlichen, wirtschaftlichen Gegebenheiten, nicht nach der politischen Überzeugung.

Die Gruppe der Protestwähler lehnte die Weimarer Verfassung nicht grundsätzlich ab, sondern verlor durch die anhaltende Wirtschaftskrise und die steigende Arbeitslosigkeit das Vertrauen in das "System" der Weimarer Republik. Hierbei ist festzuhalten, daß als Anlaß für den Eintritt in die NSDAP am häufigsten die Teilnahme an einer nationalsozialistischen Versammlung genannt wird. Genau wie bei der Gewinnung von Wählern allgemein zahlte es sich hier für die NSDAP aus, daß sie nicht wie die anderen Parteien nur vor den Wahlen Veranstaltungen abhielt, sondern praktisch durchgängig Propagandaveranstaltungen durchführte. Bei den Kreisleitern des Gaues Weser-Ems scheint die Faszination des 'starken Mannes' wesentlich bedeutsamer für den Parteibeitritt gewesen sein, als die ernsthafte Auseinandersetzung mit der von der NSDAP vertretenen Ideologie. Lektüre nationalsozialistischer Schriften wird weder vor noch nach 1945 als Beweggrund für einen Eintritt in die NSDAP genannt. Zwar behaupteten viele ehemalige Kreisleiter nach dem Krieg, sie hätten sich intensiv mit politischen Fragen beschäftigt und die Programme der Parteien verglichen. Allzu intensiv kann diese Auseinandersetzung aber nicht gewesen sein, denn Paul Wegener war nach dem Krieg der einzige, der Arbeitsbeschaffungsmaßen als einen konkreten Punkt nennen konnte, der ihn für die NSDAP einnahm.

Mit dem hohen Prozentsatz an 'Unpolitischen' bzw. 'Protestlern' unterscheidet sich der Gau Weser-Ems gravierend vom Gau Württemberg-Hohenzollern, wo nach den Untersuchungen von Christine Arbogast alle Kreisleiter schon vor dem Eintritt in die NSDAP politisch aktiv waren - wenn auch nicht notwendigerweise in einer völkischen Partei bzw. Organisation. Hier dürfte jedoch eher der Gau Württemberg-Hohenzollern aus dem Rahmen fallen, wie auch die Forschungsergebnisse Stelbrinks über die westfälischen NSDAP-Gaue nahelegen. Der hohe Stellenrang, den in Württemberg freie Wählervereinigungen einnehmen, läßt nicht nur auf eine höhere Beteiligung der Bürger an der Kommunalpolitik schließen, sondern vermittelt damit gleichzeitig auch eine eher enttäuschende Erkenntnis: eine höhere Beteiligung der Bürger *in* einem demokratischen System bedeutet nicht notwendigerweise ein stärkeres Eintreten *für* die Demokratie als politischem System. Politisch mündige Bürger konnten offensichtlich genauso der Faszination des 'starken Mannes' Adolf Hitler erliegen wie bisherige unpolitische Nichtwähler, die erst durch die Wirtschaftskrise aus ihrer politischen Indifferenz aufgeschreckt wurden.

Die dritte große Gruppe sind mit 20 % die deutschnationalen, d. h. die Anhänger und Mitglieder von DNVP und Stahlhelm. Unbedeutend dagegen sind die Linken und die Zentrumsanhänger mit jeweils 5 %, sowie die Anhänger der DDP mit 2,5 %, die somit noch hinter den reinen Opportunisten mit 12,5 % rangieren.

Das Bildungsniveau ist bei der Masse der Kreisleiter durchschnittlich bis unterdurchschnittlich, Akademiker sind die Ausnahme. Die von Gauleiter Röver geforderte überdurchschnittliche Allgemeinbildung, die einen "politischen Leiter" auszeichnen sollte, brachte er nicht einmal selbst mit. Von den Kreisleitern ohne Abitur kann man sie höchstens dem Bremer Kreisleiter Max Schümann zusprechen, der nur aufgrund seiner wirtschaftlichen Lage das von ihm angestrebte Ingenieursstudium nicht absolvieren konnte. Vergleicht man den Bildungsstand der Kreisleiter mit dem der übrigen Bevölkerung, so waren die Kreisleiter insgesamt überdurchschnittlich gebildet, können aber auf keinen Fall als "Bildungselite" angesprochen werden – der einfache Volksschüler konnte genauso gut Kreisleiter werden wie der promovierte Akademiker.

Ein wirklich eigenständiges politisches Denken findet man bei keinem der Kreisleiter. Nur zwei brachten ihre politische Meinung überhaupt in Schriftform heraus: Kreisleiter Sturm (Delmenhorst) als Blut-und-Boden-Dichter, Kreisleiter Schümann (Bremen) als Kolumnist der "Bremer Zeitung", wo er von 1943 bis 1945 mit persönlichen Anekdoten als Aufhänger Durchhalteparolen unters Volk brachte. Bei allen anderen beschränken sich die schriftlichen Veröffentlichungen auf die sinngemäße Wiedergabe von Reden und Ansprachen in der Presse.

Obwohl die Kreisleiter de jure von Adolf Hitler persönlich ernannt und durch eine von ihm persönlich unterzeichnete Ernennungsurkunde in ihr Amt eingesetzt wurden, so war es doch de facto der Gauleiter, der über die Einsetzung eines Kreisleiters entschied. Ein Fall, in dem Hitler die Ernennung eines Kreisleiters verweigerte, ist zumindest im Gau Weser-Ems nicht bekannt. Gauleiter war von 1928 bis 1942 der Oldenburger Kaufmann Carl Röver. Das Bild Gauleiter Rövers, das bisher im Wesentlichen von dem Bremer Historiker Herbert Schwarzwälder geprägt wurde, muß in einigen Punkten revidiert werden. Röver pflegte ein volksnahes und sozial engagiertes Auftreten. Auch seine Reden waren volksnah gehalten, er selber war ein durchaus geschickter Redner. Seine Mitarbeiter bescheinigen Röver einen kollegialen Führungsstil und Kritikfähigkeit.

Röver litt Zeit seines Lebens an einer Malaria, die er sich bei seinem Aufenthalt in der deutschen Kolonie Kamerun von 1912 bis 1913 zugezogen hatte. Im Dezember 1937 erlitt er bei einem Autounfall eine schwere Gehirnerschütterung, die seine bisher auch außerhalb des Gaues Weser-Ems ausgeübte Tätigkeit als Propagandaredner dauerhaft drastisch einschränkte. Im Mai 1942 erkrankte Röver an einer Lungenentzündung, die er sich bei einem nächtlichen Bad in einem See zugezogen hatte. Der Hintergrund für dieses seltsame Verhalten war der Ausbruch einer progressiven Paralyse als Spätfolge einer Syphilis, die in jedem Fall zu Wahnsinn und binnen zwei bis drei Jahren zum Tod Rövers geführt hätte. Dieser Hintergrund für Rövers Tod blieb jedoch geheim - ein Gauleiter mit Gehirnerweichung wäre für die alliierte Propaganda ein gefundenes Fressen gewesen - und führte zu abwegigen Spekulationen über eine mögliche Ermordung.

Nachfolger von Röver als Gauleiter wurde sein 'politischer Ziehsohn', der gelernte Diplom-Kolonialwirt Paul Wegener, den er maßgeblich protegiert und gefördert hatte. Paul Wegener war in mehrfacher Hinsicht als Nachfolger Rövers prädestiniert. Er stammte gebürtig aus dem Gau Weser-Ems, war hochintelligent und verfügte über ausgezeichnete Manieren. Als Wahlkampfredner, Leiter einer SA-Schule, SA-Standartenführer, NSDAP-Kreisleiter und Mitarbeiter der Reichsleitung der NSDAP lernte er alle Aspekte der Parteiarbeit gründlich kennen. Bis zu seiner Ernennung zum Gauleiter des Gaues Weser-Ems bekleidete Paul Wegener das Amt eines stellvertretenden Gauleiters. Dies allerdings nicht im Gau Weser-Ems, sondern im Gau Kurmark, da ein stellvertretender Gauleiter grundsätzlich nicht den eigenen Gauleiter 'beerben' durfte, was im Dritten Reich gängige Übung war und später noch von einem "Führerbefehl" festgeschrieben wurde.

Der Gauleiterwechsel hatte weder auf Gau- noch auf Kreisebene ein allgemeines Revirement zur Folge. Welcher Gauleiter erfolgreicher im Sinne der "Menschenführung" war, also den Nationalsozialismus der Bevölkerung besser 'verkauft' hat, läßt sich nach der vorliegenden Untersuchung nicht eindeutig beantworten: Röver wurde bei der Bevölkerung wegen seines sozialen Engagements, seines Verzichts auf persönliche Bereicherung und wegen seiner Volksnähe geschätzt, Wegener war in einem technokratischen Sinne der fähigere Gauleiter und galt wegen seiner Intelligenz und seiner guten Manieren als "Mann vom Parkett". Auch das im nationalsozialistischen Sinne vorbildliche Familienleben Wegeners ohne Skandale und Exzesse wurde von der Bevölkerung gewürdigt. Andererseits wurde aber seine mangelnde Volksnähe negativ vermerkt und ihm eine gewisse Arroganz unterstellt. Beides spiegelt sich in dem Spitznamen "Prinz Paul" wider, mit dem die Oldenburger den Gauleiter und Reichsstatthalter bedachten.

Für Gauleiter Carl Röver war nach eigenem Bekunden das wichtigste Kriterium für die Eignung zum Kreisleiter das Vertrauen der Bevölkerung. In der Praxis bedeutete dies nur, daß die Kreisleiter nicht kriminell sein durften. Andere wichtige Voraussetzungen für die Bildung dieses Vertrauens mißachtete Röver grob. Bezeichnendstes Beispiel ist hier das katholische Emsland: alle langjährigen Kreisleiter waren evangelisch oder nicht kirchlich gebunden, keiner stammte gebürtig aus dem Emsland. Rednerische Fähigkeiten waren nicht erforderlich. Auch der frühe Eintritt in die Partei war kein zwingendes Kriterium. Wichtige Qualifizierungsmöglichkeiten waren andere Parteiämter oder auch eine Tätigkeit in einer Volksvertretung, z. B. als Reichstags- oder Landtagsmitglied. Die NSDAP stellt sich somit als eine sehr "normale" Partei im Sinne des Politologen Michels dar, der schon 1911 festgestellt hatte, daß Parteiarbeit wichtiger für den Aufstieg in einer Partei ist als alle anderen denkbaren Kriterien. Parteieigene Schulungskurse waren kein Kriterium für die Einsetzung als Kreisleiter. Röver mißachtete 1933 bei der Einsetzung

Dr. Drückhammers sogar eine entsprechende Anweisung der Reichsleitung, die einen zweiwöchigen Schulungskurs vorschrieb.

Das Kreisleiteramt diente gerade in der Anfangszeit des Dritten Reiches eher als ein Sprungbrett für die weitere Karriere im öffentlichen Dienst, denn als eine Stufe auf der Leiter der Parteikarriere. Letzteres gilt nur für die Kreisleiter Wegener (Bremen), der es 1942 bis zum Gauleiter des Gaues Weser-Ems brachte, und für Heinrich Walkenhorst (Leer), der zuerst in die Gauleitung, dann nach Rövers Tod in die Reichsleitung der NSDAP berufen wurde. Bei der Berufung Bernhard Blankes zum Gauamtsleiter der NSKOV ist zu bedenken, daß dies keine Belohnung für gute Leistung, sondern vielmehr ein Abstellgleis für einen Kreisleiter war, der gerade vor dem Hintergrund des Zweiten Weltkrieges seinen Aufgaben nicht mehr gewachsen war.

Rövers Führungsstil gegenüber den Kreisleitern war kollegial. Sie hatten in der Regel freie Hand. Dies betraf jedoch nicht das Gebiet des Gaues Weser-Ems und Rövers Reichsgau-Pläne. Kreisleiter, die wie Otto Bernhard (Bremen) darauf hinarbeiteten, ihren Kreis aus dem Gau Weser-Ems zu lösen, oder wie Dr. Fritz Hofmann (Osnabrück-Stadt) gegen die Reichsgau-Pläne waren, wurden von ihm abgesetzt.

Die Tatsache, daß die Kreisleiter sowohl unter Gauleiter Röver als auch unter seinem Nachfolger Wegener relativ freie Hand hatten, ist bedingt durch die Hauptaufgabe der Kreisleiter. Diese lag in der sogenannten "Menschenführung". Wie diese im Einzelfall umzusetzen war, blieb dem Kreisleiter überlassen. Dieser schwammige Begriff, den Historiker und Politologen bisher mieden oder als Leerformel betrachteten, kann dahingehend mit Inhalt gefüllt werden, daß er die Vermittlung der nationalsozialistischen Weltanschauung und die Sicherung der Zustimmung der Bevölkerung für die Politik der NS-Regierung umfaßt. "Verwaltung" und "Menschenführung" entsprechen begrifflich genau den von Burns aufgezeigten zwei Grundarten der "leadership". Im Gegensatz zur staatlichen Verwaltung die im politikwissenschaftlichen Sinne die reine Form der "transactional leadership", d. h. auf das Verhalten der Menschen ausgerichtet ist, ist die Aufgabe der Partei die reine Form der "transforming leadership", d. h. sie ist daraufhin ausgerichtet, das Denken der Menschen zu beeinflussen. "Menschenführung" ist also keineswegs eine Leerformel, sondern läßt sich politikwissenschaftlich mit dem Begriff der "transforming leadership" sehr genau beschreiben. Probleme kann der Begriff "Menschenführung" dennoch bereiten, denn im NS-Jargon wird der Begriff "Führung" für eine Aufgabe benutzt, die Politologen und Soziologen eher mit dem Begriff "Einfluß" beschreiben würden. Das NS-Regime sprach auch von "Erziehung", während Erziehungswissenschaftler mehrheitlich abstreiten, daß im Dritten Reich überhaupt Erziehung stattgefunden habe: Nach ihrer Auffassung ist Erziehung, die keine Erziehung zur Freiheit ist, überhaupt keine Erziehung. Das erziehungswisssenschaftliche Konzept der "Erziehungsstaaten" wird daher auch nicht auf das Dritte Reich angewandt. Eindeutig ist in jedem Fall, daß die Kreisleiter hier den schwierigeren Teil zu bewältigen hatten: läßt sich ein bestimmtes Verhalten notfalls immer durch Gewalt erzwingen, so läßt sich die Einsicht, daß dieses Verhalten auch richtig und notwendig ist, durch Gewalt eben nicht erzwingen.

Da sich die "Menschenführung" der Kreisleiter zwangsläufig immer an den örtlichen Gegebenheiten orientieren mußte, konnte man diese also gar nicht auf dem Gesetz- oder Verordnungswege klar definieren. Dies öffnete zumindest theoretisch Übergriffen des Kreisleiters in die staatliche Verwaltung Tür und Tor, denn jede vom Kreisleiter geforderte Aktion konnte irgendwie mit Notwendigkeiten der "Menschenführung" begründet werden.

Es stellt sich somit die Frage, inwieweit die Kreisleiter die Politik auf Kreisebene im allgemeinen tatsächlich beeinflusst haben. Ein brauchbarer Ansatz zur Klärung dieser Frage kommt aus der "community-power"-Forschung der amerikanischen Politikwissenschaft. Entscheidend für die Beteiligung an Herrschaft ist hier das Kriterium, welche Person oder Gruppe an wie vielen Entscheidungen insgesamt mitgewirkt hat. Zwar hatten die Kreisleiter im politikwissenschaftlichen Sinne keine formal festgeschriebene Macht wie die Landräte, hatten aber durch ihre herausgehobene Stellung die Möglichkeit, den Landrat in seinen Entscheidungen zu beeinflussen. Durch das Nebeneinander von Landrat und Kreisleiter waren Machtkämpfe vorprogrammiert. Christine Arbogast und Bettina Gall sprechen von einer "Nebenregierung" der NSDAP, Dieter Rebentisch spricht gar von "fortwährenden Rivalitäten und Kompetenzkonflikten zwischen Landräten und Kreisleitern der NSDAP"[1442] und erweckt so den Eindruck, der Kreisleiter habe sich 'in alles eingemischt'. Rebentisch stützt sich auf Unterlagen hoher Amtsträger in Staat und Partei, die die jeweiligen Bemühungen dokumentieren, das Verhältnis Staat-Partei im eigenen Sinne auf dem Gesetzeswege neu zu regeln. Daher werden die Probleme, die durch das Nebeneinander von Kreisleiter und Landrat entstehen, naturgemäß überspitzt dargestellt, um den dringenden Handlungsbedarf zu unterstreichen. Inwieweit diese überspitzten Darstellungen die Situation 'vor Ort' tatsächlich korrekt wiedergeben, prüft Rebentisch nicht. Zur Klärung der Frage, in welchem Ausmaß die Kreisleiter tatsächlich eine Art Nebenregierung darstellten, trägt seine Arbeit somit wenig bei. Daß die Konflikte nicht so gravierend sein konnten wie in der Regel angenommen wird, ergibt sich auch aus der Arbeit von Stelbrink, der der Verwaltung auf Kreisebene "trotz aller Reibungsverluste" bis 1945 "ein hohes Maß an Effizienz"[1443] bescheinigte. Doch auch Stelbrink konzentriert sich in erster Linie auf die rechtlichen Rahmenbedingungen für die Arbeit der Landräte und auf Konfliktfelder zwischen Kreisleiter und Landrat, weniger auf die örtliche Quellenlage.

In Detmold, wo die Überlieferung der Kreisleiterakten einmalig dicht ist, war es keinesfalls so, daß der Kreisleiter sich überall einmischte, wie Ruppert und Riechert auf der Grundlage dieser Quellen feststellen konnten: "Der Kreisleiter der lippischen NSDAP akzeptierte grundsätzlich das arbeitsteilige Vorgehen von Partei und Verwaltung, solange der Primat der Partei gewahrt und die Schnittstelle von einem Nationalsozialisten besetzt blieb."[1444] Der Fall des Detmolder Kreisleiters Adolf

---

[1442] Rebentisch: Führerstaat, S. 158.
[1443] Stelbrink, S. 405.
[1444] Ruppert/Riechert, S. 38.

Wedderwille kann aber nicht ohne weiteres verallgemeinert werden, da er als Stellvertreter des Chefs der Landesregierung den Landräten vorgesetzt war und schon aus diesem Grund die in anderen NSDAP-Kreisen entstehenden Kompetenzstreitigkeiten in Lippe von vornherein ausgeschlossen waren.

Besonders heftige Konflikte zwischen Kreisleiter und Landrat gab es im Kreis Grafschaft Bentheim. Hier scheint auf den ersten Blick nicht nur ein typischer, sondern ein extremer Fall eines Kreisleiters vorzuliegen, der sich in alle Belange der staatlichen Verwaltung einmischte. Zieht man jedoch andere Bestände aus der staatlichen Verwaltung des Kreises Grafschaft Bentheim heran, so wird schnell klar, daß die Eingriffe in die staatliche Verwaltung Schikanen gegenüber dem Landrat waren, dem so die Machtposition des Kreisleiters demonstriert werden sollte. Dabei traf er überdies auch noch auf einen Landrat, der den Kampf aufnahm und zu Kompromissen nicht bereit war. An einer wirklichen Mitgestaltung der Kreispolitik insgesamt war dem Kreisleiter gar nicht gelegen. Dies zeigt sich besonders deutlich an den Beständen zur Landesplanung, zu der auch die Entwicklung der Stadt Bentheim zu einem Kurort gehörte. Hier beteiligte sich der Kreisleiter in keinster Weise, obwohl er als Arzt in diesem Bereich durchaus qualifizierte Beiträge hätte leisten können.

Betrachtet man die Beteiligung der Kreisleiter des Gaues Weser-Ems an der allgemeinen Kreispolitik im Ganzen, so fällt ein geradezu eklatantes Desinteresse der Kreisleiter ins Auge. Obwohl sie als "Beauftragte der NSDAP" zu den im Land Oldenburg üblichen "Bürgermeisterversammlungen" der Landräte, auf denen alle wichtige Fragen der Kreispolitik besprochen wurden, eingeladen wurden, erschienen sie nach Auswertung der überlieferten Sitzungsprotokolle in mindestens der Hälfte aller Fälle überhaupt nicht zu den Sitzungen. Nahmen sie teil, so betrafen ihre äußerst seltenen Initiativen ausschließlich die Interessen der NSDAP. Dies gilt sowohl für Stadt- als auch für Landkreise. Obwohl die Kreisleiter also spätestens seit dem Erlaß der "Deutschen Gemeindeordnung" von 1935 jederzeit die Möglichkeit hatten, alle wichtigen Fragen der Kreispolitik mitzugestalten, nahmen sie diese Möglichkeit nur sehr selten auch praktisch wahr. Eingriffe in die Kreispolitik fanden nicht nach einem feststehenden Konzept statt, sondern nach persönlichem Interesse des Kreisleiters. Während sich beispielsweise die Kreisleiter der Kreise Ammerland, Wesermarsch, Bentheim und Osnabrück-Stadt nicht für Siedlungsfragen interessierten, versuchte der Kreisleiter von Osnabrück-Land eine vom Gesetz nicht vorgesehene ärztliche Pflichtuntersuchung aller Bewerber um eine Kleinsiedlerstelle durchzusetzen.

Für Rebentisch ist die "Anordnung über die Verwaltungsführung in den Landkreisen" vom 28. 12. 1939 "ein beachtlicher Teilerfolg Fricks"[1445]. Stelbrink hingegen stellt fest, daß diese Anordnung von den Landräten eher als Mißerfolg gewertet wurde, weil sie die Landräte von der "Menschenführung" gänzlich ausschloß. Nach der hier angestellten Untersuchung kann man sagen, daß beide falsch liegen, besonders aber Stelbrink, denn es dürfte wohl kaum einen Landrat gegeben haben, der

---

[1445] Rebentisch: Führerstaat, S. 157.

einen Verzicht auf eine aktive Rolle bei der Vermittlung der NS-Ideologie ernsthaft bedauert hätte - bedauert haben dürften die Landräte höchstens die Beschränkung ihrer Handlungsmöglichkeiten. Betrachtet man die Zusammenarbeit zwischen Kreisleiter und Landrat im Gau Weser-Ems auf der Grundlage der Quellen, die die tatsächliche Zusammenarbeit zwischen Landrat und Kreisleiter vor Ort dokumentieren, so stellt man vielmehr fest, daß durch diese Anordnung lediglich das ohnehin schon übliche Miteinander festgeschrieben wurde. Eingriffe in die Verwaltungstätigkeit des Landrats waren seltene Ausnahmen, keinesfalls die Regel. Die durch die Anordnung festgeschriebene Pflicht zur gegenseitigen Informierung in allen wichtigen Fragen wurde in der Praxis ohnehin schon Genüge getan: der Kreisleiter wurde zu den "Bürgermeisterversammlungen" eingeladen und konnte dort gegebenenfalls seine Anliegen vortragen. Unabhängig von seinem Erscheinen erhielt er eine Abschrift des Sitzungsprotokolls zugeschickt, so daß er über die Politik des Landrats immer informiert war. Umgekehrt erhielt der Landrat Abschriften der Stimmungs- und Tätigkeitsberichte, die der Kreisleiter monatlich an die Gauleitung schickte.

Der Kreisleiter hatte, obwohl er in der Wahl seiner Mittel zur "Menschenführung" recht frei war, doch zwei konkrete Aufgaben, zu deren Erledigung er verpflichtet war. Dies waren seitens des Staates laut "Deutscher Gemeindeordnung" von 1935 die Abgabe von Gutachten bei der Ernennung von Beamten und Angestellten für den öffentlichen Dienst sowie von Seiten der NSDAP die Verfassung von monatlichen Tätigkeits- und Stimmungsberichten.

Eine besonders wichtige Funktion der Kreisleiter im Dritten Reich war die Abgabe von politischen Gutachten, die besonders bei der Ernennung oder Beförderung von Beamten eine wichtige Rolle spielten und quasi ein personalpolitisches Mitspracherecht der Kreisleiter bedeuteten. Für die Praxis darf dies aber in seiner Bedeutung nicht überschätzt werden, da sie keineswegs ein Monopol auf die Abgabe von Gutachten hatten. Wie ein Bericht Kreisleiter Meyers aus Wilhelmshaven zeigt, wurden nicht nur die Kreisleiter zur Begutachtung von Beamtenkandidaten herangezogen, sondern auch Gestapo und SD. Gestapo und SD wandten sich wiederum häufig an die Kreisleiter mit Bitten um Stellungnahme. Dabei stützten sich die Kreisleiter in den seltensten Fällen auf eigene Anschauungen, sondern referierten lediglich das, was ihre Ortsgruppenleiter zu der betreffenden Person herausgefunden hatten. Oft wurde der Kreisleiter um Gutachten über Kandidaten gebeten, die erst seit kurzer Zeit in seinem Kreis lebten oder nur kurz dort gelebt hatten. Das Gutachtensystem war somit unnötig kompliziert. Ohnehin hatte bei der Ernennung von Beamten nicht der Kreisleiter, sondern der Minister des Inneren das letzte Wort, wie der Fall des Ratsherren Hoffmann aus Brake in Oldenburg zeigt, der seine Ernennung zum stellvertretenden Bürgermeister trotz rigoroser Ablehnung durch den Kreisleiter erhielt. In den meisten Fällen dürfte der Einfluß der Kreisleiter auf die kommunale Personalpolitik eher subtil gewesen sein, dergestalt daß der Landrat von vornherein auf die Benennung 'kritischer' Kandidaten, z. B. ehemaliger Freimaurer verzichtete, um Schwierigkeiten mit dem Kreisleiter erst gar nicht entstehen zu lassen.

Eine andere Rolle spielten die Gutachten auch bei der Bewilligung von staatlichen Hilfen, z. B. finanziellen Unterstützungen für kinderreiche Familien. Hier mußte ein negatives Gutachten nicht unbedingt eine Ablehnung bedeuten. Im Gegenteil bekamen auch ganz bewußt systemkritisch eingestellte Personen staatliche Hilfen, um sie durch materielle Anreize auf die Seite des Systems zu ziehen.

Hinsichtlich der Stimmungsberichte der Kreisleiter kann am Beispiel des Wilhelmshavener Kreisleiters Ernst Meyer festgestellt werden, daß sie durchaus ungeschminkt die Stimmung der Bevölkerung wiedergaben und damit für das Regime eine wichtige Informationsquelle darstellten. Marßolek und Ott sehen aufgrund der Anfertigung von Stimmungsberichten in der Partei eine "Bespitzelungs- und Verfolgungsinstanz"[1446], belegen dies aber lediglich mit der Aussage eines einzigen ehemaligen Gestapo-Beamten aus dem Jahr 1949. Dieser hatte behauptet, 90 % der Anzeigen, die bei der Gestapo eingingen, seien von der Kreisleitung gekommen. Reinhard Mann kommt nach Auswertung der Akten der Gestapo Düsseldorf zu einem völlig anderen Ergebnis: hier kamen nur 6 % aller von der Gestapo ernst genommenen Anzeigen von der NSDAP einschließlich all ihrer Organisationen. Selbst wenn man regionale Unterschiede in Rechnung stellt, so erscheint doch die Aussage des Bremer Gestapo-Beamten deutlich als eine Abwälzung von Verantwortung. Kreisleiter Meyer aus Wilhelmshaven spricht in seinen Stimmungsberichten Probleme offen an, freilich ohne jemals dabei Namen einzelner Bürger zu nennen. Negative Konsequenzen, wie Claudia Roth ohne konkretes Beispiel in ihrer Arbeit über die bayerischen Kreisleiter behauptet, hatte dies für den Kreisleiter nicht. Die Stimmungsberichte der Kreisleiter waren also weder Spitzelarbeit für die Gestapo noch Selbstbeweihräucherung der Kreisleiter, sondern echte Meinungsforschung im Auftrag des Regimes.

In der politikwissenschaftlichen Literatur wird häufig auch auf das maßnahmestaatliche Element des Dritten Reiches hingewiesen. Dies läßt sich nicht ganz von der Hand weisen. Der Kreisleiter sollte auch ein Mensch sein, der 'zupackte'. Er sollte wichtige Projekte in Angriff nehmen, ohne dabei von den für die staatliche Verwaltung typischen bürokratischen Beschränkungen und Geschäftsordnungen behindert zu werden. Was im faschistischen Italien unter dem Begriff "azione" bekannt war, hieß im NS-Regime "Sozialismus der Tat". Ein typisches Beispiel ist die "Arbeitsschlacht" im Kreis Norden-Krummhörn vom Jahr 1935, als sich sowohl Kreisleiter als auch Landrat darum stritten, wem die Ehre für den Erfolg gebührte. Die Absicht, die hier natürlich dahintersteht, ist die, daß der staatlichen Verwaltung die von der Bevölkerung wenn überhaupt nur im negativen Sinne bemerkte allgemeine Verwaltungsarbeit überlassen wird. Der Kreisleiter hingegen nimmt die Arbeiten in die Hand, die von der Bevölkerung als besonders dringlich empfunden werden - Stichwort Arbeitslosigkeit - und stellt somit die NSDAP und ihrer Organisationen als diejenige dar, 'die es anpacken' und die Bevölkerung somit für den Nationalsozialismus gewinnen. Der Kreisleiter sollte also im Gegensatz zum Landrat oder Oberbürgermeister, der die staatliche Verwaltung vertrat, sozusagen der Inbe-

---

[1446] Marßolek/Ott, S. 171.

griff des Maßnahmestaates sein, der ein Korrektiv zur als unflexibel empfundenen staatlichen Verwaltung darstellen sollte.

Wie immer fallen Anspruch und Wirklichkeit weit auseinander. Erst bei Einsetzen des Luftkrieges und der daraus resultierenden Schäden, die schnelle und unbürokratische Hilfe notwendig machten, kam das maßnahmestaatliche Element stärker zur Geltung. Für die Friedenszeit bis 1939 spielt es hingegen nur eine untergeordnete Rolle. Dies liegt nicht zuletzt auch daran, daß die Kreisleiter über kein eigenes Budget verfügten, sondern jede Ausgabe einzeln beim Reichsschatzamt der NSDAP in München beantragen mußten.

Das maßnahmestaatliche Element, das in der Literatur oft hinter der Funktion des Kreisleiters vermutet wird, spielt also nur eine stark untergeordnete Rolle. Auch zeigt sich, daß wenn man interessierten Laien die Möglichkeit gibt, Kreispolitik mitzugestalten, sich besagte Laien auch nur auf den Feldern betätigen, die sie persönlich interessieren. Eine konsequente Mitarbeit am Ganzen und an einem Gesamtkonzept für die Zukunft ihrer Kreise kann bei den Kreisleitern anhand der ausgewerteten Quellen nicht festgestellt werden. Insgesamt ist es nicht einmal verwunderlich, daß es zu einer gemeinsamen Gestaltung der Kreispolitik zwischen Kreisleiter und Landrat nicht kam. Eine Organisation wie die NSDAP, die zwar im staatlichen Bereich jede Form der Bürokratie kritisierte, sie aber im selben Maße praktizierte, schafft sich mit ihrer eigenen Organisation schon genug Arbeit. So beklagte Gauleiter Röver z. B. in seiner Denkschrift von 1942, daß ein einfacher Ortsgruppenkassenleiter der NSDAP mit 39 verschiedenen Formularen und Vordrucken sowie mit einer 104 Druckseiten umfassenden Reichskassenordnung für Ortsgruppenkassenleiter vertraut sein mußte[1447].

Eine grundsätzlich neue Erkenntnis, die die Untersuchung erbracht hat, ist somit die, daß es zwar auf höchster Ebene zwischen staatlicher Verwaltung und NSDAP einen permanenten Machtkampf gegeben hat, wie zuletzt von Stelbrink festgestellt. Es ist jedoch keineswegs so, daß sich dieser Machtkampf, wie in der Literatur stillschweigend angenommen, auch tatsächlich immer auf regionaler Ebene in gleicher Form im Verhältnis zwischen Kreisleiter einerseits und Landrat bzw. Oberbürgermeister widergespiegelt hat. Tatsächlich gab es natürlich solche Konflikte, sie waren jedoch die Ausnahme und nicht die Regel. Ihre Ursachen lagen in den handelnden Personen und nicht, wie naheliegend der Schluß auch ist, in den mangelnden klaren Kompetenzabgrenzungen zwischen Kreisleiter und Landrat. Eine echte Polykratie bzw Bikratie in dem Sinne, daß Landrat und Kreisleiter auf Kreisebene permanent neben- und gegeneinanderregiert hätten, gab es de facto nicht.

Für die Frage, inwieweit die Kreisleiter mit ihrer Erziehungsaufgabe erfolgreich waren, erscheint ein Blick auf die Reichstagswahlergebnisse vom November 1933 bis April 1938 interessant, da auch eine Fälschung einen gewissen Rest an Glaubwürdigkeit aufweisen muß. Hier stellt man fest, daß die Wahlfälscher im Laufe der Jahre dazugelernt haben. Wurde 1933 noch ausgerechnet dem Landkreis Meppen als ehemaliger Hochburg des Zentrums die höchste Zahl an Ja-Stimmen zugewie-

---

[1447] Vgl. Rademacher (Hrsg.): Röver, S. 85.

sen, was völlig abwegig war und überdies der ebenso ländlich-katholische Nachbarkreis Lingen ein deutlich anderes Ergebnis hatte, wurde der erste Platz bei der Reichstagswahl von 1938 dem Kreis Ammerland zugewiesen, einer alten Hochburg der NSDAP.

Die schlechtesten Ergebnisse hatten die Landkreise Vechta und Cloppenburg. Hier hatte das Regime 1936 im sogenannten "Kreuzkampf" eine Niederlage hinnehmen müssen, die auch im Ausland registriert wurde. Die Kreisleiter hatten es nicht geschafft, den Unmut der Bevölkerung über die geplante Entfernung der Kreuze aus den Schulen zu besänftigen, obwohl sich die Schuld an diesem Konflikt glaubhaft einer einzigen Person, dem Minister der Kirchen und Schulen, Pauly, zuschreiben ließ. Auch Gauleiter Röver gelang dies nicht. Hier hatte die "politische Leitung" im Gau Weser-Ems in der "Menschenführung" gründlich versagt. Das beste Ergebnis wurde dem Kreis Ammerland zugewiesen, dessen Kreisleiter sich als sehr fleißig bei der Abhaltung von Sprechstunden in den einzelnen Ortsgruppen zeigte, was Röver bei seinem Antrag auf Besoldungsfestsetzung aus dem Jahr 1941 lobend erwähnte.

Dies läßt insgesamt den Eindruck entstehen, daß bei der Festsetzung der Reichstagswahlergebnisse weniger die Haltung der Bevölkerung zum Regime im Allgemeinen im Vordergrund stand, sondern eher die Person des zuständigen politischen Leiters: der Tag nach der Reichstagswahl war gewissermaßen 'Zeugnistag', die politischen Leiter erhielten Noten für ihre Arbeit. Dies läßt sich sowohl auf Gau- als auch auf Kreisebene leicht zeigen: kein anderer Gau hatte eine Niederlage wie den "Kreuzkampf" erlitten. Und der Gau Weser-Ems war neben Sachsen der einzige Gau, der bei der Reichstagswahl von 1938 eine "Ja"-Quote von unter 98 % zu verzeichnen hatte. Das Land Oldenburg hatte von allen Ländern des Deutschen Reichs die niedrigste "Ja"-Quote. Gauleiter Röver war somit unter den Gauleitern und Reichsstatthaltern öffentlich zum 'Klassenletzten' erklärt worden. Außergewöhnlich niedrige "Ja"-Quoten lassen also auf das Versagen der Kreisleiter angesichts besonders schwieriger örtlicher Gegebenheiten schließen. Die Untersuchung hat somit ein unerwartetes Nebenergebnis: die Reichstagswahl von 1938 kann, obwohl sie im Ganzen eine Fälschung ist, der historischen Forschung auf regionaler Ebene wichtige Hinweise darauf geben, wo das Regime einen Mangel an Zustimmung für sich sah und durch welche Faktoren es diese Zustimmung als bedroht ansah.

Ein weiterer Kreis im Gau Weser-Ems, der ebenfalls eine deutlich unterdurchschnittliche Quote an "Ja"-Stimmen aufwies, ist der Kreis Grafschaft Bentheim. Er belegt zugleich, daß die Tätigkeit der Kreisleiter die Akzeptanz gegenüber dem NS-Regime sogar untergraben konnte. In den Fällen Vechta und Cloppenburg mag man das schlechte Wahlergebnis auch darauf zurückführen, daß hier ja ohnehin nie eine große Akzeptanz gegenüber den Nationalsozialisten bestanden hat: am 5. März 1933 hatten im Kreis Cloppenburg nur 31,9 % die NSDAP gewählt, im Kreis Vechta waren es gar nur 13,3 %. Anders liegt der Fall jedoch im Kreis Grafschaft Bentheim. Hier hatte die NSDAP am 5. März 1933 53,4 % der Stimmen bekommen, also knapp zehn Prozentpunkte mehr als im Reichsdurchschnitt. Trotzdem weist die Statistik des Deutschen Reichs hier für die Reichstagswahl von 1938 blamable 94,2 % Ja-Stimmen aus. Dies ist umso unverständlicher, als gerade hier die Zeit des Nationalsozialismus eine enorme Verbesserung der Lebensverhältnisse mit sich brachte. Nimmt man das durchschnittliche Einkommen der Einkommensteuerpflichtigen zum Indikator, so ergeben sich für den Kreis Grafschaft Bentheim geradezu phantastische Werte. Lag der Kreis 1929 im Einkommen noch unter dem Reichsdurchschnitt, so lag er 1937 um 12,4 % darüber, 1938 gar um 37,8 %. Das Einkommen war somit von 1937 auf 1938 um 33,78 % gestiegen, während der Anstieg auf Reichsebene 8,84 % betrug. Der einzige Faktor, der den Kreis Grafschaft Bentheim mit Südoldenburg verbindet ist die extrem kirchenfeindliche Politik des Kreisleiters Dr. Ständer, der mit seinem Verhalten Christen beider Konfessionen in ähnlicher Weise gegen sich aufbrachte wie der "Kreuzkampf" die Südoldenburger Bevölkerung. Darüber hinaus machte er sich durch sein herrisches bis brutales Auftreten nicht nur bei der öffentlichen Verwaltung, sondern auch bei der Bevölkerung insgesamt so verhaßt, daß seine Entlassung aus der Internierungshaft 1947 bei den britischen Behörde die Befürchtung auslöste, Ständer könne gelyncht werden.

Insgesamt muß festgestellt werden, daß die Kreisleiter mit ihrer "Erziehungsaufgabe" gerade in den Kreisen versagten, in denen ihr Erfolg besonders notwendig gewesen wäre. So war der Kreis Vechta nach Rövers Einschätzung noch 1941 "der schwierigste Kreis in weltanschaulicher Hinsicht". Auch Cloppenburg blieb ein Landkreis "mit weltanschaulich **besonders** schwieriger Bevölkerung." Zunächst lässt sich diese negative Einschätzung für die südoldenburgischen Kreise mit dem "Kreuzkampf" von 1936 erklären. Ein Blick auf das katholische Emsland zeigt jedoch, daß auch hier die Bevölkerung nicht für den Nationalsozialismus zu gewinnen war. Die Teilnahme an Aufmärschen und anderen Großveranstaltungen, die auf den ersten Blick eine Zustimmung zum Nationalsozialismus suggerieren, hatte keinen Einfluß auf die innere Haltung der Bevölkerung. Auch eine günstige wirtschaftliche Entwicklung, die durch einen Wandel der Wirtschaftsstruktur weg von der Landwirtschaft hin zur Industrie- und Dienstleistungswirtschaft einerseits und durch stärker als im Reichsdurchschnitt steigendes Einkommen andererseits bestimmt war, konnte die katholische Bevölkerung nicht zum Nationalsozialismus 'bekehren'. Die Kreise Aschendorf-Hümmling und Meppen blieben "weltanschaulich schwierig", den Kreis Lingen hielt Gauleiter Röver noch 1941 für einen der "fünf weltanschaulich am schwierigsten zu bearbeitenden Kreise", während er für den Kreis Norden, der hinsichtlich der Einkommensentwicklung stagnierte und gerade den Landarbeitern elende Lebensverhältnisse bot, keinerlei Feststellung hinsichtlich "weltanschaulicher Schwierigkeit" traf. Eine solche Feststellung mußte bei einem tatsächlichen Vorliegen in den Besoldungsvorschlägen des Gauleiters für den Reichsschatzmeister der NSDAP festgehalten werden, da sie Einfluß auf die Höhe der Zulagen zum Grundgehalt des Kreisleiters hatte.

Vergleicht man die Kreise hinsichtlich ihrer Wahlergebnisse vom März 1933 und diagnostizierter "weltanschaulicher Schwierigkeit", so ergibt sich für die Kreise, bei denen eine solche Diagnose überliefert ist, ein eindeutiger Zusammenhang. Alle Kreise, in denen 1933 das Zentrum dominierte, waren noch 1941 "weltanschaulich schwierig". Kreise, in denen 1933 die Linksparteien dominierten, waren es nicht.

Ein Rückgriff auf die von Burns getroffene Unterscheidung zwischen Zustimmung aufgrund der "needs" und Zustimmung auf der Grundlage der "values" liefert die Erklärung. Das Zentrum als katholische Partei vertrat die Werte der katholischen Kirche, und wurde gewählt, weil es diese Werte vertrat. Die Werte der katholischen Kirche haben sich jedoch zwischen 1933 und 1941 nicht geändert. Die Linksparteien waren hingegen in erster Linie Interessenparteien der Arbeiter. Sofern die Arbeiter davon überzeugt waren, die Nationalsozialisten würden im Falle der Machtübernahme ausschließlich die Interessen der Unternehmer vertreten, blieben sie bei ihren angestammten Parteien SPD und KPD. 1938 war jedoch - dies für die Arbeiter der wichtigste Punkt - die Arbeitslosigkeit beseitigt und die allgemeine wirtschaftliche Entwicklung war gut. Daß die Zustimmung der Arbeiter aus der allgemeinen wirtschaftlichen Entwicklung resultiert und nicht aus geschickter "Menschenführung" der örtlichen Parteiführer zeigt der Vergleich zwischen Wilhelmshaven und Bremen. Während der Wilhelmshavener Kreisleiter zweifellos im Umgang mit Menschen geschickt war, ließ sein Bremer Kollege dieses Geschick eindeutig vermissen und wurde 1943 von Gauleiter Wegener wegen Unfähigkeit auf den Posten des Gauamtsleiters der NSKOV abgeschoben. Trotz dieser recht unterschiedlichen Kreisleiterpersönlichkeiten war keine der beiden Städte nach Rövers Meinung 1941 "weltanschaulich schwierig".

Die Politik des NS-Regimes bekannte sich zwar zum "positiven Christentum", zielte aber letzten Endes auf die Beseitigung der Kirchen als gesellschaftlich relevante Faktoren, also auf eine Entkirchlichung der Bevölkerung. Dies bedeutete weder eine Bekehrung zum reinen Materialismus noch eine grundsätzliche Umorientierung zum Neuheidentum: 1937 wurde die Mitgliedschaft in der "Deutschen Glaubensbewegung" für Parteimitglieder verboten. Rosenberg wurde gerade von Joseph Goebbels klein gehalten, der ihm systematisch den Zugang zum Radio verwehrte, diente jedoch für Hitler gewissermaßen als Blitzableiter: Rosenberg war ein greifbares und leicht angreifbares Feindbild für die Kirchen, das vom langfristigen Ziel Hitlers ablenkte: die Beseitigung jeder Form von organisierter Religion als weltanschaulicher Konkurrenz zum Nationalsozialismus. Die Geistlichen sollten als Konkurrenten bei der örtlichen "opinion leadership" ausgeschaltet werden.

Das konfliktbeladene Verhältnis der politischen Leiter der NSDAP zu den Kirchen im allgemeinen und der katholischen Kirche im besonderen resultiert somit direkt aus ihrer Aufgabe der "Menschenführung". Die NSDAP sollte die Bevölkerung im Sinne des Regimes erziehen und ihr die vom Regime gewünschten Werte der "Volksgemeinschaft" vermitteln, ebenso wie die Geistlichen der Bevölkerung kirchlich-christliche Werte vermittelten. Die NSDAP vermittelte jedoch Werte, deren Fokus völlig anders gelagert war als der der kirchlich-christlichen Werte. Stand bei den Kirchen der einzelne Mensch und sein Seelenheil im Mittelpunkt, so war das Wertesystem der NSDAP gewissermaßen ein "Nationaldarwinismus", für den Wohl und Überleben des Einzelnen konsequent hinter Wohl und Überleben des Volkes bzw. der Rasse zurückzustehen hatten. Der Spruch "Du bist nichts, dein Volk ist alles", ist nicht etwa leere Propaganda, sondern gibt präzise den inneren Kern der nationalsozialistischen Ideologie wieder.

Der Begriff "Nationaldarwinismus" geht zurück auf den englischen Philosophen und Soziologen Herbert Spencer, der als erster den von ihm – nicht, wie allgemein angenommen, von Darwin - 1864 geprägten Begriff des "survival of the fittest" auch auf Menschenrassen, Gesellschaften und Nationen übertrug. Der Begriff "Nationaldarwinismus" konnte sich gegenüber dem Oberbegriff Sozialdarwinismus nie richtig durchsetzen und findet sich in keinem politikwissenschaftlichen Lexikon. Für die wissenschaftliche Beschreibung des Nationalsozialismus als politischem Phänomen erscheint er jedoch wesentlich besser geeignet als der prinzipiell ebenso gut passende Begriff Sozialdarwinismus. Dieser wird im heutigen allgemeinen Sprachgebrauch ausschließlich für die Rechtfertigung der "Ellenbogengesellschaft" verwendet, wäre also in diesem Kontext mißverständlich.

Spencer gilt auch als Gründer der "organismic school of social theorists", da er 1860 in einem Artikel in der "Westminster Review" die Theorie vom "social organism" aufstellte. Danach gibt es zwischen dem menschlichen Körper und der menschlichen Gesellschaft nicht nur gewisse Gemeinsamkeiten, sondern die Gesellschaft bzw. die Nationen sind Organismen, die denselben evolutionären Gesetzen unterliegen wie das einzelne Individuum. Die Idee vom "social organism" entspricht frappant dem Begriff vom "Volkskörper", der im Dritten Reich besonders von den Ärzten bereitwillig aufgenommen wurde. Nationen entwickelten sich nach dieser Vorstellung wie Menschen und standen ebenso im Überlebenskampf. Der Krieg förderte die Entwicklung der Menschheit insgesamt, denn er hatte laut Spencer den Effekt, für den Überlebenskampf untaugliche Rassen auszurotten.

Für Spencer war die Evolution ein Vorgang, der mit der Entstehung des perfekten Menschen in einer perfekten Gesellschaft seine Vollendung finden sollte. Die Erreichung dieses utopischen Zustandes wurde dadurch behindert, daß man durch karitative Maßnahmen den "survival of the unfittest" förderte. Spencer unterschied daher grundsätzlich bei den Bedürftigen zwischen den "worthy" und den "unworthy" und dementsprechend zwischen "family ethics" und "State ethics". Während die "family ethics" auf reiner Großzügigkeit basieren, müssen sich die "State ethics" an der Gerechtigkeit orientieren. Die "family ethics" stehen dabei weniger der Evolution im Wege, da hier Hilfeleistung mit Ansehen der Person erfolgt und so tendentiell eher den "unfortunate worthy" als den "innately unworthy" zugute kommt. Ohne Ansehen der Person gewährte staatliche Armenhilfe zählte Spencer hingegen zu den "Sins of Legislators", denn diese fördere gerade die wenig lebenstauglichen und belaste die tauglichen. Die von Herbert Spencer erstmals 1851 getroffene Unterscheidung zwischen den "worthy" und den "unworthy" findet sich auch in der Sozialpolitik der NSDAP. Während von Geburt an Behinderte von Leistungen der NSV ausgeschlossen waren, gab es mit der NSKOV für die Kriegsinvaliden sogar eine eigene Parteiorganisation, die sich ihrer annahm.

Obwohl Spencer sich als Pazifist und Liberaler verstand, stellte er für die Entwicklung von Staatswesen doch fest, daß im Konkurrenzkampf zwischen Nationen sich die starken, militanten Nationen gegen die schwachen durchsetzen. "Stark" sind die Nationen, in denen sich die Individuen in einem Höchstmaß den Anforderungen des Staates unterordnen. In der Evolution der Nationen spielt auch der

"Great Man" als Katalysator eine Rolle - Männer wie Napoleon sind Werkzeuge der Evolution. Hitlers oft bekundete Vorstellung, er sei von der Vorsehung auserwählt, eine historische Mission zu erfüllen, verträgt sich sowohl mit dieser englischen Vorstellung des "Great Man" und der lange Zeit als gültig angesehenen "Great Man theory of history", als auch mit der wagnerianischen Vorstellung des "Heilsbringers". Wagner bildet auch den Hintergrund für das einzige Element der NS-Ideologie, das sich nicht auf einen Spencerschen Nationaldarwinismus zurückführen lässt: der blutsmystische Antisemitismus. Spencer war kein Antisemit und minderwertige Völker gab es für ihn nur in dem Sinne, daß diese zwar rückständig waren, aber grundsätzlich die Möglichkeit hatten, sich von allein oder mit fremder Hilfe weiterzuentwickeln. Rudyard Kipling prägte hierfür den Begriff des "white man's burden", der als moralische Rechtfertigung für die britische Kolonialpolitik diente.

Man kann den Nationalsozialismus somit im Ganzen als Nationaldarwinismus nach Herbert Spencer klassifizieren. Dieser offensichtliche Zusammenhang wurde in der geschichtswissenschaftlichen Forschung bisher völlig übersehen: in der zweibändigen NS-Bibliographie von Ruck sucht man den Namen Herbert Spencer vergeblich. Auch in der Soziologie wird eine Betrachtung des Werkes von Herbert Spencer als Quelle für den Nationalsozialismus vermieden. Bestenfalls wird ein vager ideengeschichtlicher Zusammenhang zwischen Spencer und Hitler hergestellt. Dabei erscheint eine direkte Rezeption Spencers durch Hitler durchaus denkbar, da Spencer um die Jahrhundertwende in der soziologischen Diskussion eine bedeutende Rolle spielte und sein Werk auch in deutscher Sprache vorlag und breite Beachtung fand. Spencer erscheint somit als eine mögliche ideologische Quelle für den Nationalsozialismus wesentlich naheliegender als Oswald Spengler, dessen bis heute unvergessenes Werk "Der Untergang des Abendlandes" erst Ende 1922 vollständig vorlag, Hitlers Weltbild also höchstens beeinflusst, aber nicht begründet haben kann. Dieser Frage kann jedoch natürlich in einer Arbeit über die Kreisleiter der NSDAP im Gau Weser-Ems nicht erschöpfend nachgegangen werden.

Die menschenverachtenden Folgen von Zwangssterilisation bis zur Euthanasie aus eugenischen Gründen, die eine konsequent in die Tat umgesetzte "nationaldarwinistische" Ideologie nach sich zieht, sind der Grund, warum Politologen sich nur widerwillig mit der Ideologie des Nationalsozialismus befassen und ihm lieber unreflektiert jede einheitliche Ideologie absprechen. Dies ist bei der Aufklärung der Gründe für die "deutsche Katastrophe" jedoch wenig hilfreich. Geht man hingegen davon aus, daß die Nationalsozialisten von ihrer nationaldarwinistischen Ideologie wirklich überzeugt waren, so erklären sich die meisten Auswüchse des Dritten Reiches von selbst. Der Führerstaat war eine logische Konsequenz, die man aus dem Versagen der Weimarer Demokratie angesichts der Wirtschaftskrise zog: nur der 'starke Mann' an der Spitze des Staates konnte scheinbar die Probleme des Volkes lösen. Die Rasselehre, die das jüdische Volk für minderwertig erklärte, war in den dreißiger Jahren in weiten Kreisen als wissenschaftlich anerkannt. Daß die tatsächlichen genetischen Unterschiede zwischen den einzelnen Menschenrassen so minimal sind, daß sie für die Wissenschaft höchstens von sehr marginalem Interesse sind, ist eine Erkenntnis der modernen Genforschung, deren Grundlagen erst in den fünfziger Jahren des zwanzigsten Jahrhunderts gelegt wurden.

Ein weiterer die Wissenschaft betreffender Punkt, der schon vor der "Machtergreifung" 1933 in nationalsozialistischer Ideologie und katholischer Kirche in unterschiedlicher Weise endgültig entschieden war, betraf die eugenische Sterilisation. Die Forderung nach eugenischer Sterilisation zur allmählichen Ausmerzung von Erbkrankheiten war eine in den zwanziger und dreißiger Jahren weit verbreitete Forderung. So wurde auch im Dritten Reich, wie schon in "Mein Kampf" gefordert, systematisch auf Gesetzesgrundlage die Sterilisation zur Verhinderung erbkranken Nachwuchses betrieben, während die katholische Kirche schon 1931 ein Verbot der eugenischen Sterilisation erlassen hatte. Im Gegensatz zur Staatsführung des Dritten Reiches war die katholische Kirche nicht bereit, Wissenschaft bzw. das, was man gerade für Wissenschaft hielt, über ethische Werte zu stellen, die die Person des Einzelnen schützten.

Es handelt sich somit im vorprogrammierten Konflikt zwischen Christentum und Nationalsozialismus um einen extremen Fall einer Konkurrenz zwischen Sinnstiftungseinrichtungen mit grundverschiedenen Wertesystemen, da hier verschiedene Ansichten über die grundlegendsten Fragen menschlichen Zusammenlebens und gar über das Lebensrecht des Einzelnen bestanden. Ein friedliches Nebeneinander von Staat und Kirchen jedweder Konfession konnte es bei derartig gravierenden weltanschaulichen Divergenzen auf Dauer nicht geben.

Verschärft wurde die Spannung zwischen NS-Regime und Kirchen beider Konfessionen noch zusätzlich dadurch, daß viele seiner Funktionäre dem Nationalsozialismus nicht nur einen weihevollen, quasi-religiösen Anstrich gaben, wie es in der Politik bei besonders feierlichen Anlässen fast immer der Fall ist, sondern ihn tatsächlich wie eine 'politische Religion' inszenierten. Ein gutes Beispiel dafür ist Gauleiter Carl Röver, der mit Alfred Rosenberg "nationalsozialistische Gottesdienste"[1448] feiern wollte. Auch die Gedichte des Delmenhorster Kreisleiters Gustav Sturm lassen eine eindeutig religiöse Prägung erkennen. Dies mußte bei den Kirchen den Eindruck erwecken, es sei langfristig eine Umerziehung zum Neuheidentum geplant. Das als Beruhigung für die Kirchen beider Konfessionen permanent gebrauchte Wort vom "positiven Christentum" lief aber letztendlich darauf hinaus, daß das Evangelium der Kirchen durch eine auf Blut-und-Boden-Mystik beruhendes 'nationaldarwinistisches Evangelium', ersetzt wurde. Dieses "positive Christentum" hatte mit dem Christentum nach landläufigem Verständnis nur noch den Gottesbezug, eben die von allen aus der Kirche ausgetretenen Kreisleitern für sich in Anspruch genommene "Gottgläubigkeit" gemein, deren einzelne Werte je nachdem, wie sie dem Volk gerade nützten, immer wieder neu von oben definiert werden konnten. Die Rolle dieser "Religion" reduzierte sich letztlich darauf, staatlichen Veranstaltungen eine gewisse Weihe zu verleihen und dem Einzelnen das Jenseits als zusätzlichen Anreiz zum Wohlverhalten präsent zu halten.

[1448] Zitiert nach Willenborg: "Wir wollen Christen sein und keine Neuheiden". In: Baumann/Hirschfeld, S. 35.

Fragt man nun, wie erfolgreich die NSDAP bei der Vermittlung der "Gottgläubigkeit" im nationalsozialistischen Sinne war, so hat man einen ziemlich verläßlichen Indikator in der Zahl der Kirchenaustritte. Vergleicht man die Konfessionsstruktur auf Gauebene für die Jahre 1933 und 1939, so stellt man fest, daß die Anstrengungen der Nationalsozialisten, die eine Reihe von Devisen- und Sittlichkeitsprozessen gegen katholische Geistliche zur Untergrabung des Ansehens der Kirche inszenierten, praktisch wirkungslos verpufft sind. So stieg die Zahl der Katholiken von 1933 bis 1939 sowohl prozentual als auch absolut an. Durch die Bremer Gebietsreform, durch die Gebiete mit einer überwiegend katholischen Bevölkerung zum Gau Weser-Ems hinzukamen, stieg die Zahl der Katholiken sogar stärker an als die Bevölkerung insgesamt. Eine bedeutende Zahl von Kirchenaustritten findet man nur im Dekanat Oldenburg, das den nördlichen Teil des Landes Oldenburg umfaßte, in dem die Katholiken eine kleine Minderheit bildeten und von einer ohnehin geringeren Kirchenbindung ausgegangen werden kann. Die Kirchlichkeit der breiten Masse der Katholiken litt in keinster Weise. Im Gegenteil scheint sich die antikatholische Propaganda der Devisen- und Sittlichkeitsprozesse kontraproduktiv ausgewirkt zu haben. Während die Anzahl der heiligen Kommunionen im Gebiet des Landes Oldenburg in der Zeit der Weimarer Republik von 1.437.849 im Jahr 1920 auf 1.288.760 im Jahr 1925 sank, so lag sie im Jahr 1938 wieder bei 2.139.291.

Anders sieht es zumindest auf den ersten Blick bei der evangelischen Kirche aus. Der Anteil der evangelischen Christen an der Gesamtbevölkerung des Gaues Weser-Ems sank von 1933 71,0 % auf 1939 69,1 %. Hierzu muß jedoch zunächst wieder auf die Bremer Gebietsreform verwiesen werden: Die absolute Zahl der evangelischen Christen im Gaugebiet stieg um 10 %. Ferner muß darauf verwiesen werden, daß sich die Religionsordnungen (Konfessionsklassifizierungen) der Volkszählungen von 1933 und 1939 dahingehend unterscheiden, daß 1933 sämtliche christlichen Glaubensgemeinschaften mit Ausnahme der Altkatholiken und der Orthodoxen als "evangelisch" gezählt wurden, 1939 hingegen als "andere Christen". Der Anteil der "anderen Christen" stieg somit von 0,0 auf 0,3 %.

Betrachtet man hingegen die Kreise, in denen die Zahl der "Gottgläubigen" überdurchschnittlich stark gestiegen ist, so stellt man fest, daß dies nicht etwa die Kreise mit überzeugten, völkischen Kreisleitern waren, sondern die mit ohnehin geringer Kirchlichkeit, wie anhand der Zahl der Abendmahlsgäste ersichtlich wird. Umgerechnet auf die Zahl aller evangelischen Kirchenmitglieder besuchten im Kirchenkreis Varel nur 3,3 % im Jahr 1932 das Abendmahl, im Kirchenkreis Stad- u. Butjadingerland 3,5 %. Im Kreis Ammerland, der 1939 den größten Anteil an "Gottgläubigen" aufwies, hatte der Prozentsatz der Abendmahlsgäste 1932 bei 6,6 % gelegen. Von 1932 bis 1938 stieg hier die Zahl der Abendmahlsgäste von 2.328 auf 2.600, der Prozentsatz blieb bei 6,6 %. Vor dem Hintergrund eines allgemeinen permanenten Rückgangs der Zahl der Abendmahlsgäste seit 1920 - 1928 hatte die Zahl im Kreis Ammerland noch 3.706 betragen - und des evangelischen Kirchenkampfes ist dies ein erstaunliches Ergebnis. Man kann also sagen, daß der Nationalsozialismus nicht zum Rückgang der Kirchlichkeit geführt hat, sondern bestenfalls denjenigen die Entscheidung zum Austritt aus der Kirche erleichtert hat, die ihr ohnehin schon innerlich fern standen. Auf das Land Oldenburg bezogen stellt man zwar für die Jahre 1932 bis 1938 einen Rückgang der Zahl der evangelischen Abendmahlsgäste fest, dieser fällt jedoch geringer aus als der Rückgang in dem wesentlich kürzeren Zeitraum von 1928 bis 1932 in den Jahren der Wirtschaftskrise. Einen Rückgang der Zahl der Abendmahlsgäste hatte es seit 1920 kontinuierlich gegeben. Die zunehmende Entkirchlichung im evangelischen Kirchenvolk läßt sich also eher auf einen längerfristigen, allgemeinen Trend zurückführen als auf ein erfolgreiches Einwirken des NS-Regimes.

In jedem Falle kann man feststellen, daß die Politik der Nichteinmischung in den evangelischen Kirchenkampf eher dazu geeignet war, die Bindung der Bevölkerung an die Kirche zu untergraben, als die gegenüber der katholischen Kirche an den Tag gelegte Einstellung, jeden katholischen Geistlichen a priori als Staatsfeind zu betrachten und zu bekämpfen. Gewalt und Zwang sind bei der Vermittlung einer Weltanschauung immer ungeeignete Mittel und bringen bestenfalls Lippenbekenntnisse hervor, während sich unter der oberflächlichen Zustimmung ein Marranentum herausbildet, das nicht mit dem Begriff "Akzeptanz", sondern eher mit dem Begriff "Resistenz" umschrieben werden kann.

Die Kreisleiter haben also im Großen und Ganzen versagt, obwohl sie wichtige Persönlichkeiten des damaligen öffentlichen Lebens waren. Es müssen nun die Gründe aufgezeigt werden, die zu diesem Versagen führten. Hier erweisen sich die im theoretischen Teil zu Macht, Einfluß und politischen Eliten angestellten Überlegungen als äußerst fruchtbar.

Nach der politischen Elitentheorie sind die Kreisleiter zweifellos eine politische regionale Funktionselite, da sie durch ihr Amt eine Funktion auf regionaler Ebene ausübten. Für die Eliteneigenschaft ist es zweitrangig, ob ihre Position im Herrschaftssystem auf Macht oder auf bloßem Einfluß beruht. Dies läßt sich am konkreten Beispiel des Kreisleiters Busch (Kreis Bremen-Lesum) verdeutlichen. Kein Kreisleiter hatte die Polizeigewalt inne, d. h. er konnte nicht wie etwa der Landrat aus eigener Machtvollkommenheit der Polizei die Verhaftung eines Regimegegners anordnen. Während aber Denunziationen von Privatleuten nicht unbedingt ernst genommen wurden, konnte der Kreisleiter davon ausgehen, daß aufgrund seiner Position und dem damit verbundenen Einfluß eine Beschwerde über eine bestimmte Person vom Landrat oder der Gestapo zumindest eine Untersuchung des Falles nach sich zog. Kreisleiter Busch, der in einem Stimmungsbericht einen Kritiker namentlich genannt hatte, behauptete allerdings später natürlich, eine Verhaftung desjenigen sei von ihm in keinster Weise beabsichtigt gewesen.

Wichtiger als die konkreten Eingreifmöglichkeiten im Einzelfalle ist, daß eine regionale Elite sich durch die sogenannte "opinion leadership" auszeichnet. Sie beeinflußt durch ihre persönlichen Stellungnahmen die politische Meinungsbildung langfristig stärker als die Massenmedien, weil sie aus den Personen besteht, deren Wort bei den anderen ein besonders großes Gewicht hat. Will eine Elite jedoch auch von der Bevölkerung als eine regionale politische Elite anerkannt werden, so ist es mit der bloßen Installierung einer 'künstlichen Elite' und der Ausübung eines Amtes nicht getan. Wie die Untersuchung von Caroline Wagner gezeigt hat, ist es der NSDAP, d. h. den Ortsgruppenleitern auf Gemeindeebene in dem Maße gelungen, von der Bevölkerung akzeptiert zu werden, wie sie es geschafft hat, sich mit der bereits vorhandenen regionalen Elite zusammenzuschließen. Es ist daher angezeigt, auch die Gruppe der Kreisleiter nach einzelnen Kriterien als eine regionale politische Elite zu betrachten, da sie in vergleichbarer Weise vor dem Hintergrund eines noch überschaubaren Gebietes agierten.

Zieht man die Gruppe der Kreisleiter aus dem Gau Weser-Ems zum Vergleich heran, so läßt sich hinsichtlich der regionalen Herkunft feststellen, daß diese eben kein entscheidendes Kriterium für die Einsetzung als Kreisleiter war. In den emsländischen Kreisen Aschendorf-Hümmling, Meppen, Lingen und Bentheim ging dies sogar so weit, daß kein einziger der dort amtierenden Kreisleitern gebürtig aus dem Emsland stammte. Noch gravierender für diese katholisch geprägten Landkreise war jedoch die Tatsache, daß keiner der dortigen langjährigen Kreisleiter bekennender Katholik war. Im Landkreis Grafschaft Bentheim, dessen Bevölkerung teils katholisch, teils protestantisch (evangelisch-lutherisch, evangelisch-reformiert und evangelisch-altreformiert) war, führte Kreisleiter Dr. Ständer ein dezidert antikirchliches Regiment und brachte so katholische wie evangelische Christen gegen sich auf. Ähnliches gilt auch für die südoldenburgischen Kreise Vechta und Cloppenburg. Die beiden langjährigen, hauptamtlichen Kreisleiter Heinrich Voß (Vechta) und Meyer-Wendeborn (Cloppenburg, vertretungsweise auch Vechta) waren evangelisch-lutherisch getauft und später aus der Kirche ausgetreten. Beide stammten auch gebürtig nicht aus Südoldenburg. Obwohl also die NSDAP und ihre Presse ständig die katholische Bevölkerung dahingehend bearbeiteten, in den Begriffen katholisch und nationalsozialistisch keinen Widerspruch zu sehen, so kam die katholische Bevölkerung jedoch nicht in den "Genuß" eines Kreisleiters, der dies praktisch belegte. Gerade der Fall Meyer-Wendeborn zeigt, welche Konflikte völlig unbeabsichtigt aus bloßen Mißverständnissen entstehen konnten, wenn ein Kreisleiter, der aus einem rein evangelisch-bürgerlichen Milieu stammte, in einem katholischen Milieu, das sich in seiner Mentalität und seinen Traditionen grundsätzlich von dem ihm bekannten Hamburger Milieu unterschied und zu dem er keinerlei inneren Zugang hatte, "Menschenführung" betreiben sollte.

Erstaunlich ist, daß Gauleiter Röver nicht den geringsten Versuch unternahm, den einzelnen Kreisen der NSDAP 'ortskompatible' Kreisleiter zuzuweisen. Ist es vor dem Hintergrund der Machtergreifung im Jahr 1933 noch nachvollziehbar, daß nicht genügend geeignete katholische Kandidaten zur Verfügung standen, so hätte es doch möglich sein müssen, einen entsprechenden Nachwuchs in den folgenden beiden Jahren heranzubilden, zumal der Großteil der Kreisleiter ab 1934 hauptamtliche Funktionäre waren und das Kreisleiteramt somit auch aus Karrieregründen attraktiver wurde. Dies geschah jedoch nicht. Im Gegenteil gab es nach 1933 im gesamten Gau Weser-Ems keinen bekennenden Katholiken als amtierenden Kreisleiter. Auch Rövers Nachfolger Wegener zeigte hier kein besseres Geschick. Als 1943 der unfähige Bremer Kreisleiter Blanke endlich ehrenvoll auf einen leitenden Posten bei der NS-Kriegsopferversorgung abgeschoben werden konnte, wurde der Kreisleiter aus dem ostfriesischen Leer, der Schlossergeselle Max Schümann, neuer Kreisleiter in Bremen. Der Cloppenburger Kreisleiter Willy Meyer-Wendeborn blieb hingegen auf seinem Posten, für den er nicht geeignet war, obwohl er als Kaufmann, der überdies aus einer alten Hamburger Kaufmannsfamilie stammte, sich in Bremen vermutlich besser hätte arrangieren können als Schümann, der bei den Bremern verhaßt war.

Insgesamt nahm Rövers Personalpolitik bei den Kreisleitern keinerlei Rücksicht auf örtliche Herkunft und passende Konfession des neuen Kreisleiters. Seine Personalpolitik erinnert daher eher an das alte Preußen, wo Beamte ganz bewußt von einer Provinz in die andere versetzt wurden. Sie war zur Schaffung von lokalen NS-Eliten völlig ungeeignet. Es blieb dem Zufall überlassen, ob sich der Kreisleiter mit der örtlichen Bevölkerung verstand oder nicht. Röver hatte zwar durchaus klare und nachvollziehbare Kriterien, wendete diese aber nicht konsequent an. Jede Entscheidung über die Besetzung eines Kreisleiterpostens war eine nach Augenmaß vorgenommene Einzelentscheidung, eine gezielte Rekrutierung von örtlichen, angesehenen Kandidaten bzw. "opinion leaders" fand nicht statt. Für eine erfolgreiche "Menschenführung" waren dies denkbar schlechte Voraussetzungen. Diese Politik läßt sich aber erklären durch Rövers Absicht, den Gau im Zuge der schon in der Weimarer Verfassung geforderten Reichsreform zu einem Reichsgau zu formen. Ähnliche Praktiken stellt Stelbrink für die westfälischen Gaue fest. Die Tatsache, daß die NSDAP im ganzen Deutschen Reich vor Ort eher als Fremdkörper wirkte, ist daher zu einem gewissen Teil auf diese Art der Personalpolitik zurückzuführen.

Ein weiterer Aspekt bei der Frage, ob eine Funktionselite von der Bevölkerung akzeptiert wird, ist die Frage der Kriminalität. Nach allgemeinem Verständnis zeichnet sich eine Elite nicht nur dadurch aus, daß sie eine bestimmte Funktion in Staat und Gesellschaft ausübt, sondern auch dadurch, daß ihre Mitglieder, die sich als "die Besten des Volkes" empfinden, sich auch dementsprechend verhalten. Gerade dies ist bei den Kreisleitern nicht der Fall. Emil Hartung, Bruno Brasch und Emil Pape ließen sich Unterschlagungen zuschulden kommen, der Meppener Kreisleiter Josef Egert ließ sich gar zu einer Schlägerei auf dem Meppener Landratsamt hinreißen. Vier Kreisleiter - Jann de Boer (Straftaten beim aktiven Widerstand gegen Zwangsversteigerungen), Josef Egert (Beleidigung eines Juden), Emil Hartung (Schmuggelei und Betrug) und Willy Meyer-Wendeborn (Jagen ohne Jagdschein) - waren vorbestraft. Dies erscheint bei einer Gesamtzahl von 70 Kreisleitern recht wenig, zumal nur Emil Hartungs Vorstrafen dem Zeitgenossen als wirklich zutiefst ehrenrührig erschienen. Man muß hier jedoch die Kriminalitätsrate als Vergleich heranziehen. So wurden laut "Statistik des Deutschen Reiches" im Jahresdurchschnitt der Jahre 1928-1933 von 100 000 Personen 1131 wegen einer Straftat verurteilt. Demnach hätte man bei einer Gruppe von 70 Personen höchstens einen Fall erwarten können - und auch dieser eine Fall hätte schon den Anspruch, in dieser Hinsicht eine "Elite" zu sein, widerlegt.

Zählt man die Fälle hinzu, die nicht zu einer Verurteilung durch ein ordentliches Gericht geführt haben, so ergibt sich ein noch schlimmeres Bild. Besonders die Fälle Brasch, Hartung und Pape, in denen es um Unterschlagung ging, hatten dem Ansehen der NSDAP schweren Schaden zugefügt, da diese ja gerade mit dem Anspruch angetreten war, die Korruption zu bekämpfen. Im Fall Pape kam noch hinzu, daß er in betrunkenem Zustand einen Wehrmachtsoffizier in Uniform angepöbelt und dafür von dessen Jagdfreund, einem "alten Kämpfer" aus Oldenburg, zwei Faustschläge ins Gesicht bekam. Am nächsten Tag war es das Stadtgespräch in der Gauhauptstadt Oldenburg, der Kreisleiter Pape habe mit Wehrmachtsangehörigen in betrunkenem Zustand eine Schlägerei gehabt. Eine schlimmere Blamage für eine Partei, die sich Ruhe und Ordnung auf die Fahnen geschrieben hat, läßt sich kaum vorstellen. Der Anspruch der politischen Leiter der NSDAP auf "Sauberkeit" wurde somit ad absurdum geführt.

Die Nichterfüllung der selbstgesetzten Kriterien geht so weit, daß nicht einmal alle Kreisleiter für sich in Anspruch nehmen konnten, "alte Kämpfer" zu sein. Knapp ein Drittel der Kreisleiter trat erst nach dem 14. 9. 1930 in die NSDAP ein, vier Kreisleiter waren gar erst am 1. 5. 1933 in die NSDAP eingetreten, gehörten also zur besonders verachteten Kategorie der "Maiglöckchen".

Insgesamt läßt sich bei Rövers Personalpolitik hinsichtlich der Kreisleiter ein Reinigungsprozeß feststellen, der sich bis 1935 hinzog. Kreisleiter, deren Unfähigkeit ein gewisses Maß überstieg, wurden abgesetzt. Prozeße gegen Kreisleiter, die sich an Parteigeldern vergriffen hatten, gab es nach 1935 nicht mehr. Die 'Landsknechtsnaturen' waren bis Ende 1935 ausgesiebt. Von einer "Permanenz der Inkompetenz" (Roth) läßt sich ohnehin nicht sprechen. Unfähigkeit war nur in seltenen Fällen der Grund für die Aufgabe des Kreisleiteramtes bzw. für die Amtsenthebung. Dennoch kann auch nach 1935 nicht davon gesprochen werden, daß die Kreisleiter von ihrer Persönlichkeit und ihrem Charakter her den hehren Ansprüchen der Parteipropaganda gerecht wurden. Kreisleiter wie Josef Egert, der sein Amt 1933/34 kurzzeitig wegen einer Schlägerei auf dem Landratsamt abgeben mußte, oder Dr. Josef Ständer, der dem Landrat damit drohte, ihm die Fensterscheiben einzuschlagen und sich 1943 mit den Grabsteinen des jüdischen Friedhofs seinen Hof pflasterte, blieben bis 1945 im Amt.

Insgesamt kann man also feststellen, daß die Kreisleiter zwar durch ihr Amt eine regionale Funktionselite waren, von ihrer Person her jedoch in den seltensten Fällen den Ansprüchen, die man an Mitglieder einer regionalen Elite stellt, erfüllten. Wenn also die Kreisleiter als höchste Repräsentanten der NSDAP auf regionaler Ebene nicht einmal die einfachsten Ansprüche an eine regionale Elite erfüllten, so ist es nicht verwunderlich, daß die NSDAP als eine Art Fremdkörper in der Gesellschaft empfunden wurde und an der Sympathie, die zumindest zeitweise der Person Adolf Hitlers entgegengebracht wurde, nicht teilhatte. Ohne die Anerkennung durch die Gesellschaft konnte auch kein Einfluß im Sinne der "opinion leadership" ausgeübt werden - wer bei der Bevölkerung kein Ansehen besaß, dessen Wort zählte nicht, d. h. er konnte ohne Androhung von Gewalt und Zwang die Bevölkerung nicht zu systemkonformem Handeln motivieren.

Die NSDAP stand sich dabei zum Teil selbst im Weg: die von Gauleiter Röver gepflegte Kameradschaft mit den Kreis- und Gauamtsleitern war letztlich dafür verantwortlich, daß Männerfreundschaften wichtiger waren als tatsächliche Eignung als "Menschenführer". Für die Kreisleiter Drees (Wesermarsch) und Blanke (Bremen) läßt sich dies durch die überlieferten Personal- und Spruchgerichtsakten eindeutig nachweisen. Bemerkenswert ist, daß auch der von der Persönlichkeitsstruktur völlig anders beschaffene Gauleiter Wegener so verfuhr und Kreisleiter Blanke erst von seinem Amt als Kreisleiter entband, als er für ihn eine passende Planstelle als Gauamtsleiter der NSKOV extra für ihn geschaffen hatte.

Die Kreisleiter waren somit zwar eine Stütze des Regimes, indem sie die nationalsozialistischen Propagandaveranstaltungen organisierten, schon durch ihr bloßes Dasein eine gewisse Kontrolle über die staatliche Verwaltung ausübten und im Einzelfall durch persönliches Eingreifen Sympathie für sich und das Regime erweckten, beispielsweise indem sie Bürgern bei klaren Fällen von Behördenwillkür Schützenhilfe gaben. Wie die Untersuchung von Marßolek/Ott über die Stadt Bremen im Dritten Reich gezeigt hat, wurde die NSDAP sogar bis zu einem gewissen Grad als Beschwerdestelle akzeptiert, was ohne ein gewisses Vertrauen der Bevölkerung undenkbar wäre. Dagegen standen jedoch genug andere Fälle, in denen Kreisleiter das genaue Gegenteil bewirkten. Die von der NSDAP ihr eigentlich zugedachte Rolle als 'künstliche Elite' im Besitz der natürlichen zwischenmenschlichen "opinion leadership" als komplementäre Ergänzung zur staatlichen Propaganda unter Joseph Goebbels mit der absoluten Kontrolle über die Massenmedien konnte sie jedoch nur in seltenen Ausnahmefällen spielen. Der Versuch der NSDAP, mit den Kreisleitern gewissermaßen eine 'künstliche regionale Elite' von oben herab zu installieren, war somit zum Scheitern verurteilt. Die "Menschenführung" konnte daher bei weitem nicht die Wirkung entfalten, die sich das Regime von ihr erhoffte.

Es stellt sich die abschließende Frage, ob die "Menschenführung" vielleicht mit geeigneteren Persönlichkeiten zumindest bei der heranwachsenden Bevölkerung auf lange Sicht hätte Erfolg haben können, zumal die Kreisleiter und ihre untergeordneten Parteistellen ja nicht die einzigen waren, die im Dritten Reich der Bevölkerung die Ideologie der Partei vermitteln sollten. Gerade über die Lehrer hoffte Gauleiter Röver, auf lange Sicht eine ideologisch gefestigte Bevölkerung heranzuziehen.

Hier stellt sich jedoch aus der Sicht der politischen Psychologie ein grundsätzliches Problem: *"Der Totalitarismus ist nicht zu integrieren"*[1449], wie es Wanda von Baeyer-Katte treffend auf den Punkt bringt. Denn wenn der zentrale Grundwert einer Gesellschaft darin besteht, daß "gut ist, was dem Volke nützt", und ein "Führer" je nach Situation neu definiert, was "gut" ist, so ergibt sich daraus ein letztlich normloser Zustand ohne für den einzelnen nachvollziehbare Werte. Es liegt aber gerade in der Natur moralischer Werte und Verhaltensnormen, ohne die keine Gesellschaft und keine menschliche Gruppe einschließlich der Mafia auskommt, daß

[1449] Baeyer-Katte, Wanda von: Das Verlockende im NS-Führerprinzip, S. 47. Im Original kursiv.

sie eben gerade nicht je nach Situation immer wieder neu definiert werden. Ein Wertesystem, das nicht den einzelnen Menschen, sondern einen für den einzelnen Menschen abstrakte Größe, sei es das "Volk" oder die "Arbeiterklasse", in den Mittelpunkt stellt, ist letzlich dem einzelnen Menschen auch nicht vermittelbar und ohne Zwang oder eindeutige wirtschaftliche oder andere Erfolge nicht überlebensfähig. Ein treffendes Beispiel hierfür ist die Sowjetunion, die 1991 auseinanderbrach, obwohl weit über 90 % der Bevölkerung lebenslang im sozialististischen Sinne erzogen worden waren.

Die im Vergleich zur hohen optischen Präsenz und der Vielfalt der möglichen Gestaltungsmöglichkeiten relativ geringe gesellschaftliche Tiefenwirkung der Kreisleiter liefert eine Erklärung für die relativ milde Behandlung bei der Entnazifizierung in den Jahren 1945 bis 1952. Im Rahmen der Entnazifizierung wurde kein Kreisleiter aus dem Gau Weser-Ems, dessen Akte überliefert ist, in die Kategorie I eingestuft. Lediglich Kreisleiter Busch, der als Bremer in der amerikanischen Zone entnazifiziert wurde, erhielt die Einstufung in die Kategorie II. Hier muß allerdings hinzugefügt werden, daß Busch sich in einem Stimmungsbericht unter Nennung des Namens negativ über einen Bürger geäußert hat, was für diesen zunächst dieselben Konsequenzen hatte wie eine direkte Denunzierung. Später kam erschwerend hinzu, daß der Denunzierte bei einem Luftangriff getötet wurde, als er in Untersuchungshaft saß.

Die überwiegende Zahl kam in die vergleichsweise harmlosen Kategorien III und IV, einige sogar in die Kategorie V, d. h. sie wurden nicht als Hauptakteure, sondern schlimmstenfalls als Förderer des Nationalsozialismus betrachtet, manchmal gar nur als Mitläufer. Dies ist eine erstaunlich milde Behandlung wenn man bedenkt, daß für eine Einstufung als Mitläufer in die Kategorie V eine bloße Mitgliedschaft in der NSDAP bereits ausreichte.

Erklärt wurde dies bisher durch die erlittene Internierungshaft einerseits und durch das Verstreichen von drei bis vier Jahren bis zum Beginn des Prozesses, in denen sich der Zorn der Bevölkerung allmählich legte. Dem steht jedoch entgegen, daß es genügend Deutsche gab, die bis 1955 in Kriegsgefangenschaft verbrachten und diese gerade in der Sowjetunion häufig nicht einmal überlebten, ohne jemals auch nur einfaches NSDAP-Mitglied gewesen sein. Die milde Behandlung der Kreisleiter in der Entnazifizierung läßt sich auch nicht allein damit erklären, daß die deutsche Bevölkerung schon drei bis vier Jahre nach Ende des Dritten Reiches der Entnazifizierung überdrüssig war und den Kreisleitern alles vergeben und vergessen hatte. Die milde Behandlung muß zumindest teilweise auch in Person und Amt der Kreisleiter gelegen haben.

Die in dieser Untersuchung festgestellten Tatsachen zur Rolle der Kreisleiter im System des Dritten Reiches und zu ihrer Aufgabe der "Menschenführung" lassen diese milde Einstufung als folgerichtig erscheinen. Der Kreisleiter sollte die Bevölkerung für den Nationalsozialismus gewinnen. Es ist daher nicht verwunderlich, daß nur ein ganz geringer Teil der Denunzierungen von Parteistellen kam, denn jeder denunzierte "Staatsfeind" war ja zugleich ein Fall, in dem Kreisleiter und Partei versagt hatten. Der Kreisleiter unterließ also Denunzierungen nach Möglichkeit, weil er sich damit jedesmal selbst ein Armutszeugnis ausstellte. Es lag daher auch im Interesse des Kreisleiters, der Bevölkerung nicht persönlich unangenehm aufzufallen und sich bei ihr unbeliebt zu machen, da dies dem Zwecke der "Menschenführung", also der Vermittlung des Nationalsozialismus auf gütlichem Wege im Gegensatz zur Strafandrohung bei Fehlverhalten, geschadet hätte. Schlimmstenfalls drohte der Bevölkerung somit, vom Kreisleiter ins Büro zitiert und dort "aufgeklärt", allerschlimmstenfalls grob zusammengebrüllt zu werden, um ein systemkonformes Verhalten zu bewirken. Eine solche Behandlung konnte man dem Kreisleiter aber spätestens dann verzeihen, wenn man nach Kriegsende 1945 erfuhr, was einem im Falle der Einlieferung in ein KZ gedroht hätte.

Der Kreisleiter war für die Bevölkerung somit bis 1945 zwar ständig öffentlich präsent, bedeutete für sie jedoch keine persönliche Bedrohung wie die Gestapo-Spitzel, die man eben nicht schon von weitem an ihrer Uniform erkannte. Sie waren zwar ständig präsente Vertreter des Regimes, lieferten der Bevölkerung aber in den seltensten Fällen Anlaß für persönlichen Groll. Beteiligungen an der von oben angeordneten Beteiligung an den Synagogenbrandstiftungen in der "Reichskristallnacht" waren die einzige echte Straftat, die einer größeren Gruppe von Kreisleitern nachgewiesen werden konnte. Diese war zudem auf dem Umweg über die Gestapo von oben angeordnet worden, was einen zusätzlichen mildernden Umstand darstellte. Nur im Fall der Kreisleiter Busch und Dr. Ständer konnten weitere 'Amtsstraftaten' nachgewiesen werden. Die Masse der Bevölkerung lieferte den Ermittlungsbehörden keine gerichtsverwertbaren, für die Kreisleiter nachteiligen Tatsachen. Zudem wurde in der englischen Besatzungszone in den Fällen auf ein Entnazifizierungsverfahren verzichtet, wenn gleichzeitig bereits ein Strafverfahren lief, aus dem eine deutlich höhere Bestrafung des Betroffenen zu erwarten war.

Selbst erklärte Gegner des nationalsozialistischen Regimes konnten daher in den einfachen Entnazifizierungsverfahren wenig Konkretes gegen die Kreisleiter vorbringen, sobald sie nach gerichtsverwertbaren Tatsachen gefragt wurden. Es ist daher kaum verwunderlich, daß die "Persilscheine" gegenüber den negativen Aussagen bei weitem überwogen. Die überwiegend milde Behandlung ist damit gerechtfertigt, denn die Kreisleiter, bei denen über die bloße Förderung des Nationalsozialismus hinaus echte Straftaten vorlagen, fielen ohnehin in der englischen Zone aus dem Entnazifizierungsverfahren heraus. Die Bremer Entnazifizierungspraxis unter US-amerikanischer Aufsicht ist somit nur scheinbar strenger, denn hier erhielten auch die strafrechtlich Verurteilten noch eine Einstufung, die dann natürlich strenger ausfiel als im benachbarten, britisch besetzten Oldenburg.

Die insgesamt milde Entnazifizierung der Kreisleiter mag auf den ersten Blick befremden und das freisprechende Urteil in erster Instanz gegen den Kreisleiter Flügel, dem bei der Synagogenbrandstiftung allen ernstes "Befehlsnotstand" aufgrund einer "gegenwärtigen Gefahr für Leib und Leben" attestiert wurde, ist in der Tat skandalös zu nennen und läßt sich nur mit einer 'braunen' Gesinnung der Richter erklären. Allgemein ist es jedoch so, daß im Gegensatz zur Justiz des Dritten Reiches in unserer demokratischen Nachkriegsjustiz ausschließlich die Taten, nicht aber die Gesinnung bestraft wird. Hauptaufgabe der Kreisleiter war die "Menschenführung", also die mit der Einstufung in die Kategorien III und IV abgestrafte Förderung des Nationalsozialismus. Die Entnazifizierung war im Ganzen somit aus moralischer Sicht nicht streng genug und damit nicht *gerecht*, sie war jedoch *rechtens*.

Wesentlichstes Ergebnis dieser Arbeit ist, dass sich die permanenten Machtkämpfe zwischen Partei und Staat auf oberster Ebene nicht auf Kreisebene widerspiegeln. Von einer Polykratie auf Kreisebene kann somit nicht gesprochen werden. Wenn der Polykratiebegriff zwar auf Reichsebene, nicht aber auf Kreisebene anwendbar ist, so ergibt sich daraus die Frage, ob er für die dazwischen liegende Ebene, d. h. für die Gauleiter auf der einen und die Regierungs- und Oberpräsidenten bzw. Ministerpräsidenten auf der anderen Seite anwendbar ist. Dies ist somit ein Ansatzpunkt für weiterführende Forschungen in der Polykratiefrage.

9 Tabellenteil

9.1 Tabelle 1: Wahlen im Land Oldenburg ohne Lübeck und Birkenfeld[1450]

	SPD	KPD	USPD	Z	DDP	DVP	DNVP	NSDAP	Sonstige
19. 1. 19 (DNV)	29,1 % (59611)	---	7,9 % (16130)	21,2 % (43318)	30,2 % (61899)	11,3 % (23203)	0,3 % (687)	---	---
23. 2. 19 (KLT)[1451]	31,2 % (50246)	---	---	24,3 % (39218)	30,5 % (49146)	13,5 % (21738)	0,5 % (821)	---	---
6. 6. 20 (RT)	19,0 % (33888)	1,2 % (2229)	12,5 % (22254)	23,1 % (41148)	16,2 % (28838)	25,7 % (45849)	2,2 % (4016)	---	0,1 % (98)
10. 6. 23 (LT)	22,1 % (38597)	5,7 % (9873)	1,3 % (2231)	22,8 % (39869)	19,1 % (33373)	24,2 % (42162)	4,8 % (8464)	---	---
4. 5. 24 (RT)	19,5 % (34909)	5,7 % (10233)	0,4 % (736)	24,3 % (43512)	11,8 % (21196)	12,4 % (22198)	17,0 % (30548)	6,8 %[1452] (12252)	2,1 % (3778)
7. 12. 24 (RT)	22,1 % (42746)	3,1 % (5957)	---	23,8 % (46035)	13,0 % (25105)	14,7 % (28380)	17,9 % (34577)	4,5 %[1453] (8655)	0,9 %[1454] (1714)

	SPD	KPD	LV[1455]	Z	DDP	DVP	DNVP	NSDAP	WP[1456]	Sonstige
24. 5. 25 (LT)	20,4 % (29968)	1,9% (2720)	---	27,2% (39849)	14,1 % (20593)	33,1 % (48537)	---	3,0 % (4404)	---	0,3 %[1457] (403)
20. 5. 28 (LT)	27,5 % (52047)	3,0 % (5712)	7,6 % (14450)	19,0 % (35926)	10,5 % (19977)	15,1%[1458] (28561)	---	8,0 % (15204)	5,3 % (9940)	4,0 %[1459] (7503)
20. 5. 28 (RT)	27,0 % (51510)	2,9 % (5460)	5,8 % (11111)	19,1 % (36601)	9,9 % (18883)	9,3 % (17748)	7,3 % (13891)	9,4 % (18033)	4,6 % (8875)	4,7 %[1460] (9019)

[1450] Angaben für die Landtagswahlen 1931 und 1932 nach „Butjadinger Zeitung" vom 30. 5. 1932, da in den "Oldenburgischen Staatshandbüchern" nicht überliefert.
[1451] Angaben nach OV, 25. 2. 1919. In den oldenburgischen Staatshandshandbüchern nicht erfasst.
[1452] Stimmen für den Völkisch-sozialen Block.
[1453] Stimmen für die NS-Freiheitsbewegung.
[1454] Davon 764 Stimmen (0,4 %) für „Dt. soz. P. u. Reichsb. f. Aufwert.", 206 Stimmen (0,1 %) für die „Deutsch-Hannoversche Partei", 55 Stimmen (0,0 %) für die „Nationale Minderh. Deutschl.".
[1455] Christlich-Nationale Bauern- und Landvolkpartei.
[1456] Reichspartei des Deutschen Mittelstandes (Wirtschaftspartei).
[1457] Stimmen für den „Sozialistischen Bund Deutschlands" (Ledebour).
[1458] Stimmen für den „Landesblock" aus DVP und DNVP.
[1459] 2,6 % Landvolk- und Mittelstandsliste (Völkisch-nationaler Block), 0,7 % Unpolitische Partei Reents, 0,7 % Christlich-soziale Reichspartei.
[1460] Davon 1152 Stimmen für die „Dt. Bauern-Partei", 2702 für die „Volksrechtpartei".

	SPD	KPD	LV[1461]	Z	DDP	DVP	DNVP	NSDAP	WP[1462]	Sonstig.
14. 9. 30 (RT)	22,4 % (50726)	4,6 % (10358)	4,0 % (9015)	19,2 % (43582)	5,1 % (11480)	4,3 % (9764)	5,4 % (12346)	27,6 % (62706)	3,4 % (7796)	4,0 %[1463] (9137)
17. 5. 31 (LT)	19,9 % (42852)	6,9 % (14752)	2,5 % (5403)	19,7 % (42400)	3,6 % (7746)	2,1 % (4551)	5,5 % (11777)	37,0 % (79695)	1,9 % (4143)	1,2 %[1464] (2560)
29. 5. 32 (LT)	18,0 % (39750)	5,0 % (11068)	2,7 % (5987)	17,4 % (38495)	2,6 % (5742)	0,7 % (1562)	6,0 % (13236)	46,8 % (103386)	---	0,6 %[1465] (1331)
31. 7. 32 (RT)	19,6 % (48993)	5,7 % (14234)	0,8 % (1965)	18,4 % (46048)	1,9 % (4869)	0,7 % (1672)	6,7 % (16695)	45,2 % (113047)	0,2 % (417)	0,8 %[1466] (2065)
6. 11. 32 (RT)	20,9 % (50334)	7,3 % (17570)	0,9 % (2135)	18,4 % (44429)	1,9 % (4680)	1,7 % (4084)	10,5 % (25318)	37,1 % (89283)	0,1 % (289)	1,2 % (2819)[1467]
5. 3. 33 (RT)	17,7 % (46364)	6,0 % (15794)	---	16,4 % (43026)	1,2 % (3262)	1,0 % (2493)	11,9 % (31219)	45,2 % (118335)	---	0,6 %[1468] (1536)

[1461] Christlich-Nationale Bauern- und Landvolkpartei.
[1462] Reichspartei des Deutschen Mittelstandes (Wirtschaftspartei).
[1463] 1009 Stimmen „Christl.-Soz.", 924 Stimmen Volksrechtspartei, 284 Stimmen Deutsche Bauernpartei, 3730 Stimmen Deutsch-Hannoversche Partei und Volkskonservative (511 Stimmen Volkskonservativ), 2733 Stimmen Christlich-Sozialer Volksdienst, 28 Stimmen Polnische Volkspartei, 148 USPD, 281 Stimmen Hausbesitzerpartei.
[1464] Stimmen für den „Christlich-Sozialen-Volksdienst".
[1465] 1331 Stimmen für die „Sozialistische Arbeiterpartei"
[1466] Davon 1078 (0,4 %) Stimmen für den „Christlich-Sozialen-Volksdienst".
[1467] Davon 1445 (0,6 %) Stimmen für den „Christlich-Sozialen-Volksdienst".
[1468] Davon 1382 (0,5 %) für den „Christlich-Sozialen Volksdienst", 86 (0,0 %) für die „Deutsche Bauern-Partei" und 68 (0,0 %) für die „Deutsch-Hannoversche Partei".

9.2 Tabelle 2: Wahlen und Abstimmungen 1933 - 1938 im Gau Weser-Ems

Kreis	Rangfolge nach Prozent für die NSDAP 5. 3. 1933	Rangfolge der Ja-Stimmen am 12. 11. 1933	Rangfolge der Ja-Stimmen am 19. 8. 1934	Rangfolge der Ja-Stimmen am 29. 3. 1936	Rangfolge der Ja-Stimmen am 10. 4. 1938	Einschätzung Röver 1941 hinsichtlich "weltanschaulicher Schwierigkeit"
Ammerland	1 (74,1%)	3 (96.57 %)	1 (94,04 %)	1 (99,73 %)	1 (99,62 %)	nein
Wittmund	2 (71,0%)	5 (96,02 %)	2 (93,71 %)	3 (99,63 %)	3 (98,86 %)	nein
Aurich	3 (67,8%)	7 (95,34 %)	3 (92,55 %)	2 (99,63 %)	8 (98,69 %)	nicht ermittelt
Oldenburg-Land[1469]	4 (63,8%)	9 (94,36 %)	8 (88,81 %)	9 (99,20 %)	13 (98,18 %)	nicht ermittelt
Friesland	5 (62,8%)	12 (93,67 %)	4 (90,88 %)	6 (99,41 %)	2 (99,15 %)	nein
Wittlage	6 (56,9%)	2 (96,87 %)	13 (86,50 %)	10 (99,18 %)	19 (97,04 %)	nein
Leer	7 (56,6%)	15 (93,36 %)	7 (89,08 %)	13 (99,02 %)	9 (98,64 %)	nein
Grafschaft Bentheim	8 (53,4%)	11 (93,82 %)	15 (84,00 %)	11 (99,08 %)	22 (94,20 %)	nicht ermittelt
Norden	9 (53,1%)	16 (92,69 %)	5 (89,76 %)	8 (99,27 %)	4 (98,86 %)	nein
Wesermarsch	10 (52,3%)	19 (90,80 %)	9 (87,84 %)	12 (99,06 %)	6 (98,78 %)	nein
Osnabrück-Stadt	11 (41,7%)	21 (88.37 %)	20 (81,57 %)	19 (98,24 %)	17 (97,86 %)	nein
Melle	12 (41,5%)	6 (95,70 %)	12 (86,81 %)	17 (98,66 %)	18 (97,24 %)	nein
Wilhelmshaven[1470]	13 (40,4%)	17 (92,26 %)	10 (87,62 %)	18 (98,65 %)	11 (98,45 %)	nein
Oldenburg-Stadt	14 (39,8%)	13 (93,59 %)	6 (89,43 %)	15 (98,74 %)	5 (98,81 %)	nein
Emden	15 (38,3%)	23 (87,14 %)	18 (82,63 %)	24 (95,79 %)	15 (98,07 %)	nein
Bersenbrück	16 (36,8%)	10 (93,85 %)	17 (83,10 %)	22 (98,05 %)	20 (96,95 %)	"teilweise weltanschaulich schwieriges Gebiet"
Delmenhorst	17 (32,5%)	24 (86,83 %)	21 (80,41 %)	21 (98,08 %)	14 (98,15 %)	nicht ermittelt
Cloppenburg[1471]	18 (31,9%)	14 (93,45 %)	23 (75,73 %)	16 (98,72 %)	23 (92,66 %)	"Ausgedehnter Landkreis mit weltanschaulich besonders schwieriger Bevölkerung"
Bremen	19 (30,5%)	22 (87,23 %)	22 (78,53 %)	23 (97,77 %)	7 (98,76 %)	nein
Osnabrück-Land	20 (29,8%)	20 (88,77 %)	19 (81,69 %)	14 (98,96 %)	16 (97,86 %)	nicht ermittelt
Lingen	21 (22,3%)	4 (96,37 %)	14 (86,35 %)	7 (99,38 %)	12 (98,37 %)	"der Kreis gehört zu den fünf weltanschaulich am schwierigsten zu bearbeitenden Kreisen"
Meppen	22 (22,1%)	1 (97,08 %)	11 (86,89 %)	4 (99,47 %)	10 (98,46 %)	"Es handelt sich um einen weltanschaulich schwierig zu bearbeitenden Kreis."
Aschendorf-Hümmling	23 (20,1 %)	18 (91,25 %)	16 (83,13 %)	5 (99,43 %)	21 (96,52 %)	"weltanschaulich schwierig"
Vechta	24 (13,3 %)	8 (95,14 %)	24 (72,70 %)	20 (98,14 %)	24 (90,32 %)	"der schwierigste Kreis in weltanschaulicher Hinsicht"

10. 4. 1938: Reich: 99,08, Reichsdeutsche: 99,01, Österreicher: 99,73; Weser-Ems: 97,87
(Der Gau Weser-Ems hatte neben Sachsen als einziger Gau im ganzen Deutschen Reich ein Stimmergebnis von unter 98 %).

[1469] Durchschnittswert der Ämter Wildeshausen (Mai 1933 aufgelöst) und Oldenburg-Land.
[1470] Einschließlich Rüstringen.
[1471] Einschließlich ehem. Amt Friesoythe (Mai 1933 aufgelöst).

9.3 Tabelle 3: Die Reichstagswahl vom März 1933 und "weltanschauliche Schwierigkeit" Anfang 1941

Kreis	Rangfolge nach Prozent für die NSDAP 5.3.1933	Zentrum	SPD	KPD	DNVP	Einschätzung Röver 1941 hinsichtlich "weltanschaulicher Schwierigkeit"
Ammerland	1 (74,1%)	0,5 %	6,2 %	3,3 %	13,6 %	nein
Wittmund	2 (71,0%)	0,2 %	8,8 %	3,0 %	15,4 %	nein
Aurich	3 (67,8%)	0,5 %	11,1 %	8,7 %	9,2 %	nicht ermittelt
Oldenburg-Land[1472]	4 (63,8%)	3,4 %	9,0 %	4,4 %	16,7 %	nicht ermittelt
Friesland[1473]	5 (62,8%)	0,9 %	18,1 %	4,1 %	11,1 %	nein
Wittlage	6 (56,9%)	18,1 %	6,8 %	1,9 %	5,2 %	nein
Leer	7 (56,6%)	3,3 %	19,4 %	6,9 %	8,1 %	nein
Grafschaft Bentheim	8 (53,4%)	17,0 %	8,7 %	4,7 %	7,8 %	nicht ermittelt
Norden	9 (53,1%)	0,7 %	25,8 %	8,8 %	8,6 %	nein
Wesermarsch	10 (52,3%)	0,8 %	26,8 %	6,2 %	13,0 %	nein
Osnabrück-Stadt	11 (41,7%)	19,6 %	21,5 %	6,7 %	7,0 %	nein
Melle	12 (41,5%)	25,1 %	17,1 %	3,7 %	3,4 %	nein
Wilhelmshaven[1474]	13 (40,4%)	2,5 %	33,0 %	8,8 %	13,5 %	nein
Oldenburg-Stadt	14 (39,8%)	4,3 %	17,9 %	10,0 %	20,4 %	nein
Emden	15 (38,3%)	2,5 %	20,2 %	18,5 %	12,2 %	nein
Bersenbrück	16 (36,8%)	34,9 %	16,4 %	3,6 %	5,4 %	"teilweise weltanschaulich schwieriges Gebiet"
Delmenhorst	17 (32,5%)	8,5 %	30,9 %	13,7 %	10,3 %	nicht ermittelt
Cloppenburg[1475]	18 (31,9%)	59,0 %	2,0 %	3,2 %	5,9 %	"Ausgedehnter Landkreis mit weltanschaulich besonders schwieriger Bevölkerung"
Bremen	19 (30,5%)	2,1 %	28,6 %	12,3 %	13,4 %	nein
Osnabrück-Land	20 (29,8%)	42,8 %	15,0 %	5,6 %	4,2 %	nicht ermittelt
Lingen	21 (22,3%)	64,9 %	3,9 %	4,1 %	3,8 %	"der Kreis gehört zu den fünf weltanschaulich am schwierigsten zu bearbeitenden Kreisen"
Meppen	22 (22,1%)	69,0 %	1,2 %	2,2 %	4,8 %	"Es handelt sich um einen weltanschaulich schwierig zu bearbeitenden Kreis."
Aschendorf-Hümmling	23 (20,1 %)	69,2 %	2,2 %	3,8 %	3,9 %	"weltanschaulich schwierig"
Vechta	24 (13,3 %)	77,7 %	1,7 %	1,7 %	5,1 %	"der schwierigste Kreis in weltanschaulicher Hinsicht"

[1472] Durchschnittswert der Ämter Wildeshausen (Mai 1933 aufgelöst) und Oldenburg-Land.
[1473] Durchschnittswert der Ämter Varel und Jeverland (Mai 1933 zum Kreis Friesland zusammengelegt).
[1474] Einschließlich Rüstringen.
[1475] Durchschnittswert der Ämter Friesoythe (Mai 1933 aufgelöst) und Cloppenburg.

9.4 Tabelle 4: Die Einkommensentwicklung im Gau Weser-Ems

Zugrunde liegt das durchschnittliche Jahreseinkommen der Einkommen-steuerpflichtigen.
Angaben nach der "Statistik des Deutschen Reichs" Band 531.

Kreis	Einkommen steuer pflichtige 1937	Einkommen steuer pflichtige 1938	Steigerung in %	Jahresein kommen 1937	Jahresein kommen 1938	Steigerung in %
Ammerland	1786	1883	5,43	4189,25	4749,34	13,37
Aschendorf-Hümml.	1145	1256	9,69	3522,27	4113,85	16,80
Aurich	1338	1504	12,41	3881,91	4123,01	6,21
Bentheim	2060	2283	10,83	6410,68	8576,43	33,78
Bersenbrück	2074	2243	8,15	3640,79	4493,53	23,42
Bremen (Stadt)	25970	27669	6,54	8397,81	8955,51	6,64
Bremen (Landkreis)	1375	1507	9,6	6193,45	6840,74	10,45
Cloppenburg	1702	1923	12,98	3819,62	4429,02	15,95
Stadt Delmenhorst	1368	1477	7,97	5010,23	5691,94	13,61
Stadt Emden	1703	1858	9,10	6908,40	7711,52	11,63
Friesland	3154	3307	4,85	3831,64	4280,62	11,72
Leer	3915	4276	9,22	4016,86	4533,44	12,86
Lingen	1258	1324	5,25	3554,05	4031,72	13,44
Melle	1387	1509	8,80	3692,14	4326,04	17,17
Meppen	1211	1285	6,11	4606,94	5205,45	12,99
Norden	3110	3170	1,93	4287,46	4297,48	0,23
Oldenburg-Land	1860	1992	7,10	3212,90	3494,98	8,78
Oldenburg-Stadt	4458	4718	5,83	5476,22	6024,59	10,01
Osnabrück-Land	2485	2909	17,06	5209,66	5598,49	7,46
Osnabrück-Stadt	5501	6022	9,47	6358,66	6928,26	8,96
Vechta	1593	1801	13,06	3768,36	4002,22	6,21
Wesermarsch	3707	3873	4,48	3772,32	4349,60	15,30
Wilhelmshaven	3866	4242	9,73	5540,09	6730,79	21,49
Wittlage	664	718	8,13	3924,70	4398,33	12,07
Wittmund	1743	1942	11,42	3644,75	3929,45	7,81
Reichsdurchschnitt insg.[1476]	3049968	3597633	17,96	5716,50	6221,83	8,84
Reichsdurchschnitt (nur "Altreich")	3049968	3292632	7,96		6346,47	11,02

[1476] 1937 ohne Österreich, 1938 mit Österreich.

9.5 Tabelle 5: Entwicklung der Konfessionsstruktur im Gau Weser-Ems 1933-1939 nach Konfessionen

Konfessionsstruktur des Deutschen Reiches (1933 ohne, 1939 mit Österreich)

	1933	1939
Evangelisch	62,7 %	53,7 %
Andere Christen	0,0 %	0,5 %
Katholisch	32,5 %	40,3 %
Juden	0,8 %	0,4 %
Andere Religionen	0,0 %	0,1 %
Konfessionslos	4,0 %	1,5 %
Gottgläubig	---	3,5 %

Konfessionen Gau Weser-Ems

	1933	1939	
Gesamtbevölkerung	1591193	1797708	+ 13,0 %
Evangelisch	1129054 (71,0 %)	1241702 (69,1 %)	+ 10,0 %
Katholisch	414321 (26,0 %)	472214 (26,3 %)	+ 14,0 %
Konfessionslos	42285 (2,7 %)	18441 (1,0 %)	
Gottgläubig	---	53826 (3,0 %)	+ 70,9 %

Evangelische Christen

	1933	1939	
Oldenburg	360151	382029	+ 6,1 %
Bremen	295193	373821	+ 26,7 %
Reg.Bez. Aurich	270309	274609	+ 1,6 %
Reg.Bez. Osnabrück	203401	211243	+ 3,9 %
Insg. Weser-Ems	1129054	1241702	

Katholische Christen

	1933	1939	
Oldenburg	123525	141231	+ 14,3 %
Bremen	21948	40596	+ 85,0 %
Reg.Bez. Aurich	8985	10108	+ 12,5 %
Reg.Bez. Osnabrück	259863	280279	+ 7,9 %
Insg. Weser-Ems	414321	472214	

Atheisten und "Gottgläubige"

	1933	Gottgläubig 1939	Atheisten 1939
Oldenburg	10478	23119	5735
Bremen	27243	17353	9427
Reg.Bez. Aurich	2168	3790	783
Reg.Bez. Osnabrück	2396	9564	2496
Gau Weser-Ems	42285	53826	18441

9.6 Tabelle 6: Entwicklung der Konfessionsstruktur im Gau Weser-Ems 1933 - 1939 nach Regionen

Oldenburg einschl. Wilhelmshaven (Oldenburgische Landeskirche)

	1933	1939
Evangelisch	360151 (72,7 %)	382029 (68,7 %)
Andere Christen	15 (0,0 %)	2246 (0,4 %)
Katholisch	123525 (24,9 %)	141231(25,4 %)
Atheisten	10478 (2,1 %)	5735 (1,0 %)
Gottgläubig	---	23119 (4,2 %)
	495119	555916

Bremen ohne Bremerhaven (Bremische Landeskirche)

	1933	1939
Evangelisch	295193 (85,34%)	373821 (84,0 %)
Andere Christen	44 (0,0 %)	1638 (0,4 %)
Katholisch	21948 (6,3 %)	40596 (9,1 %)
Atheisten	27243 (7,9 %)	9427 (2,1 %)
Gottgläubig	---	17353 (3,9 %)
Gesamtbevölkerung	345779	445067

Reg.-Bezirk Aurich (Ev.-Luth. Landeskirche in Hannover)

	1933	1939
Evangelisch	270309 (95,4 %)	274609 (94,3 %)
Andere Christen	12 (0,0 %	706 (0,2 %)
Katholisch	8985 (3,2 %)	10108 (3,4 %)
Atheisten	2168 (0,8 %)	783 (0,3 %)
Gottgläubig	---	3790 (1,3 %)
Gesamtbevölkerung	283413	291298

Reg.-Bezirk Osnabrück (Ev.-Luth. Landeskirche in Hannover)

	1933	1939
Evangelisch	203401 (43,6 %)	211243 (41,8 %)
Andere Christen	51 (0,0 %)	972 (0,2 %)
Katholisch	259863 (55,7 %)	280279 (55,5 %)
Atheisten	2396 (0,5 %)	2496 (0,5 %)
Gottgläubig	---	9564 (1,9 %)
Gesamtbevölkerung	466882	505427

9.7 Tabelle 7: NSDAP-Wähler und "Gottgläubige"

Gottgläubige 1939 durchschnittlich: Gau Weser-Ems: 3,0 %, Deutsches Reich: 3,5 %

Kreis	"Gottgläubige" laut Volks- zählung vom 17. 5. 1939	Glaubenslose laut Volks- zählung vom 17. 5. 1939	Konfessions- lose laut Volkszählung vom 16. 6. 1933	Rangfolge nach Prozent für die NSDAP 5. 3. 1933	Bemerkung Röver 1941 hinsichtlich "weltanschau- licher Schwierigkeit"
Wilhelmshaven[1477]	7,4 %	2,6 %	6,9 %	13 (40,4%)	keine
Oldenburg-Stadt	5,4 %	1,0 %	2,1 %	14 (39,8%)	keine
Ammerland	5,1 %	0,2 %	0,4 %	1 (74,1%)	keine
Wesermarsch	4,8 %	0,8 %	1,6 %	10 (52,3%)	keine
Osnabrück-Stadt	4,7 %	0,6 %	1,6 %	11 (41,7%)	keine
Friesland	4,3 %	0,7 %	1,1 %	5 (62,8%)	keine
Delmenhorst	4,0 %	2,6 %	4,9 %	17 (32,5%)	keine
Bremen	3,9 %	2,1 %	7,9 %	19 (30,5%)	keine
Emden	3,1 %	1,2 %	2,9 %	15 (38,3%)	keine
Oldenburg-Land[1478]	2,4 %	0,5 %	0,6 %	4 (63,8%)	nicht ermittelt
Grafschaft Bentheim	1,9 %	0,2 %	0,5 %	8 (53,4%)	nicht ermittelt
Aschendorf-Hümmling	1,6 %	2,4 %	0,1 %	23 (20,1 %)	"weltanschaulich schwierig"
Melle	1,3 %	0,1 %	0,1 %	12 (41,5%)	keine
Wittmund	1,3 %	0,1 %	0,2 %	2 (71,0%)	keine
Wittlage	1,2 %	0,5 %	0,2 %	6 (56,9%)	keine
Meppen	1,1 %	0,2 %	0,1 %	22 (22,1%)	"Es handelt sich um einen weltanschaulich schwierig zu bearbeitenden Kreis."
Norden	1,1 %	0,2 %	0,6 %	9 (53,1%)	keine
Aurich	1,0 %	0,1 %	0,3 %	3 (67,8%)	nicht ermittelt
Leer	1,0 %	0,1 %	0,6 %	7 (56,6%)	keine
Bersenbrück	0,9 %	0,2 %	0,4 %	16 (36,8%)	"teilweise weltanschaulich schwieriges Gebiet"
Lingen	0,9 %	0,0 %	0,3 %	21 (22,3%)	"der Kreis gehört zu den fünf weltanschaulich am schwierigsten zu bearbeitenden Kreisen"
Osnabrück-Land	0,8 %	0,1 %	0,2 %	20 (29,8%)	nicht ermittelt
Cloppenburg[1479]	0,5 %	0,0 %	0,1 %	18 (31,9%)	"Ausgedehnter Landkreis mit weltanschaulich besonders schwieriger Bevölkerung"
Vechta	0,4 %	0,1 %	0,1 %	24 (13,3 %)	"der schwierigste Kreis in weltanschaulicher Hinsicht"

[1477] Einschließlich Rüstringen.
[1478] Durchschnittswert der Ämter Wildeshausen (Mai 1933 aufgelöst) und Oldenburg-Land.
[1479] Einschließlich ehem. Amt Friesoythe (Mai 1933 aufgelöst).

10 Quellenteil

10.1 Die Uniform des Kreisleiters der NSDAP einschließlich Abzeichen und Schußwaffe

Hoheitszeichen

Parteiabzeichen

Goldenes
Ehrenzeichen
(= Goldenes
Parteiabzeichen)

Zur Uniform des Kreisleiters gehörte ferner eine Polizeipistole Walther PPK.

Bildnachweis:
Uniform: C.I. Handbook Germany 1945, Appendix II, Plate 10
Abzeichen: Der Volks-Brockhaus, Leipzig 71939. S. 4.

10.2 Anordnung über die Verwaltungsführung in den Landkreisen vom 28. 12. 1939

(RGBl. 1940, Seite 45)

I.

1) Die Menschenführung ist allein Aufgabe der Partei und wird in der Kreisstufe durch den Kreisleiter wahrgenommen. Er ist den übergeordneten Parteidienststellen verantwortlich für die Stimmung und Haltung der Bevölkerung im Landkreise, insbesondere für die Stärkung der seelischen Kräfte aller Volksgenossen zur Verteidigung des Reichs. Seine Aufgabe ist es insbesondere auch, bei den Volksgenossen Verständnis für die Notwendigkeit und Zweckmäßigkeit der im Abwehrkampf zu treffenden und getroffenen Verwaltungsmaßnahmen zu erwecken. Er ist berechtigt, dem Landrat Anregungen zu behördlichen Vorhaben und Maßnahmen zu geben und ihn vom Standpunkt der Menschenführung aus auf maßgebliche Gesichtspunkte aufmerksam zu machen.

2) Der Kreisleiter unterrichtet den Landrat fortlaufend über die Stimmung der Bevölkerung im Kreise.

II.

1) Die Verantwortung für die ordnungsmäßige Erfüllung aller Aufgaben der staatlichen Verwaltung trägt im Rahmen seiner gesetzlichen Zuständigkeit ausschließlich der Landrat. Das gilt nach Maßgabe des Kreisverfassungsrechts auch für die Aufgaben der Selbstverwaltung des Landkreises.

2) Der Landrat ist in allen Fragen die zusammenfassende maßgebende Stelle; er hat für stete und engste Zusammenarbeit aller staatlichen Dienststellen und der Dienststellen der Körperschaften und Anstalten der Selbstverwaltung in seinem Kreise Sorge zu tragen sowie dafür, dass er in allen für die Gesamtverwaltung seines Kreises wichtigen Dingen der Verwaltung ausreichend unterrichtet und gegebenenfalls in die Bearbeitung eingeschaltet wird.

3) Der Landrat unterrichtet den Kreisleiter über alle wichtigen Vorhaben und Maßnahmen, die geeignet sind, die Stimmung der Bevölkerung im Kreise zu beeinflussen, möglichst frühzeitig.

III.

Der Kreisleiter hat sich jeglicher Eingriffe in die laufende Verwaltungsführung zu enthalten. Der Landrat ist nicht befugt, sich in die Aufgaben des Kreisleiters einzumischen.

IV.

Grundsatz zur Meisterung der heutigen Aufgaben im Kriege muß ein enges, verständnisvolles Zusammenarbeiten aller Stellen sein. Die gegenseitige Unterrichtungspflicht der Kreisleiter und der Landräte erstreckt sich daher auch auf wichtige Geheimsachen aller Art.

V.

Die vorstehenden Bestimmungen gelten sinngemäß auch für die Zusammenarbeit zwischen Kreisleiter und Oberbürgermeister.

Berlin, den 28. Dezember 1939

Der Vorsitzende des Ministerrats für die Reichsverteidigung
    Göring, Generalfeldmarschall

                                  Der Generalbevollmächtigte
Der Stellvertreter des Führers   für die Reichsverteidigung
    R. Hess   Frick

11 Quellen- und Literaturverzeichnis

11.1 Gespräche mit Zeitzeugen

Böckmann, Otto, Vechta, 26. 5. 1998
Borker, Lisa, Dalum, 18. 10. 1999

11.2 Ungedruckte Quellen

11.2.1 Staatsarchiv Aurich (StAA)

Rep 16/1: Regierung Aurich
Nr. 63: Konflikt Landrat Schede - Kreisleiter Everwien (Landkreis Norden-Krummhörn)
Nr. 191 Zusammenarbeit Staat-NSDAP
Nr. 764 Personalakte Erich Drescher

Rep 250: Entnazifizierung
Nr. 7986 Bohnens, Heinrich
Nr. 6755 Oltmanns, Diedrich

11.2.2 Staatsarchiv Bremen (StAB)

4, 66 Entnazifizierungsakten
Busch, Karl
Thiele, Kurt

7,48 Nachlass Kurt Thiele
7,1066 Nr. 411 Personalakte Max Schümann

11.2.3 Staatsarchiv Oldenburg (StAO)

Best. 140 Staatsanwaltschaft Oldenburg
140-4 Acc. 13/79 Nr. 79 Flügel, Hans
140-4 Acc. 13/79 Nr. 83 Meyer, Ernst
140-4 Acc. 13/79 Nr. 171 Wegener, Paul

Best. 231-2 A Landkreis Ammerland:
Nr. 939 (Protokolle der Bürgermeisterversammlungen des Landrats)

Best. 231-4 Landkreis Wesermarsch:
Nr. 1787 (Protokolle der Bürgermeisterversammlungen des Landrats)
Nr. 1800 (Wohnungsbaugesellschaft Wesermarsch m.b.H.)
Nr. 1831 (Stadtrat Brake, hieraus vergeblicher Einspruch des Kreisleiters Drees gegen die Ernennung eines ihm nicht genehmen Kandidaten zum stellvertretenden Bürgermeister)

Best. 250 Nr. 18 Bd. 8 Kirchenbuch der ev.-luth. Kirchengemeinde Dötlingen
Best. 262-1G Nr. 641 Einwohnermeldekartei Stadt Oldenburg
Best. 320-1: Gauleitung Weser-Ems
Best. 320-1 Nr. 4 Denkschrift Carl Rövers
Best. 320-2: Gauinspektion Weser-Ems
Best. 351: Entnazifizierungsakten
- Karton Nr. 667, Ola 5795 Abel, Hinrich
- Karton Nr. 215 Ost 12949 Blanke, Bernhard
- Karton Nr. 725 Ve 3758 Böckmann, Dr. Franz
- Karton Nr. 229 Ost 13551 Denker, Otto
- Karton Nr. 1218 Sp 705 Drees, Arthur
- Karton Nr. 939 Fri 4137 Drückhammer, Dr. Walther
- Karton Nr. 724 Ve 3756 Gausepohl, Josef
- Karton Nr. 130 Ost 8862 Janssen, Meinert
- Karton Nr. 147 Ost. 9975 Kemnitz, Alfred
- Karton Nr. 220 Ost 13169 Kohnen, Anton
- Karton Nr. 334 Wil 5475 Kronsbein, Wilhelm
- Karton Nr. 483 Wes 4553 Lünschen, Fritz
- Karton Nr. 543 Wes 6757 Meier, Georg
- Karton Nr. 866 Clo 3135 Meyer-Wendeborn, Willy
- Karton Nr. 233 Ost 14013 Müller, Dr. Wilhelm
- Karton Nr. 725 Ve 3761 Niehaus, Leonhard
- Karton Nr. 98 Ost 7287 Osterbuhr, August
- Karton Nr. 792 Am 3533 Roggemann, Jan
- Karton Nr. 1218 Sp 704 Schneider, Johann
- Karton Nr. 224 Ost 13375 Seiffe, Georg
- Karton Nr. 890 Ost 11725 Siebrecht, Eduard
- Karton Nr. 666 Ola 5788 Thümler, Heinrich
- Karton Nr. 220 Ost 13172 Walkenhorst, Heinrich
- Karton Nr. 1221 Sp 888 Wegener, Paul

Kartei über die Mitglieder des Oldenburgischen Landtages	
Abel, Hinrich	Reich, Karl
Kohnen, Dr. Anton	Roggemann, Jan
Niehaus, Leonhard	Thümler, Heinrich

11.2.4 Staatsarchiv Osnabrück (StAOs)

Dep. 3 b IV Stadtarchiv Osnabrück:
Nr. 685 (Sitzungsprotokolle des Oberbürgermeisters)

Rep 430: Regierung Osnabrück
101 - 7/43 Nr. 265 (Personalakte Regierungsrat Dr. Fritz Schubert)
101 - 7/43 Nr. 539 (Absetzung von Beamten und Angestellten nach der Machtergreifung und Durchführung des Gesetzes zur Wiederherstellung des Berufsbeamtentums)
101 - 8/66 - 89 (Rangordnung zwischen staatlichen Behörden und der NSDAP (Münzer-Ständer)
101 - 8/66 - 95 (Machtkampf zwischen Landrat Niemeyer und Kreisleiter Ständer in Bentheim)
101- 8/66-108 (Besprechungen der Regierungspräsidenten 1925 - 1944)
201 - 16B/65 - 103 - Bd. 10 (Strafverfahren gegen Josef Egert)

Rep 439: Geheime Staatspolizei-Staatspolizeistelle
Rep 439 Nr. 19 (Gestapo-Kartei)

Baumgartner, Leo	Hartung, Emil
Brasch, Bruno	Nietfeld-Beckmann, Gustav
Buscher, Gerhard	Plesse, Erich
Dröge, Wilhelm	Schmeer, Franz
Esser, Ferdinand	Ständer, Dr. Josef
Gronewald, Hans	Wagner, Siegfried

Rep 450 Landratsamt Bentheim:
Bent I Nr. 59 (Landesplanung)
Bent I Nr. 488 (Stadtentwicklung Nordhorn)
Bent II Nr. 602 (Bau HJ-Heim Hoogstede)
Bent II Nr. 603 (Bau HJ-Heim Bentheim)

Rep. 451 Kreisausschuss Bentheim:
Nr. 103 (Einrichtung von Kreisverkehrsämtern)

Rep 945: Staatsanwaltschaft Osnabrück
3/82 Nr. 5 Bd. 1 Münzer, Willy
6/83 Nr. 36 Egert, Josef
6/83 Nr. 113 Ständer, Dr. Josef
6/83 Nr. 188 Münzer, Willy
6/83 Nr. 215 Münzer, Willy
6/83 Nr. 210 Nietfeld-Beckmann, Gustav

Rep 980: Entnazifizierungsausschüsse

Nr. 32992 Brasch, Bruno	Nr. 22857 Egert, Elisabeth
Nr. 29489 Brummerloh, Walter	Nr. 39956 Münzer, Willy
Nr. 23000 Brunken, Hermann	Nr. 36897 Nietfeld-Beckmann, Gustav
Nr. 28426 Dröge, Wilhelm	Nr. 13600 Plesse, Erika
Nr. 37350 Ebertfründ, Friedrich	

11.2.5 Staatsarchiv Detmold (StAD)

Best. L 113 NSDAP und NS-Organisationen in Lippe
Nr. 30 (Interne Angelegenheiten der NSDAP-Kreise Detmold und Lemgo)
Nr. 786 (NSDAP-Ortsgruppe Helpup)
Nr. 996 (Verfolgung eines Kaufmanns in Detmold wegen seiner jüdischen Abstammung)
Nr. 1073-1075 (Persönliche Unterlagen des Kreisleiters Wedderwille (Schriftwechsel, Handakten, Personalunterlagen, Rechnungsunterlagen, einzelne Rundschreiben)

11.2.6 Bundesarchiv Berlin-Lichterfelde

Personalakten des ehemaligen Berlin Document Center (BDC)

Bestand Mitglieder-Kartei NSDAP

Abel, Hinrich	Flügel, Hans	Oltmanns, Diedrich
Assling, Wilhelm	Folkerts, Menso	Osterbuhr, August
Baumgartner, Leo	Gottschalck, Karl	Plesse, Erich

Blanke, Bernhard	Gronewald, Hans	Reich, Karl
Böckmann, Dr. Franz	Horstmann, Bernhard	Renken, Carl
Bohnens, Heinrich	Ibbeken, Ernst	Roggemann, Jan
Brasch, Bruno	Janssen, Meinert	Schneider, Johann
Brummerloh, Walter	Kemnitz, Alfred	Schulemann, Willy
Brunken, Hermann	Kohnen, Dr. Anton	Schümann, Max
Busch, Karl	Kronsbein, Wilhelm	Seidel, Helmut
Denker, Otto	Mainzer, Dr. Joseph	Seiffe, Georg
Drees, Arthur	Meier, Georg	Siebrecht, Eduard
Drescher, Erich	Meyer, Ernst	Ständer, Dr. Josef
Dröge, Wilhelm	Meyer-Wendeborn, Willy	Sturm, Gustav
Drückhammer, Dr. Walter	Müller, Jens	Thümler, Heinrich
Ebertfründ, Friedrich	Müller, Dr. Wilhelm	Voß, Heinrich
Egert, Josef	Münzer, Willy	Wagner, Siegfried
Engelbart, Wilhelm	Niehaus, Leonhard	Walkenhorst, Heinrich
Everwien, Lenhard	Nietfeld-Beckmann, Gustav	Wehmeier, Fritz

Bestand OPG (Oberstes Partei-Gericht)

Brasch, Bruno	Pape, Emil
Gottschalck, Karl	Reich, Karl
Hartung, Emil	Schulemann, Willy
Müller, Dr. Wilhelm	

Bestand PK (Partei-Korrespondenz)

Assling, Wilhelm	Flügel, Hans	Roggemann, Jan
Baumgartner, Leo	Folkerts, Johann Menso	Schmeer, Franz
Bernhard, Otto	Gerdes, Hubertus	Schneider, Johann
Blanke, Bernhard	Gronewald, Hans	Schümann, Max
Boer, Jann de	Horstmann, Bernhard	Seidel, Helmut
Brasch, Bruno	Meier, Georg	Seiffe, Georg
Brummerloh, Walter	Meyer, Ernst	Ständer, Dr. Josef
Brunken, Hermann	Meyer-Wendeborn, Willy	Sturm, Gustav
Busch, Karl	Müller, Jens	Thümler, Heinrich
Buscher, Gerhard	Münzer, Willy	Voß, Heinrich
Drees, Arthur	Nietfeld-Beckmann, Gustav	Wagner, Siegfried
Egert, Josef	Oltmanns, Diedrich	Walkenhorst, Heinrich
Engelbart, Wilhelm	Plesse, Erich	Wehmeier, Fritz
Everwien, Lenhard	Reich, Karl	

Bestand SA-P (SA-Personalakten)
Bernhard, Otto
Engelbart, Wilhelm
Meier, Georg

Bestand SSO (SS-Akten)
Kohnen, Dr. Anton
Renken, Carl

Ordner Gau Weser-Ems

11.2.7 Bundesarchiv Koblenz

Best. Z 42 Spruchgerichtsakten:

VII/302 Abel, Hinrich	II/55 Lünschen, Fritz
IV/1709 Assling, Wilhelm	V/1540 Mainzer, Dr. Joseph
II/580 Bohnens, Heinrich	II/949 Meier, Georg
II/547 Brummerloh, Walter	IV/7047 Meyer, Ernst
IV/6938 Buscher, Gerhard	II/892 Meyer-Wendeborn, Willy
II/574 Denker, Otto	II/947 Müller, Jens
III/3256 Drees, Arthur	IV/1790 Münzer, Willy
IV/1849 Drescher, Erich	V/4029 Nietfeld-Beckmann, Gustav
II/566 Engelbart, Wilhelm	IV/1770 Oltmanns, Diedrich
IV/7186 Everwien, Lenhard	II/1053 Schneider, Johann
IV/1771 Flügel, Hans	IV/1547 Ständer, Dr. Josef
IV/1690 Gausepohl, Josef	II/1056 Thümler, Heinrich
IV/1776 Horstmann, Bernhard	II/1058 Walkenhorst, Heinrich
VII/4485 Ibbeken, Ernst	IV/1716 Wegener, Paul
II/550 Kemnitz, Alfred	

11.2.8 Archiv des Oberkirchenrates der Evangelisch-Lutherischen Kirche in Oldenburg

Best. LVI Kirchliche Statistik
Nr. 10 Kirchliche Statistik 1928 - 1945
Nr. 11 Kirchliche Statistik 1932 - 1948

11.2.9 Offizialatsarchiv Vechta

Nachlaß Schlömer

11.3 Quelleneditionen und andere gedruckte Quellen einschließlich Literatur vor 1945

Adreßbuch für die Stadtgemeinde Nordenham und die Landgemeinden Abbehausen, Butjadingen, Rodenkirchen 1938. Nordenham, 1938.

Adreßbuch der Stadt und des Landkreises Osnabrück 1934. Osnabrück, 1934.

Adreßbuch der Stadt und des Landkreises Osnabrück 1935/36. Osnabrück, 1935.

Adreßbuch der Stadt und des Landkreises Osnabrück 1937/38. Osnabrück, 1937.

Adreßbuch für die Stadt- und Landgemeinde Varel, Gemeinde Friesische Wehde und Gemeinde Jade 1936. Varel, 1936.

Adreßbuch für das Amt Wesermarsch 1935. Nordenham, 1935.

Adressbuch 1935/36 für Wilhelmshaven-Rüstringen, Kniphausen und Wangerooge. Oldenburg, 1935.

Adreß- und Heimatbuch des Kreises Melle 1938/39. Münster, 1939.

Adressenwerk der Dienstellen der NSDAP mit den angeschlossenen Verbänden, des Staates, der Reichsregierung und Behörden, u. der Organisationen: Kultur / Reichsnährstand / Gewerbliche Wirtschaft. Hrsg. ... mit Lexikon-Wegweiser von A-Z. Berlin: "Die deutsche Tat", 1937.

Adressenwerk der Dienststellen der NSDAP mit den Angeschlossenen Verbänden, des Staates, der Reichsregierung - Behörden und der Berufsorganisationen in Kultur - Reichsnährstand - Gewerbliche Wirtschaft. Herausgegeben unter Aufsicht der Reichsleitung der NSDAP - Hauptorganisationsamt, München - unter Mitarbeit der Gauorganisationsämter mit Lexikon=Wegweiser von A-Z. Berlin: "Die deutsche Tat", 1939.

Adressenwerk der Dienststellen der NSDAP. 3. Ausgabe 1941/42. Berlin, 1943.

Bayern in der NS-Zeit. Soziale Lage und politisches Verhalten der Bevölkerung im Spiegel vertraulicher Berichte. Herausgegeben von Martin Broszat, Elke Fröhlich, Falk Wiesemann. München, 1977.

Beckmeier, Bernd W.: Weser-Ems. (Die deutschen Gaue seit der Machtergreifung, Hg. von Paul Meier-Benneckenstein). Berlin, 1941.

Der braune Kalender für Weser Ems 1934. Oldenburg: Druck und Verlag Oldenburgische Staatszeitung, o. J.

Das Buch der deutschen Gaue. Fünf Jahre nationalsozialistische Aufbauleistung. Mit einem Geleitwort von Dr. Otto Dietrich, Reichspressechef der NSDAP. Bayreuth, 1938.

C.I. Handbook Germany. Supreme Headquarters Allied Expeditionary Force. Office of Assistant Chief of Staff, G-2. Counter-Intelligence Sub-Division. Evaluation and Dissemination Section. Revised, April, 1945.

Das deutsche Führer-Lexikon 1934/35. Berlin, 1935.

Das Deutsche Reich von 1918 bis heute. Hrsg. von Cuno Horkenbach. Jg. 1933.

Deutschland-Berichte der Sozialdemokratischen Partei Deutschlands (Sopade). Erster Jahrgang 1934 bis siebter Jahrgang 1940. Frankfurt am Main, 61982.

Domarus, Max: Hitler. Reden und Proklamationen 1932 - 1945. Kommentiert von einem deutschen Zeitgenossen. Band II: Untergang. Zweiter Halbband 1941 - 1945. Wiesbaden, 1973.

Einwohnerbuch der Stadt Delmenhorst 1934. Delmenhorst, 1934.

Einwohnerbuch der Stadt Emden mit den Gemeinden Borssum, Harsweg, Wolthusen. Bremen, 1927.

Einwohnerbuch der Stadt Emden. Ausgabe 1934. Emden, 1934.

Festschrift zum 3. Kreistag der NSDAP- Kreis Vechta vom 12. Juli 1936. Vechta, 1936.

Festschrift zum Kreisparteitag 1934 der NSDAP Kreis Bremen vom 16. bis 18. November 1934 in Bremen. Bremen, 1934.

Gestapo Oldenburg meldet . . . Berichte der Geheimen Staatspolizei und des Innenministers aus dem Freistaat und Land Oldenburg 1933 - 1936. Bearbeitet und eingeleitet von Albrecht Eckardt und Katharina Hoffmann (Veröffentlichungen der Historischen Kommission für Niedersachsen und Bremen; 209). Hannover, 2002.

Gestapo Osnabrück meldet . . . Polizei- und Regierungsberichte aus dem Regierungsbezirk Osnabrück aus den Jahren 1933 - 1936. Bearbeitet und eingeleitet von Gerd Steinwascher (Osnabrücker Geschichtsquellen und Forschungen; 36). Osnabrück, 1995.

Görlitzer, A. (Hrsg.): Adreßbuch der Nationalsozialistischen Volksvertreter. Berlin, 1933.

Heimatkalender für den Kreis Bersenbrück 1933 - 1937, 1939; (Artländer Haus- u. Taschenkalender); zugl. Adressbuch d. Behörden u. Gemeinden. Quakenbrück, 1932-1936, 1938.

Hitler, Adolf: Mein Kampf. Band I: Eine Abrechnung. 3. Auflage 1933. Band II: Die nationalsozialistische Bewegung. 20. Auflage 1933. Band I und II in einem Band. München, 1933.

Hitler, Adolf: Sämtliche Aufzeichnungen 1905 - 1924. Herausgegeben von Eberhard Jäckel zusammen mit Axel Kuhn (Quellen und Darstellungen zur Zeitgeschichte; 21). Stuttgart, 1980.

Hitler, Adolf: "Führer-Erlasse" 1939-1945: Edition sämtlicher überlieferter, nicht im Reichsgesetzblatt abgedruckter, von Hitler während des Zweiten Weltkrieges schriftlich erteilte Direktiven aus den Bereichen Staat, Partei, Wirtschaft, Besatzungspolitik und Militärverwaltung. Zusammengestellt und eingeleitet von Martin Moll. Stuttgart, 1997.

Jahrbuch und Heimatkalender für den Kreis Bersenbrück auf das Jahr 1932 ; (Artländer Haus- und Taschenkalender); zugl. Behörden-Adressbuch. Quakenbrück, 1931.

Jochmann, Werner (Hrsg.): Adolf Hitler. Monologe im Führerhauptquartier 1941-1944. Aufgezeichnet von Heinrich Heim. Herausgegeben und kommentiert von Werner Jochmann. München, 2000.

Kirchliches Handbuch für das katholische Deutschland. Herausgegeben von der amtlichen Zentralstelle für kirchliche Statistik Deutschlands, Köln. Zweiundzwanzigster Band: 1943. Köln, 1943.

Kriminalstatistik für das Jahr 1933. Bearbeitet im Reichsjustizministerium und im statistischen Reichsamt (Statistik des Deutschen Reiches; Bd. 478). Berlin, 1936.

NS-Presseanweisungen der Vorkriegszeit. Edition und Dokumentation. Band 6/I: 1938 Quellentexte Januar bis April. Bearbeitet von Karen Peter. München, 1999.

Ostfreesland. Ein Kalender für Jedermann. 23. Jg. 1936 - 30. Jg. 1943. Norden, o. J.

Partei-Statistik. Stand 1. Januar 1935 (ohne Saargebiet). Hg. NSDAP, Reichsorganisationsleiter. Bearb. Hauptorganisationsamt, Amt für Statistik, verantwortl. Fritz Mehnert/Ludwig Zimmermann. Band 1: Parteimitglieder, o. O. u. J.

Picker, Henry: Hitlers Tischgespräche im Führerhauptquartier. Berlin, 1997.

Der Prozeß gegen die Hauptkriegsverbrecher vor dem internationalen Militärgerichtshof Nürnberg. 40 Bde. Nürnberg, 1947-1949.

Heiber, Helmut (Hrsg.): Reichsführer!...Briefe an und von Himmler. München, 1970.

Schäffle, Albert: Abriß der Soziologie. Tübingen, 1906.

Spencer, Herbert: The works of Herbert Spencer. Volume XI: Social statics, abridged and revised; together with the man versus the state. Reprint of the edition 1892. Osnabrück, 1966.

Spengler, Oswald: Der Untergang des Abendlandes. Umriss einer Morphologie der Weltgeschichte. München, 1963.

Staats-Handbuch des Freistaates Oldenburg 1934 (1931-1933 nicht erschienen). Bearbeitet vom Statistischen Landesamt. Oldenburg, 1935.

Stokes, Lawrence D.: Kleinstadt und Nationalsozialismus. Ausgewählte Dokumente zur Geschichte von Eutin 1918 - 1945. Neumünster, 1984.

Sturm, Gustav: Glaube und Schwert. Worte und Bilder aus Volk und Bewegung. Delmenhorst, 1936.

Sündermann, Helmut: Die Kreisleiter. In: Butjadinger Zeitung, 23. 4. 1936.

Ursachen und Folgen: Vom deutschen Zusammenbruch 1918 und 1945 bis zur staatlichen Neuordnung Deutschlands in der Gegenwart. Eine Urkunden- und Dokumentensammlung zur Zeitgeschichte. Herausgegeben und bearbeitet von Herbert Michaelis und Ernst Schraepler unter Mitwirkung von Dr. Günter Scheel. Sonderausgabe für die Staats- und Kommunalbehörden sowie für Schulen und Bibliotheken. Band 9: Die Zertrümmerung des Parteienstaates und die Grundlegung der Diktatur. Berlin, 1964.

Der Volks-Brockhaus. Leipzig 71939.

Volks-, Berufs- und Betriebszählung 1933. Die berufliche und soziale Gliederung der Bevölkerung in den Ländern und Landesteilen. Heft 14: Provinz Hannover (Statistik des Deutschen Reichs, Bd. 451). Berlin, 1936.

Volks-, Berufs- und Betriebszählung 1933. Die berufliche und soziale Gliederung der Bevölkerung in den Ländern und Landesteilen. Heft 19: Land Oldenburg (Statistik des Deutschen Reichs, Bd. 451). Berlin, 1936.

Volks-, Berufs- und Betriebszählung 1933. Die berufliche und soziale Gliederung der Bevölkerung in den Ländern und Landesteilen. Heft 21: Land Bremen (Statistik des Deutschen Reichs, Bd. 451). Berlin, 1936.

Volks-, Berufs- und Betriebszählung vom 16. Juni 1933. Die Bevölkerung des Deutschen Reichs nach den Ergebnissen der Volkszählung 1933. Heft 3: Die Bevölkerung des Deutschen Reiches nach der Religionszugehörigkeit (Statistik des Deutschen Reichs, Bd. 451). Berlin, 1936.

Volks-, Berufs- und Betriebszählung vom 16. Juni 1933. Berufszählung. die berufliche und soziale Gliederung der Bevölkerung des Deutschen Reichs. Heft: Die Erwerbstätigkeit der Reichsbevölkerung (Statistik des Deutschen Reichs, Bd. 453). Berlin, 1936.

Volks-, Berufs- und Betriebszählung vom 17. Mai 1939. Die Berufstätigkeit der Bevölkerung des Deutschen Reichs. Heft 1: Die Reichsbevölkerung nach Haupt- und Nebenberuf (Statistik des Deutschen Reichs, Bd. 556). Berlin, 1943.

Volks-, Berufs- und Betriebszählung vom 17. Mai 1939. Ergebnisse der Volks-, Berufs- und landwirtschaftlichen Betriebszählung 1939 in den Gemeinden. Heft 8: Provinz Hannover, Oldenburg, Braunschweig, Bremen, Schaumburg-Lippe (Statistik des Deutschen Reichs, Bd. 559). Berlin, 1943.

Walkenhorst, Heinrich: Der Gau Weser-Ems. In: Oldenburgische Volkszeitung, 29. 5. 1937

Willenborg, Rudolf: Die Schule muß bedingungslos nationalsozialistisch sein. Erziehung und Unterricht im Dritten Reich (Dokumente und Materialien zur Geschichte und Kultur des Oldenburger Münsterlandes; 2). Vechta, 1986.

11.4 Zeitungen

(U) = unvollständig überliefert, (SU) = sehr unvollständig überliefert

	Ausgewertet	Fundort
Der Ammerländer	1. 9. 1933 - 30. 6. 1936 1. 4. 1938 - 31. 12. 1939	Landesbibliothek Oldenburg
Bersenbrücker Kreisblatt	1. 7. - 30. 9. 1937	Staatsarchiv Osnabrück
Blatt der Ostfriesen[1480]	1. 7. - 5. 8. 1938 1. 10. - 15. 11. 1938	Stadtarchiv Emden
Bremer Nationalsozialistische Zeitung	10. 1. 1931 - 31. 1. 1933 1. 7. - 31. 7. 1938 1. 10. - 31. 12. 1939	Staats- und Universitätsbibliothek Bremen
Butjadinger Zeitung	1. 1. - 31. 10. 1934 1. 10. - 30. 11. 1935 1. 4. - 5. 5. 1936 1. 10. - 30. 11. 1937 1. 4. - 5. 5. 1939	Landesbibliothek Oldenburg
Delmenhorster Kreisblatt	1. 5. 1933 - 2. 4. 1935 1. 1. - 22. 2. 1936 1. 4. - 30. 6. 1936 1. 10. 1938 - 28. 2. 1939	Landesbibliothek Oldenburg
Emder Zeitung	1. 5. - 31. 7. 1933 1. 9. - 9. 10. 1933 1. 11. - 31. 12. 1934 1. 12. - 31. 12. 1935	Stadtarchiv Emden
Der Emsländer (U)	1. 8. 1933 - 30. 6. 1934 1. 1. - 30. 6. 1935 1. 1. - 30. 6. 1936	Staatsarchiv Osnabrück
Ems-Zeitung	1. 5. - 31. 7. 1933 1. 1. - 31. 3. 1934 1. 10. 1936 - 31. 1. 1937 1. 6. - 30. 6. 1938 1. 10. - 22. 11. 1938	Staatsarchiv Osnabrück
Der Freiheitskämpfer	1. 8. 1932 - 31. 3. 1933	Landesbibliothek Oldenburg
Friesoyther Tageblatt	1. 4. - 30. 6. 1934 1. 10. 1935 - 31. 3. 1936 1. 1. - 31. 3. 1937 1. 8. - 31. 12. 1937 1. 6. - 31. 8. 1938	Landesbibliothek Oldenburg
Haselünner Zeitung (SU)	1. 4. - 31. 12. 1933 1. 7. - 31. 12. 1938	Staatsarchiv Osnabrück
Huder Zeitung	1. 10. - 15. 11. 1935 1. 10. - 15. 11. 1936	Landesbibliothek Oldenburg
Jeversches Wochenblatt	1. 9. - 31. 10. 1935 1. 4. - 30. 4. 1936 1. 4. - 30. 4. 1937 1. 5. - 31. 8. 1938	Landesbibliothek Oldenburg
Lingener Kreisblatt	1. 4. - 30. 6. 1936	Staatsarchiv Osnabrück
Meller Kreisblatt	1. 1. - 31. 3. 1935	Staatsarchiv Osnabrück
Münsterländische Tageszeitung	1. 1. - 30. 4. 1938	Landesbibliothek Oldenburg

---

[1480] Archiviert im Stadtarchiv Emden unter „Emder Zeitung"

Nordhorner Anzeiger	1. 7. 1933 - 31. 3. 1934	Staatsarchiv Osnabrück
Nordhorner Nachrichten	1. 4. - 31. 12. 1938	Staatsarchiv Osnabrück
Oldenburger Nachrichten für Stadt und Land	1. 10. - 31. 10. 1935 25. 9. - 7. 11. 1938 1. 1. - 31. 12. 1941	Landesbibliothek Oldenburg
Oldenburgische Staatszeitung	1. 4. 1933 - 31. 12. 1940 3. 5. 1943 - 3. 5. 1945	Landesbibliothek Oldenburg
Oldenburgische Volkszeitung	1. 4. 1933 - 6. 4. 1945	Heimatbücherei Vechta
Osnabrücker Kreisblatt	1. 10. - 7. 11. 1938	Staatsarchiv Osnabrück
Osnabrücker Tageblatt	1. 10. - 31. 12. 1933 1. 3. - 31. 5. 1936 1.10. - 30. 11. 1938 1. 6. - 31. 7. 1939	Staatsarchiv Osnabrück
Ostfriesische Nachrichten	1. 1. - 30. 6. 1934 1. 1. - 30. 6. 1937	Landschaftsbibliothek Aurich
Ostfriesische Tageszeitung (Ausgabe Emden)	1. 7. - 31. 12. 1936 1. 7. - 31. 12. 1938	Stadtarchiv Emden
Ostfriesische Tageszeitung (Ausgabe Leer)	1. 10. - 31. 12. 1936 1. 7. - 31. 12. 1938	Landschaftsbibliothek Aurich
Wildeshauser Zeitung	1. 8. - 30. 9. 1935 1. 1. - 30. 6. 1939	Landesbibliothek Oldenburg
Wilhelmshavener Kurier	1. 1. - 31. 10. 1933 1. 4. - 1. 6. 1934 1. 5. - 30. 6. 1938 1. 10. - 31. 12. 1938 16. 7. 1941 - 31. 12. 1942 16. 3. - 31. 12. 1943	Landesbibliothek Oldenburg
Wilhelmshavener Zeitung	1. 7. - 30. 9. 1938 1. 4. - 31. 5. 1939	Landesbibliothek Oldenburg
Wittlager Kreisblatt	1. 4. - 30. 6. 1933 1. 7. - 30. 9. 1935	Staatsarchiv Osnabrück
Zeitung u. Anzeigenblatt Bentheim	1. 7. - 10. 11. 1933 1. 9. - 31. 10. 1937 1. 1. - 31. 10. 1939	Staatsarchiv Osnabrück

11.5 Darstellungen

Abendroth, Wolfgang/Lenk, Kurt (Hrsg.): Einführung in die politische Wissenschaft. München, 51979.

Akkermann, Annelene: Aufstieg und Machtergreifung der Nationalsozialisten im Rheiderland 1929 - 1936. In: Reyer, Herbert (Hrsg.): Ostfriesland zwischen Republik und Diktatur (Abhandlungen und Vorträge zur Geschichte Ostfrieslands; Bd. 76). Aurich, 1998. S. 239 - 298.

Albers, Hans-Joachim: Zur NS-Machtergreifung in Papenburg/Ems - Wie Bürgermeister Jaeger gestürzt wurde: Anatomie einer Intrige. In: Emsländische Geschichte 7. Herausgegeben von der Studiengesellschaft für Emsländische Regionalgeschichte. Dohren, 1998. S. 33 - 62.

Albers, Hans-Joachim: Gerhard Buscher. In: Emsländische Geschichte 6. Herausgegeben von der Studiengesellschaft für Emsländische Regionalgeschichte. Dohren, 1997. S. 182-189.

Appelius, Stefan: Die Stunde Null, die keine war. Restauration und Remilitarisierung in Wilhelmshaven. Hamburg, 1986.

Appelius, Stefan/Feuerlohn, Bernd: Die braune Stadt am Meer. Wilhelmshavens Weg in die Diktatur. Hamburg, 1985.

Arbogast, Christine: Herrschaftsinstanzen der württembergischen NSDAP. Funktion, Sozialprofil und Lebenswege einer regionalen NS-Elite 1920 - 1960 (Nationalsozialismus und Nachkriegszeit in Südwestdeutschland, Bd. 7). München, 1998.

Arbogast, Christine/Gall, Bettina: Aufgaben und Funktionen des Gauinspekteurs, der Kreisleitung und der Kreisgerichtsbarkeit der NSDAP in Württemberg. In: Rauh-Kühne, Cornelia/Ruck, Michael (Hrsg.): Regionale Eliten zwischen Diktatur und Demokratie. Baden und Württemberg 1930 - 1952. München, 1993. S. 151-169.

Aurich im Nationalsozialismus. Im Auftrage der Stadt Aurich herausgegeben von Herbert Reyer. Aurich, 1989.

Baeyer-Katte, Wanda von: Das Verlockende am NS-Führerprinzip. In: Autoritarismus und Nationalismus - ein deutsches Problem? Bericht über eine Tagung veranstaltet vom Institut für staatsbürgerliche Bildung Rheinland-Pfalz im Fridtjof-Nansen-Haus in Ingelheim geleitet von Prof. Dr. Karl Holzamer (Politische Psychologie; 2). Frankfurt a. Main, 1963.

Bärsch, Claus Ekkehard: Die politische Religion des Nationalsozialismus: die religiöse Dimension der NS-Ideologie in den Schriften von Dietrich Eckart, Joseph Goebbels, Alfred Rosenberg und Adolf Hitler. München, 1998.

Baumann, Willi: "Fleißig und strebsam, seit langem heftiger Gegner des Zentrums. Zuverlässiger Nationalsozialist." Die Karriere des katholischen Schulrates Dr. Anton Kohnen unter der nationalsozialistischen Regierung in Oldenburg. In: Baumann, Willi/Hirschfeld, Michael (Hrsg.): Christenkreuz oder Hakenkreuz. Zum Verhältnis von katholischer Kirche und Nationalsozialismus im Land Oldenburg. Vechta, 1999. S. 71-147.

Baumgärtner, Raimund: Weltanschauungskampf im Dritten Reich. Die Auseinandersetzung der Kirchen mit Alfred Rosenberg (Veröffentlichungen der Kommission für Zeitgeschichte: Reihe B, Forschungen; Bd. 22). Mainz, 1977.

Biographisches Lexikon für Ostfriesland. Erster Band. Herausgegeben im Auftrag der Ostfriesischen Landschaft von Martin Tielke. Aurich, 1993.

Biographisches Lexikon für Ostfriesland. Zweiter Band. Herausgegeben im Auftrag der Ostfriesischen Landschaft von Martin Tielke. Aurich, 1997.

Birn, Ruth Bettina: Die Höheren SS- und Polizeiführer. Himmlers Vertreter im Reich und den besetzten Gebieten. Düsseldorf, 1986.

Bracher, Karl Dietrich/Sauer, W./Schulz, G. (Hrsg.): Die nationalsozialistische Machtergreifung. Studien zur Errichtung des totalitären Herrschaftssystems in Deutschland 1933/34. Düsseldorf, 1960.

Bremische Biographie 1912-1962. Herausgegeben von der Historischen Gesellschaft zu Bremen und dem Staatsarchiv Bremen. In Verbindung mit Fritz Peters und Karl H. Schwebel bearbeitet von Wilhelm Lührs. Bremen, 1969.

Broszat, Martin: Zur Struktur der NS-Massenbewegung. In: Vierteljahreshefte für Zeitgeschichte 1 (1983), S. 52-76.

Burns, James MacGregor: Leadership. New York, 1979.

Delbanco, Hillard: Kirchenkampf in Ostfriesland 1933-1945. Die evangelisch-lutherischen Kirchengemeinden in den Auseinandersetzungen mit den Deutschen Christen und dem Nationalsozialismus (Abhandlungen und Vorträge zur Geschichte Ostfrieslands; Bd. 68). Aurich, 2. durchgesehene und um ein Vorwort ergänzte Auflage 1989.

Diehl-Thiele, Peter: Partei und Staat im Dritten Reich. Untersuchungen zum Verhältnis von NSDAP und allgemeiner innerer Staatsverwaltung 1933-1945. München, 21971.

Dreitzel, Hans P.: Elitebegriff und Sozialstruktur. Eine soziologische Begriffsanalyse. Stuttgart, 1962.

Eckhardt, Albrecht: Von der bürgerlichen Revolution zur nationalsozialistischen Machtübernahme. Der oldenburgische Landtag und seine Abgeordneten 1848 - 1933 (Oldenburger Forschungen; N. F., Bd. 1). Oldenburg, 1996.

Erdmann, Karl Dietrich: Deutschland unter der Herrschaft des Nationalsozialismus 1933-1939 (Gebhardt Handbuch der deutschen Geschichte; Bd. 20. München, 91993.

Falter, Jürgen W.: Radikalisierung des Mittelstandes oder Mobilisierung der Unpolitischen? Die Theorien von Seymour Martin Lipset und Reinhard Bendix über die Wählerschaft der NSDAP im Lichte neuerer Forschungsergebnisse. In: Peter Steinbach (Hrsg.): Probleme politischer Partizipation im Modernisierungsprozeß. Stuttgart, 1982. S. 438 - 469.

Falter, Jürgen W.: Hitlers Wähler. München, 1991.

Falter, Jürgen W./Kater, Michael H.: Wähler und Mitglieder der NSDAP. Neue Forschungsergebnisse zur Soziographie des Nationalsozialismus 1925 bis 1933. In: Geschichte und Gesellschaft 1993, S. 155 - 177.

Forster, Hans jun./Schwickert, Günther: Norden - Eine Kreisstadt unterm Hakenkreuz. Norden, 21988.

Freund, Michael: Elite - Auswahl der Besten? Vorstellungen und Wirklichkeit (Schriftenreihe der Akademie Sankelmark, Neue Folge; Heft 35). O. O., 1977.

Gelhaus, Hubert: 365 ganz normale Tage. Beobachtungen zum nationalsozialistischen Alltag in Cloppenburg und Umgebung (Südoldenburg). Oldenburg, 1988.

Gelhaus, Hubert: Das politisch-soziale Milieu in Südoldenburg von 1803 bis 1936. Band 4: Die nationalsozialistische Zeit von 1932/33 bis 1936. Oldenburg, 2001.

Geschichte des Landes Oldenburg. Ein Handbuch. Im Auftrag der Oldenburgischen Landschaft herausgegeben von Albrecht Eckhardt in Zusammenarbeit mit Heinrich Schmidt. Oldenburg, 1987.

Gesellschaft und Staat. Lexikon der Politik. Herausgegeben von Hanno Drechsler, Wolfgang Hilligen und Franz Neumann. Redaktion: Franz Neumann. München: 9. neubearbeitete und erweiterte Auflage 1995.

Glöckner, Paul Wilhelm: Delmenhorst unter dem Hakenkreuz.
Band I: Aufstieg und Machtübernahme der NSDAP in Delmenhorst von 1926 bis 33. Delmenhorst: Selbstverlag des Verfassers, 1982.
Band II: Der Widerstand. Delmenhorst: Selbstverlag des Verfassers, 1983.
Band III: Kriegsvorbereitung in Delmenhorst. Propaganda und Gleichschaltung, von 1933 bis 1939. Ganderkesee: Selbstverlag des Verfassers, 1987.

Goertz, Dieter: Juden in Oldenburg 1930-1938 (Oldenburger Studien; Bd. 28). Oldenburg, 1988.

Göken, Johannes: Der Kampf um das Kreuz in der Schule. Mit einem Vorwort von Professor Dr. Joachim Kuropka. Bösel, 31986.

Green, Leslie: The Authority of the State. Oxford, 1988.

Grützner, Friedhelm: Das Verhältnis von NSDAP und Bremer Senat im Spiegel national-sozialistischer Stimmungsberichte. In: Bremisches Jahrbuch 79 (2000), S. 116-144.

Günther, Wolfgang: Das Land Oldenburg unter nationalsozialistischer Herrschaft. In: Oldenburger Jahrbuch 1985, S. 111-129.

Günther, Wolfgang: Freistaat und Land Oldenburg (1918 - 1946). In: Geschichte des Landes Oldenburg. Ein Handbuch. Im Auftrag der Oldenburgischen Landschaft herausgegeben von Albrecht Eckhardt in Zusammenarbeit mit Heinrich Schmidt. Oldenburg, 1987. S. 403-490.

Haffner, Sebastian: Anmerkungen zu Hitler. Frankfurt/M., 1981.

Hamann, Brigitte: Hitlers Wien. Lehrjahre eines Diktators. München, 61997.

Hamilton, Richard F.: Hitler's Electoral Support: Recent Findings and Theoretical Implications. In: Canadian Journal of Sociology 11, 1986, S. 1-34.

Hanschmidt, Alwin: Das Ergebnis der Reichstags"wahl" von 1936 im Amt Vechta. In: Jahrbuch für das Oldenburger Münsterland 1988. S. 89-107.

Harms, Ingo: Der plötzliche Tod des Oldenburger Gauleiters Carl Röver. In: Das Land Oldenburg. Mitteilungsblatt der Oldenburgischen Landschaft Nr. 102, I. Quartal 1999. S. 1-8.

Heberle, Rudolf: Landbevölkerung und Nationalsozialismus. Stuttgart, 1963.

Hehemann, Rainer: Damme unter dem Hakenkreuz 1933 - 1945. In: Damme. Eine Stadt in ihrer Geschichte. Sigmaringen, 1993.

Hehl, Ulrich von: Nationalsozialistische Herrschaft (Enzyklopädie deutscher Geschichte; Bd. 39). München, 1996.

Hennen, Manfred/Prigge, Wolfgang-Ulrich: Autorität und Herrschaft (Erträge der Forschung; Bd. 75). Darmstadt, 1977.

Herlemann, Beatrix: Der Bauer klebt am Hergebrachten. Bäuerliche Verhaltensweisen unterm Nationalsozialismus auf dem Gebiet des heutigen Landes Niedersachsen. Hannover, 1993.

Herzog, Dietrich: Politische Führungsgruppen. Probleme und Ergebnisse der modernen Elitenforschung (Erträge der Forschung; Bd. 169). Darmstadt, 1982.

Herzog, Dietrich: Politik als Beruf: Max Webers Einsichten und die Bedingungen der Gegenwart. In: Klingemann, Hans-Dieter/Luthardt, Wolfgang (Hrsg.): Wohlfahrtsstaat, Sozialstruktur und Verfassungsanalyse (Schriftenreihe des Zentralinstituts für sozialwissenschaftliche Forschung der Freien Universität Berlin; Bd. 70). Opladen, 1993. S. 107-126.

Heuzeroth, Günter (Hrsg.): Unter der Gewaltherrschaft des Nationalsozialismus 1933 - 1945. Band I: Verfolgte aus politischen Gründen. Dargestellt an den Ereignissen in Weser-Ems. Oldenburg, 1989.

Hildebrand, Klaus: Monokratie oder Polykratie? Hitlers Herrschaft und das Dritte Reich. In: Bracher, Karl Dietrich/Funke, Manfred/Jacobsen, Hans-Adolf (Hrsg): Nationalsozialistische Diktatur 1933 - 1945. Eine Bilanz (Bonner Schriften zur Politik und Zeitgeschichte; 21). Düsseldorf, 1981. S. 73 - 96.

Hilger, Dietrich: Herrschaft. In: Geschichtliche Grundbegriffe. Historisches Lexikon zur politisch-sozialen Sprache in Deutschland. Herausgegeben von Otto Brunner, Werner Conze und Reinhart Koselleck. Band 3 H - Me. Stuttgart, 1982.

Hinrichs, Wilfried: Die emsländische Presse unter dem Hakenkreuz. Sögel, 1990.

Hirschfeld, Gerhard/Kettenacker, Lothar (Hrsg.): Der "Führerstaat": Mythos und Realität. Studien zur Struktur und Politik des Dritten Reiches (Veröffentlichungen des Deutschen Historischen Instituts London, Bd. 8). Stuttgart, 1981.

Höffkes, Karl: Hitlers politische Generale. Die Gauleiter des Dritten Reiches. Ein biographisches Nachschlagewerk. Tübingen, 1986.

Hüttenberger, Peter: Die Gauleiter. Studie zum Wandel des Machtgefüges in der NSDAP (Schriftenreihe der Vierteljahreshefte für Zeitgeschichte; 19). Stuttgart, 1969.

Hüttenberger, Peter: Nationalsozialistische Polykratie. In: Geschichte und Gesellschaft (1976), S. 417-442.

Jaeggi, Urs: Die gesellschaftliche Elite. Eine Studie zum Problem der sozialen Macht. Stuttgart, 2. erweiterte Auflage 1967.

Käsler, Dirk: Max Weber. Eine Einführung in Leben, Werk und Wirkung. Frankfurt a. M., 1995.

Kershaw, Ian: Der Hitler-Mythos. Volksmeinung und Propaganda im Dritten Reich (Schriftenreihe der Vierteljahreshefte für Zeitgeschichte; 41). Stuttgart, 1980.

Kilian, Rainer: Chronik der Gemeinde Emstek. Vechta, 1987.

Klefisch, Peter (Bearb.): Die Kreisleiter der NSDAP in den Gauen Köln-Aachen, Düsseldorf und Essen (Veröffentlichungen der staatlichen Archive des Landes Nordrhein-Westfalen; Reihe C: Quellen und Forschungen; Bd. 45). Düsseldorf 2000.

Klingemann, Hans-Dieter/Stöss, Richard/Weßels, Bernhard: Politische Klasse und politische Institutionen. In: Klingemann, Hans-Dieter/Stöss, Richard/Weßels, Bernhard: Politische Klasse und politische Institutionen. Probleme und Perspektiven der Elitenforschung (Schriften des Zentralinstitut für sozialwissenschaftliche Forschung der Freien Universität Berlin; Bd. 66). Opladen, 1991. S. 9-36.

Koch, Hannsjoachim W.: Der Sozialdarwinismus. Seine Genese und sein Einfluß auf das imperialistische Denken. München, 1973.

Koch, Karl: Kirchenkampf in der Grafschaft Bentheim. Die Verhaftung der Niedergrafschafter Pastoren Busmann, Gründler und Saueressig am 16. März 1935. In: Bentheimer Jahrbuch 1985. S. 133-138.

Koch, Karl: Kirchengeschichtlicher Streifzug durch die Niedergrafschaft zur Zeit des Nationalsozialismus. Ein Reiseprediger der "Bekennenden Kirche" erinnert sich. In: Bentheimer Jahrbuch (Das Bentheimer Land; Bd. 145). S. 181-190.

Köhler, Joachim: Wagners Hitler. Der Prophet und sein Vollstrecker. München, 1997.

Kratzsch, Gerhard: Der Gauwirtschaftsapparat der NSDAP. Menschenführung - "Arisierung" - Wehrwirtschaft im Gau Westfalen-Süd. Eine Studie zur Herrschaftspraxis im totalitären Staat (Veröffentlichungen des Provinzialinstituts für Westfälische Landes- und Volksforschung des Landschaftsverbandes Westfalen-Lippe; Bd. 27). Münster, 1989.

Krebs, Albert: Tendenzen und Gestalten der NSDAP. Erinnerungen an die Frühzeit der Partei von Albert Krebs (Quellen und Darstellungen zur Zeitgeschichte; Bd. 6). Stuttgart, 1959.

Kühl, Stefan: Die Internationale der Rassisten. Aufstieg und Niedergang der internationalen Bewegung für Eugenik und Rassenhygiene im 20. Jahrhundert. Frankfurt/Main, 1997.

Kühling, Karl: Osnabrück 1933-1945. Stadt im Dritten Reich. Osnabrück, 21980.

Kuropka, Joachim: Die Reichstagswahlen im Oldenburger Münsterland 1918 - 1933. In: Jahrbuch für das Oldenburger Münsterland 1979. S. 52-71.

Kuropka, Joachim: Für Wahrheit, Recht und Freiheit - gegen den Nationalsozialismus (Dokumente und Materialien zur Geschichte und Kultur des Oldenburger Münsterlandes; Bd. 1). Vechta, 1983.

Kuropka, Joachim: Cloppenburg als Ort des Widerstandes gegen den Nationalsozialismus. In: Beiträge zur Geschichte der Stadt Cloppenburg. Band 2: Cloppenburg nach 1900 - eine Stadt im Wandel. Herausgegeben von der Stadt Cloppenburg. Cloppenburg, 1988. S. 28 - 53.

Kuropka, Joachim (Hrsg.): Zur Sache - das Kreuz! Untersuchungen zur Geschichte des Konflikts um Kreuz und Lutherbild in den Schulen Oldenburgs. Zur Wirkungsgeschichte eines

Massenprotests und zum Problem nationalsozialistischer Herrschaft in einer agrarisch-katholischen Region. Vechta, 21987.

Lang, Jochen von: Der Sekretär. Martin Bormann: Der Mann, der Hitler beherrschte. Unter Mitarbeit von Claus Sibyll. Stuttgart, 1977.

Lasswell, Harold D./Lerner, Daniel: World Revolutionary Elites. Studies in Coercive Ideological Movements. Cambridge, Massachusetts, 1965.

Lautmann, Rüdiger: Wert und Norm. Begriffsanalysen für die Soziologie. Opladen, 1971.

Lehmann, Sebastian: Kreisleiter der NSDAP in Schleswig-Holstein. Möglichkeiten eines sammelbiographischen Ansatzes. In: Ruck, Michael/Pohl, Karl Heinrich (Hrsg.): Regionen im Nationalsozialismus. Bielefeld, 2003. S. 147-156.

Lensing, Helmut: Zum Konflikt zwischen Nationalsozialismus und Kirche im Emsland bis zur Lingener Blockhütten-Affäre 1935. In: Emsländische Geschichte 3. Herausgegeben von der Studiengesellschaft für Emsländische Regionalgeschichte. Bremen, 1993. S. 125-154.

Lensing, Helmut: Die nationalsozialistische Gleichschaltung der Landwirtschaft im Emsland und der Grafschaft Bentheim. In: Emsländische Geschichte 4. Herausgegeben von der Studiengesellschaft für Emsländische Regionalgeschichte. Bremen, 1994. S. 45-125.

Lerner, Daniel: The Nazi Elite. Stanford, 1951.

Lerner, Daniel: The Nazi Elite. In: Lasswell, Harold D./Lerner, Daniel: World Revolutionary Elites. Studies in Coercive Ideological Movements. Cambridge, Massachusetts, 1965. S. 194 - 318.

Lexikon der Politik. Herausgegeben von Dieter Nohlen. Band 7: Politische Begriffe. Herausgegeben von Dieter Nohlen, Rainer-Olaf Schultze und Suzanne S. Schüttemeyer. München, 1998.

Löw, Konrad: Die Schuld. Christen und Juden im Urteil der Nationalsozialisten und der Gegenwart. Gräfelfing, 2002.

Lüpke-Müller, Inge: Eine Region im politischen Umbruch. Der Demokratisierungsprozeß in Ostfriesland nach dem Zweiten Weltkrieg (Abhandlungen und Vorträge zur Geschichte Ostfrieslands, Bd. 77). Aurich, 1998.

Lüpke-Müller, Inge: Der Landkreis Wittmund zwischen Monarchie und Diktatur. Politische Strukturen und Wahlergebnisse von 1918 bis 1933. In: Ostfriesland zwischen Republik und Diktatur. Herausgegeben von Herbert Reyer (Abhandlungen und Vorträge zur Geschichte Ostfrieslands; Bd. 76). Aurich, 1998. S. 11 - 84.

Mann, Reinhard: Protest und Kontrolle im Dritten Reich. Nationalsozialistische Herrschaft im Alltag einer rheinischen Großstadt (Studien zur historischen Sozialwissenschaft; Bd. 6). Frankfurt a. Main, 1987.

Mannheim, Karl: Mensch und Gesellschaft im Zeitalter des Umbaus. Darmstadt, 1958.

Manns, Hergen: Das Scheitern der Weimarer Republik und die nationalsozialistische Machtübernahme in Wilhelmshaven-Rüstringen. Zwei Städte im Schatten der Reichsmarine (Oldenburger Studien; Bd. 42). Oldenburg, 1998.

Marßolek, Inge/Ott, René: Bremen im Dritten Reich. Anpassung - Widerstand - Verfolgung. Unter Mitarbeit von Peter Brandt, Hartmut Müller, Hans-Josef Steinberg. Bremen, 1986.

Meiners, Werner: Menschen im Landkreis Oldenburg 1918-1945. Oldenburg, 1995.

Meyer, Enno: Auf dem Wege zur Macht. Die NSDAP, ihre Wegbereiter und ihre Gegner in einer norddeutschen Stadt. Frankfurt a. Main, 1981.

Meyer, Enno: Geschichte der Delmenhorster Juden 1695-1945 (Oldenburger Studien; Bd. 26). Oldenburg, 1985.

Meyer, Enno (Hrsg.): Die Synagogen des Oldenburger Landes. Im Auftrag der Gesellschaft für Christlich-Jüdische Zusammenarbeit Oldenburg. Oldenburg, 1988.

Michels, Robert: Zur Soziologie des Parteiwesens in der modernen Demokratie. Untersuchungen über die oligarchischen Tendenzen des Gruppenlebens. Neudruck der zweiten Auflage. Herausgegeben und mit einem Nachwort versehen von Werner Conze. Stuttgart, 1970.

Mickel, Wolfgang (Hrsg.): Handlexikon zur Politikwissenschaft (Schriftenreihe der Bundeszentrale für politische Bildung; Bd. 237). Bonn, 1986.

Mohrmann, Wolf-Dieter: Vom Ersten zum Zweiten Weltkrieg. In: Geschichte der Stadt Papenburg. Hrsgg. von Wolf-Dieter Mohrmann. Papenburg, 1986. S. 203-248.

Möller, Josef: 1932: Der Fall Lüchtenborg. Anmerkungen zu einem Ereignis vor 70 Jahren. In: Jahrbuch für das Oldenburger Münsterland 2003. S. 109-125.

Mommsen, Hans: Beamtentum im Dritten Reich. Mit ausgewählten Quellen zur nationalsozialistischen Beamtenpolitik (Schriftenreihe der Vierteljahreshefte für Zeitgeschichte; 13). Stuttgart, 1966.

Mostar, Gerhard Hermann: Der Fall Schlitt. In: Der Stern, Jg. 1954, Nr. 30.

Müller, Hartmut: Bremen und Oldenburg. Freundnachbarliche Konfliktfelder in der Neuzeit (1648-1949). In: Oldenburger Jahrbuch 1982, S. 1-32.

Münzebrock, August: Amtshauptmann in Cloppenburg. Cloppenburg, 1962.

Noakes, Jeremy: The Nazi Party in Lower Saxony 1921-1933. Oxford, 1971.

Nolte, Ernst: Der Faschismus in seiner Epoche. Action francaise - Italienischer Faschismus - Nationalsozialismus. München, 91995.

Pantcheff, T. X. H.: Willi Herold, 19 Jahre alt. Ein deutsches Lehrstück. Köln, 1987.

Pawelka, Peter: Politische Sozialisation (Systematische Politikwissenschaft; 4). Wiesbaden, 1977.

Peukert, Detlev/Reulecke, Jürgen (Hrsg.): Die Reihen fast geschlossen. Beiträge zur Geschichte des Alltags unterm Nationalsozialismus. Wuppertal, 1981.

Pötzsch, Stefan: Der Auricher Regierungspräsident Jann Berghaus 1922 bis 1932. Leistung und Legende. In: Reyer, Herbert (Hrsg.): Ostfriesland zwischen Republik und Diktatur (Abhandlungen und Vorträge zur Geschichte Ostfrieslands; Bd. 76). Aurich, 1998. S. 123-156.

Rademacher, Michael: Handbuch der NSDAP-Gaue 1928-1945. Die Amtsträger der NSDAP und ihrer Organisationen auf Gau- und Kreisebene in Deutschland und Österreich sowie in den Reichsgauen Danzig-Westpreußen, Sudetenland und Wartheland. Vechta, 2000.

Rademacher, Michael: Wer war wer im Gau Weser-Ems. Die Amtsträger der NSDAP und ihrer Organisationen in Oldenburg, Bremen, Ostfriesland sowie der Region Osnabrück-Emsland. Vechta, 2000.

Rademacher, Michael: Abkürzungen des Dritten Reiches. Abbreviations in use in the Third Reich. Ein Handbuch für deutsche und englische Historiker. A Handbook for German and English Historians. Vechta, 2000.

Rademacher, Michael (Hrsg.): Carl Röver. Der Bericht des Reichsstatthalters von Oldenburg und Bremen und Gauleiter des Gaues Weser-Ems über die Lage der NSDAP. Eine Denkschrift aus dem Jahr 1942. Vechta, 2000.

Rademacher, Michael (Hrsg.): Kurt Thiele. Aufzeichnungen und Erinnerungen des "Gauleiters Seefahrt" über die Frühzeit der NSDAP in Bremen. Ein Quellenband zur Geschichte der NSDAP in Bremen und Bremerhaven. Eingeleitet, bearbeit und ergänzt von Michael Rademacher. Vechta, 2000.

Ramsauer, Gerhard: Kirche und Nationalsozialismus in Tossens. Kirchenkampf 1933 - 1945 in einem Marschendorf des Oldenburger Landes (Oldenburger Studien; Bd. 39). Oldenburg, 1997.

Rebentisch, Dieter: Die 'politische Beurteilung' als Herrschaftsinstrument der NSDAP. In: Peukert, Detlev/Reulecke, Jürgen (Hrsg.): Die Reihen fast geschlossen. Beiträge zur Geschichte des Alltags unterm National-sozialismus. Wuppertal, 1981. S. 107-128.

Rebentisch, Dieter: Führerstaat und Verwaltung im Zweiten Weltkrieg. Verfassungsentwicklung und Verwaltungspolitik 1939 - 1945. Stuttgart, 1989.

Rebentisch, Dieter/Teppe, Karl (Hrsg.): Verwaltung contra Menschenführung. Studien zum politisch-administrativen Syspem. Göttingen, 1986.

Recker, Klemens-August: "Wem wollt ihr glauben?" Bischof Berning im Dritten Reich. Paderborn, 1998.

Reeken, Dietmar von: Ostfriesland zwischen Weimar und Bonn. Eine Fallstudie zum Problem der historischen Kontinuität am Beispiel der Städte Aurich und Emden. Hildesheim, 1991.

Reeken, Dietmar von: Heimatbewegung, Kulturpolitik und Nationalsozialismus. Die Geschichte der "Ostfriesischen Landschaft" 1918-1949 (Abhandlungen und Vorträge zur Geschichte Ostfrieslands: Bd. 75). Aurich, 1995.

Reichert, Olaf: Wir müssen doch in die Zukunft sehen. Die Entnazifizierung in der Stadt Oldenburg unter britischer Besatzungshoheit 1945-1947. Oldenburg, 1998.

Reyer, Herbert (Hrsg.): Ostfriesland zwischen Republik und Diktatur (Abhandlungen und Vorträge zur Geschichte Ostfrieslands; Bd. 76). Aurich, 1998.

Rinklake, Hubert: Katholisches Milieu und Nationalsozialismus - Traditionelle Verhaltensweisen und gesellschaftlicher Umbruch im Emsland vom Ende des Kaiserreiches bis zur Bundesrepublik Deutschland (phil. Diss.). Göttingen, 1994.

Rohr, Werner: Nationalbolschewistische Tendenzen in der Nordhorner NSDAP. In: Bentheimer Jahrbuch 1987. S. 107-112.

Rönnpag, Otto: Nationalsozialistische "Machtergreifung" im oldenburgischen Landesteil Lübeck 1932/33. In: Oldenburger Jahrbuch 1988, S. 57-73.

Roth, Claudia: Parteikreis und Kreisleiter der NSDAP unter besonderer Berücksichtigung Bayerns (Schriftenreihe zur bayerischen Landes-geschichte, Bd. 107). München, 1997.

Ruck, Michael/Pohl, Karl Heinrich (Hrsg.): Regionen im Nationalsozialismus. Bielefeld, 2003.

Ruppert, Andreas: Der Kreisleiter in Lippe. Zur Funktion einer Mittelinstanz der NSDAP zwischen Ortsgruppe und Gau. In: Lippische Mitteilungen aus Geschichte und Landeskunde 60 (1991), S. 199-229.

Ruppert, Andreas/Riechert, Hansjörg: Der Nationalsozialismus in Lippe während der Kriegsjahre. Analyse und Dokumentation (Veröffentlichungen der Staatlichen Archive des Landes Nordrhein-Westfalen, Reihe C: Quellen und Forschungen; Band 41). Opladen, 1941.

Sarkisyanz, Manuel: Adolf Hitlers englische Vorbilder: Vom britischen zum ostmärkisch-bajuwarischen Herrenmenschentum. Ketsch am Rhein, 1997.

Schaap, Klaus: Die Endphase der Weimarer Republik im Freistaat Oldenburg 1928 - 1933 (Beiträge zur Geschichte des Parlamentarismus und der politischen Parteien; Bd. 61). Düsseldorf, 1978.

Schaap, Klaus: Oldenburgs Weg ins 'Dritte Reich'. Quellen zur Regionalgeschichte Nordwest-Niedersachsens; Heft 1. Oldenburg, 1983.

Schade, Angelika: Vorstudien für eine neue Soziologie der Masse. Massenhandeln und Interdependenzen zwischen Eliten und Massen (Europäische Hochschulschriften, Reihe XXII Soziologie; Bd. 245). Frankfurt am Main, 1993.

Schirmer, Helmut: Volksschullehrer zwischen Kreuz und Hakenkreuz. Der Untergang des evangelischen Religionsunterrichts an den Volksschulen in Oldenburg während des National-sozialismus (Oldenburger Studien; Bd. 35). Oldenburg, 1995.

Scholtz, Harald: Das nationalsozialistische Reich – kein Erziehungsstaat. In: Erziehungsstaaten. Historisch-vergleichende Analysen ihrer Denktraditionen und nationaler Gestalten. Herausgegeben von Dietrich Benner, Jürgen Schriewer und Heinz-Elmar Tenorth. S. 131-144.

Schöps-Potthoff, Martina: Exkurs: Die veranstaltete Masse. Nürnberger Reichsparteitage der NSDAP. In: Soziologie der Masse. Herausgegeben von Helge Pross und Eugen Buß in Zusammenarbeit mit Alois Heinemann, Joachim Klewes und Martina Schöps-Potthoff. Heidelberg, 1984. S. 148-170.

Schwabe, Klaus (Hrsg.): Die preußischen Oberpräsidenten 1815 - 1945. Boppard am Rhein, 1985.

Schwarz, Max: MdR. Biographisches Handbuch der Reichstage. Hannover, 1965.

Schwarzwälder, Herbert: Carl Röver (1889-1942). Ein Feind Bremens? In: Berühmte Bremer. München, 1972. S. 231-244.

Schwarzwälder, Herbert: Bremen und Nordwestdeutschland am Kriegsende 1945. Band I: Die Vorbereitung auf den Endkampf. Bremen, 1972.

Schwarzwälder, Herbert: Bremen in der Weimarer Republik (1918-1933). Geschichte der Freien Hansestadt Bremen; Bd. 3. Hamburg, 1983.

Schwarzwälder, Herbert: Bremen in der NS-Zeit: (1933-1945). Geschichte der Freien Hansestadt Bremen; Bd. 4. Hamburg, 1985.

Semmler, Rolf: Machteliten. Versuch einer kritischen Auseinandersetzung mit ausgewählten theoretischen, empirischen und begrifflichen Ansätzen. Köln, 1980.

Sommer, Karl-Ludwig: Nationalsozialistische Herrschaft und Evangelische Kirche in oldenburgischen Landgemeinden. In: Oldenburger Jahrbuch 1992. S. 163 - 186.

Sommer, Karl-Ludwig: Bekenntnisgemeinschaft und bekennende Gemeinden in Oldenburg in den Jahren der nationalsozialistischen Herrschaft. Evangelische Kirchlichkeit und nationalsozialistischer Alltag in einer ländlichen Region (Veröffentlichungen der historischen Kommission für Niedersachsen und Bremen; 39: Niedersachsen 1933-1945; Bd. 5). Hannover, 1993.

Staatsdienerverzeichnis 1859-1930. Die höheren Beamten des Großherzogtums und Freistaats Oldenburg mit den Landesteilen Oldenburg, Lübeck und Birkenfeld (Veröffentlichungen der Niedersächsischen Archivverwaltung; Inventare und kleiner Schriften des Staatsarchivs in Oldenburg, Heft 40). Hrsg. von Albrecht Eckhardt und Matthias Nistahl. Oldenburg, 1994.

Steffani, Winfried: Pluralismustheorien. In: Wolfgang Mickel (Hrsg.): Handlexikon zur Politikwissenschaft (Schriftenreihe der Bundeszentrale für politische Bildung; Bd. 237). Bonn, 1986. S. 344 - 349.

Steinwascher, Gerd: Die Odyssee des Windthorst-Denkmals in Meppen - ein "Jahrhundertdrama". In: Jahrbuch des Emsländischen Heimatbundes 1995, S. 60 - 73.

Steinwascher, Gerd: Mit der "Roten Fahne" in den Untergang - Der Widerstand der KPD gegen den Nationalsozialismus im Emsland nach der Machtergreifung. In: Jahrbuch des Emsländischen Heimatbundes 2001. S. 85-113.

Stelbrink, Wolfgang: Der preußische Landrat im Nationalsozialismus. Studien zur national-sozialistischen Personal- und Verwaltungspolitik auf Landkreisebene (Internationale Hochschulschriften; Bd. 255). Münster/Westfalen, 1998.

Stelbrink, Wolfgang: Die Kreisleiter der NSDAP in Westfalen und Lippe. Versuch einer Kollektivbiographie mit biographischem Anhang. Münster, 2003.

Stelbrink, Wolfgang: Die Kreisleiter der NSDAP in den beiden westfälischen Parteigauen. In: Ruck, Michael/Pohl, Karl Heinrich (Hrsg.): Regionen im Nationalsozialismus. Bielefeld, 2003. S. 157-187.

Stockhorst, Erich: Fünftausend Köpfe: wer war was im 3. Reich. Kiel 21985.

Stöver, Bernd: Volksgemeinschaft im Dritten Reich. Die Konsensbereitschaft der Deutschen aus der Sicht sozialistischer Exilberichte.

Teuber, Werner: Jüdische Viehhändler in Ostfriesland und im nördlichen Emsland 1871-1942. Cloppenburg, 1995.

Tischner, Wolfgang: Katholische Kirche in der SBZ/DDR 1945-1951. Die Formierung einer Subgesellschaft im entstehenden sozialistischen Staat (Veröffentlichungen der Kommission für Zeitgeschichte; Reihe B: Forschungen; Bd. 90). Paderborn, 2001.

Tyrell, Albrecht: Voraussetzungen und Strukturelemente des nationalsozialistischen Herrschaftssystems. In: Bracher, Karl Dietrich/Funke, Manfred/Jacobsen, Hans-Adolf (Hrsg): Nationalsozialistische Diktatur 1933 - 1945. Eine Bilanz (Bonner Schriften zur Politik und Zeitgeschichte; 21). Düsseldorf, 1983. S. 37 - 72.

Vahlenkamp, Werner: Bei Kreisleiter-Geburtstagsfeier kam Befehl zur Brandstiftung. In: Nordwest-Heimat Nr. 11 (Beilage zur Nordwest-Zeitung vom 12. 11. 1983)

Vahlenkamp, Werner: Delmenhorst im "Dritten Reich". In: Streiflichter aus 600 Jahren Delmenhorster Geschichte (Delmenhorster Schriften; 16). Delmenhorst, 1994. S. 41-61.

Wagner, Caroline: Die NSDAP auf dem Dorf. Eine Sozialgeschichte der NS-Machtergreifung in Lippe (Geschichtliche Arbeiten zur westfälischen Landesforschung. Wirtschafts- und sozialgeschichtliche Gruppe; Band 11). Münster, 1998.

Weber, Max: Wissenschaft als Beruf 1917/1919. Politik als Beruf 1919 (Max Weber Gesamtausgabe, Abt. I: Reden und Schriften, Bd. 17). Tübingen, 1992.

Weber, Max: Wirtschaft und Gesellschaft. Grundriss der verstehenden Soziologie. Fünfte, revidierte Auflage besorgt von Johannes Winckelmann (Studienausgabe in 2 Halbbänden). Tübingen, 51976.

Wefer, Norbert: Der Aufstieg der NSDAP im Kreis Bersenbrück: Wahlen und Analysen 1919-1933. Alfhausen-Thiene, 1986.

Wegmann, Günter: Das Kriegsende zwischen Ems und Weser 1945. Osnabrücker Geschichtsquellen und Forschungen. Herausgegeben vom Verein für Geschichte und Landeskunde von Osnabrück, Bd. XXIII. Osnabrück, 1982.

Willenborg, Rudolf: "Wir wollen Christen sein und keine Neuheiden. Die Entkonfessionalisierung der Schulen in Oldenburg, der Schulkampf in Goldenstedt, die Ausweisung des Offizials Vorwerk und der Versuch einer Zerschlagung der Kirchenleitung in Vechta. In: Christenkreuz oder Hakenkreuz. Zum Verhältnis von katholischer Kirche und Nationalsozialismus im Land Oldenburg. Herausgegeben von Willi Baumann und Michael Hirschfeld. Vechta, 1999.

Wiltshire, David: The Social and Political Thought of Herbert Spencer. Oxford, 1978.

Zapf, Wolfgang: Wandlungen der deutschen Elite. Ein Zirkulationsmodell deutscher Führungsgruppen 1919 - 1961. München 21966.

Zofka, Zdenek: Dorfeliten und NSDAP. Fallbeispiele der Gleichschaltung aus dem Bezirk Günzburg. In: Broszat, Martin/Fröhlich, Elke/Grossmann, Anton (Hrsg.): Bayern in der NS-Zeit IV. Band 4: Herrschaft und Gesellschaft im Konflikt. Teil C. München, 1981. S. 383-433.

Zürlik, Josef: Vom Lande Oldenburg zum Regierungsbezirk Weser-Ems. Festvortrag gehalten vor der 5. Landschaftsversammlung am 18. März 1978. Oldenburg, 1978.

12 Abkürzungsverzeichnis

BA	-	Bundesarchiv
BBF	-	Bezirksbauernführer
DK	-	Delmenhorster Kreisblatt
DRK	-	Deutsches Rotes Kreuz
FK	-	Freiheitskämpfer
JW	-	Jeversches Wochenblatt
k.	-	kommissarisch
KDAF		Kampfbund der Deutschen Architekten und Ingenieure
LKB	-	Lingener Kreisblatt
MdBB		Mitglied der Bremer Bürgerschaft
MdK	-	Mitglied des Kreistages
MdR	-	Mitglied des Reichstages
MdS	-	Mitglied im Stadt- bzw. Gemeinderat
MTZ		Münsterländische Tageszeitung
NSAD		NS-Arbeitsdienst
NSBA		NS-Beamtenabteilung
NSBO		NS-Betriebszellenorganisation
NSFK	-	NS-Fliegerkorps
NSKG		NS-Kulturgemeinde
NSKK		NS-Kraftfahrerkorps
NSJB	-	NS-Jugendbetriebszelle(n)
NSKOV	-	NS-Kriegsopferversorgung
NSRK		NS-Reiterkorps
OBF	-	Ortsbauernführer
OFL	-	Ortsfrauenschaftsleiterin
OG	-	Ortsgruppe
OGL	-	Ortsgruppenleiter
OnfSuL	-	Oldenburger Nachrichten für Stadt und Land
OS	-	Oldenburgische Staatszeitung
OTZ	-	Ostfriesische Tageszeitung
OV	-	Oldenburgische Volkszeitung
RDB	-	Reichsbund der Deutschen Beamten
RDK	-	Reichsbund der Kinderreichen
RLB	-	Reichsluftschutzbund
StAA	-	Staatsarchiv Aurich
StAB	-	Staatsarchiv Bremen
StAO	-	Staatsarchiv Oldenburg
StAOs		Staatsarchiv Osnabrück
WhW		Winterhilfswerk
WiK	-	Wilhelmshavener Kurier
WtK		Wittlager Kreisblatt
WZ	-	Wilhelmshavener Zeitung

13 Anhang 1: Gliederungen und angeschlossene Verbände der NSDAP

Die Organisationen der NSDAP unterteilten sich in Gliederungen und angeschlossene Verbände. Die Gliederungen (SA, SS, NSKK und NSFK) waren der NSDAP beigeordnet, d. h. den politischen Leitern der NSDAP weder disziplinarisch noch fachlich untergeordnet. Eine Zusammenarbeit mit diesen Organisationen war für die politischen Leiter der NSDAP nur in gütlichem Einvernehmen möglich[1481]. Die angeschlossenen Verbände (NS-Frauenschaft, NS-Volkswohlfahrt, NS-Kriegsopferversorgung, Deutsche Arbeitsfront, NS-Deutscher Ärztebund, Reichsbund der Deutschen Beamten, NS-Lehrerbund, NS-Rechtswahrerbund und der NS-Bund Deutscher Techniker) waren dem zuständigen politischen Leiter disziplinarisch, ihrem vorgesetzten Amtsleiter jedoch fachlich unterstellt.[1482] Ähnliches gilt für die betreuten Organisationen Reichsnährstand, Reichsbund der Kinderreichen und dem Deutschen Gemeindetag, die rein organisatorisch gesehen keine Organisationen der NSDAP waren, die jedoch mit dieser zusammenarbeiteten. So war der Kreisbauernführer als Kreisamtsleiter für Agrarpolitik (in der Regel in Personalunion mit dem Landwirtschaftlichen Kreisfachberater) dem Kreisleiter disziplinarisch unterstellt. Dasselbe gilt für den Kreisobmann des Reichsbundes der Kinderreichen als Kreisbeauftragtem für Rassenpolitik und den Kreisobmann des Deutschen Gemeindetages in seiner Eigenschaft als Kreisamtsleiter für Kommunalpolitik. Eine Sonderstellung nahm auch der obligatorische Reichsarbeitsdienst (Dienstpflicht seit 1935) ein der, obwohl aus dem freiwilligen Arbeitsdienst der NSDAP hervorgegangen, von der NSDAP völlig unabhängig agierte und dieser weder fachlich noch disziplinarisch in irgendeiner Weise untergeordnet war.

13.1 SA

Die wichtigste Gliederung der NSDAP war die SA. Schaap datiert die Gründung der SA in Oldenburg auf das Jahr 1926[1483]. Im März 1929 hatte die SA im Landesteil Oldenburg 600 Mitglieder, davon 60 in der Stadt Oldenburg. Im Oktober 1931 hatte die SA im Gau Weser-Ems schon 5621 Mitglieder, im November 6263.

Die regionale Gliederung der SA richtete sich weder nach den staatlichen Ländergrenzen noch nach den Gaugrenzen der NSDAP. Für den Gau Weser-Ems zuständig war die SA-Gruppe Nordsee mit Sitz in Bremen. Sie umfaßte im Bereich des Gaues Weser-Ems die Brigaden 62 Unterweser (zuständig für Bremen), 63 Oldenburg-Ostfriesland , 64 Osnabrück sowie die SA-Marinebrigade 2. Die SA-

---

[1481] Dies ist insofern paradox, als die Gliederungen keine eigenen juristischen Personen, sondern mit der Partei de jure identisch waren.
[1482] Beispielsweise war der Kreisobmann des NSLB in seiner Eigenschaft als Kreisamtsleiter für Erzieher disziplinarisch dem Kreisleiter, fachlich jedoch dem Gauobmann des NSLB unterstellt.
[1483] Vgl. Schaap, Oldenburgs Weg ins Dritte Reich, S. 70.

Brigade 63 war zuständig für den Regierungsbezirk Aurich sowie Oldenburg, jedoch ohne das Amt Vechta und das ehemalige Amt Cloppenburg, die in den Zuständigkeitsbereich der SA-Standarte 225 fielen, die wiederum der SA-Brigade 64 Osnabrück unterstand.

Die SA-Brigade 63 Oldenburg-Ostfriesland wurde mit Wirkung zum 1. 4. 1937 neu gegliedert[1484]. Sie umfasste nun die SA-Standarten 1 Emden, 3 Leer, 19 Varel, 91 Oldenburg sowie die für den gesamten Bereich der SA-Brigade 63 zuständige SA-Reiter-Standarte 63 mit Sitz in Oldenburg.

Die SA-Standarte 1 mit Standort Emden unter der Führung von SA-Standartenführer Ahrendt war zuständig für die Stadt Emden sowie die Kreise Norden-Krummhörn, Aurich und Wittmund. Ihr unterstanden die SA-Sturmbanne I/1 mit dem Standort Emden unter SA-Sturmführer Theesfeld (zuständig für die Stadt Emden sowie das Gebiet des Krummhörns), II/1 mit dem Standort Norden unter SA-Sturmbannführer Rewerts (zuständig für den Kreis Norden ohne Krummhörn), III/1 Aurich mit dem Standort Aurich unter SA-Obersturmführer Voß (zuständig für den Kreis Aurich) sowie IV/1 Wittmund mit dem Standort Wittmund unter SA-Sturmführer Hanß (zuständig für den Kreis Wittmund).

Die SA-Standarte 3 mit Standort Leer unter der Führung von SA-Obersturmbannführer Bracker umfasste den Kreis Leer sowie den Kreis Ammerland mit dem alten Amt Friesoythe, jedoch ohne das alte Amt Rastede. Ihr unterstanden die Sturmbanne I/3 mit dem Standort Leer unter SA-Sturmhauptführer Ennen (zuständig für den nördlichen Teil des Kreises Leer), II/3 mit dem Standort Weener unter SA-Sturmbannführer Lahmeyer (zuständig für das Rheiderland und das Oberledingerland) sowie den SA-Sturmbann III/3 mit Standort Bad Zwischenahn unter Führung von SA-Obersturmführer Schulze-Dieckhoff (zuständig für den Kreis Ammerland mit dem alten Amt Friesoythe ohne altes Amt Rastede).

Die SA-Standarte 19 mit Standort Varel unter der Führung von SA-Obersturmbannführer Mügge war zuständig für den Kreis Friesland, den Kreis Wesermarsch sowie das alte Amt Rastede. Ihr unterstanden die SA-Sturmbanne I/19 mit dem Standort Varel unter SA-Sturmhauptführer Wedekin (zuständig für den Kreis Friesland), II/19 mit dem Standort Rastede unter SA-Sturmhauptführer Diers (zuständig für das alte Amt Rastede sowie die Gemeinde Jaderberg) sowie den Sturmbann III/19 mit dem Standort Brake unter SA-Obersturmführer Frers (zuständig für den Kreis Wesermarsch ohne Stedingen). Die SA-Standarte 10 mit Sitz in Brake wurde aufgelöst.

Die SA-Standarte 91 mit Standort Oldenburg unter der Führung von SA-Standartenführer Lüdecke umfasste die Stadtkreise Oldenburg und Delmenhorst sowie das Amt Oldenburg. Die bis dahin bestehende SA-Standarte 144 Delmenhorst wurde aufgelöst. Der SA-Standarte 91 unterstanden nun die Sturmbanne I/91 mit dem Standort Oldenburg unter Führung von SA-Obersturmführer Sander (zuständig für die Stadt Oldenburg), II/91 - ebenfalls mit dem Standort Oldenburg -

---

[1484]Dies und das folgende nach einem Bericht der „Oldenburgischen Staatszeitung" vom 9. 4. 1937.

unter Führung von Sturmbannführer Buchholz (zuständig für das Amt Oldenburg sowie die Gemeinde Stedingen), III/91 mit dem Standort Delmenhorst unter Führung von SA-Sturmhauptführer Roß (zuständig für Delmenhorst, Ganderkesee und Grüppenbühren) sowie der SA-Sturmbann IV/91 (A II) mit dem Standort Oldenburg (zuständig für die Stadt Oldenburg).

Zugleich wurde die SA nach Altersgruppen neu organisiert, und zwar in die aktive SA (Gruppen A I und A II) sowie die Reserve. Die Gruppe A I, d. h. die reguläre SA, bildeten SA-Männer vom 18. bis 35. Lebensjahr, die Gruppe A II bildeten SA-Männer vom 35. bis 45. Lebensjahr, während alle über 45-jährigen die Reserve bildeten. Die bis dahin bestehenden SA-Reserve-Standarten wurden aufgelöst; ihre Mitglieder wurden - je nach Altersgruppe - in die aktive SA eingegliedert. Für Oldenburg war dies bisher die SA-Standarte R/54 unter Führung von SA-Sturmbannführer Bast. Bast wurde zum Stab der SA-Brigade 63 versetzt und wurde dort zuständiger Sachbearbeiter für SA-Reserve und für die Schulung der hauptamtlichen SA-Führer.

1939 wurde die SA-Brigade 63 Oldenburg aufgeteilt. Ab dem 1. 8. 1939 bildete Ostfriesland eine eigene SA-Brigade 163 Ostfriesland mit dem Standort Aurich. Führer der neuen SA-Brigade wurde der SA-Oberführer Kübler.

13.2 SS

Erste SS-Formationen gab es im Gebiet des Gaues Weser-Ems vermutlich schon 1927.[1485]. Erstmals erwähnt wird die SS in Bremen im Juni 1931[1486]. Zuständig für den Gau Weser-Ems war der SS-Abschnitt XIV mit Sitz in Bremen-Horn. Für Oldenburg-Ostfriesland zuständig war die SS-Standarte 24[1487] mit Sitz in Oldenburg, für Bremen die SS-Standarte 88 mit Sitz in Bremen und für Osnabrück der III. Sturmbann der SS-Standarte 24.

13.3 HJ

Organisator und Führer der HJ im Gau Weser-Ems war der Turn- und Sportlehrer Lühr Hogrefe aus Oldenburg. 1931 bis 1933 war er Führer des Gaues Weser-Ems der HJ, ab 1933 Gebietsführer des für den Gau Weser-Ems zuständigen HJ-Gebiets 7 (Nordsee), das neben dem Gau Weser-Ems auch den Gau Ost-Hannover umfaßte. Hogrefe wurde 1939 zur Wehrmacht eingezogen, wo er am 13. 2. 1942 im

---

[1485] So die Vermutung Schaaps, für die er jedoch keinen Beleg anführt. Vgl. Schaap: Oldenburgs Weg, S. 70.
[1486] Die "Bremer Nationalsozialistische Zeitung" erwähnt eine Bremer SS erstmals in ihrer Ausgabe vom 13. 6. 1931. Schwarzwälder nennt - ohne Nachweis - als Gründungstag der Bremer SS den 11. 5. 1931. Vgl. Schwarzwälder III, S. 601.
[1487] Erstmals nachgewiesen für den Oktober 1931, damals noch mit Sitz in Wilhelmshaven. Vgl. den Eintrag zu Alfred Rodenbücher in Rademacher: Wer war wer im Gau Weser-Ems, S. 244.

Kriegseinsatz fiel. Ab 1939 führte Herbert Finkentey das HJ-Gebiet 7 (Nordsee), von 1943 bis 1945 Willi Lohel.

Parallel zur SA wurde zum 1. 4. 1937 auch die HJ im zuständigen Oberbann 7 (Nordsee) neu gegliedert[1488]. In Ostfriesland wurde der Kreis Leer vom Bann 191 abgetrennt und bildete nun einen eigenen HJ-Bann 381 Leer. Der Kreis Wittmund, der bisher zum oldenburgischen Bann 59 Wilhelmshaven-Friesland gehörte, wurde dem Bann 191 Ostfriesland mit Sitz in Aurich zugeschlagen. Die Kreise Oldenburg-Land und Delmenhorst, die bisher zum HJ-Bann 91 gehörten, bildeten jetzt einen eigenen HJ-Bann 382 Delmenhorst-Wildeshausen mit Sitz in Delmenhorst, so daß der HJ-Bann 91 Oldenburg jetzt noch die Kreise Oldenburg-Stadt, Ammerland und Wesermarsch umfaßte. Im Regierungsbezirk Aurich wurde der HJ-Bann Emsland aufgeteilt in die Banne 383 Emsland mit Sitz in Papenburg und den Bann 148 Lingen-Bentheim mit Sitz in Lingen. Keine Veränderungen erfolgten bei den Bannen 78 Osnabrück, 286 Bersenbrück, 225 Südoldenburg 225 und 75 Bremen.

Eine letzte große Änderung in der Organisation der HJ erfolgte im Jahr 1942. Ab dem 1. 10. 1942 bildete der Gau Ost-Hannover ein eigenes HJ-Gebiet 44 unter der Führung von HJ-Oberbannführer Kremer.

13.4 NSKK

Das NS-Automobilkorps (ab 20. 4. 1931 NS-Kraftfahrerkorps) wurde am 1. 4. 1930 von Hitler ins Leben gerufen. Das NSKK war die Fahrbereitschaft der Partei und als solche bis 1934 eine bloße Hilfsorganisation der Motor-SA. Erst im Zuge der Entmachtung der SA nach dem sogenannten "Röhm-Putsch" wurde das NSKK gemäß Führer-Befehl vom 23. 8. 1934 mit der Motor-SA zusammengeschlossen und bildete nun eine eigenständige Organisation, die direkt Hitler unterstellt war[1489]. Für den Bereich des Gaues Weser-Ems zuständig wurde die NSKK-Brigade 63 (Nordsee). Führer der Brigade wurde der Verwaltungs-Obersekretär Willhelm Uhde aus Oldenburg, der schon 1933 Gaubereichsführer des NSKK Weser-Ems[1490] sowie Führer der SA-Motorstandarte 63 Oldenburg[1491] gewesen war.

13.5 NSFK

Das "NS-Fliegerkorps" (NSFK) war strenggenommen keine Gliederung der NSDAP, wurde jedoch wie eine solche behandelt, d. h. es war der NSDAP in der Praxis nicht untergeordnet. Das NSFK wurde mit Führer-Erlaß vom 17. 4. 1937 gegründet. Es sollte als "luftsportliche Kampforganisation" dienen mit der Aufgabe, der deutschen Luftwaffe einen zahlenmäßig starken und fachlich gut vorbereiteten Nachwuchs zu sichern. Die Gründung des NSFK ging einher mit der Auflösung des

---
[1488] Friesoyther Tageblatt, 31. 3. 1937.
[1489] Oldenburgische Volkszeitung, 3. 9. 1934.
[1490] Vgl. Oldenburgische Staatszeitung, 3. 5. 1933.
[1491] Vgl. Oldenburgische Staatszeitung, 27. 11. 1933.

1933 gegründeten "Deutschen Luftsport-Verbandes". Damit hatten die NS-Organisationen ein Monopol auf den Luftsport errichtet, denn dieser stand jetzt nur noch Mitgliedern von NSFK und Flieger-HJ offen. Führer der für den Gau Weser-Ems zuständigen NSFK-Standarte 17 wurde der Ziegeleibesitzer August Lauw aus Bockhorn, der schon 1933 die Ortsgruppe Oldenburg des "Deutschen Luftsport-Verbandes" geleitet hatte.

13.6 NS-Frauenschaft

Die NS-Frauenschaft wurde am 1. 10. 1931 von der NSDAP gegründet und war ursprünglich der Zusammenschluss aller weiblichen NSDAP-Mitglieder. Seit 1933 war die Mitgliedschaft in der NS-Frauenschaft nicht mehr an die Parteimitgliedschaft gebunden. Ab dem 29. 2. 1935 war die NS-Frauenschaft eine Gliederung der NSDAP, die sich um die weibliche erwachsene Bevölkerung kümmerte. In der Praxis beschränkte sich die Tätigkeit der NS-Frauenschaft auf die Schulung von Haus- und Landfrauen. In der Öffentlichkeit trat die NS-Frauenschaft in erster Linie durch karitative Aktionen in Zusammenarbeit mit der NSV in Erscheinung. Politisch war sie bedeutungslos.

13.7 DAF

Die DAF wurde am 10. 5. 1933 gegründet. Sie sollte im Dritten Reich die Rolle der Gewerkschaften übernehmen, spielte insgesamt aber eine untergeordnete Rolle. Dies lag zum Einen daran, dass sie bei Tarif- und Arbeitsvertragsfragen nur eine beratende Funktion innehatte. Zum anderen hatte die DAF als solche auch im Dritten Reich keine sonstige Funktion. Dies ging so weit, dass es Schwierigkeiten gab, die Amtswalterposten der DAF zu besetzen. Aus dem Jahr 1938 ist ein Bericht des Wilhelmshavener Kreisleiters Ernst Meyer überliefert, der diese Schwierigkeit symptomatisch aufzeigt:

> Ein Ortsgruppenleiter berichtet, dass er nunmehr daran geht, zum dritten mal und damit aber auch letztmalig der DAF die Organisation aufzubauen, d. h. alle Zellen mit den erforderlichen Amtswaltern zu besetzen. Der Ortsgruppenleiter äußert schon heute die Befürchtung, dass in einigen Monaten mindestens 1/3, wenn nicht die Hälfte wieder abgesprungen ist. Man muß nach dem Grund der Interessenlosigkeit, die als Enthebungsbegründung in den meisten Fällen angegeben wird, suchen und kommt zu dem Ergebnis, dass den Waltern der Deutschen Arbeitsfront die Aufgaben an sich fehlen. Der Block- und Zellenwalter weiß wahrhaftig nicht, wozu er da ist.[1492]

[1492] Bericht des Wilhelmshavener Kreisleiters Ernst Meyer aus dem Jahr 1938. StAO Best. 320-2 Nr. 2.

Der örtliche Walter der DAF, der die Arbeitnehmer betreuen sollte, hatte keinen konkreten Anlass, dies auch zu tun, denn im Gegensatz zu den Beiträgen der NSDAP wurden die Beiträge für die DAF direkt vom Lohn abgezogen. so daß es in der Regel zwischen Betreuer und Betreuten überhaupt keinen Kontakt gab.

Im Gegensatz zur DAF selbst entwickelten einzelne ihrer Abteilungen und Organisationen eine beträchtliche, vor allem propagandistische Wirksamkeit. Am wichtigsten war hier die Organisation "Kraft durch Freude", die durch attraktive Freizeit- und Urlaubsangebote besonders die bisher SPD und KPD nahe stehenden Arbeiter und Angestellten in den nationalsozialistischen Staat integrieren sollten. Weiter wichtig waren besonders das Heimstättenamt (Gemeinnützige Heimstätten-Spar- und Bau AG), das Mustersiedlungen für Arbeiter errichtete sowie das Amt "Schönheit der Arbeit", das sich propagandawirksam um Verbesserungen der Arbeitsbedingungen jeglicher Art kümmerte. Durch den jährlichen "Reichsberufswettkampf" sollte der Leistungswille der Jugend gefördert werden.

13.8 NSV

Die am 3. 5. 1933 gegründete "Nationalsozialistische Volkswohlfahrt" ging als Zusammenschluss aus verschiedenen sozialen Initiativen der NSDAP hervor. Seit dem 29. 3. 1935 war sie offiziell ein angeschlossener Verband der NSDAP. Die NSV erfüllte zwei wesentliche Funktionen. Zunächst einmal stellte die Mitgliedschaft in ihr einen für jeden notwendiges Mindestmaß an Akzeptanz des nationalsozialistischen Systems dar. Auf Kreisebene erhielt so der Kreisleiter, der über kein eigenes NSDAP-Budget verfügte, mittelbar über den Kreisamtsleiter für Volkswohlfahrt Zugriff auf die notwendigen Geldmittel, bedürftigen "Volksgenossen" finanzielle Hilfen zukommen zu lassen, die wiederum das Ansehen der Partei und die von ihr vertretene Idee der "Volksgemeinschaft" zu stärken.

14 Anhang 2: Kurzbiographien der Kreisleiter im Gau Weser-Ems

Abel, Hinrich, geb. am 14. 5. 1884 in Brettorf, Landwirt in Brettorf, 1914 - 1918 Res.-Inf.-Regiment Nr. 78, 1. 3. 1929 Eintritt in die NSDAP (Mitglieds-Nr. 122398), 1931 - 1933 Mitglied des Oldenburgischen Landtages, 4. 12. 1931 Wahl zum Gemeindevorsteher in Dötlingen, 1. 1. 1932 - 1945 Gemeindevorsteher in Dötlingen, 1932 - 1933 Kreisleiter von Oldenburg-Land für das Amt Wildeshausen (laut Führer-Lexikon seit 1928), Mai 1933 komm. Mitglied des Amtsvorstandes Amt Oldenburg, 12. 7. 1933 - 10. 8. 1939 Leiter der Hauptabteilung I beim Reichsnährstand Weser-Ems (Landesbauernschaft Oldenburg-Bremen), (8. 2. 1934) stellv. Landesbauernführer, 15. 6. 1935 Mitglied des Landesbauernrates, 1. 8. 1935 - 14. 5. 1939 Mitglied der Reiter-SS (Untersturmführer), 11. 2. 1936 SS-Bewerber, 17. 4. 1936 SS-Mann, 11. 9. 1938 SS-Untersturmführer, verst. am 27. 1. 1954 in Brettorf.

Assling, Wilhelm, geb. am 19. 9. 1894 in Moorhausen (bei Jever), Auktionator, später Schriftleiter, evangelisch, 1. 6. 1930 - 31. 1. 1944 stellv. Hauptschriftleiter und Chef vom Dienst beim NS-Gauverlag Weser-Ems, ab 1. 2. 1944 hauptberuflicher Gaupresseamtsleiter, 22. 5. 1915 - 14. 12. 1918 Kriegsdienst, 1. 5. 1928 Eintritt in die NSDAP (Mitglieds-Nr. 129966), 1932 Kandidat für den Oldenburgischen Landtag, 1932 - 18. 4. 1935 Kreisleiter von Oldenburg-Land, 1931 - 1945 Gaupressewart.

Baumgartner, Leo, geb. am 30. 4. 1896 in Elz (Bayern), katholisch, Bürovorsteher (seit 1929 Abteilungschef bei den Klöckner-Werken Georgsmarienhütte), wohnhaft Georgsmarienhütte, Wellenkampstr. 11., 1919 - 1920 Freikorps-Mitglied (1919 München und 1920 Ruhrgebiet), 1919 - 1921 Mitglied des Deutsch-Völkischen Schutz- und Trutzbundes, seit 1922 Mitglied des Stahlhelms, 1. 2. 1932 Eintritt in die NSDAP (Mitglieds-Nr. 980993), 1932 Ortsgruppenleiter und Ortsgruppen-Pressewart Georgsmarienhütte, 21. 3. 1932 - 1935 Bezirks- bzw. Kreisleiter von Osnabrück-Land, 1933 MdK Osnabrück-Land 1933 - 1935 Mitglied des Kreisausschusses, (1933) MdS Georgsmarienhütte (Landgemeinde, Kreis Osnabrück-Land), ab 1933 stellv. Vorsitzender der Kreissparkasse Osnabrück, ab 1. 7. 1933 Geschworener am Schwurgericht Osnabrück, verst. am 26. 11. 1935 in Georgsmarienhütte.

Bernhard, Otto Heinrich Christoph, geb. am 22. 6. 1880 in Heiligenstadt, evangelisch,Tabakkaufmann und Konsul von Siam, Freimaurer, bis 1930 Mitglied der DNVP, 1. 12. 1930 Eintritt in die NSDAP (Mitglieds-Nr. 383534), 1930 MdBB, 5. 6. 1931 Eintritt in die SA, 30. 1. 1941 Beförderung zum SA-Oberführer, (5. 7. 1932) Ortsgruppenleiter Bremen, 10. 5. 1932 bis 11. 3. 1933 Bezirks- bzw. Kreisleiter in Bremen, verst. am 20. 9. 1952 in Bremen.

Blanke, Bernhard, geb. am 14. 1. 1885 in Lesum Krs. Blumenthal, Buchhalter, 1914 - 1915 Teilnahme am 1. Weltkrieg; 1. 12. 1930 Eintritt in die NSDAP, bis 11. Juni 1934 Ortsgruppenleiter Bremen-Findorff, ab 11. 6. 1934 kommissarischer Kreisleiter Osnabrück-Stadt, (nach eigenen Angaben 8. - 20. 7. 1934 kommissarischer Kreisleiter in Bremen), 20. 7. 1934 - 1. 7. 1943 Kreisleiter in Bremen, 1. 7. 1943 - 1945 Gauobmann der NSKOV.

Böckmann, Dr. Franz, geb. am 4. 10. 1902 in Dinklage, katholisch, 1. 8. 1932 Eintritt in die NSDAP (Mitglieds-Nr. 1 246 258), Regierungsrat, Regierungspräsident, 28. 2. 1934 - 13. 10. 1934 kommissarischer Kreisleiter in Cloppenburg, 13. 11. 1934 Ernennung zum Stellvertretenden Vorsitzenden der Pachteinigungsämter im Amt Friesland, 1940 - 1943 Zivilverwaltung Posen und Kattowitz (UK für die öff. Verwaltung).

Boer, Jann de, geb. am 7. 10. 1897, Geschäftsführer, 1916 - 1918 Kriegsteilnehmer, Jan. 1925 Mitglied der Nationalsozialistischen Freiheitspartei, 1. 9. 1931 Eintritt in die NSDAP (Mitglieds.-

Nr. 628507), Sept. 1931 Eintritt in die SA, Mitte Januar - Ende September 1933 Kreisleiter Emden-Stadt, Juli 1933 Senator der Stadt Emden, 1. 11. 1933 Beförderung zum SA-Sturmführer und m.d.W.d.G. des Stabsführers der SA-Brigade 63 betraut, am 15. 4. 1934 seiner Dienststellung enthoben (aktiver Freimaurer).

Bohnens, Heinrich Tobias, geb. am 14. 1. 1891 in Hopels, evangelisch-lutherisch, Schuhmachermeister, 1917 - Nov. 1918 Pionier beim Pionier-Ers.-Batl. 36, Munsterlager, 1923 Deutsch-Völkische Freiheitsbewegung, 1. 6. 1928 Eintritt in die NSDAP (Mitglieds-Nr. 92 116), Ortsgruppenleiter und Bezirksleiter, 1928 - 1933 Mitglied der SA, 1929 - 1934 Gemeindevorsteher von Friedeburg (Ostfriesland), 1931 - 1945 Reichstagsabgeordneter, 18. 2. 1933 - 3. 11. 1935 Kreisleiter der NSDAP im Kreis Wittmund/Ostfriesland, 5. 3. 1933 Mitglied des preußischen Landtages, 18. 11. 1934 - 1945 Kreisleiter des Kreises Aurich, 5. 2. 1934 - 31. 12. 1942 Präsident der Handwerkskammer Aurich, 1. 1. 1937 OGL Aurich, verst. am 15. 11. 1952 in Bielefeld.

Brasch, Bruno, geb. am 10. 6. 1894 in Schwerin, Kaufmann, 1. 7. 1925 Eintritt in die NSDAP, (10. 5. 1929) Schriftführer der OG Osnabrück, bis Nov. 1929 Regierungskanzleiangestellter in Osnabrück (entlassen, "weil er während des Dienstes über das Volksbegehren gesprochen hat", DAK), zeichnet im Dezember 1930 verantwortlich für den "Christlichen Deutschen Weihnachtsanzeiger", (8. 10. 1932) Kreisorganisationsleiter Vechta, (4. 11. 1932) Kreispropagandaleiter Vechta, (20. 4. - 16. 5. 1933) Kreisleiter Vechta, Amtsenthebung wegen Unterschlagung von Parteigeldern, 1937 wieder in die NSDAP aufgenommen, Herbst 1937 - August 1939 Ortwalter NSV Osnabrück-Schölerberg, 1939 - 1945 Kriegsdienst, ab 1. 3. 1949 Handelsvertreter in Osnabrück, verst. am 1. 10. 1970 in Osnabrück.

Brummerloh, Friedrich Walter, geb. am 15. 1. 1910 in Bremen, evangelisch, kaufmännischer Reederei-Angestellter beim Norddeutschen Lloyd in Bremen, 1. 10. 1930 Eintritt in die NSDAP (Mitglieds-Nr. 323 020), 1931 - 1932 Sektionsleiter, 1932 - März 1934 Blockhelfer, (März - Juni) 1934 Zellenleiter, bis Juni 1936 Organisationsleiter in der Ortsgruppe, 1. 11. 1936 - 31. 8. 1939 Kreisgeschäftsführer der NSDAP in Lingen, März 1937 Kirchenaustritt, Aug. 1939 - Dez. 1940 Korps-Nachrichten-Abteilung 426, Unteroffizier im Frankreich-Feldzug, 4. 12. 1940 - 1. 12. 1941 Kreisgeschäftsführer der NSDAP in Lingen, Jan. 1942 - Okt. 1943 5/J.R. 537 Rußland (Fahnenjunker, Oberfeldwebel), 1. 11. 1943 - 6. 5. 1945 Kreisleiter von Lingen.

Brunken, Hermann, geb. am 18. 1. 1901 in Neuenburg i. O., Ober-Telegraphen-Sekretär in Brake (ab April 1934 in Oldenburg), später Ober-Telegraphen-Inspektor in Osnabrück, 1. 8. 1931 Eintritt in die NSDAP (Mitglieds-Nr. 537432), 1932 - 9. 3. 1934 Kreisleiter Brake, (1933) MdS Brake, 1933 stellvertretender Bürgermeister in Brake, bis Oktober 1934 Kreisamtsleiter für Kommunalpolitik Brake, (1937) Leiter der Hauptstelle Soziale Einrichtungen der RDB-Kreiswaltung Osnabrück-Stadt, (1937) Stellv. des Kreiswalters des RDB Osnabrück, (Okt. 1938 - 18. 6. 1939) Ortsgruppenleiter Osnabrück-Johannistor, verst. am 4. 9. 1947 in Osnabrück.

Busch, Karl, geb. am 15. 6. 1903 in Bremen-Burg, Kaufmann, kaufmännische Lehre (Holzimportfachmann), 1924 bis 1. 11. 1942 Leitung des väterlichen Geschäftes (Kolonialwarenhandel und Gastwirtschaft) in Bremen-Burg, 1. 8. 1932 Eintritt in die NSDAP, Mitglieds-Nr. 1 259 690. Seitdem Aufbau und Leitung der Ortsgruppe der NSDAP in Bremen-Burg. 1. 11. 1942 bis 1945 (1. 5.) Kreisleiter von Bremen-Lesum (offizielle Ernennung durch Adolf Hitler erfolgte am 20. 4. 1943), vom Militärdienst wegen Herzleidens zurückgestellt, 1944 Mitglied im Volkssturm.

Buscher, Gerhard, geb. am 5. 5. 1891 in Bremen, evangelisch, Maurer und Zimmermann (Bauunternehmer), ab 6. 11. 1935 "Baumeister", 1897 - 1905 Volksschule Völlen, 1905 - 1909 Maurer- und Zimmerlehre, Besuch der Semester 1910/1911 und 1911/1912 der Handwerkerschule Leer, Oktober 1913 Wehrdienst, 1914 - 1918 Teilnahme am 1. Weltkrieg (2. 8. 1915 wegen besonderer Leistungen Beförderung zum Unteroffizier), 29. 11. 1932 - 1945

Kreisleiter von Aschendorf-Hümmling, Dez. 1931 Eintritt in die NSDAP (Mitglieds-Nr. 807471), 6. 12. 1931 - 29. 11. 1932 OGL Völlen, (1933) Mitglied im Gemeinderat von Völlen/Kreis Leer, 1. Vors., verstorben am 10. 9. 1971 in Völlen.

Denker, Otto Wilhelm, geb. am 5. 2. 1900 in Vegesack, kaufmännischer Angestellter, verh., 2 Kinder, 1906 - 1915 Realgymnasium bis zur Obersekunda, 1930 - 1936 Leiter der Personalabteilung beim Bremer Vulkan, 1. 5. 1931 Eintritt in die NSDAP (Mitglieds-Nr. 527.961), (1933) Mitglied im Stadtrat von Vegesack (1. Vors., Schulausschuß, Sportplatz), (1935) - Mai 1936 OGL Vegesack (Kreis Bremen), bis 12. 1. 1937 Leiter des Gauamtes für Handel und Handwerk, 12. 1. 1937 - 1945 Leiter des Amtes für Volkswohlfahrt (NS-Volkswohlfahrt) des Gaues Weser-Ems, (1939 - 1941) Gauwalter der NSV e.V., ab Okt. 1941 Leiter der NSV-Gauhauptstelle Werbung und Schulung, 1. 11. 1939 bis 1. 11.1942 Kreisleiter im neugegründeten Kreis Bremen-Lesum, Dez. 1939 DRK-Kreisführer Bremen-Lesum, Sept. 1942 bis 1945 Leiter des Gau-Organisationsamtes.

Drees, Arthur, geb. am 15. 10. 1893 in Burhave, Kaufmann (Inhaber einer Buchdruckerei, 1926 Eintritt in die NSDAP, 1. 1. 1926 - 1932 Bezirksleiter Butjadingen, 1932 - Aug. 1942 Kreisleiter von Wesermarsch (Kreis Butjadingen), März 1933 mit der Ausübung des Amtes als Gemeindevorsteher Burhave beauftragt, 4. 12. 1933 - 15. 4. 1935 Ortsgruppenleiter Nordenham, 12. 3. 1935 - 31. 5. 1942 Kreisleiter vom gesamten Landkreis Wesermarsch, Mai 1933 k. Mitglied des Amtsvorstandes Amt Wesermarsch, zum 1. 12. 1942 in den Ruhestand versetzt, verst. am 22. 2. 1977 in Nordenham.

Drescher, Erich, geb. am 26. 9. 1894 in Laar/Grafschaft Bentheim, Zollkommissar, 1914 - 1916 Teilnahme am 1. Weltkrieg, 1. 10. 1930 Eintritt in die NSDAP (Mitglieds-Nr. 323346) in Weener, "weil damals in Leer keine Ortsgruppe bestand", 1930 (Dez.) Gründung der Ortsgruppe Leer, Bezirksleiter der NSDAP für den nördlichen Teil des früheren Kreises Leer, Juli 1932 - 1933 Kreisleiter der NSDAP, 1933 Mitglied im preußischen Provinziallandtag (Hannover), 1933 Mitglied im Kreistag von Leer (1. Vors., Kreisaussch. u. Kreisdeput.), Ende März 1933 bis Sept. 1934 Staatskommissar für die Stadt Leer, ("durch Verfügung des Herrn Ministerpräsidenten für Preussen zum Staatskommissar für die Stadt Leer ernannt"), 4. 7. 1933 - 1945 Gauinspekteur der NSDAP (Gauinspektion I Ostfriesland), 29. 3. 1933 k. Bürgermeister Leer, 1934 (Sept.) Bürgermeister der Stadt Leer, Gauhauptamtsleiter der NSDAP, 1936 Mitglied des Reichstages, Wahlkreis Weser-Ems, verst. am 13. 12. 1956 in Leer.

Dröge, Wilhelm, geb. am 14. 9. 1888 in Gerden, Bäckermeister, 1. 4. 1933 Eintritt in die NSDAP (Mitglieds-Nr. 1066244), (22. 4. 1936) stellv. Kreisleiter Melle/Wittlage, (1939) Orsgruppenorganisationsleiter Altenmelle, (19. 1. 1935) - bis 1945 OGL von Altenmelle, 1939 - Juni 1943 Kreisleiter von Melle - Wittlage (stellvertr. für Helmut Seidel).

Drückhammer, Dr. Walther Johann Hinrich, geb. am 24. 3. 1902 in Nordenham, evangelisch-lutherisch, 1930 - 1936 Regierungsrat in Vechta, 1. 5. 1933 Eintritt in die NSDAP (Mitglieds-Nr. 3 060 674) Mai - Juli 1933 SA-Anwärter, 1. 6. 1933 - 1935 (Sept.) Kreisleiter von Vechta, 1936 - 1941 Regierungsrat in Jever, 1941 - 1942 Oberregierungsrat der Reichswirtschaftsverwaltung, Landeswirtschaftsamt Weser-Ems, 1942 - 1945 Abschnittsoffizier der Wehrmacht in Wildeshausen.

Ebertfründ, Friedrich, geb. am 13. 8. 1887 in Lintorf, evangelisch (kein Kirchenaustritt), Schuster, ab 1906 Postschaffner in Lintorf, 1. 4. 1928 Eintritt in die NSDAP (Mitglieds-Nr. 85296), 1. 1. 1930 bis Sept. 1931 OGL Rabber, 1932 - 13. 6. 1933 Kreisleiter des Kreises Wittlage, 1933 SA-Sturmführer ehrenhalber, 1934 Eintritt in die NSV und den RDB.

Egert, Josef Konrad, geb. am 28. 11. 1896 in Brehme (Kreis Worbes), Kaufmann, 1. 2. 1931 Eintritt in die NSDAP, (1933) Mitglied im Kreistag von Meppen (Kreisaussch.), seit 23. 6. 1931 Bezirksleiter Meppen, 1932 - 1933 und 27. 2. 1934 - 1945 Kreisleiter von Meppen. 1933

Strafverfahren der Staatsanwaltschaft Osnabrück wegen Körperverletzung, 20. 6. 1933 Ehrenbürgermeister von Meppen, verst. 1960.

Engelbart, Wilhelm (Willi), geb. am 8. 11. 1903 in Ganderkesee, Volksschullehrer, 1. 12. 1930 Eintritt in die NSDAP, 15. 1. 1931 Eintritt in die SA, 1. 2. 1931 Eintritt in den NSLB, 1931Gauredner, 1. 12. 1932 - 31. 3. 1933 Führer des SA-Sturmbanns I/144 Delmenhorst, 1. 4. 1933 - 31. 3. 1935 Führer der SA-Standarte 144 Delmenhorst, 29. 4. 1933 Leiter des Bezirksvereins Delmenhorst des Oldenburgischen Landeslehrervereins, 1. 5. 1934 Beförderung zum SA-Standartenführer, 1. 4. 1935 - 30. 4. 1936 Führer der SA-Standarte 19 Varel, 5. 11. 1935 - 1945 Kreisleiter von Oldenburg-Stadt, 1938 Beförderung zum SA-Oberführer, 18. 8.1939 bis 27. 10. 1940 Wehrmacht; Okt. 1938 - (1941) Ortsgruppenleiter Dobben; Juli 1942 - 1943 Kreisleiter von Oldenburg-Land; 1943 Dreiwöchiger Aufenthalt in der Ukraine (Propagandareden vor der Wehrmacht.

Esser, Ferdinand, geb. am 11. 8. 1908 in Köln,1924 (Feb.) Mitglied des Völkisch-Sozialen Blocks in Münster, 1926 Anhänger des völkischen Schutz- und Trutzbundes, 1926 Mitbegründer der Osnabrücker SA, 1926 Eintritt in die NSDAP, (1935) Stabsführer der SA-Brigade 64 Osnabrück im Range eines SA-Standartenführers, Nov. 1933 - 11. 3. 1936 Führer der SA-Standarte 78 Osnabrück, 1. 3. 1936 (offizielle Amtseinführung am 5. 3.) - 1943 Kreisleiter von Osnabrück-Land. 1. 10. 1942 - 1943 Gaustabsamtsleiter, 20. 4. 1943 Beförderung zum SA-Standartenführer, verstorben am 26. 6. 1943 in Oldenburg.

Everwien, Lenhard, geb. 6. 10. 1897 in Hamswehrum, Bäckermeister, Teilnehmer des 1. Weltkrieges, 1929 Beigeordneter der NSDAP im Gemeinderat Woltzeten, 1. 4. 1930 Eintritt in die NSDAP, 1931 Bürgermeister der Gemeinde Woltzeten, 1933 Mitglied des Kreistages von Norden, 1933 wohnhaft in Woltzeten, Emden-Land. 1933 k. Kreisleiter von Norden-Krummhörn, 1. 10. 1933 - 1. 4. 1935 Kreisamtsleiter NS-Hago Norden-Krummhörn, 1935 - 1945 Kreisleiter der NSDAP von Norden-Krummhörn, 1939/40 k. Kreisleiter von Emden, 1. 3. 1943 - 1945 Kreisleiter der NSDAP von Emden, Okt. 1942 Mitglied des Reichstages, Wahlkreis Weser-Ems.

Flügel, Hans, geb. am 27. 12. 1894 in Varel, Kaufmann, 1. 5. 1930 Eintritt in die NSDAP, Aug. 1930 - April 1931 OGL Varel, 1931 - 1932 Bezirksleiter Varel, 1932 - 1934 Kreisleiter für das Amt Varel; am 10. 8. 1933 zum Bürgermeister von Varel gewählt, 1934 - 1945 Kreisleiter von Friesland, Mai 1933 k. Mitglied des Amtsvorstandes Amt Friesland, lebte 1985 noch in Varel.

Folkerts, Johann Menso, geb. am 14. 12. 1909 in Emden, Gymnasiast, wohnhaft Emden, Petkumer Landstr. 14, 1925 - 1927 Mitglied der völkischen Jugendbewegung (J.D. Freiheitsbewegung), 1. 5. 1928 Eintritt in die NSDAP, 11. 8. 1928 Gründung der Emdener Ortsgruppe der NSDAP, Stellvertretender Stadtratsvorsitzender, 1932 - Sept. 1933 Kreisleiter Emden-Land, 1933 - 1938 Kreisleiter von Emden, 1932 - 1933 und 1934 - 1935 Kreisleiter von Norden-Krummhörn, seit 1932 tätig bei der "Ostfriesischen Tageszeitung", seit 1938 Mitglied im Stadtrat und Kulturdezernent der Stadt Emden, am 27. 9. 1938 zum Vorsitzender der Emder "Kunst" gewählt (Ernennung durch Regierungspräsidenten Aurich Anf. Nov. 1938), (7. 10. 1942) noch Vors. der Emder "Kunst", Dez. 1938 Gaubeauftragter für Sippenforschung, am 10. 5. 1942 in Emden zum Landschaftsrat berufen, (Okt. 1943) Landschaftsrat und Hauptschriftleiter, verst. am 22. 2. 1967 in Leer.

Gausepohl, Josef Bernhard Martin, geb. am 29. 7. 1899 in Damme, Mühlenbesitzer, 1917 - 1918 Teilnahme am 1. Weltkrieg (1918 Amputation des rechten Unterschenkels, gekrümmter linker Arm infolge Bruches); 1933 - 1935 MdS Damme i. O.; 1. 5. 1933 Eintritt in die NSDAP, Mitglieds-Nr. 2 912 287; (9. 10.) 1933 - 1934 Ortsgruppenpropagandaleiter in Damme; 15. 10. 1935 - 1943 Ortsgruppenleiter Damme; 1935 - 1943 Mitglied im Kreisausschuss; 1936 - 1943 II. Beigeordneter der Gemeinde; 1936 - 1945 Mitglied im Aufsichtsrat der Brandkasse; März - Nov. 1943 Kreisstabsamtsleiter Vechta, 24. 11. 1943 bis 8. 5. 1945 Kreisleiter von Vechta; 15. 3. 1945 kommissarischer Kreisbauernführer Vechta.

Gerdes, Hubertus (Bertus), geb. am 20. 6. 1912 in Münkaboe (Kreis Aurich), wohnhaft Oldenburg, Rosenstr. 26, 1. 7. 1930 Eintritt in die NSDAP, (16. 4. - 26. 4. 1936) und (17. 5. 1939) NSDAP-Kreisgeschäftsführer Oldenburg-Stadt, 1937 - 1938 einjähriger Aufenthalt auf der Schulungsburg Vogelsang, (8. 7. 1938 - 10. 11. 1940) Kreisorganisationsleiter Oldenburg-Stadt, Jan. 1937 Mitglied des Kreisausschusse Oldenburg-Stadt für die Durchführung der Aufgaben des Vierjahresplans, (6. 4. - 8. 4. 1937) Kreispropagandaleiter Oldenburg-Stadt, (22. 5. 1939) stellv. Kreisleiter Oldenburg-Stadt, Anf. Aug. - 27. 10. 1940 k. Kreisleiter Oldenburg-Stadt.

Gottschalck, Karl Johann Friedrich Ludwig, geb. am 7. 10. 1895 in Norden, Studienrat, 1. 5. 1927 Eintritt in die NSDAP (Mitglieds-Nr. 61087), 1. 10. 1929 - 14. 9. 1933 OGL Jever, 1. 11. 1930 Eintritt in den NSLB, 1932 Kannndidat für den oldenburgischen Landtag, Sept. 1933 (OV, 26. 9. 1933) - 13. 3. 1934 Kreisleiter der NSDAP für den Parteikreis (= oldenburg. Amt) Jeverland, (1933) MdS Jever (Stadtgemeinde, Kreis Friesland), 1. Vors., Schulvorst., 13. 3. - 31. 7. 1934 stellv. Kreisleiter Friesland, Juli 1934 Beitritt zur "Deutschen Glaubensbewegung", ab 1. 8. 1934 Oberstudiendirektor am Gymnasium Antonianum Vechta, Dez. 1935 - Mai 1938 Vorsitzender des Kreisgerichts Vechta der NSDAP, verst. 1978.

Gronewald, Johann (Hans), geb. am 9. 6. 1893 in Buisdorf, Katholisch, Glaubensbekenntnis 1939: keins, Drogist, verheiratet, Schulbildung: kath. Gymnasium, dreijährige Lehrzeit in Medizinaldrogen;1915 (1. 5.) - (24. 11.) 1918 Frontdienst, Gefreiter, EK II, Reisender und Filialleiter im Drogenfach, seit 1923 aktiv in der völkischen Bewegung, 1. 9. 1925 Eintritt in die NSDAP, 1930 Bezirksleiter Osnabrück, 1932 bis zur Auflösung Landtagsabgeordneter im Preußischen Landtag, (1933) Mitglied des Provinzialausschusses Hannover, (1933) Mitglied im Stadtrat von Osnabrück (1. Vors.), Ende März 1933 "Kommissar für besondere Verwendung" (u. a. Lebensmittelpolizei) bei der Regierung in Osnabrück, 30. 3. 1933 Mitglied des Osnabrücker Bürgervorsteherkollegs, (21. 9. 1932) - 20. 7. 1934 Gauinspekteur für die Gauinspektion II (Osnabrück), 12. 11. 1933 MdR, 20. 7. 1934 - 30. 4. 1935 Kreisleiter Leer, Mai - Nov. 1934 Kreisleiter Aurich, 23. 4. 1935 - (9. 4. 1938) Landrat in Aschendorf, (9. 4. 1938) SS-Oberführer.

Hartung, Emil, geb. am 16. 10. 1890 in Waldzell, Kaufmann, Arbeiter, wohnhaft Papenburg, Honksiedl. 57., 1. 7. 1930 Eintritt in die NSDAP, (9. 4. 1931 - 31. 3. 1932) Bezirksleiter der NSDAP in Papenburg, (28. 9. 1932) Kreisleiter Kreis Aschendorf, (12. 5. - 28. 6.) 1933 NSBO-Kreisleiter Aschendorf-Hümmling, am 19. 1. 1936 vom Obersten Parteigericht aus der NSDAP ausgeschlossen.

Hoffschulte, Hubert, geb. am 10. 8. 1905 in Daber (Kreis Randow), Handlungsgehilfe, 1. 5. 1931 Eintritt in die NSDAP, (9. 10.) 1933 - (10. 2.) 1934 Kreisleiter Meppen (stellv. für Josef Egert), (20. 12. 1933 - 1. 2. 1934) k. OGL Meppen, 27. 2. 1934 - (17. 12. 1936) Ortsgruppenleiter Meppen, verst. am 15. 7. 1968 in Meppen.

Hofmann, Dr. med. dent. Fritz (Friedrich), geb. am 12. 3. 1898, Zahnarzt in Osnabrück, Frontsoldat, 1923 Eintritt in die NSDAP, bis Juli 1933 Kreisschulungsleiter, (1933) Mitglied im Stadtrat von Osnabrück, 7. 7. 1933-1934 Kreisleiter von Osnabrück-Stadt, verst. am 6. 4. 1987 in Osnabrück.

Horstmann, Bernhard (Bernd), geb. am 16. 5. 1912 in Nordhorn, Tischler, 1. 10. 1930 Eintritt in die NSDAP, 1. 3. 1935 - 11. 2. 1936 Teilnahme an einem Schulungslehrgang der Gauschule Pewsum, 12. 2. 1936 - 31. 7. 1938 Kreisschulungsleiter Osnabrück-Land, (1. 3. 1936) Kreispropagandaleiter Osnabrück-Land, 1. 8. 1938 - 21. 2. 1943 Kreisleiter von Emden, 24. 9. 1939 - 1. 6. 1942 Kriegsteilnehmer, 1. 3. 1943 - 1945 Kreisleiter von Wilhelmshaven, verst. am 29. 1. 1968 in Nordhorn.

Ibbeken, Paul Friedrich Ernst, geb. am 25. 11. 1891 in Elsfleth, Kaufmann, 1. 12. 1930 Eintritt in die NSDAP, 1932 - 9. 3. 1934 Kreisleiter vom Kreis (bzw. Amt) Elsfleth, ab August 1933

Bürgermeister von Elsfleth, (19. 7. 1934) - 6. 2. 1939 und (24. 8. 1940) OGL Elsfleth, 19. 3. - 7. 5. 1945 kommissarischer Bürgermeister von Brake (in Vertretung von Karl Reich).

Janssen, Meinert, geb. am 15. 6. 1894 in Pewsum, Oberpostinspektor, 1. 6. 1931 Eintritt in die NSDAP, 1932 - (5. 5.) 1934 Kreisleiter von Aurich, 1934 - Aug. 1939 Gaustellenleiter im Gauamt für Beamte des Gaues Weser-Ems, 1938 erfolglos vorgeschlagen in der "Liste des Führers zur Wahl des Großdeutschen Reichstages am 10. 4. 1938", Aug. 1939 - 1943 Leiter des Gauamtes Weser-Ems für Beamte, Oldenburg.

Kemnitz, Alfred, geb. am 28. 12. 1902 in Rüstringen (Heppens), Hauptlehrer, 1. 12. 1931 Eintritt in die NSDAP, 29. 4. 1933 Leiter des Bezirksvereins Jever des Oldenburgischen Landeslehrervereins, (18. 5. 1933) und ab Aug. 1933 NSLB-Kreisobmann Jeverland, (29. 8. 1934) OG-Schulungsleiter Ohrwege (Kreis Ammerland), (28. 4. - 20. 6. 1935) Kreispropagandaleiter Ammerland, 1935 - 1939 und 1940 - 1942 Gauamtsleiter NSLB, 1939 - 1940 kommissarischer Kreisleiter von Bentheim, 1942 - 1945 Kriegseinsatz an der Leningrader Front, (15. 6. 1943) Einsatz bei der Propagandakompanie, verst. am 24. 4. 1964 in Oldenburg.

Kohnen, Dr. Anton, geb. am 20. 2. 1889 in Lindern, Studienrat, 1923 - 1925 Mitglied des Oldenburgischen Landtages (DVP), 1925 - 1928 Mitglied des Oldenburgischen Landtages (LB), 1931 Eintritt in die NSDAP 28. 3. 1931 - 31. 5. 1933 OGL Vechta, 26. 7. 1932 - 4. 1. 1933 Kreisleiter von Vechta, Sept. 1933 2. Stellv. des Führers des Landesverbandes Oldenburg-Bremen des Kyffhäuserbundes, 1. 7. 1940 Eintritt in die SS, Mitglieds-Nr. 414 782, 15. 12. 1941 Beförderung zum SS-Hauptsturmführer (SD-Mitarbeiter), verst. am 9. 3. 1985 in Oldenburg.

Kronsbein, Wilhelm Heinrich, geb. am 13. 8. 1884 in Dortmund-Dorstfeld, Elektrikermeister, 1. 10. 1928 Eintritt in die NSDAP (Mitglieds Nr. 102 414), Nov. 1928- Nov. 1929 SA-Mitglied, 29. 11. 1929 - 1932 OGL, ab 6. 9. 1932 Kreisleiter Wilhelmshaven-Rüstringen, 2. 1. 1931 - 15. 6. 1935 MdS Rüstringen, 1933 - 1934 Walter der DAF Abteilung "Wehrmacht". Gruppenobmann in der NSBO der Reichswehrdienststellen im Bereiche der Marinestation der Nordsee Mitglied in der NSV, 5. 3. 1933 bis 5. 3. 1936 MdR, verst. am 5. 2. 1972 in Wilhelmshaven.

Lünschen, Fritz Georg Ricklef, geb. am 5. 7. 1898 in Indiek bei Dedesdorf, Landwirt in Indiek bei Dedesdorf, 1. 1. 1932 Eintritt in die NSDAP, 1932 - 1945 OGL Dedesdorf, ab Aug. 1933 Gemeindevorsteher für die Gemeinde Dedesdorf, (2. 11. 1939) Leiter des Ernährungsamtes Wesermarsch, 1939 - 1945 Kreisbauernführer Wesermarsch, 1943 - 1945 Kreisleiter Wesermarsch (stellv. für Georg Meier).

Mainzer, Dr. Joseph, geb. am 22. 1. 1882 in Rheine, Studienrat, 1. 9. 1929 Eintritt in die NSDAP, 1. 10. 1931 Eintritt in den NSLB, Anfang Juni 1933 zum Polizeiinspektor von Wilhelmshaven ernannt, (3. 6.) 1933 - 1935 Kreisleiter von Wilhelmshaven, dann "als Kreisleiter z.b.V. in die Gauleitung Weser-Ems der NSDAP in Oldenburg berufen" (OStZ, 3. 4. 1935), "Mitglied der Gauleitung" (OStZ, 23. 4. 1935), 1935 nach Kiel versetzt, April 1936 Leiter des Peiner Realgymnasiums, 1941 k. Regierungsdirektor, Leiter der Abteilung für höheres Schulwesen, verst. am 25. 11. 1953 in Aachen.

Meier, Georg Hinrich, geb. am 30. 11. 1910 in Ovelgönne, Bankkaufmann, 1. 4. 1930 Eintritt in die NSDAP (Mitglieds-Nr. 227 218), 1. 6. 1930 Eintritt in die SA (Hauptsturmführer), 1. 10. 1933 - 28. 2. 1934 Angestellter beim Kreisausschuß Leer, 1. 3. 1934 - Okt. 1935 NSDAP-Kreisgeschäftsführer Wesermarsch in Brake, Okt. 1935 (Okt.) Kreisgeschäftsführer und Kreisorganisationsleiter der NSDAP in Wilhelmshaven, 26. 8. 1939 - Januar 1941 J.R. 154/Oldenburg Uffz., 11. 3. 1941 - 31. 5. 1942 K. Kreisleiter Emden, 1. 6. 1942 - 30. 9. 1943 K. Kreisleiter für den Kreis Wesermarsch, 19. 10. 1943 Eintritt in die SA-Standarte Feldherrnhalle, 27. 10. 1943 bis zur Kapitulation Pz. Gren. Div. Feldherrnh. Danzig. Einsatz in Ungarn, Rumänien und Ostpr.

Meyer, Ernst Gustav, geb. am 2. 12. 1905, Kaufmann (Handlungsgehilfe), 1. 6. 1929 Eintritt in die NSDAP, 1929 Eintritt in die SA, ab 23. 9. 1932 Zellenwart in Golzwarden (Kreis Wesermarsch), Feb. - April 1933 OGL Golzwarden (k.), Juli - Sept. 1933 stellv. Gaupropagandaleiter, 1933 bis 31. 12. 1934 Gaugeschäftsführer, 1. 1. 1935 - (1937) Gauinspekteur für die Gauinspektion III (Oldenburg), April - 14. 10. 1935 Beauftragter der NSDAP für das Amt (Landkreis) Vechta, (19. 6.) 1935 - 10. 9. 1942 Kreisleiter von Wilhelmshaven, ab 10. 9. 1942 Wehrmacht, in Rußland schwer verwundet, verst. am 28. 8. 1976 in Schlüterburg bei Berne.

Meyer-Wendeborn, Willi, geb. am 24. 6. 1891 in Hamburg, Kaufmann, evangelisch-lutherisch, Kirchenaustritt 1938, Vorstrafe: 10 RM Geldstrafe wegen Jagdvergehen (Nichtjäger), ab 1914 Kriegsteilnehmer, 1930 - 1936 Geschäftsführer, zuletzt Pächter der Arkenauschen Apfelweinkelterei in Brokstreek, 1. 8. 1932 Eintritt in die NSDAP (Mitglieds-Nr. 1 260 033), 1932 - 1934 OGL von Essen i. O. 1932 Eintritt in die SS (Infolge der Überführung der ländlichen Reitervereine in die SS) Reitlehrer und Obersturmführer der SS, 6. 8. 1933 - (16. 10. 1934) Führer des SS-Reitersturms Essen i. O., 1932 - 12. 10. 1934 Ortsgruppenleiter Essen i. O., 13. 10. 1934-1945 Kreisleiter von Cloppenburg, Nov. 1937 Ortsgruppenleiter Barßel, 1938 Kirchenaustritt: "Durcheinander in der evangelischen Kirche zuwider", Anf. Juli 1940 - (14. 10. 1940) und 19. 3. - 24. 11. 1943 Kreisleiter von Vechta, 1945 Marineregiment Leissner.

Müller, Jens, geb. am 22. 6. 1896, Kaufmann, (1932) Schriftleiter des "Freiheitskämpfers" in Oldenburg, 21. 6. 1926 Eintritt in die NSDAP, (21. 1. 1931) - 1932 Ortsgruppenleiter Oldenburg, 1932 und (17. 10.) 1939 - (4. 3.) 1940 Kreisleiter von Oldenburg-Stadt, bis 1932 Bezirksleiter Oldenburg, (1933) MdS Oldenburg, (10. 8. - 13. 8. 1933) stellv. Gauleiter NSBO, (5. 12. 1933 - 9. 5. 1934) NSBO - Gaugeschäftsführer, (2. 10. 1933) - 31. 12. 1933 und 20. 1. 1934 - (6. 6. 1935) Gauamtsleiter NS-Hago, Jan. 1934 geschäftsführendes Vorstandsmitglied im "Ring Oldenburger Bauwirte", (19. 3. 1934) Ernennung zum Stellvertreter des Gaufachberaters für ständischen Aufbau, (21. 3. 1934) nicht mehr stellv. Mitglied der Industrie- und Handelskammer, April 1934 ernannt zum Bezirksbeauftragten Niedersachsen für die Aufstellung von Sachverständigenbeiraten als Handel und Handwerk, (1. 3. 1935) KdF-Gauorganisationsleiter, (7. 3. 1935 - 29. 1. 1936) stellv. Gauwalter der DAF, (2. 8. 1934) Beauftragter der Reichsbetriebsgruppen Handel und Handwerk im Wirtschaftsgebiet Niedersachsen, Aug. 1934 in den Sachverständigenbeirat des Treuhänders der Arbeit für das Wirtschaftsgebiet Niedersachsen berufen, (8. 3. - 14. 3. 1935) Gaubetriebsgemeinschaftswalter Handel, ab 1. 4. 1936 - (4. 11. 1937) Leiter der "Arbeitsgemeinschaft für Schadenverhütung" im Gau Weser-Ems, (18. 10. 1938) Gauamtsleiter des Gauringes I für nationalsozialistische Propaganda, seit 1938 Referent im Reichspropagandaamt Weser-Ems, (26. 5. 1939) Gauamtsleiter, (27. 5. 1940) Leiter des Gaupropagandaringes, (28. 10. 1940) Gauredner, ab 26. 10. 1940 Wehrmacht, (24. 9. 1941) k. Pressereferent des Reichspropagandaamtes Weser-Ems, (Sept. 1944) Gauamtsleiter, verst. am 13. 1. 1949 in Oldenburg. (Selbstmord am Grab des ehemaligen Gauleiters Carl Röver).

Müller, Dr. Wilhelm Hermann Heinrich Folkert, geb. am 4. 2. 1889 in Kiel-Gaaiden, Studienrat, Teilnahme am I. Weltkrieg, 1. 7. 1930 Eintritt in die NSDAP, Mitglieds-Nr. 262215, Ortsgruppenleiter in Hude, (6. 9. 1932) Kreisschulungsleiter Delmenhorst, (1. 3. - 3. 5. 1933) Ortsgruppenleiter Delmenhorst, 31. 5. 1933 bis 31. 10. 1934 Kreisleiter Delmenhorst, (4. 8. 1933) Leiter der Fachschaft 2 (Lehrer an höheren Schulen) der Landesleitung Oldenburg des NSLB, (1933) Mitglied im Stadtrat von Delmenhorst, 1. Vors., 1. 6. 1933 - März 1937 Oberbürgermeister von Delmenhorst, 1937 - 1945 Oberbürgermeister von Wilhelmshaven, 1938 - 1945 Standartenführer ehrenhalber der Marine-SA, (17. 6. 1939 - 26. 6. 1942) DRK-Kreisführer Wilhelmshaven.

Münzer, Wilhelm (Willy) Karl Ernst, geb. am 12. 9. 1895 in Münster, Filialleiter, Teilnahme am I. Weltkrieg, 1921 - 1924 Mitglied im Stahlhelm (Bezirksleiter), 1922 - 1924 Mitglied der Deutsch-Völkischen Freiheitsbewegung (stellvertretender Bezirksleiter), 1924 Eintritt in den Völkisch-Sozialen Block, 1925 Eintritt in die NSDAP, 1931 Leitung der Propagandaabteilung Osnabrück, 1932 - 1934 Ortsgruppenleiter Osnabrück-Martinitor, (1933) MdS Osnabrück, Ende

Aug. 1934-1940 Kreisleiter Osnabrück-Stadt, Juli 1935 Beigeordneter der NSDAP zum
Osnabrücker Gemeinderat, 1940 - 1945 Reichskommissar für die besetzten niederländischen
Gebiete in Den Haag, Beauftragter für die Provinz Zeeland (Leitung der Provinz), im 2.
Weltkrieg vom Militärdienst zurückgestellt, aber Auszeichnungen (KVK I, Frontregiment 7 R 13
und KKK II, Reichskommissar in den Niederlanden), verst. am 11. 6. 1969 in Bad Iburg.

Niehaus, Anton Johann Leonhard, geb. am 15. 11. 1896 in Cloppenburg, Maler, 1. 4. 1929
Eintritt in die NSDAP (Mitglieds-Nr. 126382), 1931 - 1933 Mitglied des oldenburgischen
Landtages, 1932 - 1934 Kreisleiter in Cloppenburg für den bisherigen Amtsbezirk Cloppenburg,
28. 10. 1935 - Jan. 1937 OGL Lohne, verst. am 19. 6. 1978.

Nietfeld-Beckmann, Gustav, geb. am 9. 3. 1896 in Bokel, Landwirt, 1915 - 1916 Garde Fußart.
Regt.1, Mai 1916 - Nov. 1918 Fronteinsatz, 1929 Eintritt in die NSDAP (Mitglieds-Nr. 122 422),
1. 3. 1929 - Dez. 1931 OGL Bersenbrück, 17. 11. 1929 MdK Bersenbrück (einziger
Nationalsozialist im Kreistag- und Ausschuß), März 1933 - 1945 MdR, 1933 MdK Bersenbrück
(1. Vors.), am 6. 4. 1933 in den Kreisausschuß Bersenbrück gewählt, 1932 - 1945 Kreisleiter der
NSDAP in Bersenbrück, (28. 8. 1933) k. Landrat Bersenbrück, (30. 8. 1933, OV) will
"Arbeitslager für Bettler und Hausierer" einrichten, Juni 1935 im Reichsnährstand tätig, zunächst
als Vorsitzender der Deutschen Kartoffelwirtschaft, bis 30. 6. 1935 und wieder (23. 10. 1935)
Kreisobmann der Kreisbauernschaft Bersenbrück, Juni 1935 - Mai 1937 Vorsitzender der
deutschen Milchwirtschaftlichen Vereinigung, verst. am 28. 11. 1961 in Bokel.

Oltmanns, Diedrich Otto, geb. am 13. 12. 1890 in Friedeburg, Kaufmann, 1. 6. 1928 Eintritt in
die NSDAP, 1928 - 1933 SA-Mitglied, (1933) Mitglied im preußischen Provinziallandtag
(Hannover), Feb. 1933 - 1. 11. 1935 Kreisleiter Wittmund (i.V.), (9. 4. - 18. 4. 1934) MdS
Friedeburg (1. Schöffe), (9. 4. 1934) OGL Friedeburg, 1935 - 1945 Kreisleiter von Wittmund.

Osterbuhr, August, geb. am 23. 10. 1881 in Sande, Bahnhofsvorsteher, für Militärdienst
körperlich untauglich, 1. 1. 1931 Eintritt in die NSDAP (Mitglieds-Nr. 403 200), 1932 - Okt.
1934 Kreisleiter in Cloppenburg für den bisherigen Amtsbezirk Friesoythe, 1933 Fraktionsführer
der NSDAP im Gemeinderat von Dorf Barßel i. Old., Amt Friesoythe, ab Juni 1933 für wenige
Monate Gauschulungsleiter, 1934 - 1945 Ortsgruppen-Amtsleiter der NSV, 15. 11. 1936
Versetzung nach Oldenburg Beförderung zum Reichsbahnobersekretär (bis 20. 10. 1945).

Pape, Ernst Emil Hermann, geb. am 17. 4. 1898 in Eversten, Reichsbahn-Sekretär, 1. 8. 1930
Eintritt in die NSDAP, (1933) MdS Oldenburg, 1. 10. 1932 - 5. 11. 1935 Kreisleiter von
Oldenburg - Stadt, (6. 12.) 1934 bis 1935 Gauamtsleiter der NSV (als Kreis- und Gauamtsleiter
seines Amtes enthoben), verst. am 17. 8. 1939 in Oldenburg an einer Zucker- und Lungenkrankheit.

Plesse, Erich, geb. am 13. 7. 1908 in Essen a. d. Ruhr, (1929) - 1930 Medizinstudent in Rostock,
1. 6. 1931 - 1. 8. 1932 OGL Lingen, 1. 7. 1932 Kreisleiter und OGL Lingen, 1932 - 1941
Kreisleiter von Lingen, 1933 - 1941 Bürgermeister von Lingen, (19. 6. 1937 - 29. 4. 1941)
Kreisamtsleiter für Kommunalpolitik Lingen, seit April 1941 Soldat, nach Aussage der Ehefrau
angeblich Ende Januar 1945 an der Ostfront vermißt, tatsächlich am 14. 9. 1944 aus der
Wehrmacht entlassen und zur Partei-Kanzlei in München kommandiert.

Reich, Karl Franz Hermann, geb. am 22. 2. 1895 in Gollnow/Pommern, Elektriker, Elek-
tromeister, evangelisch, dann bapt., sp. gg, 1. 6. 1928 Eintritt in die NSDAP (Mitglieds-Nr. 92
892), am 10. 6. 1933 zum Bürgermeister von Brake gewählt, 1. 4. 1933 - 1945 Bürgermeister von
Brake (Unterweser), Mai 1933 k. Mitglied des Amtsvorstandes Amt Wesermarsch, 10. 3. 1934 -
11. 3. 1935 Kreisleiter von Wesermarsch, (19. 6. 1937 - 29. 4. 1941) Kreisamtsleiter für
Kommunalpolitik Wesermarsch, (20. 4. 1939) Kreisleiter z.b.V., verst. am 18. 1. 1962 in
Oldenburg.

Renken, Carl, geb. am 31. 3. 1893 in Sandel bei Jever, Kaufmann, bis 1931 Bürgervorsteher (Wirtschaftspartei), 1. 1. 1930 Eintritt in die SA, 1. 10. 1930 Eintritt in die NSDAP, Juli 1933 stellv. Kreisleiter Wilhelmshaven, (1933) Mitglied im Stadtrat von Wilhelmshaven (1. Vorsitzender) [Schulfachm., Sparkassenvors., Betriebe u. Luftverkehr], Mai 1933 Vizepräsident der Ostfriesischen Handelskammer, Juni 1933 mit der Wahrnehmung der Geschäfte des OB Wilhelmshaven beauftragt (OV, 23. 6. 1933), 1933 - 1937 Oberbürgermeister von Wilhelmshaven, 24. 3. 1935 Berufung zum preußischen Provinzialrat, 1935 Preußischer Provinziallandrat, 1937 - 1945 Oberbürgermeister von Emden, verst. am 22. 11. 1954 in Wilhelmshaven.

Roggemann, Johann (Jan) Gerhard, geb. am 5. 10. 1900 in Helle-Altenkirchen (Gemeinde Zwischenahn), Arbeiter in Kayhausen (Gemeinde Bad Zwischenahn), 1. 12. 1929 Eintritt in die NSDAP (Mitglieds-Nr. 176 308), 1932 - 1933 Mitglied des oldenburgischen Landtags, 1932 - 1934 Kreisleiter von Ammerland, 1. 1. 1933 NSKK-Obertruppführer, Mai 1933 k. Mitglied des Amtsvorstandes Amt Ammerland, 1934 - 1937 Bürgermeister von Bad Zwischenahn, (20. 6. 1935 - 19. 6. 1937) Kreisamtsleiter für Kommunalpolitik Ammerland, 1937 - 1938 Melder bei der Panzerabwehr Bremen (Schütze), 1938 - 1945 Kreiswalter der NSV Ammerland, verst. am 15. 7. 1981 in Bad Zwischenahn.

Schmeer, Franz, geb. am 21. 5. 1895 in Osnabrück, Dentist, verheiratet, evangelisch, 15. 10. 1925 Eintritt in die NSDAP, 1926 - (1929) Ortsgruppenleiter Bad Essen, 1929 Bezirksleiter Wittlage, 1930 Ortsgruppenleiter Rabber Führer der Ortsgruppe der HJ in Bad Essen, 1932 - 8. März 1935 Kreisleiter von Wittlage, Geschäftsstelle in Bad Essen, 1938 Schutzhaft wegen Kritik an der Politik des Regierungspräsidenten, am 21. 10. 1943 aus der NSDAP ausgeschlossen, verst. 1979.

Schneider, Johann, geb. am 21. 10. 1891 in Aschhauserfeld bei Zwischenahn, Kaufmann, 1. 7. 1929 Eintritt in die NSDAP, (20. 4. 1934) Kreisgeschäftsführer Ammerland, (20. 4. 1934) Stellvertreter des Kreisleiters Ammerland, (20. 4. 1934) Kreisorganisationsleiter Ammerland, Mai 1934 - 1945 Kreisleiter von Ammerland.

Schulemann, Fritz Oskar Willy, geb. am 9. 2. 1899 in Rawitsch (Posen), Schriftsetzer, 1. 8. 1928 Eintritt in die NSDAP, Herbst 1930 - 25. 9. 1932 Bezirksleiter Wittmund, 26. 9. 1932 - 14. 2. 1933 Kreisleiter von Wittmund, (6. 4. - 11. 5. 1934) OGL Wittmund, (11. 5. 1934) Stadtrat von Wittmund, 12. 4. 1935 - Sept. 1940 Vorsitzender des Kreisgerichts der NSDAP Wittmund, Okt. 1940 Vorsitzender des Kreisgerichts Schrimm (Gau Wartheland).

Schümann, Max Fritz Otto, geb. am 26. 12. 1909 in Kiel, Schlosser, 1926 Eintritt in die SA, 1928 Eintritt in die NSDAP (Mitglieds-Nr. 74339), beschäftigt bei der Reichsbahn, 1. 4. 1934 - 1. 5. 1935 Kreiswalter DAF Leer, Aug. 1934 in den Sachverständigenbeirat des Treuhänders der Arbeit für das Wirtschaftsgebiet Niedersachsen berufen, 1938 - Anf. 1941 Kreisleiter Leer, seit Anfang 1941 Parteiaufgaben in den Niederlanden, Belgien und Nordfrankreich, vom 1. Juli 1943 bis Kriegsende Kreisleiter in Bremen. 26. 6. 1945 Selbstmord (Gift).

Seidel, Helmut, geb. am 12. 2. 1907 in Görlitz, Gärtner, 1. 3. 1927 Eintritt in die NSDAP, 1. 10. 1930 - 1. 8. 1931 und (28. 2. 1935 - 1939) Ortsgruppenleiter Melle, ab 1. 8. 1931 Bezirksleiter Melle, (1933) MdK Melle (1. Vors.), (1933) Mitglied im Stadtrat von Melle (1. Vors.),1933 wohnhaft in Melle, Adolf-Hitler-Str. 41, 1932 - 1939 Kreisleiter von Melle, Feb. 1935 (Feb.) - 1939 Kreisleiter von Wittlage, 1939 - 1943 Wehrmacht, 1943 - 1945 Kreisleiter von Melle-Wittlage und Osnabrück-Land, 1943 Gaustabsamtsleiter, 1945 bei Kriegsende von Engländern erschossen.

Seiffe, Georg, geb. am 21. 2. 1904 in Berlin, kaufmännischer Angestellter, 1932 Eintritt in die NSDAP, 1. 2. 1934 Eintritt in die NSV (Ortsgruppen-Amtsleiter), (18. 5. 1934) Ortsgruppenpropagandaleiter Wilhelmshaven-Süd, Juni 1937 - 15. 3. 1943 Stadtrat (besoldet) in

Wilhelmshaven (Leiter der kaufmännischen Betriebe, Leiter des Ernährungs- und Wirtschaftsamtes), (4. 6. 1937) - 1943 Kreispropagandaleiter Wilhelmshaven-Rüstringen, 1940 Eintritt in das NSKK (Oberstaffelführer, 20. 4. 1945), Im Zweiten Weltkrieg Leiter des Ernährungsamtes, 10. 9. 1942 - 21. 2. 1943 kommissarischer Kreisleiter von Wilhelmshaven-Rüstringen 1. 3. 1943 - 1945 Leiter des Reichspropagandaamtes Weser-Ems (Gaupropagandaleiter) und Landeskulturwalter, 1945 Stadtrat in Wilhelmshaven (wie 1937 - 1942), verst. am 13. 9. 1955 in Wilhelmshaven.

Siebrecht, Edo, geb. am 28. 2. 1899 in Rüstringen-Bant, Turn- und Sportlehrer, 1930 - Aug. 1933 Kreisleiter Jeverland, bis Feb. 1933 Ratsherr Jever (Amtsniederlegung), bis Aug. 1933 stellv. Bürgermeister von Jever, dann an das Oldenburger Gymnasium versetzt (OV, 18. 8. 1933), "Der Landesbeauftragte des Reichssportführers, Edo Siebrecht, ist bis zum 8. September d. J. von Oldenburg abwesend" (OV, 31. 8. 1933), (25. 9. 1932) und 1934 - (1. 7.) 1935 Gauwart des Amtes für Erzieher (NSLB), (10. 11. 1933 - 2. 7. 1934) Gauobmann NSLB, 1. 4. 1934 Fachreferent für das evangelische Volksschulwesen im Ministerium der Kirchen und Schulen in Oldenburg, (3. 3. 1937) Gauhauptstellenleiter, lebte 1952 in Bad Rothenfelde.

Ständer, Josef Benno, Dr. med., geb. am 24. 12. 1894 in Kirchworbis/Thüringen (Eichsfeld), praktischer Arzt, verh. mit Aleida Ständer, geb. Lenzing, 3 Söhne, 1915 - 1919 Teilnehmer des 1. Weltkrieges, bei der Sommeroffensive 1915 in Rußland verschüttet, 1920 Staats- und Dr. Examen an der Universität Kiel,1921 Praktischer Arzt in Bentheim, Anfang 1924 - 1925 Mitglied im VSB,1925 Eintritt in die NSDAP, 1930 - 1945 Kreisleiter der NSDAP von Bentheim,1930 - 1934 SA-Standartenarzt, 12. 3. 1933 Mitglied des preußischen Provinziallandtages (Hannover), 12. 3. 1933 MdK Bentheim (1. Kreisdeputierter), 12. 11. 1933 MdR, 1939 - 1940 Kriegsdienst als Stabsarzt, 1940 - 1945 Kreisleiter von Bentheim, läßt sich 1943 den Hof seiner Villa in Gildehaus mit den Grabsteinen des zerstörten jüdischen Friedhofs der Gemeinde pflastern, 1952 Wiederaufnahme seiner Arztpraxis in Gildehaus, verst. am 7. 3. 1976 in Bad Bentheim.

Sturm, Gustav, geb. am 1. 10. 1904 in Silberborn, Kaufmann (Verlagsleiter in Hameln), 5. 5. 1927 Eintritt in die NSDAP,1933 zum Senator der Stadt Hameln (Leiter des Dezernats für Arbeitsbeschaffung) berufen, Nov. 1933 in Emden, 1934 -1939 Kreisleiter von Delmenhorst (ab 1. 11. 1934) und Oldenburg-Land (ab 20. 4. 1935), 1936 Buchveröffentlichung: "Glaube und Schwert. Worte und Bilder aus Volk und Bewegung". (Delmenhorst, 1936), 1939 - 1941 Wehrmacht, 1941 - 1942 Kreisleiter von Delmenhorst/Oldenburg-Land, 1. 9. 1943 an der Ostfront gefallen.

Thümler, Heinrich Gerhard, geb. am 30. 12. 1887 in Nordermoor, Kaufmann (selbst. Gemischtwaren-Einzelhändler), 1914 - 1918 Teilnahme am 1. Weltkrieg, 1. 2. 1930 Eintritt in die NSDAP (Mitglieds-Nr. 191 384), 22. 1. 1930 - (10. 9. 1944) Ortsgruppenleiter Stuhr, 13. 1. 1931 - 30. 5. 1933 Kreisleiter Delmenhorst, erfolglos vorgeschlagen auf der "Liste des Führers zur Wahl des Großdeutschen Reichstages am 10. 4. 1938", 1931 - 1933 Mitglied im Oldenburgischen Landtag (Mitglied im Ältestenausschuß), 1933 Mitglied im Gemeinderat (1. Vorsitzender u. Beigeordneter) der Landgemeinde Hasbergen i. Old., 1933 - 1934 Ortswalter NS-Hago, 1934 - 1945 k. Kreisamtsleiter NSV, Mai 1933 k. Mitglied des Amtsvorstandes Amt Oldenburg, 1936 - 1938 Ortswalter KdF, 1. 9. 1939 - 1. 2. 1941 k. Kreisleiter der NSDAP von Delmenhorst/Oldenburg-Land, 1941 Vorstandsmitglied im NSRL, 1. 5. 1942 - 1. 11. 1943 Kreisamtsleiter der NSV, 1. 11. 1943 - 1945 k. Kreisleiter von Delmenhorst/Oldenburg-Land, verst. am 3. 3. 1969 in Stuhr (Gem Hasbergen).

Voß, Heinrich Johann, geb. am 13. 10. 1902 in Barel, Bauernknecht in Brettorf (Berufsausbildung als Bauer), ('Angestellter'), später Schriftleiter, 1. 3. 1929 Eintritt in die NSDAP, Mai 1930 - 1. 9. 1935 Ortsgruppenleiter Brettorf (Kreis Delmenhorst/Oldbg.-Land, laut DK vom 21. 1. 1935 Schriftleiter, als politischer Redner tätig, 1933 Mitglied im Stadt- bzw. Gemeinderat von Dötlingen, 1. 9. 1935 - Anf. Juli 1940 und (4. 9. 1941) - 19. 3. 1943 Kreisleiter Vechta, 14. 10. 1935 Beauftragter der NSDAP für die Gemeinden des Landkreises Vechta, 27. 4. 1943 - 27.

10. 1943 kommissarischer Leiter des Hauptarbeitsgebietes "Agrarpolitik" beim Reichsamt für das Landvolk in München, ab 26. 11. 1943 zur Wehrmacht einberufen, erfolglos vorgeschlagen in der "Liste des Führers zur Wahl des Großdeutschen Reichstages am 10. 4. 1938", am 24. 10. 1945 tot aufgefunden im Forst bei Necke/Kreis Lüneburg, beerdigt am 19. 6. 1948 ohne kirchliche Mitwirkung auf dem Friedhof der evangelisch-lutherischen Kirchengemeinde Dötlingen.

Wagner, Siegfried, geb. am 29. 7. 1887 in Berlin, Major a. D., reformiert, 1. 9. 1926 Eintritt in die NSDAP, Mai 1929 Führer der HJ Osnabrück, August 1930 Bezirksführer der HJ, Juni 1931 Mitglied im Untersuchungs- und Schlichtungsausschuß, Sept. 1931 Ortsgruppenleiter Osnabrück, 1932 - 1933 Kreisleiter von Osnabrück-Stadt, (1933) Mitglied des preußischen Provinziallandtages Hannover (Mitglied im Untersuch.- u. Prov.-Ausschuß), 7. 7. 1933 - (6. 7. 1942) Präsident der Landesversicherungsanstalt in Hannover, (1937) Gauwalter Süd-Hannover-Braunschweig der NSV e.V..

Walkenhorst, Heinrich, geb. am 14. 8. 1906 in Osnabrück, Kaufmann, SA-Mitglied, 1. 12. 1930 Eintritt in die NSDAP, 1931 - 1933 Vor der Machtergreifung Kreispropagandaleiter, Organisationsleiter und Betriebszellenobmann in Leer, (1933) Mitglied im Stadtrat von Leer (i. Ostfr.), Juni 1933 - 20. 7. 1934 Kreisleiter Leer, 20. 7. 1934 - 1. 10. 1942 Gauorganisations- und Gaustabsamtsleiter der NSDAP in Oldenburg, 1936 Leiter des Büros für die Durchführung des Vierjahresplanes im Gau Weser-Ems, 1. 10. 1942 bis Kriegsende Reichshauptamtsleiter und Leiter des Personalamtes in der Parteikanzlei, Sitz München, Nov. 1943 MdR.

Wegener, Paul, geb. am 1. 10. 1908 in Varel, Kaufmann (Diplom-Kolonialwirt), 1. 8. 1930 Eintritt in die NSDAP, (13. 7.) 1932 - 1933 Führer der SA-Standarte 75 Bremen, 11. 3. 1933 bis 1934 Kreisleiter der NSDAP in Bremen, SA-Standartenführer im Stabe des Stellvertreters des Führers, 12. 11. 1933 MdR (Wahlkreis Weser-Ems), 1934 Reichsamtsleiter der NSDAP in München, Juni 1942 Gauleiter Weser-Ems, Reichsstatthalter in Oldenburg und Bremen, SS-Gruppenführer, lebte um 1954 in 6480 Wächteisbach, verst. 1994.

Wehmeier, Fritz, geb. am 15. 11. 1897 in Pollhagen, Hilfsarbeiter, 15. 12. 1925 Eintritt in die NSDAP, 1930 Kreiswalter der NSBO in Emden, (1933) MdS Emden [2. Vors.], Gauredner der NSDAP, (1933 oder früher) Ausbildung auf der Reichsführerschule in Bernau, bis 20. 7. 1934 Leiter der Gauführerschule Weser-Ems II in Bad Essen, 20. 7. 1934 k. Kreisleiter Osnabrück-Stadt, 1936 MdR, 20. 7. 1934 - 1945 Gauinspekteur für die Gauinspektion II (Osnabrück), April 1935 Beauftragter der NSDAP für den Kreis Lingen, Aug. 1940 - 1945 k. Kreisleiter Osnabrück-Stadt, verst. April 1945.

15 Anhang 3: Kreise und Kreisleiter 1932 - 1945

Ammerland
1932 - 1934 Johann (Jan) Gerhard Roggemann,
1934 - 1945 Johann Schneider

Aschendorf-Hümmling
1932 Emil Hartung,
1932 - 1945 Gerhard Buscher

Aurich
1932 - 1934 Meinert Janssen,
1934 Hans Gronewald
1934 - 1945 Heinrich Bohnens

Bentheim
1932 - 1939 Dr. Josef Ständer,
1939 - 1940 Alfred Kemnitz,
1940 - 1945 Dr. Josef Ständer

Bersenbrück
1932 - 1945 Gustav Nietfeld-Beckmann

Brake (ab 1934 s. Wesermarsch)
1932 - 1934 Hermann Brunken

Bremen
1932 - 1933 Otto Bernhard,
1933 - 1934 Paul Wegener,
1934 - 1943 Bernhard Blanke,
1943 - 1945 Max Schümann

Bremen-Lesum
1939 - 1942 Otto Denker,
1942 - 1945 Karl Busch

Butjadingen (ab 1935 s. Wesermarsch)
1932 - 1935 Arthur Drees

Cloppenburg
1932 - 1934 Leonhard Niehaus
1934 Dr. Franz Böckmann
1934 - 1945 Willy Meyer-Wendeborn

Delmenhorst/Oldenburg-Land
1932 - 1933 Heinrich Thümler,
1933 - 1934 Dr. Wilhelm Müller,
1934 - 1939 Gustav Sturm,
1939 - 1941 Heinrich Thümler,
1941 - 1942 Gustav Sturm,
1942 - 1943 Willi Engelbart,
1943 - 1945 Heinrich Thümler

Elsfleth
1932 - 1934 Ernst Ibbeken

Emden-Land (ab 1933 s. Emden-Stadt)
1932 - 1933 Johann Menso Folkerts

Emden-Stadt
1932 - 1933 Johann Menso Folkerts,
1933 Jann de Boer,
1933 - 1938 Johann Menso Folkerts,
1938 - 1939 Bernhard Horstmann,
1939 - 1940 Lenhard Everwien,
1940 - 1941 Bernhard Horstmann,
1941 - 1942 Georg Meier,
1942 - 1943 Bernhard Horstmann,
1943 - 1945 Lenhard Everwien

Friesland (bis 1934 s. Jeverland und Varel)
1934 - 1945 Hans Flügel

Friesoythe
1932 - 1934 August Osterbuhr

Jeverland
1932 - 1933 Eduard (Edo) Siebrecht,
1933 - 1934 Karl Gottschalck

Leer
1932 - 1933 Erich Drescher,
1933 - 1934 Heinrich Walkenhorst,
1934 Hans Gronewald,
1934 - 1941 Max Schümann,
1941 - 1945 Erich Drescher

Lingen
1932 - 1941 Erich Plesse,
1941 - 1943 Josef Egert,
1943 - 1945 Walter Brummerloh

Melle (ab 1935 Melle/Wittlage)
1932 - 1933 Friedrich Ebertfründ,
1933 - 1939 Helmut Seidel,
1939 - 1943 Ernst Dröge,
1943 - 1945 Helmut Seidel

Meppen
1932 - 1933 Josef Egert,
1933 - 1934 Hubert Hoffschulte,
1934 - 1945 Josef Egert

Norden-Krummhörn
1932 - 1935 Johann Menso Folkerts,
1935 - 1945 Lenhard Everwien

Oldenburg-Land (ab 1935 s. Delmenhorst)
1932 Jens Müller,
1932 - 1935 Wilhelm Aßling

Oldenburg-Stadt
1932 Jens Müller,
1932 - 1935 Emil Pape,
1935 - 1939 Willi Engelbart,
1939 - 1940 Jens Müller,
1940 Willi Engelbart,
1940 Hubertus (Bertus) Gerdes,
1940 -1945 Willi Engelbart

Osnabrück-Land
1932 - 1935 Leo Baumgartner,
1935 - 1943 Ferdinand Esser,
1943 - 1945 Helmut Seidel

Osnabrück-Stadt
1932 - 1933 Siegfried Wagner,
1933 - 1934 Dr. Fritz Hofmann,
1934 - 1940 Willi Münzer,
1940 - 1945 Fritz Wehmeier

Varel (ab 1934 s. Friesland)
1932 - 1934 Hans Flügel

Vechta
1932 - 1933 Dr. Anton Kohnen,
1933 Bruno Brasch,
1933 - 1935 Dr. Walther Drückhammer
1935 - 1943 Heinrich Voß,
1940 u. 1943 Willi Meyer-Wendeborn (i.V.),
1943 - 1945 Josef Gausepohl

Wesermarsch
1934 - 1935 Karl Reich,
1935 - 1942 Arthur Drees,
1942 - 1943 Georg Meier,
1943 - 1945 Fritz Lünschen

Wildeshausen
1932 - 1933 Hinrich Abel

Wilhelmshaven
1932 Wilhelm Kronsbein,
1932 - 1935 Dr. Joseph Mainzer,
1933 Karl Renken (i.V.),
1935 - 1942 Ernst Meyer,
1942 - 1943 Georg Seiffe,
1943 - 1945 Bernhard Horstmann

Wittlage (ab 1935 s. Melle/Wittlage)
1932 - 1935 Franz Schmeer

Wittmund
1932 - 1933 Willi Schulemann,
1933 - 1934 Heinrich Bohnens,
1934 - 1945 Diedrich Oltmanns

www.ingramcontent.com/pod-product-compliance
Lightning Source LLC
Chambersburg PA
CBHW022110290426
44112CB00008B/617